Prospekthaftung von Lebensversicherungsunternehmen

Europäische Hochschulschriften

Publications Universitaires Européennes
European University Studies

Reihe II
Rechtswissenschaft

Série II Series II
Droit
Law

Bd./Vol. 3998

PETER LANG
Frankfurt am Main · Berlin · Bern · Bruxelles · New York · Oxford · Wien

Alexander Ressos

Prospekthaftung von Lebensversicherungsunternehmen

Grundlagen und Reichweite einer Haftung für prospektartige Verbraucherinformationen bei dem Vertrieb privater Altersvorsorgeprodukte

PETER LANG
Europäischer Verlag der Wissenschaften

Bibliografische Information Der Deutschen Bibliothek
Die Deutsche Bibliothek verzeichnet diese Publikation in der Deutschen Nationalbibliografie; detaillierte bibliografische Daten sind im Internet über <http://dnb.ddb.de> abrufbar.

Zugl.: Köln, Univ., Diss., 2003

D 38
ISSN 0531-7312
ISBN 3-631-52562-1

www.peterlang.de

Meinen Eltern, Xenia

und Christina

VORWORT

Die vorliegende Arbeit lag im Wintersemester 2003/2004 der Rechtswissenschaftlichen Fakultät der Albertus-Magnus-Universität zu Köln als Dissertation vor.

Bei Herrn Univ.-Professor Dr. iur. Dr. h.c. Ulrich Hübner, Direktor des Instituts für Versicherungsrecht, bedanke ich mich für die wissenschaftliche Betreuung, vielfältige Anregungen und die Korrektur der Untersuchung.

Besonderen Dank schulde ich ebenfalls Herrn Professor Dr. iur. Ulrich Ehricke, LL.M. (London), M.A., für die Übernahme und zügige Durchführung des Zweitreferats.

Christina Priegnitz danke ich für Rücksichtnahme, Zuspruch und Unterstützung während der Bearbeitung dieser Studie. Jan Dührkoop, Dr. Wolfgang Frisch, Marc H. Kotyrba, Jan Kruse, Christian Kunz, Tim Luchtenberg, Marc P. Scheunemann und Jörn Schreitmüller gilt mein Dank für jahrelange Zusammenarbeit in Ausbildung und Praxis.

Köln, im April 2004

Dr. Alexander Ressos

INHALTSÜBERSICHT

Inhaltsverzeichnis

LITERATURVERZEICHNIS

Abegglen, Sandro: Die Aufklärungspflichten in Dienstleistungsbeziehungen, insbesondere im Bankgeschäft, Bern 1995 (zit.: *Abegglen,* Aufklärungspflichten)

Abram, Nils: Die Berufshaftpflichtversicherung für Versicherungsvermittler; Diss., Hamburg 2000 (zit.: *Abram*, Versicherungsvermittler)

Achleitner, Paul: Unser Konzept geht auf - Die Allianz-Vorstände Achleitner und Fischer ziehen ein Jahr nach Bekanntgabe der Dresdner-Bank-Übernahme eine positive Bilanz, in: Die Welt vom 2.4.2002, 12

Ackermann, Brunhilde: Wettbewerbsrecht; Berlin u.a. 1997 (zit.: *Ackermann*, Wettbewerbsrecht)

Adams, Michael: Die Kapitallebensversicherung als Anlegerschädigung, in: ZIP 1997, 1857 ff.

Ahmadi, Sascha: Spezielle Aspekte der Aktienindexgebundenen Lebensversicherung; Ulm 1999 (zit.: *Ahmadi*, Aktienindexgebundene Lebensversicherung)

Albert, Uwe / Schumann, Hans-Heinrich / Sieben, Stefan / Menzel, Wolfgang: Betriebliche und private Altersversorgung nach der Rentenreform 2001, Köln 2002 (zit.: Bearbeiter in *Albert/Schumann/Sieben/Menzel*, Altersversorgung nach der Rentenreform 2001)

Albrecht, Peter / Maurer, Raimond / Schradin, Heinrich R.: Die Kapitallebensversicherung als Anlegerschädigung? Anmerk. zu dem Beitrag von M. Adams, ZIP 1997, 1857, unter aktuariellen und ökonomischen Gesichtspunkten, in: ZIP 1999, 1381 ff.

Albrecht, Peter: Alterssicherung und Vorsorgebedarf im Spannungsfeld von Versicherungs- und Investmentprodukten; Karlsruhe 1998 (zit.: *Albrecht*, Alterssicherung und Vorsorgebedarf)

Alther, P.: Die Überschussbeteiligung im Versicherungsvertrag, Diss. Zürich 1946 (zit.: *Alther*, Überschussbeteiligung)

Altmeppen, Holger: Urteilsanmerkung zu LG Frankfurt am Main, Urt. v. 06.10.1992 - 3/11 O 173/91 (*Bond*), DB 1993, 84, 85.

Angerer, August: Das *BAV* als Beschwerdeinstanz, Mannheimer Vorträge Nr. 36; Karlsruhe 1986 (zit.: *Angerer*, Beschwerdeinstanz)

Arendts, Martin: Aufklärungs- und Beratungspflichten über das einem Wertpapier erteilte Ratingen, WM 1993, 229 ff.

Arendts, Martin: Bankenhaftung - Kann Privatautonomie durch Aufklärungs- und Beratungspflichten erreicht werden?, in: Jahrbuch Junger Zivilrechtswissenschaftler - Privatautonomie und Ungleichgewichtslagen, 165 ff., Stuttgart, München, Hannover, Berlin, Dresden 1996 (zit.: *Arendts*, Bankenhaftung)

Arendts, Martin: Beratungs- und Aufklärungspflichten über das einem Wertpapier erteilte Rating, WM 1993, 229 ff.

Arendts, Martin: Die Haftung für fehlerhafte Anlageberatung, München 1998 (zit.: *Arendts*, Anlageberatung)

Assmann, Hans-Dieter: Das neue deutsche Insiderrecht, ZGR 1994, 494 ff.

Assmann, Hans-Dieter: Entwicklungstendenzen der Prospekthaftung, WM 1983, 138 ff.

Assmann, Hans-Dieter: Wirtschafts- und Medienrecht in der offenen Demokratie: Freundesgabe für Friedrich Kübler zum 65. Geburtstag; Heidelberg 1997 (zit.: *Assmann*, Freundesgabe für Kübler)

Assmann, Heinz-Dieter / Schneider, Uwe H. (Hrsg.): Wertpapierhandelsgesetz Kommentar; 2. Auflage, Köln 1999 (zit.: Bearbeiter in *Assmann/Schneider*, WpHG)

Assmann, Heinz-Dieter / Schütze, Rolf A.: Handbuch des Kapitalanlagerechts, 2. Auflage, München 1997 (zit.: Bearbeiter in *Assmann/Schütze,* Handbuch des Kapitalanlagerechts)

Assmann, Heinz-Dieter: Der Inhalt des Schadensersatzanspruchs fehlerhaft informierter Kapitalanleger, in: Festschrift für Hermann Lange, Stuttgart - Berlin - Köln 1992, 344 f. (zit.: *Assmann*, FS H. Lange)

Assmann, Heinz-Dieter: Prospekthaftung. Als Haftung für die Verletzung kapitalmarktbezogener Informationsverkehrspflichten nach deutschem und US-amerikanischem Recht, Köln-Berlin-Bonn-München 1985 (zit.: *Assmann*, Prospekthaftung)

Avancini, Peter / Iro, Gert M. / Koziol, Helmut: Österreichisches Bankvertragsrecht, Band II, Wien 1993 (zit.: Bearbeiter in *Avancini/Iro/Koziol*, Bankvertragsrecht)

Bähr, Gunne W.: Das Generalklausel- und Aufsichtssystem des VAG - eine öffentlich-rechtliche Studie zur Standortbestimmung der deutschen Versicherungsaufsicht im europäischen Binnenmarkt; Diss. Mai 2000 (zit.: *Bähr*, Standortbestimmung)

Ballerstedt, Kurt: Zur Haftung für culpa in contrahendo bei Geschäftsabschluss durch Stellvertreter, AcP 151 (1950/51), 501 ff.

Balzer, Peter: Anlegerschutz bei Verstößen gegen die Verhaltenspflichten nach §§ 31 ff. Wertpapierhandelsgesetz (WpHG), ZBB 1997, 264 f.

Balzer, Peter: Discount-Broking im Spannungsfeld zwischen Beratungsausschluss und Verhaltenspflichten nach WpHG, DB 1997, 2311 ff.

Barkam, Detlev: Informations- und Prospektpflicht sowie Prospektprüfung bei Anlagen auf dem grauen Kapitalmarkt, Bochum 1992 (zit.: *Barkam*, Prospektprüfung)

Baroch Castellví, Manuel: Unwirksamkeit der Regelungen zu Abschlusskosten, Rückkaufswert und Beitragsfreistellung - Ende der Unklarheiten?, NVersZ 2001, 529 ff.

Bartmuß, Ralph: Lückenfüllung im Versicherungsvertrag, Baden-Baden 2001 (zit.: *Bartmuß*, Lückenfüllung)

Basedow, Jürgen (Hrsg): Informationspflichten. Europäisierung des Versicherungswesen. Anerkannte Grundsätze der Versicherungsmathematik: Beiträge der Vierten Wissenschaftstagung des Bundes der Versicherten; Baden-Baden 1995 (zit.: *Basedow*, Informationspflichten)

Basedow, Jürgen (Hrsg.): Lebensversicherung. Internationale Versicherungsverträge und Verbraucherschutz. Versicherungsvertrieb. Beiträge der fünften Wissenschaftstagung des Bundes der Versicherten; Baden-Baden 1996 (zit.: Bearbeiter in *Basedow*, Beiträge der fünften Wissenschaftstagung des Bundes der Versicherten)

Basedow, Jürgen / Beyer, Ulrich / Schwintowski, Hans-Peter / Rückle, Dieter: Wissenschaftlicher Beirat bei dem Bund der Versicherten: Aufruf zur Reform des Versicherungsvertragsgesetzes, NVersZ 2000, 317 ff.

Basedow, Jürgen: Die Kapitallebensversicherung als paritätisches Rechtsverhältnis - eine zivilistische Konstruktion der Überschussbeteiligung, ZVersWiss 81 (1992), 419 ff.

Basedow, Jürgen: Transparenz als Prinzip des (Versicherungs-)Vertragsrechts, VersR 1999, 1045 ff.

Baum, Marcus: Die Wissenszurechnung, Berlin 1999 (zit.: *Baum*, Wissenszurechnung)

Baumann, Horst: Die Kapitallebensversicherung mit Überschussbeteiligung als partiarisches Versicherungsverhältnis und ihre Bedeutung bei der Umstrukturierung von Versicherungsgruppen. Zivil-, aufsichts- und kartellrechtliche Studien, Karlsruhe 1993 (zit.: *Baumann*, Kapitallebensversicherung)

Baumann, Horst: Rechtliche Grundprobleme der Umstrukturierung von Versicherungsvereinen auf Gegenseitigkeit in Versicherungs-Aktiengesellschaften, VersR 1992, 905 ff.

Baumann, Horst: Versicherungsrecht nach der Deregulierung, VersR 1996, 1 ff.

Baumbach, Adolf / Hefermehl, Wolfgang: Wettbewerbsrecht: Gesetz gegen den unlauteren Wettbewerb, Zugabeverordnung, Rabattgesetz und Nebengesetze; Kommentar; 22. Aufl.; München 2001 (zit.: *Baumbach/Hefermehl*, Wettbewerbsrecht)

Baumbach, Adolf / Hopt, Klaus J.: Handelsgesetzbuch (Kommentar), 29. Auflage, München 1995 (zit.: *Baumbach/Hopt*, HGB)

Baumbach, Adolf / Hueck, Götz: GmbH-Gesetz; 17. Auflage, München 2001 (zit.: *Baumbach/Hueck*, GmbHG)

Baumgärtner, Ralf / Aschenbrenner, Sebastian: Assets und Liabilities - Überlegungen zum Auftreten und Ausgleichen von Schwankungen bei Lebensversicherern, VW 2002, S: 1945 ff.

Baur, Jürgen: Investmentgesetze, Kommentar, 2 Teilbände, 2. Auflage, München 1997 *(zit.: Baur*, Investmentgesetze)

Becker, Joachim: Das neue Wertpapierhandelsgesetz, Berlin 1995 (zit.: *Becker*, WpHG)

Beckmann, Roland Michael: Die Empfangsvollmacht des Versicherungsagenten - ein Beispiel für den Reformbedarf des Versicherungsvertragsgesetzes, in: *Beckmann, Roland Michael / Matusche-Beckmann, Annemarie (Hrsg.):* Verantwortlichkeit im Wirtschaftsrecht - Beiträge zum Versicherungs- und Wirtschaftsrecht der Schüler von Ulrich Hübner; Karlsruhe 2002, 29 ff. (zit.: *Beckmann*, FS Hübner)

Benkel, Gert A.: Die Verwendung des Überschusses in der Lebensversicherung, VersR 1994, 509 ff.

Bernstein, Herbert (Hrsg.): Festschrift für Konrad Zweigert zum 70. Geburtstag; Tübingen 1981 (zit.: Bearbeiter in: FS Zweigert)

Bertelsmann Stiftung: Die „Riesterrente" aus Verbrauchersicht - Eine Analyse des Regulierungsrahmens, Hamburg 2002 (zit.: *Bertelsmann Stiftung*, Riesterrente)

Betz, Alexander: Geschlossene Immobilienfonds als Angebotserweiterung und Kapitalanalge von Versicherungsunternehmen, Karlsruhe 1997

Biagosch, Patrick / Scherer, Peter: Die Verbraucherinformation des § 10a VAG bei kapitalbildenden Lebensversicherungen, VW 1995, 370 ff.

Bischoff, Harald: Die Angemessenheit von Leistung und Gegenleistung unter Versicherungsaufsicht, Diss., Hamburg 1969

Bischoff, Kai: Internationale Börsenprospekthaftung, AG 2002, 489-497

Bittner, T. / Scholzen, J.: Außendienst setzt sich gegen das Internet durch, Versicherungsmagazin 2001, 26 ff.

Blaesius, Stefan: Die Bewertung von Lebensversicherungsverträgen aus der Sicht der Nachfrager. Ein Beitrag zum Leistungsvergleich von Lebensversicherungen, Berlin 1988 (zit.: *Blaesius*, Bewertung von Lebensversicherungsverträgen)

Bleckmann, Albert: Begründung und Anwendungsbereich des Verhältnismäßigkeitsprinzips, JuS 1994, 177 ff.

Bliesener, Dirk H.: Aufsichtsrechtliche Verhaltenspflichten beim Wertpapierhandel, Berlin, New York 1998 (zit.: *Bliesener*, Aufsichtsrechtliche Verhaltenspflichten)

Bocquel, Ellen: Mehr als 20 Milliarden Euro stille Lasten, Versicherungsjournal vom 25.03.2003

Bocquel, Ellen: Sonder-Option für Verbraucherschützer, Versicherungsjournal vom 28.02.2002

Boecken, Tobias Heinrich: Die Haftung der Stiftung Warentest für Schäden der Verbraucher aufgund irreführender Testinformation; Diss., Berlin 1997 (zit.: *Boecken*, Haftung)

Bomsdorf, Eckart / Trimborn, Michael: Sterbetafel 2000 - Modellrechnungen der Sterbetafel, ZVersWiss 81 (1992), 457 ff.

Bosch, Ulrich: Expertenhaftung gegenüber Dritten - Überlegungen aus der Sicht der Bankpraxis, ZHR 163 (1999), 274 ff.

Brachmann, Harald: Die dauernde Erfüllbarkeit der Versicherungsverträge, VW 2002, 1969 ff.

Brandt, Markus: Aufklärungs- und Beratungspflichten der Kreditinstitute bei der Kapitalanlage: wertpapiergeschäftliche Informationspflichten im Spiegel kapitalmarktlicher Effizienz; Diss., Göttingen 2002 (zit.: *Brandt*, Aufklärungspflichten)

Brawenz, Christian: Die Prospekthaftung nach allgemeinem Zivilrecht, 2. Auflage, Wien 1991 (zit.: *Brawenz*, Prospekthaftung)

Breidenbach, Stephan: Die Voraussetzungen von Informationspflichten beim Vertragsschluss; Diss., München 1988 (zit.: *Breidenbach*, Informationspflichten)

Bretzke, Wolf-Rüdiger: Inhalt und Prüfung des Lageberichts: Anmerkungen zur gegenwärtigen und zukünftigen Praxis der Prognosepublizität, in: Wpg 1979, 337 ff.

Bretzke, Wolf-Rüdiger: Zur Frage der Überprüfbarkeit von Prognosen im Geschäftsbericht, in: Wpg 1974, 292 ff.

Brinkhaus, Josef / Scherer, Peter: Gesetz über Kapitalanlagegesellschaften und Auslandsinvestmentgesetz, Kommentar, München 2003 (zit.: Bearbeiter in *Brinkaus/Scherer*, KAGG)

Brömmelmeyer, Christoph: Der Verantwortliche Aktuar in der Lebensversicherung; Diss. Berlin 1998 (zit.: *Brömmelmeyer*, Der Verantwortliche Aktuar)

Brox, Hans: Allgemeiner Teil des BGB, 26. Auflage 2002 (zit.: *Brox*, AT)

Brox, Hans: Allgemeines Schuldrecht, 27. Auflage, München 2002 (zit.: *Brox*, Schuldrecht)

Bruck, Ernst / Möller, Hans: Kommentar zum Versicherungsvertragsrecht und zu den Allgemeinen Versicherungsbedingungen unter Einschluss des Versicherungsvermittlerrechts, Band V, Lebensversicherung, Berlin 1988 (zit.: *Bruck/Möller*, VVG)

Bruck, Ernst: Das Privatversicherungswesen, Mannheim, Berlin, Leipzig 1930 (zit.: *Bruck*, Privatversicherungswesen)

Bruer, Albert: Revolution des Finanzgeschäfts, Stuttgart 1998

Brüggemeier, Gert: Gesellschaftliche Schadensverteilung und Deliktsrecht, AcP 182 (1982), 423 ff.

Bruske, Frank: Beweiswürdigung und Beweislast bei Aufklärungspflichtverletzungen im Bankrecht, Berlin 1994 (zit.: *Bruske*, Beweiswürdigung und Beweislast)

Büchner, Franz: Versicherungsaufsicht und Kartellaufsicht, VW 1950, 199 ff.

Budde, Wolfgang Dieter / Schnicke, Christian / Stöffler, Michael / Stuirbrink, Wolfgang (Hrsg.): Beck'scher Versicherungsbilanz-Kommentar - Handels- und Steuerrecht - §§ 341 bis 341o HGB, München 1998 (zit.: Bearbeiter in *Budde/Schnicke/Stöffler/Stuirbrink*, Versicherungsbilanzkommentar)

Buhk, Matthias: Die Haftung eines Wertpapierdienstleistungsunternehmens bei der Anlagevermittlung und der Anlageberatung; Diss., Frankfurt am Main 1998 (zit.: *Buhk*, Anlagevermittlung)

Bülow, Peter: Kennzeichnungsrecht und Produktwerbung für Lebens-, Genuss-, Arzneimittel und Kosmetika; Köln, München u.a. 1990 (zit.: *Bülow*, Kennzeichnungsrecht)

Bundesaufsichtsamt für das Versicherungswesen: Erläuterungen des BAV, Berlin 2001

Bundesaufsichtsamt für das Versicherungswesen: Geschäftsbericht, Berlin 1994

Bundesaufsichtsamt für das Versicherungswesen: Versicherungsaufsicht. Auch 1997 wieder viele Beschwerden mit wenig Erfolg, VerBAV 1998, 123 ff.

Bydlinski, Franz: Juristische Methodenlehre und Rechtsbegriff, Wien u.a. 1982 (zit.: *Bydlinski*, Methodenlehre)

Canaris, Claus-Wilhelm, Die Reform des Rechts der Leistungsstörungen, JZ 2001, 499 ff.

Canaris, Claus-Wilhelm: Bankvertragsrecht, 3. Auflage, Berlin, New York 1988 (zit.: *Canaris*, Bankvertragsrecht)

Canaris, Claus-Wilhelm: Bankvertragsrecht, in Staub (Hrsg.): Großkommentar zum Handelsgesetzbuch, 2. Teil, 3. Auflage, Berlin 1981 (zit.: *Canaris*, HGB-Großkommentar)

Canaris, Claus-Wilhelm: Die Reichweite der Expertenhaftung gegenüber Dritten, ZHR 163 (1999), 206 ff.

Canaris, Claus-Wilhelm: Die Schadensersatzpflicht der Kreditinstitute für eine unrichtige Finanzierungsbestätigung als Fall der Vertrauenshaftung; Festschrift Schimansky, Köln 1999, 43 ff. (zit.: *Canaris,* FS Schimansky)

Canaris, Claus-Wilhelm: Die Vertrauenshaftung im deutschen Privatrecht, München 1971 (zit.: *Canaris*, Vertrauenshaftung)

Canaris, Claus-Wilhelm: Die Vertrauenshaftung im Lichte der Rechtsprechung des Bundesgerichtshofs, in: Festgabe zu 50 Jahren Bundesgerichtshof, München 2000, 129 ff. (zit.: *Canaris,* FS BGH)

Canaris, Claus-Wilhelm: Leistungsstörungen beim Unternehmenskauf, ZGR 1982, 395 ff.

Canaris, Claus-Wilhelm: Schutzgesetze - Verkehrspflichten - Schutzpflichten, in: Festschrift für Karl Larenz zum 80. Geburtstag am 23. April 1983, hrsg. von Claus-Wilhelm Canaris und Uwe Diederichsen, München 1983, 27 ff. (zit.: *Canaris,* FS Larenz 1983)

Claus, Gottfried: Aktuelle Probleme der Lebensversicherung, VerBAV 1980, 22 ff., 111 ff.

Claus, Gottfried: Lebensversicherungsaufsicht nach der Dritten EG-Richtlinie, ZfV 1994, 139 ff.

Claussen, Carsten Peter / Erne, Roland: Bank- und Börsenrecht, 2. Aufl. 2000 (zit.: *Claussen/Erne,* Bank- und Börsenrecht)

Coing, Helmut: Haftung aus Prospektwerbung für Kapitalanlagen in der neueren Rechtsprechung des BGH, WM 1980, 206 ff.

Crezelius, Georg: Grauer Kapitalmarkt und Rechtsordnung, BB 1985, 209 ff.

Dahm, Joachim: Finanzierungsinstrument Lebensversicherung; 2. Auflage, Köln 2002

Dauner-Lieb, Barbara / Heidel, Thomas / Lepa, Manfred / Ring, Gerhard (Hrsg.): Schuldrecht - Erläuterungen der Neuregelungen zum Verjährungsrecht, Schuldrecht, Schadenersatzrecht und Mietrecht; Bonn 2001 (zit.: Bearbeiter in *Dauner-Lieb/Heidel/Lepa/Ring,* BGB)

Deckert, Martina: Die Methodik der Gesetzesauslegung, JA 1994, 412 ff. (zit.: *Deckert,* JA 1994)

Degenhart, Christoph: Staatsrecht I, 17. Auflage, Heidelberg 2001 (zit.: *Degenhart,* Staatsrecht)

Deutsch, Erwin: Versicherungsvertragsrecht, Karlsruhe 1988 (zit.: *Deutsch,* Versicherungsvertragsrecht)

Dickstein, Peter Steven: Die Merkmale der Lebensversicherung im europäischen Binnenmarkt; Diss., Hamburg 1995 (zit.: *Dickstein,* Lebensversicherung)

Diederich, Helmut: Markttransparenz und Verbraucherschutz in der Lebensversicherung; Karlsruhe 1984 (zit.: *Diederich,* Markttransparenz)

Diederichsen, Uwe: Begrenzungen richterlicher Rechtsfortbildung im Schadensersatzrecht, in: Grenzen richterlicher Rechtsfortbildung insbesondere im Haftungs- und Versicherungsrecht; Beiheft zu VersR 1985; Karlsruhe 1985, 4 ff. (zit.: *Diederichsen,* Karlsruher Forum 1985)

Dommermuth, Thomas / Mayerdörfer, Thomas: Optimale Gestaltung der Altersversorgung, in: Finanzdienstleistungen, Gruppe 7, 241.

Donath, Roland: Der Anspruch auf Überschussbeteiligung. Eine bürgerlichrechtliche Untersuchung zur Kapitallebensversicherung, AcP 1993, 279 - 318

Donath, Roland: Der Streit um die stillen Reserven der Lebensversicherungsgesellschaften - Bestandsaufnahme und Ausblick, VuR 1997, 339 - 349

Dörner, Heinrich / Ebert, Ina / Eckert, Jörn / Hoeren, Thomas / Kemper, Rainer / Schulze, Reiner / Staudinger, Ansgar: Bürgerliches Gesetzbuch - Handkommentar; 1. Auflage; Baden-Baden 2001 (zit.: Bearbeiter in Hk-BGB)

Dörner, Heinrich / Hoffmann, Stefan: Der Abschluss von Versicherungsverträgen nach § 5a VVG, NJW 1996, 153 ff.

Dreher, Meinhard: Versicherung als Rechtsprodukt, Tübingen 1991 (zit.: *Dreher*, Versicherung als Rechtsprodukt)

Dreyer, Thomas: Stille Reserven im Jahresabschluß von Lebensversicherungsunternehmen: eine Untersuchung zum Verhältnis von Bilanzrecht, Mitgliedschaftsrecht und Versicherungsvertragsrecht bei Lebensversicherungsunternehmen in der Rechtsform der Aktiengesellschaft und des Versicherungsvereins auf Gegenseitigkeit, Diss., Köln 1998 (zit.: *Dreyer*, Stille Reserven)

Ebenroth, Carsten Thomas / Daum, Thomas: Die rechtlichen Aspekte des Ratings von Emittenten und Emissionen, WM 1992, Sonderbeilage 5

Eberhardt, Ulrich: Die Missbrauchsaufsicht des Bundesaufsichtsamtes für das Versicherungswesen; Diss., Köln 1997 (zit.: *Eberhardt*, Missbrauchsaufsicht)

Ebers, Martin: Die Überschussbeteiligung in der Lebensversicherung; Diss., Berlin 2001 (zit.: *Ebers*, Überschussbeteiligung)

Ebke, Werner F. / Scheel, Hansjörg: Die Haftung des Wirtschaftsprüfers für fahrlässig verursachte Vermögensschäden Dritter, WM 1991, 389 ff.

Ehricke, Harry H.: Zur zivilrechtlichen Prospekthaftung gegenüber dem Wertpapieranleger, DB 1980, 2429 ff. (zit.: *Ehricke*, DB 1980)

Eifert, Steffen: Kapitallebensversicherung aus Verbrauchersicht; Diss. Hohenheim 1993 (zit.: *Eifert*, Kapitallebensversicherung aus Verbrauchersicht)

Ekey, Friedrich L. (Hrsg.): Heidelberger Kommentar zum Wettbewerbsrecht, Heidelberg 2000 (zit.: *Ekey*, Wettbewerbsrecht)

Ellenberger, Jürgen: Die Börsenprospekthaftung nach dem Dritten Finanzmarktförderungsgesetz, Festschrift Schimansky, 1999, 591 ff. (zit.: *Ellenberger*, FS Schimansky)

Ellenberger, Jürgen: Die neuere Rechtsprechung des Bundesgerichtshofs zum Börsenterminhandel, WM 1999, 3 ff.

Ellenberger, Jürgen: Prospekthaftung im Wertpapierhandel; Berlin u.a. 2001 (zit.: *Ellenberger*, Börsenprospekthaftung)

Emmerich, Volker: Das Recht der Leisungsstörungen, 4. Auflage, München 1997 (zit.: *Emmerich,* Leistungsstörungen)

Emmerich, Volker: Das Recht des unlauteren Wettbewerbs; 5. Auflage, Beck 1999 (zit.: *Emmerich*, UWG)

Emmerich, Volker: Urteilsanmerkung zu BGH, Urt. v. 29.09.1991 - VII ZR 376/89 (Pilgerhof), JuS 1992, 342 ff.

Emmerich, Volker: Zum gegenwärtigen Stand der Lehre von der culpa in contrahendo, Jura 1987, 561 ff.

Engeländer, Stefan: Die rechtliche Relevanz von Rechnungsgrundlagen der Beiträge in der Lebensversicherung, NVersZ 2001, 289-297

Engeländer, Stefan: Die Zillmerverfahren in der Lebensversicherung, VersR 1999, 1325 ff.

Engels, Wolfram: Anlegerschutz und Vertrauensbildung an Finanzmärkten, Frankfurt am Main 1992

Engisch, Karl / Würtenberger, Thomas (Hrsg.): Einführung in das juristische Denken; 9. Auflage, Stuttgart 1997 (zit.: *Engisch*)

Entzian, Tobias: Versicherungsfremde Geschäfte - die Geschäftskreisbeschränkung der Versicherungsunternehmen; Diss., Köln 1999 (zit.: *Entzian*, Versicherungsfremde Geschäfte)

Entzian, Tobias: Zum Verbotscharakter von § 7 Abs. 2 VAG, in: *Beckmann, Roland Michael / Matusche-Beckmann, Annemarie (Hrsg.):* Verantwortlichkeit im Wirtschaftsrecht - Beiträge zum Versicherungs- und Wirtschaftsrecht der Schüler von Ulrich Hübner; Karlsruhe 2002, 29 ff. (zit.: *Entzian*, FS Hübner)

Erichsen, Hans-Uwe: Das Übermaßverbot, Jura 1988, 387 ff.

Erman, Walter: Beiträge zur Haftung für das Verhalten bei Vertragsverhandlungen, AcP 139 (1934), 273 ff.

Erman, Walter: Handkommentar zum Bürgerlichen Gesetzbuch, Band I, §§ 1-853, 10. Auflage, Köln-Münster 2000 (zit.: Bearbeiter in *Erman*, BGB)

Esche, Thomas: Der Kapitalanlegerschutz bei steuerorientierten Immobilien-Anlagegesellschaften in den USA, Frankreich und in der Bundesrepublik Deutschland, Diss., Hamburg 1986 (zit.: *Esche*, Kapitalanlegerschutz)

Esser, Josef: Grundsatz und Norm der richterlichen Fortbildung des Privatrechts, 3. Auflage Tübingen 1974 (zit.: *Esser*, Grundsatz und Norm)

Evermann, Manja: Die Anforderungen des Transparenzgebots an die Gestaltung von Allgemeinen Versicherungsbedingungen; Karlsruhe 2002

Fahr, Ulrich / Kaulbach, Detlef: Versicherungsaufsichtsgesetz - VAG - und Gesetz über die Errichtung eines Bundesaufsichtsamts für das Versicherungswesen - BAG - Kommentar; 2. Auflage, München 1997 (zit.: Bearbeiter in *Fahr/Kaulbach*, VAG)

Farny, Dieter: Absatz und Absatzpolitik des Versicherungsunternehmens, Karlsruhe 1971 (zit.: *Farny*, Absatzpolitik)

Farny, Dieter: Absatz- und Serviceverfahren für Versicherungsschutz - heute und morgen, VersRdSch 1985, 40 ff.

Farny, Dieter: Die deutsche Versicherungswirtschaft. Markt, Wettbewerb, Konzentration, Karlsruhe 1983 (zit.: *Farny,* Versicherungswirtschaft)

Farny, Dieter: Publizitätsempfänger und Informationsinteressen in der Versicherungswirtschaft, in: Jung, M. / Lucius, R.-R. / Seifert, W. G. (Hrsg.): Geld und Versicherung - Festgabe für Wilhelm Seuß, Karlsruhe 1981, 13 ff. (zit.: *Farny*, FS Seuß)

Farny, Dieter: Zur Rentabilität langfristiger gemischer Lebensversicherungen, ZfV 1983, 363 ff.

Faßbender, Christian A.: Innerbetriebliches Wissen und bankrechtliche Aufklärungspflichten, Berlin, New York 1998 (zit.: *Faßbender*, Innerbetriebliches Wissen)

Finsinger, Jörg: Versicherungsmärkte, Frankfurt am Main-New York 1983 (zit.: *Finsinger*, Versicherungsmärkte)

Fischer, Robert: Treu und Glauben im Versicherungsrecht, VersR 1965, 197 ff.

Fleischer, Holger: Informationsasymmetrie im Vertragsrecht: eine rechtsvergleichende und interdisziplinäre Abhandlung zu Reichweite und Grenzen vertragsschlußbezogener Aufklärungspflichten; Habil., Köln 2001 (zit.: *Fleischer*, Informationsasymmetrie)

Flesch, Carl F.: Brief aus London: Handel mit Gebrauchtpolicen blüht auf. Schon fast die Hälfte des englischen Lebensversicherungsstornos wird im TEP-Markt umgeschlagen, VW 2001, 55 ff.

Flume, Werner: Allgemeiner Teil des BGB, 2. Bände, 4. Auflage, München 1992 (zit.: *Flume*, AT)

Flume, Werner: Eigenschaftsirrtum und Kauf, Regensburg, Münster, (zit.: *Flume*, Eigenschaftsirrtum)

Froehlich, Arndt-Justus: Die Haftung von Anlageberatern für fehlerhafte Dienstleistungen nach deutschem und US-amerikanischen Recht, Diss., Göttingen 1995 (zit.: *Froehlich*, Dienstleistungen)

Fromm, Gerhard Erich / Goldberg, Alfred: Versicherungsaufsichtsgesetz und Bundesaufsichtsgesetz; Berlin 1966 (zit.: *Fromm/Goldberg*, VAG)

Fromme, Herbert: Aufsicht verlangt Abschmelzen der Aktienbestände - Lebensversicherer wegen des hohen Risikos ermahnt, in: FTD Financial Times Deutschland vom 13.09.2001, 23

Fromme, Herbert: Vorsicht, Einsturzgefahr! Jahrelang haben Versicherer Gewinne am Aktienmarkt genutzt, um die Schwäche im Kerngeschäft Versicherung auszugleichen, FTD Financial Times Deutschland vom 12.03.2002, 29

Furtmayer, Heinz L.: Das neue Altersvermögensgesetz - Sozialrecht, Steuerrecht, Zertifizierung, Betriebsrentenrecht; München 2002 (zit.: *Furtmayer,* AVmG)

Gäfgen, Gérard / Endres, Alfred: Die ökonomische Perspektive, Forschungsgesellschaft für Wettbewerb und Unternehmensorganisation (Hrsg.): Versicherungsmärkte im Wettbewerb, Baden-Baden 1989, 11 ff. (zit.: *Gäfgen/Endres,* ökonomische Perspektive)

Gamm, Otto-Friedrich von: Gesetz gegen den unlauteren Wettbewerb; 3. Aufl.; Köln u.a. 1993 (zit.: *von Gamm*, Wettbewerbsrecht)

Gäntgen, Hans Jörg: Die Pflicht zum Hinweis auf eigene und fremde Fehler in zivilrechtlichen Vertragsverhältnissen; Diss., Köln 1991 (zit.: *Gäntgen*, Hinweispflicht)

Gärtner, Rudolf: Privatversicherungsrecht, Neuwied 1980 (zit.: *Gärtner*, Privatversicherungsrecht)

Garz-Holzmann, Karin / Gurke, Michael: Anlegerschutz am grauen Kapitalmarkt, DB 1983, 29 ff.

Gaßner, Otto / Escher, Markus: Bankpflichten bei der Vermögensverwaltung nach Wertpapierhandelsgesetz und BGH-Rechtsprechung, WM 1997, 94 ff.

Gayer, Kim / Ruß, Jochen: Fonds-, Aktien und Aktienindexgebundene Lebensversicherungen mit Garantie - Neue Ansätze am Markt; VW 2000, 1111 ff.

Gehrlein, Markus: Die Prospektverantwortlichkeit von Beirats- oder Aufsichtsratsmitgliedern als maßgeblichen Hintermännern, BB 1995, 1965 ff

Gehrlein, Markus: Neues zur Prospekthaftung - Mietausfallgarantie; NJW 1995, 110 ff.

Geiger, Herber: Allfinanz - Mehr Barrieren als Chancen?, VW 1992, 545 ff.

Gerber, Olaf: Die Prospekthaftung bei Wertpapieremissionen nach dem dritten Finanzmarktföderungsgesetz: eine Untersuchung der Vorschriften des Börsengesetzes und des Verkaufsprospektgesetzes im Vergleich zur US-amerikanischen Regelung; Diss., Hamburg 2001 (zit.: *Gerber*, Prospekthaftung)

Gerke, Wolfgang: Handwörterbuch des Bank- und Finanzwesens, 2. Auflage, München 1995 (zit.: Bearbeiter in *Gerke*)

Gernhuber, Joachim: Das Schuldverhältnis: Begründung und Änderung, Pflichten und Strukturen, Drittwirkungen, Tübingen 1989 (zit.: *Gernhuber*, Schuldverhältnis)

Gesamtverband der Deutschen Versicherungswirtschaft: GDV begrüßt Bericht zur VVG-Reform; Pressemitteilung 32/2002 vom 30.9.2002 (zit.: *GDV*, Pressemitteilung vom 30.09.2002)

Gesamtverband der Deutschen Versicherungswirtschaft: Jahrbuch 1986, Bonn 1986 (zit.: *GDV*, Jahrbuch 1986)

Gesamtverband der Deutschen Versicherungswirtschaft: Jahrbuch 2001, Berlin 2001 (zit.: *GDV*, Jahrbuch 2001)

Gesamtverband der Deutschen Versicherungswirtschaft: Jahrbuch 2002, Berlin 2002 (zit.: *GDV*, Jahrbuch 2002)

Gesamtverband der Deutschen Versicherungswirtschaft: Kennzahlen der Lebensversicherung: Kennzahlenkatalog; Bonn 2000 (zit.: *GDV*, Kennzahlenkatalog)

Gesamtverband der Deutschen Versicherungswirtschaft: Neue Musterbedingungen der Lebensversicherung, Pressemitteilung; NVersZ 2001, 154

Gessner, Peter: Finanzierung der Gewinnbeteiligung in der Lebensversicherung, VW 1978, 476 ff.

Glöckle, Thomas: Die zukunftsbezogene Publizität von Kapitalgesellschaften in der Bundesrepublik Deutschland; Diss., Tübingen 1996 (zit.: *Glöckle*, Publizität)

Gloy, Wolfgang: Handbuch des Wettbewerbsrechts; 2. Auflage München 1997 (zit.: Bearbeiter in *Gloy*, Handbuch des Wettbewerbsrechts)

Goecke, Oskar / Will, Reiner: Der Renditewettbewerb in der Lebensversicherung - Marktstudie zur Plausibilität von Beispielrechnungen; Lohmar-Köln 2001 (zit.: *Goecke/WIll*, Renditewettbewerb)

Goldberg, Alfred / Müller, Helmut: Gesetz über die Beaufsichtigung der privaten Versicherungsunternehmen (Versicherungsaufsichtsgesetz) - Kommentar; 2. Auflage; München 2002 (zit.: *Goldberg/Müller,* VAG)

Goll, Hans Peter / Gilbert, W. / Steinhaus, Hans-Jürgen: Handbuch der Lebensversicherung; 11. Auflage, Karlsruhe 1992 (zit.: *Goll/Gilbert/Steinhaus,* Lebensversicherung)

Gottwald, Peter: Die Haftung aus culpa in contrahendo, JuS 1982, 877 ff.

Goudefroy, Hans: Die Haftung des Versicherers für den Versicherungsvertreter, WallmannsZ 42, 26 ff.

Goudefroy, Hans: Verantwortlichkeit für den Versicherungsvertreter nach § 278 BGB, WallmannsZ 43, 3 ff.

Grigoleit, Hans Christoph: Neuere Tendenzen zur schadensrechtlichen Vertragsaufhebung, NJW 1999, 900 ff.

Grigoleit, Hans Christoph: Vorvertragliche Informationshaftung: Vorsatzdogma, Rechtsfolgen, Schranken, Diss., München 1997 (zit.: *Grigoleit,* Informationshaftung)

Groß, Wolfgang: Die börsengesetzliche Prospekthaftung, AG 1999, 199 ff.

Grothe, Helmut: Rezension: Horst Roller, Die Prospekthaftung im englischen und deutschen Recht, RabelsZ 1994, 601 ff.

Gruber, Joachim: Vertragsschluss im Internet unter kollisionsrechtlichen Aspekten, DB 1999, 1347 ff.

Grün, Beate: Abstandnahme vom Vertragsschluss als Ziel anlegergerechter Aufklärung bei hohen Prämienaufschlägen des Terminoptionsvermittlers, NJW 1994, 1330 ff.

Grunewald, Barbara: Aufklärungspflichten ohne Grenzen?, AcP 190 (1990), 609 ff.

Grunewald, Barbara: Die Beweislastverteilung bei der Verletzung von Aufklärungspflichten, ZIP 1994, 1162 ff.

Grunewald, Barbara: Haftung des Experten für seine Expertise gegenüber Dritten , AcP 187 (1987), 285 ff.

Grunewald, Barbara: Zur Haftung von Fachleuten im Zivilrechtsverkehr, JZ 1982, 627 ff.

Haasen, Uwe: Das Recht auf den Überschuss bei den privaten Versicherungsgesellschaften, Stuttgart 1955 (zit.: *Haasen,* Überschuss bei den privaten Versicherungsgesellschaften)

Hadding, Walther / Hennrichs, Joachim: Devisentermingeschäfte - Prolongation und Aufklärungspflichten, in: Festschrift für Carsten Peter Claussen, Köln u.a. 1997, 447 ff. (zit.: *Hadding/Hennrichs*, FS Claussen)

Hadding, Walther / Hopt, Klaus J. / Schimansky, Herbert (Hrsg.): Aufklärungs- und Beratungspflichten der Kreditinstitute - der moderne Schuldturm?, Bankrechtstag 1995, Berlin 1993 (zit.: Bearbeiter in *Hadding/Hopt/Schimansky*, Bankrechtstag 1995)

Hadding, Walther: Zur Abgrenzung von Unterrichtung, Aufklärung, Auskunft, Beratung und Empfehlung als Inhalt bankrechtlicher Pflichten, in: Bankrecht - Schwerpunkte und Perspektiven. Festschrift für Herbert Schimansky, Köln 1999, 67 ff. (zit.: *Hadding*, FS Schimansky)

Häfele, Bernhard / Ruß, Jochen: Ranking und Rating von Fondsgebundenen Lebensversicherungsprodukten; in: VW 1999, 606 ff.

Hagelschuer, Paul: Lebensversicherung, 2. Auflage, Wiesbaden 1987 (zit.: *Hagelschuer,* Lebensversicherung)

Hagest, Joachim / Kellinghusen, Georg: Zur Problematik der Prognoseprüfung und der Entwicklung von Grundsätzen ordnungsgemäßer Prognosebildung, Wpg 1977, 405 ff.

Hahn, Volker: Die zivilrechtliche Prospekthaftung bei der Emission von geschlossenen Fonds - Grundlagen und aktuelle Probleme, in: *Beckmann, Roland Michael / Matusche-Beckmann, Annemarie (Hrsg.):* Verantwortlichkeit im Wirtschaftsrecht - Beiträge zum Versicherungs- und Wirtschaftsrecht der Schüler von Ulrich Hübner; Karlsruhe 2002, 29 ff. (zit.: *Hahn*, FS Hübner)

Hanau, Peter: Die Neuregelung der betrieblichen Altersversorgung, Mannheimer Vorträge zur Versicherungswissenschaft, Nr. 77, Karlsruhe 2002 (zit.: *Hanau*, Neuregelung der betrieblichen Altersversorgung)

Hansen, Herbert: Der graue Kapitalmarkt und seine Auswirkungen, AG-Report 1999, 115 ff.

Hauss, Fritz (Hrsg.): Festschrift für Ernst Klingmüller; Karlsruhe 1974 (zit.: Bearbeiter, FS Klingmüller)

Hefermehl, Wolfgang: Die Rechte des durch unlauteren Wettbewerb zum Vertragsschluss bestimmten Käufers, Festschrift für Hermann Weitnauer zum 70. Geburtstag Berlin 1980, 347 ff. (zit.: *Hefermehl*, FS Weitnauer)

Heinrich, Dieter: Die bewusste Irreführung, AcP 162 (1963), 88 ff.

Heinrich, Herbert: § 7 Abs. 2 VAG - ein gesetzliches Verbot?, in: VersR 1997, 1172

Heinrichs, Helmut: Umsetzung der EG-Richtlinie über missbräuchliche Klauseln in Verbraucherverträgen, NJW 1995, 153 ff.

Heinsius, Theodor: Anlageberatung durch Kreditinstitute, ZHR 145 (1981), 177 ff.

Helkenberg, Wilhelm-Christian: Anlegerschutz am Grauen Kapitalmarkt - Prognosegrundsätze für Emissionsprospekte; Diss., Hamburg 1988 (zit.: *Helkenberg*, Anlegerschutz)

Hennrichs, Joachim: Stille Reserven und Lebensversicherung, NVersZ 2002, 5-9

Henry, Andreas: Lohnt sich eine Kapitallebensversicherung?, Capital 1992, 92 ff.

Henssler, Martin / von Westphalen, Friedrich: Praxis der Schuldrechtsreform, 2. Auflage, Recklinghausen 2002 (zit.: *Henssler/Westphalen*)

Henssler, Martin: Risiko als Vertragsgegenstand; Tübingen 1994 (zit.: *Henssler*, Risiko als Vertragsgegenstand)

Heß, Burkhard: Das neue Schuldrecht - In-Kraft-Treten und Übergangsregelungen, NJW 2002, 253

Hielscher, Jens-Robert: Strategische Vertriebswege mittelgroßer Lebensversicherer, Diss., München 1993 (zit.: *Hielscher*, Strategische Vertriebswege)

Hilgenhövel, Jens: Die gewohnheitsrechtliche Erfüllungshaftung des Versicherers für Auskünfte seiner Agenten; Diss., Hamburg 1995 (zit.: *Hilgenhövel*, Erfüllungshaftung)

Hirte, Heribert: Berufshaftung: ein Beitrag zur Entwicklung eines einheitlichen Haftungsmodells für Dienstleistungen, München 1996 (zit.: *Hirte*, Berufshaftung)

Hoeren, Thomas / Spindler, Gerald: Versicherungen im Internet - Rechtliche Rahmenbedingungen; Karlsruhe 2002 (*Hoeren/Spindler,* Versicherungen im Internet)

Hoeren, Thomas: Selbstregulierung im Banken- und Versicherungsrecht, Habil.-Schrift, Münster 1995 (zit.: *Hoeren*, Selbstregulierung)

Hoffmann, Stefan: Verbraucherschutz im deutschen Privatversicherungsrecht nach dem Wegfall der Vorabkontrolle Allgemeiner Versicherungsbedingungen, Diss., Düsseldorf 1998 (zit.: *Hoffmann*, Verbraucherschutz)

Hofmann, Edgar: Privatversicherungsrecht, 4. Auflage, München 1998 (zit.: *Hofmann*, Privatversicherungsrecht)

Hohloch, Gerhard: Versicherungsrechtliche Vertrauenshaftung, VersR 1980, 107 ff.

Hölscher, Reinhold: Die „gerechte" Beteiligung der Versicherungsnehmer an den Überschüssen in der Lebensversicherung, ZVersWiss 85 (1996), 41 ff.

Hölscher, Reinhold: Marktzinsorientierte Ergebnisrechnung in der Lebensversicherung, Stuttgart 1994 (zit.: *Hölscher*, Marktzinsorientierte Ergebnisrechnung)

Honsell, Heinrich (Hrsg.): Berliner Kommentar zum Versicherungsvertragsrecht, 1999 (zit.: Bearbeiter in Berliner Kommentar, VVG)

Honsell, Heinrich: Die Haftung für Gutachten und Auskunft unter besonderer Berücksichtigung von Drittinteressen, in: Festschrift für Dieter Medicus zum 70. Geburtstag, hrsg. Von Volker Beuthien, Maximilian Fuchs, Herbert Roth, Gottfried Schiemann, Andreas Wacke, 211 ff. (zit.: *Honsell*, FS Medicus)

Hoppmann, Carten / Moos, Flemming: Rechtsfragen des Internet-Vertriebs von Versicherungsdienstleistungen, NVersZ 1999, 197 ff.

Hopt, Klaus J.: Aktuelle Rechtsfragen der Haftung für Anlage- und Vermögensberatung einschließlich Prospekthaftung; 2. Auflage, Köln 1985 (zit.: *Hopt*, Rechtsfragen)

Hopt, Klaus J.: Berufshaftung und Berufsrecht der Börsendienste, Anlageberater und Vermögensverwalter, Festschrift für Robert Fischer, München 1979, 237 ff. (zit.: *Hopt*, FS R. Fischer)

Hopt, Klaus J.: Der Kapitalanlegerschutz im Recht der Banken: gesellschafts-, bank- und börsenrechtliche Anforderungen an das Beratungs- und Verwaltungsverhalten der Kreditinstitute, München 1975 (zit.: *Hopt*, Kapitalanlegerschutz)

Hopt, Klaus J.: Die Verantwortlichkeit der Banken bei Emissionen, München 1991 (zit.: *Hopt*, Verantwortlichkeit)

Hopt, Klaus J.: Funktion, Dogmatik und Reichweite der Aufklärungs-, Warn- und Beratungspflichten der Kreditinstitute, in: Aufklärungs- und Beratungspflichten der Kreditinstitute - Der moderne Schuldturm? / Bankrechtstag 1992, hrsg. v. Walther Hadding, Klaus J. Hopt, und Herbert Schimansky, Berlin - New York 1993, 1 ff. (zit.: *Hopt*, Aufklärungs- und Beratungspflichten)

Hopt, Klaus J.: Funktion, Dogmatik und Reichweite der Aufklärungs-, Warn- und Beratungspflichten der Kreditinstitute, Festschrift für Carsten Peter Claussen: Zum 70. Geburtstag; Köln 1997, 169 ff. (zit.: *Hopt*, FS Claussen)

Hopt, Klaus J.: Haftung der Banken bei der Finanzierung von Publikumsgesellschaften und Bauherrenmodellen. Zur Grenzziehung bei § 123 Abs. 2 BGB, Einwendungsdurchgriff, culpa in contrahendo und Prospekthaftung, in: Festschrift für Walter Stimpel zum 68. Geburtstag am 29.11.1985, hrsg. bon *Marcus Lutter, Hans-Joachim Mertens* und *Peter Ulmer*, Berlin, New York 1985, 265 ff. (zit.: *Hopt*, FS Stimpel)

Hopt, Klaus J.: Nichtvertragliche Haftung außerhalb von Schadens- und Bereicherungsausgleich - Zur Theorie und Dogmatik des Berufsrechts und der Berufshaftung, (Stuttgarter Sondertagung der Zivilrechtslehrervereinigung am 28./29.01.1983), AcP 183 (1983), 608 ff.

Hopt, Klaus J.: Rechtsprobleme der Anlageberatung und der Vermögensverwaltung der Schweizer Banken, in: Graffenried, Rudolf von: Beiträge zum schweizerischen Bankrecht, 1987 (zit.: *Hopt*, Beiträge zum Schweizer Bankrecht)

Horlemann, Heinz-Gerd: Die betriebliche und private Altersversorgung nach der Rentenreform 2001/2002; Neuwied, Kriftel, 2002 (zit.: *Horlemann*, Altersversorgung)

Horn, Norbert: Anlageberatung im Privatkundengeschäft der Banken - Rechtsgrundlagen und Anforderungsprofil, WM 1999, 1, ff.

Horn, Norbert: Börsentermingeschäfte nach neuem Recht, ZIP 1990, 2 ff.

Horn, Norbert: Culpa in contrahendo, JuS 1995, 377 ff.

Horn, Norbert: Die Aufklärungs- und Beratungspflichten der Banken, ZBB 1997, 139 ff.

Huber, Konrad: Verkehrspflichten zum Schutz fremden Vermögens, Festschrift für Ernst von Caemmerer zum 70. Geburtstag, 1978, 359 ff. (zit.: *Huber*, FS von Caemmerer)

Huber, Peter / Faust, Florian: Schuldrechtsmodernisierung, Einführung in das neue Recht, München 2002 (zit.: *Huber/Faust*, Schuldrechtsmodernisierung)

Hübner, Heinz: Allgemeiner Teil des Bürgerlichen Gesetzbuches. 2. Aufl. Berlin-New York 1996 (zit.: *Hübner*, AT)

Hübner, Ulrich, / Matusche-Beckmann, Annemarie: Auswirkungen des Gemeinschaftsrechts auf das Versicherungsrecht, EuZW 1995, 263 ff.

Hübner, Ulrich: Allgemeine Versicherungsbedingungen und AGB-Gesetz, 5. Auflage, Köln 1997 (zit.: *Hübner*, AVB und AGB-Gesetz)

Hübner, Ulrich: Auswirkungen der Deregulierung des Aufsichtsrechts auf den Versicherungsvertrieb - rechtliche Grundlagen; Karlsruhe 1994

Hübner, Ulrich: Auswirkungen des Gemeinschaftsrechts auf das Versicherungsrecht; Karlsruhe 1992

Hübner, Ulrich: Berufsregelung für Versicherungsvermittler in Deutschland?, EuZW 1997, 193

Hübner, Ulrich: Der gerechte Preis: Preisfreiheit und rechtliche Instrumente der Preiskontrolle in der sozialen Marktwirtschaft, Festschrift für Ernst Steindorff zum 70. Geburtstag am 13. März 1990, Berlin 1990, 589 ff. (zit.: *Hübner*, FS Steindorff)

Hübner, Ulrich: Deregulierung und Versicherungsvermittlung - Verbraucherschutz durch Beratung?, Hübner, Ulrich / Helten, Elmar / Albrecht, Peter: Recht und Ökonomie in der Versicherung: Festschrift für Egon Lorenz zum 60. Geburtstag; Karlsruhe 1994; 317 ff. (zit.: *Hübner,* FS Lorenz)

Hübner, Ulrich: Die rechtliche Perspektive, Versicherungsmärkte im Wettbewerb; Baden-Baden 1989, 43 ff. (zit.: *Hübner*, Versicherungsmärkte im Wettbewerb)

Hübner, Ulrich: Dienstleistungsfreiheit auf dem Finanzdienstleistungssektor, in: *Baur, Jürgen F. / Müller-Fraff, Peter-Christian / Zuleeg, Manfred* (Hrsg.): Festschrift Börner; Köln, Berlin u.a. 1992, S., 151-161 (zit.: *Hübner,* FS Börner)

Hübner, Ulrich: Dienstleistungsfreiheit im Finanzdienstleistungsbereich, EuZW 1991, 545

Hübner, Ulrich: Editorial: Berufsregelung für Versicherungsvermittler in Deutschland?, EuZW 1997, 193

Hübner, Ulrich: Konsumentenschutz und Deregulierung, VR 1993, 13 ff.

Hübner, Ulrich: Liberalisierung des Versicherungsmarkts, EuZW 1990, 265

Hübner, Ulrich: Managerhaftung - Rechtsgrundlagen und Risikopotentiale einer persönlichen Inanspruchnahme der Unternehmensleiter von Kapitalgesellschaften; München 1992 (zit.: *Hübner*, Managerhaftung)

Hübner, Ulrich: Rechtliche Rahmenbedingungen des Wettbewerbs in der Versicherungswirtschaft: eine vergleichende Untersuchung zu den Rechtsordnungen Großbritanniens, Frankreichs, der Schweiz und der Vereinigten Staaten von Amerika, Baden-Baden 1989

Hübner, Ulrich: Rechtliche Rahmenbedingungen, AGB und VVG, Vortrag auf der Tagung der Gerling-Konzern Globale Rückversicherungs-AG: Lebensversicherung 1994 - Möglichkeiten und Grenzen der freien Tarifgestaltung, 8.10.1993, Köln

Hübner, Ulrich: Reflexionen zur Stellung des Verbrauchers im Versicherungsbinnenmarkt, EuZW 1995, H. 1, 1

Hübner, Ulrich: Versicherung quo vadis? - Europäisierung, Deregulierung und die möglichen Folgen, *Hopt/Mehl* (Hrsg.): Geburtstag für Georg Büchner, München 1991, 305 ff. (zit.: *Hübner*, FS Büchner)

Hübner, Ulrich: Versicherungsaufsicht und Grundrechte, Verfassungsstaatlichkeit. Festschrift für Klaus Stern zum 65. Geburtstag. München 1997, 967-985 (*Hübner*, FS Stern)

Hübner, Ulrich: Zum Stand der Rechtsvereinheitlichung im internationalen Versicherungsvertragsrecht, in: Europäisches Gemeinschaftsrecht und Internationales Privatrecht, herausgegeben von Christian von Bar; Köln 1991

Hueck, Alfred / Canaris, Claus-Wilhelm: Recht der Wertpapiere, 12. Auflage, München 1986 (zit.: *Hueck/Canaris,* Wertpapierrecht)

Hüffer, Jens: Das Wertpapier-Verkaufsprospektgesetz - Prospektpflicht und Anlegerschutz; Diss., Bonn 1996 (zit.: *Hüffer*, VerkProspG)

Huhn, Harald / Blümke, Anke / Liptau-Nohl, Christiane: Renaissance der betrieblichen Altersversorgung in Deutschland, VW 2001, 1864 ff.

Institut der Deutschen Wirtschaftsprüfer: IDW Standard: Grundsätze ordnungsgemäßer Beurteilung von Prospekten über öffentlich angebotene Kapitalanlagen (IDW S4), Düsseldorf 2000 (zit.: *IDW-Grundsätze*)

Isensee, Josef / Kirchhof, Paul (Hrsg.): Handbuch des Staatsrechts der Bundesrepublik Deutschland, 9 Bände, 2. Auflage Heidelberg 1997-2000 (zit.: *Isensee/Kirchhof,* Handbuch des Staatsrechts)

Jacob, Michael: Investmentfonds - Möglichkeiten ihrer Ausgestaltung unter besonderer Berücksichtigung einer neuen Anlegerschutzkonzeption, Diss., Saarbrücken 1995 (zit.: *Jacob*, Investmentfonds)

Jacobus, Rainer M.: Vertrieb der Zukunft - Zukunft des Vertriebs. Der Versicherungsmakler als Kunde - ein Käufermarkt entsteht., in: *Wagner, Fred (Hrsg.):* Aktuelle Fragen der Versicherungswirtschaft, Winter 1999/2000, 1, 6 f.

Jaeger, Harald: Die Finanzierung und Kreditsicherung mit Lebensversicherungen, Diss., Karlsruhe 1994

Jähnke, Burkhard / Laufhütte, Heinrich Wilhelm / Odersky, Walter: Strafgesetzbuch, Leipziger Kommentar, §§ 283-283 d, 11. Auflage, Berlin 1996 (zitiert: *Bearbeiter* in LK)

Jannott, Edgar: Auswirkungen der Deregulierung des Aufsichtsrechts auf den Versicherungsvertrieb, Karlsruhe 1994

Jansen, Dieter E. (Hrsg.): Finanzen, Geld und Vermögen - Handbuch der Kapitalanlage und Finanzdienstleistung; Neuwied-Kriftel 1999 (zit.: Bearbeiter in *Jansen*)

Jarass Hans D. / Pieroth, Bodo: Grundgesetz für die Bundesrepublik Deutschland, 6. Auflage, München 2002 (zit.: *Jarass/Pieroth*, GG)

Jauernig, Othmar: Bürgerliches Gesetzbuch; 10. Auflage, München 2002 (zit.: Bearbeiter in *Jauernig,* BGB)

Jauernig, Stefan: Die Tchibo-Axa-Zuschuss-Rente - ein Fall für die Versicherungsaufsicht?, VW 2002, 252

Joecks, Wolfgang: Der Kapitalanlagebetrug: strafrechtliche Risiken beim Vertrieb steuerbegünstigter Kapitalanlagen; Köln 1987 (zit.: *Joecks*, Kapitalanlagebetrug)

Josef, Eugen: Unrichtige Übermittlung eines Vertragsangebots, namentlich im Versicherungsrecht, Iher. Jb. 59, 369 ff.

Joseph, Ulrich: Lebensversicherung und Abtretung; Diss., Hamburg 1989 (zit.: *Joseph,* Lebensversicherung und Abtretung)

Jost, Fritz: Vertragslose Auskunfts- und Beratungshaftung, Fundamenta Juridica Bd. 14, Baden-Baden 1991 (zit.: *Jost*, Vertragslose Auskunfts- und Beratungshaftung)

Jung, Andreas / Jung, Günther: Kapitalanlage Versicherungen - Varianten, Renditen, Risiken; l. Auflage, Wiesbaden, 1995 (zit.: *Jung/Jung,* Kapitalanlage Versicherungen)

Kaligin, Thomas: Die spezifischen Risiken und Rechtsschutzmöglichkeiten des Kommanditisten bei Beteiligungen an Abschreibungsgesellschaften in der Rechtsform der GmbH & Co. KG: ein Beitrag zum Anlegerschutz; Gelsenkirchen 1983 (zit.: *Kaligin*, Abschreibungsgesellschaften)

Karten, Walter (Hrsg.): Lebensversicherung und Geschäftsbesorgung / Kolloquium in Memoriam Karl Sieg - Hamburg, 30. September 1998; Karlsruhe 1998

Kessner, Ekkehard: Markttransparenz und Produktionseffizienz in der deutschen Lebensversicherung, Diss., München 2001 (zit.: *Kessner*, Markttransparenz)

Kiel, Peter: Internationales Kapitalanlegerschutzrecht: zum Anwendungsbereich kapitalanlegerschützender Normen im deutschen, europäischen und US-amerikanischen Recht, Diss., Hamburg 1993 (zit.: *Kiel*, Kapitalanlegerschutzrecht)

Kieninger, Eva-Maria: Aufklärungspflichten bei fremdfinanzierter Lebensversicherung als Kapitalanlage. Besprechung von BGH, Urteil v. 09.07.1998 - III ZR 158/97, NVersZ 1999, 118 ff.

Kieninger, Eva-Maria: Informations-, Aufklärungs- und Beratungspflichten bei Abschluß von Versicherungsverträgen, AcP 199 (1999), 190 ff.

Kieninger, Eva-Maria: Informations-, Aufklärungs- und Beratungspflichten beim Abschluß von Versicherungsverträgen: zur Gesetzesinitiative der Bundesländer vom 07.07.1997; VersR 1998, 5 ff.

Kiethe, Kurt: Gesellschaftsrechtliche Einflussnahme und Initiatorenstellung - Aspekte der Haftung Dritter aus Prospekten bei Kapitalanlagegesellschaften, NZG 1999, 858 ff.

Kiethe, Kurt: Prospekthaftung und grauer Kapitalmarkt, ZIP 2000, 216 ff.

Kirsch, Christian: Berufsunfähigkeitsversicherung im Wandel in: *Beckmann, Roland Michael / Matusche-Beckmann, Annemarie (Hrsg.):* Verantwortlichkeit im Wirtschaftsrecht - Beiträge zum Versicherungs- und Wirtschaftsrecht der Schüler von Ulrich Hübner; Karlsruhe 2002, 29 ff. (zit.: *Kirsch*, FS Hübner)

Kisch, Wilhelm: Das Recht des Versicherungsvereins auf Gegenseitigkeit; Berlin 1951 (zit.: *Kisch*, VVaG)

Kiss, Henning: Die Haftung berufsmäßiger Sachkenner gegenüber Dritten. Zugleich eine Besprechung der Entscheidung des BGH v. 13.11.1997 - X ZR 144/94 (WM 1998, 440 f.), WM 1999, 117 ff.

Kleinschmitt, Martin: Das Informationsmodell bei Börsentermingeschäften, Berlin 1992 (zit.: *Kleinschmitt*, Informationsmodell)

Kleinwächter, Karin: Die Prospekthaftung der Bank für Aktienplatzierungen außerhalb des amtlichen Börsenhandels, BB 1987, 1541 ff.

Klingemann, August: Die rechtliche Stellung des Vermittlungsagenten einer Versicherungsgesellschaft, insbesondere seine Vollmacht, Gießen 1909 (zit.: *Klingemann*, Stellung des Vermittlungsagenten)

Klingler, Joachim: Aufklärungspflichten im Vertragsrecht - Hypothesen zu ihrer richterlichen Instrumentalisierung, Düsseldorf 1981 (zit.: *Klingler*, Aufklärungspflichten)

Klingmüller, Ernst: Der Konsumentenschutz in der Versicherungswirtschaft nach der Deregulierung, in: Zeitschrift der Koreanisch-Deutschen Gesellschaft für Rechtswissenschaft, Band 12/1996, 11 ff., 30 (zit.: *Klingmüller*, Konsumentenschutz)

Kluth, Winfried: Das Übermaßverbot, JA 1999, 606 ff.

Köbele, Günter Stephan: Die Versicherungsaktiengesellschaft zwischen Aktiengesellschaft und Versicherungsverein auf Gegenseitigkeit , Diss., Freiburg i. Br. 1965 (zit.: *Köbele*, Versicherungsaktiengesellschaft)

Koch, Peter: Das Widerrufsrecht des Antragstellers, VersR 1991, 725

Koch, Peter: Versicherungswirtschaft: ein einführender Überblick; 5. Auflage; Karlsruhe 1998 (zit.: *Koch*, Versicherungswirtschaft)

Köcher, Renate: Die Versicherung aus Sicht ihrer Kunden, *Büchner, Georg:* Die Versicherungswirtschaft in ihrer volkswirtschaftlichen Bedeutung; Karlsruhe 1983

Koester, Helmut: Wie weit geht die Prospekthaftung? Zeitschrift für das gesamte Kreditwesen 1983, 698 ff. (zit.: *Koester*, Kreditwesen 1983)

Kohl, Helmut / Kübler, Friedrich / Walz, W. Rainer / Wüstrich, Wolfgang: Abschreibungsgesellschaften, Kapitalmarkteffizienz und Publizitätszwang - Plädoyer für ein Vermögensanlagegesetz, ZHR (138) 1974, 1 ff.

Köhler, Helmut: BGB, Allgemeiner Teil, 25. Auflage, München 2001 (zit.: *Köhler*, AT)

Köhler, Helmut: Gesetz gegen den unlauteren Wettbewerb; Kommentar; 2. Aufl. München 2001

Kohlmann, Günter / Brauns, Uwe: Zur strafrechtlichen Erfassung der Fehlleitung öffentlicher Mittel, Wiesbaden 1979 (zit.: *Kohlmann/Brauns*)

Köndgen, Johannes: Die Entwicklung des privaten Bankrechts in den Jahren 1992-1995, NJW 1996, 569 ff.

Köndgen, Johannes: Die Haftung von Börseninformationsdiensten: Lücke im Anlegerschutz? Anmerkung zu: BGH, U. v. 08.02.1978 - VIII ZR 20/77, JZ 1978, 389-394

Köndgen, Johannes: Selbstbindung ohne Vertrag: zur Haftung aus geschäftsbezogenem Handeln, Tübingen 1981 (zit.: *Köndgen*, Selbstbindung)

Köndgen, Johannes: Wieviel Aufklärung braucht ein Wertpapierkunde? Bemerkungen zum Richtlinienentwurf des Bundesaufsichtsamts für den Wertpapierhandel zu §§ 35 Abs. 2 WpH, ZBB 1996, 361

Köndgen, Johannes: Zur Theorie der Prospekthaftung, AG 1983, 85 ff.

Köndgen, Johannes: Zur Theorie der Prospekthaftung, Köln 1983 (zit.: *Köndgen*, Prospekthaftung)

Kondorosy, Kinga Maria: Die Prospekthaftung im internationalen Privatrecht unter Berücksichtigung des US-amerikanischen, englischen und deutschen Rechts; Diss., Zürch 1998

König, Markus: Gebrauchte (Risiko-)Lebensversicherung als Kapitalanlage, VersR 1996, 1328 ff.

Krakowski, Michael: Regulierung der Versicherungsmärkte, in: Krakowski, Michael (Hrsg.): Regulierung in der Bundesrepublik Deutschland, die Ausnahmebereiche des Gesetzes gegen Wettbewerbsbeschränkungen, Hamburg 1988, 423 ff. (zit.: *Krakowski*, Regulierung der Versicherungsmärkte)

Kreienbaum, Birgit: Transparenz und AGB-Gesetz; Diss., Hamburg 1997 (zit.: *Kreienbaum*, Transparenz)

Krepler, Ute / Lohrer, Ulrich: Lebensversicherung - Einbruch der Rendite, Finanzen 09/2002, 27 ff.

Kromschröder, Bernhard: Anlageerfolg und Kapitalanlageplanung der Versicherungsunternehmung aus entscheidungstheoretischer, kapitaltheoretischer und strategischer Sicht; Vortrag vom 5. Februar 1986 auf der Jahrestagung des Vereins zur Förderung der Versicherungswissenschaften an der Universität Mannheim; Karlsruhe 1986 (zit.: *Kromschröder,* Anlageerfolg und Kapitalanlageplanung)

Kruse, Jörn: Informationspolitik für Konsumenten; Göttingen 1979 (zit.: *Kruse*, Informationspolitik)

Kübler, Friedrich: Anlageberatung durch Kreditinstitute, ZHR 145 (1981), 204 ff.

Kuhlmann, Eberhard: Verbraucherpolitik: Grundzüge ihrer Theorie und Praxis; München 1990 (zit.: *Kuhlmann*, Verbraucherpolitik)

Kühlmann, Knut / Blumenstein, Meike / Dietrich, Albert: Die Lebensversicherung zur Altersvorsorge, 2. Auflage; München 1998 (zit: Bearbeiter in *Kühlmann/Blumenstein/Dietrich,* Die Lebensversicherung zur Altersvorsorge)

Kullmann, Walburga / Müller-Deku, Tobias: Die Bekanntmachung zum Wertpapier-Verkaufsprospektegesetz, WM 1996, 1989 ff.

Kümpel, Siegfried / Ott, Claus: Kapitalmarktrecht: ergänzbares Rechtshandbuch für die Praxis; Berlin 2000 (zit.: *Kümpel/Ott*, Kapitalmarktrecht)

Kümpel, Siegfried: Die allgemeinen Verhaltensregeln des Wertpapierhandelsgesetzes, WM 1995, 689 ff.

Kunz, Jürgen: Die Börsenprospekthaftung nach Umsetzung der EG-Richtlinien in innerstaatliches Recht; Köln 1992 (zit.: *Kunz*, Börsenprospekthaftung)

Kunz, Jürgen: Urteilsanmerkung zu OLG Frankfurt am Main, Urt. v. 1.2.1994 - 5 U 213/92, BB 1994, 738 f.

Kurz, Anette E.: Die fondsgebundene Lebensversicherung mit Mindestgarantie: modelltheoretische Bewertung und Anforderungen an das Asset-Liability-Management, Diss. Mannheim 1997 (zit.: *Kurz*, Fondsgebundene Lebensversicherung)

Kurzendörfer, Volker: Einführung in die Lebensversicherung, 3. Aufl. Karlsruhe 2000 (zit.: *Kurzendörfer*, Lebensversicherung)

Lackner, Karl / Kühl, Kristian: Strafgesetzbuch; 24. Auflage, München 2001 (zit.: Bearbeiter in *Lackner/Kühl,* StGB)

Lammel, Siegbert: Zur Auskunftshaftung, AcP 179 (1979), 337 ff.

Lang, Volker: Die Beweislastverteilung im Falle der Verletzung von Aufklärungs- und Beratungspflichten bei Wertpapierdienstleistungen, WM 2000, 450 ff.

*Lang, Volker:*Aufklärungspflichten bei der Anlageberatung, Stuttgart 1995 (zit.: *Lang,* Aufklärungspflichten)

Lange, Knut Werner: Neue Marketingstrategien im Internet - ökonomische und rechtliche Analyse, BB 2002, 561 ff.

Lange, Markus: Informationspflichten von Finanzdienstleistern - Zivilrechtliche Vorfeldpflichten bei Anlagegeschäften an Finanz- und Terminmärkten unter Berücksichtigung der §§ 31, 32 WpHG, Diss., Potsdam 1999 (zit.: *Lange*, Informationspflichten von Finanzdienstleistern)

Larenz, Karl / Canaris, Claus-Wilhelm: Lehrbuch des Schuldrechts, Band II, Besonderer Teil, München 1994 (zit.: *Larenz*, Schuldrecht II)

Larenz, Karl / Wolf, Manfred: Allgemeiner Teil des deutschen Bürgerlichen Rechts, 8. Auflage, München 1997 (zit.: *Larenz/Wolf,* AT)

Larenz, Karl: Bemerkungen zur Haftung für culpa in contrahendo, in: Festschrift für Kurt Ballerstedt, Berlin 1975, 397 ff. (zit.: *Larenz*, FS Ballerstedt)

Larenz, Karl: Lehrbuch des Schuldrechts, I. Band: Allgemeiner Teil, 13. Auflage, München 1987 (zit.: *Larenz*, Schuldrecht I)

Larenz, Karl: Methodenlehre; 6. Auflage, München 1991 (zit.: *Larenz*, Methodenlehre)

Lauth, Andreas / Präve, Peter / Schwark, Peter / Wagner, Jürgen (Hrsg.): Altersvermögensgesetz - Materialien und Erläuterungen zur neuen Förderung; Berlin 2002 (zit.: Bearbeiter in *Lauth/Präve/Schwark/Wagner,* AVmG)

Lazard Asset Management Deutschland: Ranking und Rating - Allheilmittel für Fondsanleger?, Teil I, Frankfurt am Main 2002 (zit.: *Lazard*, Ranking und Rating, Teil I)

Leenen, Detlef: Die Neugestaltung des Verjährungsrechts durch das Schuldrechtsmodernisierungsgesetz, DStR 2002, 34 ff.

Lehmann, Arno: Börsentermingeschäfte als Bankdienstleistungen, Diss., Bremen 1995 (zit.: *Lehmann*, Börsentermingeschäfte)

Lehmann, Michael: Die bürgerlich-rechtliche Haftung für Werbeangaben. Culpa in contrahendo als Haftungsgrundlage für vertragsanbahnende Erklärungen, NJW 1981, 1233 ff.

Lehmann, Michael: Die zivilrechtliche Haftung der Banken für informative Angaben im deutschen und europäischen Recht, WM 1985, 181 ff.

Lehmann, Michael: Vertragsanbahnung durch Werbung, eine juristische und ökonomische Analyse der bürgerlich-rechtlichen Haftung für Werbeangaben gegenüber dem LetztVerbraucher, München 1981 (zit.: *Lehmann,* Vertragsanbahnung durch Werbung)

Leinert, J. / Wagner, G.: Ergebnisse einer Umfrage zur Nachreservierung bei Umstellung der Rechnungsgrundlagen für private Renten auf die Sterbetafeln DAV 1994 R, Der Aktuar 1999, 16 ff.

Lemke, Rudolf: Haftungsrechtliche Fragen des Ratingwesens - ein Regelungsproblem?, Diss., Frankfurt am Main 2000 (zit.: *Lemke*, Regelungsproblem)

Lempenau, Joachim: Viel zu kompliziert - Die Regierung müsste einfachere Lösungen finden, um die private Altersvorsorge zu stützen, Die Woche vom 12.12.2000, 17.

Lengnick, Johannes: Die Vertretungsmacht des Versicherungsagenten, Leipzig 1913 (*Lengnick,* Vertretungsmacht des Versicherungsagenten)

Lerbinger, Paul: Aktienkursprognose durch Linienchart-Formation und Trendlinien. Eine Untersuchung zur Selektions-Effizienz dieser Verfahren, AG 1988, 7 ff.

Leuering, Dieter: Der Erwerb von Beteiligungen durch Versicherungsunternehmen an Unternehmen anderer Wirtschaftszweige, Karlsruhe 1997 (zit.: *Leuering,* Erwerb von Beteiligungen)

Leverenz, Kent: Rechtliche Aspekte zum Versicherungsgeschäft im Internet, Karlsruhe 2001 (zit.: *Leverenz*, Versicherungsgeschäft im Internet)

Lewis, William: Handbuch des Versicherungsrechts, Stuttgart 1889 (zit.: *Lewis*, Versicherungsrecht)

Lieb, Manfred: Culpa in contrahendo und rechtsgeschäftliche Entscheidungsfreiheit, Festschrift für Dieter Medicus zum 70. Geburtstag, München 1999, 337 ff. (zit.: *Lieb*, FS Medicus)

Lieb, Manfred: Vertragsaufhebung oder Geldersatz?, Festschrift der Rechtswissenschaftlichen Fakultät zur 600-Jahr-Feier der Universität Köln 1988, 251 ff. (zit.: *Lieb*, FS Rechtswissenschaftliche Fakultät)

Liebs, Detlef: Fahrlässige Täuschung und Formularvertrag, AcP 174 (1974), 26 ff.

Lindacher, Walter F.: Grundfragen des Wettbewerbsrechts, BB 1975, 1311 f.

Lohr, Martin: Die Haftung des Verantwortlichen Aktuars gegenüber den Versicherungsnehmern in der Lebensversicherung; Diss., Köln 2000 (zit.: *Lohr*, Haftung des Verantwortlichen Aktuars)

Loomann, Volker: Anleger sollten die Risiken einer Rentenversicherung beachten - „Optimistische" Sterbetafeln und gewagte Renditerechnungen, Frankfurter Allgemeine Zeitung vom 12.06.1999, 27.

Lorenz, Egon (Hrsg.): Aufklärungspflichten; Karlsruhe 2001 (zit.: Bearbeiter in *Lorenz*, Aufklärungspflichten)

Lorenz, Egon: Die Auskunftsansprüche des Versicherten zur Überschussbeteiligung in der Lebensversicherung, Karlsruhe 1983 (zit.: *Lorenz*, Auskunftansprüche)

Lorenz, Egon: Die Transparenz des durchschnittlichen VN, (Glosse), VersR 1998, 1086 ff.

Lorenz, Egon: Gefahrgemeinschaft und Beitragsgerechtigkeit aus rechtlicher Sicht. Mannheimer Vorträge zur Rechtswissenschaft, hrsg. im Institut für Versicherungswissenschaft der Universität Mannheim von Peter Albrecht und Egon Lorenz, Heft 26, 162 ff., Karlsruhe 1983 (zit.: *Lorenz*, Gefahrgemeinschaft)

Lorenz, Egon: Neue Aspekte zum Abschluss eines Versicherungsvertrags nach § 5 a VVG, VersR 1997, 773 ff.

Lorenz, Egon: Rechtsfragen zur Überschussbeteiligung in der Kapitallebensversicherung, ZVersWiss 82 (1993), 283 ff.

Lorenz, Egon: Zu den Informationspflichten des Versicherers und zum Abschluss von Versicherungsverträgen nach neuem Recht, ZVersWiss 85 (1995), 105 ff.

Lorenz, Egon: Zum Abschluss eines Versicherungsvertrags nach § 5a VVG, VersR 1995, 616 ff.

Lorenz, Stephan / Riehm, Thomas: Lehrbuch zum neuen Schuldrecht, München 2002 (zit.: *Lorenz/Riehm*, Lehrbuch zum neuen Schuldrecht)

Lorenz, Stephan: Der Schutz vor dem Unerwünschten Vertrag. Eine Untersuchung von Möglichkeiten und Grenzen der Abschlusskontrolle im geltenden Recht, München 1997 (zit.: *Lorenz*, Unerwünschter Vertrag)

Lorenz, Stephan: Vertragsaufhebung wegen culpa in contrahendo: Schutz der Entscheidungsfreiheit oder des Vermögens?, ZIP 1998, 1053 ff.

Lorenz, Werner: Das Problem der Haftung für primäre Vermögensschäden bei der Erteilung einer unrichtigen Auskunft, in: Festschrift für Karl Larenz zum 70. Geburtstag, München 1973, 575 ff. (zit.: *Lorenz,* FS Larenz 1973)

Loritz, Karl-Georg: Aufklärungs- und Informationsbeschaffungspflichten über Presseberichte beim Vertrieb von Kapitalanlagen, NZG 2002, 889 ff.

Loy, Hartmut: Finanzierungen unter Einsatz von Lebensversicherungen, 2. Auflage, Köln 1995

Lühr, Karl-Heinz: Neue Sterbetafeln für die Lebensversicherung, BDGVM 1986, 485 ff.

Lührs, Dieter: Lebensversicherung: Produkte, Recht und Praxis, Wiesbaden 1997 (zit.: *Lührs,* Lebensversicherung)

Lutter, Marcus: Umwandlungsgesetz, 2. Auflage, Köln 2000 (zit.: Bearbeiter in *Lutter*, Umwandlungsgesetz)

Lutter, Marcus: Zur Haftung des Emissionsgehilfen im grauen Kapitalmarkt, in: Recht und Wirtschaft in Geschichte und Gegenwart - Festschrift für Johannes Bärmann zum 70. Geburtstag, 605 ff.; München 1975 (zit.: *Lutter*, FS Bärmann)

Maaß, Henning: Der deutsche Aktuar im deregulierten Lebensversicherungsmarkt, Ulm 1995

Mankowski, Peter: Das Internet im internationalen Vertrags- und Deliktsrecht, RabelsZ 63 (1999), 203 ff.

Mansel, Heinz-Peter: Die Neuregelung des Verjährungsrechts, NJW 2002, 89

Marx, Thomas: Wettbewerbsrecht: Fälle und Materialien zum nationalen und europäischen Kartellrecht, zum Gesetz gegen den unlauteren Wettbewerb und zu den Nebengesetzen, Berlin 1978 (zit.: *Marx*, Wettbewerbsrecht)

Maunz, Theodor / Zippelius, Reinhold: Deutsches Staatsrecht, 30. Auflage, München 1998 (zit.: *Maunz/Zippelius,* Deutsches Staatsrecht) Deutsches Staatsrecht

Maurer, Hartmut: Staatsrecht I - Grundlagen, Verfassungsorgane, Staatsfunktionen, München 2001 (zit.: *Maurer*, Staatsrecht)

Medicus, Dieter: Bürgerliches Recht, 19. Auflage, Köln u.a. 2002 (zit.: *Medicus*, Bürgerliches Recht)

Medicus, Dieter: Grenzen der Haftung für culpa in contrahendo, JuS 1965, 209 ff.

Medicus, Dieter: Probleme der Wissenszurechnung, Karlsruher Forum 1994, 4 ff. (zit.: *Medicus*, Probleme der Wissenszurechnung)

Medicus, Dieter: Schuldrecht I - Allgemeiner Teil, 12. Auflage, München 2000 (zit.: *Medicus*, AT)

Medicus, Dieter: Verschulden bei Vertragsverhandlungen, Gutachten und Vorschläge zur Überarbeitung des Schuldrechts, herausgegeben vom Bundesminister der Justiz, Band I, Köln 1981, 479 ff. (zit.: *Medicus*, Verschulden bei Vertragsverhandlungen)

Mertens, Hans-Joachim: Deliktsrecht und Sonderprivatrecht - zur Rechtsfortbildung des deliktischen Schutzes von Vermögensinteressen, AcP 178 (1978), 227 ff.

Messerschmidt, Burkhard: Hinweis- und Belehrungspflichten des Versicherers; Diss., Frankfurt am Main 1986 (zit.: *Messerschmidt,* Hinweis- und Belehrungspflichten des Versicherers)

Meyding, Bernhard: Zweifelsfragen bei Anwendung des Wertpapier-Verkaufsprospektgesetzes, DB 1993, 419 ff.

Meyer, Claus-Dieter: „Private Rentenversicherung", in: Finanzdienstleistungen 3C, 240 (zit.: *Meyer,* FD)

Meyer, Claus-Peter: „Förderschädlich" muss nicht schädlich sein, Versicherungsjournal vom 24.04.2002

Meyer, Claus-Peter: 9000 Kunden nutzen „My AXA", Versicherungsjournal vom 19.04.2002.

Meyer, Claus-Peter: Förder-Falle bei „Riester-Renten"?, Versicherungsjournal vom 10.04.2002

Meyer, Claus-Peter: Frühes Zahlen wird bestraft, Versicherungsjournal vom 18.09.2002.

Meyer, Claus-Peter: Tilgungsaussetzung per Selbstbedienung, Versicherungsjournal vom 28.02.2002

Meyer, Claus-Peter: Warnung vor Kapital-Versicherungen, Versicherungsjournal vom 20.3.2003

Meyer, Hans Dieter: Das Versicherungs(un)wesen. Eine Branche jenseits von Recht und Wettbewerb, München 1990 (zit.: *Meyer*, Das Versicherungs(un)wesen)

Meyer, Hans Dieter: Verbraucherpolitische Informationen und Forderungen, Lebensversicherung, internationale Versicherungsverträge und Verbraucherschutz, Versicherungsvertrieb - Beiträge der Fünften Wissenschaftstagung des Bundes der Versicherten, herausgegeben von Jürgen Basedow; Baden-Baden 1996 (zit.: *Meyer*, Verbraucherpolitische Informationen und Forderungen)

Meyer, Hans Dieter: Wem gehören 800 Milliarden Mark? Eine Kritik an den rechtlichen und wirtschaftlichen Grundlagen des Versicherungswesens, ZRP 1990, 424 ff.

Meyer, Lothar: Die Gesamtbewertung von Versicherungsunternehmen. Ein Beitrag zur Theorie der Gesamtbewertung, Karlsruhe 1975 (zit.: *Meyer*, Gesamtbewertung)

Meyer, Oscar / Bremer, Heinz: Börsengesetz nebst Ausführungsbestimmungen - Kommentar, 4. Auflage, Berlin 1997 (zit.: *Meyer/Bremer,* BörsG)

Meyer, Ulrich: Versicherung als Risikotransformation, in: *Basedow, Jürgen (Hrsg),* Erneuerung des Versicherungsvertragsgesetzes. Versichertenschutz in den USA. Rechnungslegung von Versicherungsunternehmen: Beiträge der sechsten Wissenschaftstagung des Bundes der Versicherten; Baden-Baden 1997 (zit.: *Meyer*, Beiträge der sechsten Wissenschaftstagung des Bundes der Versicherten)

Meyer-Scharenberg, Dirk: Finanzierung mit Lebensversicherungen: Strategien zur steueroptimalen Gestaltung, 2. Auflage, München 1996 (zit.: *Meyer-Scharenberg*, Finanzierung mit Lebensversicherungen,)

Michaels, Bernd: Aktuelle Probleme der Versicherungswirtschaft, Pressemitteilung des GDV vom 24.03.2003

Michaels, Bernd: Die Lebensversicherung als Instrument der Altersvorsorge, in *Wagner, Fred:* Aktuelle Fragen in der Versicherungswirtschaft, Karlsruhe 2000, 65 ff. (zit.: *Michaels* in *Wagner*, Aktuelle Fragen)

Möhrenschlager, Manfred: Der Regierungsentwurf eines Zweiten Gesetzes zur Bekämpfung der Wirtschaftskriminalität, wistra 1982, 201 ff.

Möller, Hans: Grenzen der Versicherungsaufsicht - Vom Zivilrecht her gesehen, Festschrift H. P. Ipsen 1977, 465 ff. (zit.: *Möller*, FS Ipsen)

Möller, Hans: Verantwortlichkeit für den Versicherungsvertreter!, WallmannsZ 42, 64

Morgen, Robert D.: Die differenzierende Rechtsprechung des BGH zur Verjährung von Prospekthaftungsansprüchen: Eine "halbherzige" Lösung, NJW 1987, 474 ff.

Mösbauer, Heinz: Die Unternehmensaufsicht im Bereich der Versicherungswirtschaft. Wirtschaftsaufsicht oder Wirtschaftslenkung? BB 1987, 1689 ff.

Motive zu dem Entwurfe eines Bürgerlichen Gesetzbuches für das Deutsche Reich, Amtliche Ausgabe, 5 Bände, Berlin 1888 (zit.: Motive I)

Mugdan, Benno: Die gesamten Materialien zum Bürgerlichen Gesetzbuch, Band I, Einführungsgesetz und Allgemeiner Teil, Berlin 1899 (zit.: *Mugdan*, Band I)

Mühlbrandt, Frank: Die private Altersvorsorge, Düsseldorf 1989 (*Mühlbrandt,* Private Altersvorsorge)

Müller, Bianca: Verbraucherschutz durch das Bundesaufsichtsamt für das Versicherungswesen; Diss., Hamburg 1997 (zit.: *Müller*, Verbraucherschutz)

Müller, Fredy: Auskunftshaftung nach deutschem und englischem Recht: eine rechtsvergleichende Untersuchung der dogmatischen Grundlagen der Haftung gegenüber Dritten für fahrlässig verursachte primäre Vermögensschäden, Diss., Freiburg i.Br. 1994 (zit.: *Müller*, Auskunftshaftung)

Müller, Gerd: Umsätze und Ertrag - Eigenschaften der Kaufsache?, ZHR 147 (1983), 501 ff.

Müller, Helmut / Michaels, Bernd: Reformbedarf im Versicherungsrecht: aus der Sicht der Versicherungsaufsicht - aus der Sicht der Versicherungswirtschaft - Vorträge, gehalten auf dem 16. Münsterischen Versicherungstag am 21.11.1998; Karlsruhe 1999

Müller, Helmut: Die Entwicklung des Versicherungsaufsichtsrechts seit der Deregulierung und künftige Tendenzen,Vortrag vom 28.09.2002 vor dem Verein deutscher Versicherungsfachwirte, Manuskript bei http://www.vdvf.de/download/VortragHamburgam28902DrMueller.doc (zit.: *Müller*, Entwicklung des Versicherungsaufsichtsrechts)

Müller, Thomas Walter: Die demoskopische Ermittlung der Verkehrsauffassung im Rahmen des § 3 UWG; Diss., München 1987

Müller-Magdeburg, Thomas: Die Bestandsübertragung nach § 14 VAG; Diss., Berlin 1996 (zit.: *Müller-Magdeburg*, Bestandsübertragung)

Müller-Stein, Jörg: Das Recht der Versicherungsvermittlung, 2. Auflage; Wiesbaden 1997 (zit.: *Müller-Stein*, Recht der Versicherungsvermittlung)

Müller-Wiedendorn, Andreas: Haftungsprobleme für Vermittler von Finanzdienstleistungen, in: *Beckmann, Roland Michael / Matusche-Beckmann, Annemarie (Hrsg.):* Verantwortlichkeit im Wirtschaftsrecht - Beiträge zum Versicherungs- und Wirtschaftsrecht der Schüler von Ulrich Hübner; Karlsruhe 2002, 29 ff. (zit.: *Müller-Wiedendorn*, FS Hübner)

Müssig, Peter: Falsche Auskunfterteilung und Haftung, NJW 1989, 1697 ff.

N.N.: „Weniger Geld für Lebensversicherte - Ratingagentur Assekurata erwartet weitere Senkung der Überschussbeteiligung"; Frankfurter Allgemeine Zeitung vom 30. August 2002, 19.

N.N.: Aktienschwäche zwingt Versicherer zu Verkäufen - Stille Reserven stark geschrumpft / Absenkung der Überschussbeteiligung wird wahrscheinlicher, Frankfurter Allgemeine Zeitung vom 20.06.2002, Nr. 140, 25.

N.N.: Alles Riester oder was? Versicherungen, Vertreter und Verbraucherschützer streiten um die Zusatzrente, Focus 26/2001, 210.

N.N.: Allianz Leben kürzt Überschussbeteiligung, Frankfurter Allgemeine Zeitung vom 27.11.2002, Nr. 276, 27.

N.N.: Anleger sollen gemeinsam klagen können, Frankfurter Allgemeine Zeitung vom 11.12.2002, Nr. 288, 21.

N.N.: Auf der Suche nach Beurteilungskriterien für Lebensversicherer - Unterschiedliche Auffassungen beschäftigen Gericht / Auch Rating- Agenturen und Branchendienst bewerten, Frankfurter Allgemeine Zeitung, 25.01.1999, Nr. 20, 18

N.N.: Boom in der fondsgebundenen Lebensversicherung, Versicherungswesen 2001, 90 ff.

N.N.: Clerical Medical: Finanzierte Lebensversicherung mit „britischen Renditen", VermSt 2001, 9 f.

N.N.: Die Versicherer traf ein Keulenschlag - Allfinanzaufsicht sieht Branche in Turbulenzen - Banken bestehen Streßtest - Ermittlungen wegen Kursbetrugs, Frankfurter Allgemeine Zeitung vom 11.06.2003, Nr. 133, 23.

N.N.: Eichel will Befugnisse der Finanzaufsicht ausweiten - Zusätzliche Einrichtung für Prüfung von Unternehmen / Besserer Anlegerschutz geplant, Frankfurter Allgemeine Zeitung, 04.09.2002, Nr. 205, 11.

N.N.: Fondspolicen vermeiden Verzerrungen, Frankfurter Allgemeine Zeitung vom 20.10.2001, Nr. 244, 23.

N.N.: Gestaltungsspielraum für Verzinsung neuer Überschüsse - Lebensversicherer sind nicht durchweg an den Garantiezins gebunden / Aktuare für Informationspflicht, Frankfurter Allgemeine Zeitung vom 28.02.2003, Nr. 50, 23.

N.N.: In den Grenzen des Ökologischen..., VW 2002, 1900 f.

N.N.: Klausel-Kampf. Der BdV streitet weiter gegen Vertragsklauseln in der Lebensversicherung, Versicherungswesen 2001, 332

N.N.: Lebensversicherer stehen vor radikalen Umbrüchen, Frankfurter Allgemeine Zeitung vom 9.11.2002, Nr. 277, 23

N.N.: Lebensversicherungen: Viele steigen vorzeitig aus, in: Bank 2002, 5

N.N.: Münchener Rück mit Katastrophenbonds, Frankfurter Allgemeine Zeitung vom 26.01.2001, 25.

N.N.: Online-Beratung: Nutzen oder Schaden für den Vertrieb von Lebensversicherungen?, VW 2002, 888 f.

N.N.: Postbank-Angebot falsch, Frankfurter Allgemeine Zeitung vom 11.01.2003, Nr. 9, 21

N.N.: Prämienentwicklung der Assekuranz stand 2001 unter Druck, VW 2002, 1918

N.N.: Private Rentenversicherung wird immer beliebter, Frankfurter Allgemeine Zeitung vom 16.11.2002, Nr. 267, 25.

N.N.: Rating schafft Vertrauen - Standard & Poor's: Mit Transparenz können Lebensversicherer die Krise überwinden, VW 2002, 1895.

N.N.: Renditeversprechen der Lebensversicherer oft nicht plausibel - Fachleute fordern neue Qualitätsstandards für Beispielrechnungen / Eine Studie wertet 303 Angebote aus, Frankfurter Allgemeine Zeitung, 17.03.2001, Nr. 65, 14.

N.N.: Rentenansprüche weit überschätzt - Folgen für die zusätzliche Altersversorgung / Bertelsmann-Studie, Frankfurter Allgemeine Zeitung Nr. 281 vom 3.12.2002, 11.

N.N.: Riester: Zertifikat ist kein staatliches Gütesiegel, Frankfurter Allgemeine Zeitung, 19.12.2001, 27

N.N.: Versicherer zahlt noch 6,23% Zins - 2001 waren es 7,15% / Erster Marktüberblick / In 5 Jahren besser?, Frankfurter Allgemeine Zeitung, 28.01.2002, Nr. 23, 29.

N.N.: Vertrauen in Lebensversicherungen schwindet - Hälfte der Versicherungsnehmer macht sich ernsthaft Sorgen / Trotzdem mehr Neugeschäft, Frankfurter Allgemeine Zeitung vom 11.01.2003, Nr. 9, 21

N.N.: Warnung vor zuviel Ertragsoptimismus - Der Präsident des Bundesaufsichtsamtes warnt die Lebensversicherer, Frankfurter Allgemeine Zeitung, 10.05.1999, Nr. 107, 19.

N.N.: Wüstenrot nimmt mehr ein, Stuttgarter Zeitung vom 22.7.1993, 13.

N.N.: Zertifikate auch für Auszahlungspläne von Lebensversicherern - BAV: Zertifikat ist Fördersiegel - kein Gütesiegel / Riester-Produkte weiterer Fondsgesellschaften erwartet", Frankfurter Allgemeine Zeitung, 08.03.2002, Nr. 57, 25

Neumann, Carl: Die rechtliche Stellung des sogenannten Unteragenten einer Privat-Versicherungs-Gesellschaft, Göttingen 1891

Nirk, Rudolf: Culpa in contrahendo: eine richterliche Rechtsfortbildung - in der Rechtsprechung des Bundesgerichtshofs, Festschrift für Philipp Möhring, München 1975, 70 ff. (zit.: *Nirk*, FS Möhring)

Nitschke, Janina: Maßstäbe für die Transparenz Allgemeiner Versicherungsbedingungen unter Berücksichtigung des englischen Rechts, Diss., Berlin 2001 (zit.: *Nitschke*, Transparenz)

Noelle-Neumann, Elisabeth / Geiger, Herbert: Versicherungswirtschaft, öffentliche Meinung, Image und Öffentlichkeitsarbeit, in: *Farny, Dieter / Helten, Elmar / Koch, Peter u.a. (Hrsg.)*: Handwörterbuch der Versicherung, Bonn 1988, 1227 ff.

Nonhoff, Dieter: Lebensversicherung im EG-Binnenmarkt - Wechselwirkung im Hinblick auf Produkt- und Marktverfassung, ZVersWiss 1991, 248 ff.

Nordemann, Wilhelm: Wettbewerbsrecht; 8. Auflage, 1995 (zit.: *Nordemann*, Wettbewerbsrecht)

Nowak, Erich: Die Übertragung des Versicherungsbestands auf eine neugegründete Aktiengesellschaft - Sachübernahme oder Nachgründung?, Ausblick und Rückblick, Festschrift für Erich Prölss zum 60. Geburtstag; München 1967, 251 ff. (zit.: *Nowak*, FS Prölss)

Odenwald, Gerhard: Bilanzanalysen, branchenbezogen: der Vergleich mit der Konkurrenz, Wiesbaden 1976 (zit.: *Odenwald*, Bilanzanalysen)

Oestmann, Uwe: Wettbewerbsrecht der Versicherungswirtschaft, ZfV 1988, 448 ff.

Oikonomou, Anastasios: Bankenhaftung bei der Anlageberatung: Beratungspflichten im Optionsscheingeschäft, Diss., Münster 1998 (zit.: *Oikonomou*, Bankenhaftung bei der Anlageberatung)

Osing, Stefan: Informationspflichten des Versicherers und Abschluß des Versicherungsvertrages, Karlsruhe 1996 (zit.: *Osing*, Informationspflichten des Versicherers)

Paefgen, Walter G.: Haftung für mangelhafte Aufklärung aus culpa in contrahendo - Zur Täuschung über den Vertragsinhalt und ihren Folgen im Zivilrecht; Diss., Tübingen 1999 (zit.: *Paefgen*, Aufklärung)

Pagels, Gerhard: Zum Transparenzgebot in der Lebensversicherung. Anmerkung zu BGH, U. v. 09.05.2001 - IV ZR 138/99 und 121/00 -, NWB 2001, Fach 21, 1423-1430 bzw. 2693-2700

Palandt, Otto: Bürgerliches Gesetzbuch, 62. Aufl. 2002, mit Ergänzungsband zum Schuldrechtsmodernisierungsgesetz; München 2003 (zit.: Bearbeiter in *Palandt*, BGB)

Paus, Ulrich: Börsentermingeschäfte, Baden-Baden 1995 (zit.: *Paus*, Börsentermingeschäfte)

Peters, Andreas C.: Die Haftung und die Regulierung von Rating-Agenturen; Diss., Hamburg 2001 (zit.: *Peters,* Haftung und Regulierung von Rating-Agenturen)

Pflaum, Reiner: Wertpapier-Investmentfonds in Lebensversicherungsunternehmen, Wiesbaden 1993 (zit.: *Pflaum*, Wertpapier-Investmentfonds in Lebensversicherungsunternehmen)

Picker, Eduard: Vertragliche und deliktische Schadenshaftung. Überlegungen zu einer Neustrukturierung der Haftungssysteme, JZ 1987, 1041 ff.

Pleyer, Klemens / Hegel, Thomas: Die Prospekthaftung bei der Publikums-KG. Detailfragen anhand der Rechtsprechung des BGH, ZIP 1985, 1370 ff.

Pleyer, Klemens / Hegel, Thomas: Zur Grundlage der Prospekthaftung bei der Publikums-KG in der Literatur, ZIP 1986, 681 ff.

Pleyer, Klemens: Zur Grundlage des Schadensersatzanspruchs wegen fehlerhafter Prospekte beim Vertrieb von Anteilen an einer Publikums-KG in der Rechtsprechung des BGH, in: Festschrift für Walter Stimpel, Berlin, New York 1985, 335 ff. (zit.: *Pleyer*, FS Stimpel)

Pohl, Detlef: Lebensversicherer auf dem Rückzug. Fast 60 Gesellschaften kürzen die Überschussbeteiligung. Versicherte müssen nicht tatenlos zusehen, Frankfurter Allgemeine Sonntagszeitung, 30.12.2001, Nr. 52, 59.

Prautsch, Torsten: Zur Prospekthaftung von Wirtschaftsprüfern bei der Publikums-AG, Wpg 1985, 653 ff.

Präve, Peter: Anmerkung zu: BGH, U. v. 09.05.2001 - IV ZR 138/99 - (Begrenzte Inhaltskontrolle einer den Wortlaut eines ergänzungsbedürtigen Gesetzes wiedergegebenen Klausel); BGH, U. v. 09.05.2001 - IV ZR 121/00 - (Intransparente und transparente Klauseln in der kapitalbildenden Lebensversicherung), VersR 2001, 846 ff.

Präve, Peter: Auf dem Weg zu einem neuen Vertragsrecht - Leitlinien für Produkte fragwürdig - Beispielrechnungen hinreichend überwacht, VW 2002, 1934 ff.

Präve, Peter: Das Altersvorsorgeverträge-Zertifizierungsgesetz (AltZertG), VW 2001, 796 ff.

Präve, Peter: Das Widerspruchsrecht des Versicherungsnehmers, ZfV 1994, 374 ff.

Prölss, Erich / Martin, Anton: Versicherungsvertragsgesetz - Kommentar; 27. Auflage, München 2003 (zit.: Bearbeiter in *Prölss/Martin*, VVG)

Prölss, Erich: Versicherungsaufsichtsgesetz - Kommentar; 11. Auflage, München 1997 (zit.: Bearbeiter in *Prölss*, VAG)

Prölss, Jürgen: Der Versicherer als „Treuhänder der Gefahrengemeinschaft" - Zur Wahrnehmung kollektiver Belange der Versicherungsnehmer durch den Privatversicherer, in: Festschrift für Karl Larenz zum 80. Geburtstag, hrsg. von Claus-Wilhelm-Canaris und Uwe Diederichsen, München 1983, 487 ff. (zit.: *Prölss*, FS Larenz 1983)

Prölss, Jürgen: Die Haftung des Verkäufers von Gesellschaftsanteilen für Unternehmensmängel, ZIP 1981, 337 ff.

Rabich, Eckart: Vertrauens- und Verschuldenshaftung bei der Vermittlung von Versicherungsverträgen, Diss., Köln 1966 (zit.: *Rabich*, Vertrauens- und Verschuldenshaftung)

Raisch, Peter: Juristische Methoden, Hagen 1995 (zit.: *Raisch*, Juristische Methoden)

Rebmann, Kurt / Säcker, Franz Jürgen / Rixecker, Roland (Hrsg.): Münchener Kommentar zum Bürgerlichen Gesetzbuch, Band 1, Allgemeiner Teil §§ 1 - 240 BGB, 3. Auflage, München 1993 (zitiert: Bearbeiter in MünchKomm, BGB)

Rebmann, Kurt / Säcker, Franz Jürgen / Rixecker, Roland (Hrsg.): Münchener Kommentar zum Bürgerlichen Gesetzbuch, Band 2, Schuldrecht Allgemeiner Teil §§ 241 - 432 BGB, 4. Auflage, München 2001 (zit.: Bearbeiter in MünchKomm, BGB)

Rebmann, Kurt / Säcker, Franz Jürgen / Rixecker, Roland (Hrsg.): Münchener Kommentar zum Bürgerlichen Gesetzbuch, Schuldrecht Besonderer Teil III (§§ 705-853), PartGG, ProdHaftG: Band 5, 3. Auflage, München 1999 (zit.: Bearbeiter in MünchKomm, BGB)

Reich, Norbert: Informations-, Aufklärungs und Warnpflichten beim Anlagegeschäft unter besonderer Berücksichtigung des „execution-only-businesses (EOB)", WM 1997, 1601 ff.

Reichert-Facilides, Fritz: Die Erfüllungshaftung des Versicherers für seine Agenten, VersR 1977, 206 ff.

Reiff, Peter: Aspekte einer Neugestaltung des Rechts der Versicherungsvermittlung, ZVersWiss 2002, 103 f.

Reifner, Udo: Kapitallebensversicherung und „Rückkaufswertberechnung" im neuen System des privatrechtlich organisierten europäischen Versicherungsrechts, in: *Basedow, Jürgen / Schwark, Eberhard / Schwintowski, Hans-Peter:* Informationspflichten - Europäisierung des Versicherungswesens - Anerkannte Grundsätze der Versicherungsmathematik. Beiträge der 4. Wissenschaftstagung des Bundes der Versicherten, Baden-Baden 1995, 179 ff. (zit.: *Reifner*, Kapitellebensversicherung und Rückkaufswertberechnung)

Reincke, Michael: Das Verhältnis der Ausschlussfristen des § 124 BGB zur Verjährung von Vertragsaufhebungsansprüchen aus Delikt und culpa in contrahendo, JA 1982, 1 ff.

Reithmann, Christoph: Kauf vom Bauträger, Köln 1995 (zit.: *Bearbeiter* in Reithmann)

Renger, Reinhard: Stand, Inhalt und Probleme des neuen Versicherungsrechts, VersR 1994, 753

Reusch, Peter: Schriftformerfordernisse beim Abschluss von Versicherungsverträgen über das Internet, NVersZ 1999, 110 ff.

Richert, Barbara: Immobilienfinanzierung mit Hilfe einer Lebensversicherung contra Annuitätendarlehen: quantitativer Vorteilhaftigkeitsvergleich im Bereich der gewerblichen Immobilienfinanzierung, Frankfurt am Main 1999

Ricker, Reinhardt / Müller-Malm, Friedrich: Auswirkungen des zukünftigen Produkthaftungsgesetzes für Presseverlage, AfP 1989, 505 ff.

Röhl, Klaus F.: Fehler in Druckwerken, JZ 1979, 369 ff.

Roll, Hans-Joachim: Anmerkung zu BGH BB 1978, 980, BB 1978, 981

Roller, Horst: Die Prospekthaftung im englischen und deutschen Recht, Diss., Berlin 1991 (zit.: *Roller*, Prospekthaftung)

Rollinger, Norbert: Aufklärungspflicht bei Börsentermingeschäften, Göttingen 1990 (zit.: *Rollinger*, Aufklärungspflicht)

Rollmann, Christian: Der Immobilienkauf; 2. Auflage, Bonn 2001

Römer, Wolfgang / Langheid, Theo: Versicherungsvertragsgesetz; 2. Auflage, München 2003 (zit.: *Bearbeiter* in *Römer/Langheid,* VVG*)*

Römer, Wolfgang: Der Prüfungsmaßstab bei der Mißstandsaufsicht nach § 81 VAG und der AVB-Kontrolle nach § 9 AGBG; Vortrag, gehalten auf dem 13. Münsterischen Versicherungstag am 25. November 1995; Karlsruhe 1996 (zit.: *Römer*, Prüfungsmaßstab)

Römer, Wolfgang: Gerichtliche Kontrolle Allgemeiner Versicherungsbedingungen nach §§ 8, 9 AGBG?, NVersZ 1999, 97 ff.

Römer, Wolfgang: Zu den Informationspflichten der Versicherer und ihrer Vermittler, VersR 1998, 1313 ff.

Rössner, Michael / Lachmair, Michael: Urteilsanmerkung zu LG Frankfurt am Main, Urt. v. 24.11.1986 - 2/21 O 130/86, WuB I G 5.-2.87

Rothschild, Kurt W.: Wirtschaftsprognose - Methode und Probleme, Berlin 1969 (zit.: *Rothschild,* Wirtschaftsprognose)

Rümker, Dietrich: Aufklärungs- und Beratungspflichten der Kreditinstitute aus der Sicht der Praxis, in: Schriftenreihe der BrV, Band 3, Bankrechtstag 1992, Berlin u.a. 1993, 29 ff. (zit.: *Rümker*, Bankrechtstag 1992)

Ruß, Jochen: Die aktienindexgebundene Lebensversicherung mit garantierter Mindestverzinsung in Deutschland, Ulm 1999 (zit.: *Ruß*, Aktienindexgebundene Lebensversicherung)

Rüthers, Bernd: Rechtstheorie: Begriff, Geltung und Anwendung des Rechts, München 1999 (zit.: *Rüthers*, Rechtstheorie)

Sack, Rolf: Das Rücktrittsrecht gem. § 13a UWG, BB 1987, 1 ff.

Sack, Rolf: Deliktsrechtlicher Verbraucherschutz gegen unlauteren Wettbewerb, NJW 1975, 1303 ff.

Sack, Rolf: Produzentenhaftung nach § 823 Abs. 2 in Verbindung mit § 3 UWG?, BB 1974, 1369 ff.

Sack, Rolf: Unlauterer Wettbewerb und Folgeverträge: die Auswirkungen unlauteren Wettbewerbs auf Vertragsabschlüsse, Frankfurt 1974

Sahner, Friedhelm / Kammers, Heinz: Der Lagebericht - Gegenwart und Zukunft, DB 1984, 2309 ff.

Sanio, Jochen: „Eine wahre Aufsicht verlässt Dich nie", VW 2002, 1831

Schaaf, B. / Heller, U. / Papst, W.: Auswirkungen der neuen Rechnungsgrundlagen für Rentenversicherungen und Bewertungen, BDGVM 1996, 829 ff

Schaefer, Erich: Vertragslösung wegen irreführender Werbung, ZIP 1987, 554 f.

Schäfer, Frank A.: Anlegerschutz und die Sorgfalt eines ordentlichen Kaufmanns bei der Anlage der Sondervermögen durch Kapitalanlagegesellschaften: unter besonderer Berücksichtigung der Theorien zur Aktienkursprognose und zur Zusammenstellung von Portefeuilles; Baden-Baden 1987 (zit.: *Schäfer*, Anlegerschutz)

Schäfer, Frank A.: Emission und Vertrieb von Wertpapieren nach dem Wertpapierverkaufsprospektgesetz, ZIP 1991, 1557 ff.

Schäfer, Frank A.: Haftung für fehlerhafte Wertpapierdienstleistungen: Anlageberatung, Vermögensverwaltung, Börsentermingeschäfte; Köln 1999 (zit.: *Schäfer*, Anlageberatung)

Schäfer, Frank A.: Wertpapierhandelsgesetz, Börsengesetz mit BörsZulV, Verkaufsprospektgesetz mit VerkProspV - Kommentar; Stuttgart 1999 (zit.: Bearbeiter in *Schäfer*, WpHG, BörsG, VerkProspG)

Schanze, Erich: Anlegerschutz bei Aktienfonds: Das Indexfonds-Konzept, AG 1977, 102 ff.

Schardt, Lorenz: Die rechtliche Stellung des Versicherungsagenten, München 1912 (zit.: *Schardt*, Stellung des Versicherungsagenten)

Schareck, Christian B. / Grischeck, Markus: Die aktienindexgebundene Lebensversicherung, Karlsruhe 1999

Schiefer, Christina: Rechtsformen der Publikumsgesellschaften und Sonderrecht der Publikums-KG (Teil II), DStR 1997, 164 ff.

Schierenbeck, Henner / Hölscher, Reinhold: BankAssurance. Institutionelle Grundlagen der Bank- und Versicherungsbetriebslehre, 4. Auflage, Stuttgart 1998 (zit.: *Schierenbeck/Hölscher*, BankAssurance)

Schießl, Maximilian: Zur Verjährung von Prospekthaftungsansprüchen gegen Anlagevermittler. Zugleich Erwiderung auf v. Morgen, NJW 1987, 474 ff., NJW 1987, 1684 ff.

Schimansky, Herbert / Horn, Norbert: Bankrecht, Köln 1998 (zit.: *Schimansky/Horn*, Bankrecht)

Schimansky, Herbert / Bunte, Hermann-Josef / Lwowski, Hans-Jürgen: Bankrechts-Handbuch; München 2001 (zit.: Bearbeiter in *Schimansky/Bunte/Lwowski*, Bankrechtshandbuch)

Schimikowski, Peter: Die Neuregelungen zum Widerrufs- und Rücktrittsrecht des Versicherungsnehmers, VersR 1994, 441 ff.

Schirmer, Helmut: Änderungen des VVG nach der Deregulierung mit den Schwerpunkten: Abschluss des Versicherungsvertrags und Einbeziehung von AVB, VersR 1996, 1045 ff.

Schlegelberger, Franz: Handelsgesetzbuch, erläutert von Geßler, Hefermehl, Hildebrandt, K. Schmidt, Schröder, Steckhan, 5. Auflage, München 1973-1992 (zit.: Bearbeiter in *Schlegelberger*, HGB)

Schlossareck, Fred: Ansprüche des Versicherungsnehmers aus culpa in contrahendo - ein Beitrag zur culpa in contrahendo im Bereich des Individualversicherungsrechts; Diss. Mannheim 1994 (zit.: *Schlossareck*, Ansprüche des Versicherungsnehmers)

Schmid, Roland: Die Rechte des Reisenden beim Wechsel der Fluggesellschaft und des Luftfahrzeugs, NJW 1996, 1636 ff.

Schmidt, Detlef / Weidert, Stefan: Zur Verjährung von Prospekthaftungsansprüchen bei geschlossenen Immobilienfonds, DB 1998, 2309 ff.

Schmithals, B. / Schütz, E. U.: Herleitung der DAV-Sterbetafel 1994 R für Rentenversicherung, BDGVM 1995, 29 ff.

Schön, Michael: Verhaltensregeln für Wertpapierdienstleistungsunternehmen nach dem Zweiten Finanzmarktförderungsgesetz, Diss. Münster 1998 (zit.: *Schön*, Verhaltensregeln)

Schönfels, Rüdiger von: „In starker Gesellschaft", Wirtschaftswoche 11/2002 vom 07.03.2002, 154 ff.

Schönke, Adolf / Schröder, Horst: Strafgesetzbuch - Kommentar; 26. Auflage, München 2001 (zit.: Bearbeiter in *Schönke/Schröder*, StGB)

Schradin, Heinrich R.: Zur Wettbewerbsfähigkeit der kapitalbildenden gemischten Lebensversicherung unter Rendite/Risiko-Gesichtspunkten, Köln 1999 (zit.: *Schradin,* Wettbewerbsfähigkeit der Kapitallebensversicherung)

Schricker, Gerhard: Probleme der Europäischen Angleichung des Rechts des unlauteren Wettbewerbs, Festschrift für Konrad Zweigert zum 70. Geburtstag; Tübingen 1981, 537 ff. (zit.: *Schricker*, FS Zweigert)

Schrödermeier, Martin: Nachforschungspflichten einer Bank als Vermögensverwalterin zur Person ihrer Kunden, WM 1995, 2053 ff.

Schulte-Noelle, Henning: Der europäische Binnenmarkt und die deutsche Lebensversicherung, VW 1991, 621 ff.

Schulte-Nölke, Hans: Anlegerschutz bei Optionsscheinen, DStR 1995, 1789 ff.

Schultz, Michael: Beweislast für fremde Willensentschlüsse nach Aufklärungsfehlern, VersR 1990, 808 ff.

Schultz, Michael: Zur Vertretung im Wissen, NJW 1990, 477 ff.

Schulz, Ewald: Haftung des Versicherers für seinen Versicherungsagenten bei Vertragsabschluss, ZfV 1963, 705 ff.

Schumacher, Rolf: Vertragsaufhebung wegen fahrlässiger Irreführung unerfahrener Vertragspartner, Bonn 1979 (zit.: *Schumacher,* Vertragsaufhebung)

Schwark, Eberhard: Anlegerschutz durch Wirtschaftsrecht, München 1979 (zit.: *Schwark,* Anlegerschutz)

Schwark, Eberhard: Börsengesetz: Kommentar zum Börsengesetz und zu den börsenrechtlichen Nebenbestimmungen, 2. Auflage, München 1993 (zit.: *Schwark,* BörsG)

Schwark, Eberhard: Die Haftung aus dem Prospekt über Kapitalanlagen, BB 1979, 897 ff.

Schwark, Eberhard: Kommentar zum Börsengesetz und zu den börsenrechtlichen Nebenbestimmungen, 2. Auflage, München 1994 (zit.: *Schwark*, BörsG)

Schwark, Eberhard: Spekulation - Markt - Recht. Zur Neuregeulung der Börsentermingeschäfte, in: Festschrift für Ernst Steindorff zum 70. Geburtstag am 13. März 1990, 473 ff. (zit.: *Schwark*, FS Steindorff)

Schwark, Eberhard: Urteilsanmerkung zu LG Frankfurt am Main, Urt. v. 6.10.1992 - 3/11 O 173/91 (*Bond*), EWiR 1993, 143 ff.

Schwark, Eberhard: Zur Haftung der Emissionsbank bei Aktienemissionen - börsen-, bilanz- und gesellschaftsrechtliche Aspekte, ZGR 1983, 162 ff. (zit.: Schwark, ZGR 1983)

Schwark, Eberhard: Zur Haftung der Emissionsbank bei Aktienemissionen - Börsen, bilanz- und gesellschaftsrechtliche Aspekte, ZGR 1983, 162 ff.

Schwintowski, Hans-Peter / Schäfer, Frank A.: Bankrecht, 2. Auflage, München 2002 (zit.: *Schwintowski/Schäfer*, Bankrecht)

Schwintowski, Hans-Peter: Anleger- und objektgerechte Beratung in der Lebensversicherung, VuR 1997, 83 ff.

Schwintowski, Hans-Peter: Anmerkung zu BGH, U. v. 09.05.2001 - IV ZR 121/00 - (Lebensversicherungsvertrag; ALB; Überschussermittlung/-beteiligung; Beitragsfeststellung; Kündigung; Rückkaufswert), VuR 2001, 304 ff.

Schwintowski, Hans-Peter: Anmerkung zu BGH, Urteil v. 09.07.1998 - III ZR 158/97 - (Fremdfinanzierte Lebensversicherung, Kapitalanlagevermittler, Risikoaufklärung), VuR 1998, 417 ff.

Schwintowski, Hans-Peter: Anmerkung zu OLG München, Urteil v. 19.11.1998 - 29 U 3536/98 - (Lebensversicherung, Versicherungsschein als Inhaberpapier), VuR 1999, 207

Schwintowski, Hans-Peter: Die Marktöffnung der KfZ-Versicherung, in: VersR 1994, 646 ff.

Schwintowski, Hans-Peter: Die Rechtsnatur des Versicherungsvertrages, JZ 1996, 702 ff.

Schwintowski, Hans-Peter: Informationspflichten in der Lebensversicherung, VuR 1996, 223 ff.

Schwintowski, Hans-Peter: Riester - Konzept und Schutzlücken für Verbraucher, VuR 2002, 175 ff.

Schwintowski, Hans-Peter: Transparenz in der Lebensversicherung, (Anmerkung zu: BGH, U. v. 09.05.2001 - IV ZR 121/00 - und BGH, U. v. 09.05.2001 - IV ZR 138/99 -), NVersZ 2001, 337 ff.

Schwintowski, Hans-Peter: Transparenz und Verständlichkeit von Allgemeinen Versicherungsbedingunen und Prämien, NVersZ 1998, 97 ff.

Seibel, Claudia / Westphalen, Friedrich Graf von: Prospekthaftung beim Immobilien-Leasing, BB 1998, 169

Seng, Peter: Informationen und Versicherungen - Produkttheoretische Grundlagen, Wiesbaden 1989 (zit.: *Seng*, Informationen und Versicherungen)

Seuß, Wilhelm: Die Aussagekraft von Beispielrechnungen, in: Kalwar, H.: Sorgen, Versorgen, Versichern. Festschrift für Heinz Gehrhardt, 369 ff., Karlsruhe 1975 (zit.: *Seuß*, FS Gehrhardt)

Sieg, Karl: Entwicklungslinien des Versicherungsvermittlerrechts, ZVersWiss 1982, 143 ff.

Singer, Reinhard: Selbstbestimmung und Verkehrsschutz im Recht der Willenserklärungen, München 1995 (zit.: *Singer*, Selbstbestimmung)

Sittmann, Jörg: Die Prospekthaftung nach dem Dritten Finanzmarktförderungsgesetz, NZG 1998, 490 ff.

Soergel, Theodor / Siebert, Wolfgang (Hrsg.): Bürgerliches Gesetzbuch, 12. Auflage, Stuttgart 1987 ff. (zit.: Bearbeiter in *Soergel*, BGB)

Sönnichsen, Christian: Ratingsysteme am Beispiel der Versicherungswirtschaft, in: Büschgen, E. / Everling, O. (Hrsg.): Handbuch Rating, Wiesbaden 1996, 423 ff.

Spindler, Gerald: Unternehmensorganisationspflichten - zivilrechtliche und öffentlich-rechtliche Regelungskonzepte, Köln, Berlin, Bonn, München 2001 (zit.: *Spindler*, Unternehmensorganisationspflichten)

Springer, Ralf: Europäisches Gemeinschaftsrecht und die Auslegung des Irreführungsverbots gemäss 3 UWG; Baden-Baden 1995

Stafflage, Axel: Die Anlageberatung der Banken: das Kreditinstitut im Spannungsverhältnis zwischen Informationspflicht und Insiderhandelsverbot, Diss., Berlin 1996 (zit.: *Stafflage*, Anlageberatung)

Staudinger, Julius von: Kommentar zum Bürgerlichen Gesetzbuch, §§ 823-825, 13. Auflage, Berlin 1994 (zit.: Bearbeiter in *Staudinger*, BGB)

Staudinger, Julius von: Kommentar zum Bürgerlichen Gesetzbuch, §§ 255-327, 13. Auflage, Berlin 1998 (zit.: Bearbeiter in *Staudinger*, BGB)

Staudinger, Julius von: Kommentar zum Bürgerlichen Gesetzbuch, §§ 241-243. 13. Auflage, Berlin 1995 (zit.: Bearbeiter in *Staudinger*, BGB)

Stebut, Dietrich von: Aufklärungspflichten und Haftungsrisiken von Finanzdienstleistern, ZIP 1992, 1698 ff.

Stelkens, Paul: Rechtsgrundlagen der Überschussbeteiligung in der privaten Lebensversicherung, Diss. Köln 1965 (zit.: *Stelkens*, Überschussbeteiligung)

Stern, Klaus: Das Staatsrecht der Bundesrepublik Deutschland: Band I: Grundlagen und Grundbegriffe des Staatsrechts, Strukturprinzipien der Verfassung, 2. Auflage München 1984 (zit.: *Stern*, Staatsrecht I)

Stiftung Warentest: Private Altersvorsorge, 2. Auflage, Düsseldorf 2002 (zit.: *Stiftung Warentest*, Private Altersvorsorge)

Stodolkowitz, Dieter: Beweislast und Beweiserleichterungen bei der Schadensursächlichkeit von Aufklärungspflichtverletzungen, VersR 1994, 11 ff.

Stöffler, Michael: Markttransparenz in der Lebensversicherung: Analyse bisheriger Erfahrungen und Empfehlungen für die Weiterentwicklung sektorspezifischer Regelungen aus wettbewerbs- und Verbraucherpolitischer Sicht, Diss., Mainz 1982 (zit.: *Stöffler*, Markttransparenz)

Stoll, Hans: Tatbestände und Funktionen der Haftung für culpa in contrahendo, Festschrift für Ernst von Caemmerer, Tübingen 1978, 435 ff. (zit.: *Stoll*, FS von Caemmerer)

Streuf, Nikolas: Der Vertragsschluss mit einem englischen Versicherer via Internet; Diss., Hamburg 2001 (zit: *Streuf*, Vertragsschluss via Internet)

Stuhr, Dorothee / Stuhr, Hans-Jürgen: Analyse der Prospektprüfungskataloge, DB 1983, 1081 ff.

Stüsser, Jörg: Bankenhaftung bei gescheiterten Immobilien-Treuhandmodellen, NJW 1999, 1586 ff.

Surminski, Marc: Rating-Probleme. Datenflut und Schaufenstertarife in der deutschen Versicherungslandschaft, ZfV 1999, 767 ff. (zit.: *Surminski*, Rating-Probleme)

Taubert, Nina: Modulare und lebensphasenbegleitende Produktgestaltung in der Lebensversicherung, Karlsruhe 2002 (zit.: *Taubert*, Produktgestaltung in der Lebensversicherung)

Taupitz, Jochen / Kritter, Thomas: Electronic Commerce - Probleme bei Rechtsgeschäften im Internet, JuS 1999, 839 ff.

Taupitz, Jochen: Die Rolle der Versicherungsvertreter, Versicherungsmakler und Versicherungsberater unter Wettbewerbsbedingungen, in: *Basedow, Jürgen / Meyer, Ulrich / Schwintowski, Hans-Peter (Hrsg.):* Erneuerung des Versicherungsvertragsgesetzes - Versichertenschutz in den USA - Rechnungslegung von Versicherungsunternehmen - Beiträge der sechsten Wissenschaftstagung des Bundes der Versicherten; Baden-Baden 1997 (zit.: *Taupitz* in *Basedow/Meyer/Schwintowski*: Erneuerung des Versicherungsvertragsgesetzes)

Teichmann, Arndt: Strukturveränderungen im Recht der Leistungsstörungen nach dem Regierungsentwurf eines Schuldrechtsmodernisierungsgesetzes, BB 2001, 1485 ff.

Teichmann, Arndt: Zur Inhaltskontrolle der Allgemeinen Geschäftsbedingungen im Reisevertrag - Besprechung des BGH-Urteils vom 12. März 1987 - VII ZR 37/86, JZ 1987, 751

Than, Jürgen: Wertpapierrecht ohne Wertpapiere?, in: Horn, Norbert (Hrsg.): Festschrift für Herbert Schimansky, Köln 1999 (zit.: *Than,* FS Schimansky)

Thees: Die Haftung des Versicherers für den Versicherungsvertreter, WallmannsZ 42, 2 ff.

Theis, Anja C.: Die deutsche Lebensversicherung als Alterssicherungsinstitution - eine ökonomische Analyse; Diss., Bamberg 2000 (zit.: *Theis,* Lebensversicherung als Alterssicherungsinstitution)

Thieltges, Hans-Werner: Lebensversicherungen im Vergleich; München 1990 (zit.: *Thieltges*, Lebensversicherungen im Vergleich)

Tietze, Jürgen: Zertifizierung von Finanzdienstleistungen für die Altersvorsorge; Karlsruhe 2002 (zit.: *Tietze*, Zertifizierung von Finanzdienstleistungen)

Tönnies, Ralf: Staatshaftung für Versicherungsaufsicht - zugleich ein Beitrag zur Klärung der Begriffs der Drittbezogenheit im Sinne des § 839 BGB; Diss., Köln 1985 (zit.: *Tönnies*, Staatshaftung für Versicherungsaufsicht)

Tonner, Norbert: Die Auswirkungen der Schuldrechtsreform auf die Prospekthaftung, NWB 2002, Fach 21, 1439 ff.

Tröndle, Herbert / Fischer, Thomas: Strafgesetzbuch mit Nebengesetzen; 51. Auflage, München 2003 (zit.: Bearbeiter in *Tröndle/Fischer*, StGB)

Ulmer, Peter / Brandner, Hans-Erich / Hensen, Horst-Diether: AGB-Gesetz; 9. Auflage, Köln 2001 (zit.: Bearbeiter in *Ulmer/Brandner/Hensen*, AGBG)

Unger, Brigitte: Die Versicherungsvermittlung im Wirkungsfeld des Aufsichts- und Wettbewerbsrechts, Diss. Mannheim 1987 (zit.: *Unger*, Versicherungsvermittlung)

Uttich, Steffen: Gebrochene Versprechen. Lebensversicherer senken die Gewinnbeteiligung, Frankfurter Allgemeine Sonntagszeitung, 21.10.2001, Nr. 42, 43

Uttich, Steffen: Patient Lebensversicherung. Der Blick auf die Renditen reicht nicht aus. Wer eine Lebensversicherung kauft, sollte sich das Unternehmen vorher sehr genau ansehen, Frankfurter Allgemeine Sonntagszeitung, 17.11.2002 *van Bühren, Hubert W.*: Handbuch Versicherungsrecht; 2. Auflage, Bonn 2003 (zit.: Bearbeiter in *van Bühren*, HbVersR)

van Look, Frank: Bankrechtstag 1995 der Bankrechtlichen Vereinigung e. V. am 30. Juni 1995 in Berlin, ZBB 1995, 307 ff.

Vogel, Wolfgang: Die Darstellung und Erläuterung der Überschussbeteiligung in der Lebensversicherung, VerBAV 1979, 248 ff.

von Bar, Christian: Entwicklung und rechtsstaatliche Bedeutung der Verkehrs(sicherungs)pflichten, JZ 1979, 332 ff.

von Bar, Christian: Verkehrspflichten: richterliche Gefahrsteuerungsgebote im deutschen Deliktsrecht, Göttingen 1980 (zit.: von Bar, Verkehrspflichten)

von Bar, Christian: Vertrauenshaftung ohne Vertrauen, ZGR 1983, 476 ff.

von Fürstenwerth, Frank / Weiß, Alfons: Versicherungs-Alphabet (VA): Begriffserläuterungen der Versicherung aus Theorie und Praxis, Karlsruhe 2002 (zit.: *von Fürstenwerth/Weiß*)

von Gamm, Otto-Friedrich: Wettbewerbsrecht, 5. Auflage, Köln 1987 (*von Gamm*, Wettbewerbsrecht)

von Hertzberg, Christiane: Die Haftung von Börseninformationsdiensten, Diss., Bonn 1987 (zit.: *von Hertzberg*, Haftung von Börseninformationsdiensten)

von Heymann, Ekkehardt: Bankenhaftung bei Immobilienanlagen; 15. Auflage; Frankfurt am Main 2001

von Hippel, Eike: Fortschritte beim Verbraucherschutz im Versicherungswesen, JZ 1990, 730

von Hippel, Eike: Gewinnbeteiligung und Verbraucherschutz in der Lebensversicherung, JZ 1989, 663 f.

von Hoyningen-Huene, Gerrit: Die Inhaltskontrolle nach 9 AGB-Gesetz: Kommentar; zugleich Ergänzung des Grosskommentars zum AGB-Gesetz von Löwe/Graf v. Westphalen/Trinkner, 2. Aufl., Bd. II 1983, Bd. III 1985, Heidelberg 1991 (zit.: *von Hoyningen-Huene*, Inhaltskontrolle)

von Münch, Ingo / Kunig, Philip (Hrsg.): Grundgesetz, Kommentar, 3 Bände, 5. Auflage, München 2001

von Teuffel, Nikolai Freiherr: Zur Zulässigkeit der Prospekthaftung als eigenständiges Rechtsinstitut, DB 1985, 373 ff.

von Westphalen, Friedrich Graf: Zusammenhang zwischen Prospekthaftung und der Haftung aus der individuellen Anlageberatung, BB 1994, 85 ff.

Vortmann, Jürgen: Aufklärungs- und Beratungspflichten bei grenzüberschreitenden Bankdienstleistungen, WM 1993, 581 ff.

Vortmann, Jürgen: Aufklärungs- und Beratungspflichten der Banken; 7. Auflage, Köln 2002

Vortmann, Jürgen: Prospekthaftung und Anlageberatung: Handbuch; Stuttgart 2000 (zit.: Bearbeiter in *Vortmann*, Prospekthaftung)

Wach, Karl J. T.: Der Terminhandel in Recht und Praxis, Köln 1986 (zit.: *Wach*, Terminhandel)

Wagner, Klaus-Richard: Aktuelle zivilrechtliche Entwicklungen bei Kapitalanlagen 1997 - Auswirkungen auf vorhandene und künftige Kapitalanlagemodelle, WM 1998, 694 ff.

Waldenberger, Arthur: Grenzen des Verbraucherschutzes beim Abschluss von Verträgen im Internet, BB 1996, 2365 ff.

Wandt, Manfred: Ersetzung unwirksamer AVB im Treuhänderverfahren gem. § 172 VVG, VersR 2001, 1449 ff.

Wandt, Manfred: Verbraucherinformation und Vertragsschluss nach neuem Recht - Dogmatische Einordnung und praktische Handhabung, Karlsruhe1995 (zit.: *Wandt*, Verbraucherinformation und Vertragsschluss)

Weigelt, Oliver: Erstmalige Analyse der Vertriebwegetrends bei Lebensversicherungen: Absatz per Internet noch kaum messbar, VW 2001, 369 f.

Weinmann, Hermann: Vorsorge der Führungskräfte; Karlsruhe 2002 (zit.: *Wienmann*, Vorsorge der Führungskräfte)

Weiss, Martin: Honorarberater arbeiten ohne Provision, Süddeutsche Zeitung Nr. 230, 5. Oktober 1989, 34.

Werner, Horst / Machunsky, Jürgen: Rechte und Ansprüche geschädigter Kapitalanleger, 3. Auflage, Neuwied 1991 (zit.: *Werner/Machunsky*, Rechte und Ansprüche geschädigter Kapitalanleger)

Werres, Rüdiger: Aufklärungspflichten in Schuldverhältnissen und deren Grenzen, Diss., Köln 1985 (zit.: *Werres*, Aufklärungspflichten)

Wessels, Johannes / Hillenkamp, Thomas: Strafrecht Besonderer Teil - Straftaten gegen Vermögenswerte, 25. Auflage Heidelberg 2002

Westerhoff, Horst-Dieter: Die Lebensversicherung im europäischen Binnenmarkt, BB-Beilage 21/94, 1

Westermann, Harm Peter: Das Schuldrecht 2002: systematische Darstellung der Schuldrechtsreform; Stuttgart u.a. 2002 (zit.: *Westermann*, Schuldrechtsreform)

Weyers, Hans-Leo: Versicherungsvertragsrecht, Frankfurt am Main, 1986 (zit.: *Weyers*, Versicherungsvertragsrecht)

Wieacker, Franz: Privatrechtsgeschichte der Neuzeit, 2. Auflage, Göttingen 1967 (zit.: *Wieacker*, Privatrechtsgeschichte)

Wiedemann, Herbert / Schmitz, Erich: Kapitalanlegerschutz bei unrichtiger oder unvollständiger Information. Besprechung der Entscheidungen BGHZ 71, 284 und BGHZ 72, 392, ZGR 1980, 129 ff.

Wilburg, Walter: Zusammenspiel der Kräfte beim Aufbau des Schuldrechts, AcP 163 (1963), 346-379

Willemsen, Heinz-Josef: Zum Verhältnis von Sachmängelhaftung und culpa in contrahendo beim Unternehmenskauf, AcP 182 (1982), 515 ff.

Winkler von Mohrenfels, Peter: Abgeleitete Informationsleistungspflichten im deutschen Zivilrecht, Berlin, Habil. 1986 (zit.: *Winkler von Mohrenfels,* Abgeleitete Informationsleistungspflichten)

Winter, Gerrit: Ausgewählte Rechtsfragen der Lebensversicherung, ZVersWiss 80 (1991), 203 ff.

Wittmann, Arno: Zivilrechtliche Prospekthaftung beim Vertrieb von steuerbegünstigten Kapitalanlagen, DB 1983, 1579 ff.

Wolf, Manfred: Rechtsgeschäftliche Entscheidungsfreiheit und vertraglicher Interessenausgleich, Tübingen 1970

Wolff, Rüdiger: Vorsorgeplanung: Fehlende Altersversorgung ist meist ein Mangel an Information, V&S 2001, 13

Wolff, Volker: Luftschlösser, Capital 1989, 146 ff.

Wolfsdorf, Kurt: Lebensversicherung: Die Marktbereinigung kommt, Versicherungswesen 2001, 12-14

Worms, Alexander: Warenterminoptionen: Strafbarer Betrug oder enttäuschte Erwartungen?, wistra 1987, 242 ff.

Zanella, Pia Maria: Ansätze zur Deckung des Langlebigkeitsrisikos aus Sicht eines Lebensversicherers, Köln 2002 (zit.: *Zanella*, Langlebigkeitsrisiko)

Zeuner, Albrecht: Karlsruher Forum 1988, Karlsruhe 1988, 3 ff. (zit.: *Zeuner*, Karlsruher Forum 1988)

Ziegler, Eduard: Die Beschränkung der Haftung aus culpa in contrahendo in Allgemeinen Geschäftsbedingungen, BB 1990, 2345 ff.

Zielke, Carsten: Vor einem Neuanfang - Viele Lebensversicherer werden aufgeben müssen - Aufsicht kommt stärkere Bedeutung zu, VW 2002, 1826 ff.

Zimmerer, Maximilian: Die Bilanzierung von Wertpapieren im Anlagevermögen nach § 341b HGB n.F., in: *Beckmann, Roland Michael / Matusche-Beckmann, Annemarie (Hrsg.):* Verantwortlichkeit im Wirtschaftsrecht - Beiträge zum Versicherungs- und Wirtschaftsrecht der Schüler von Ulrich Hübner; Karlsruhe 2002, 29 ff. (zit.: *Zimmerer*, FS Hübner)

Zipfel, Walter: Lebensmittelrecht, München 1993 (zit.: *Zipfel*, Lebensmittelrecht)

Zischka, Sabine: Bundesversicherungsaufsichtsamt (BAV) - Aufgaben und Kompetenzen, unter besonderer Berücksichtigung der laufenden Aufsicht; Diss., München 1997 (zit.: *Zischka*, Bundesversicherungsaufsichtsamt)

Zöllner, Wolfang: Kölner Kommentar zum Aktiengesetz, 2. Auflage, Köln 2000 (zit.: Bearbeiter in Kölner Kommentar zum AktG)

Zöllner, Wolfgang: Wertpapierrecht, 14. Auflage, München 1987 (zit.: *Zöllner,* Wertpapierrecht)

ABKÜRZUNGSVERZEICHNIS

2. Lebensversicherungsrichtlinie, 2. RL Leben	2. Richtlinie 90/619/EWG vom 8.11.1990 zur Koordinierung der Rechts- und Verwaltungsvorschriften für die Direktversicherung (Lebensversicherung) und zur Erleichterung der tatsächlichen Ausübung des freien Dienstleistungsverkehrs sowie zur Änderung des freien Dienstleistungsverkehrs
3. Durchführungsgesetz/EWG zum VAG	Gesetz zur Durchführung versicherungsrechtlicher Richtlinien des Rates der Europäischen Gemeinschaften
3. FMFG	Gesetz zur Fortentwicklung des Finanzplatzes Deutschland (Drittes Finanzmarktförderungsgesetz)
3. Lebensversicherungsrichtlinie, 3. RL Leben	3. Richtlinie 92/96/EWG vom 10.11.1992 zur Koordinierung der Rechts- und Verwaltungsvorschriften für die Direktversicherung (Lebensversicherung) sowie zur Änderung der Richtlinien 79/267/EWG und 90/619/EWG
3. Schadensversicherungsrichtlinie, 3. RL Schaden	3. Richtlinie 92/49/EWG vom 18.6.1992 zur Koordinierung der Rechts- und Verwaltungsvorschriften für die Direktversicherung (mit Ausnahme der Lebensversicherung) sowie zur Änderung der Richtlinien 73/239/EWG
4. FMFG	Gesetz zur weiteren Fortentwicklung des Finanzplatzes Deutschland (Viertes Finanzmarktförderungsgesetz)
a.A.	anderer Ansicht
a.a.O.	am angegebenen Ort
a.F.	alte Fassung
ABl. EG	Amtsblatt der Europäischen Gemeinschaften
Abs.	Absatz
Abschn.	Abschnitt
abw.	abweichend
AcP	Archiv für die civilistische Praxis
AG	Aktiengesellschaft; Amtsgericht; Zeitschrift „Die Aktiengesellschaft"
AGB	Allgemeine Geschäftsbedingungen
AGBG	Gesetz zur Regelung des Rechts der Allgemeinen Geschäftsbedingungen
AktG	Aktiengesetz

AktuarV	Verordnung über die versicherungsmathematische Bestätigung und den Erläuterungsbericht des Verantwortlichen Aktuars
ALB	Allgemeine Bedingungen für die Lebensversicherung
allg.	allgemein
AltZertG	Gesetz über die Zertifizierung von Altersvorsorgeverträgen (Altersvorsorgeverträge-Zertifizierungsgesetz - AltZertG)
Anh.	Anhang
Anm.	Anmerkung
AnwBl.	Anwaltsblatt
AO	Abgabenordnung
AcP	Archiv für civilistische Praxis
arg.	argumentum
Art., Artt.	Artikel
Aufl.	Auflage
ausf.	ausführlich
AuslInvestmG	Gesetz über den Vertrieb ausländischer Investmentanteile und über die Besteuerung der Erträge aus ausländischen Investmentanteilen
AVB	Allgemeine Versicherungsbedingungen
AVmG	Gesetz zur Reform der gesetzlichen Rentenversicherung und zur Förderung eines kapitalgedeckten Altersvorsorgevermögens
BAFin	Bundesanstalt für Finanzdienstleistungsaufsicht
BAG	Bundesarbeitsgericht
BAK/BAKred	Bundesaufsichtsamt für das Kreditwesen
BAV	Bundesaufsichtsamt für das Versicherungswesen, nunmehr: Bundesanstalt für die Finanzdienstleistungsaufsicht
BB	Der Betriebs-Berater
Bd.	Band
BDGVM	Blätter der Deutschen Gesellschaft für Versicherungsmathematik
Bearb.	Bearbeiter
Begr.	Begründung
BfA	Bundesversicherungsanstalt für Angestellte
BFH	Bundesfinanzhof
BGB	Bürgerliches Gesetzbuch
BGBl.	Bundesgesetzblatt
BGH	Bundesgerichtshof
BGHZ	Amtliche Sammlung von Entscheidungen des Bundesgerichtshofs in Zivilsachen

BMF	Bundesministerium der Finanzen
BörsG	Börsengesetz
BörsZulV	Verordnung über die Zulassung von Wertpapieren zur amtlichen Notierung an einer Wertpapierbörse (Börsenzulassungsverordnung)
BR-Drucks.	Bundesratsdrucksache
BT-Drucks.	Bundestagsdrucksache
BUZ	Berufsunfähigkeits-Zusatzversicherung
BVerfG	Bundesverfassungsgericht
BVerfGE	Entscheidungen d. Bundesverfassungsgerichts
BVerwG	Bundesverwaltungsgericht
bzw.	beziehungsweise
c.i.c.	culpa in contrahendo
ca.	circa
d.h.	das heißt
DAV	Deutsche Aktuarvereinigung
DB	Der Betrieb
DeckRV	Verordnung über Rechnungsgrundlagen für die Deckungsrückstellungen (Deckungsrückstellungsverordnung)
ders.	derselbe
dies.	dieselben
Diss.	Dissertation
DM	Deutsche Mark
DÖV	Die öffentliche Verwaltung
DStR	Deutsches Steuerrecht
DStZ	Deutsche Steuer-Zeitung
DVBl.	Deutsches Verwaltungsblatt
e.V.	eingetragener Verein
EG	Europäische Gemeinschaften
EG-ABl.	Amtsblatt der Europäischen Gemeinschaften
EGBGB	Einführungsgesetz zum Bürgerlichen Gesetzbuch
EGHGB	Einführungsgesetz zum Handelsgesetzbuch
Einl.	Einleitung
Erg.	Ergänzung
EStG	Einkommensteuergesetz
et al.	et alii
etc.	et cetera
EuGH	Europäischer Gerichtshof
EUR	Euro
EuZW	Europäische Zeitschrift für Wirtschaftsrecht
EWG	Europäische Wirtschaftsgemeinschaft
EWiR	Entscheidungen zum Wirtschaftsrecht
EWR	Europäischer Wirtschaftsraum

EWS	Europäisches Wirtschafts- und Steuerrecht
f.	folgende
FAZ	Frankfurter Allgemeine Zeitung
ff.	fortfolgende
FinDAG	Gesetz über die Bundesanstalt für Finanzdienstleistungsaufsicht (Finanzdienstleistungsaufsichtsgesetz)
FMFG	Finanzmarktförderungsgesetz
Fn	Fußnote
FR	Finanzrundschau
FS	Festschrift
GB	Geschäftsbericht (des Bundesaufsichtsamtes für das Versicherungswesen)
GDV	Gesamtverband der Deutschen Versicherungswirtschaft e.V.
gem.	gemäß
GewO	Gewerbeordnung
GG	Grundgesetz für die Bundesrepublik Deutschland
ggf.	gegebenenfalls
grds.	grundsätzlich
GVG	Gerichtsverfassungsgesetz
h.M.	herrschende Meinung
Habil.	Habilitation
HdB/Hdb.	Handbuch
HdV	Handwörterbuch der Versicherung
Herv.	Hervorhebung
HGB	Handelsgesetzbuch
Hrsg.	Herausgeber
Hs.	Halbsatz
HWiG	Haustürwiderrufgesetz
i. S.	im Sinne
i.d.	in der
i.d.F.	in der Fassung
i.d.R.	in der Regel
i.e.	im einzelnen
i.H.	in Höhe
i.R.	im Rahmen
i.V.	in Verbindung
IDW	Institut der Wirtschaftsprüfer
insb.	insbesondere
IPR	Internationales Privatrecht
JA	Juristische Arbeitsblätter
JuS	Juristische Schulung
JW	Juristische Wochenschrift

JZ	Juristenzeitung
KAGG	Gesetz über Kapitalanlagegesellschaften in der Fassung der Bekanntmachung
Kap.	Kapitel
Kfz-Haftpflichtversicherungs-richtlinie	Richtlinie 90/618/EWG vom 8. November 1990 zur Änderung der Richtlinie 73/239/EWG und der Richtlinie 88/357/EWG zur Koordinierung der Rechts- und Verwaltungsvorschriften für die Direktversicherung (mit Ausnahme der Lebensversicherung), insbesondere bezüglich der Kraftfahrzeug-Haftpflichtversicherung
KG	Kammergericht
KLV	Allgemeinen Bedingungen für die kapitalbildende Lebensversicherung des *VDL/GDV*
krit.	kritisch
LG	Landgericht
lit.	litera
m.w.N.	mit weiteren Nachweisen
MDR	Monatsschrift für Deutsches Recht
Mio.	Million
Mot.	Motive
Mrd.	Milliarde
n.F.	neue Fassung
N.N.	nomen nescio
NJW	Neue Juristische Wochenschrift
NJW-RR	NJW-Rechtsprechungsreport Zivilrecht
Nr.	Nummer
NWB	Neue Wirtschaftsbriefe
NZG	Neue Zeitschrift für Gesellschaftsrecht
o.J.	ohne Jahr
o.V.	ohne Verfasser
OLG	Oberlandesgericht
p.a.	per anno
PFV	Positive Forderungsverletzung
PreisAngVO	Preisangabenverordnung
Prot.	Protokoll(e)
R	Rundschreiben (des BAV)
R+S	Zeitschrift „Recht und Schaden"
RechVersV	Verordnung über die Rechnungslegung von Versicherungsunternehmen
RegE.	Regierungsentwurf
RfB	Rückstellung für Beitragsrückerstattung
RG	Reichsgericht
RGBl.	Reichsgesetzblatt

RGZ	Entscheidungen des Reichsgerichts in Zivilsachen
Rn.	Randnummer
RQV	Rückgewährquote-Berechnungsverordnung
Rz.	Randziffer
S.	Seite/Satz
s.	siehe
S.	Satz; Seite
s.o.	siehe oben
Schuldrechtsreformgesetz	Gesetz zur Modernisierung des Schuldrechts vom 26.11.2001
scil.	scilicet
sog.	sogenannte/r
Sonderbeil.	Sonderbeilage
StGB	Strafgesetzbuch
str.	streitig
teilw.	teilweise
u.a.	unter anderem
u.U.	unter Umständen
UKlaG	Unterlassungsklagegesetz
UWG	Gesetz gegen den unlauteren Wettbewerb
V&S	Zeitschrift Vermögen & Steuern
v.	vom
VAG	Gesetz über die Beaufsichtigung der Versicherungsunternehmen
VDL	Verband der Lebensversicherungsunternehmen e.V.
VerBAV	Veröffentlichungen des Bundesaufsichtsamts für das Versicherungswesen
VerkProspG/VerkaufsprospektG	Wertpapier-Verkaufsprospektgesetz (Verkaufsprospektgesetz)
VerkProspV/VerkaufsprospektVO	Verordnung über Wertpapier-Verkaufsprospekte
VersR	Versicherungsrecht
VersRdsch	Die Versicherungsrundschau
vgl.	vergleiche
Vorbem.	Vorbemerkung
VP	Die Versicherungs-Praxis
VuR	Verbraucher und Recht
VVaG	Versicherungsverein auf Gegenseitigkeit
VVG	Gesetz über den Versicherungsvertrag (Versicherungsvertragsgesetz)
VW	Versicherungswirtschaft
WallmannsZ	Zeitschrift für Recht, Verfassung und Verwaltung der Versicherungsgesellschaften

WiB	Wirtschaftsrechtliche Beratung
wistra	Zeitschrift für Wirtschaft, Steuer, Strafrecht
WM	Wertpapier-Mitteilungen
WPg	Zeitschrift „Die Wirtschaftsprüfung"
WpHG	Gesetz über den Wertpapierhandel (Wertpapierhandelsgesetz)
WuB	Entscheidungssammlung zum Wirtschafts- und Bankrecht
z.B.	zum Beispiel
ZBB	Zeitschrift für Bankrecht und Bankwirtschaft
ZfB	Zeitschrift für Betriebswirtschaft
ZfV	Zeitschrift für Versicherungswesen
ZGR	Zeitschrift für Unternehmens- und Gesellschafts-recht
ZHR	Zeitschrift für das gesamte Handelsrecht und Wirtschaftsrecht
Ziff.	Ziffer
ZIP	Zeitschrift für Wirtschaftsrecht
zit.	zitiert
ZPO	Zivilprozessordnung
ZRP	Zeitschrift für Rechtspolitik
ZRQuotenV	Verordnung über die Mindestbeitragsrückerstattung in der Lebensversicherung vom 23.07.1996
Zus.	Zusatz
zust.	zustimmend
zutr.	zutreffend
ZVersWiss	Zeitschrift für die gesamte Versicherungswissenschaft

A. Problemstellung

Die demographische Entwicklung und die Absenkung des Niveaus der Leistungen aus der gesetzlichen Rentenversicherung zwingen die heutigen Beitragszahler zum Aufbau einer zusätzlichen, am individuellen Bedarf orientierten Altersversorgung. Dem soll insbesondere die Reform der gesetzlichen Rentenversicherung durch das AVmG und der damit erleichterte Aufbau einer zusätzlichen privaten Altersversorgung Rechnung tragen. Gerade die Lebensassekuranz bietet mit Lebensversicherungsverträgen und anderen Kapitalanlagen Finanzdienstleistungen an, die neben der gesetzlichen und betrieblichen Versorgung als individuelle Ergänzungssicherung die „dritte Säule" im sog. Drei-Säulen-System der Alterssicherung bilden[1].

Trotz der Bedeutung der Lebensversicherung als Altersvorsorgeinstrument[2] und der Kompetenz, die der Versicherungsbranche von Verbraucherseite - wie sowohl empirische Umfragen[3] als auch Umsatzzahlen[4] belegen - auf diesem Gebiet zugesprochen wird, ist die Vetriebspraxis problembehaftet. Schwierigkeiten ergeben sich vor allem daraus, dass Lebensversicherungen - aber auch andere Finanzanlagen der Lebensversicherungsunternehmen - komplizierte und für den Laien nicht ohne weiteres im Detail verständliche Finanzprodukte sind. Im Mittelpunkt der Werbung für diese Angebote steht aufwendiges Prospektmaterial. Zumeist sind es mehrseitige Broschüren, die die Anlageangebote verbal und durch Abbildungen beschreiben. Sie enthalten insbesondere - unter anderem in Gestalt von Beispielrechnungen - vergangenheits- und zukunftsbezogene Aussagen über Renditeentwicklungen und andere für den potentiellen Versicherungsnehmer relevante Angaben. Potentielle Kapitalanleger sollen durch die Prospekte motiviert werden, eine positive Anlageentscheidung zu treffen, die im Bereich der Angebote von Lebensversicherungsunternehmen überwiegend im Abschluss eines Vertrags über eine Kapitallebensversicherung oder ein vergleichbares Anlageprodukt[5] besteht.

Das entscheidende Problem im Hinblick auf Renditeangaben ist, dass ihre Höhe im Zeitpunkt des Vertragsabschlusses nicht mit Sicherheit vorhersehbar ist, die Werbung des Versicherers jedoch oftmals auf Seiten des Versicherungsnehmers be-

---

1 *Taubert*, Produktgestaltung in der Lebensversicherung, 51 f.; *Weinmann*, Vorsorge der Führungskräfte, 3 f.

2 In Deutschland existieren derzeit ca. 88,75 Mio. Lebensversicherungspolicen, *GDV*, Jahresbericht 2002, 67.

3 Wegen ihrer scheinbaren „Vertrautheit" zeigte sich in einer Repräsentativerhebung und vier Gruppendiskussionen unter 1.200 Verbrauchern, dass die Kapitallebensversicherung das von dem Verbraucher am meisten akzeptierte Rentenprodukt ist. Die private Rentenversicherung und Fondsprodukte stehen auf Platz zwei und drei der von den Verbrauchern am akzeptiertesten Rentenprodukte; vgl. im einzelnen die Ergebnisse der Studie der *Psychonomics AG* vom 28.1.2002.

4 Vgl. *N.N.*, Frankfurter Allgemeine Zeitung vom 16.11.2002, Nr. 267, 25.

5 Zu den verschiedenen von Lebensversicherungsunternehmen angebotenen Anlageprodukten siehe B.II.

stimmte Erwartungen weckt, die Jahre später nicht selten enttäuscht werden. In vergleichbarer Weise stellt sich dieses Problem auch im Hinblick auf andere Umstände, die von dem Versicherungsinteressenten für entscheidungserheblich erachtet werden.

Besondere Bedeutung besitzt die Prospektwerbung im Bereich der Lebensassekuranz, weil die meisten Versicherungsnehmer Versicherungsbedingungen nur selten lesen und noch seltener verstehen[6]. Die hiermit für den Versicherungsnehmer verbundene Gefahrenlage wird verstärkt durch versicherungsrechtliche Modifikationen des allgemeinen Schuldrechts, namentlich des VVG. So kommt für Versicherungen neben dem klassischen Vertragsschluss über die allgemeinen Grundsätze von Angebot und Annahme das sog. Policenverfahren[7] in Betracht, in dem der Vertragspartner ein Angebot abgibt, obwohl ihm vollständige Vertragsunterlagen noch nicht vorliegen. Mit Zusendung der entsprechenden Unterlagen durch den Versicherer gilt der Vertrag gem. § 5a VVG mit dem Inhalt des Versicherungsscheins, der Versicherungsbedingungen und der maßgeblichen Verbaucherinformationen als geschlossen, wenn der Vertragspartner von seinem Widerspruchsrecht innerhalb von vierzehn Tagen nach Überlassung der vollständigen Unterlagen keinen Gebrauch macht[8]. Hiermit ist die besondere Gefahr verbunden, dass der Versicherungsinteressent durch irreführende Werbeangaben bei gleichzeitigem Fehlen vollständiger Vertragsinformationen zu einem Vertragsabschluss motiviert wird, von dem er sich später - aus welchen Gründen auch immer - nicht lossagen wird[9].

Deshalb befasst sich die vorliegende Untersuchung mit der Frage, inwieweit Lebensversicherungsunternehmen eine rechtliche Verantwortlichkeit für Angaben in prospektartigen Verbraucherinformationen trifft. Aktualität hat dieser Ansatz zuletzt dadurch erlangt, dass gegen Ende des Jahres 2001 alle Lebensversicherer infolge des volatilen Börsenklimas seit dem Jahr 2000 ihre seit langem in Aussicht gestellte Überschussbeteiligung reduzieren mussten[10]. Ob diese Reduzierung ausreicht, erscheint angesichts der jüngsten wirtschaftlichen Entwicklung auch derzeit zweifelhaft. Auch Ende 2002 waren Kürzungen der Überschussbeteiligung zu verzeich-

---

6 *Hübner*, EuZW 1/1995, Editorial, 1.

7 Vgl. hierzu z.B. *Präve*, VW 2001, 805; *Lorenz*, VersR 1995, 619.

8 Vgl. zum Widerspruchsrecht z.B. *Koch*, VersR 1991, 725; *Schimikowski*, VersR 1994, 441 ff.

9 Zu den Problemen des Konsumentenschutzes im Bereich der Versicherung vgl. auch *Hübner*, EuZW 1995, Editorial, 1.

10 Die deutschen Lebensversicherer kürzten im Jahr 2002 die Überschussbeteiligung um fast einen ganzen Prozentpunkt. Damit konnten Inhaber von Kapital-Lebensversicherungen im Schnitt mit 6,23 % Zinsen für 2002 rechnen. Da sich dieser Ertrag noch um Kosten für Vertrieb und Verwaltung mindert, dürfte die Rendite in Wirklichkeit noch niedriger ausfallen, wobei ca. 5% für realistisch angesehen werden, vgl. *Pohl*, Frankfurter Allgemeine Sonntagszeitung, 10.03.2002, 49; *Loomann*, Frankfurter Allgemeine Zeitung vom 12.06.1999, 27.

nen.[11] Nach Ansicht von Experten sollen weitere Absenkungen der Überschussbeteiligung unvermeidbar sein[12]. Offen wird inzwischen sogar über ein Unterschreiten des gesetzlichen Garantiezinses in Höhe von 3,25% nach § 2 DeckRV durch Ausnutzung bisher ausgelassener versicherungsbilanzrechtlicher Gestaltungsmöglichkeiten[13] und eine Senkung des Garantiezinses auf 2,75%[14] nachgedacht.

Die Senkung der Überschussbeteiligung einer Lebensversicherung hat selbst bei auf den ersten Blick gering erscheinenden Herabsenkungen beträchtliche Auswirkungen auf die Auszahlungssumme, die sich vor allem mit der langen Vertragsdauer von Kapitallebensversicherungen erklären.[15] Kenntnis von den individuellen Renditeeinbußen erhält der Versicherungsnehmer regelmäßig - zumeist zum Jahresende - erst im Rahmen der jährlichen gesetzlich vorgeschriebenen Standmitteilungen über die Höhe des erreichten Versicherungsschutzes.[16]

---

11 Vgl. *N.N.*, Frankfurter Allgemeine Zeitung vom 27.11.2002, Nr. 276, 27.

12 Um die in Aussicht gestellte Beitragsrendite zu erreichen, müssten aus den Kapitalanlagen der Lebensversicherungsunternehmen Zinsen von knapp 7 % erwirtschaftet werden. Aus dem auf maximal 35 % begrenzten Aktienanteil der Kapitalanlagen von Versicherern müsste hierzu eine Rendite von ca. 11 % erwirtschaftet werden. Dieses Ziel wird von Experten für unerreichbar gehalten, da selbst ohne den Börsenboom gegen Ende der 90er Jahre die Rendite am Aktienmarkt durchschnittlich bei unter 11 % lag. Angesichts der andauernden Volatilität des Kapitalmarkts auch seit dem Jahr 2002 dürfte daher mit einer weiteren Absenkung der Überschussbeteiligung zu rechnen sein.

13 Vgl. *N.N.*, Frankfurter Allgemeine Zeitung vom 28.02.2003, Nr. 50, 27.

14 Zur bevorstehenden Senkung des Garantiezinses auf 2,75% vgl. etwa *N.N.*, Frankfurter Allgemeine Zeitung vom 11.06.2003, Nr. 133, 23.

15 Dies kann anhand einer Beispielrechnung illustriert werden, die als Rechenbeispiel eine Kapital-Lebensversicherung für einen Mann verwendet, der bei Vertragsabschluss 30 Jahre alt ist und einen monatlichen Beitrag in Höhe von 102 EUR (200 DM) leistet. Danach ergibt sich bei einer Vertragslaufzeit von 12 Jahren bei einer Überschussbeteiligung in Höhe von 7,5 % - Renditen in dieser Größenordnung wurden von der Lebensversicherungswirtschaft bis zum Ende des Jahres 2001 bzw. Anfang 2002 angeboten - bei Vertragsende eine Auszahlungssumme von 21.300 EUR (41.660 DM). Die Auszahlungssumme beträgt bei einer Überschussbeteiligung von 6,5 % lediglich 19.685 EUR (38.500 DM), also 1.615 EUR (3.160 DM) weniger. Bei einer Vertragslaufzeit von 30 Jahren ergibt sich bei 7,5 % Überschussbeteiligung eine Auszahlungssumme von 109.523 EUR (214.209 DM) bzw. 89.476 EUR (175.000 DM) bei einer Überschussbeteiligung von 6,5 Prozent. Die Differenz beträgt in diesem Fall 20.047 EUR (39.209 DM). Die Rechnung setzt voraus, dass die Überschussbeteiligung nach der Senkung der Überschussbeteiligung über die gesamte vertragliche Restlaufzeit konstant bleibt, vgl. auch *Uttich*, Frankfurter Allgemeine Sonntagszeitung, 21.10.2001, Nr. 42, 43.

16 Als eine Art Kontoauszug der Versicherungspolice informieren diese darüber, welche Rendite den laufenden Verträgen gutgeschrieben wird, verdeutlichen die aktuellen Versicherungsbeträge und geben regelmäßig einen Ausblick auf die nahe Zukunft. Da in den Standmitteilungen die in Aussicht gestellte Rendite nur selten mit der tatsächlich erzielten verglichen wird, sind diese Standmitteilungen oft wenig übersichtlich. Differenzen zwischen der in Aussicht gestellten Überschussbeteiligung sowie den tatsächlichen Schlussüberschussanteilen sind für den Versicherungsnehmer daher in der Regel nur durch einen eigenständigen Vergleich ersichtlich.

Obgleich die Transparenz in der Lebensversicherung seit geraumer Zeit kritisiert wird, befindet sich die gerichtliche Aufarbeitung noch immer in einem Anfangsstadium.

Der **IV. Senat des Bundesgerichtshofs** hat zuletzt am **9.5.2001**[17] in zwei mit Spannung erwarteten Urteilen zum Transparenzgebot im Hinblick auf **Allgemeine Versicherungsbedingungen (AVB)** der Lebensversicherer Stellung genommen und an seine Entscheidungen vom 8.10.1997[18], 17.3.1999[19] sowie vom 8.11.2000[20] angeknüpft.

Dagegen ist die Frage nach den Transparenzanforderungen im Bereich der **Lebensversicherungswerbung** vom Bundesgerichtshof bislang nicht im einzelnen behandelt worden. Dies überrascht, hat doch die Rechtsprechung in der Vergangenheit betont, dass es grundsätzlich Sache des Versicherungsnehmers ist, sich in eigener Verantwortung um Versicherungsschutz zu kümmern und sich hierzu insbesondere anhand von **Werbebroschüren** zu informieren[21]. Die obergerichtliche Rechtsprechung hat sich im Rahmen der Urteile des **OLG Düsseldorf vom 15.8.2000**[22] und des **OLG Koblenz vom 26.5.2000**[23] erst in der jüngeren Vergangenheit zur Frage einer zivilrechtlichen Verantwortlichkeit von Lebensversicherungsunternehmen für prospektartige Verbraucherinformationen geäußert.

Die Frage einer Haftung des Versicherers für mündliche Zusagen eines Erfüllungsgehilfen - ggf. auch bei anders lautenden schriftlichen Regelungen - ist dagegen bereits Gegenstand der Judikatur gewesen. So hat etwa das **OLG Nürnberg** mit Urteil vom **26.3.1998**[24] entschieden, dass der Versicherer Auskünfte seiner Abschluss- oder Vermittlungsagenten über den Inhalt und die Bedeutung der Versicherungsbedingungen sowie über Inhalt und Umfang des abzuschließenen oder abgeschlossenen Vertrages gegen sich gelten lassen muss, wenn der Versicherungsnehmer auf die Richtigkeit dieser Auskünfte ohne erhebliches Eigenverschulden vertrauen durfte[25].

---

17 BGH, Urt. vom 9.5.2001 - IV ZR 121/00, NJW 2001, 2014 ff. sowie IV ZR 138/99, NJW 2001, 2012 ff.

18 BGH, NJW 1998, 454 = VersR 1997, 1517.

19 BGH, NJW 1999, 1865 = VersR 1999, 697.

20 VersR 2001, 184.

21 OLG Köln, VersR 1996, 1265.

22 OLG Düsseldorf, Urt. v. 15.8.2000 - 4 U 139/99, NJW-RR 2000, 1626-1627.

23 OLG Koblenz, Urt. v. 26.5.2000 - 10 U 1342/99, NJW-RR 2001, 1111; vgl. F.III.4.e)aa)bbb).

24 OLG Nürnberg, Urt. v. 26.3.1998 - 8 U 1935/97, OLGR Nürnberg 1998, 215-216 = NJWE-VHR 1998, 193-194.

25 OLG Nürnberg, Urt. v. 26.3.1998 - 8 U 1935/97, OLGR Nürnberg 1998, 215 f.; siehe hierzu im einzelnen C.I.

Das praktische Bedürfnis nach einer Antwort auf die Frage nach der rechtlichen Verantwortlichkeit eines Lebensversicherungsunternehmens für unrichtige Werbeangaben verdeutlicht schon der Blick auf die spezialgesetzlich vorgeschriebenen, grundlegenden Informationspflichten des Versicherers. Für Lebensversicherungsprodukte existieren spezielle Informationspflichten nach § 10a VAG in Verbindung mit Abschnitt I der Anlage D zu dem VAG, der sowohl Informationen allgemeiner als auch produktspezifischer Art verlangt. Allgemeine Informationen, über die nach § 10a VAG Angaben verlangt werden, sind: Name, Anschrift, Rechtsform und Sitz des Versicherers und der etwaigen Niederlassung[26]; die geltenden allgemeinen Versicherungsbedingungen[27]; Angaben über Art, Umfang und Fälligkeit der Leistung des Versicherers[28]; Angaben zur Laufzeit des Vertrags[29]; Angaben über den Preis bzw. der Prämienhöhe[30]; Angaben über die Frist, während der der Kunde an den Antrag gebunden ist[31]; die Belehrung über das Recht zum Widerruf oder Rücktritt[32] sowie die Anschrift der Aufsichtsbehörde, die für Beschwerden zu ständig ist[33]. Bei Kapitallebensversicherungen beinhalten besondere Informationspflichten[34] nach § 10a VAG Angaben über die für die Gewinnermittlung und -beteiligung geltenden Berechnungsgrundsätze (Überschussbeteiligung)[35]; Angabe der Rückkaufswerte[36]; Angaben über den Mindestversicherungsbetrag für eine Umwandlung in eine beitragsfreie Versicherung und über die Leistungen aus prämienfreier Versicherung[37]; Angaben über das Ausmaß der Garantie von Rückkaufswerten und Beitragsfreistellung[38]; Angaben bei fondsgebundenen Versicherungen auch über den zugrundeliegenden Fonds und die Art der darin enthaltenen Vermögenswerte[39] sowie allgemeine Angaben über die für diese Versicherungsart geltende Steuerregelungen[40].

Ein Verstoß des Versicherers gegen die Informationspflichten des § 10a VAG bewirkt jedenfalls keine unmittelbaren primärrechtlichen Konsequenzen. Ob Pros-

26 Anlage Teil D zum VAG, Abschn. I Nr. 1 lit. a).
27 § 10a VAG i.V. mit Anlage Teil D zum VAG, Abschn. I Nr. 1 lit. b).
28 § 10a VAG i.V. mit Anlage Teil D zum VAG, Abschn. I Nr. 1 lit. c).
29 § 10a VAG i.V. mit Anlage Teil D zum VAG, Abschn. I Nr. 1 lit. d).
30 § 10a VAG i.V. mit Anlage Teil D zum VAG, Abschn. I Nr. 1 lit. e).
31 § 10a VAG i.V. mit Anlage Teil D zum VAG, Abschn. I Nr. 1 lit. f).
32 § 10a VAG i.V. mit Anlage Teil D zum VAG, Abschn. I Nr. 1 lit. g).
33 § 10a VAG i.V. mit Anlage Teil D zum VAG, Abschn. I Nr. 1 lit. h).
34 Vgl. hierzu im einzelnen die Erläuterungen bei *Schwintowski*, VuR 1997, 83, 91 ff.
35 § 10a VAG i.V. mit Anlage Teil D zum VAG, Abschn. I Nr. 2 lit. a).
36 § 10a VAG i.V. mit Anlage Teil D zum VAG, Abschn. I Nr. 2 lit. b).
37 § 10a VAG i.V. mit Anlage Teil D zum VAG, Abschn. I Nr. 2 lit. c).
38 § 10a VAG i.V. mit Anlage Teil D zum VAG, Abschn. I Nr. 2 lit. d).
39 § 10a VAG i.V. mit Anlage Teil D zum VAG, Abschn. I Nr. 2 lit. e).
40 § 10a VAG i.V. mit Anlage Teil D zum VAG, Abschn. I Nr. 2 lit. f).

pektinformationen, die nicht dem Maßstab des § 10a VAG entsprechen, auf der Sekundärebene zivilrechtliche Schadenersatzansprüche begründen können, ist umstritten. Dafür könnte zunächst angeführt werden, dass § 10a VAG selbst keine Sanktionen für den Fall einer Informationspflichtverletzung enthält, so dass sich deren Rechtsfolgen nach den allgemeinen Regelungen des Versicherungsaufsichts-, aber auch des allgemeinen Vertragsrechts richten. Dem entsprechend wird für den vertragsrechtlichen Bereich teilweise vertreten, Verstößen gegen § 10a VAG mit Hilfe des Rechtsinstituts der *culpa in contrahendo* bzw. der allgemeinen bürgerlichrechtlichen Prospekthaftung zu begegnen.[41] Da der Wortlaut des § 10a VAG insoweit unergiebig ist, ist die Einnahme dieses Standpunkts grundsätzlich möglich. Jedoch ist § 10a VAG seinem Ursprung und seiner Verortung im Aufsichtsrecht nach öffentlich-rechtlicher Natur, während der enttäuschte Versicherungsnehmer auf der Basis zivilrechtlicher Anspruchsgrundlagen eine Kompensation seines Schadens verfolgen muss. Dies allein schließt die Richtigkeit der vorangestellten Argumentation freilich nicht aus. Denn auch in anderen Bereichen, insbesondere dem § 823 Abs. 2 BGB, ist anerkannt, dass ein Verstoß gegen öffentlich-rechtliche Pflichten auch eine privatrechtliche Haftung nach sich ziehen kann[42].

Gleichwohl ist zweifelhaft, ob eine entsprechende Verknüpfung von öffentlichrechtlichem Aufsichts- und privatrechtlichem Schadenersatzrecht zulässig ist. Teilweise wird zu Gunsten einer derartigen Verknüpfung behauptet, § 10a VAG ziele gerade auf den Schutz des Verbrauchers ab.[43] Hiergegen spricht in systematischer Hinsicht allerdings zum einen, dass die Verbraucherinformation in das VAG und nicht das VVG aufgenommen worden ist. Denn insoweit lässt sich argumentieren, dass eine entsprechende Vorschrift systematisch im VVG verankert worden wäre, wenn mit § 10a VAG eine bereits zuvor anerkannte vorvertragliche Pflicht geregelt werden sollte. Dagegen lässt sich zwar einwenden, dass auch in anderen Gesetzen, etwa dem StVG, sowohl öffentlich- als auch privatrechtliche Vorschriften nebeneinander kodifiziert worden sind. Allerdings hätte es nahegelegen, Verstöße gegen die Informationspflicht durch eine entsprechende Rechtsfolgenbestimmung mit Sanktionen - etwa einem Schadenersatzanspruch - zu verbinden. Dass dem § 10a VAG eine entsprechende Rechtsfolgenkomponente fehlt, kann als Anzeichen dafür gewertet werden, dass privatrechtliche Konsequenzen gerade nicht beabsichtigt waren[44].

Für diese Auffassung streitet auch die Entstehungsgeschichte der Norm. Die Informationspflichten nach § 10a VAG sind im Zuge der Umsetzung der 3. EU-Lebens-

---

41 Vgl. *Biagosch/Scherer*, VW 1995, 370, 374.

42 Vgl. zum Anwendungsbereich des § 823 Abs. 2 BGB etwa *Thomas* in *Palandt*, BGB, § 823 Rn 145 ff.

43 *Hoeren/Spindler*, Versicherungen im Internet, 118.

44 Vgl. auch *Römer*, VersR 1998, 1313, 1318.

versicherungsrichtlinie eingeführt worden und sollen den Wegfall des aufsichtsbehördlichen Genehmigungserfordernisses für AVB und Tarife durch das BAV ausgleichen[45], indem dem Versicherten mit den zu erteilenden Informationen eine ausreichende Entscheidungsgrundlage zur Verfügung gestellt wird[46]. Gerade diesem gewerbepolizeirechtlichen Ziel ist aber eher gedient, wenn die Informationspflicht nach § 10a VAG nicht erst im vertraglichen bzw. vorvertraglichen Bereich angesiedelt wird, da sie ansonsten - gemessen an dem im Polizei- und Ordnungsrecht geltenden Effektivitätsgebot - zu spät Wirkung entfalten würde.[47] Darüber hinaus wollte der Gesetzgeber aber auch vorschnelle Wirkungen auf das Privatrecht in Gestalt von Schadenersatzansprüchen gerade vermeiden.[48] Die Integration des § 10a VAG in das Gewerberecht der Versicherungswirtschaft ist deshalb als Zeichen dafür anzusehen, dass § 10a VAG keine - im Fall ihrer Verletzung Schadenersatzansprüche Privater vermittelnde - Informationspflicht zur Herbeiführung von Vertragsparität beinhaltet. In gesetzessystematischer Hinsicht wird dies auch dadurch bestätigt, dass mit dem Rücktritts- bzw. Widerrufsrecht nach § 5a VVG bei Verstößen gegen § 10a VAG gerade eine Verbindung von Versicherungsaufsichts- und Versicherungsvertragsrecht geschaffen wurde. Das Problem ist von dem Gesetzgeber somit erkannt worden. Im Umkehrschluss lässt sich folgern, dass weitergehende Verknüpfungen nicht beabsichtigt waren. Dem entsprechend bringt auch der Ausschussbericht des Finanzausschusses[49] zum Ausdruck, dass nach dem Willen des Gesetzgebers § 5a VVG abschließender Natur sein sollte.

Dass § 10a VAG im Rahmen der bevorstehenden Reform des Versicherungsvertragsrechts möglicherweise in den Bereich des Versicherungsvertragsrechts überführt werden soll[50], steht der hier vertretenen Auffassung nicht entgegen. Die Knüpfung privatrechtlicher Haftungsfolgen an eine Verletzung der Informationspflichten aus § 10a VAG mag als politisch wünschenswertes Ziel erachtet und aus diesem Grund in Zukunft legislativ umgesetzt werden. Eine derartige Klarstellung ist schon bereits im Interesse der Rechtssicherheit und -klarheit zu begrüßen.[51]

---

45 Vgl. *Meyer*, Verbraucherpolitische Informationen und Forderungen, 183 ff; *Präve*, VW 1995, 90.

46 Vgl. *Dreyer*, Stille Reserven, 136.

47 Vgl. *Meyer*, Verbraucherpolitische Informationen und Forderungen, 183 ff.

48 *Schwintowski*, VersR 1994, 646, 650.

49 BT-Drucks. 12/7595, 167.

50 Vgl. den ersten Zwischenbericht der vom Bundesministerium der Justiz eingesetzten Expertenkommission zur Reform des Versicherungsvertragsrechts vom 30. Mai 2002, 35.

51 Hinzuweisen ist in diesem Zusammenhang allerdings darauf, dass selbst die Expertenkommission zur Reform des Versicherungsvertragsrechts noch keine Entscheidung darüber getroffen hat, in welchem Umfang und in welcher Art bei einer Inkorporation des § 10a VAG in das VVG Informationen durch den Versicherer erteilt werden müssen. Auch ist die Frage, welche Rechtsfolgen bei einer unterlassenen Information eintreten sollen, ungeklärt. Vgl. insoweit den ersten Zwischenbericht der vom Bundesministerium der Justiz eingesetzten Expertenkommission zur Reform des Versicherungsvertragsrechts vom 30. Mai 2002, 35.

Dennoch ändert sie nichts daran, dass eine Verletzung der nach § 10a VAG i.V. mit Anlage Teil D zum VAG, Abschnitt I und Abschnitt II bestehenden Informationspflichten aufgrund der gewichtigen Gegenargumente zumindest gegenwärtig keine privatrechtliche Verantwortlichkeit nach sich ziehen kann.

Mit dieser Feststellung ist jedoch nicht zugleich ein Urteil dahingehend getroffen, dass der enttäuschte, an der Kompensation eines ggf. entstandenen Schadens interessierte Versicherungsnehmer gänzlich schutzlos gestellt ist. Vielmehr erscheint eine Verfolgung seines Ziels grundsätzlich sowohl auf primär- als auch auf sekundärrechtlicher Ebene möglich. Im Hinblick auf die letztere ist im weiteren Verlauf der Untersuchung insbesondere der Frage nachzugehen, inwieweit das schillernde[52] - ursprünglich kapitalmarktrechtliche - **Rechtsinstitut der Prospekthaftung** für die Lebensassekuranz von Bedeutung ist. Denn während diese Rechtsfigur insbesondere im Bank- und Investmentbereich zu weitgehend gefestigten Grundsätzen geführt hat, ist im einzelnen noch immer ungeklärt, inwieweit Lebensversicherungsunternehmen für Angaben in Prospekten zu Finanzanlagen haften.

Da sich die Untersuchung auf die Haftung des Lebensversicherungsunternehmens gegenüber dem Versicherungsnehmer konzentriert, kann die Haftung gegenüber Dritten, etwa dem Wettbewerb oder der Versicherungsaufsicht, nur mittelbar behandelt werden.

---

52 *Müller-Wiedenhorn*, FS Hübner, 171, 182.

B. Grundlagen

I. Anbieter

Lebensversicherungsprodukte werden von Lebensversicherungsunternehmen, Pensionskassen zur betrieblichen Altersversorgung und Sterbekassen angeboten, die einer staatlichen Zulassung bedürfen. Diese Untersuchung beschränkt sich auf das Angebot von Lebensversicherungsunternehmen. Insoweit treten auf dem hiesigen Markt zum einen Lebensversicherungsunternehmen mit deutschem Unternehmenssitz auf. Zum anderen agieren im Zuge der EU-weiten Dienstleistungsfreiheit auf demselben Markt Versicherer mit Sitz in einem anderen Mitgliedsstaat der Europäischen Union. Sie alle offerieren eine Vielzahl verschiedener Anlageprodukte im Zusammenhang mit Lebensversicherungsschutz sowie eine Reihe reiner Investmentprodukte. Im Zuge der Allfinanzentwicklung, also der zunehmenden Konvergenz von Versicherungs- und Bankgeschäften[53], werden im Rahmen von entsprechenden Finanzkonglomeraten auch Banken als Anbieter von Versicherungsprodukten tätig.[54]

II. Altersvorsorgeprodukte

Die von der Lebensassekuranz angebotenen Altersvorsorgeprodukte sind vielfältig.

1. Lebensversicherungsverträge

Zu nennen sind zunächst Lebensversicherungsverträge nach § 1 Abs. 1 S. 2 VVG. Es handelt sich um meist langfristige Verträge zwischen einem Versicherungsunternehmen und einem Versicherungsnehmer, durch den der Versicherungsnehmer bestimmte Risiken, die in der versicherten Person[55] begründet liegen, absichern kann[56] und die außerdem der Vermögensbildung dienen können[57]. Die kapitalbildende Lebensversicherung existiert in verschiedenen Ausprägungen für unterschiedliche Bedarfsdeckungen.

---

53 Vgl. etwa *Farny*, 353 ff.

54 Soweit im weiteren Verlauf der Untersuchung nicht eigens auf Banken und Allfinanzunternehmen eingegangen wird, schließen die Ausführungen über den Versicherungsbereich auch Allfinanzunternehmen ein.

55 Der Versicherungsnehmer ist der Vertragspartner des Versicherungsunternehmens. Die versicherte Person ist diejenige Person, an der die versicherten personenbezogenen Risiken anknüpfen. Üblicherweise sind Versicherungsnehmer und versicherte Person identisch. Dieser Fall wird im folgenden unterstellt, soweit nicht auf Besonderheiten im Mehrpersonenverhältnis eingegangen wird.

56 Sog. Versicherungskomponente.

57 Sog. Sparkomponente.

a) Gemischte Lebensversicherung

Vorherrschend ist die sog. gemischte Kapitallebensversicherung[58], bei der eine im voraus vereinbarte Versicherungssumme zuzüglich der angesammelten Überschussanteile entweder bei dem Tod des Versicherten, spätestens jedoch bei Ablauf der Vertragslaufzeit fällig wird. Alters- und Hinterbliebenenversorgung werden somit miteinander verbunden. Eine besondere Form der gemischten Kapitallebensversicherung ist die Termfixversicherung. Bei ihr wird der vereinbarte Kapitalbetrag zu einem bestimmten Termin fällig.[59] Der Versicherungsschutz besteht darin, dass bei dem Tod des Versicherungsnehmers die Beitragszahlungspflicht entfällt.[60]

Die **fondsgebundene Lebensversicherung** ist eine Spezialform der klassischen gemischten Kapitallebensversicherung auf den Todes- und Erlebensfall.[61] Es besteht die Besonderheit, dass Versicherungsschutz auf der Basis von Anteilen eines Sondervermögens, speziell durch unmittelbare Beteiligung an der Wertentwicklung eines bzw. mehrerer Investmentfonds, gewährt wird.[62] Hierzu legt das Versicherungsunternehmen den sog. Sparanteil der Prämie in einem oder in mehreren Investmentfonds an. Die fondsgebundene Lebensversicherung ist vor allem bei langen Laufzeiten attraktiv, weil Aktienfonds auf lange Sicht eine höhere Performance versprechen als die klassische Kapitalanlage der Lebensversicherer. Den höheren Ertragschancen der Fonds stehen die entsprechenden Risiken gegenüber, der Versicherungsnehmer trägt das gesamte Kapitalanlagerisiko.[63]

Bei der erstmals 1996 angebotenen sog. **indexgebundenen Lebensversicherung** wird der Versicherungsnehmer an Kapitalmarktentwicklungen beteiligt, indem die Verzinsung der Sparanteile seiner Prämien an einen Kapitalmarktindex, z.B. den *Deutschen Aktienindex (DAX)*, angeknüpft wird. Das Kapitalmarktrisiko wird dabei begrenzt durch die Garantie einer Mindestversicherungsleistung[64]. Je höher die Garantie ist, desto geringer ist die Partizipation an Indexsteigerungen. Zur Abdeckung ihrer Leistungsverpflichtungen aus den von ihnen verkauften indexgebundenen Lebensversicherungen erwerben die Versicherungsunternehmen ein sog. strukturiertes

---

58 Vgl. *von Waldegge* in *Jansen*, 99; *Theis*, Lebensversicherung als Alterssicherungsinstitution, 82.

59 *Theis*, Lebensversicherung als Alterssicherungsinstitution, 83.

60 *Theis*, Lebensversicherung als Alterssicherungsinstitution, 83;

61 Vgl. *Sarfi* in *Jansen*, 86; vgl. *Kühlmann* in *Kühlmann/Blumenstein/Dietrich*, Die Lebensversicherung zur Altersvorsorge, 51 ff.; instruktiv *Kurz*, Die fondsgebundene Lebensversicherung mit Mindestgarantie: modelltheoretische Bewertung und Anforderungen an das Asset-Liability-Management, Diss. Mannheim 1997.

62 Vgl. *Mehl* in *Jansen*, 224.

63 *Theis*, Lebensversicherung als Alterssicherungsinstitution, 83; vgl. auch *N.N.*, Versicherungswesen 2001, 90 ff.

64 So kann z.B. vereinbart werden, dass ein Versicherungsnehmer an den Steigerungen des Indexes über jedes Jahr der Vertragslaufzeit zu 50% beteiligt wird, er aber in keinem Jahr Verluste durch eine negative Indexentwicklung in diesem Jahr hinnehmen muss.

Wertpapier, bei dem festverzinsliche Wertpapiere so mit Optionen auf den relevanten Index kombiniert werden, dass die Zahlungen aus dieser Kombination die Zahlungsverpflichtungen des Versicherungsunternehmens aus dem Sparprozess der Lebensversicherung abdecken.[65] In Abhängigkeit von der Kapitalmarktsituation werden die Konditionen der indexgebundenen Lebensversicherung regelmäßig neu festgelegt. Aufgrund der hohen Kosten und der geringen Verfügbarkeit langjähriger Kursabsicherungen sind indexgebundene Lebensversicherungen meist mit lediglich einer fünfjährigen Beitragszahlungsdauer und einer zwölfjährigen[66] Laufzeit verbunden.[67]

b) Kapitallebensversicherung mit Beitragsdepot

Als weitere Sonderform ist die sog. **Kapitallebensversicherung mit Beitragsdepot**, die teilweise auch als Fondspolice angeboten wird, zu nennen. Sie stellt Kapitalanlegern vergleichsweise hohe steuerfreie Renditen in Aussicht, die sich daraus ergeben, dass der zu investierende Kapitalbetrag über ein sog. Beitragsdepot in eine laufende Beitragszahlung umgewandelt wird. Hierbei werden von dem Investitionsbetrag 20% als erster Jahresbeitrag in die Versicherung eingezahlt. Die wieteren vier Jahresbeiträge werden aus dem Beitragsdepot gespeist. Nach zwölf Jahren sollen mitunter bis zu 40% Wertzuwachs erreicht sein. Nach einzelnen Beispielrechnungen soll sogar eine Verdoppelung des investierten Kapitals zu erwarten sein.

c) Risikolebensversicherungen

Nicht zu eigentlichen Altersvorsorgeprodukten zählen **reine Risikolebensversicherungen**, die eine Absicherung gegen das Todesfallrisiko ohne Verknüpfung mit einem Vermögensbildungsprozess gewährleisten. Eine Versicherungsleistung wird nur dann fällig, wenn die versicherte Person stirbt. Risikolebensversicherungen bleiben im weiteren außer Betracht. Soweit Risikolebensversicherungen innerhalb der ersten zehn Jahre in eine Kapitalversicherung umgewandelt werden können, gelten die nachfolgenden Ausführungen zur Kapitallebensversicherung.

d) Private Rentenversicherungen

Unter den von Versicherungsunternehmen angebotenen Altersvorsorgeprodukten haben **private Rentenversicherungen** seit Mitte der 90er Jahre einen bedeutenden

---

65 *Theis*, Lebensversicherung als Alterssicherungsinstitution, 150.

66 Hierbei handelt es sich um die Mindestfristen zur Inanspruchnahme von Steuervorteilen: Kapitalversicherungen auf den Todes- und Erlebensfall sind einkommensteuerlich begünstigt, wenn mindestens 5 Jahre laufende Beiträge gezahlt werden und die Versicherungsdauer mindestens 12 Jahre beträgt.

67 *Theis*, Lebensversicherung als Alterssicherungsinstitution, 150.

Stellenwert. Sie erleben seit einigen Jahren aufgrund einer Reihe von Vorteilen[68] eine wachsende Verbreitung[69], die mit der Förderung durch das AVmG seit dem 1.1.2002 aufrecht erhalten werden dürfte[70]. Der Begriff der privaten Rentenversicherung bezeichnet kapitalbildende Lebensversicherungen, bei denen die Versicherungsleistung üblicherweise in Form von wiederkehrenden Zahlungen erbracht wird. Sie bestehen regelmäßig aus zwei Phasen. In der sog. Aufschubphase wird durch eine laufende Beitragszahlung ein Kapitalstock angespart, der in der zweiten Phase ab einem bestimmten Zeitpunkt durch die lebenslange Auszahlung von Leibrenten verzehrt oder vollständig ausgezahlt wird. Die Aufschubphase wird bei der sog. sofort beginnenden Rentenversicherung durch eine einmalige Einzahlung des für die Rente benötigten Kapitals ersetzt. Durch die Vereinbarung eines sog. Kapitalwahlrechts kann der Versicherungsnehmer zum Ende der Aufschubzeit entscheiden, ob er eine Verrentung des angesparten Kapitals wünscht. Das Kapitalwahlrecht wurde bis vor kurzem von ca. 90% der Versicherten ausgeübt; erst in der seit dem Jahr 2000 andauernden Niedrigzinsphase, in der die konventionelle Lebensversicherung, die aufgrund ihres zeitlichen Zinsausgleichs eine Teilhabe an höherrentierlichen Anlagebeständen aus der Vergangenheit ermöglicht, an Attraktivität gewonnen hat, kommt es verstärkt zur Verrentung sowie zum Abschluss von sofort beginnenden Rentenversicherungen.[71]

Private Rentenversicherungen lassen sich in drei Kategorien, die sich vor allem in der Form der Kapitalanlage und im Umfang der Leistungsgarantien unterscheiden.[72] Die **klassische Leibrentenpolice** hat eine große Ähnlichkeit mit der gemischten Kapitallebensversicherung. Beiden Produkten ist ein garantierter Rechnungszins, eine garantierte Kapitalzahlung am Ende der Sparzeit, eine Leistungserhöhung durch die Gewinnbeteiligung und die Art der Kapitalanlage gemeinsam. Ein Unterschied besteht in dem Fehlen einer Todesfallabsicherung bei der Rentenpolice. Auch die Kündigungsregelungen weichen voneinander ab; teilweise wird

---

68 Im Vergleich zur Kapitallebensversicherung weist die Rentenversicherung zumeist eine höhere Beitragsrendite, das Fehlen einer Risikoprüfung - und damit keine Ablehnungen - sowie ein generell besseres Image auf. Die Kombination von Sparen und Verzehren in einem Vertrag hat für den Versicherungsnehmer den Vorteil, dass er für beide Leistungen nur einmal Abschlusskosten zu zahlen hat. Ein weiterer Vorteil kommt zum Tragen, wenn die Aufschubzeit weniger als zwölf Jahre beträgt, da eine Kapitalabfindung in diesem Falle steuerpflichtig wäre, bei einer Verrentung jedoch nur die bei allen Rentenpolicen gleichermaßen fällige Besteuerung des Ertragsanteils stattfindet.

69 Der Absatz stieg von 65.000 Policen im Jahr 1980 auf 193.000 Stück in 1990 und 771.000 Stück im Jahr 1995. In den Jahren 1997 bis 1999 wurden 1,09, 1,15 und 1,99 Mio. Policen abgesetzt. Damit stieg der Anteil der Rentenpolicen am gesamten Lebensversicherungs-Neugeschäft von 1,3% auf 19,3%. Mit zu dem Erfolg beigetragen haben dürfte, dass Rentenpolicen für den Vertrieb einfacher zu platzieren sind.

70 Vgl. z.B. *Zanella*, Langlebigkeitsrisiko, 1 ff, 56; *N.N.*, Frankfurter Allgemeine Zeitung vom 11.01.2003, Nr. 9, 21.

71 Vgl. *Theis*, Lebensversicherung als Alterssicherungsinstitution, 360 m.w.N.

72 Vgl. *Meyer*, FD, 3C, 238.

der Rückkaufswert des Rentenprodukts in Form einer beitragsfreien lebenslangen Rente ausgezahlt, die an die Stelle der ansonsten üblichen Barauszahlung tritt.[73] Die **fondsgebundene Rentenversicherung** unterscheidet sich kaum von der fondsgebundenen Lebensversicherung. In keiner der beiden Vertragsformen sind garantierte Rentenleistungen vorgesehen. Überwiegend werden Policen mit garantierten Kapitalauszahlungen angeboten. Gegenüber den früheren vorherrschenden Policen ohne garantierte Kapitalauszahlung genießen derartige Offerten eine zunehmende Verbreitung, da die Tarife nur dann als förderungsfähige „Riester-Rente"[74] anerkannt und entsprechend gefördert werden, wenn zumindest der Erhalt der eingezahlten Beiträge garantiert ist. Eine besondere Variante der fondsgebundenen Rentenversicherung sind Indexpolicen. Sog. **Rentenversicherungen nach britischer Art** werden vor allem von britischen Lebensversicherern auf dem deutschen Markt angeboten.[75] Sie weisen als Besonderheit eine aktienorientierte Kapitalanlage von bis zu 100% auf. In der Ansparphase erfolgt die Kapitalanlage durchschnittlich zu 70% in Aktien[76]. Über einen laufenden und einen Schlussbonus werden die Kunden bis zum Rentenbeginn an den Gewinnen beteiligt. Die bis zum Rentenbeginn erreichte Rente wird garantiert lebenslang gezahlt. Zusätzlich erhalten Kunden nach Rentenbeginn eine sog. Zusatzrente, deren Höhe jedoch nicht garantiert ist. Im Vergleich zur fondsgebundenen Rentenversicherung weisen beide Produktkategorien elementare Unterschiede auf. So wird bei einigen Produkten nach britischer Art der Versicherungsvertrag nicht unmittelbar Schwankungen der Börsen ausgesetzt. Bereits dem Kunden gutgeschriebene Boni sollen auch bei ungünstigem Verlauf der Kapitalmärkte erhalten bleiben.

2. Zusatzversicherungen und Optionen

Die bisher dargestellten Produkte lassen sich zumeist durch Zusatzversicherungen für den Fall der Invalidität[77], des Unfalltods, der Pflegebedürftigkeit, der Arbeitslosigkeit oder der schweren Erkrankung („Dread Disease") ergänzen[78]. Derartige Risikoabdeckungen können auch als selbständige Verträge abgeschlossen werden, sind im Zusammenhang mit der Hauptversicherung in der Regel jedoch prämiengünstiger zu erhalten. Häufig werden dem Versicherungsnehmer auch versiche-

---

73 Ein wesentlicher Vorteil der klassischen Rentenversicherung gegenüber der fondsgebundenen Lösung liegt darin, dass die Beiträge im Rahmen der Höchstbeträge als Vorsorgeaufwendungen bei der Einkommensteuer abgesetzt werden können.

74 Hierzu im einzelnen F.III.9.a)aa).

75 Vgl. z.B. das Angebot von *Hannover Standard Life Limited (HSL)*, einem Joint Venture der *Hannoverschen Leben* und der englischen *Standard Life*.

76 *Meyer*, FD, 3C, 240.

77 Die Invaliditätsabsicherung erfolgt üblicherweise in Form der sog. Berufsunfähigkeitsversicherung, s.a. *Kirsch*, FS Hübner, 95 ff.

78 Instruktiv *Taubert*, Produktgestaltung in der Lebensversicherung, 27 ff.

rungsvertragliche Optionen eingeräumt.[79] In jüngster Zeit werden einzelnen Produkten auch sog. Assistance-Leistungen beigefügt, bei denen der Versicherungsnehmer neben der finanziellen Leistung einen Anspruch auf bestimmte materielle Leistungen erhält.[80]

3. Auszahlungspläne

Auch sog. Auszahlungspläne[81] stellen nach einer Zertifizierung nach dem AltZertG staatlich geförderte Altersvorsorgeprodukte dar, mit der während eines festgelegten Zeitraums regelmäßige Einnahmen garantiert werden. Grundsätzlich können alle Versicherungen, die eine Zulassung der Versicherungsaufsicht für Kapitalisierungsgeschäfte erworben haben, derartige Produkte anbieten. In der Vergangenheit haben vor allem Lebensversicherer, die ihre Produktpalette um staatlich geförderte Auszahlungspläne ähnlich den Angeboten von Kapitalanlagegesellschaften erweitern wollen, variable Auszahlungspläne zertifizieren lassen.[82] Zudem sind Kapitalanlagegesellschaften i.S. des KAGG mit Auszahlungsplänen am Markt vertreten. Üblich sind Laufzeiten zwischen 4 und 5 Jahren, es sind jedoch auch Laufzeiten bis zu 20 Jahren möglich. Entscheidet sich der Anleger für die Variante des sog. Kapitalerhalts, erfolgt eine monatliche Auszahlung nur der Zinsen, der gebildete Kapitalstock wird erst am Ende der Vertragslaufzeit ausgezahlt. Die Alternative, der sog. Kapitalverzehr, bewirkt eine rentenweise Auszahlung von Zinsen und Kapitalstock. Auszahlungspläne sind eine sichere Geldanlage, die durch die aufsichtsrechtlichen Einlagensicherungssysteme geschützt sind. Kurs- und Zinsschwankungen sind ausgeschlossen, eine Erhöhung oder Änderung der Auszahlungsrate oder eine Kündigung während der Laufzeit sind nicht möglich.[83]

4. Weitere Anlageprodukte

Da die private Altersvorsorge im Kern nichts anderes ist als eine langfristige Vermö-

---

79 Derartige Optionen sind z.B. das Recht, den Vertrag ganz oder teilweise zu kündigen oder die sog. Nachversicherungsgarantie, d.h. das Wahlrecht einer Erhöhung des Versicherungsschutzes ohne erneute Prüfung des Gesundheitszustands. Weiterhin ist das sog. Kapitalwahlrecht zu nennen, d.h. das Recht, bei Rentenversicherungen vor Beginn der Rentenphase statt der Verrentung eines Auszahlung des Kapitals zu verlangen, oder umgekehrt bei Ablauf eines Kapitallebensversicherungsvertrags mt dem fälligen Kapitalbetrag als Einmalprämie eine Rentenversicherung zu vergünstigten Bedingungen abzuschließen. Auch werden verschiedene optionale Umtauschrechte angeboten, etwa der Wechsel des Anlagefonds in der fondsgebundenen Lebensversicherung, vgl. *Theis*, Lebensversicherung als Alterssicherungsinstitution, 83.

80 Z.B. die Beschaffung eines Pflegeheimplatzes bei dem Eintritt von Pflegebedürftigkeit.

81 Diese tragen oftmals Namen wie „Entnahmeplan", „Rentenplan", „Vorsorge-Auszahlplan" oder „Privatrente", vgl. *Stiftung Warentest*, Private Altersvorsorge, 162.

82 *N.N.*, Frankfurter Allgemeine Zeitung, 08.03.2002, Nr. 57, 25.

83 Vgl. *Stiftung Warentest*, Private Altersvorsorge, 162.

gensbildung, kommen grundsätzlich auch andere Vertragsformen in Betracht. Dementsprechend bietet die Lebensversicherungswirtschaft eine Reihe von weiteren Anlageprodukten an, die in der vorliegenden Untersuchung jedoch überwiegend außer Betracht bleiben müssen.

Dies betrifft zum einen **atypische Sparverträge**, also Lebensversicherungen, bei denen das typische Todesfallwagnis und - bereits bei Vertragsschluss - das Rentenwagnis ausgeschlossen worden sind[84]. Derartige Angebote finden in der Praxis insbesondere deshalb geringe Verbreitung, weil sie nicht unter die Steuerbefreiung des § 20 Abs. 1 Nr. 6 EStG fallen[85].

Weiterhin finden in dieser Arbeit auch **Fremdwährungsversicherungen** keine Berücksichtigung, die nur von wenigen deutschen Versicherern angeboten werden. Diese Produkte ähneln fondsgebundenen Lebensversicherungen.[86] Durch den Abschluss einer Fremdwährungsversicherung kann sich ein Deviseninländer bei einem inländischen Lebensversicherer in einer Fremdwährung versichern, wobei die Beiträge und Leistungen zumeist in US-Dollar, britischen Pfund und Schweizer Franken beglichen werden[87]. Den Versicherungsnehmern kann über ein sog. Umtauschrecht die Möglichkeit eingeräumt werden, ihre Versicherungen jederzeit in eine gleichwertige Heimatwährungs- oder in eine Fremdwährungsversicherung umzuwandeln. Einen Spezialfall stellt die sog. Doppelwährungspolice dar, die in einer vom Versicherungsnehmer gewählten Landeswährung ausgefertigt wird und dem Versicherungsnehmer die Möglichkeit eröffnet, während der Vertragsdauer beliebig häufig zwischen den angebotenen Währungen zu wechseln. Von Seiten der Fremdwährungsversicherungen anbietenden Unternehmen wird als das zentrale Werbeargument insoweit vorgetragen, dass die Möglichkeit einer Substanzerhaltung bei einer anhaltenden Schwäche der europäischen Einheitswährung geboten werde.[88] Der Absatz an Fremdwährungsversicherungen wird naturgemäß von der Geld-

---

84 Vgl. *Meyer-Scharenberg*, Finanzierung mit Lebensversicherungen, Rn 23 (S. 10).

85 Vgl. BFH BStBl. 1991 II, 189; zur Qualifikation der sog. „*Wealthmaster-Police*" der englischen Versicherung *Clerical Medical* als atypischer Sparvertrag vgl. BFH, BStBl 1993 II 301 ff. Bei diesem Anlageprodukt erwirbt der Anbieter mit dem Kapital des Anlegers in eigenem Namen Fondsanteile, von deren Erträgen vierteljährlich eine zugesagte Rendite ausbezahlt wird. Ist die tatsächliche Rendite höher, wird der übersteigende Betrag der Kapitalanlage gutgeschrieben. Mit der Kapitaleinlage wird keinerlei Versicherungsrisiko abgedeckt. Am Ende der Vertragslaufzeit erhält der Anleger seine Kapitaleinlage zusammen mit den gutgeschriebenen Erträgen und vermindert um die laufenden Auszahlungen ausbezahlt. Sowohl die ausgezahlten Erträge als auch die wieder angelegten Erträge, also die gesamte Jahresdividende, sind Einnahmen aus Kapitalvermögen i.S. des § 20 Abs. 1 Nr. 7 EStG. Die erwirtschafteten und nicht ausgezahlten Erträge sind als in Vereinbarungsdarlehen umgewandelte Erträge anzusehen. Vgl. auch *N.N.*, VermSt 2001, 9 f.

86 Vgl. *Kurzendörfer*, Lebensversicherung, 110; insoweit erscheinen die Rechtsfragen der fondsgebundenen Lebensversicherung im wesentlichen übertragbar.

87 *Von Fürstenwerth/Weiß*, 260.

88 Vgl. *Kurzendörfer*, Lebensversicherung, 110.

wertstabilität des Euro beeinflusst. Besondere Ansatzpunkte für Haftungsfragen liegen darin, dass die Rendite einer Anlage in ausländischer Währung häufig geringer ist als eine entsprechende Anlage im Inland und mitunter ein erhebliches Währungsrisiko besteht.

Bei der sog. **Direktversicherung** handelt es sich um eine Form der betrieblichen Altersversorgung, für die bislang zumeist[89] die Gestalt einer steuerbegünstigten Kapitallebens- oder Rentenversicherung gewählt wird.[90] Ihr kommt in der Praxis eine erhebliche Bedeutung zu. Gleichwohl kann diese Form der Kapitallebensversicherung in der vorliegenden Arbeit nicht eigenständig behandelt werden, da sich diese auf Produkte der privaten Altersversorgung konzentriert.[91]

Mit der Umsetzung der dritten EG-Richtlinie ist in § 1 VAG ein neuer Absatz 4 eingefügt worden, nach dem es Lebensversicherungsunternehmen erlaubt ist, sog. **Tontinen- und Kapitalisationsgeschäfte** nach Anlage A Nr. 22 und Nr. 23 zum VAG zu betreiben. Die heute tatsächlich nur noch in Frankreich betriebenen[92] Tontinengeschäfte sind Geschäfte, die die Bildung von Gemeinschaften umfassen, in denen sich Teilhaber vereinigen, um Beiträge gemeinsam zu kapitalisieren und das so gebildete Vermögen auf die Überlebenden oder auf die Rechtsnachfolge der Verstorbenen zu verteilen. Der Leistungsumfang des Tontinenträgers richtet sich damit allein nach dem von den Teilhabern gesammelten Kapitalbestand. Das Unternehmen übernimmt keine Gewährleistung für die Auszahlung einer vertraglich vereinbarten Todesfalleistung und damit kein unternehmerisches Risiko.[93] Entsprechendes gilt für die ebenfalls in Frankreich betriebenen Kapitalisationsgeschäfte, denen ein mathematisches Verfahren zugrunde liegt, nach dem sich Höhe und Dauer von Rentenzahlungen bei Fälligkeit des Vertragsanspruchs nach dem eingezahlten Kapital des Leistungsberechtigten richten.[94] Auch dort übernimmt der

---

89 Vgl. *Meyer-Scharenberg*, Finanzierung mit Lebensversicherungen, Rn 23 (S. 10).

90 Als Direktversicherung können Kapitallebensversicherungen, Risikolebensversicherungen, Rentenversicherungen mit oder ohne Kapitalwahlrecht, fondsgebundene Kapitallebens- oder Rentenversicherungen, selbständige Berufsunfähigkeitsversicherung oder Unfallversicherungen mit Prämienrückgewähr ausgestaltet werden, vgl. R 26 Abs. 1 S. 5 bis 7 EstR. Sie wird von einem Arbeitgeber als Versicherungsnehmer auf das Leben eines Arbeitnehmers abgeschlossen, der bezugsberechtigte Person ist, § 4b EStG. Zur Neuregelung der betrieblichen Altersversorgung vgl. auch *Hanau*, Neuregelung der betrieblichen Altersversorgung, 5 ff.

91 Gleiches gilt für sog. Pensionsfonds, die als fünfter Versorgungsweg der betrieblichen Altersversorgung durch das AVmG geschaffen worden sind, § 1 Abs. 2 Nr. 2 BetrAVG, §§ 112 ff VAG, § 3 Nr. 63 EStG. Geschäfte der Verwaltung von Pensionsfonds, die Leistungen im Todes- oder Erlebensfalls, bei Arbeitseinstellung oder bei Minderung der Erwerbstätigkeit vorsehen (vgl. Anlage A Nr. 24 zum VAG), sind den Lebensversicherern seit der Umsetzung der dritten EG-Richtlinie erlaubt.

92 *Dickstein*, Lebensversicherung, 17 f.

93 Vgl. *Goldberg/Müller*, VAG, § 10 Rn 58; vgl. *Schulte-Noelle*, VW 1991, 625.

94 *Nonhoff*, ZVersWiss 1991, 248 ff.

Träger der Kapitalisationsgeschäfte kein unternehmerisches Risiko, seine Leistung richtet sich vielmehr allein nach der Höhe des (häufig als Einmalprämie) eingezahlten Kapitals nebst der garantierten Verzinsung und einer darüber hinausgehenden Überschussbeteiligung am Kapitalertrag des gesamten Kapitalisationsvermögens.[95] Ob es sich bei den Tontinen- und Kapitalisationsgeschäften um reine Sparprodukte[96], Geschäfte mit Spiel- oder Wettcharakter[97] oder genuine Versicherungsprodukte handelt, kann dahingestellt bleiben, da diese Geschäfte wegen ihrer marginalen Verbreitung in die vorliegende Untersuchung nicht einbezogen werden können.

Im Gegensatz zu anderen EU-Staaten gehören in Deutschland **reine Kapitalanlageprodukte** überwiegend nicht zum Angebot der Lebensversicherer. Einige Lebensversicherungen ergänzen ihr Produktportfolio im Zuge der in vielen Bereichen fortschreitenden Annäherung an das Bankengewerbe[98] zunehmend um reine Investmentprodukte, die in Ergänzung zu ihrem primären Angebot über den eigenen Außendienst vertrieben werden. Hierzu zählen z.B. Wertpapierfonds[99], geschlossene Immobilienfonds[100], Schiffs- oder Medienfonds. In ihnen können insbesondere die Ablaufleistungen von Lebensversicherungen - also Zahlungen nach dem Ende der Vertragslaufzeit - wieder angelegt werden.[101] Da Gegenstand dieser Arbeit vorrangig

---

95 *Nonhoff*, ZVersWiss 1991, 248 ff.

96 *Claus*, ZfV 6/1994, 139.

97 Vgl. *Dickstein*, Lebensversicherung, 19.

98 Zur allmählichen Verschiebung des Kräfteverhältnisses zwischen Versicherungen und Banken im internationalen Bereich und den Entwicklungen im Allfinanz-Sektor vgl. etwa *Allianz*-Vorstand *Paul Achleitner* in Die Welt vom 2. April 2002, 12.

99 Etwa Aktien-, Renten- oder gemischte Fonds.

100 Immobilienfonds erfüllen die Funktion von Kapitalsammelstellen. Das Kapital wird ausschließlich in Immobilien investiert, wobei nach der Beteiligungsmöglichkeit zwischen sog. „offenen" und „geschlossenen" Immobilienfonds zu differenzieren ist. An offenen Immobilienfonds kann sich grundsätzlich jedermann beteiligen; Anteile können daher täglich zu Tageswerten ge- und verkauft werden. Offene Immobilienfonds sind Kapitalanlagegesellschaften i.S. von § 1 KAGG. Das wesentliche Kennzeichen der geschlossenen Immobilienfonds ist dagegen das von vornherein begrenzte Kapital der Gesellschaft, das grundsätzlich der Finanzierung eines einzigen Immobilienobjekts dient. Die Aufgaben des Fonds liegen grundsätzlich in dem Erwerb von Grundstücken bzw. grundstücksgleichen Rechten, der Bebauung mit Wohn- oder Gewerbeimmobilien, sowie der Vermietung und Verwertung der Liegenschaften; instruktiv z.B. *Betz*, Geschlossene Immobilienfonds als Angebotserweiterung und Kapitalanalge von Versicherungsunternehmen, Karlsruhe 1997.

101 Die Versicherungswirtschaft musste erkennen, dass die in den vergangenen Jahren stetig steigenden Ablaufleistungen für konkurrierende Finanzdienstleister ein erhebliches Akquisitionspotential darstellen, dem die Lebensassekuranz - mit Ausnahme der lange Zeit vernachlässigten privaten Rentenversicherung, vgl. insoweit *Pflaum*, Wertpapier-Investmentfonds in Lebensversicherungsunternehmen, 144 - kaum ein Alternativangebot für eine Anschlussanlage entgegenstellen konnte, da der Abschluss einer neuen Kapitallebensversicherung oftmals bereits aus Altersgründen nicht in Betracht kam. Die Lebensversicherungsunternehmen unterlagen daher im Hinblick auf die erstrebte fortdauernde Kundenbindung einem inneren Druck, adäquate Anlageprodukte anzubieten, die im Vergleich zu den klassischen Produkten der Kapitallebensversicherung kurzfristiger und disponibler gestaltet waren. Da diese Produkte gleichzeitig dem aus § 7 Abs. 2 VAG folgenden Verbot versi-

spezifische Produkte der Lebensversicherung sind und die Haftung für Prospektangaben im Zusammenhang mit dem Vertrieb reiner Investmentprodukte in Rechtsprechung und der kapitalmarktrechtlichen Literatur umfassend behandelt worden ist, bleiben die vorgenannten Zusatzprodukte im weiteren jedoch außer Betracht.

Mit dem Dritten Finanzmarktförderungsgesetz wurde 1998 in Gestalt des **Altersvorsorge-Sondervermögens (AS-Fonds)** ein neuer Investmentfond-Typ eigens für den Zweck der Alterssicherung geschaffen. AS-Fonds stellen eine relativ neue[102] - zur Altersversorgung bestimmte und besonderen gesetzlichen Anforderungen unterliegende[103] - Art von gemischtem Investmentfonds dar.[104] Sie unterlagen bis zur Schaffung der *BAFin* durch das FinDAG der Aufsicht des *BAKred.* Obwohl es sich nicht um ein Versicherungsprodukt im engeren Sinne handelt, werden AS-Fonds oftmals von Versicherungsunternehmen oder von Partnergesellschaften in einem Allfinanzkonzern vermittelt. AS-Fonds wiesen in der Vergangenheit aufgrund ihrer Schaffung am Anfang einer sehr erfolgreichen Börsenphase überdurchschnittliche Wertsteigerungen auf, die eine steigende Nachfrage bewirkten.

In diese Untersuchung werden weiterhin nicht Kapitalanlagen der Versicherungsunternehmen in Gestalt von sog. **Bonds** (Anleihen) einbezogen, mit denen Risiken des Rückversicherungsgeschäfts - zumeist unter Einschaltung von Investmentbanken -

---

cherungsfremder Geschäfte Rechnung tragen mussten, bot sich insoweit als standardisierte Vermögensanlage vor allem der Investmentfond an.

102 Die ersten Fondsgesellschaften für Altersvorsorge-Sondervermögen (AS) haben Mitte Oktober 1998 ihre Tätigkeit aufgenommen, nachdem der Gesetzgeber am 01.04.1998 mit dem 3. Finanzmarktförderungsgesetz eine neue Art von Investmentfonds speziell für die Altersvorsorge zugelassen hat.

103 Mindestens 51% des Fondsvermögens müssen in Aktien und Immobilien investiert werden. Dabei kann der Aktienanteil zwischen 21% und 75% des Fondsvermögens schwanken. Die Obergrenze für Immobilien beträgt dabei 30%. Da zudem maximal 30% des Fondsvermögens in fremden Währungen investiert werden darf, trifft den Kunden ein überschaubares Währungsrisiko. Die Investmentgesellschaften, die AS-Fonds aufgelegen, bieten ihren Kunden einen Sparplan über eine Laufzeit von mindestens 18 Jahren oder bis zur Vollendung des 60. Lebensjahres an. Während der Laufzeit dürfen keine Erträge ausgeschüttet werden. Die Mindestsummen für Sparpläne sind sehr gering und beginnen häufig bereits ab 25 EUR (50 DM) monatlich. Einmalanlagen sind bei dieser Fondsart ebenfalls möglich. Nach drei Vierteln der gesamten Ansparphase kann der Kunde verlangen, sein mit den AS-Fonds gebildetes Vermögen in wertstabile Anlagen, wie zum Beispiel offene Immobilienfonds, kostenfrei, also ohne Berechnung eines Ausgabeaufschlags, umzuschichten. Auch dies ist gesetzlich verankert. Auf diese Weise wird der Anleger davor geschützt, bei Kursturbulenzen kurz vor der geplanten Vermögensnutzung eine erhebliche Wertminderung seines Vermögens akzeptieren zu müssen. Nach Vertragsablauf verfügt der Kunde frei über das bis zu diesem Zeitpunkt angewachsene Vermögen. Die Kapitalanlagegesellschaften sind darüber hinaus verpflichtet, ihren Kunden für die Phase der Vermögensnutzung Auszahlpläne anzubieten. Hier werden monatlich regelmäßig Anteilsverkäufe in vereinbarter Höhe durchgeführt, um im Alter über eine zusätzliche Rente verfügen zu können. In dringenden Fällen steht das Guthaben auch während der Laufzeit zur Verfügung; hierbei ist allerdings eine Kündigungsfrist von drei Monaten zu berücksichtigen.

104 *Kurzendörfer*, Lebensversicherung, 111.

an den Kapitalmarkt abgegeben werden[105], da es sich hierbei nicht um eine spezifische Anlageform für Privatanleger mit einem Schwerpunkt im Bereich der Altersversorgung handelt.

5. Eingrenzung des Untersuchungsgegenstands

Die vorliegende Untersuchung beschränkt sich auf eine exemplarische Untersuchung der Rechtslage für die aufgrund ihrer Verbreitung und ökonomischen Bedeutung wichtigsten Angebote der Lebensassekuranz, nämlich die klassische gemischte Kapitallebens- und private Rentenversicherung.[106] Besonderheiten der fondsgebundenen und indexgebundenen Lebensversicherung werden in einem eigenen Abschnitt behandelt. Die Ergebnisse der Arbeit dürften wegen der vergleichbaren Interessenlage weitestgehend auf weitere Anlageprodukte der Lebensversicherung übertragen werden können.

III. Vertriebswege

Die Wahl des Vertriebswegs bestimmt den Zugang zum Kunden. Insoweit ist zwischen unternehmenseigenen und unternehmensfremden Vermittlungsformen zu unterscheiden.[107]

1. Unternehmenseigene Vermittlungsformen

Innerhalb der unternehmenseigenen Vermittlungsformen werden Absatzorgane ausschließlich für ein einziges Unternehmen bzw. einen einzigen Konzern tätig.

Obwohl noch immer der überwiegende Teil der Versicherungsabschlüsse durch Vermittler bzw. den eigenen Außendienst herbeigeführt wird, ist in den letzten Jahren eine Zunahme des sog. **Direktvertriebs** zu verzeichnen. Hierunter ist in Abgrenzung zum sog. persönlichen Vertrieb der Absatz eines Produkts an den Endverbraucher ohne zwischengeschaltete Vermittler oder Außendienstmitarbeiter in der Beratungs- oder Abschlussphase zu verstehen.[108] Dabei werden sog. Absatzstellen in der Zentrale (Direktion), in Filialen sowie ähnlich bezeichneten Geschäftsstellen tätig.[109] Eine kleine Anzahl sog. Direktversicherer versucht, zur Verringerung der eigenen Kostenquote und Verbesserung der eigenen Rendite auf eine eigene Außen-

---

105 Vgl. z.B. *N.N.*, Frankfurter Allgemeine Zeitung vom 26.01.2001, 25.

106 Nach einer repräsentativen Erhebung des Gesamtverbands der Versicherungswirtschaft verfügen 54,6% aller Bundesbürger wenigstens über ein Anlageprodukt aus dem Bereich der Lebensversicherung. Zugleich erfolgt die Geldvermögensbildung der privaten Haushalte im wesentlichen durch Wertpapiere und Lebensversicherungen, vgl. *GDV*, Geschäftsbericht 2002, 59.

107 Vgl. *Farny*, Versicherungsbetriebslehre, 683; *Abram*, Versicherungsvermittler, 33 ff.

108 *Farny*, Versicherungsbetriebslehre, 693.

109 Vgl. *Farny*, Versicherungsbetriebslehre, 683.

vertriebsmannschaft zu verzichten. Aber auch am Markt bereits etablierte Versicherungsunternehmen entscheiden sich zunehmend für diese Vertriebsform[110], die in besonderer Weise auf Präsentationsmaterialien wie Print- oder Internet-Prospekte, angewiesen ist.

Hauptverkaufskanal ist nach wie vor das eigene Vertreternetz der Versicherer, also der **unternehmenseigene Außendienst.**[111] Rund 75% des gesamten Geschäfts werden über diese Vertriebsform abgeschlossen, das wegen der unmittelbaren Kommunikation von Mensch zu Mensch den Verkauf erklärungsbedürftiger und komplexer Produkte begünstigt[112].

2. Unternehmensfremde Vermittlungsformen

Zu den sog. unternehmensfremden Vermittlungsformen zählen Absatzorgane, die für mehr als ein Versicherungsunternehmen tätig werden, also insbesondere sog. **Mehrfirmenvertreter** als Handelsvertreter i.S. von § 84 Abs. 1 HGB, § 92 HGB, **Versicherungsmakler** nach § 93 HGB sowie sog. **Sonderorganisationen**[113] und unternehmensunabhängige **Honorarberater**[114]. In den letzten Jahren hat auch der **Vertriebsverbund mit Banken und anderen Finanzdienstleistern** an Bedeutung gewonnen. Über das gesamte Vertriebsnetz der Banken werden inzwischen Versicherungsprodukte von Kooperationspartnern oder eigenen Tochtergesellschaften angeboten. Eine Sonderstellung im System der Absatzorgane nehmen Banken insoweit ein, als es sich bei ihnen sowohl um anbietergebundene als auch um unabhängige Vermittler von Versicherungen handeln kann. Auch ist die sog. **Laienwerbung** zu nennen, also den Einsatz nicht hauptberuflich Werbender beim Absatz oder Vertrieb von Produkten bzw. Dienstleistungen.[115]

---

110 Vgl. z.B. *Schönfels* in Wirtschaftswoche 11/2002 vom 07.03.2002, 154, 154.

111 Vgl. *Breitenborn*, FTD Financial Times Deutschland vom 09.10.2001, 20.

112 Vgl. *Schäfer*, Erfolgsfaktoren von deutschen Versicherungsunternehmen, 87.

113 Dieser Begriff erfasst spezielle Vertriebsgesellschaften, die im allgemeinen in der Form von sog. Strukturvertrieben organisiert sind. Für einen Strukturvertrieb ist kennzeichnend, dass jeder neue Mitarbeiter auf der untersten Stude als einfacher „Außendienstmitarbeiter" beginnt, wobei seine Bezahlung ausschließlich aus relativ geringen Umsatzprovisionen besteht. Mit steigenden Umsatzvolumina und der Werbung neuer Mitarbeiter kann er in höhere Hierarchiestufen aufsteigen, womit vor allem eine Partizipation an Provisionen der ihm hierarchisch nachrangigen Vertretern verbunden ist.

114 Dies sind Makler oder Mehrfirmenvertreter, die sich ihre Beratungstätigkeit vom Kunden mit einem vermittlungsunabhängigen Honorar bezahlen lassen und diesem dafür die Provisionen überlassen, die sie von den Versicherungsunternehmen bei Abschluss eines Versicherungsvertrags erhalten, vgl. z.B. *Müller-Wiedenhorn*, FS Hübner, 171 ff.; s.a. *Weiss*, Süddeutsche Zeitung Nr. 230, 05.10.1989, 34.

115 Der Laienwerber erhält für seine Tätigkeit regelmäßig ein Entgelt in Gestalt einer sog. „Werbeprämie", die regelmäßig ein starker Anreiz dafür ist, auf einen Vertragsschluss herbeizuwirken. Laienwerbung wird vor allem deshalb gezielt eingesetzt, weil der Laienwerber

Der Verkauf von Lebensversicherungen über **sonstige Vertriebswege**, etwa über den stationären Handel, den Versandhandel bis hin zu Bäckereien und Kaffeegeschäften[116] hat, da nur vereinzelt praktiziert, keine Marktbedeutung gewonnen.

3. Eingrenzung des Untersuchungsgegenstandes

Es erfolgt eine Orientierung an den mit insgesamt ca. 80% Vertriebsanteil[117] bedeutenderen unternehmensgebundenen Vertriebsschienen. Die gewonnenen Erkenntnisse gelten jedoch auch für unternehmensfreie eingesetzte Prospektwerbung.

IV. Informationsasymmetrie: Zentrales Problem der Verbraucherinformation in der Lebensversicherungswirtschaft?

Bei der Alterssicherungsentscheidung allgemein und bei der Entscheidung über den Abschluss eines Lebensversicherungsvertrags handelt es sich um komplexe und mit großer Unsicherheit verbundene Entscheidungssituationen.[118] Infolgedessen wird bereits seit dem Anfang des 20. Jahrhunderts[119] eine zwischen dem Versicherungsnehmer und dem Versicherungsunternehmen in der Lebensversicherung bestehende Informationsasymmetrie beklagt. Fraglich ist, inwieweit dem zugestimmt werden kann.

1. Informationsbedarf des Versicherungsinteressenten

Wendet man sich zunächst dem auf Seiten des Versicherungsinteressenten bestehenden Informationsbedarf zu, so kann zwischen dem Informationsbedarf im Hinblick auf die Bedarfsreflexion und dem Informationsbedarf bezüglich der eigentlichen Vertragsschlussentscheidung unterschieden werden.

Hinsichtlich der Bedarfsreflexion ergibt sich im Bereich der Altersvorsorgeprodukte ein besonderer Informationsbedarf durch die fehlende Transparenz des Lebensversicherungsmarkts, wegen der ein Versicherungsinteressent mit hohen Schranken der Informationsbeschaffung konfrontiert ist[120]. Zum einen muss der Versicherungs-

---

häufig Kunden aus seinem persönlichen Umfeld - etwa Verwandte, Freunde und Bekannte - anwirbt, so dass persönliche Beziehungen kommerzialisiert werden können; weiterführend *Emmerich*, UWG, § 19 3 a; *Baumbdch/Hefermehl*, Wettbewerbsrecht, § 1 Rn 200 f.; *Ekey*, Wettbewerbsrecht, § 1 Rn 257.

116 Vgl. *Jauernig*, VW 2002, 252.

117 Vgl. *Hübner*, EuZW 1/1995, 1.

118 *Basedow/Beyer/Schwintowski/Rückle*, NVersZ 2000, 317 f.; *Theis*, Lebensversicherung als Alterssicherungsinstitution, 106; *Baumann*, VersR 1996, 1 ff.

119 Vgl. etwa die Amtl. Begr. zum VAG 1901, 10. Legislaturperiode, II. Session 1900/1901, Erster Anlageband Nr. 5, 154 ff, in Motive zum VAG, 28, 36.

120 *Kessner*, Markttransparenz, 18 ff., 43 ff.; *Barkam*, Prospektprüfung, 141 ff.

interessent erkennen, welche Bedürfnisse er hat, die durch den Abschluss einer Kapitallebensversicherung befriedigt werden könnten. Daneben muss der Versicherungsinteressent durchschauen, welche Möglichkeiten es zur Bedarfsdeckung gibt.

Problematisch ist insoweit, dass eine rational begründete Entscheidung eine möglichst vollständige Marktübersicht über das vielfältige Angebot aller in Betracht kommenden Kapitalanlageformen erfordert. Während bis zur Deregulierung des deutschen Versicherungsmarkts[121] die angebotenen Versicherungsprodukte von dem *BAV* hinsichtlich bestimmter Mindeststandards materiell geprüft wurden und deshalb inhaltlich weitgehend übereinstimmten, hat die Deregulierung zu einer für den Verbraucher unüberschaubaren Anzahl von in- und ausländischen Versicherungstarifen geführt, die nicht mehr ohne weiteres miteinander vergleichbar sind.[122] Die Bedürfnisfeststellung wird zudem durch die komplexe Natur der Lebensassekuranzprodukte erschwert: Versicherungsschutz ist ein immaterielles Gut, welches nur in juristischen Formulierungen greifbar wird.[123] Da es in die Zukunft gerichtet wirkt und regelmäßig Versicherungsschutz für einen langen Zeitraum gewährt wird, muss der Versicherungsvertrag von vornherein eine Vielzahl von Eventualitäten erfassen[124]. Es handelt sich um ein abstraktes Wirtschaftsgut[125], das schwerer als andere Konsumgüter verständlich und erklärbar ist[126] und aus der Sicht des Versicherungsinteressenten als sog. „Black Box"[127] charakterisiert werden kann. Die Kapitallebensversicherung ist zudem besonders anfällig für manipulative Vertragsgestaltungen.[128] Im Ergebnis ist somit bereits hinsichtlich der Bedarfsreflexion ein erheblicher Informationsbedarf gegeben.

Wird zusätzlich nach dem Informationsbedarf im Hinblick auf die Entscheidung über den Vertragsabschluss gefragt, so ist vorauszuschicken, dass sich ein rational entscheidender Anleger nur mit einem von ihm für angemessen erachteten Informa-

---

121 Vgl. das Dritte Durchführungsgesetz/EWG zum VAG vom 21.7.1994 (BGBl. I v. 1994, 1630).

122 Vgl. *Goecke/Will*, Renditewettbewerb, 5.

123 Vgl. *Goecke/Will*, Renditewettbewerb, 5; vgl. *Dreher*, Versicherung als Rechtsprodukt, 145 ff.

124 *Osing*, Informationspflichten des Versicherers, 5; *Ebers*, Überschussbeteiligung, 297; *Dreher*, Versicherung als Rechtsprodukt, 3; *Prölss* in *Prölss*, VVG, Vorbem I Rn 83; *Römer*, Prüfungsmaßstab, 25.

125 *GDV*, Jahrbuch 1986, 115.

126 *Hübner*, EuZW 1/1995, Editorial, 1.

127 *Jung/Jung*, Kapitalanlage Versicherungen, 13.

128 *Reifner*, Kapitellebensversicherung und Rückkaufswertberechnung, 179, 180 f.

tionsaufwand um ein möglichst günstiges Preis-Leistungs-Verhältnis[129] bemühen wird.[130]

Problematisch ist insoweit schon, dass die Güte einer Kapitallebensversicherung als abstraktes Wirtschaftsgut regelmäßig erst bei Eintritt des Versicherungsfalls oder der Beendigung der Vertragslaufzeit erkennbar wird. Damit ist zugleich die Abgrenzung zwischen seriösen und unseriösen Produkten schwieriger geworden. Dies hat in der Vergangenheit zu einer erheblichen Verunsicherung auf Verbraucherseite geführt.[131] Zu Recht weist *Hübner*[132] deshalb darauf hin, dass die meisten Verbraucher im Massengeschäft[133] der Kapitallebensversicherung überfordert sein dürften, sich in der Produktvielfalt zurechtzufinden. Denn da sich Versicherung im wesentlichen in den AVB erschöpft, ist es für einen durchschnittlichen Interessenten fast unmöglich, Vergleiche anzustellen. Oft ist er intellektuell und psychisch überfordert[134].

Die Anlageprodukte der Lebensassekuranz werden vor allem durch private Haushalte nachgefragt, also von Privatpersonen, die sich zum ganz überwiegenden Teil nicht aus beruflichen Gründen mit dem Kapitalmarkt beschäftigen und insofern auf Informationen durch Dritte angewiesen sind.[135] Dem Bestreben des Versicherungsinteressenten, seinen Wissensstand selbständig zu verbessern, stehen meistens hohe subjektive Informationskosten entgegen.[136] Dieser Umstand ist im wesentlich darauf zurückzuführen, dass die Produkteigenschaften des unsichtbaren und komplexen Guts für den durchschnittlichen Versicherungsinteressenten nur unter Schwierigkeiten verglichen werden können.[137] Da es selbst für einen Fachmann schwierig ist, den nötigen Informationsstand zu erreichen[138], fehlt es erst recht dem durchschnittlichen Versicherungsinteressenten an dem Wissen über die relevanten Ent-

---

129 Die Literatur weist zu Recht darauf hin, dass dieser Begriff weit zu verstehen ist. Er erfasst auch nicht monetäre Größen, etwa den Service des Anbieters, vgl. *Blaesius*, Bewertung von Lebensversicherungsverträgen, 96; *Eifert*, Kapitallebensversicherung aus Verbrauchersicht, 192.

130 Vgl. *Eifert*, Kapitallebensversicherung aus Verbrauchersicht, 192.

131 Vgl. *Goecke/Will*, Renditewettbewerb, 5.

132 *Hübner*, EuZW 1/1995, Editorial, 1.

133 Derzeit gibt es etwa 130 Lebensversicherungsunternehmen mit zusammen ungefähr 5.000 Tarifen. Pro Tarif existieren ca. fünf Varianten, pro Variante rund fünf Leistungsaussagen. Insgesamt summieren sich die Tarifalternativen somit auf etwa 125.000 Varianten, vgl. *Surminski*, Rating-Probleme, 353. Zur Versicherung als Massenphänomen vgl. auch EuGH VersR 1986, 1225, 1228; *Büchner* in VW 1950, 199, 200; *Zischka*, Bundesversicherungsaufsichtsamt, 10.

134 *Römer*, VersR 1998, 1313, 1313; *Baumann*, VersR 1996, 1, 6.

135 Der Anlegerschutz auf dem Gebiet des Kapitalmarktrechts wird auch in der Literatur vorrangig unter dem Aspekt des sog. Kleinanlegerschutzes behandelt, *Kübler*, GesR, § 31 II (S. 390); *Hopt*, Kapitalanlegerschutz, 80.

136 *Gäfgen/Endres*, ökonomische Perspektive, 18 f.; *Eifert*, Kapitallebensversicherung aus Verbrauchersicht, 195 f. m.w.N.

137 Vgl. *Eifert*, Kapitallebensversicherung aus Verbrauchersicht, 195 f.

138 *Gärtner*, Privatversicherungsrecht, 359; vgl. *Koch*, Versicherungswirtschaft, 65 f.

scheidungskriterien und deren Gewichtung, um die Leistungen verschiedener Anbieter vergleichen zu können.[139] Die am Markt bestehende Produktvielfalt erschwert Produktvergleiche und macht eine aktuelle Erfassung aller angebotenen Tarife unmöglich. Nicht einmal Produktvergleichsoftware kann einen vollständigen Marktüberblick ermöglichen[140] und steht im übrigen aus Kostengründen regelmäßig nur professionellen Marktteilnehmern, nicht aber dem Privatinteressenten zur Verfügung.[141]

Überhaupt haben empirische Studien - eine in der Literatur verbreitete Ansicht[142] bestätigend - darauf hingewiesen, dass der Kenntnisstand eines Großteils der Verbraucher in bezug auf Lebensversicherungen als sehr gering anzusehen ist.[143] Nur ca. 3-6% der Verbraucher stufen sich in Bank- und Versicherungsfragen als Experten ein.[144] Die meisten Verbraucher können somit weder ihren tatsächlichen Versicherungsbedarf erkennen[145] noch das vorhandene Angebot überblicken und entscheiden, welches Bedingungswerk, welcher Tarif und welche Versicherungssumme für sie geeignet wären[146]. Auch sind falsche Annahmen weit verbreitet.[147] Für die meisten Versicherungsinteressenten ist das Treffen einer rationalen Entscheidung daher sehr schwer bis unmöglich.

Besondere Bedeutung erlangt die Verbraucherinformation schließlich auch wegen der langfristigen Natur des Versicherungsprodukts. Lebensversicherer übernehmen Garantien, die über mehrere Jahrzehnte, in der Rentenversicherung sogar oft über ein halbes Jahrhundert, Bestand haben.[148] Die durchschnittliche Vertragslaufzeit der in Deutschland weit verbreiteten gemischten Kapitallebensversicherung liegt bei ca. 28 Jahren[149].

---

139 *Kruse*, Informationspolitik, 125; *Stöffler*, Markttransparenz, 94 f.; *Eifert*, Kapitallebensversicherung aus Verbrauchersicht, 195 f.

140 Vgl. *Theis*, Lebensversicherung als Alterssicherungsinstitution, 106.

141 Vergleiche aber auch die zum Teil im Internet kostenlos angebotenen Berechnungsprogramme, etwa der Zeitschrift *Capital*.

142 Vgl. *Blaesius*, Bewertung von Lebensversicherungsverträgen, 75; *Seuß*, FS Gehrhardt, 370; *Eifert*, Kapitallebensversicherung aus Verbrauchersicht, 192; *Gärtner*, Privatversicherungsrecht, 226; *Farny*, VersRdSch 1985, 40, 50.

143 *Noelle-Neumann/Geiger*, 1233.

144 *Geiger*, 548; *Eifert*, Kapitallebensversicherung aus Verbrauchersicht, 193.

145 *Diederich*, Markttransparenz, 8; *Gärtner*, Privatversicherungsrecht, 226; *Blaesius*, Bewertung von Lebensversicherungsverträgen, 75; *Eifert*, Kapitallebensversicherung aus Verbrauchersicht, 193.

146 *Gärtner*, Privatversicherungsrecht, 226; *Eifert*, Kapitallebensversicherung aus Verbrauchersicht, 193.

147 *Wolff*, V&S 2001, 13; *Köcher*, Die Versicherung aus Sicht ihrer Kunden, 12; vgl. auch *N.N.*, Focus 26/2001, 210 f.

148 *Müller*, Entwicklung des Versicherungsaufsichtsrechts, 1 f.

149 Vgl. *Ebers*, Überschussbeteiligung, 28.

Nach Abschluss eines Lebensversicherungsvertrags kann die getroffene Entscheidung zwar durch eine Kündigung des Vertrags nach §§ 165, 176 VVG korrigiert werden. Eine vorzeitige Beendigung des Vertrags ist jedoch zumeist nur unter hohen Kosten möglich. Sie ergeben sich daraus, dass die durch den Vertragsabschluss bedingten Kosten, d.h. die Abschlußkosten in Form der Vermittlerprovision, regelmäßig nicht auf die gesamte Laufzeit des Vertrages, sondern im Wege der sog. Zillmerung auf die ersten drei bis fünf Jahre verteilt werden.[150] Hieraus ergibt sich in der Anfangsphase der Versicherung nur ein stark reduzierter Rückkaufswert i.S. des § 176 VVG.[151] Eine Lösung vom Vertrag dürfte sich überdies aus wirtschaftlichen Gesichtspunkten nicht für Personen empfehlen, deren Anlageentscheidung zugunsten einer Kapitallebensversicherung nicht nur auf Renditeerwägungen fußte, sondern die auch den Versicherungsschutz benötigten, sofern bei ihnen nach dem Abschluss einer Kapitallebensversicherung eine neue, für einen Neuabschluss hinderliche Krankheit entdeckt worden ist. Denn da nach dem geltenden Lebensversicherungsrecht der Sparvorgang nicht von der Versicherung abgetrennt werden kann, dürfte in diesem Fall der spätere Neuabschluss einer Kapitallebensversicherung ausgeschlossen oder das Risiko nur zu erheblich höheren Prämien versicherbar sein. Da ein Handel mit „gebrauchten" Lebensversicherungen in Deutschland bislang unüblich war und ein entsprechender Zweitmarkt erst seit der jüngsten Vergangenheit im Entstehen begriffen ist[152], kann der Versicherungsnehmer seine Police regelmäßig auch nicht auf einem liquiden Sekundärmarkt veräußern. Auch deshalb stellt der Abschluss einer Kapitallebensversicherung eine langfristig orientierte Entscheidung von erheblicher finanzieller Tragweite dar.[153]

Da die Summe dieser Faktoren den durchschnittlichen Versicherungsinteressenten überfordert und ihm nicht ohne weiteres erlaubt, selbständig eine informierte und damit rational fundierte Entscheidung zu treffen, besteht ein erheblicher Informationsbedarf.

2. Tatsächliches Informationsangebot

Dem Informationsbedarf der Versicherungsinteressenten steht eine an eigenen wirtschaftlichen Interessen orientierte Öffentlichkeitsarbeit und Werbung der Versicherungsunternehmen gegenüber, die nicht geeignet ist, zur Verringerung der Informa-

---

150 Zur Zillmerung siehe im einzelnen F.III.5.a).

151 Dennoch ist das Zillmerverfahren nach gegenwärtiger Rechtslage aufsichts- und bilanzrechtlich zulässig (vgl. §§ 65 Abs. 1 Nr. 2 VAG, 4 Abs. 1 DeckRV, 25 Abs. 1 RechVersV), so dass eine Zillmerung - wie der BGH, mit Urteil v. 9.5.2001 ausgeführt hat (BGH, ZIP 2001, 1052, 1055f.) - auch in zivilrechtlicher Hinsicht nicht zu beanstanden ist, soweit die Versicherungsnehmer bei Vertragsschluss in transparenter Weise (§ 9 Abs. 1 AGBG) auf die finanziellen Nachteile einer vorzeitigen Vertragsbeendigung hingewiesen werden.

152 *König*, VersR 1996, 1328; zum englischen Zweitmarkt vgl. *Flesch*, VW 2001, 55 ff.

153 Ebenso *Hübner*, EuZW 1/1995, Editorial, 1.

tionsdefizite der Verbraucher beizutragen[154]. Die individuelle Beratung durch einen Versicherungsberater oder - in Kombination mit der Vermittlung eines Versicherungsvertrags - einen Versicherungsvermittler ist das am weitesten verbreitete Hilfsmittel bei der Nachfrageentscheidung.[155] Beratung wird auch im Schrifttum als notwendige Voraussetzung für einen bedarfsgerechten Vertragsabschluss angesehen.[156] Der Großteil der Versicherungsverträge wird jedoch über firmengebundene Vermittler abgeschlossen[157]. Ihnen ist schon wegen ihrer Unternehmens- oder Konzernbindungen eine objektive, marktbezogene Beratung verwehrt[158]. Unabhängigen Versicherungsmaklern kommt nur ein Marktanteil von etwa 10% zu.[159] Mit der Einschaltung eines unabhängigen Beraters, der ausschließlich beratend tätig wird und keine Vermittlerentlohnung durch ein Versicherungsunternehmen erhält, sind Kosten verbunden, die den Versicherungsinteressenten vor einer Beratung oftmals zurückschrecken lassen.

Auch Unternehmens- und Produktbewertungen („Ratings") durch Dritte sind problembehaftet. Zum einen müssen sie in aller Regel aus extern zugänglichen Produktinformationen gebildet werden, da unternehmensinterne Daten von Lebensversicherungsunternehmen nicht zugänglich gemacht werden.[160] Zum anderen hat sich bislang noch kein Konsens über die Anforderungen an Lebensversicherungsbewertungen herausgebildet. Während bei einigen formalen Kriterien Mindestanforderungen - etwa der Unabhängigkeit der Bewertungsorganisation, Aktualität der Information und Überprüfbarkeit der Vorgehensweise - weitgehende Einigkeit besteht[161], besteht im Hinblick auf inhaltliche Fragen keine einheitliche Linie[162]. Viele Bewertungsergebnisse sind daher umstrittten.[163] Selbst von Rating-Agenturen wird zugegeben, dass das Bewertungsergebnis letztlich subjektiver Natur ist.[164] Als allgemeine Informationen, die für einen großen Kreis von Interessenten produziert werden, sind Bewertungen überdies problematisch, da die erläuterten Sachverhalte

---

154 *Eifert*, Kapitallebensversicherung aus Verbrauchersicht, 201 m.w.N.; *Stöffler*, Markttransparenz, 163; *Gärtner*, Privatversicherungsrecht, 358.

155 Vgl. *Theis*, Lebensversicherung als Alterssicherungsinstitution, 103.

156 Vgl. z.B. *Blaesius*, Bewertung von Lebensversicherungsverträgen, 13 f.; *Farny*, Versicherungswirtschaft, 65 f., 114; *Eifert*, Kapitallebensversicherung aus Verbrauchersicht, 196; *Bischoff*, 166.

157 *Hübner*, FS Lorenz, 317, 329.

158 Vgl. *Meyer* in *Basedow*, Beiträge der fünften Wissenschaftstagung des Bundes der Versicherten, 159, 168 ff. m.w.N.

159 Vgl. *Hübner*, EuZW 1/1995, Editorial, 1.

160 *Theis*, Lebensversicherung als Alterssicherungsinstitution, 106.

161 Vgl. *Theis*, Lebensversicherung als Alterssicherungsinstitution, 106 m.w.N.

162 Vgl. auch auf die sog. Eigenmittelquote des Lebensversicherungsunternehmen hinweisend, *Theis*, Lebensversicherung als Alterssicherungsinstitution, 106.

163 Vgl. auch F.III.7.a).

164 Vgl. *N.N.* in VW 2002, 1895.

und die in Vergleichen herangezogenen Qualitätsmerkmale und deren Gewichtung oft nicht den Bedürfnissen des einzelnen Nachfragers entsprechen.[165]

Insgesamt muss das Vorliegen einer nach objektiven Kriterien zu bemessenden, sachgerechten Verbraucherinformation deshalb im Regelfall verneint werden.[166]

3. Würdigung

Der Versicherungsnachfrager sieht sich somit erheblichen Informationsproblemen ausgesetzt. Da zudem eine Vielzahl von unternehmenspolitischen Faktoren[167] Bedeutung für das Preis-/Leistungsverhältnis des angebotenen Versicherungsprodukts hat, diese aber für den Versicherungsinteressenten regelmäßig nicht extern zugänglich sind, besteht somit zwischen dem Versicherungsnehmer und dem Lebensversicherungsunternehmen ein erhebliches Informationsgefälle. Umgekehrt folgt hieraus, dass Prospektmaterial der Lebensversicherungsunternehmen - also Werbemittel der Massenumwerbung in Form von Prospekten, Broschüren, Tarifauszügen, Katalogen usw., einsetzbar als Beilage zu Zeitschriften und Zeitungen, Werbebriefen und zur Aushändigung im persönlichen Gespräch[168] - wegen des Informationsbedürfnisses der Versicherungsinteressenten für den Absatz ihrer Finanzanlagen von zentraler Bedeutung ist. Da sich der Kunde regelmäßig und überwiegend an Prospekten und nicht an kleingedruckten Versicherungsbedingungen orientiert, kommt ihnen eine entscheidende Bedeutung zu. Die bei dem Vertrieb von Kapitallebensversicherungen eingesetzten gedruckten Präsentationsunterlagen bilden den Mittelpunkt der Werbung.

---

165 *Theis*, Lebensversicherung als Alterssicherungsinstitution, 108.

166 Gerade im Bereich der persönlichen Altersversorgung ist auch im Rahmen von empirischen Studien ein grundlegendes allgemeines Informationsdefizit im Hinblick auf die rechtlichen Rahmenbedingungen und gesetzliche Rentenhöhe festgestellt worden, vgl. etwa die Ergebnisse einer von der *Bertelsmann-Stiftung* durchgeführten Studie; *N.N.*, Frankfurter Allgemeine Zeitung Nr. 281 vom 3.12.2002, 11.

167 Zu den unternehmenspolitischen Einflüssen auf die Überschussbeteiligung siehe F.III.4.a)bb).

168 Vgl. *Farny*, 673; zum Prospektbegriff i.S. der allgemeinen bürgerlich-rechtlichen Prospekthaftung siehe F.II.

C. Primärrechtliche Verantwortlichkeit für Prospektangaben

Zur Würdigung und Bewältigung des zwischen dem Versicherungsnehmer und dem Versicherer bestehenden Informationsgefälles bieten sich grundsätzlich die Möglichkeiten einer Lösung auf der primär- sowie auf der sekundärrechtlichen Ebene an.[169] Zu untersuchen ist zunächst, inwieweit unrichtige Prospektangaben - den allgemeinen Charakter von Werbematerialien als bloße *invitatio ad offerendum* überwindend - primärrechtliche Konsequenzen begründen können.

I. Versicherungsrechtliche Erfüllungshaftung

Ausgangspunkt der Überlegungen ist zunächst, dass der Inhalt eines Lebensversicherungsvertrags regelmäßig durch die verwendeten Antragsformulare, Versicherungsscheine und die allgemeinen Versicherungsbedingungen bestimmt wird.[170] Die Ermittlung des Vertragsinhalts erfolgt dabei nach den allgemeinen Auslegungsgrundsätzen der §§ 133, 157 BGB. Insoweit können nach den allgemeinen Grundsätzen der Rechtsgeschäftslehre im Einzelfall auch mündliche Begleitumstände den Vertragsinhalt prägen, vgl. §§ 164, 166 Abs. 1 BGB, §§ 5 Abs. 3, 43 Nr. 1 VVG.

Darüber hinaus kommt im Einzelfall eine primärrechtliche Erfüllungshaftung des Versicherers gegenüber dem Versicherten in Betracht. Das Institut der sog. versicherungsrechtlichen Erfüllungshaftung entspricht einer ständigen Spruchpraxis der Rechtsprechung[171] und ist auch in der Literatur ganz überwiegend gebilligt worden[172], obgleich es immer wieder für falsch[173] oder überflüssig[174] erachtet bzw. seine Eingliederung in allgemeine Grundsätze des Privatrechts gefordert[175] wird.

Danach haftet ein Versicherer für dem Versicherungsunternehmen zurechenbare falsche Annahmen des Versicherungsnehmers, die auf Erklärungen von Agenten

---

169 Vgl. auch *Fleischer*, Informationsasymmetrie, 234 f., der darauf hinweist, dass nicht alle Informationspflichten betreffende Tatbestände auf Anhieb als solche zu erkennen sind.

170 *Hennrichs*, NVersZ 2002, 5, 8.

171 BGHZ 2, 87 f.; BGH, VersR 1978, 457, 458; BGH, VersR 1972, 530; OLG Bamberg, VersR 1990, 260; OLG Karlsruhe, VersR 1990, 889, 891; OLG Hamm, VersR 1987, 351, 352; OLG Nürnberg, OLGR Nürnberg 1998, 215 f.

172 *Kollhosser* in *Prölss/Martin*, VVG, § 43, 7A; *Bruck/Möller/Winter*, VVG, § 44, Rn 63 f.; *Reichert-Facilides*, VersR 1977, 206; *Möller*, WallmannsZ 42, 64; *Thees*, WallmannsZ 42, 2; *Schulz*, ZfV 1963, 705; *Messerschmidt*, Hinweis- und Belehrungspflichten des Versicherers, 335; *Bruck*, Privatversicherungswesen, 148; *Deutsch*, Versicherungsvertragsrecht, Rn 128; *Hofmann*, Privatversicherungsrecht, 44; *Weyers*, Versicherungsvertragsrecht, Rn 208; *Sieg*, ZVersWiss 1982, 143, 157.

173 *Hilgenhövel*, Erfüllungshaftung, 79 ff.; *Lewis*, Versicherungsrecht, 153 f.; *Neumann*, Stellung des Unteragenten, 24; *Lengnick*, Vertretungsmacht des Versicherungsagenten, 26; *Klingemann*, Stellung des Vermittlungsagenten, 35; *Schardt*, Stellung des Versicherungsagenten, 51; *Josef*, Iher. Jb. 59, 369, 380 f. und LZ 11, Sp. 54, 55.

174 *Goudefroy*, WallmannsZ 42, 26 und 43, 3; *Rabich*, Vertrauens- und Verschuldenshaftung, 62.

175 *Canaris*, Vertrauenshaftung, 342; *Hohloch*, VersR 1980, 107.

des Versicherungsunternehmens zurückgehen[176]. Dies sind Personen, die ohne im Geschäftsbetrieb des Versicherers angestellt zu sein, selbständig damit betraut sind, für den Versicherer Verträge zu vermitteln oder in dessen Namen abzuschließen. Insoweit werden neben sog. Vermittlungsagenten als weitere Erfüllungsgehilfen auch Gelegenheitsvermittler, Außen- und Innendienstangestellte sowie Angestellte von Agenten erfasst.[177] Geben diese unrichtige Auskünfte oder Erklärungen über Inhalt, Umfang und Bedeutung vertragswesentlicher Punkte oder unterlassen sie bei erkennbarer Fehlvorstellung des Versicherungsnehmers die gebotene Aufklärung, so muss der Versicherer dies gegen sich gelten lassen, wenn der Versicherungsnehmer auf die dem Versicherer zurechenbaren Erklärungen vertrauen durfte.[178] Als Gegenstand einer fehlerhaften Belehrung kommen insbesondere die versicherte Person, versicherte Gegenstände, versichertes Risiko, Versicherungsort, Versicherungszeit, Leistungsumfang und weitere Aspekte der Versicherungsleistung in Betracht.[179]

Der Versicherer wird dabei verpflichtet, den Versicherungsvertrag in der Weise zu erfüllen, wie er ihn erfüllen müsste, wenn die Angaben richtig gewesen wären.[180] Auf ein dem Versicherer zurechenbares Verschulden kommt es nicht an[181]. Die versicherungsrechtliche Erfüllungshaftung ist folglich kein sekundärrechtlicher Schadenersatzanspruch, sondern primärrechtlicher Natur, indem sie eine Umgestaltung des Versicherungsvertrags im Sinne der für den Versicherungsnehmer günstigen Aufklärung bewirkt, ohne dass der Versicherer den Vertrag nach § 119 Abs. 1 BGB anfechten könnte.[182]

Exemplarisch kann insoweit auch auf das Urteil des **OLG Nürnberg** vom 28.3.1998 verwiesen werden, in dem das Gericht zutreffend feststellte, dass mündliche Zusagen eines Versicherungsagenten gegenüber dem Versicherungsnehmer beim Antragsgespräch auch bei anders lautenden schriftlichen Regelungen in einem Versicherungsvertrag gelten. Dies gilt zum einen, sofern dem Versicherungsnehmer

---

176 Grundlegend RGZ 46, 184 ff.; vgl. auch die sog. Auge-und-Ohr-Rechtsprechung der Rechtsprechung zur Frage der Empfangsvollmacht des Versicherungsagenten, insb. BGH, VersR 1988, 234 ff.; BGH, VersR 1989, 833, 834; BGH, VersR 2001, 1541, 1542; BGH, VersR 2002, 424, 426; *Reiff*, ZVersWiss 2002, 103 f.; *Beckmann*, FS Hübner, 29 ff.

177 Vgl. im einzelnen *Hilgenhövel*, Erfüllungshaftung, 18 ff.

178 Vgl. nur BGHZ 2, 87, 92; *Bruck/Möller/Winter*, VVG, § 44, Rn 64 ff. m.w.N.; ausführlich *Hilgenhövel*, Erfüllungshaftung, 26 f.; *Hoffmann*, Verbraucherschutz, 242.

179 Vgl. *Hilgenhövel*, Erfüllungshaftung, 26 f. m.w.N.

180 RGZ 46, 184 ff.; RGZ 73, 302, 303 f.; RGZ 86, 188, 132; RGZ 147, 186, 188; BGHZ 2, 87, 92; BGHZ 40, 22, 26; BGHZ 108, 200, 205 f.; OLG Düsseldorf, NJW-RR 1997, 1525; OLG Düsseldorf, VersR 1998, 236; *Kieninger*, AcP 199 (1999), 190, 205 m.w.N.; *Prölss/Martin*, VVG, § 43 Rn 7; *Ebers*, Überschussbeteiligung, 267; *Osing*, Informationspflichten des Versicherers, 58; *Hilgenhövel*, Erfüllungshaftung, 26 ff.

181 *Römer*, VersR 1998, 1313, 1315; *Hoffmann*, Verbraucherschutz, 242 f. m.w.N.

182 Vgl. *Hoffmann*, Verbraucherschutz, 242 f.; *Hilgenhövel*, Erfüllungshaftung, 26 ff.

fälschlicherweise ausdrücklich für den Leistungsfall bestimmte Versicherungsleistungen zugesagt werden[183]. Zum anderen kann die Falschauskunft auch in einem Unterlassen bestehen. Dies gilt, wenn der Agent die unzutreffenden Vorstellungen des Versicherungsnehmers erkennt, ohne zu widersprechen und den Versicherungsnehmer aufzuklären[184].

Im Anwendungsbereich der vorliegenden Untersuchung, die sich auf eine unmittelbar an Prospektangaben anknüpfende Verantwortlichkeit von Lebensversicherungsunternehmen konzentriert, ist das Rechtsinstitut der versicherungsrechtlichen Erfüllungshaftung nur von untergeordneter Bedeutung, da ohne einen rechtsgeschäftlichen Kontakt in Gestalt von Erklärungen eines Versicherungsagenten der Anwendungsbereich dieses Rechtsinstituts nicht eröffnet ist[185]. Prospektangaben können insoweit nur mittelbar zu einer Erfüllungshaftung führen, wenn ein gleichzeitig involvierter Versicherungsagent durch einen Prospekt hervorgerufene Fehlvorstellungen des Versicherungsnehmers nicht korrigiert.[186] Bei einem Direktvertrieb von Lebensversicherungsverträgen ohne Einschaltung eines Agenten kommt eine Erfüllungshaftung demnach nicht in Betracht.

Für den Anspruch aus Erfüllungshaftung gilt nach Auffassung der Rechtsprechung ein „Alles-oder-Nichts"-Prinzip[187]. Der Versicherer haftet überhaupt nicht, sofern ein „erhebliches" Mitverschulden des Versicherungsnehmers gegeben ist.[188] Handelt es sich dagegen um ein nicht erhebliches Mitverschulden, so kommt eine Anwendung des § 254 BGB mit der Folge einer Anspruchsminderung nicht in Betracht.[189] Ein erhebliches Mitverschulden in diesem Sinne ist von der Rechtsprechung in der Vergangenheit bei einem „offensichtlich erkennbaren Widerspruch" zu gleichzeitig vorliegenden AVB bejaht worden.[190] Angesichts des erheblichen Informationsgefälles zwischen Versicherungsnehmer und Versicherer ist dieser Rechtsprechung im Grundsatz zuzustimmen, wobei im Einzelfall regelmäßig hohe Anfor-

---

183 In dem entschiedenen Fall hatte ein Versicherungsagent dem Versicherungsnehmer erklärt, dass er in dem von ihm ausgeübten Beruf versichert werde und im Falle der Berufsunfähigkeit in diesem Beruf versichert sei. Das Gericht sah folgereichtig im Fall der Berufsunfähigkeit des Versicherungsnehmers im ausgeübten Beruf eine bedingungsgemäße Verweisung auf einen vergleichbaren Beruf als ausgeschlossen an, da der Versicherungsnehmer auf die Auskunft des Agenten vertrauen durfte und ihn nach Auffassung des Gerichts kein erhebliches Eigenverschulden traf, vgl. OLG Nürnberg, NJWE-VHR 1998, 193 f.

184 Vgl. OLG Köln RuS 92, 220; *Römer/Langheid*, VVG, § 43 VVG Rn 18 m.w.N.

185 *Hoffmann*, Verbraucherschutz, 243.

186 Vgl. insoweit die Ausführungen zur *culpa in contrahendo* bzw. sog. Prospekthaftung im weiteren Sinne oben G.

187 BGHZ 40, 22, 25; OLG Nürnberg, VersR 1980, 36; vgl. *Kieninger*, VersR 1998, 5, 9.

188 RGZ 86, 128, 132; BGHZ 2, 87, 92; BGHZ 73, 302.

189 BGHZ 40, 22, 26; *Hofmann*, Privatversicherungsrecht, § 5 Rn 73.

190 BGHZ 40, 22, 25.

derungen an das Vorliegen eines erheblichen Mitverschuldens gestellt werden müssen.

Im Ergebnis kann der Versicherer somit im Einzelfall verpflichtet sein, den Versicherungsvertrag in der Weise zu erfüllen, wie er ihn erfüllen müsste, wenn die Prospektangaben zutreffend gewesen wären. Insoweit kann auch das Urteil des OLG Koblenz vom 26.5.2000[191] ebenso wie das Urteil des OLG Nürnberg vom 26.3.1998[192] als Anwendungsfall erfüllungsrechtlicher Grundsätze verstanden werden.

II. AGB-rechtliche Relevanz von Prospektangaben

Insbesondere das *BAV* hat in der Vergangenheit die Befürchtung geäußert, die Rechtsprechung könne prospektartige Leistungsdarstellungen der Lebensversicherer den Anforderungen einer AGB-rechtlichen Inhaltskontrolle unterwerfen, etwa eine unsachgemäße Darstellung der Überschussbeteiligung als verbindliches Leistungsversprechen und Vertragsbestandteil betrachten sowie die jeweiligen Lebensversicherungsunternehmen verpflichten, die versprochene Leistung vertragsgemäß zu erbringen.[193] Fraglich ist, inwieweit eine derartige Verantwortlichkeit des Lebensversicherungsunternehmens für Prospektangaben nach AGB-rechtlichen Grundsätzen, also nach den §§ 305 ff. BGB, die mit dem Inkrafttreten des Schuldrechtsmodernisierungsgesetzes an die Stelle des AGBG getreten sind, besteht.

Die grundlegende Voraussetzung einer AGB-rechtlichen Inhaltskontrolle, nämlich das Bestehen einer Ungleichgewichtslage im Sinne einer „strukturell ungleichen Verhandlungsstärke" zwischen den Parteien[194], ist gerade im Bereich des Versicherungsvertragsrechts zu bejahen[195]. Auch haben Antragsformulare, ebenso wie die von Versicherern verwendeten AVB, grundsätzlich den Charakter allgemeiner Geschäftsbedingungen.[196]

1. Unmittelbar prüfungsfähige Prospektbestandteile

Da Prospektangaben ebenfalls vorformuliert und ausdrücklich oder kraft Sachzusammenhangs notwendigerweise auf die AVB bezogen sind, handelt es sich jedenfalls bei Passagen im Prospekt oder in Prospektanlagen, die Rechte des Anlegers einschränken oder für ihn Pflichten begründen, um vom Prospektverantwortlichen

---

191 OLG Koblenz, Urt. v. 26.5.2000 - 10 U 1342/99, NJW-RR 2001, 1111; hierzu bereits F.III.4.e)aa)bbb).

192 OLG Nürnberg, Urt. v. 26.3.1998 - 8 U 1935/97, OLGR Nürnberg 1998, 215 f.

193 Vgl. *BAV*, R 2/2000, VerBAV 2000, 252 ff.

194 Zu diesem Erfordernis vgl. BVerfGE 89, 214; *Heinrichs*, NJW 1995, 155, 156 f.

195 Vgl. insb. B.IV.

196 *Hübner*, AVB und AGB-Gesetz, Rn 34

einseitig gestellte, vorformulierte Vertragsbedingungen i.S. des § 305 Abs. 1 S. 1 BGB[197]. Hierfür spricht bereits, dass es keinen Unterschied macht, ob AVB in einem Prospekt abgedruckt, in diesen eingeklebt oder separat beigefügt werden. Vielmehr bilden die AVB und Vertragsbedingungen in Prospekten einheitliche Bestandteile eines einheitlich zu betrachtenden Vertragsdokuments. Beide sind uneingeschränkt an den Maßstäben des § 305 c Abs. 1 BGB[198] (Überraschungsklauseln), § 305b BGB[199] (Vorrang der Individualabrede), § 305 c Abs. 2 BGB[200] (Unklarheitenregel) und den Bestimmungen der §§ 307 ff. BGB[201] (§§ 9 bis 11 AGBG) über die Inhaltskontrolle von Formularverträgen zu messen[202].

2. Mittelbar prüfungsfähige Prospektbestandteile

Fraglich ist jedoch, inwieweit sonstige Prospektinhalte im Hinblick auf AGB-rechtliche Folgen von Bedeutung sind. Zu denken ist insoweit z.B. an Leistungsdarstellungen in Gestalt von Beispielrechnungen, die sich auf die Überschussbeteiligungsklausel des kapitalbildenden Lebensversicherungsvertrags[203] beziehen. Derartige, nicht Pflichten des Prospektadressaten begründende oder seine Rechte einschränkende Prospektinhalte sind grundsätzlich nicht unmittelbar nach §§ 305 ff. BGB prüfungsfähig, da es sich nicht um Vertragsbedingungen handelt.

Sie sind jedoch zumindest mittelbar relevant, indem sie eine tatsächliche Grundlage für die AGB-rechtliche Bewertung von AVB und sonstigen Vertragsbedingungen abgeben. Vorformulierte Vertragsbedingungen, die im Widerspruch zu den Werbeaussagen eines Unternehmens stehen[204], sind im Individualprozess als überraschende Klauseln i.S. des § 305 c Abs. 1 BGB[205] bzw. im Verbandsprozess als unwirksame Klauseln i.S. des § 307 BGB[206] einzustufen. Grundsätzlich ist eine Klausel dann überraschend, wenn sie die berechtigten Erwartungen der Kunden enttäuscht[207]. Insoweit ergab die Integration des AGBG in das BGB trotz Normierung

---

197 Früher: § 1 AGBG.

198 Früher § 3 ABGB.

199 Früher: § 4 AGBG.

200 Früher: § 5 AGBG.

201 Früher: §§ 9 bis 11 AGBG.

202 Ebenso *Eyles* in *Vortmann*, Prospekthaftung, § 2 Rn 67; vgl. allerdings F.III.1.g)aa) sowie F.IX.; vgl. *Römer*, NVersZ 1999, 97, 102.

203 Hierzu F.III.4.a)bb).

204 Im Hinblick auf Beispielrechnungen in Prospekten ist insbesondere an die Überschussbeteiligungsklausel des kapitalbildenden Lebensversicherungsvertrags zu denken.

205 Früher § 3 ABGB.

206 Früher: BGB § 9 ABGB.

207 Heinrichs in Palandt, BGB, § 305 c Rn 2 ff.; *Ebers*, Überschussbeteiligung, 268; *Schwintowski* in Berliner Kommentar, VVG, § 5a Rn 14; *Basedow*, VersR 1999, 1045, 1047.

des Transparenzgebots in § 307 Abs. 1 S. 2 BGB[208] sowie hinsichtlich der Freizeichnungsklauseln keine unmittelbaren Änderungen[209]

Nach diesen Grundsätzen müssen auch sonstige Prospektangaben berücksichtigt werden. Hierfür spricht, dass schon der **Gesetzgeber** bei der Verabschiedung des AGBG darauf hingewiesen hat, dass sich der überraschende Charakter einer Klausel auch an der Werbung des Verwenders zu orientieren habe[210]. Darüber hinaus hat der **Bundesgerichtshof** in einem Verbandsprozess zur Inhaltskontrolle allgemeiner Geschäftsbedingungen erstmals im Reisevertragsrecht[211] den Grundsatz entwickelt, dass eine unangemessene Benachteiligung i.S. des § 9 AGBG vorliegt, wenn eine vorvertragliche Werbeaussage, die den Vertragsinhalt konkretisiert, durch Vertragsbedingungen relativiert wird[212]. Zur Begründung führte das Gericht aus, dass der Vertragspartner des Verwenders in besonderem Maße auf die Leistungsdarstellung in dem Prospektmedium angewiesen sei und auf die Deutlichkeit bzw. Richtigkeit der Darstellung vertrauen müsse. Insoweit sei eine unangemessene Benachteiligung des anderen Teils im Sinne von § 307 Abs. 1 BGB immer dann zu befürchten, wenn sich die tatsächlich erbachte Leistung von der versprochenen und zu Recht erwarteten Leistung nachteilig unterscheide.[213] Dem ist schon aufgrund der gerade im Bereich der kapitalbildenden Lebensversicherung bestehenden Informationsasymmetrie[214] zuzustimmen. Zutreffend weisen insoweit auch **Literaturstimmen** darauf hin, dass die Richtigkeit und Vollständigkeit von Prospektangaben zu den „Kardinalpflichten" des Verwenders allgemeiner Geschäftsbedingungen zählen[215], und leiten hieraus die Verbindlichkeit von Beispielrechnungen ab[216].

Somit kann bei einer erheblichen Divergenz zwischen Prospektangaben und den Rechtsfolgen allgemeiner Geschäftsbedingungen des Verwenders, insbesondere der Überschussbeteiligungsklausel, ein Verstoß gegen § 307 Abs. 1 BGB (früher: § 9 Abs. 2 Nr. 2 AGBG) vorliegen.

---

208 Vgl. hierzu auch *Präve*, VersR 2001, 841, 847.

209 Vgl. z.B. *Tonner*, NWB 2002, Fach 21, 1444.

210 BT-Drucks. 7/3919, 19.

211 BGHZ 100, 157; vgl. hierzu *Schmid*, NJW 1996, 1636, 1638; *Teichmann*, JZ 1987, 751, 753; *Ebers*, Überschussbeteiligung, 268.

212 BGHZ 100, 157; vgl. *von Hoyningen-Huene*, Inhaltskontrolle, Rn 280; *Brandner* in *Ulmer/Brandner/Hensen*, AGBG, § 9 Rn 146; *Ebers*, Überschussbeteiligung, 268.

213 Vgl. BGHZ 100, 157, 177 f. zu § 9 Abs. 2 Nr. 2 AGBG; s.a. *Ebers*, Überschussbeteiligung, 268 f.

214 Vgl. B.IV.

215 Mit dem Begriff der Kardinalpflichten werden Pflichten bezeichnet, die für die Vertragsdurchführung von wesentlicher Bedeutung sind, vgl. *Brandner* in *Ulmer/Brandner/Hensen*, AGBG, § 9 Rn 146 m.w.N.; *Hefermehl* in *Erman*, AGBG, § 9 Rn 26; *Hoeren/Spindler*, Versicherungen im Internet, 191.

216 *Ebers*, Überschussbeteiligung, 268 f.

3. Ergebnis

Im Ergebnis kann somit auch unter AGB-rechtlichen Gesichtspunkten eine primärrechtlich relevante Verantwortlichkeit des Versicherers für Prospektangaben bestehen. Auch insoweit verbietet sich jedoch eine pauschale, generalisierende Beurteilung. Erneut sind vielmehr die Umstände des Einzelfalls, d.h. die konkreten Prospektangaben, entscheidend. Hierbei dürfte vor allen Dingen den Leistungsdarstellungen besondere Beachtung zu schenken sein.

III. Gestaltungsrechte zur Lösung vom Vertrag

In primärrechtlicher Hinsicht sind fehlerhafte Prospektangaben überdies insoweit von Bedeutung, als sie Gestaltungsrechte zur Lösung von dem eingegangenen Versicherungsvertrag begründen können.

1. Rücktritt, § 13a UWG

Nach § 13a UWG kann der Versicherungsnehmer in seiner Eigenschaft als privater Nachfrager[217] bei unwahren und zur Irreführung geeigneten Werbeangaben ein Rücktrittsrecht haben, das ihm auch dann zusteht, wenn die unwahre Werbung von einem Dritten ausgeht.[218] Das Rücktrittsrecht nach § 13a UWG setzt eine unwahre und zur Irreführung geeignete Werbeangabe über geschäftliche Verhältnisse i.S. des § 4 UWG voraus.[219] Angaben sind unwahr, wenn sie nach der Durchschnittsauffassung der umworbenen Verkehrskreise unrichtig sind.[220] Dabei ist das Rücktrittsrecht nur für denjenigen eröffnet, der durch die Werbeangabe tatsächlich irregeführt wurde.[221] Die Beweislast liegt insoweit auf Seiten des Abnehmers.[222]

Soweit die Werbung von einem Dritten ausgeht, was insbesondere im Fall sog. Hebelgeschäfte oder dem Einsatz einer kapitalbildenden Lebensversicherung als Kreditsicherheit der Fall sein kann, steht dem Versicherungsnehmer das Rücktrittsrecht nur zu, wenn der andere Vertragsteil die Unwahrheit der Angaben und ihre Eignung zur Irreführung kannte oder kennen musste oder sich die Werbung mit dieser Angabe durch eigene Maßnahmen zu eigen gemacht hat, § 13a Abs. 1 S. 2 UWG.[223]

---

217 Der Geltungsbereich des § 13a UWG erfasst insbesondere auch Kapitalanleger, *von Heymann* in *Assmann/Schütze,* Handbuch des Kapitalanlagerechts, § 4 Rn 97 m.w.N.

218 *Von Heymann* in *Assmann/Schütze,* Handbuch des Kapitalanlagerechts, § 4 Rn 96; zur Entstehungsgeschichte vgl. *Schaefer*, ZIP 1987, 554 f.

219 *Schäfer*, ZIP 1987, 554, 555 f.

220 *Baumbach/Hefermehl,* § 13a UWG Rn 4; *von Heymann* in *Assmann/Schütze,* Handbuch des Kapitalanlagerechts, § 4 Rn 100.

221 *Schäfer* ZIP 1987, 554, 556.

222 *Von Heymann* in *Assmann/Schütze,* Handbuch des Kapitalanlagerechts, § 4 Rn 102.

223 *Von Heymann* in *Assmann/Schütze,* Handbuch des Kapitalanlagerechts, § 4 Rn 102; *Schäfer*, ZIP

Zur Ausübung des Rücktritts ist dessen unverzügliche Erklärung gegenüber dem anderen Teil erforderlich, nachdem der Vertragspartner von den Umständen Kenntnis erlangt hat, die das Rücktrittsrecht begründen.[224] Nach § 13a Abs. 2 S. 2 UWG erlischt das Rücktrittsrecht, wenn es nicht innerhalb von sechs Monaten nach Vertragsschluss geltend gemacht worden ist.[225]

Tritt der Versicherungsnehmer nach § 13a UWG von dem Altersvorsorgevertrag zurück, verwandelt sich das Vertragsverhältnis in ein sog. Abwicklungsverhältnis, das analog § 346 BGB zur Rückgewähr des Geleisteten und zur Befreiung noch bestehender Verbindlichkeiten verpflichtet.[226]

2. Widerruf bzw. Widerspruch, § 5a VVG sowie Rücktritt, § 8 Abs. 5 VVG

Fehlerhafte Prospektangaben können darüber hinaus nach § 5a VVG ein Widerrufs- (Policenmodell) oder Widerspruchsrecht (Antragsverfahren) begründen, sofern im Einzelfall ein Verstoß gegen die Informationspflichten nach § 10a VAG vorliegt[227]. Im Hinblick auf das Rücktrittsrecht des Versicherungsnehmers nach § 8 Abs. 5 VVG gelten keine Besonderheiten. Es ist lediglich im Rahmen des überwiegend verwendeten Policenmodells anwendbar und bewirkt bei Ausübung innerhalb von 14 Tagen nach Vertragsschluss, dass der bereits abgeschlossene Vertrag rückwirkend außer Kraft tritt.[228]

3. Arglistanfechtung, § 123 BGB

Dem Versicherungsnehmer kann unter Umständen ein Anfechtungsrecht nach § 123 BGB zustehen[229]. Insoweit wird ein Mindeststandard an korrekter Information vorgegeben und die freie Selbstbestimmung geschützt[230]. Ist der Vertragspartner fahrlässig getäuscht worden, liegen die Voraussetzungen für eine Arglistanfechtung nach § 123 Abs. 1 BGB nicht vor[231]. Die Täuschung durch Vorspiegelung oder Entstellung von Tatsachen muss sich auf objektiv nachprüfbare Umstände beziehen[232].

1987, 554, 559 f.; *Sack*, BB 1987 Beilage 2, 8 f. m.w.N.

224 *Baumbach/Hefermehl*, § 13a UWG Rn 20.

225 Die sechsmonatige Ausschlussfrist entspricht der für den wettbewerbsrechtlichen Unterlassungs- und Schadenersatzanspruch geltenden sechsmonatigen Verjährungsfrist des § 21 UWG.

226 *Baumbach/Hefermehl*, § 13a UWG Rn 28.

227 Ausführlich zu § 5a VVG z.B. *Schwintowski* in Berliner Kommentar, VVG, § 5a Rn 75 ff.; *Römer* in *Römer/Langheid*, VVG, § 5a Rn 18 ff.; *Prölss* in *Prölss/Martin*, VVG, § 5a Rn 1 ff.; *Lorenz*, VersR 1995, 616, 618 ff.; *Präve*, ZfV 1994, 374 ff.

228 Vgl. *van Bühren* in *van Bühren*, HbVersR, § 13 Rn 198.

229 Im einzelnen siehe F.VIII.1.a).

230 *Fleischer*, Informationsasymmetrie, 234 f.; Motive bei *Mugdan*, Band I, 204.

231 Vgl. *Heinrichs* in *Palandt*, BGB, § 123 Rn 2.

232 Vgl. *Heinrichs* in *Palandt*, BGB, § 123 Rn 2; *Kramer* in MünchKomm, BGB, § 123 Rn 15.

Meinungsäußerungen und Werturteile sind nach den bereits dargelegten Maßstäben[233] auch im Rahmen von § 123 BGB einer Inhaltskontrolle unterworfen[234]. Ein pflichtwidriges Verschweigen von Tatsachen stellt nur dann eine Täuschung dar, soweit hinsichtlich der verschwiegenen Tatsache eine Aufklärungspflicht besteht[235]. Überdies ist Arglist erforderlich, die einen Täuschungswillen voraussetzt. Der Handelnde muss die Unrichtigkeit seiner Angaben kennen. Ausreichend ist, dass der Handelnde weiß, dass der andere Teil durch die Täuschung zur Abgabe einer Willenserklärung bestimmt wird, er also bei einer wahrheitsgemäßen Erklärung nicht oder nur zu anderen Bedingungen kontrahiert hätte.[236]

Rechtsfolge der Anfechtung ist die anfängliche Nichtigkeit des Versicherungsvertrags. Die vom Versicherungsnehmer bisher bezahlten Prämien sind nach §§ 812 ff. BGB zu erstatten, wobei §§ 40, 176 VVG keine Anwendung finden[237].

---

233 Siehe F.III.4.c).

234 Vgl. *Heinrichs* in *Palandt*, BGB, § 123 Rn 3.

235 RGZ 77, 314; BGH LM Nr. 52; *Heinrichs* in *Palandt*, BGB, § 123 Rn 5.

236 OLG Hamm, NJW-RR 1995, 286; *Heinrichs* in *Palandt*, BGB, § 123 Rn 11.

237 *Goll/Gilbert/Steinhaus*, Lebensversicherung, 165; *van Bühren* in *van Bühren*, HbVersR, § 13 Rn 203.

D. Sekundärrechtliche Verantwortlichkeit - Überblick

I. Typologie von Informationspflichten und Abgrenzung zwischen individuellen und verkehrsgerichteten Informationspflichten

Im Zusammenhang mit der Haftung beim Vertrieb von Kapitalanlagen tauchen häufig die Begriffe der Informations-, Aufklärungs-, Beratungs- oder Mitteilungspflicht auf. Daneben werden oftmals die Begriffe der Hinweis-, Überwachungs-, Warn- oder Erkundigungspflicht verwendet. Diese Begriffe werden teilweise als Synonyme verstanden, zum Teil sollen auch inhaltlich unterschiedliche Pflichten bezeichnet werden.[238] Auch im Versicherungsrecht besteht keine genaue begriffliche Unterscheidung.[239]

Allgemein anerkannt ist jedoch die grundlegende Unterscheidung zwischen Aufklärungs- und Beratungspflichten.[240] Dabei bezeichnet der Begriff der Aufklärung die bloße Mitteilung von Tatsachen, die für die Vertragsabwicklung relevant sind oder werden können.[241] Von ihr ist die Beratung zu unterscheiden[242], die als wertende Empfehlung ein „Mehr" zur Tatsacheninformation ist.[243] Sie erstreckt sich über die Mitteilung von Tatsachen hinaus auf die Offenbarung subjektiver Einschätzungen und berücksichtigt insbesondere auch individuelle Umstände in der Person des zu Beratenden. Inhaltliche Grenze aller Informationspflichten sind zunächst die eigenen Kenntnisse des Informierenden. Darüber hinaus kann auch die Pflicht bestehen, über weitere Umstände Auskünfte einzuholen. Insoweit ist Voraussetzung eine besondere Nachforschungspflicht.[244] Beratungs- und Aufklärungspflichten lassen sich unter dem Oberbegriff der Informationspflicht zusammenfassen.[245] Die Aufklärung über das Anlageobjekt bezweckt, dem Anleger eine eigenverantwortliche Anlageentscheidung in Kenntnis des mit der Anlage verbundenen Risikos zu ermöglichen. Dagegen zielt die Beratung auf eine Empfehlung ab. Als Ergebnis eines Abwägungs- und Entscheidungsvorgangs in der Person des Beraters ist sie eine Mei-

---

238 Vgl. *van Look* in *Vortmann*, Prospekthaftung, § 1 Rn 14; *Lange*, Informationspflichten von Finanzdienstleistern, 23 ff.; *Hadding*, FS Schimansky, 67 ff.

239 *Römer*, VersR 1998, 1313, 1314.

240 *Horn*, ZIP 1990, 2, 17; vgl. *Kieninger*, VersR 1998, 5, 8 ff.

241 *Vortmann*, Aufklärungs- und Beratungspflichten der Banken, 1;

242 *Kümpel*, WM 1995, 689, 691 f.; vgl. auch die gesetzliche Differenzierung zwischen Tatsacheninformation in § 32 Abs. 2 S. 1 Nr. 2 WpHG und Beratung in § 32 Abs. 1 Nr. 1 und 2, Abs. 2 Nr. 1 WpHG.

243 Vgl. BGHZ 100, 117, 120; *van Look* in *Vortmann*, Prospekthaftung, § 1 Rn 15.

244 *Henssler*, Risiko als Vertragsgegenstand, Kap. 5 B II 2.

245 *Lange*, Informationspflichten von Finanzdienstleistern, 23 ff.

nungsäußerung, mit deren Hilfe die besondere Interessenlage des individuellen Anlegers bei der Anlageentscheidung Berücksichtigung finden soll.[246]

Zu unterscheiden ist zudem zwischen marktbezogenen und geschäftsbezogenen Informationen. Marktbezogene Informationen sind generell-typisierende Produktinformationen über eine bestimmte Vermögensanlage.[247] Sie richten sich an einen weitgehend unbestimmten, gleichwohl nach allgemeinen Merkmalen bestimmbaren Personenkreis. Dagegen werden individualisierte, geschäftsbezogene Informationen einem individuellen Anleger bei der Durchführung eines konkreten Anlagegeschäfts erteilt.[248]

Die vorliegende Untersuchung fragt nach der Haftung des Lebensversicherungsunternehmens für prospektartige Verbraucherinformationen. Bei derartiger Prospektwerbung handelt es sich um marktbezogene Informationen. Gegenstand der Untersuchung sind daher nicht individuelle Informationspflichten, deren Bestand und Ausmaß von individuellen Umständen in Bezug auf die beteiligten Personen (Versicherungsnehmer und Versicherer) und das beabsichtigte Anlageziel abhängt.

Deshalb ist im weiteren zu prüfen, inwieweit bei dem Vertrieb von privaten Altersvorsorgeprodukten der Lebensassekuranz unter Verwendung von Prospektwerbung eine Haftung für die Verletzung verkehrsgerichteter, generell-typisierter Informationspflichten bestehen kann. Die Frage einer Haftung für die Verletzung geschäftsbezogener Informationspflichten in den Fällen eines individualisierten rechtsgeschäftlichen Kontakts[249] bleibt, da außerhalb des Fokus dieser Untersuchung liegend, dagegen außer Betracht.

II. Das Rechtsinstitut der Prospekthaftung

Von besonderer Bedeutung im Bereich dieser Untersuchung des Einstehenmüssens von Lebensversicherungsunternehmen für Angaben in Werbeprospekten zu Altersvorsorgeprodukten ist das Rechtsinsitut der Prospekthaftung, welches anknüpfend an Werbung für Finanzanlagen mittels prospektartiger Werbeträger entwickelt worden ist. Dabei ist der Begriff der Prospekthaftung nicht legaldefiniert. Es handelt sich um ein eigenständiges Rechtsinstitut, das teilweise spezialgesetzlich geregelt, teilweise allgemein-zivilrechtlich begründet und im Wege der Rechtsfortbildung wesentlich durch den II. Zivilsenat des Bundesgerichtshofs etabliert worden ist.[250]

---

246 *Koller* in *Assmann/Schneider*, WpHG, § 31 Rn 96, § 32 Rn 3; *Schäfer*, § 31 WpHG, Rn 64; *Horn*, WM 1999, 1, 4; *van Look* in *Vortmann*, Prospekthaftung, § 1 Rn 15a; *Balzer*, DB 1997, 2311, 2312.

247 Vgl. *Horn*, ZBB 1997, 139, 141; *Assmann*, Freundesgabe für *Kübler*, 317, 330 f.

248 *Van Look* in *Vortmann*, Prospekthaftung, § 1 Rn 17.

249 Vgl. insoweit z.B. *Müller-Wiedenhorn*, FS Hübner, 171 ff. m.w.N.

250 *Horn*, FS *Claussen*, 167, 177.

Gegenstand sämtlicher Prospekthaftungstatbestände ist das Einstehenmüssen eines Anbieters für die von ihm in einem Prospekt veröffentlichten Angaben.[251]

1. Anlegerschutzprinzip

Als Rechtsinstitut soll die Prospekthaftung ihre Grundlage im Anlegerschutzprinzip[252] finden, also der Gesamtheit der rechtlichen und institutionellen Gegebenheiten in einem Staat, die den Schutz der Anleger bewirken oder bewirken sollen.[253] Es handelt sich jedoch nicht um ein Rechtsprinzip, sondern einen Systembegriff, der zu abstrakt ist, als dass man bereits unmittelbar aus ihm Rechtsfolgen ableiten könnte.[254] Hierfür ist zuvor eine Konkretisierung des allgemeinen Prinzips im Rahmen der Gesetzgebung erforderlich.[255] Derartige Konkretisierungen sind beispielsweise die spezialgesetzlichen Prospekthaftungsregelungen nach dem BörsG, VerkProspG, KAGG oder AuslInvestmG.

Allgemein liegen dem rechtspolitischen Anlegerschutzprinzip zwei Gedanken zu Grunde. Einerseits geht es um den Schutz des Anlegers vor Vermögensverlusten bei Kapitalanlagen[256] durch nicht einkalkulierbare oder nicht einkalkulierte Risiken, den sog. Individualschutz.[257] Dabei handelt es sich um den intellektuell oder wirtschaftlich typischerweise unterlegenen Privatanleger. Andererseits geht es darum, das Vertrauen der Anleger in einem leistungsfähigen und ordnungsgemäßen Kapitalmarkt zu fördern, den sog. Funktionen- oder Vertrauensschutz[258]. Darunter fällt auch der Schutz des Anlegerpublikums, also allen tatsächlichen oder potentiellen Anlegern. Für die Funktionsfähigkeit des Kapitalmarkts kommt es darauf an, ob Renditeerwartungen und Anlagerisiken dauerhaft miteinander übereinstimmen, da es anderenfalls zu einem Marktversagen kommen kann.[259] Der informierte und ra-

---

251 Vgl. *Tonner*, NWB 2002, Fach 21, 1439.

252 *Helkenberg*, Anlegerschutz, 6.

253 *Hopt* in *Gerke*, 67. Der Anlegerschutzgedanke ist nach einer Auffassung in seinem Kernbereich im Sozialstaatsprinzip aus Art. 20 GG verankert, vgl. *Paus*, Börsentermingeschäfte, 40; *Schumacher*, Vertragsaufhebung, 69 ff., 73 ff., 79 ff.; hiergegen *Lange*, Informationspflichten von Finanzdienstleistern, 102 ff.

254 *Schäfer*, Anlageberatung, 15; *Oikonomou*, Bankenhaftung bei der Anlageberatung, 20 m.w.N.

255 Vgl. *Horn*, ZBB 1997, 141.

256 Der allgemeine Sprachgebrauch versteht unter dem Begriff der „Kapitalanlage“ gemeinhin eine Investition von Geld oder Investivkapital, die nicht aussschließlich Konsumzwecken dient. Diese Definition entspricht nicht der betriebswirtschaftlichen Terminologie, nach der ausschließlich die Investition in Gegenstände, die unmittelbar dem Produktionsprozess dienen, als Anlage bezeichnet werden; vgl. *Schwark*, Anlegerschutz, 8 sowie *von Hertzberg*, Haftung von Börseninformationsdiensten, 52.

257 *Oikonomou*, Bankenhaftung bei der Anlageberatung, 20.

258 Umfassend z.B. *Engels*, Anlegerschutz und Vertrauensbildung an Finanzmärkten, Frankfurt am Main 1992.

259 *Assmann* in *Assmann/Schütze*, Handbuch des Kapitalanlagerechts, § 1 Rn 63.

tionale Anlageentschluss ist daher die Grundlage für die Funktionsfähigkeit des Kapitalmarkts.[260] Konzeptionell handelt es sich bei der Prospekthaftung damit um einen Kompromiss zwischen den Anforderungen an einen effektiven Anlegerschutz und einen florierenden Kapitalmarkt.[261]

Anknüpfungspunkt der Haftung ist in diesen Fällen ein Prospektmedium zur Kapitalanlage. Dieser enthält Daten wie Angaben und Beschreibungen der wirtschaftlichen Grundlagen und der jeweiligen Markt- und Risikoverhältnisse und ist, da Verhandlungen zwischen dem Initiator des Anlageprodukts als dem rechtlichen Vertragspartner des Kapitalanlegers und dem Kapitalanleger regelmäßig nicht stattfinden, für die Anlageenscheidung zumindest mitursächlich.

2. Spezialgesetzliche Prospekthaftung

Der Gedanke der Prospekthaftung wurde **spezialgesetzlich** erstmals im Börsengesetz von 1896 normiert.[262] Nachdem das Reichsgericht letztmalig im Jahr 1912 zur Prospekthaftung Stellung genommen hatte[263], erfolgte eine weitere höchstrichterliche Auseinandersetzung mit dem Rechtsinstitut der Prospekthaftung erst im Jahr 1979 in der Sache „Beton- und Monierbau AG“, zu der drei grundlegende Entscheidungen des Bundesgerichtshofs ergingen.[264] Daneben kam es zu einer Reihe instanzengerichtlicher Entscheidungen[265]. Spezialgesetzlich wurde die Prospekthaftung zudem in §§ 19, 20 KAGG, § 12 AuslInvestmG und § 13 VerkProspG normiert. Angleichungen innerhalb dieser Tatbestände erfolgten durch das 3. und 4. FMFG. § 264a StGB beinhaltet eine spezielle strafrechtliche Prospekthaftung.

3. Dogmatische Einordnung der allgemein-zivilrechtlichen Prospekthaftung

Die **allgemeine** bürgerlich-rechtliche Prospekthaftung ist nicht positiv-rechtlich niedergelegt. Es handelt sich um ein Institut richterlicher Rechtsfortbildung, welches vor allem im Zusammenhang mit fehlgeschlagenen steuerlichen Abschreibungsmodellen bekannt geworden ist.[266] Danach besteht die Prospekthaftung für

---

260 *Assmann* in *Assmann/Schütze*, Handbuch des Kapitalanlagerechts, § 1 Rn 62.

261 Vgl. auch *Ellenberger*, Börsenprospekthaftung, 6.

262 *Ellenberger*, Börsenprospekthaftung, 6.

263 RGZ 80, 196 ff.

264 BGH, ZIP 1982, 923 ff. und BGH, ZIP 1982, 930 sowie BGHZ 96, 231 ff; *Ellenberger*, Börsenprospekthaftung, 5 f.

265 OLG Frankfurt ZIP 1996, 1037 f. und NJW-RR 1998, 122; LG Frankfurt WM 1992, 1768 ff; OLG Frankfurt WM 1997, 361 ff.; LG Frankfurt WM 1996, 525 f.; OLG Frankfurt ZIP 1999, 1005 ff.; LG Frankfurt ZIP 1998, 641 ff; vgl. hierzu auch *Hoeren*, EWiR 1995, 1081; *Schwark*, EWiR 1993, 143.

266 Vgl. *Ellenberger*, Börsenprospekthaftung, 5; grundlegend *Diederichsen*, Karlsruher Forum 1985, 4

die Beteiligung an einer Publikums-KG[267], an Bauherrenmodellen[268], den Erwerb im Bauträgermodell[269], sowie Mischformen dieser Anlagearten[270] und anderen Beteiligungen, vor allem im Zusammenhang mit Immobilienanlagen, etwa beim Immobilienleasing[271]. Obgleich mit dem zum 1.1.2002 in Kraft getretenen Schuldrechtsmodernisierungsgesetz die umfassendsten gesetzgeberischen Änderungen des BGB seit dessen Inkrafttreten zum 1.1.1900 verbunden waren[272], enthält das BGB auch heute noch keine ausdrücklichen Regelungen über die bürgerlich-rechtliche Prospekthaftung. Ihre dogmatische Grundlage ist daher noch immer umstritten, ihre besondere Relevanz für die Lebensversicherung noch ungeklärt.

a) Lösungsansatz der Rechtsprechung

Die allgemeine **bürgerlich-rechtliche Prospekthaftung** ist vom Bundesgerichtshof in Weiterführung des Grundgedankens einer Vertrauenshaftung, wie sie für die Grundfälle der *culpa in contrahendo* angenommen wird, vor dem Hintergrund eines als notwendig empfundenen Anlegerschutzes in Anlehnung und Erweiterung gesetzlicher Prospekthaftungsregelungen entwickelt worden.[273] Es handelt sich dabei um eine Haftung, die in einem vom Gesetzgeber nicht geregelten, aber gleichwohl regelungsbedürftigen Bereich entstanden ist.[274]

Das von der Rechtsprechung entwickelte und gewohnheitsrechtlich anerkannte Rechtsinstitut der *culpa in contrahendo* ist durch das Schuldrechtsmodernisierungsgesetz unter Übernahme der bisherigen Grundsätze in den §§ 241 Abs. 2, 311 Abs. 2, 3 i.V. mit § 280 BGB verankert worden. Maßgeblich für einen Anspruch aus *culpa in contrahendo* ist nunmehr § 311 Abs. 2 BGB. Eine entsprechende Haftung setzt das Bestehen eines vorvertraglichen Schuldverhältnisses und die schuldhafte Verletzung einer aus diesem Vertrauensverhältnis entspringenden Pflicht voraus, § 280 Abs. 1 BGB. Obwohl in § 311 Abs. 2 verschiedene Entstehungsgründe für ein von dem Vertrauensgedanken geprägtes Rechtsverhältnis genannt sind, findet sich dort keine besondere Regelung der sog. Prospekthaftung. Während damit lediglich der Schluss naheliegt, dass es sich jedenfalls nicht um eine unmittelbare Anwendungsfall des Verschuldens bei Vertragsverhandlungen handelt, besteht - insbesondere da sich der Gesetzgeber am bisherigen Stand von Rechtsprechung und Schrift-

---

ff.

267 BGHZ 71, 284.

268 BGHZ 111, 314.

269 BGH, NJW 2001, 436.

270 BGHZ 115, 213.

271 *Seibel/von Westphalen*, BB 1998, 169.

272 Vgl. z.B. *Westermann*, Schuldrechtsreform, 1 ff.

273 Vgl. *Ellenberger*, Börsenprospekthaftung, 95.

274 *Seibel/von Westphalen*, BB 1998, 169.

tum orientierte und inhaltliche Änderungen mit der positiv-rechtlichen Kodifizierung ausdrücklich nicht verbinden wollte[275] - nach wie vor Raum für eine autonome Qualifikation.

Die Rechtsprechung hat sich zur weiteren Differenzierung der Terminologie der sog. **Prospekthaftung im engeren Sinne** sowie der sog. **Prospekthaftung im weiteren Sinne** bedient.[276]

aa) Prospekthaftung im engeren Sinn

Die **Prospekthaftung im engeren Sinne** wurde zwar ursprünglich im Bereich der Publikums-KG und Bauherrenmodelle als Anwendungsfall der Rechtsfigur des Verschuldens bei Vertragsverhandlungen entwickelt[277], ist aber inzwischen ein eigenständiges zivilrechtliches Haftungsinstitut kraft höchstrichterlicher Rechtsfortbildung[278]. Sie erfasst Sachverhalte, bei denen kein unmittelbarer rechtsgeschäftlicher Kontakt zwischen dem Geschädigten und dem Haftungsverpflichteten besteht.[279] Stattdessen hebt sie darauf ab, dass regelmäßig ein irgendwie gearteter **Prospekt bei Kapitalanlageentscheidungen die wichtigste, häufig die einzige Informationsquelle** für interessierte Kapitalanleger ist.[280] Nur wenn die Prospektangaben über die für die Entschließung des Anlegers wesentlichen Umstände vollständig und richtig sind, ist es ihm möglich, seine Entscheidung frei von Fehlvorstellungen zu treffen, die auf mangelhafte Sachinformation zurückzuführen sind.[281] Dieser Umstand hat die Rechtsprechung bewogen, den Prospekt als haftungsbegündend anzusehen.

Grundlage der bürgerlich-rechtlichen Prospekthaftung im engeren Sinne ist deshalb das sog. „typisierte" Vertrauen des Anlegers auf die Richtigkeit und Vollständigkeit der von den Prospektverantwortlichen im Rahmen eines Prospekts gemachten Angaben.[282] Kennzeichnend für die Haftung für Inanspruchnahme typisier-

---

275 Vgl. *Tonner*, NWB 2002, Fach 21, 1442.

276 BGHZ 74, 103, 109; BGHZ 77, 172, 175; BGHZ 83, 222, 227; BGHZ 111, 314, 319 ff.; BGH, NJW 1995, 130.

277 Vgl. BGHZ 71, 824; BGHZ 72, 382; BGHZ 74, 103.

278 BGHZ 79, 337, 341: „Fortführung der Grundgedanken einer Vertrauenshaftung"; BGHZ 83, 222; BGHZ 111, 314; BGHZ 115, 213; BGHZ 123, 106; BGHZ 126, 166: „Institut der Prospekthaftung"; *Emmerich*, JuS 1992, 342, 343; *Lang*, Informationspflichten von Finanzdienstleistern, 32 f.; *Assmann* in *Assmann/Schütze*, Handbuch des Kapitalanlagerechts, § 7 Rn 22, 39; *von Teuffel*, DB 1985, 373.

279 Vgl. BGH, WM 1984, 889; BGH, WM 1985, 534; *Schlegelberger/Martens*, HGB, § 161 Rn 181; *Schießl*, NJW 1987, 1684; *von Bar*, ZGR 1983, 477, 493; *Ellenberger*, Börsenprospekthaftung, 99; *Roller*, Prospekthaftung, 235.

280 *Müller-Wiedenhorn*, FS Hübner, 171, 182; *Ellenberger*, Börsenprospekthaftung, 95.

281 *Von Stebut*, ZIP 1992, 1698, 1699.

282 *Siol* in *Schimansky/Bunte/Lwowski*, Bankrechtshandbuch, § 45 Rn 31; *Schmidt/Weidert*, DB 1998,

ten Vertrauens ist also nicht die Inanspruchnahme *konkreten* Vertrauens aufgrund eines unmittelbaren, individualisierten rechtsgeschäftlichen Kontakts zwischen dem Anspruchsteller und dem Haftungsverpflichteten[283], sondern eines Vertrauens, das *typischerweise* mit der Verwendung von Werbematerial für Kapitalanlagen verbunden, insoweit also typisiert ist.[284] Nach den Grundsätzen der Prospekthaftung haften diejenigen für die Vollständigkeit und Richtigkeit eines Werbeprospekts für Kapitalanlagen, mit deren Wissen und Wollen der Prospekt in den Verkehr gebracht worden ist.

Zu differenzieren ist insoweit im Rahmen der sog. Prospekthaftung im engeren Sinne zwischen unbeschränkt und beschränkt prospektverantwortlichen Personen.[285]

aaa) Unbeschränkt Prospektverantwortliche

Unbeschränkt für die Richtigkeit eines Prospekt haften auch ohne direkten geschäftlichen Kontakt zum Anleger zum einen alle diejenigen, die für die Geschäfte der Anlagegesellschaft und die Prospekterstellung und -herausgabe verantwortlich sind.[286]

Im ursprünglichen Anwendungsbereich der Prospekthaftung, den Anlagemodellen des „grauen" Kapitalmarkts, steht regelmäßig die Haftungsfrage von (natürlichen oder juristischen) Personen - insbesondere von Hintermännern[287] und Vertriebspartnern - im Vordergrund, die nicht identisch mit der eigentlichen Kapitalanlagegesellschaft sind. Eine Übertragbarkeit auf den Bereich der Lebensversicherung ist dennoch gegeben. Da es Inhalt und Umfang der Angaben im Prospekt verantwortet, haftet auch das Lebensversicherungsunternehmen, das sich eines Produktprospekts zum Vertrieb seiner Anlageprodukte bedient als solches aus Prospekthaftung im engeren Sinne. Da ihm das Verhalten seiner Organe i.S. des § 31 BGB und Erfüllungsgehilfen i.S. des § 278 BGB nach den allgemeinen Regeln zugerechnet wird, ist es insoweit der haftungsverpflichtete Prospekthersteller[288], mit dessen Wissen und Wollen der Werbeprospekt in Verkehr gebracht worden ist.

2309, 2311.

283 Vgl. *Ellenberger*, Börsenprospekthaftung, 97.

284 BGHZ 83, 222, 224; *Ebenroth/Kräutter*, BB 1990, 569, 572.

285 Vgl. *Ellenberger*, Börsenprospekthaftung, 96.

286 Vgl. z.B. BGH, NJW 1978, 1625; BGH, NJW 1982, 1514, 1514; BGH, NJW 1994, 2226, 2227; BGH, NJW 2001, 436, 436; *von Heymann*, Bankenhaftung bei Immobilienanlagen, 184.

287 Derartige Hintermänner sind im ursprünglichen Anwendungsbereich der allgemeinen Prospekthaftung, namentlich der Publikums-KG, Bauherrenmodelle und anderen „grauen" Kapitalanlagen, überwiegend Initiatoren, Gestalter und Unternehmensgründer der jeweiligen Anlagemodelle.

288 Zur Haftung des Prospektherstellers vgl. BGHZ 77, 172; *Hübner*, Managerhaftung, 101.

Dass in der umfangreichen Judikatur zur Prospekthaftung der Bereich der Publikums-KG einen Schwerpunkt bildet, die Haftung nicht der Gesellschaft, sondern ihrer Hintermänner im Vordergrund steht, dürfte darauf zurückzuführen sein, dass es gerade diese sind, die den Anleger zu einem schadensstiftenden Erwerb von Gesellschaftsanteilen bewegten und eine Haftung der Gesellschaft in diesen Fällen regelmäßig nicht in Betracht kommt, weil sie gerade erst durch den Gesellschafterbeitritt entsteht. Eine Privilegierung juristischer Personen, die Kapitalanlagen offerieren, ist hingegen nicht bezweckt.

Darüber hinausgehend trifft die Prospekthaftung im engeren Sinne Personen, die hinter der Gesellschaft stehen und neben der Geschäftsleitung einen besonderen Einfluss in der Gesellschaft ausüben und Mitverantwortung tragen.[289] Dies sind insbesondere der Vorstand, die Geschäftsführung sowie andere Leitungsorgane der Gesellschaft.[290] Für die allgemeine zivilrechtliche Prospekthaftung ist insbesondere anerkannt, dass auch der Vorstandsvorsitzende einer Aktiengesellschaft, der den Prospekt mit verfasst hat, für den Inhalt verantwortlich ist und daher auch als Prospekthaftpflichtiger in Betracht kommt.[291] Haftungsgrund ist insoweit der Umstand, dass das Management kraft seiner Organstellung für die Geschicke der Gesellschaft und damit für die Herausgabe des Prospekts verantwortlich ist.[292] Die Unterteilung in Angehörige der Unternehmensleitung und maßgebliche Hintermänner ist vorwiegend terminologischer Natur und durch die formale Funktion einer Person in einem Unternehmen angelegt, bringt jedoch keine inhaltliche Differenzierung zum Ausdruck.[293] Prospektverantwortlicher ist vielmehr, wer in einem Unternehmen auf bestimmten Gebieten, die das mit dem Prospekt beworbene Projekt betreffen, eigenverantwortlich und frei wie ein Geschäftsführer agieren kann. Gleichgültig für die Haftung ist, ob die betreffenden Personen im Prospekt erwähnt sind oder nach außen in Erscheinung getreten sind.[294] Es kommt allein darauf an, dass sie für die Geschicke der Gesellschaft und damit für die Herausgabe des Prospekts verantwortlich sind.[295]

---

289 BGHZ 72, 382, 385 f.; vgl. *von Heymann*, Bankenhaftung bei Immobilienanlagen, 184;

290 BGH, NJW 1981, 1449; BGH, NJW 1982, 1514; BGH, NJW 1985, 380; BGH, NJW 1987, 2677; BGH, NJW 1990, 2461; BGH, NJW 1991, 1608; BGH, NJW 1992, 228.

291 BGH, WM 1993, 1787, 1788 ff.; vgl. *Gerber*, Prospekthaftung, 126.

292 BGHZ 72, 382, 387; BGHZ 79, 337, 340; BGHZ 83, 222, 223 f.; *Gehrlein*, BB 1995, 1965, 1965 f.; *Gerber*, Prospekthaftung,126.

293 *Gehrlein*, BB 1995, 1965, 1968.

294 BGH, NJW 1979, 718; BGH, WM 1984, 1640; BGH, WM 1993, 1787; vgl. auch *Hübner*, Managerhaftung, 101.

295 BGHZ 72, 382, 387; BGHZ 79, 337, 340; *Roller*, Prospekthaftung, 217; *Ellenberger*, Börsenprospekthaftung, 96.

Entgegen der Auffassung von *Brömmelmeyer*[296] hat dies auch für den Verantwortlichen Aktuar i.S. des § 11a VAG zu gelten. Ihm ist als Ausgleich für den Fortfall der aufsichtsbehördlichen Genehmigung von AVB und Tarifen die Sicherstellung der Einhaltung der versicherungsmathematischen Grundsätze und in diesem Rahmen die Wahrung der Belange der Versicherten übertragen worden.[297] Nach § 11a Abs. 3 VAG erstreckt sich diese Überwachungsaufgabe auf die Berechnung von Prämien und Deckungsrückstellungen. Hierbei ist auch die Finanzlage des Versicherers auf die Erfüllbarkeit der Versicherungsverträge zu überprüfen.[298] Nach § 11a Abs. 3 Nr. 4 VAG hat der Verantwortliche Aktuar dem Vorstand Vorschläge für eine angemessene Beteiligung der Versicherten am Überschuss vorzulegen. Da ihm ein erheblicher Beurteilungsspielraum verbleibt[299], bei dessen Ausfüllung er sich gerade auch an den durch Werbung und Abschlussgespräche geweckten Erwartungen der Versicherten zu orientieren hat[300], nimmt der Verantwortliche Aktuar umgekehrt auch gerade die den Geschäfts- und Prospektinhalt entscheidend mitbestimmende Stellung ein, die nach der Rechtsprechung des Bundesgerichtshofs für eine Prospekthaftung erforderlich ist[301].

Bei dem Vertrieb von Kapitalanlagen im Bereich der Lebensassekuranz kommen somit als Adressaten einer unbeschränkten Prospekthaftung im engeren Sinne vorrangig das den Prospekt herausgebende Lebensversicherungsunternehmen, seine Leitungsorgane sowie der Verantwortliche Aktuar i.S. des § 11a VAG in Betracht.

bbb) Beschränkt Prospektverantwortliche

Weiterhin kommt eine eingeschränkte Prospektverantwortlichkeit solcher Personen in Frage, die für die Richtigkeit des Prospekts eine Art Garantenstellung einnehmen. Auch hierbei handelt es sich um eine Haftung für die Inanspruchnahme typisierten Vertrauens, ohne dass ein rechtsgeschäftlicher Kontakt zwischen dem Anspruchsteller und dem Haftungsverpflichteten besteht.[302]

Haftungsverpflichtete sind insoweit Personen, die kraft ihres Amtes, Berufes oder unterstellter besonderer Sachkunde besonders vertrauenswürdig erscheinen, also insbesondere Rechtsanwälte, Wirtschaftsprüfer, Steuerberater und Sachverstän-

---

296 *Brömmelmeyer*, Der Verantwortliche Aktuar, 268 f.

297 *Schmidt* in *Prölss*, VAG, § 11a Rn. 1; allgemein *Maaß*, Der deutsche Aktuar im deregulierten Lebensversicherungsmarkt, Ulm 1995; *Lohr*, Haftung des Verantwortlichen Aktuars, 1 ff.

298 *Dreyer*, Stille Reserven, 133.

299 *Dreyer*, Stille Reserven, 133.

300 Vgl. BegrRegE zum 3. DurchführungsG/EWG zum VAG zu § 11a VAG, BT-Drucks. 12/6959, 57; *Schmidt*, in *Prölss*, VAG, Zus. § 11 Rn. 18; *Dreyer*, Stille Reserven, 133.

301 Vgl. nur BGHZ 74, 382, 386; BGHZ 74, 103 ff; BGHZ 77, 172, 176 f.; BGHZ 84, 141, 144.

302 Vgl. *Ellenberger*, Börsenprospekthaftung, 97.

dige.[303] Erforderlich ist jedoch, dass sie durch ihre Mitwirkung an der Prospektgestaltung nach außen hin in Erscheinung getreten sind und deshalb einen besonderen zusätzlichen Vertrauenstatbestand geschaffen haben.[304] Dies kann erfolgen, indem Erklärungen als von ihnen stammend bezeichnet werden oder indem ihr gestaltender Einfluss auf bestimmte Prospektteile den Anlegern zur Kenntnis gebracht wird.[305] Die Gefahr, die ein Garant durch sein Auftreten erzeugt, hängt davon ab, wie sein Einfluss dargestellt wird. Wird er nur für die Richtigkeit eines Gutachtens hervorgehoben, haben die Anleger keine Veranlassung zu der Annahme, er habe darüber hinausgehenden Einfluss.[306] Daher erfolgt keine Zurechnung aller Prospektangaben an Personen, die keine Gesamtverantwortung für den Prospekt tragen. Statt dessen ist deren Verantwortung begrenzt auf den Umfang des von ihnen geschaffenen Vertrauenstatbestands.[307]

Aufgrund von in Anspruch genommenen Vertrauens in eine besondere Fachkompetenz dürfte nach diesen Grundsätzen auch ein Lebensversicherungsunternehmen haften, das im Rahmen eines Prospektes für ein sog. Hebelgeschäft zur Schaffung einer „kreditfinanzierten Rente“ als besonders fachkundig hervorgehoben wird. Soweit Individualpersonen, etwa ein Verantwortlicher Aktuar, hervorgehoben werden, kommt ebenfalls eine Prospekthaftung in Frage.

bb) Prospekthaftung im weiteren Sinne

Dagegen umschreibt die Figur der sog. Prospekthaftung im weiteren Sinne[308] eine Haftung für die Inanspruchnahme besonderen persönlichen Vertrauens im Zusammenhang mit der Verwendung von falschen oder unvollständigen Prospekten in einer konkreten Verhandlungssituation.[309] In der Konstellation der Prospekthaftung im weiteren Sinne ist der Prospekts lediglich eines von vielen möglichen Mitteln, um irrige Erwartungen des anderen Teils hervorzurufen[310].

---

303 Vgl. BGH, NJW 1981, 1449; BGH, NJW 1982, 1514; BGH, NJW 1992, 228; BGH, NJW-RR 1992, 879; BGH, NJW 1993, 2865.

304 Vgl. *Gehrlein*, BB 1995, 1965; vgl. *Roller*, Prospekthaftung, 218; vgl. *Siol* in *Schimansky/Bunte/Lwowski*, Bankrechtshandbuch, § 45 Rn 35; *von Stebut*, ZIP 1992, 1698, 1699; *Schmidt/Weidert*, DB 1998, 2309, 2311; grundsätzlich dagegen *Kiss*, WM 1999, 117, 121 f.

305 *Ellenberger*, Börsenprospekthaftung, 97.

306 *Roller*, Prospekthaftung, 219.

307 BGHZ 79, 337, 348.

308 Die Prospekthaftung im weiteren Sinne wird teilweise auch als „uneigentliche“ Prospekthaftung bezeichnet, *Heinrichs* in *Palandt*, BGB, § 276 Rn 25.

309 *Siol* in *Schimansky/Bunte/Lwowski*, Bankrechtshandbuch, § 45 Rn 40.

310 Vgl. BGHZ 74, 103, 109; *Lange*, Informationspflichten von Finanzdienstleistern, 34.

Insoweit sind nach Auffassung der Rechtsprechung zwei Fallkonstellationen zu trennen.[311]

Zum einen sind Adressaten der Prospekthaftung im weiteren Sinne Personen, die ein besonderes Vertrauen für sich in Anspruch nehmen und die sich in Erfüllung ihrer Aufklärungspflicht eines Prospekts bedienen und inhaltlich „zu eigen machen".[312] Nach der neuen Rechtsprechung des Bundesgerichtshofs zu Beratungspflicht- und Aufklärungspflichtverletzungen[313] hat die Figur der Prospekthaftung im weiteren Sinne insoweit allerdings keine eigenständige Bedeutung mehr. Denn durch die Aufnahme eines Beratungsgesprächs über eine Kapitalanlage kann zwischen einem Anlageberater, Versicherungsvermittler, Außendienstmitarbeiter oder Honorarberater und einem Interessenten konkludent ein Beratungsvertrag zustande kommen.[314] Ebenso kann ausdrücklich ein reiner Auskunftsvertrag geschlossen werden.[315] Vorvertragliche Aufklärungspflichten nach den Grundsätzen der *culpa in contrahendo* können zudem außerhalb eines Beratungs- und Auskunftsvertrags bestehen.[316] Bedient sich ein Anlagevermittler zur Erfüllung seiner vertraglichen Beratungs- oder seiner vorvertraglichen Aufklärungspflicht eines fehlerhaften Prospekts, so haftet er dem Anleger in den vorbezeichneten Fällen aus dem Vertragsverhältnis, also aus positiver Forderungsverletzung, oder aus dem Verschulden bei Vertragsverhandlungen auf Schadenersatz, ohne dass es eines Rückgriffs auf die Figur der Prospekthaftung im weiteren Sinne bedarf.[317]

Zum anderen haftet nach den Grundsätzen der Prospekthaftung im weiteren Sinne derjenige, der - ohne Vertragspartner des Anlegers zu sein -, im Zusammenhang mit

---

311 Mit der im Rahmen der Schuldrechtsreform vorgenommenen positiv-rechtlichen Kodifizierung dieser Konstellation der *culpa in contrahendo* in § 311 Abs. 3 S. 2 BGB, wonach die Inanspruchnahme von Vertrauen „in besonderem Maße" vorausgesetzt wird, sind keine inhaltlichen Änderungen der Grundsätze der allgemein-bürgerlichrechtlichen Prospekthaftung im weiteren Sinne verbunden, vgl. *Müller-Wiedenhorn*, FS Hübner, 171, 184 sowie ausführlich G.

312 Vgl. BGH, NJW 1979, 1449; *Schmidt/Weidert*, DB 1998, 2309, 2312; *Ellenberger*, Börsenprospekthaftung, 100.

313 *Nobbe* in *Schimansky/Horn*, Bankrecht, 235 ff; *Ellenberger*, WM 1999 Sonderbeilage Nr. 2, 13 ff.

314 Zwischen dem Versicherungsagenten und seinem Kunden kommt jedoch grundsätzlich kein eigenständiger Beratungsvertrag zustande, Ausnahmen sind allerdings bei besonderer Schutzbedürftigkeit des Kunden denkbar. Beratungspflichtig wird ein Versicherer, wenn der Kunde die Initiative ergreift und nach bestimmter Risikoabdeckung fragt oder nach möglichen Vertragsabschlüssen fragt, vgl. OLG Köln, r+s 1986, 273; OLG Köln, VersR 1993, 1385; OLG Köln, r+s 1990, 400; *Kieninger*, NVersZ 1999, 118, 120. Bei der Kapitalanlagevermittlung - insbesondere auch im Bereich von „Riester-Produkten" - kommt insoweit stillschweigend ein Beratungsvertrag mit Haftungsfolgen zustande, wenn der Anlagevermittler oder -berater mit der gewünschten Tätigkeit beginnt, *Furtmayer*, AVmG, Kap. C Rn 54; *Müller-Wiedenhorn*, FS Hübner, 171, 185 f.; *Brandt*, Aufklärungspflichten, 133 ff.; *Ellenberger*, Börsenprospekthaftung, 100; *Lang*, Aufklärungspflichten, 23 ff.

315 BGH, NJW 1998, 448.

316 *Ellenberger*, Börsenprospekthaftung, 101.

317 *Ellenberger*, Börsenprospekthaftung, 101; *Lange*, Informationspflichten von Finanzdienstleistern,

Vertragsverhandlungen in besonderem Maße persönliches Vertrauen tatsächlich in Anspruch genommen und einen „aus seiner Person hergeleiteten zusätzlichen Vertrauenstatbestand geschaffen hat, um so seinen Verhandlungspartnern „eine zusätzliche, wenn nicht gar ausschlaggebende Gewähr für die Richtigkeit der in dem Werbeprospekt oder anderweitig über die Kapitalanlage gemachten Angaben zu bieten".[318] Auch diese Fallgruppe der Inanspruchnahme besonderen persönlichen Vertrauens eines nicht am Vertrag Beteiligten ist ein Fall des Verschuldens bei Vertragsverhandlungen.[319] Denn es handelt sich um eine Ausprägung der sog. Berufs- oder Sachwalterhaftung, die im Bereich der Vertreterhaftung von dem Bundesgerichtshof entwickelt worden ist und zu einer Haftung für unrichtige Auskünfte auch ohne Verwendung eines Prospekts führt[320]. Sie kann selbst dann eingreifen, wenn der Sachwalter die Vertragsverhandlungen nicht persönlich geführt hat.[321] Damit stellen sich die Fälle der von der Rechtsprechung sog. Prospekthaftung im weiteren Sinne als Haftung aus *culpa in contrahendo* oder - seltener - einer positiven Forderungsverletzung dar.[322]

Nach diesen Grundsätzen können auch Organe und Erfüllungsgehilfen des Lebensversicherungsunternehmens schadenersatzpflichtig sein. Aus Gründen der Übersichtlichkeit wird die Frage nach den Voraussetzungen und der Reichweite der Prospekthaftung im weiteren Sinne an anderer Stelle[323] erörtert.

b) Lösungsansätze im Schrifttum

Die Ansicht der Rechtsprechung, Grundlage der allgemeinen bürgerlich-rechtlichen Prospekthaftung sei der Grundgedanke einer Vertrauenshaftung, wie sie für die Grundfälle eines Verschuldens bei Vertragsverhandlungen entwickelt worden ist[324], ist kritisch kommentiert worden.

Soweit die Lösung der Rechtsprechung im Schrifttum als Fall unmitttelbarer Anwendung der Grundsätze der *culpa in contrahendo* verstanden wurde, ist zu Recht bemängelt worden, dass eine Haftung wegen *culpa in contrahendo* stets die Inanspruchnahme persönlichen, also nicht typisierten Vertrauens, voraussetze.[325] Zwingende Schlüsse lassen sich hieraus jedoch nicht herleiten. Die Forderung nach ei-

---

318 Vgl. BGH, NJW 1979, 1449; BGHZ 74, 103, 108; BGH, WM 1985, 534; BGH, WM 1985, 1520; BGH, NJW 1986, 586; BGH, WM 1986, 1047; *Ellenberger*, Börsenprospekthaftung, 100.

319 Vgl. *Ellenberger*, Börsenprospekthaftung, 101.

320 Vgl. *Müller-Wiedenhorn*, FS Hübner, 171, 180 ff.; *Gehrlein*, NJW 1995, 110, 110 f.

321 Vgl. BGHZ 56, 81, 85 ff.

322 Ebenso *Assmann* in *Assmann/Schütze*, Handbuch des Kapitalanlagerechts, § 7 Rn 22, 100, 124 ff.; vgl. auch OLG Frankfurt am Main, WM 1997, 27, 31.

323 Siehe G.

324 BGHZ 79, 337, 341.

325 Vgl. *van Look* in *Vortmann*, Prospekthaftung, § 1 Rn 72.

nem persönlichen Vertrauensverhältnis ist folgerichtig in den Fällen der von der Rechtsprechung sog. **Prospekthaftung im weiteren Sinne.** Denn diese haben eine unmittelbare Anwendung quasivertraglicher Grundsätze in Gestalt der *culpa in contrahendo* bzw. - seltener - der positiven Forderungsverletzung zum Gegenstand.[326] Für die streitige dogmatische Qualifikation der Prospekthaftung kommt es somit nur auf die sog. **Prospekthaftung im engeren Sinne** an. In ihrem Anwendungsbereich scheidet eine Haftung aus *culpa in contrahendo* mangels eines individuellen rechtsgeschäftlichen Kontakts und einer persönlichen Vertrauensbeziehung zwischen dem Prospektverantwortlichen und dem Anleger aus. Denn im Fall der Prospekthaftung im weiteren Sinne treten die Prospektverantwortlichen regelmäßig als Hintermänner bei dem Erwerb der Finanzanlage nicht selbst in einen rechtsgeschäftlichen Kontakt mit dem Anleger. Nicht der persönliche rechtsgeschäftliche Kontakt zur einer konkreten Person, sondern das Prospektmedium ist Vertrauenssubstrat. Die in ihm enthaltenen Angaben sind aber keine konkret geschäfts- und kundenbezogene Informationen. Es handelt sich vielmehr um generell-typisierende, marktbezogene Informationen über eine bestimmte Vermögensanlage.[327]

Im Ergebnis besitzt die Prospekthaftung somit einen Anwendungsbereich, der über den der *culpa in contrahendo* hinausgeht. Mit dieser Feststellung ist freilich noch keine schlüssige Aussage über die dogmatische Einordnung der allgemeinen bürgerlich-rechtlichen Prospekthaftung im engeren Sinne gewonnen.

Die Einführung einer Spezialhaftung im Wege richterlicher Rechtsfortbildung des Bundesgerichtshofs, ohne dass eine klare dogmatische Einordnung in bekannte Haftungszusammenhänge erfolgte[328], ist in der Literatur erwartungsgemäß nicht lange ohne Widerspruch geblieben. Während teilweise postuliert wurde, dass keinerlei Anlehnung an andere Rechtsinstitute möglich sein soll[329], wurde überwiegend gefordert, die allgemeine Prospekthaftung einer dogmatisch tragfähigen Lösung zuzuführen. Deshalb finden sich in der Literatur neben Ansätzen, die die Prospektaussagen rechtsgeschäftlich deuten, auch solche, die die Herausgabe von Prospekten auf dem Kapitalmarkt delikts- oder wettbewerbsrechtlich erfassen wollen.

---

326 Vgl. *Assmann* in *Assmann/Schütze*, Handbuch des Kapitalanlagerechts, § 7 Rn 22, 100, 124 ff.; vgl. auch OLG Frankfurt am Main, WM 1997, 27, 31; *Lange*. Informationspflichten von Finanzdienstleistern, 34; Assmann, Prospekthaftung, 12 ff., 79 ff., 216 ff., 273 ff., 313 ff., 331 ff.; *Crezelius*, BB 1985, 209 ff.; *Köndgen*, Prospekthaftung, 13 ff.; *Pleyer*, FS Stimpel, 335 ff.; *Pleyer/Hegel*, ZIP 1985, 1370 ff.; *dies.*, ZIP 1986, 681 ff.; *von Bar*, ZGR 1983, 476 ff.; *von Teuffel*, DB 1985, 373 ff.; *Wiedemann/Schmitz*, ZGR 1980, 129 ff.

327 *Van Look* in *Vortmann*, Prospekthaftung, § 1 Rn 17 ff.; *Assmann*, Prospekthaftung, 316; *Hopt*, FS Gernhuber, 169, 177 f., 186; *Schwark*, BB 1979, 897; *Hüffer*, VerkProspG, 177; *Schwark*, BörsG, §§ 45, 46 Rn 12; *Assmann* in *Assmann/Schütze*, Handbuch des Kapitalanlagerechts, § 7 Rn 64.

328 *Assmann*, Prospekthaftung, 53 ff., 60 ff.

329 *Wiedemann* in *Soergel*, BGB, Vor § 275 Rn 338.

Vereinzelt ist die allgemeine bürgerlich-rechtliche Prospekthaftung überhaupt in Frage gestellt worden, da es an der Schutzwürdigkeit der Anleger fehle.[330] Diese Auffassung ist jedoch - unabhängig von den grundsätzlichen Erwägungen des Bundesgerichtshofs in seinen Leitentscheidungen zur bürgerlich-rechtlichen Prospekthaftung - spätestens nach der Erweiterung des Systems der Prospekthaftung durch § 13 VerkProspG nicht mehr haltbar.[331]

Soweit einzelne Stimmen in der Literatur die Prospekthaftung als „bewegliches System" von individuellen Informations- und Beratungspflichten ansehen[332], ist festzuhalten, dass hiermit keine Klärung der dogmatischen Grundlage der bürgerlich-rechtlichen Prospekthaftung verbunden ist[333]. Es handelt sich vielmehr um einen Hinweis darauf, dass Informationspflichten des Prospektverantwortlichen nach den Umständen des jeweiligen Einzelfalls unterschiedlichen Inhalt und Umfang haben können.[334]

aa) Deliktshaftung

Teilweise wird die Prospekthaftung als rein deliktsrechtliche Haftung entweder für die Verletzung bestimmter Berufspflichten i.S. deliktischer Verkehrspflichten[335] oder aber für die Verletzung kapitalmarktbezogener Informationspflichten[336] verstanden.[337] Dabei wird eine Pflicht zur richtigen und vollständigen Information über Kapitalanlagen als eine marktbezogene berufliche Verkehrspflicht der beteiligten prospektverantwortlichen Personen eingeordnet und diese als Schutzgesetze i.S. des § 823 Abs. 2 BGB eingeordnet.[338]

Nach dieser Konzeption soll durch eine Erweiterung des deliktischen Vermögensschutzes die als fiktiv kritisierte vertragliche Lösung der Rechtsprechung vermie-

---

330 Vgl. *von Teuffel*, DB 1985, 373 ff.; *Crezelius*, BB 1985, 209 ff.; dazu *Pleyer/Hegel*, ZIP 1986, 681, 690 f.; *Assmann* in *Assmann/Schütze*, Handbuch des Kapitalanlagerechts, § 7 Rn 26; vgl. *van Look* in *Vortmann*, Prospekthaftung, Rn 65.

331 Vgl. *van Look* in *Vortmann*, Prospekthaftung, Rn 65.

332 Vgl. *van Look* in in *Vortmann*, Prospekthaftung, Rn. 66 ff.

333 So selbst *van Look* in in *Vortmann*, Prospekthaftung, Rn. 66.

334 Vgl. *van Look* in *Vortmann*, Prospekthaftung, Rn. 66; siehe im einzelnen auch die Ausführungen zum sog. Wesentlichkeitsdogma, F.III.1.a).

335 Vgl. u.a. *von Bar*, Verkehrspflichten, 157 ff., *ders.*, ZGR 1983, 476, 510 m.w.N.; *Huber*, FS von Caemmerer, 359, 377 ff.; *Mertens*, in MünchKomm, BGB, § 823 Rn 469 ff.

336 *Assmann*, Prospekthaftung, 252 ff., 273 ff.

337 Vgl. *von Bar*, JZ 1979, 332 ff.; *von Bar*, Verkehrspflichten, 1980, 220 ff.; *von Bar*, ZGR 1983, 476, 495 ff. und 507 ff.; *Mertens*, AcP 178 (1978), 227, 237 ff.; *Mertens* in MünchKomm, BGB, § 823 Rn 472 ff.; 826 Rn 191 ff., 195; *Brüggemeier*, AcP 182 (1982), 423 ff.; *Assmann*, Prospekthaftung, 252 ff., 273 ff.; *Assmann* in *Assmann/Schütze*, Handbuch des Kapitalanlagerechts, § 7 Rn 37; vgl. *Roller*, Prospekthaftung, 163 ff.; *Kiss*, WM 1999, 117, 123.

338 Vgl. *van Look* in *Vortmann*, Prospekthaftung, § 1, Rn 61.

den werden[339]. Zu ihren Gunsten wird unter anderem vorgetragen, dass das Schutzgefälle zwischen deliktischem Rechtsgüterschutz und deliktischem Vermögensschutz in einer Rechtsordnung, in der das Sacheigentum zunehmend durch das „Eigentum am Vermögen" ersetzt werde, nicht mehr adäquat sei.[340]

Indes ist zweifelhaft, ob die allgemeine Prospekthaftung systematisch als Deliktshaftung qualifiziert werden kann. In systematischer Hinsicht könnte gegen eine deliktsrechtliche Qualifikation bereits die Neufassung des § 48 BörsG sprechen, nach der ausdrücklich neben Prospekthaftungsansprüchen auch Ansprüche aus vorsätzlicher unerlaubter Handlung geltend gemacht werden können.[341] Dies verdeutlicht, dass zumindest die börsenrechtliche Prospekthaftung ein *aliud* zu einer deliktischen Prospekthaftung darstellt. Wegen der konzeptionellen Ähnlichkeit zwischen der spezialgesetzlichen Börsenprospekthaftung und der allgemeinen bürgerlich-rechtlichen Prospekthaftung könnte dieser Schluss übertragbar sein.

Jedenfalls begegnet eine deliktische Qualifizierung durchgreifenden Bedenken, weil deliktische, d.h. gegenüber jedermann bestehende Verkehrs- bzw. Verkehrssicherungspflichten, nur dem Schutz absoluter Rechtsgüter i.S. des § 823 Abs. 1 BGB dienen.[342] Das geltende Deliktsrecht gewährt Ersatz für primäre Vermögensschäden nur unter den engen Voraussetzungen der § 826 und § 823 Abs. 2 BGB. Schutzpflichten für fremdes Vermögen setzen dagegen nach herkömmlicher Auffassung ein vertragliches oder quasivertragliches Rechtsverhältnis voraus[343].

Eine Pflicht zur richtigen und vollständigen Information über Kapitalanlagen kann nicht als Schutzgesetz i.S. von § 823 Abs. 2 BGB angesehen werden. Hierfür spricht schon, dass eine entsprechende marktbezogene Pflicht *de lege lata* nicht existiert. Hiergegen wird von anderer Seite vorgebracht, dass Gewohnheitsrecht, zu dem das Prinzip der Verkehrspflichtigkeit mittlerweile erstarkt sei, wie Gesetzesrecht behandelt werde. Schutzgesetze und Verkehrspflichten sollen sich nach dieser Auffassung *de lege ferenda* „strukturell als austauschbar" erweisen, so dass die allgemeine Prospekthaftung deliktisch zu qualifizieren sei.[344]

Daran ist zutreffend, dass gem. Art. 2 EGBGB als Schutzgesetz i.S. des § 823 Abs. 2 BGB grundsätzlich auch Gewohnheitsrecht anzuerkennen ist. Für die Entstehung von Gewohnheitsrecht ist aber methodisch zweierlei erforderlich, nämlich zum ei-

---

339 *Peters*, Haftung und Regulierung von Rating-Agenturen, § 9.

340 Vgl. *Köndgen*, Selbstbindung, 366 f.

341 Vgl. *Ellenberger*, Börsenprospekthaftung, 9.

342 Vgl. nur *Thomas* in Palandt, BGB, § 823 Rn 11 ff. m.w.N.; s. a. *Müller*, Auskunftshaftung, 155 ff; vg. *Zeuner*, Karlsruher Forum 1988, 3, 5 m.w.N.; *Grunewald*, AcP 187 (1987), 285, 286; *Canaris*, FS Larenz, 27, 77 ff.; *Jost*, Vertragslose Auskunfts- und Beratungshaftung, 185 ff.;

343 Vgl. *Roller*, Prospekthaftung, 174-176.

344 *Grothe*, RabelsZ 1994, 601 ff.

nen eine langandauernde und allgemeine Übung, die als Rechtssatz formuliert werden kann und schließlich eine Überzeugung aller Beteiligten von der Rechtmäßigkeit der Übung[345]. Gerade die zuletzt genannte Voraussetzung ist aber zu verneinen, denn schon angesichts der fehlenden Anerkennung von deliktischen Verkehrspflichten durch die Rechtsprechung, die die Prospekthaftung an das Rechtsinstitut des Verschuldens bei Vertragsverhandlungen anlehnt, kommt eine Entstehung von Gewohnheitsrecht im Hinblick auf deliktische Verkehrspflichten nicht in Betracht.[346]

Im Ergebnis ist die allgemeine Prospekthaftung daher nicht als Deliktshaftung zu qualifizieren. Eine rein deliktische - aber spezialgesetzlich geregelte - Prospekthaftung kann sich gleichwohl aus § 823 Abs. 2 BGB i.V. mit § 264a StGB sowie § 826 BGB ergeben[347].

bb) Vertragshaftung

Andere sehen der allgemeinen Prospekthaftung eine Vertragshaftung.[348] Der Prospekt enthalte ein bindendes Versprechen für eine Vielzahl von künftigen Individualverträgen, das als Eigenschaftszusicherung bei Abschluss des Individualvertrags aktualisiert werde.[349] Dem stehe auch nicht entgegen, dass die Prospektverantwortlichen häufig nicht Partei des späteren Individualvertrags werden, weil sich aus ihrer „ökonomischen Rolle“ im Rahmen des Absatzes der Kapitalanlage ergebe, dass sie eine eigene rechtsgeschäftliche Erklärung abgeben.[350]

Die Prospekthaftung kann jedoch nicht generell als vertragliche Haftung qualifiziert werden, da sie nicht notwendigerweise eine individualisierte rechtsgeschäftliche Beziehung zwischen den Prospektverantwortlichen und dem Anleger voraussetzt.[351] Sie setzt allein voraus, dass der Anspruchsteller das beworbene Kapitalanlageprodukt erworben hat. Nicht erforderlich ist dagegen, dass er sie gerade von dem Prospektverantwortlichen erworben hat. Im Gegenteil liegt bei der allein maßgeblichen Prospekthaftung im engeren Sinne eine derartige Rechtsbeziehung oftmals nicht vor. Schlüsse aus der „ökonomischen Rolle“ eines Prospektverantwortlichen verbieten sich auch, weil dem Anleger ebenso wenig wie die Person des Prospektverantwortlichen oftmals auch nicht dessen „ökonomische Rolle“ bekannt sein

---

345 Vgl. *Larenz*, Methodenlehre, 433.

346 Vgl. allgemein zu den Voraussetzungen für die Bildung von Gewohnheitsrecht: *Raisch*, Juristische Methoden, 193 ff.; *Rüthers*, Rechtstheorie, Rn 232 ff.

347 Hierzu H.

348 *Köndgen*, AG 1983, 85, 90 ff.

349 *Köndgen*, AG 1983, 85, 91.

350 *Köndgen*, AG 1983, 85, 95.

351 *Canaris*, Bankvertragsrecht, Rn 2276.

wird, die eingangs postulierten Schlüsse dem Anleger deshalb schlichtweg nicht möglich sein dürften. Dieser Umstand läuft auf eine unzulässige Fiktion hinaus.

cc) Allgemeiner Bankvertrag und Berufshaftung

Vor allem von *Hopt*[352] ist als Haftungsgundlage für fehlerhafte Aufklärung und Beratung im bankrechtlichen Bereich der „allgemeine Bankvertrag" i.S. eines Rahmenvertrags postuliert worden. Er soll die Geschäftsverbindung zwischen einem Finanzdienstleister und dem Kunden i.S. eines gesetzlichen Schuldverhältnisses überlagern und vertraglich ausgestalten[353]. Konkretisiert und ergänzt soll das gesetzliche Schuldverhältnis durch eine Berufshaftung werden, die alle diejenigen Personen und Unternehmen trifft, die selbständig in einer bestimmten professionellen Rolle am Markt auftreten und Auskunft und Rat erteilen.[354] Diese Berufshaftung soll auch die Grundlage der Prospekthaftung abgeben.[355] Die Auffassung von *Hopt* besitzt indes für die Qualifikation der allgemeinen Prospekthaftung keine Relevanz, da sie bereits im Bereich der Beratungshaftung unter Vorliegen eines rechtsgeschäftlichen Kontakts abgelehnt werden muss: Besteht bereits ein konkretes Vertragsverhältnis, aus dem sich als Nebenpflicht eine Pflicht zur Information und Beratung entnehmen lässt, bedarf es der Haftungsgrundlage eines „Allgemeinen Bankvertrags" als gesetzliches Schuldverhältnis oder Rahmenvertrag nicht. Die Annahme eines zusätzlichen Rahmenvertrags dürfte zudem häufig auf eine Willlensfiktion hinauslaufen.

dd) Prospekthaftung als rechtsgeschäftliche Erklärungshaftung?

Von anderer Seite werden Prospektangaben als „ein in Selbstbindungsabsicht abgegebenes Qualitätsversprechen"[356] i.S. eines „stehenden Angebots" hinsichtlich der Eigenschaften der Kapitalanlage an einen unbestimmten Personenkreis qualifiziert, das durch einen Vertragsabschluss „aktualisiert" werde.[357] Danach sei die Prospekthaftung eine rechtsgeschäftliche Erklärungshaftung, in deren Rahmen unrichtige oder unvollständige Prospektangaben zu einer Haftung der Prospektverantwortli-

---

352 *Hopt*, Kapitalanlegerschutz, 393 ff.

353 *Hopt*, Aufklärungs- und Beratungspflichten, 1, 10.

354 Vgl. *Hopt*, FS R. Fischer, 237, 251 f.; *Hopt*, AcP 183 (1983), 608, 705 ff.; *Hopt*, Aufklärungs- und Beratungspflichten, 11 f.; *Baumbach/ Hopt*, HGB, § 347 Rn 22; ähnlich *Jost*, Vertragslose Auskunfts- und Beratungshaftung, 254 ff.; grundlegend *Lammel*, AcP 179 (1979), 338 ff.; vgl. auch *Grunewald*, JZ 1982, 627 ff.; *Hirte*, Berufshaftung, 424 ff.; *Kramer* in MünchKomm, BGB, Bd. 2, Einl. Rn 34a; *Vollkommer* in *Jauernig*, BGB, § 676 Rn 6.

355 Vgl. *Hopt*, FS Stimpel, 265, 288 ff.; *Hopt*, Verantwortlichkeit, Rn 63 f.; *Baumbach/Hopt*, HGB, Anh § 177a Rn 62; vgl. *Bosch*, ZHR 163 (1999), 274, 279 ff.

356 *Köndgen*, AG 1983, 83, 91.

357 Vgl. *Köndgen*, AG 1983, 85 ff. und 120 ff.; *Köndgen*, Selbstbindung, 187 ff.

chen nach den Grundsätzen der positiven Forderungsverletzung führen.[358] In ähnlicher Weise begreifen andere Literaturstimmen die Prospekthaftung als „Produzentenhaftung“ für unrichtige Informationen, die jedoch vertraglichen Grundsätzen folge.[359]

Gegen ein solches Verständnis der allgemeinen Prospekthaftung ist in systematischer Hinsicht schon einzuwenden, dass Prospekte als Werbeerklärungen lediglich als *invitatio ad offerendum* anzusehen sind. Die Selbstbindungslehre legt ihr jedoch eine rechtsgeschäftliche Wirkung bei und überdehnt hiermit den Begriff der Willenserklärung, da mit der bloßen Prospektpublizität noch kein Rechtsbindungswillen hinsichtlich eines Vertragsschlusses verbunden ist. Gerade dieser ist jedoch notwendige Voraussetzung für eine Haftung nach den Grundsätzen der positiven Forderungsverletzung.[360] Der Interessent eines Kapitalanlageprodukts kann bei Prospektangaben in der Regel nicht davon ausgehen, dass der Prospektverantwortliche sich schon durch die Veröffentlichung des Prospekts rechtsgeschäftlich verpflichten will.[361] Die Figur eines „stehenden Angebots“ widerspricht der Dogmatik des Bürgerlichen Rechts und läuft auf eine bloße Willensfiktion hinaus.[362]

ee) Originär wettbewerbsrechtliche Qualifikation?

Gelegentlich ist auch versucht worden, die allgemeine Prospekthaftung auf das wettbewerbsrechtliche Irreführungsverbot nach § 3 UWG zu stützen.[363] Entsprechend den vorstehenden Ausführungen zur deliktsrechtlichen Qualifikation kommt eine derartige Einordnung nur in Betracht, soweit § 3 UWG als Schutzgesetz i.S. des § 823 Abs. 2 BGB angesehen werden kann. Da dies nach ganz herrschender Ansicht nicht der Fall ist[364], kann die allgemeine Prospekthaftung nicht originär wettbewerbsrechtlich eingeordnet werden. Damit sind freilich spezialgesetzliche Ansprüche nach dem UWG nicht ausgeschlossen, sondern bedürfen vielmehr einer eingehenden Untersuchung.[365]

---

358 Vgl. *Köndgen*, AG 1983, 86, 98 und 98.

359 Vgl. *Lehmann*, Vertragsanbahnung durch Werbung, 342 ff.; *Lehmann*, WM 1985, 181, 187.

360 Vgl. *Heinrichs* in *Palandt*, BGB, § 145 Rn 8.

361 Vgl. *van Look* in *Vortmann*, Prospekthaftung, § 1, Rn 64.

362 Ablehnend daher ebenfalls z.B. *Assmann*, Prospekthaftung, 221 ff.; *Assmann* in *Assmann/Schütze*, Handbuch des Kapitalanlagerechts, § 7 Rn 35; *Pleyer/Hegel*, ZIP 1986, 681, 685 f.; *Ebenroth/Daum*, WM 1992, Sonderbeilage 5, 17 f.; *Ebenroth/Koos* in Handbuch Rating, 483, 499; *Kramer* in MünchKomm, Bd. 2, Einl. Rn 83; *Emmerich* in MünchKomm, BGB, Vor § 275 Rn 57; *van Look* in *Vortmann*, Prospekthaftung, § 1, Rn 64.

363 *Wiedemann/Schmitz*, ZGR 1980, 129 ff.; dazu *Pleyer/Hegel*, ZIP 1986, 681, 682; *Assmann* in *Assmann/Schütze*, Handbuch des Kapitalanlagerechts, § 7 Rn 34.

364 Vgl. *Schwark*, BörsG, §§ 45, 46 Rn 50; siehe auch H.II.2.b).

365 Zur spezialgesetzlichen deliktischen bzw. wettbewerbsrechtlichen Prospekthaftung siehe H.II.2.b).

ff) Prospekthaftung als gesetzliche Haftung analog §§ 45-49 BörsG, §§ 18 ff. KAGG, § 12 AuslInvestmG?

Auch eine Qualifikation der allgemein bürgerlich-rechtlichen Prospekthaftung als gesetzesanaloge Anwendung der spezialgesetzlichen Haftungsgrundlagen in §§ 45-49 BörsG, 18 ff KAGG oder § 12 AuslInvestmG scheidet aus. Denn im Rahmen der börsengesetzlichen Prospekthaftung wird nicht einmal gefordert, dass der Anleger den Prospekt erhalten hat. Das Kausalitätserfordernis, also der Zusammenhang zwischen Vertrauen und Vermögensdisposition, wird insoweit weitgehend zurückgedrängt.[366] Während dies im börsenrechtlichen Bereich, in dem es um eine Haftung für gesetzlich vorgeschriebene Prospekt(pflicht)angaben geht, sachgerecht erscheint[367], fehlt es für freiwillig verschickte oder veröffentlichte Werbeangaben, die den Gegenstand der allgemeinen bürgerlich-rechtlichen Prospekthaftung bilden[368], an einer entsprechenden Interessenlage.

gg) Vertrauenshaftung

Zutreffend ist es daher, die Prospekthaftung als Vertrauenshaftung zu qualifizieren.[369] Hierbei sind im wesentlichen zwei Ansätze zu unterscheiden. Vor allem *Canaris*[370] hat in Fortbildung von der Lehre von der *culpa in contrahendo* eine Theorie der allgemeinen „Vertrauenshaftung" entwickelt, die ein übergreifendes, wesentliches Prinzip des Zivilrechts bilden soll.[371] Die Begründung vorvertraglicher Pflichten ist lediglich eine Konsequenz dieses Ansatzes.[372] Danach soll sich aus der Inanspruchnahme von Vertrauen ein gesetzliches Schuldverhältnis ohne primäre Leistungspflichten ergeben, in dessen Rahmen schuldhafte Störungen zum Schadenersatz wegen Schutzpflichtverletzungen führen.[373] Typischerweise liege in der Erteilung einer unrichtigen Auskunft durch einen Finanzdienstleister im Zusammenhang mit einem Anlagegeschäft eine solche Inanspruchnahme von Vertrauen, da hierdurch in zurechenbarer Weise ein Vertrauenstatbestand geschaffen werde,

---

366 Vgl. *Bischoff*, AG 2002, 489, 491.

367 Vgl. *Assmann*, Prospekthaftung, 250.

368 Vgl. BGHZ 71, 284; *Hübner*, Managerhaftung, 99.

369 *Canaris*, Bankvertragsrecht, Rn 2277; *ders.*, FS Schimansky, 43 ff.; *ders.*, FS BGH, 129 ff.; *Schwark*, BörsG, §§ 45, 46 Rn 5; *Hopt*, Verantwortlichkeit, Rn 133; *Lehmann*, WM 1985, 181, 183 f.; *Hamann* in *Schäfer*, WpHG, BörsG, VerkProspG §§ 45, 46 BörsG a.F. Rn 16; *Claussen/Erne*, Bank- und Börsenrecht, § 9 Rn 80; wohl auch *Brawenz*, Prospekthaftung, 96 ff.

370 Vgl. *Canaris*, Bankvertragsrecht, Rn 12 ff., 77 f., 89, 100; 2. Aufl. Rn 1880; *Canaris*, Vertrauenshaftung, 539; *Breidenbach*, Informationspflichten, 47 ff.; *Kramer* in MünchKomm, BGB, Bd. 2, Einl. Rn 32a ff., 73 ff., 77a; *Kümpel*, Bank- und Kapitalmarktrecht, Rn 11.206.

371 Vgl. *Canaris*, Vertrauenshaftung, 411, 424, 428 ff., 439 ff.; *ders.*; FS Larenz 1983, 27, 105 f.

372 Vgl. *Breidenbach*, 48 f.; *Canaris*, FS Larenz 1983, 27, 90 ff., 107; *Lange*, Informationspflichten von Finanzdienstleistern, 109.

373 Vgl. *van Look* in *Vortmann*, Prospekthaftung, § 1, Rn 57.

der dem auskunftsuchenden schutzwürdigen Kunden als Grundlage für eine Vermögensdisposition diene. Entsprechendes soll für die dogmatische Grundlage der Prospekthaftung gelten.[374] Neben diesem übergreifenden Erklärungsansatz, gegen dessen Qualifikation als „Leitmotiv" des BGB in der Literatur gewichtige Einwände vorgebracht werden[375], existieren punktuelle Ansätze, die sich mit dem Problemkreis der Haftung für vorvertragliche Pflichtverletzungen nach vertragsrechtlichen Grundsätzen beschäftigen. Danach soll eine vorvertragliche Pflicht auf der Gewährung und Inanspruchnahme von Vertrauen beruhen.[376]

Soweit dem dogmatischen Qualifikationsansatz der Vertrauenshaftung vorgeworfen wird, er könne keine befriedigende Abgrenzung der zu schützenden Dritten gewährleisten[377], ist festzustellen, dass dies in der Sache zwar zutreffend sein mag, aber nicht notwendigerweise den dogmatischen Vertrauensansatz widerlegt. Statt dessen offenbart die Kritik nur die Erforderlichkeit von Abgrenzungskriterien.[378]

Weiterhin wird gegen den Ansatz der Vertrauenshaftung vorgebracht, die Notwendigkeit einer entsprechenden Rechtsfortbildung sei nicht hinreichend nachgewiesen.[379] An dieser Kritik ist zutreffend, dass die Konstruktion eines gesetzlichen Schuldverhältnisses dann nicht erforderlich ist, wenn bereits ein Vertragsverhältnis zwischen Finanzdienstleister und Kunde mit einer entsprechenden Nebenpflicht zur Information und Beratung besteht. Diese kann sich zum einen aus einem konkreten Anlagegeschäft[380] oder einem Dauerschuldverhältnis ergeben, in dessen Rahmen laufend Anlagegeschäfte getätigt werden[381]. In der Tat verpflichten auch schon im Vorfeld eines Vertragsabschlusses schuldhafte Informations- und Beratungsfehler nach den Regeln der *culpa in contrahendo* zum Schadenersatz.[382] Indes besitzt die Vertrauenshaftung gerade im Bereich der Prospekthaftung einen eigenständigen Anwendungsbereich, da es insoweit an einem rechtsgeschäftlichen, individuellen

---

374 *Canaris*, Bankvertragsrecht, 2. Aufl., Rn 2277, 2292; *ders.*, FS Larenz 1983, 93 ff.; *ders.*, ZHR 163 (1999), 206, 220 ff.; zurückhaltend *Schwark*, BörsG, §§ 45, 46 Rn 5.

375 Statt aller: *Lange*, Informationspflichten von Finanzdienstleistern, 109 ff.

376 *Ballerstedt*, AcP 151 (1950/51), 501, 507 f.; *Henssler*, Risiko als Vertragsgegenstand, 143 f.; *Lange*, Informationspflichten von Finanzdienstleistern, *Klingler*, 16 ff.; *Kramer* in MünchKomm, BGB, Einl vor § 241 Rn 73; *Werres*, Aufklärungspflichten, 73 f.; *Brox*, Schuldrecht, Rn 55 f.; *Rollinger*, 95; *Klingler*, 16 ff.; so insbesondere auch die Rechtsprechung, vgl. z.B. BGHZ 60, 221, 223; BGHZ 70, 337, 344; BGHZ 71, 386, 395; BGH, NJW 1970, 1840; BGH, NJW 1973, 321, 323; BGH, NJW 1977, 376; BGH, WM 1985, 81; BGH, NJW 1991, 32; OLG Düsseldorf, WM 1996, 1489, 1493; OLG Frankfurt am Main, ZIP 1993, 1860, 1861.

377 Vgl. *Hopt*, AcP 183 (1983), 608, 683.

378 Vgl. *Roller*, Prospekthaftung, 153.

379 Vgl. *van Look* in *Vortmann*, Prospekthaftung, § 1, Rn 58.

380 Vgl. *Roth* in *Assmann/Schütze*, Handbuch des Kapitalanlagerechts, § 12 Rn 4 f.

381 So etwa bei der Vermögensverwaltung als Geschäftsverbindung i. S.d. Nr. 1 Abs. 1 S. 1 AGB-Banken.

382 Vgl. *Roth* in MünchKomm, BGB, § 242, Rn. 118, 210 ff.

Kontakt zwischen dem Prospektleser und dem Prospektherausgeber fehlt. Der Prospekt ist aber nicht nur ein unverbindliches Werbemittel, sondern auch ein Medium, mit dem vorvertragliche Aufklärungspflichten erfüllt werden[383].

Demenstprechend ist zutreffend darauf hingewiesen worden, dass die gegen Ende des 19. Jahrhunderts eingeführte Prospekthaftung ihren Grund darin hat, dass vertragliche Beziehungen zwischen Prospektersteller und Anleger regelmäßig nicht bestehen und das Deliktsrecht nicht als für den Schutz des Anlegers ausreichend angesehen werden kann.[384] Das Bedürfnis nach einer Rechtsfortbildung ist damit zu bejahen.

Die in diesem Zusammenhang gelegentlich vorgebrachte Kritik, die Inanspruchnahme besonderen Vertrauens sei für sich allein genommen wegen einer begrifflichen Unbestimmtheit kaum geeignet, einen eigenständigen Haftungstatbestand zu konstituieren[385], greift im Bereich der Prospekthaftung schon deshalb nicht durch, da der Vertrauenstatbestand hier tatsächlich hinreichend konkretisiert ist: Wer als Prospektleser eine Anlageentscheidung auf der Grundlage eines scheinbar umfassend informierenden Prospekts trifft, darf davon ausgehen, dass die ihm präsentierten Informationen im wesentlichen richtig und vollständig sind. Denn es macht im Hinblick auf die Schaffung eines Vertrauenstatbestands auch keinen Unterschied, ob Aussagen über eine Finanzanlage dem Interessenten gedruckt in einem Prospekt oder verbal durch einen Erfüllungsgehilfen des Versicherers zur Kenntnis gebracht werden.

Soweit gegen den Vertrauensansatz vorgebracht wird, die von dem Bundesgerichtshof begründete Zweispurigkeit der Verjährung[386] sei willkürlich[387], ist festzustellen, dass diese Verjährungsregelung keine notwendige Folge der Vertrauenshaftung ist, sondern lediglich aus der keineswegs zwingenden Anlehnung an die börsenrechtlichen Regelungen folgt.[388]

Dass kein unmittelbarer rechtsgeschäftlicher Kontakt zwischen dem Anspruchsteller und dem Anspruchsverpflichteten besteht, steht einer Einordnung als Fall der Vertrauenshaftung nicht entgegen. Denn die besondere Teilnahme am rechtsgeschäftlichen Verkehr durch die Verwendung eines Prospekts begründet als besonde-

---

383 *Assmann* in *Assmann/Schütze*, Handbuch des Kapitalanlagerechts, § 7 Rn 8.

384 *Schwark*, BB 1979, 897, 902.

385 Vgl. *van Look* in *Vortmann*, Prospekthaftung, § 1, Rn 58; *Köndgen*, Selbstbindung, 97 ff.; *Emmerich*, Jura 1987, 561, 566 f.; *Emmerich* in MünchKomm, BGB, Vor § 275 Rn 55; *Picker*, JZ 1987, 1041, 1045 f.; *Gernhuber*, Schuldverhältnis, § 8 I 6; *Ebenroth/Daum*, WM 1992, Sonderbeilage 5, 16 f.; *Ebenroth/Koos*, Handbuch Rating, 483, 499; *Horn*, JuS 1995, 377, 387; *Wiedemann* in *Soergel*, BGB, Vor § 275 Rn 114 ff., 121.

386 Hierzu im einzelnen F.X.

387 *Prautsch*, Wpg 1985, 653, 657.

388 Zur Verjährung siehe F.X.

res Vertrauenssubstrat die Haftung.[389] Insoweit verlagert die Prospekthaftung den Vertrauensschutz zutreffend in das Vorfeld der Anlageentscheidung und formalisiert die Informationspflicht.

Zudem ist weitgehend anerkannt, dass eine Haftung wegen der Inanspruchnahme typisierten Vertrauens auch ohne rechtsgeschäftlichen Kontakt möglich ist.[390] In systematischer Hinsicht spricht auch § 46 Abs. 3 BörsG a.F. bzw. § 46 Abs. 2 Nr. 3 BörsG n.F. als verwandte spezialgesetzliche Ausprägung des Prospekthaftungsgedanken für diese dogmatische Interpretation, da ein Anspruch bei fehlendem Vertrauen auf die Richtigkeit der Prospektangaben nicht gewährt wird.

Richtig ist es deshalb, die Prospekthaftung im engeren Sinne als quasivertragliches Rechtsinstitut in Anlehnung an die Grundsätze des Verschuldens bei Vertragsverhandlungen anzusehen.

Die Figur der Prospekthaftung im weiteren Sinne ist demgegenüber als eigenständiger Terminus aufzugeben.[391] Denn sie ist ein Anwendungsfall der allgemeinen Haftung aus *culpa in contrahendo*[392] und lediglich dadurch gekennzeichnet, dass die Anbieterseite gegenüber einem konkreten Verhandlungspartner individuelle Erklärungen im Zusammenhang mit einem Prospekt abgegeben hat.[393] Von der Aufgabe der Prospekthaftung im weiteren Sinne als eigenständige Rechtsfigur bleibt die allgemeine Haftung nach *culpa in contrahendo* unberührt.[394] Fällt der Erwerber seine Anlageentscheidung auf der Grundlage individueller Anlagegespräche oder auf der Basis eines besonderen Vertrags - etwa eines Beratungsvertrags zur Vermittlung von Kapitalanlagen, der nach der herrschenden Auffassung zumindest konkludent bei der Aufnahme eines Beratungsgesprächs zustande kommt[395] - besteht ggf. zusätzlich eine quasivertragliche Haftung aus *culpa in contrahendo* oder positiver Forderungsverletzung, nicht jedoch nach den Grundsätzen der Prospekthaftung.[396]

---

389 *Canaris*, Bankvertragsrecht, Rn 2277 f.

390 BGHZ 123, 106, 109.

391 Im weiteren Verlauf dieser Untersuchung wird mit dem Begriff der bürgerlich-rechtlichen Prospekthaftung deshalb grundsätzlich die Konstellation der Prospekthaftung im engeren Sinne verstanden.

392 vgl. *Hahn*, FS Hübner, 77, 78 f.; *Stüsser*, NJW 1999, 1586 f.; *Thode* in *Reithmann*, Kauf vom Bauträger, Kap. J Rn 1 ff.; vgl. *von Heymann*, Bankenhaftung bei Immobilienanlagen, 184 f.; *Heinrichs* in *Palandt*, BGB, § 276 Rn 25; *Lang*, Informationspflichten von Finanzdienstleistern, 33; *Assmann* in *Assmann/Schütze*, Handbuch des Kapitalanlagerechts, § 7 Rn 15, 22, 100, 170; *Siol* in *Schimansky/Bunte/Lwowski*, Bankrechtshandbuch, § 45 Rn 40 ff.

393 Vgl. *Weimann* in *Rollmann*, Rn 80.

394 BGH, LM § 676 Nr. 14; BGH, WM 1969, 36; vgl. *Weimann* in *Rollmann*, Rn 80.

395 Vgl. BGH, JZ 1987, 720, 721; BGH, WM 1993, 1455, 1456; OLG Köln, WM 1995, 697, 698; OLG Frankfurt am Main, WM 1996, 2049, 2051; *Hopt*, Kapitalanlagerschutz, 236 f.; *Oikonomou*, Bankenhaftung, 30 f.

396 Vgl. *Weimann*, Prospekthaftung, § 8 Rn 4; zur Haftung des Lebensversicherungsunternehmens aus *culpa in contrahendo* bzw. Prospekthaftung im weiteren Sinne siehe G.

E. Spezialgesetzliche Prospekthaftungstatbestände

Zu erörtern ist zunächst, inwieweit auf sekundärrechtlicher Ebene Schadenersatzersatzansprüche für mangelhafte Prospektangaben in Betracht kommen. In Frage kommt insoweit zunächst eine Verantwortlichkeit von Lebensversicherungsunternehmen aus sog. gesetzlicher Prospekthaftung[397]. Für die spezialgesetzliche Prospekthaftung ist kennzeichnend, dass sie an einen gesetzlichen Prospektzwang anknüpft.[398] Da sich Prospektpflichten insoweit aus dem BörsG, VerkProspG, KAGG und AusInvestmG ergeben können, ist fraglich, inwieweit diese Gesetze auf die in dieser Untersuchung behandelten Anlageprodukte Anwendung finden können.

I. Börsengesetzliche Prospekthaftung nach §§ 45 ff. BörsG?

In den §§ 45 bis 49 BörsG ist die Börsenprospekthaftung des amtlichen Handels geregelt. Die Vorschriften betreffen unmittelbar nur die Börsenprospekthaftung im amtlichen Handel, haben aber durch Legalverweisungen auch für den geregelten Markt und den Freihandel Bedeutung.[399]

1. Unmittelbarer Anwendungsbereich

Die börsengesetzliche Prospekthaftung knüpft an einen unrichtigen oder unvollständigen Prospekt an. Dabei ist der unmittelbare Anwendungsbereich der §§ 45 ff. BörsG auf sog. Börsenzulassungsprospekte beschränkt. Dies sind Prospekte, aufgrund derer Wertpapiere zum Handel mit amtlicher Feststellung des Börsenpreises (amtlicher Notierung) zugelassen wurden, vgl. §§ 36 Abs. 3 Nr. 2, 38 Abs. 1 BörsG sowie §§ 13 ff. BörsZulV.

Da das BörsG den Begriff des Wertpapiers nicht definiert, könnte im Rahmen einer extensiven Auslegung des Wertpapierbegriffs i.S. des BörsG erwogen werden, auch Kapitallebensversicherungen unter diesen Begriff zu subsumieren. Jedoch ist zum einen wegen der systematischen Zuordnung des BörsG zum allgemeinen Kapitalmarktrecht eine einheitliche Interpretation des Wertpapierbegriffs geboten. Hierfür spricht auch, dass ansonsten die Schaffung eines besonderen „börsengesetzlichen" Wertpapierbegriffs nahegelegen hätte.

Nach herrschender Meinung sind Wertpapiere Urkunden, die ein privates Recht in der Weise verbriefen, dass es ohne die Urkunde nicht ausgeübt werden kann.[400] Da-

---

397 Vgl. *von Heymann*, 183; vgl. BGH, NJW 1982, 2823; BGH, NJW 1986, 837.

398 Vgl. *Hopt*, Verantwortlichkeit, Rn 82.

399 Vgl. auch *Ellenberger*, Börsenprospekthaftung, 11.

400 *Than*, FS Schimansky, 821, 823; *Zöllner*, Wertpapierrecht, § 3 III; *Hueck/Canaris*, Wertpapierrecht, § I.

zu gehören z.B. Aktien, Schuldverschreibungen und Investmentzertifikate.[401] Zwar könnte erwogen werden, in der Lebensversicherung mit Sparvorgang gleichsam eine extreme Sonderform der Vorzugsaktie zu erblicken, da Ablaufleistungen in erheblichem Maße abhängig vom unternehmerischen Erfolg des Lebensversicherers sind, soweit er dem Kunden nützt. Jedoch sind Kapitallebensversicherungen keine wertpapiermäßig verbrieften Kapitalanlagen. Denn bei dieser Kapitalanlage kann der Anleger die sich aus dem zugrundeliegenden Rechtsverhältnis ergebenden Rechte ausüben, ohne im Besitz einer Urkunde sein zu müssen. Insbesondere ist der Versicherungsschein nach § 3 Abs. 1 VVG, der über den Versicherungsnehmer und die zu versichernde Person, Beginn und Ende des Vertrags, Höhe und Fälligkeit von Versicherungsleistung und Prämie, den gewählten Tarif und die geltenden AVB informiert, kein Wertpapier. Es handelt sich vielmehr um einen über eine Forderung ausgestellten Schuldschein i.S. des § 952 BGB, dessen Eigentümer immer der jeweilige Gläubiger ist. Es gilt insoweit, dass das Eigentum an der Urkunde der darin verbrieften Forderung folgt und nicht das verbriefte Recht - wie bei Wertpapieren - durch Übereignung der Urkunde übertragen wird.[402]

Insoweit könnte von Bedeutung sein, dass das nach § 371 BGB bestehende Recht des Ausstellers, bei Tilgung der Schuld die Rückgabe des Schuldscheins zu verlangen, in § 9 Abs. 1 ALB zwar auf das Verlangen nach Vorlage des Versicherungsscheins reduziert ist. Grund hierfür ist jedoch, dass Versicherungsleistungen mehrfach hintereinander fällig werden können[403]. Aufgrund der sog. Inhaberklausel des § 11 Abs. 1 S. 1 ALB kann der Versicherer den Inhaber des Versicherungsscheins als berechtigt ansehen, über die Rechte aus dem Versicherungsvertrag zu verfügen, insbesondere Leistungen in Empfang zu nehmen. Der auf den Namen des Versicherungsnehmers ausgestellte Versicherungsschein ist deshalb ein qualifiziertes Legitimationspapier nach § 808 Abs. 1 BGB und damit ein sog. hinkendes Inhaberpapier[404]. Die bloße Inhaberschaft berechtigt nicht, die verbriefte Leistung zu verlangen, die Leistung des Versicherers an den Inhaber hat aber schuldbefreiende Wirkung.[405] Weder nach der herrschenden, weiten Definition des Wertpapierbegriffs noch nach der engen Auslegung, wonach nicht auf die Innehabung der Urkunde, sondern auf die Verfügung über das verbriefte Recht abgestellt wird[406], kann die Kapitallebensversicherung deshalb als Wertpapier qualifiziert werden.

---

401 *Tröndle/Fischer*, § 264a Rn 5; *Kühl* in *Lackner/Kühl*, StGB, § 264a Rn 3; *Cramer* in *Schönke/Schröder*, StGB, § 264a Rn 5 ff.

402 Vgl. *Goll/Gilbert/Steinhaus*, Handbuch der Lebensversicherung, 34.

403 *Goll/Gilbert/Steinhaus*, Handbuch der Lebensversicherung, 34 f.

404 Vgl. *Schwintowski*, VuR 1999, 207.

405 *Goll/Gilbert/Steinhaus*, Handbuch der Lebensversicherung, 35.

406 Danach ist ein Wertpapier eine Urkunde, bei der das Recht aus dem Papier dem Recht am Papier folgt, *Hüffer* in MünchKomm, BGB, Vor § 793, Rn 6, 7; *Than*, FS Schimansky, 821, 823.

Die §§ 45 ff. BörsG sind folglich nicht unmittelbar anwendbar.

2. Gesetzsanaloge Anwendung

Fraglich ist jedoch, ob die spezialgesetzlichen Haftungsgrundlagen in §§ 45-49 BörsG im Wege der Gesetzesanalogie[407], d.h. durch die entsprechende Anwendung einer für einen bestimmten Tatbestand geschaffenen Regelung auf einen ähnlichen, gleichliegenden Fall[408], angewendet werden können. Eine entsprechende Gesetzesanalogie wird in der Literatur teilweise befürwortet.[409] Indes ist zweifelhaft, ob dieser Auffassung gefolgt werden kann.

Die gesetzesanaloge Anwendung einer Norm setzt methodisch vielmehr eine Regelungslücke voraus, die nicht planmäßig vom Gesetzgeber offengelassen wurde. Darüber hinaus muss eine vergleichbare Interessenlage die Lückenfüllung durch analoge Rechtsanwendung gebieten.[410] Eine Regelungslücke ist gegeben, soweit keine gesetzliche Sonderregelung vorliegt und der betreffende Sachverhalt von keiner allgemeinen gesetzlichen Regelung erfasst wird.[411]

Insoweit geht auch die Ansicht von *van Look* fehl, der die analoge Anwendung der Haftungsregelungen aus §§ 45 ff., 77 BörsG, 13 VerkProspG ohne nähere Substantiierung schlicht damit begründen möchte, das Schweigen des Gesetzgebers könne „sicherlich" nicht so zu verstehen sein, dass außerhalb des spezialgesetzlich geregelten Bereichs der Prospekthaftung von einer Haftung für Falschangaben in Prospekten abzusehen sei[412].

Methodischer Ausgangspunkt der folgenden Überlegungen ist deshalb die Feststellung, dass für unrichtige oder unvollständige Angaben in Prospekten für Anlageobjekte außerhalb des BörsG, VerkProspG, KAGG und AuslInvestmG von Seiten des Gesetzgebers explizit keine Haftung von Personen und Institutionen vorgesehen ist, „die für den Prospekt die Verantwortung übernommen haben" oder „von denen der Erlass des Prospekts ausgeht" i.S. von §§ 45 Abs. 1 S. 1 Nr. 1 und Nr. 2 BörsG. Insbesondere ist auch in den vorgenannten Gesetzen keine besondere Prospektverantwortlichkeit für den Bereich der hier untersuchten Anlageprodukte der

---

407 Im Gegensatz dazu bezeichnet der Begriff der Rechtsanalogie die Ableitung eines Grundsatzes aus mehreren Rechtssätzen und dessen Anwendung auf den nicht geregelten Fall, vgl. *Larenz*, Methodenlehre, 368.

408 *Larenz*, Methodenlehre, 368.

409 Vgl. *Coing*, WM 1980, 206, 211 f.; *van Look* in *Vortmann*, Prospekthaftung, § 1 Rn 74 ff.; unter Einschränkungen wohl auch *Canaris*, Bankvertragsrecht, Rn 2294; ablehnend dagegen *Assmann*, WM 1983, 138, 143; *von Bar*, ZGR 1983, 477, 502; *Rössner/Lachmair*, WuB I G 5.-2.87.

410 *Larenz*, Methodenlehre, 368.

411 *Brox*, AT, Rn 64; *Hübner*, AT, Rn 107; *Larenz/Wolf*, AT, § 4 II (S. 80); *Köhler*, AT, § 4, Rn 21 f.

412 Vgl. *van Look* in *Vortmann*, Prospekthaftung, § 1, Rn 75.

Lebensassekuranz, namentlich Kapitallebensversicherungen, niedergelegt. Auch wird dieser Bereich nicht von einer anderen, positiv-rechtlich normierten allgemeingesetzlichen Regelung *de lege lata* erfasst. Jedoch hat Gewohnheitsrecht, zu dem das *de lege ferenda* geschaffene Rechtsinstitut der allgemeinen bürgerlichrechtlichen Prospekthaftung inzwischen erstarkt ist[413], nach Art. 2 EGBGB grundsätzlich den gleichen Rang wie geschriebenes Recht.[414] Eine Gesetzeslücke liegt deshalb nicht vor, weil - wie bereits gezeigt worden ist - der Vertrieb von Anlageprodukten der Lebensassekuranz grundsätzlich in den Anwendungsbereich der allgemeinen bürgerlich-rechtlichen Prospekthaftung fällt.[415] Einer Analogie stünde zudem entgegen, dass der Gesetzgeber trotz der Neuregelung der Börsenprospekthaftung die Kodifikation einer umfassenden Prospekthaftung unterlassen hat, so dass von der Planwidrigkeit einer etwaigen Gesetzeslücke nicht ausgegangen werden kann.[416]

Die § 45 ff. BörsG sind also auch nicht analog auf die hier untersuchten Prospekte anwendbar.

II. Prospekthaftung nach § 20 KAGG sowie § 12 AuslInvestmG?

Sowohl die investmentrechtliche Prospekthaftung nach § 20 KAGG als auch diejenige nach § 12 AuslInvestmG begründen, anknüpfend an einen obligatorischen, aber in seiner Form nicht vorgegebenen Verkaufsprospekt i.S. von § 3 KAGG, eine gesetzliche Prospekthaftung, die dem Erwerber von Anteilscheinen unter erleichterten Beweisanforderungen einen gesetzlichen Rückgabeanspruch gewährt.

Diesbezüglich ist als Prospekt jedes Dokument anzusehen, das dem Anleger in Erfüllung der jeweiligen Prospektpflicht ausgehändigt wird.[417] Als spezialgesetzlich normierte Prospektpflicht für den Bereich der kapitalbildenden Lebensversicherung kommt insbesondere § 10a VAG in Betracht. Danach ist der Versicherer verpflichtet, den Kunden vor bzw. nach Abschluss einer Kapitallebensversicherung über zentrale Inhalte des Versicherungsvertrags zu informieren.[418] Fraglich ist deshalb,

---

413 Vgl. etwa *Roller*, Prospekthaftung, 133, nach dem „die fast einmütige Begrüßung der Prospekthaftung aus den verschiedensten Richtungen den Verdacht aufdrängt, dass sie wegen ihrer Übereinstimmung mit gängigen ethischen und rechtspolitischen Vorstellungen Zustimmung findet und die Frage nach dem Bestehen der Ansprüche unabhängig von der Subsumierbarkeit unter eine vorhandene Anspruchsgrundlage bejaht wird"; vgl. auch *Esser*, Grundsatz und Norm, 370.

414 Vgl. *Heldrich* in *Palandt*, BGB, § 2 EGBGB, Rn 1.

415 Vgl. hierzu D.II.2.; zu Umfang und Reichweite einer Haftung aus allgemeiner Prospekthaftung im einzelnen siehe F.

416 So auch *Ellenberger*, Börsenprospekthaftung, 93.

417 *Pfüller* in *Brinkhaus/Scherer*, § 12 AuslnvestmG, Rn 8; *Assmann*, Prospekthaftung, 314; *Assmann* in *Assmann/Schütze*, Handbuch des Kapitalanlagerechts, § 7 Rn 56.

418 Zu § 10a VAG im einzelnen F.III.2.b).

inwieweit der Vertrieb von kapitalbildenden Lebensversicherungen einer Prospekthaftung nach dem KAGG unterworfen ist.

Hierzu müssten Lebensversicherungsunternehmen dem Begriff der Kapitalanlagegesellschaft i.S. des § 1 Abs. 1 KAGG unterfallen. Danach sind Kapitalanlagegesellschaften Kreditinstitute, deren Geschäftsbereich darauf gerichtet ist, bei ihnen eingelegtes Geld im eigenen Namen für gemeinschaftliche Rechnung der Anteilinhaber in ein Sondervermögen anzulegen und über die sich hieraus ergebenden Rechte der Anteilinhaber Urkunden, nämlich Anteilscheine, auszustellen.

Hieran ist zunächst problematisch, dass - wie insbesondere § 6 Abs. 1 S. 3 KAGG zum Ausdruck bringt[419] - aus den von einem Investmentsparer eingelegten Finanzmitteln ein von dem Vermögen der Kapitalanlagegesellschaft getrenntes Sondervermögen gebildet werden muss, für das bestimmte treuhänderische Pflichten gelten. Dass es im Fall der kapitalbildenden Lebensversicherung, jedenfalls gemäß der herrschenden Qualifikation als Kombination von Todes- und Erlebensfallversicherung[420], grundsätzlich an einem spezifischen Sparvorgang im Sinne des § 1 Abs. 1 KAGG fehlt, schließt die Anwendbarkeit des KAGG nicht notwendigerweise aus. Soweit Investmentfonds, die dem KAGG unterfallen, lediglich als Form der indirekten Kapitalanlage in Lebensversicherungsunternehmen Verwendung finden[421], können hieraus keine Schlüsse hinsichtlich der hier interessierenden Frage gezogen werden, da das Lebensversicherungsunternehmen in diesem Fall nicht selbst als Kapitalsammelstelle i.S. des KAGG fungiert. Allerdings deuten bereits die §§ 65 ff., 56a VAG und §§ 10, 20 EStG darauf hin, dass auch im Fall der kapitalbildenden Lebensversicherung eine treuhandähnliche Trennung zwischen Unternehmens- und Versichertenvermögen besteht.

Dementsprechend behauptet ein Teil des Schrifttums ausdrücklich eine funktionale Vergleichbarkeit zwischen der kapitalbildenden Lebensversicherung und Kapitalanlagegesellschaften nach dem KAGG[422]. Folgt man dieser sog. These vom Funktionsverlust, so handelt es sich bei der gemischten Lebensversicherung konstruktiv um zwei gegenläufig aufeinander bezogene Versicherungsverträge. Dem liegt die Auffassung zu Grunde, die kapitalbildende Lebensversicherung sei versicherungstechnisch entgegen der herrschenden Auffassung nicht als Kombination von Todes- und Erlebensfallversicherung aufzufassen, bei der die Versicherungssumme entweder aus der Risiko- oder der Erlebensfallversicherung anfalle, sondern als Ver-

---

419 Zeller in Brinkhaus/Scherer, § 1 KAGG Rn 16.

420 Vgl. z.B. *Goll/Gilbert/Steinhaus*, Handbuch der Lebensversicherung, 2 f.; *Michaels* in *Wagner*, Aktuelle Fragen, 65 ff.; *Theis*, Lebensversicherung als Alterssicherungsinstitution, 81 ff.; *Lührs*, Lebensversicherung, 61 ff.; *Kurzendörfer*, Lebensversicherung, 10 f., jeweils m.w.N.

421 Instruktiv hierzu: *Pflaum*, Wertpapier-Investmentfonds in Lebensversicherungsunternehmen, 69 ff.

422 *Schwintowski*, JZ 1996, 702, 708 ff.; *Meyer*, Beiträge der sechsten Wissenschaftstagung des Bundes der Versicherten, 59 ff.

bindung zwischen einer Risikoversicherung mit fallender Versicherungssumme und einem reinen Sparvorgang, welcher sich antiproportional zum Fallen der Versicherungssumme verhalte. Im Erlebensfall sei danach bei einer funktionalen Betrachtung - angesichts des Verlusts der Risikoabsicherungsfunktion des Kapitallebensversicherungsvertrags - ein reiner Sparvorgang gegeben, da keine Versicherungsleistung aus der Risikolebensversicherung anfalle. Daher müssten die Versicherten entsprechend vergleichbaren Geldanlegern behandelt werden und seien zur Bestimmung der Pflichten auf Seiten des Versicherers die Parallelvorschriften des KAGG heranzuziehen.[423]

Unabhängig von dieser Auffassung bereitet die Anwendung des KAGG auf kapitalbildende Lebensversicherungen aber auch deshalb Schwierigkeiten, weil nach § 18 Abs. 1 S. 1 KAGG die Ansprüche der Anteilinhaber gegenüber der Kapitalanlagegesellschaft in Anteilscheinen verbrieft werden, welche nach der Legaldefinition des § 1 Abs. 1 S. 1 KAGG notwendiger Bestandteil des Geschäfts von Kapitalanlagegesellschaften sind.[424] Da die Geltendmachung der Ansprüche gegen die Kapitalanlagegesellschaft nach herrschender Auffassung[425] an die Vorlegung des Papiers geknüpft ist, handelt es sich bei den Anteilscheinen um Wertpapiere, und zwar solche eigener Art.[426] Die kapitalbildende Lebensversicherung beinhaltet aber gerade kein wertpapiermäßig verbrieftes Recht.[427]

Da Versicherungsunternehmen überdies trotz der Allfinanzentwicklung grundsätzlich nicht Kreditinstitute i.S. des KWG sind, müsste das Normensystem des KAGG mehrfach analog angewendet werden, um im Bereich der Lebensassekuranz eine entsprechende spezialgesetzliche Prospekthaftung zu begründen.

Die Voraussetzungen einer derartigen Analogie sind jedoch nicht gegeben, da bereits das Bestehen einer planwidrigen Regelungslücke zu verneinen ist. Entsprechend den obenstehenden Ausführungen existiert zwar keine in anderen Vorschriften explizit niedergelegte Prospekthaftungsregelung für den Vertrieb von Kapitallebensversicherungen. Jedoch erfasst die allgemeine bürgerlich-rechtliche Prospekthaftung als Auffangtatbestand auch Informationspflichtverletzungen im Rahmen von Prospekten, die bei dem Vertrieb von Altersvorsorgeprodukten der Lebensassekuranz Verwendung finden.[428] Deshalb muss bereits die planwidrige Unvollständig-

---

423 *Schwintowski*, JZ 1996, 702, 709.

424 *Schödermeier/Baltzer* in *Brinkhaus/Scherer*, § 18 KAGG Rn 3.

425 *Schödermeier/Baltzer* in *Brinkhaus/Scherer*, § 18 KAGG Rn 3; *Baur*, Investmentgesetze, § 18 KAGG Rn 1, 2 m.w.N., a.A. etwa *Canaris*, HGB-Großkommentar, Rn 2351, der im Fall des Fehlens der Verbriefung die Normen des KAGG analog anwenden will.

426 *Baur*, Investmentgesetze, § 18 KAGG Rn 1, 2 m.w.N., *Schödermeier/Baltzer* in *Brinkhaus/Scherer*, § 18 KAGG Rn 4.

427 Siehe E.I.2.

428 Vgl. hierzu D.II.2.; zu Umfang und Reichweite einer Haftung aus allgemeiner Prospekthaftung im

keit eines regelungsbedürftigen Problems verneint werden. Für den Bereich des AuslInvestmG gilt dies entsprechend.

Es besteht somit keine investmentrechtliche Prospekthaftung von Versicherungsunternehmen für Kapitallebensversicherungen in unmittelbarer oder entsprechender Anwendung des KAGG bzw. AuslInvestmG.

III. Prospekthaftung nach § 13 VerkProspG?

Falschangaben in Kapitallebensversicherungsprospekten vermögen aus den gleichen Gründen auch keine Haftung nach § 13 VerkProspG zu begründen.

Eine unmittelbare Anwendung von § 13 VerkProspG scheidet aus, da von der Prospektpflicht nur Wertpapiere betroffen sind. Der Begriff des Wertpapiers wird im VerkProspG nicht näher definiert. Von der Literatur wird ein weiter Wertpapierbegriff zugrundegelegt.[429] Entsprechend den obigen Überlegungen können Lebensversicherungen mit Sparvorgang jedoch nicht als Wertpapier angesehen werden.[430]

Da vom VerkProspG auch sog. Wertrechte wie Bundesschatzbriefe umfasst werden, soweit diese wie Wertpapiere gehandelt werden können[431], und da auf dem sog. Zweitmarkt für Lebensversicherungen ebenfalls ein Rechtehandel erfolgt, könnte eine gesetzesanaloge Anwendung des § 13 VerkProspG in Betracht gezogen werden. Diese scheitert wie im Bereich der entsprechenden Anwendung von BörsG, KAGG und AuslInvestmG aber an dem Fehlen einer planwidrigen Gesetzeslücke, da bei Falschangaben in Prospekten von spezialgesetzlich nicht geregelten Finanzanlagen die allgemeine bürgerlich-rechtliche Prospekthaftung eingreift.

IV. Ergebnis

Spezialgesetzliche Prospekthaftungstatbestände sind somit für die kapitalbildende Lebensversicherung irrelevant.

---

einzelnen siehe F.

429 *Schäfer*, ZIP 1991, 1557, 1558; Meyding, DB 1993, 419; *Assmann* in *Assmann/Schütze*, Handbuch des Kapitalanlagerechts, § 7 Rn 254; Hüffer, VerkProspG, 33 f.; *Hauptmann* in *Vortmann*, Prospekthaftung, § 3 Rn 187.

430 Siehe E.I.2.

431 *Kullmann/Müller-Deku*, WM 1996, 1989, 1990; *Hüffer*, VerkProspG; *Hauptmann* in *Vortmann*, Prospekthaftung, § 3 Rn 187.

F. Allgemeine bürgerlich-rechtliche Prospekthaftung

Da keine besonderen kapitalmarktrechtlichen Prospekthaftungsnormen anwendbar sind, handelt es sich bei Verkaufsprospekten im Bereich der Kapitallebensversicherung um Medien der freiwilligen Prospektpublizität, für die in Ermangelung eines besonderen Normensystems grundsätzlich die allgemeinen bürgerlich-rechtlichen Haftungstatbestände gelten. Im Bereich des Kapitalanlagengeschäfts hat sich insoweit die allgemeine Prospekthaftung als besonderer Haftungstatbestand in Anlehnung an die Grundsätze des Verschuldens bei Vertragsverhandlungen[432] herausgebildet.[433] Fraglich ist, inwieweit nach diesen Grundsätzen Ansprüche möglich sind.

I. Anwendungsbereich

Die von der Rechtsprechung entwickelten Grundsätze der Prospekthaftung, die an ein typisiertes Vertrauen des Anlegers auf die Richtigkeit und Vollständigkeit der von den Prospektverantwortlichen gemachten Angaben anknüpfen, sind nach der hier vertretenen Ansicht gegenüber den spezialgesetzlichen Prospekthaftungstatbeständen eine Auffangregelung.[434] Da für die Kapitallebensversicherung keine vorrangigen Haftungstatbestände eingreifen[435], ist ihre Anwendung zunächst nicht ausgeschlossen.

Der Bundesgerichtshof hat zur Anwendbarkeit der Prospekthaftung auf die Kapitallebensversicherung bisher nicht ausdrücklich Stellung genommen. Er hat jedoch bereits 1982 ausgeführt, dass die zur Bankenhaftung entwickelten Grundsätze für die Lebensversicherung entsprechend gelten, da sowohl Lebensversicherer als auch Banken Kapitalsammelstellen von großer wirtschaftlicher Bedeutung seien[436]. Auf die Prospekthaftung übertragbar sind auch die Ausführungen des Bundesgerichtshof zur Auskunfthaftung[437], aufgrund der besonders großen Erfahrung bei der Beurteilung von Kapitalanlagen ergäben sich im Fall einer fehlerhaften Auskunft durch einen Lebensversicherer keine haftungsrelevanten Unterschiede gegenüber einer unrichtigen Bankbestätigung.[438] Da die bürgerlich-rechtliche Prospekthaftung als Auffangregelung nicht auf bestimmte Finanzdienstleistungen begrenzt ist, fallen auch Kapitallebensversicherungen grundsätzlich in ihren Anwendungsbereich. Dies ist auch sachgerecht, da der kapitalbildende Lebensversicherungsvertrag im we-

---

432 Zur dogmatischen Qualifikation D.II.2.

433 Vgl. BGHZ 71, 284; BGHZ 79, 337; *Assmann* in *Assmann/Schütze,* Handbuch des Kapitalanlagerechts, § 7, Rn 94 ff.

434 Siehe D.II.2.; so ebenfalls die h.M., vgl. *Assmann*, AG 1996, 508, 512; BGHZ 123, 106, 109.

435 Siehe E.

436 BGH, VersR 1982, 1143 ff.

437 BGH, VersR 1982, 1143, 1144.

438 *Lohr*, Haftung des Verantwortlichen Aktuars, 127.

sentlichen auch die Funktion einer Kapitalanlage erfüllt[439]. Dies wird gerade bei der fondsgebundenen Lebensversicherung deutlich: Hierbei handelt es sich um eine Kapitalanlage, deren wesentliche Elemente, z.B. der mögliche Substanzverlust, denen einer Wertpapieranlage entspricht. Insoweit ist das Vertrauen eines Versicherungsnehmers nicht weniger schützenswert als das eines Anlegers in die Richtigkeit eines Emissionsprospekts[440].

II. Prospektbegriff

Die allgemeine Prospekthaftung setzt zunächst das Vorliegen eines Prospekts voraus. Ob auch Prospekte, die bei dem Vertrieb von Finanzanlagen der Lebensassekuranz eingesetzt werden, der allgemeinen Prospekthaftung unterfallen, ist bislang weder in der Rechtsprechung noch in der Literatur hinreichend erörtert worden. Diejenigen Judikate, die eine „Versprechenshaftung“ von Lebensversicherungsunternehmen betreffen[441], nehmen zu dieser Frage nicht Stellung. Sie begründen eine Verantwortlichkeit des Versicherungsunternehmens unter anderen Gesichtspunkten, stützen sich jedoch ebenfalls auf die Annahme einer treuwidrigen Informationspflichtverletzung[442] oder das Rechtsinstitut der versicherungsrechtlichen Erfüllungshaftung[443].

Festzustellen ist zunächst, dass eine Anwendung der Prospekthaftungsgrundsätze auf Lebensversicherungsprodukte nicht dadurch ausgeschlossen ist, dass die allgemeine Prospekthaftung nach herrschender Meinung lediglich auf Prospekte des sog. grauen Kapitalmarkts[444] Anwendung findet[445], Altersvorsorgeprodukten der Lebensassekuranz aber Gegenstand eines aufsichtsrechtlich regulierten Markts sind. Hier-

---

439 *Kurzendörfer*, Lebensversicherung, 88.

440 Vgl. *Lohr*, Haftung des Verantwortlichen Aktuars, 127.

441 Vgl. OLG Düsseldorf, Urt. v. 15.8.2000 - 4 U 139/99, NJW-RR 2000, 1626 f.; OLG Koblenz, Urt. v. 26.5.2000 - 10 U 1342/99, NJW-RR 2001, 1111, hierzu F.III.4.e)aa)bbb).

442 Insoweit bieten sich mehrere Möglichkeiten der Würdigung und Bewältigung des zwischen dem Versicherungsnehmer und dem Versicherer bestehenden Informationsgefälles, vgl. auch die untenstehenden Ausführungen, F.III.4.e)aa)bbb).

443 BGHZ 2, 87 f.; BGH, VersR 1978, 457, 458; BGH, VersR 1972, 530; OLG Bamberg, VersR 1990, 260; OLG Karlsruhe, VersR 1990, 889, 891; OLG Hamm, VersR 1987, 351, 352; OLG Nürnberg, OLGR Nürnberg 1998, 215 f.

444 Der Begriff des „grauen Kapitalmarkts“ ist als Komplementärbegriff zum Begriff des regulierten Kapitalmarkts entstanden und umschreibt alle Geldanlagemöglichkeiten, die außerhalb staatlich regulierter Märkte für Geldanlagen existieren, *Assmann*, Prospekthaftung, 12 ff., 74 ff.; *ders.* in *Assmann/Schneider*, WpHG, Einl Rn 4 ff.; *ders.* in *Assmann/Schütze*, Handbuch des Kapitalanlagerechts, § 1 Rn 8 ff.; *Hansen*, AG-Report 1999, 115 ff.

445 BGH, NJW 1993, 2865; *Tonner*, NWB 2002, Fach 21, 1439; *Müller-Wiedenhorn*, FS Hübner, 171, 183 f.; *Assmann* in *Assmann/Schütze*, Handbuch des Kapitalanlagerechts, § 7 Rn 14; *Kiethe*, Gesellschaftsrechtliche Einflussnahme und Initatorenstellung - Aspekte der Haftung Dritter aus Prospekten bei Kapitalanlagegesellschaften, NZG 1999, 858, 859; *Kiethe*, Prospekthaftung und grauer Kapitalmarkt, ZIP 2000, 216.

für spricht bereits, dass keine spezialgesetzlichen Prospekthaftungsregelungen den Vertrieb von kapitalbildenden Lebensversicherungen regulieren. Insoweit ist eine Anwendung der allgemeinen Prospekthaftung als Auffangtatbestand geboten und folgerichtig, weil die Anlage in Kapitallebensversicherungen im Hinblick auf ihren Kapitalisierungseffekt wirtschaftlich der langfristigen Einzahlung in einen gemischten Investmentfonds mit überwiegendem Rentenanteil gleichkommt.

Generell ist unter einem Prospekt ein schriftlicher Bericht zu verstehen, der Angaben enthält, die eine Beurteilung von Vermögensanlagen ermöglichen soll.[446] Sein näherer Inhalt ist nur dort vorgeschrieben, wo an unrichtige oder unvollständige Angaben eine spezialgesetzliche Prospekthaftung angeknüpft wird.[447] Dabei handelt es sich um die Prospekte, die nach § 36 Abs. 3 Nr. 2, Abs. 4 BörsG bzw. § 73 Abs. 1 Nr. 2, Abs.2 BörsG, § 1, §§ 2-4 VerkProspG, § 19 Abs. 1 S. 1, Abs. 2 S. 1 KAGG und § 3 Abs. 1 S. 1 AuslInvestmG zu veröffentlichen sind. Als Prospekt in diesem Sinne ist regelmäßig jedes Dokument anzusehen, das dem Anleger in Erfüllung der jeweiligen Prospektpflicht ausgehändigt wird.[448] Im Fall der allgemeinen bürgerlichrechtlichen Prospekthaftung, die sich gerade nicht auf eine ausdrücklich normierte Pflicht zur Prospektpublizität stützt, scheidet eine Qualifikation des Prospektbegriffs anhand spezialgesetzlicher Vorschriften naturgemäß aus. Wegen ihres Auffangcharakters kann nicht auf die börsen-, investment- und wertpapierrechtlichen Regelungen und Auslegungsgrundsätze zurückgegriffen werden.[449]

1. Verkörperte Produktinformationen

Die erfolgreiche Vetriebspraxis von Finanzanlageprodukten der Lebensversicherungswirtschaft beruht in einem erheblichen Maße auch darauf, komplizierte und für den Laien nicht ohne weiteres im Detail verständliche Eigenschaften offerierter Verträge in allgemein verständlichen Prospekten zu visualisieren. Im Rahmen von mehrseitigen, oftmals bebilderten Broschüren beschreiben Lebensversicherungsunternehmen ihre Angebote. Unterbreitet werden insbesondere Renditeaussagen und andere für den Versicherungsinteressenten relevante Angaben. Insoweit sind Lebensversicherungsprospekte ohne weiteres mit spezialgesetzlich erfassten Anlageprospekten vergleichbar.

Die Einordnung derartiger Werbeträger als „Prospekt" im Sinne verkörperter Informationen über einen Vertragsgegenstand bereitet in den meisten Fällen keine Schwierigkeiten. Problematisch kann die Einordnung sein, wenn Anbieter mit ein-

---

446 *Schwark*, BB 1979, 897.

447 *Hauptmann* in *Vortmann*, Prospekthaftung, § 3 Rn 30.

448 *Assmann*, Prospekthaftung, 314.

449 *Eyles* in *Vortmann*, Prospekthaftung, § 2 Rn 56; *Assmann* in *Assmann/Schütze*, Handbuch des Kapitalanlagerechts, § 7 Rn 47.

fachen Handzetteln, Anzeigen in Zeitungen und Magazinen, Serienbriefen, E-Mails oder dem Versenden von vorgefertigten Vertragsentwürfen für ihr Produkt werben. Da der Phantasie der Anbieter bei der Art und Weise, wie sie an Anleger herantreten, um sie zum Kauf einer Anlage zu veranlassen, keine Grenzen gesetzt sind, kann die Frage, was ein Prospekt ist, nicht ohne Rückgriff auf den Schutzzweck der Prospekthaftung beantwortet werden.[450] Die Prospekthaftung schützt das Vertrauen des Anlegers in die Richtigkeit der Informationen eines bestimmten Werbemittels und dient damit nicht nur dem Schutz seines Vermögens, sondern auch seiner Entscheidungsfreiheit.[451] Es soll gerade das Recht des Anlegers zur Selbstbestimmung über die Verwendung seines Vermögens gewährleistet werden.[452] Richtig ist es daher, einen weiten Prospektbegriff zu vertreten, um eine Umgehung der zivilrechtlichen Prospekthaftung durch die Verwendung anderer Veröffentlichungsformen nach Möglichkeit zu verhindern.[453]

Danach ist Prospekt jedes Werbemittel, das der Information und Akquisition von Kapitalanlegern dient und für diese eine wesentliche Entscheidungsgrundlage bildet.[454] Dennoch kann nicht jede individualisierte oder gar lediglich mündliche Kommunikation zwischen Anbieter und Anleger der Prospekthaftung unterworfen werden. Der Prospekt ist als ein Medium der Marktinformation[455] verkehrsbezogen, d.h. er wendet sich nicht an bestimmte Vertragspartner, sondern an einen meist mehr oder weniger unbestimmten Personenkreis, der sich vielleicht finanziell engagieren möchte. Als Prospekte sind daher zunächst nur solche Informationsträger anzusehen, die bei den Adressaten zumindest den Eindruck erwecken, als enthielten sie für die Beurteilung der Anlage wesentliche Angaben.[456]

Für die Anwendung der Prospekthaftungsgrundsätze ist deshalb jedenfalls dann kein Raum, wenn sich ein Vertragspartner zur Förderung des Vertragsabschlusses

---

450 Vgl. *Ellenberger*, Börsenprospekthaftung, 4.

451 Da die Prospekthaftung im engeren Sinne als gesetzliche Vertrauenshaftung in Anlehnung an die Grundsätze der *culpa in contrahendo* zu qualifizieren ist, ist insoweit deren Schutzzweck maßgeblich. Nach bislang umstrittener, von der Regierungsbegründung im Rahmen der positivrechtlichen Kodifizierung der *culpa in contrahendo* durch das Schuldrechtsreformgesetz aber aufgegriffenen Ansicht gehört zu den vorvertraglichen Rücksichtnahmepüflichten erfassten Rechtsgütern nicht nur das Vermögen, sondern auch die Entscheidungsfreiheit, vgl. *Krebs* in *Dauner-Lieb/Heidel/Lepa/Ring*, BGB, § 311 Rn 27, 42. Zur Richtigkeit dieser Auffassung siehe F.III.1.a).

452 BGHZ 123, 106, 112 f.; vgl. BGH, WM 1991, 1543, 1544; BGHZ 115, 213, 223 f.; BGH, ZIP 1998, 1306, 1308; *Eyles* in *Vortmann*, Prospekthaftung, § 2 Rn 89; *Siol* in *Schimansky/Bunte/Lwowski*, Bankrechtshandbuch, § 45 Rn 60.

453 *Assmann* in *Assmann/Schütze*, Handbuch des Kapitalanlagerechts, § 7 Rn 57; *Lemke*, Regelungsproblem, 73 f.

454 Vgl. BGH, NJW 1980, 1840.

455 *Assmann*, FS *Kübler*, 317, 330.

456 *Assmann* in *Assmann/Schütze*, Handbuch des Kapitalanlagerechts, § 7 Rn 57; BT-Drucks. 10/318 betreffend den Prospektbegriff des § 264a StGB.

und zur Erfüllung vorvertraglicher Aufklärungspflichten ein von ihm erstelltes Dokument verwendet, das nicht zugleich einer gewissen Marktöffentlichkeit unterbreitet wird.[457] In derartigen Fällen liegt ein individueller rechtsgeschäftlicher Kontakt und damit kein Anwendungsfall der allgemeinen Prospekthaftung vor.[458] Ob Zeitungsanzeigen, Kurzexposés, Handzettel und Serienbriefe als Prospekte angesehen werden können, lässt sich nur aufgrund einer Prüfung der vorgenannten Kriterien im Einzelfall feststellen.[459] Nach einer Ansicht kommt es für die Abgrenzung darauf an, ob das jeweilige Schriftstück den Anspruch einer gewissen Vollständigkeit erweckt.[460] In der instanzen- und obergerichtlichen Rechtsprechung wurden dagegen sogar Anzeigen in Magazinen oder Tageszeitungen als Prospekte angesehen.[461] Diese weite Auslegung verdient den Vorzug, um ein Ausweichen der ansonsten Prospektverantwortlichen auf weniger streng kontrollierte, aber dennoch potentiell schadensstiftende Werbemittel zu verhindern.[462]

Wendet sich ein von einem Lebensversicherungsunternehmen verwendeter Informationsträger somit an eine bestimmte oder bestimmbare Marktöffentlichkeit - etwa alle Personen, die sich für eine staatlich geförderte private Rentenversicherung interessieren -, so ist das Vorliegen eines Prospekts zu bejahen.

2. Internet-Informationen

Auch Internet-Informationen über Lebensversicherungsprodukte können als „Prospekt" anzusehen sein. Generell sichern sich Anbieter von Finanzdienstleistungen den Zugang zum Kunden zunehmend auch über die Erschließung neuer, innovativer Vertriebswege. Da das Internet schneller und billiger als jedes andere Kommunikationsmedium Menschen weltweit untereinander verbindet und sie mit mehr Informationen als bislang technisch möglich versorgen kann, nimmt seine Bedeutung stetig zu. Deshalb könnten die auf das Mengengeschäft ausgerichteten Vertriebswege der Lebensversicherungsunternehmen mittelfristig vor einem grundlegenden Wandel stehen, auch wenn der Erfolg des internetbasierten Direktvertriebs von Lebensversicherungsprodukten derzeit noch überwiegend skeptisch beurteilt wird[463].

---

457 *Assmann* in *Assmann/Schütze*, Handbuch des Kapitalanlagerechts, § 7 Rn 58.

458 Siehe D.II.2.

459 Vgl. *Assmann* in *Assmann/Schütze*, Handbuch des Kapitalanlagerechts, § 7 Rn 57 f.; für eine generelle Einordnung als Prospekt *Werner/Machunsky*, Rechte und Ansprüche geschädigter Kapitalanleger, 179 f.

460 *Cramer* in *Schönke/Schröder*, StGB, § 264a Rn 19.

461 Vgl. OLG Frankfurt am Main, Urt. v. 29.2.1982 (21 U 296/81), 8 (unveröffentlicht); vgl. *Assmann* in *Assmann/Schütze*, Handbuch des Kapitalanlagerechts, § 7 Rn 57.

462 Vgl. *Assmann* in *Assmann/Schütze*, Handbuch des Kapitalanlagerechts, § 7 Rn 57.

463 Vgl. *Jacobus* in *Wagner*, Aktuelle Fragen der Versicherungswirtschaft, 6 f.; *Weigelt*, VW 2001, 369 f.; *N.N.*, VW 2002, 888 f.; *Bittner/Scholzen*, Versicherungsmagazin 2001, 26 ff.; *Bruer*, Revolution des Finanzgeschäfts, 31 f.

Aus Unternehmenssicht stellt das Internet eine wichtige Ergänzung der herkömmlichen Vertriebswege zum Zweck der Kundenbindung und der Akquisition neuer Kunden dar[464]. Eine Beschränkung der Prospekthaftung auf Druckstücke ist deshalb nicht haltbar.

Während von den Versicherern lange Zeit im Internet lediglich allgemein gehaltene Produktinformationen angeboten wurden, mit denen der Nachfrager zur Anforderung schriftlicher Vertragsdokumente motiviert werden sollte, ist in jüngerer Zeit eine Zunahme von Internetangeboten zu beobachten, die auch den rechtswirksamen Abschluss eines Versicherungsvertrags unter Nutzung der Internet-Technologie, den sog. Online-Abschluss, ermöglichen.[465] Ungeachtet aufsichtsrechtlicher Bedenken ist es bei einigen Lebensversicherungsunternehmen bereits heute möglich, sich ein individuelles Versicherungsprodukt am Bildschirm zusammenzustellen und ein hierauf bezogenes Angebot zum Abschluss eines Vertrags per Internet abzugeben[466]. Bei dieser Form der Internet-Präsentation werden zumeist auch interaktive Bedienungselemente verwendet, mit denen der Benutzer eine Personalisierung des Produkts durchführen kann, indem er seine individuellen Anforderungen an die Gestaltung des Produkts in einen elektronischen „Tarifrechner" eingeben kann, der unmittelbar an das Datenverarbeitungssystem des Versicherers angebunden ist. Auf die wachsende Bedeutung derartiger Internet-Information für potentielle und gegenwärtige Versicherungsnehmer weist die Tatsache hin, dass in der Vergangenheit am häufigsten Informationen zu Überschusswerten aufgerufen worden sind.[467]

---

464 Vgl. *Meyer*, Tilgungsaussetzung, Versicherungsjournal vom 28.02.2002.

465 So bietet etwa die *Victoria Lebensversicherung AG* seit dem Jahr 2000 Lebensversicherungen zur Immobilien-Finanzierung als Online-Abschluss an, nachdem zuvor über dasselbe Unternehmen in der *Ergo Versicherungsgruppe* bereits Auslandsreise-Krankenversicherungen, ein zusätzlicher Versicherungsschutz für gesetzlich Krankenversicherte sowie die sog. „FörderRente" online abgeschlossen werden konnten, also Anlageprodukte mit einem wesentlich geringeren Kapitalisierungsvolumen. Allgemein zum Vertragsabschluss im Versicherungsbereich via Internet siehe *Streuf*, Vertragsschluss via Internet, 25 ff. sowie *Hoeren/Spindler*, Versicherungen im Internet, 7 ff.; *Reusch*, NVersZ 1999, 110 ff.; *Taupitz/Kritter*, JuS 1999, 839 ff.; *Waldenberger*, BB 1996, 2365 ff.; *Hoppmann/Moos*, NVersZ 1999, 197 ff.; zu international-privatrechtlichen Aspekten siehe z.B. *Mankowski*, RabelsZ 63 (1999), 203 ff.; *Gruber*, DB 1999, 1347 ff. sowie *Hoeren/Spindler*, Versicherungsverträge im Internet, 38 ff. m.w.N.; zur international-privatrechtlichen Behandlung der allgemeinen Prospekthaftung *Kondorosy*, 1 ff.

466 Mit der Möglichkeit, „online" und „per Mausklick" Versicherungsanträge zu stellen, sind verschiedene versicherungsvertrags- und aufsichtsrechtliche Fragen verbunden, vgl. insoweit z.B. *BAV*, VerBAV 1998, 140, 160 f. sowie das Rundschreiben R 2/1999 des *BAV* vom 23.07.1999, mit dem Hinweise zu den rechtlichen Grenzen des elektronischen Handels mit Versicherungsprodukten gegeben wurde.

467 *Meyer*, Versicherungsjournal, Ausgabe vom 19.04.2002.

III. Informationspflichtverletzung: Vorliegen eines Prospektmangels

Aufgrund der dogmatischen Anlehnung des Rechtsinstituts der allgemeinen Prospekthaftung an die Grundsätze des Verschuldens bei Vertragsverhandlungen[468] ist die Verletzung einer Sorgfaltspflicht erforderlich. Voraussetzung für das Eingreifen der Prospekthaftung ist insoweit das Vorliegen eines Prospektmangels.

1. Allgemeine Grundlagen einer „Lehre vom Prospektmangel"

Darzustellen sind zunächst die Grundlagen, nach denen sich das Vorliegen eines Prospektmangels bestimmt.

a) Wesentlichkeit der Information als Abgrenzungskriterium - das informatorische Wesentlichkeitsdogma

Fraglich ist, welche Anforderungen an den Prospektinhalt zu stellen sind, damit von einem Prospektmangel gesprochen werden kann. Anders als im Bereich der spezialgesetzlich geregelten Prospekthaftung im Börsen-, Investment- und Wertpapierrecht gibt es im Bereich der *de lege ferenda* entwickelten allgemeinen Prospekthaftung keinen allgemein gültigen, gesetzlich vorgegebenen Mindestkatalog des Gesetzgebers für Prospektangaben, mit Hilfe dessen das Vorliegen eines Prospektmangels zuverlässig bestimmt werden könnte.[469]

Der **Bundesgerichtshof** hat bislang keine Notwendigkeit gesehen, zu besonderen Merkmalen Stellung zu nehmen, die Informationspflichten im Bereich der Versicherungswirtschaft begründen können. In anderen Bereichen des Kapitalanlagerechts hat er sich mit der heuristischen Lösung begnügt, ein Prospektmangel sei jedenfalls dann zu bejahen, wenn der Prospekt kein zutreffendes Bild über das Anlageprodukt enthalte.[470] Weil es sich bei der Prospekthaftung um eine Haftung für prospektartige Erklärungen handelt, muss der Prospekt danach drei grundlegende Voraussetzungen erfüllen, nämlich Richtigkeit, Vollständigkeit und Unmissverständlichkeit[471]. Dies gilt im Hinblick auf alle Umstände, die für die Anlageentscheidung des Anlegers „wesentlich" sind oder sein können[472].

Der **konkrete Umfang** der Informationspflicht, wie er von dem unbestimmten Rechtsbegriff der Wesentlichkeit bestimmt wird, ist nach der in Rechtsprechung

---

468 Hierzu D.II.2.

469 Zur Bedeutung des § 10a VAG im Rahmen der allgemeinen Prospekthaftung siehe F.III.2.a).

470 BGH, NJW 1982, 2823, 2824 f.; OLG Frankfurt, AG 1995, 134, 135.

471 Vgl. BGH, NJW 1981, 1449; BGH, NJW 1984, 2524; BGH, NJW-RR 1988, 348; BGH, NJW 1990, 2461; BGH, NJW-RR 1991, 1246.

472 Vgl. BGHZ 79, 337, 344; BGH, WM 1991, 2092, 2094; *Siol* in *Schimansky/Bunte/Lwowski*, Bankrechtshandbuch, § 45 Rn 52.

und Literatur regelmäßig verwendeten Diktion normativ zu bestimmen und von den Umständen des konkreten Einzelfalls abhängig[473]. Eine allgemeine gesetzliche Regelung der Informationspflicht fehlt infolge eines bewussten gesetzgeberischen Unterlassens.[474] Soweit Informationspflichten nicht einer Parteiabrede im Wege der Auslegung nach §§ 133, 157 BGB entnommen werden können, bildet § 242 BGB die materielle Grundlage für das Bestehen einer Aufklärungspflicht.[475]

Die dort enthaltene Pflichtengrundlage von „Treu und Glauben mit Rücksicht auf die Verkehrssitte" vermag das Dogma der informatorischen Wesentlichkeit gleichwohl nicht hinreichend zu konkretisieren.[476] Soweit im Schrifttum vertreten wird, eine Aufklärungspflicht bestehe, „wenn der andere Teil nach Treu und Glauben und der Verkehrssauffassung redlicherweise Aufklärung erwarten dürfe", ist deshalb noch keine über den Wortlaut des § 242 BGB hinausgehende Erkenntnis gewonnen.[477] Das gleiche gilt für das Postulat, die Entscheidung über das Bestehen und die Reichweite einer Aufklärungspflicht hänge lediglich von den Umständen des konkreten Einzelfalls ab[478]. Deshalb ist auch die Behauptung, jede Partei sei verpflichtet, die andere über ihr unbekannte Umstände aufzuklären, die für das Zustandekommen des Vertrags erkennbar von entscheidender oder wesentlicher Bedeutung seien[479], bei genauer Betrachtung eine Leerformel. Das gleiche gilt für die Wendung, eine Angabe sei dann als wesentlich anzusehen, wenn sie objektiv zu den wertbildenden Faktoren einer Anlage gehöre und ein durchschnittlicher Anleger sie „eher als nicht" bei seiner Anlageentscheidung berücksichtigen würde.[480]

---

473 Vgl. OLG Köln, WM 1989, 402, 404; *Hopt*, FS Claussen, 169, 185; *Canaris* in HGB-Großkommentar, Bankvertragsrecht, Rn 1881; *Vortmann*, Aufklärungs- und Beratungspflichten der Banken, 12.

474 Vgl. Motive bei *Mugdan*, Band I, 467.

475 Vgl. *van Look* in *Vortmann*, Prospekthaftung, § 1, Rn 106 ff. m.w.N.; *van Look* in *Vortmann*, Prospekthaftung, § 2, Rn 65 ff.; *Arendts*, Anlageberatung, 17; *Roth* in MünchKomm, BGB, § 242 Rn 109 ff., 118, 210 ff.; *Wach*, Terminhandel, Rn 232, 234; *Lange*, Informationspflichten von Finanzdienstleistern, 20; *Breidenbach*, 1 f.; *Heinrichs* in *Palandt*, BGB, § 242 Rn 23 ff.; 130 ff., 141; *Rümker*, Bankrechtstag 1992, 29, 31; *Siol* in *Schimansky/Bunte/Lwowski*, Bankrechtshandbuch, § 43 Rn 4; *Vollkommer* in *Jauernig*, § 242 Rn 16, 19 f.; *Gäntgen*, Hinweispflicht, 9 ff.

476 Vgl. z.B. *Lange*, Informationspflichten von Finanzdienstleistern, 98.

477 Vgl. *Henssler*, Risiko als Vertragsgegenstand, 141.

478 *Emmerich* in MünchKomm, BGB, Vor § 275 Rn 80; *Emmerich*, Leistungsstörungen, § 5 II 1; *Hadding/Hennrichs*, FS Claussen, 447, 460; *Henssler*, Risiko als Vertragsgegenstand, 141; *Lehmann*, Börsentermingeschäfte, 218; *Rollinger*, Aufklärungspflicht, 58 ff., 96; *Vollkommer* in Jauernig, BGB, § 242 Rn 19; *Schwintowski/Schäfer*, Bankrecht, § 7 Rn 97; vgl. *Lange*, Informationspflichten von Finanzdienstleistern, 99.

479 BGHZ 47, 207, 211; BGHZ 60, 221, 224; BGHZ 114, 87, 90 f.; *Vollkommer* in Jauernig, BGB, § 242 Rn 19; *Klingler*, Aufklärungspflichten, 22; *Lehmann*, Vertragsanbahnung durch Werbung, 357; *Rollinger*, Aufklärungspflicht, 33; *Vortmann*, Aufklärungs- und Beratungspflichten der Banken, Rn 2, 4; vgl. *Lange*, Informationspflichten von Finanzdienstleistern, 99; *Paefgen*, Aufklärung, 48 ff.

480 *Assmann*, Prospekthaftung, 319; vgl. auch § 36 Abs. 3 Nr. 2 BörsG, wonach der Prospekt die Anga-

Derartige Formeln, die in Rechtsprechung[481] und Schrifttum[482] anzutreffen sind, können die aus Gründen der Rechtssicherheit wünschenswerte Konkretisierung nicht hinreichend leisten. Einzelne Konkretisierungsversuche erscheinen mitunter halbherzig, soweit sie lediglich die Bildung und Systematisierung von Fallgruppen in den Vordergrund stellen.[483]

Im Anschluss an *Breidenbach*[484] erscheint es deshalb sachgerecht, für die Frage nach dem Bestehen und dem Umfang von Informationspflichten zwischen parteibezogenen und geschäftsbezogenen Faktoren[485] zu unterscheiden und von einem „beweglichen System" zwischen dem schutzwürdigen Informationsbedürfnis der einen sowie dem Informationsvorsprung der anderen Partei sowie zusätzlich determinierenden geschäftsbezogenen Faktoren[486] auszugehen. Im Ergebnis wird insoweit anhand von flexiblen, nebeneinander stehenden Kriterien beurteilt, inwieweit der Einzelfall eine mehr oder weniger starke, besondere Vertrauensprägung aufweist, aus dem eine konkrete Informationspflicht folgt.

Danach werden für die Begründung von Aufklärungspflichten **drei Grundelemente** genannt[487], nämlich zum einen das Kriterium des Informationsbedarfs, weiterhin das Kriterium der Informationsmöglichkeit und schließlich des Funktionskreises, innerhalb dessen der potentiell Aufklärungspflichtige tätig wird.[488] An diese Kategorien sollen sämtliche für das Bestehen und die Reichweite von Aufklärungspflichten im Kapitalanlagebereich möglicherweise maßgeblichen Faktoren anknüpfen[489]. Im wesentlichen werden insoweit folgende Gesichtspunkte betont: Der er-

---

ben enthalten muss, die erforderlich sind, um dem Publikum ein zutreffendes Bild von dem Emittenten und den Wertpapieren zu ermöglichen.

481 Vgl. z.B. BGHZ 47, 207, 211; BGHZ 60, 221, 224; BGHZ 114, 87, 90 f.

482 Vgl. nur *Heinrichs* in *Palandt*, BGB, § 242 Rn 37; *Roth* in *MünchKomm*, BGB, § 242, Rn 215 ff.; *Klingler*, Aufklärungspflichten, 22; *Lehmann*, Vertragsanbahnung durch Werbung, 357; *Rollinger*, Aufklärungspflicht, 33, 64 f.; *Arendts*, WM 1993, 229, 233; *Paefgen*, Aufklärung, 48 ff.

483 *Lange*, Informationspflichten von Finanzdienstleistern, 99; vgl. *Emmerich* in MünchKomm, BGB, Vor § 275 Rn 81 f.; *Emmerich*, Leistungsstörungen, § 5 II 1; *Gernhuber*, Schuldverhältnis, § 8 II 7; *Henssler*, Risiko als Vertragsgegenstand, 143 ff.; *Teichmann* in *Soergel*, BGB, § 242 Rn 136 ff.; *Vollkommer* in *Jauernig*, BGB, § 242 Rn 19; *Wach*, Terminhandel, Rn 233; *Schumacher*, Vertragsaufhebung, 102 ff.; *Grün*, NJW 1994, 1330, 1331; *Paefgen*, Aufklärung, 48 ff.

484 *Breidenbach*, Informationspflichten, 61 ff.

485 Vgl. *Vortmann*, Aufklärungs- und Beratungspflichten der Banken, 12.

486 Vgl. auch *Roth* in MünchKomm, BGB, § 242 Rn 271; *Breidenbach*, Informationspflichten, 61 ff.; *Kieninger*, AcP 199 (1999), 190, 230 ff.; Arendts, WM 1993, 229, 232; *Larenz/Canaris*, 298 ff.; *Wilburg*, AcP 163 (1963), 346 ff.; *Rümker*, Bankrechtstag 1992, 29, 38, 65; *Abegglen*, Aufklärungspflichten, 171 f.; *Hopt*, Kapitalanlegerschutz, 414; *Schwintowski/Schäfer*, Bankrecht, § 7 Rn 111 ff.; *Iro* in *Avancini/Iro/Koziol*, Bankvertragsrecht, Rn 7/45; ähnlich *Buhk*, Anlagevermittlung, 68 ff.; *Bydlinski*, Methodenlehre, 529 ff.; vgl. *Lange*, Informationspflichten von Finanzdienstleistern, 99 f.

487 Vgl. *Breidenbach*, Informationspflichten, 61 ff.

488 Vgl. *Lange*, Informationspflichten von Finanzdienstleistern, 100.

489 Vgl. *Lange*, Informationspflichten von Finanzdienstleistern, 102.

kennbare Informationsbedarf des Vertragspartners, ein präsenter Wissensvorsprung des anderen Teils, die Rolle des potentiell Aufklärungspflichtigen, sein Funktionskreis, die Aufklärungsbedürftigkeit des Anlegers, etwaige Absprachen zwischen den Parteien, die Intensität der gegenseitigen Beziehungen, der Gesichtspunkt des Schutzverzichts, die betriebliche und finanzielle Tragbarkeit entsprechender Informationspflichten, der konkrete Informationsbedarf (Relevanz der Information und Aufklärungsbedürftigkeit), die Möglichkeit einer Weitergabe der Information, die tatsächliche Inanspruchnahme von Vertrauen, der Funktionskreis des potentiell Aufklärungspflichtigen, der Gegenstand des Geschäfts sowie der Anstoß zur Anlageentscheidung, der Einfluss gezielter Werbemaßnahmen und der Gedanke, aus wessen Sphäre für die Entscheidung des Vertragspartners maßgebliche Umstände stammen.[490]

Eine nähere Konkretisierung, die über eine Nennung dieser möglicherweise relevanten Kriterien und eine flexible Betrachtungsweise hinausgeht, ist nicht möglich[491]. Zwar existieren in der Zivilrechtsdogmatik verschiedene gedankliche Ansätze, die die Existenz eines rechtssystematisch übergeordneten, Informationspflichten begründenden allgemeinen Rechtsgedankens zu begründen versuchen. Keine der insoweit vertretenen Ansichten vermag jedoch zu überzeugen oder hat Aufnahme in die Rechtspraxis gefunden.[492] Im Ergebnis ist deshalb eine Besinnung auf den dem Zivilrecht zu Grunde liegenden Grundgedanken der Privatautonomie und der formalen Gleichheit erforderlich. Danach sollen die Vertragsparteien zum einen in der Lage sein, eine selbstbestimmte Entscheidung zu treffen[493]. Zum anderen wird jedoch auch das Prinzip der Selbstverantwortung erfasst, nach dem jede Partei grundsätzlich selbst die Verantwortung für Wissen oder Nichtwissen, Leistungsfähigkeit oder Leistungsunfähigkeit zu tragen hat.[494] Insoweit soll die vorvertragliche Aufklärungspflicht gewährleisten, dass der Zweck des angebahnten Vertrags erreicht werden kann.[495] Da hierfür eine ausgewogene Informationsbasis auf beiden Seiten

---

490 Vgl. z.B. *Abegglen*, Aufklärungspflichten, 171 ff.; *Hopt*, Kapitalanlegerschutz, 414 ff.; *Hopt*, Aktuelle Entwicklungen, 40 ff., *Hopt*, FS Gernhuber, 169, 185 ff.; *Rümker*, Bankrechtstag 1992, 29, 38 ff.; *Schwintowski/Schäfer*, Bankrecht, § 7 Rn 111 ff.; *Kieninger*, AcP 199 (1999), 190, 232 ff.; *Iro* in *Avancini/Iro/Koziol*, Bankvertragsrecht, Rn 7/38 ff.; instruktiv zum Ganzen *Lange*, Informationspflichten von Finanzdienstleistern, 101 f.

491 *Henssler*, Risiko als Vertragsgegenstand, 142 f.; *Lange*, Informationspflichten von Finanzdienstleistern, 99;

492 Erschöpfend *Lange*, Informationspflichten von Finanzdienstleistern, 102 ff.

493 *Lange*, Informationspflichten von Finanzdienstleistern, 19; *Grunewald*, AcP 190 (1990), 609, 611; *Hopt*, FS Gernhuber, 169, 186; *Breidenbach*, 11 f.; *Larenz/Wolf*, AT, § 42 Rn 1 f., 8 f., 18.

494 Vgl. *Henssler*, Risiko als Vertragsgegenstand, 139 f.; Hopt, FS *Gernhuber*, 169, 186; *Roth* in MünchKomm, BGB, § 242 Rn 215; *Werres*, Aufklärungspflichten, 16 f.; *Breidenbach*, 12; vgl. *Schumacher*, Vertragsaufhebung, 70 ff., 96 f.

495 Vgl. *Lange*, Informationspflichten von Finanzdienstleistern, 116 f.; *Schwintowski/Schäfer*, Bankrecht, § 7 Rn 99, 101 f.; *Rollinger*, Aufklärungspflicht, 22; *Larenz/Wolf*, AT, § 42 Rn 1, 8 f., 18.

erforderlich ist[496], muss jeder Verhandlungspartner den anderen Teil über die Umstände aufklären, die die Erreichung des Vertragszwecks gefährden können. Dies gilt insbesondere dann, wenn der andere diese Umstände nicht kennt, sie aber in erkennbarer Weise für dessen Entscheidung von Bedeutung sind. Je weiter das jeweils erforderliche Fachwissen der Parteien auseinanderklafft, umso eher darf eine entsprechende Aufklärung erwartet werden. Dies gilt insbesondere dann, wenn die entsprechenden Informationen nicht frei zugänglich bzw. für einen Laien schwer verständlich sind.[497] Das Spannungsverhältnis zwischen Aufklärungspflicht und Selbstverantwortung kann somit nicht schematisch gelöst werden. Vielmehr bedarf es bei der Ausfüllung des unbestimmten Rechtsbegriff der Wesentlichkeit einer Abwägung aller im Einzelfall vorliegenden, potentiell pflichtenbegründenden Aspekte, um einen angemessenen Ausgleich zu schaffen.

Dem ist nach dem Schutzzweck der Prospekthaftung auch für den Bereich der hier untersuchten Anlageprodukte zuzustimmen. Denn das Motiv der Verantwortlichkeit nach der bürgerlich-rechtlichen Prospekthaftung ist die berechtigte Erwartungshaltung des Anlegers, durch den Prospekt - trotz seines Werbecharakters - sachlich richtig und vollständig informiert zu werden.[498] Diese Verpflichtung zur richtigen und vollständigen Information des Anlegerpublikums verfolgt gerade den Schutzzweck, das Recht des Anlegers zur Selbstbestimmung über die Verwendung seines Vermögens zu gewährleisten.[499] Auch im Bereich der Lebensversicherung ist der Anleger als Prospektadressat insoweit schutzwürdig, als er in die Lage versetzt werden muss, die Anlage objektiv richtig zu beurteilen und sein Risiko richtig einzuschätzen.[500] Entscheidend sind stets Aussage und Bedeutung der Information für die Beurteilung der Anlage im jeweils konkreten Fall.[501]

b) Maßgeblicher Empfängerhorizont

Für die Beurteilung eines Lebensversicherungsprospekts ist der objektive Empfängerhorizont entscheidend[502]. Daher hat sich die Subsumtion von Seiten des Rechts-

---

496 Vgl. *Lange*, Informationspflichten von Finanzdienstleistern, 116.

497 BGHZ 60, 221, 223; BGHZ 61, 118, 121; BGH, NJW 1977, 1536, 1537.

498 Vgl. BGHZ 79, 337, 343; BGHZ 123, 106, 109 f.; *Assmann* in *Assmann/Schütze*, Handbuch des Kapitalanlagerechts, § 7 Rn 63; *Siol* in *Schimansky/Bunte/Lwowski*, Bankrechtshandbuch, § 45 Rn 49.

499 BGHZ 123, 106, 112 f.; vgl. BGH, WM 1991, 1543, 1544; BGHZ 115, 213, 223 f.; BGH, ZIP 1998, 1306, 1308; *Eyles* in *Vortmann*, Prospekthaftung, § 2 Rn 89; *Siol* in *Schimansky/Bunte/Lwowski*, Bankrechtshandbuch, § 45 Rn 60.

500 BGH, WM 1991, 2092, 2094.

501 *Hauptmann* in *Vortmann*, Prospekthaftung, § 3 Rn 64; zum Grundsatz der informatorischen Wesentlichkeit im Bereich der gesetzlichen Prospekthaftung, wonach unwesentliche Prospektfehler die Prospekthaftung nicht auslösen, vgl. z.B. *Müller-Wiedenhorn*, FS Hübner, 171, 183; *Baur*, Investmentgesetze, KAGG, § 20 Rn 6.

502 Vgl. *Heinrichs* in *Palandt*, BGB, § 133 Rn 7, 9.

anwenders unter das normative Tatbestandsmerkmal der Wesentlichkeit an den Erkenntnismöglichkeiten des Prospektlesers zu orientieren.[503] Es fragt sich aber, welche Anforderungen im einzelnen an die Kenntnisse und das Verständnis des Prospektadressaten gestellt werden können.[504]

aa) Erforderlichkeit eines einheitlichen Maßstabs

Ausgangspunkt der Überlegungen ist zunächst die Frage, ob es auf die individuellen Verständnismöglichkeiten des konkreten Prospektlesers ankommt oder ob Richtigkeit oder Vollständigkeit eines Prospekts anhand eines einheitlichen, objektiven Beurteilungsmaßstabs beurteilt werden müssen. Der Bundesgerichtshof stellt nicht darauf ab, ob es sich im Einzelfall um einen Fachmann oder um einen Laien handelt. Auf die individuellen Verständnismöglichkeiten des einzelnen Anlegers und sein Fachwissen kommt es nicht an.[505] Für die Frage nach der Richtigkeit oder Vollständigkeit eines Prospekts wird vielmehr ein einheitlicher, objektiver Beurteilungsmaßstab herangezogen.[506] Dieser Auffassung ist zuzustimmen. Denn bei den Prospektinformationen handelt es sich nicht um Auskünfte, die auf die Bedürfnisse einzelner Leser zugeschnitten sind[507], sondern um Angaben, die sich an an jeden Anleger richten, der sich möglicherweise aufgrund der Prospektinformationen für das beworbene Projekt entscheiden wird, also an einen unbestimmten Personenkreis.[508] Die Frage, ob ein Prospekt den Anforderungen genügt, ist aufgrund der Publikumsbezogenheit der Prospektinformation somit unter Berücksichtigung des jeweils **typischerweise** angesprochenen Adressatenkreises und dessen zu erwartenden Informations- und Wissensstands zu beurteilen. Literatur[509] und Rechtsprechung[510] legen deshalb den Horizont eines „durchschnittlichen Anlegers" zu Grunde. Dies erscheint gesetzessystematisch auch deshalb sachgerecht, weil im Rahmen zahlreicher gesetzlicher Verbraucherschutzregelungen, etwa §§ 3 UWG, 5 AGBG bzw. § 305 c Abs. 1 BGB oder § 17 Abs. 1 Nr. 5 LMBG, 8 AMG, der durchschnittliche Horizont der angesprochenen Verkehrskreise für maßgeblich angesehen wird.[511]

---

503 *Schwark*, ZGR 1983, 162, 167.

504 *Hauptmann* in *Vortmann*, Prospekthaftung, § 3 Rn 60 (S. 158).

505 BGH, NJW 1982, 2823, 2824; vgl. *Wiedemann* in *Soergel*, Vor § 275 Rn 320; *Assmann* in *Assmann/Schütze*, Handbuch des Kapitalanlagerechts, § 7 Rn 35.

506 Grundlegend *Schwark*, ZGR 1983, 162, 167 ff.

507 Anderes gilt im Bereich der individuellen Anlageberatung, vgl. hierzu BGH, JZ 1994, 102 ff. m. Anm. *Escher-Weingart*.

508 Dieses Merkmal unterscheidet den Prospekt von einer einzelnen Angabe auf eine konkrete Frage eines Anlegers im Rahmen von Vertragsverhandlungen.

509 Statt aller: *Assmann*, Prospekthaftung, 318; *Canaris*, Bankvertragsrecht, Rn 2279; *Ehricke*, DB 1980, 2429 ff., 2432; *Hopt*, FS *Gernhuber*, 169 ff., 178.

510 BGH, WM 1994, 149; OLG Frankfurt am Main, BB 1994, 737 f., 737.

511 Vgl. *Boecken*, Haftung, 189.

Dem entsprechend nimmt auch § 17 Abs. 1 Nr. 2 lit. b) LMBG tatbestandlich auf die „Verkehrsauffassung“ Bezug. Für die Unklarheitenregelung des 305 c Abs. 1 BGB (§ 5 AGBG) hat die Rechtsprechung den Verständnishorizont eines „durchschnittlichen Kunden“ herangezogen[512], welcher im übrigen auch für § 17 Abs. 1 Nr. 2 lit. b) LMBG gelten soll[513].

bb) Anforderungen an den durchschnittlichen Empfängerhorizont

Da damit noch keine Aussage darüber getroffen ist, welcher Anlegertypus vorausgesetzt werden darf, fragt sich, welche Anforderungen an den durchschnittlichen Empfängerhorizont gestellt werden können.

Obwohl der Bundesgerichtshof einen einheitlichen, objektiven Beurteilungsmaßstab befürwortet, wird von der Rechtsprechung uneinheitlich beurteilt, welches Fachwissen vorausgesetzt werden darf. Extrempositionen innerhalb der Anforderungen bilden im börsenrechtlichen Bereich einerseits der „unkundige Anleger“[514], andererseits der „kundige Leser“, der sich gegebenenfalls durch Sachkundige beraten lasse.[515] In seiner Leitentscheidung in der Sache „Beton und Monierbau“ hat der Bundesgerichtshof dagegen eine vermittelnde Meinung vertreten und auf den „durchschnittlichen Anleger“ abgestellt, der es zwar verstehe, eine Bilanz zu lesen, aber nicht unbedingt einer in Fachkreisen verwendeten Schlüsselsprache vertraut zu sein braucht[516]. Hieran ist zu Recht kritisiert worden, dass der Bundesgerichtshof der Forderung nach „Bilanzfestigkeit“ den Großteil der Bevölkerung von einem Schutz vor irreführenden Prospektangaben ausschließe[517].

Da die vorhandenen Regelungen keine expliziten Vorgaben enthalten, anhand derer der Maßstab des „durchschnittlichen Anlegers“ ausgefüllt werden könnte, ist die systematische Auslegungsmethode unergiebig. Allerdings könnte möglicherweise aus § 3 UWG eine Konkretisierung des unbestimmten Rechtsbegriffes hergeleitet werden. Nach h.M. soll es insoweit für einen Unterlassungsanspruch ausreichen, dass ein „nicht ganz unerheblicher Teil der angesprochenen Kreise“ durch eine Werbeangabe irregeführt werde[518]. Derselbe Maßstab wird im Rahmen der wettbe-

---

512 Vgl. *Ulmer* in *Ulmer/Brandner/Hensen*, AGBG, § 5 AGBG Rn 22 m.w.N.

513 Vgl. *Zipfel*, Lebensmittelrecht, § 17 LMBG, Rn 75.

514 *Ehricke*, DB 1980, 2429, 2432; *Kunz*, BB 1994, 738, 739.

515 LG Düsseldorf, WM 1981, 102, 106.

516 BGH, WM 1982, 862, 863; dies aufgreifend OLG Frankfurt am Main, ZIP 1994, 282, 284; BGH, ZIP 1982, 923, 924; OLG Düsseldorf, ZIP 1984, 549, 552 ff.; OLG Frankfurt am Main, ZIP 1994, 282, 286; LG Frankfurt am Main, ZIP 1998 , 641, 643.

517 *Assmann*, Prospekthaftung, 317; *Ehricke*, DB 1980, 2429 ff., 2432; *Schwark*, ZGR 1983, 168; *Kunz*, BB 1994, 738 f., 739; *Biagosch/Scherer*, VW 1995, 370, 372 f.

518 Vgl. BGH, GRUR 1963, 270 ff., 271; BGH, NJW 1992, 2231 ff., 2232; BGH, NJW 1994, 584 f., 585; BGH, NJW 1994, 2030 ff., 2031; *Baumbach/Hefermehl*, Wettbewerbsrecht, § 3 UWG, Rn 27;

werbsrechtlich zu charakterisierenden Verbote in § 17 Abs. 1 Nr. 5 LMBG und § 8 Abs. 1 Nr. 2 AMG gefordert[519]. Nicht ganz unerheblich ist ein Teil von etwa 10% bis 15% der angesprochenen Verkehrskreise[520].

Für eine Übertragung dieses Maßstabs lässt sich anführen, dass das Wettbewerbsrecht entgegen seiner ursprünglichen Konzeption als ein nicht Verbraucherschützendes Normensystem[521] inzwischen auch dem Verbraucherschutz zu dienen bestimmt ist[522]. Auch die Prospekthaftung dient im weitesten Sinne diesem Zweck. Bedenken gegen eine Übertragbarkeit wettbewerbsrechtlicher Maßstäbe auf den Anwendungsbereich der allgemeinen bürgerlich-rechtlichen Prospekthaftung ergeben sich allerdings daraus, dass das Wettbewerbsrecht deliktischer Natur ist, während die allgemeine Prospekthaftung als quasivertragliche Haftung zu qualifizieren ist.[523] Das Vorliegen einer Informationspflichtverletzung muss daher autonom entsprechend quasivertraglichen Grundsätzen beurteilt werden.

Aus diesen Gründen können allein aus dem im Produkthaftungsrecht für Instruktionspflichten geltenden Grundsatz, dass Hersteller von gefährlichen Produkten ihre Produktinformationen nach den Verständnismöglichkeiten der am schlechtesten unterrichteten Verbrauchergruppe zu orientieren haben[524], keine zwingenden Schlüsse gezogen werden.

Zu beachten ist neben der wichtigen Versorgungsfunktion von Kapitallebensversicherungen für das Alter und ihrer weiten Verbreitung auch, dass Lebensversicherungswerbung alle Schichten der Bevölkerung anspricht. Adressaten der Prospektwerbung sind gerade auch Bevölkerungskreise, die im Wirtschaftsleben weniger gewandt sind[525]. Prospektwerbung für Altersvorsorgeprodukte ist deshalb sog. Publikumswerbung[526]. An die Prüfung der Irreführung ist deshalb ein strenger

---

von Gamm, Wettbewerbsrecht, 1. Hbbd., Kap. 36 Rn 9; *Marx*, Wettbewerbsrecht, 240; *Nordemann*, Wettbewerbsrecht, Rn 56.

519 *Bülow*, Kennzeichnungsrecht, Bd. 5 Rn G 62 sowie Rn I 3.

520 Vgl. BGH, GRUR 1979, 716 ff., 718. Instruktiv zu den im Wettbewerbsrecht angewandten demoskopischen Maßstäben z.B. *Müller, Thomas Walter:* Die demoskopische Ermittlung der Verkehrsauffassung im Rahmen des § 3 UWG; Diss., München 1987

521 Der Schutzzweck des UWG wurde anfänglich ausschließlich auf die Interessen der Wettbewerber beschränkt, vgl. RGZ 73, 267 ff., 269; RGZ 93, 189 ff., 192; vgl. *Baumbach/Hefermehl*, Wettbewerbsrecht, Einl. UWG, Rn 76 ff.

522 Vgl. Gesetz vom 21.7.1965, BGBl. I, 625 sowie die amtl. Begr. BT-Drucks. IV/2217, 3 ff.; Gesetz vom 26.6.1969, BGBl. I, 633 mit amtl. Begr. BT-Drucks. V/4035; Gesetz vom 25.7.1986, BGBl. I, 1169 mit amtl. Begr. BT-Drucks. X/5771; vgl. BVerfG, Beschl. v. 13.7.1992, NJW 1993, 1969 ff. 1970; *Ackermann*, Wettbewerbsrecht, 42; *Piper* in *Köhler/Piper*, UWG, § 3 Rn 2.

523 Siehe D.II.2.

524 BGH, BB 1994, 597 ff., 598.

525 Vgl. *Müller*, Entwicklung des Versicherungsaufsichtsrechts, 2.

526 Vgl. *Piper* in *Köhler/Piper*, UWG, § 3 Rn 70.

Maßstab anzulegen, der sich an diesen weniger gewandten Kreisen orientiert. Hierzu muss die Schwelle für eine rechtlich relevante Irreführung niedrig angesetzt werden[527].

Börsenrechtliche Maßstäbe erscheinen nicht übertragbar, da dort gezielt auch professionelle Investoren und Marktintermediäre angesprochen werden. Die hier untersuchten Anlageprodukte wenden sich aufgrund ihrer inhaltlichen und äußereren Prospektgestaltung dagegen erkennbar an Privatpersonen[528]. Hierbei handelt es sich um besonders auskunftsbedürftige Kreise mit nur geringen Fachkenntnissen im Anlage- und Versicherungsbereich. Dass vereinzelt auch das fachkundige Publikum, insbesondere die Fachpresse, Anlageberater und Multiplikatoren, den Prospekt zur Kenntnis nehmen, vermag eine Verschiebung der Anforderungen an die Prospektqualität nicht zu rechtfertigen. Als Maßstab kann somit nicht der in Finanzanlagegeschäften erfahrene und mit der Materie vertraute Anlegertypus gewählt werden, der in der Lage ist, eine optimale Anlageentscheidung zu treffen. Sachgerecht erscheint es vielmehr, einen weitestgehend unkundigen Privatanleger zu Grunde zu legen, der nur geringe Fachkenntnisse im Finanzbereich besitzt.

c) Mängeltypologie

Bei der Feststellung eines Prospektmangels lassen sich mehrere Typen von Prospektmängeln unterscheiden, nämlich die der Unrichtigkeit, Unvollständigkeit und Intransparenz.

aa) Unrichtigkeit

Der Prospektmangel der Unrichtigkeit ist Ausprägung der Wahrheitspflicht als zentrale Verhaltenspflicht bei der Aufklärungstätigkeit.[529] Nur die Mitteilung wahrer Informationen erfüllt den Zweck der Aufklärungspflichten, den Kapitalanleger in die Lage zu versetzen, eine eigenverantwortliche Anlageentscheidung zu treffen.[530] Daher ist ein Prospekt unrichtig, wenn wesentliche Angaben wahrheitswidrig wiedergegeben sind bzw. einen unzutreffenden oder unangemessen positiven Gesamteindruck vermitteln.[531] Dabei kann die Unrichtigkeit des Prospekts auch durch seine fehlende Aktualität begründet werden.[532]

---

527 Vgl. auch die entsprechende Ansicht des *BAV*, eine aufsichtsrechtlich relevante Irreführung liege vor, „wenn nicht unerhebliche Teile des Adressatenkreises mit den betreffenden geschäftlichen Angaben Vorstellungen verbinden, die mit den wirklichen Verhältnissen nicht im Einklang stehen", *BAV*, R 2/2000, VerBAV 2000, 252, 253 ff.

528 Vgl. die obenstehenden Ausführungen unter B.II.

529 *Buhk*, Anlagevermittlung, 72; *Hopt*, Beiträge zum Schweizer Bankrecht, 153.

530 *Buhk*, Anlagevermittlung, 72.

531 OLG Frankfurt am Main, WM 1994, 291, 295; *Lehmann*, Vertragsanbahnung durch Werbung, 186;

bb) Unvollständigkeit

Als weiterer möglicher Bezugspunkt für die Beurteilung von Beispielrechnungen und des Prospekts ist die Unvollständigkeit zu nennen. Grundsätzlich ist ein Prospekt unvollständig, wenn im Prospekt **Angaben ausbleiben**, die für die Anlageentscheidung eines durchschnittlichen Kapitalanlegers wesentlich sind.[533] Der Haftungsgrund der Unvollständigkeit begründet eine Haftung wegen pflichtwidrigen Unterlassens. Bei der von ihm vorausgesetzten Aufklärungspflicht handelt es sich um das Pendant zum Gebot der Richtigkeit, also der Pflicht zur wahren Information als Unterlassungspflicht.[534] Zusätzlich zu dem Ausbleiben von Informationen muss daher das Kriterium der **Pflichtwidrigkeit** erfüllt sein. Fraglich sind Voraussetzungen und Reichweite einer entsprechenden Informationspflicht.

aaa) Allgemeines

Eine **allgemeine Informationspflicht** ist **gesetzlich nicht normiert**. Dies ist darauf zurückzuführen, dass dem zum Ende des 19. Jahrhunderts entstandenen BGB die Vorstellung zugrundeliegt, dass sich bei Vertragsverhandlungen grundsätzlich unabhängige und gleichermaßen urteilsfähige Partner eigenverantwortlich gegenübertreten.[535] Gerade im Bereich der Anlagegeschäfte und des Versicherungsrechts zeigt sich aber, dass dieses Modell der heutigen Realität nicht entspricht.[536] Da das BGB die Entwicklung zu komplexen Finanzdienstleistungen nicht vorhersehen und die erhebliche Informationsüberlegenheit einer Vertragsseite nicht berücksichtigen konnte, existiert gerade auch für den Bereich der allgemeinen Prospekthaftung kein positiv-rechtlich niedergelegter, allgemeiner Katalog von Pflichtangaben, aus dem sich die Mindestanforderungen an den Prospektinhalt ergeben. Zur Beantwortung der Frage nach offenbarungspflichtigen Umständen ist daher ein Rückgriff auf § 242 BGB erforderlich. Insoweit ist auch hier das Kriterium der Wesentlichkeit maßgeblich.[537]

Der **Bundesgerichtshof** hatte bislang wenig Gelegenheit, sich grundlegend mit der Verletzung von vorvertraglichen Aufklärungspflichten des Versicherers im Bereich der privaten Altersvorsorge zu befassen. Grundsätzlich ist es jedoch der Rechtsprechung nicht fremd, auch im Versicherungsrecht Informationspflichten festzusetzen

---

Müller-Wiedenhorn, FS Hübner, 171, 183.

532 Vgl. *Eyles* in *Vortmann*, Prospekthaftung, § 2 Rn 69.

533 Vgl. *van Look* in *Vortmann*, Prospekthaftung, § 1, Rn 107 m.w.N.

534 Vgl. *Lange*, Informationspflichten von Finanzdiensleistern, 96.

535 Vgl. *Wolf*, Rechtsgeschäftliche Entscheidungsfreiheit und vertraglicher Interessenausgleich, 8, 67 ff.; *Werres*, Aufklärungspflichten, 14 f.; *Wieacker*, Privatrechtsgeschichte, 481 f.

536 *Hopt*, Kapitalanlegerschutz, 247.

537 Vgl. hierzu schon F.III.1.a).

und an deren Verletzung Rechtsfolgen zum Nachteil des Versicherers zu knüpfen.[538] Bei der Auslegung können insbesondere bankrechtliche Grundsätze herangezogen werden, da dieses Rechtsgebiet in seinen tatsächlichen Grundlagen Ähnlichkeiten mit der Situation beim Abschluss von Versicherungsverträgen aufweist[539]. Im Bankrecht hat die Rechtsprechung seit dem Anfang des 20. Jahrhunderts[540] Informationspflichten vor allem zur Beratung bei dem Vertrieb von Kapitalanlagen und zum anderen zum Kreditgeschäft entwickelt.[541] Ihre Übertragung auf den Versicherungsbereich ist schon deshalb nicht ausgeschlossen, weil besondere, aus § 242 BGB abgeleitete Rücksichtnahmepflichten des Versicherers im Versicherungsvertragsrecht wegen seiner strukturellen Überlegenheit und der häufig existentiellen Bedeutung des Versicherungsschutzes grundsätzlich anerkannt sind[542]. So führte der Bundesgerichtshof bereits 1967 aus, dass die Parteien eines Versicherungsvertrags einander in vertragsspezifisch gesteigerten Treuepflichten gegenüberstehen[543].

Gegenstand der Aufklärungspflicht ist die Frage, inwieweit eine Vertragspartei durch Information davor schützen muss, dass der andere Teil durch den Abschluss eines seinen Interessen nicht entsprechenden Vertrags geschädigt wird. Insoweit wird bezweckt, eine Enttäuschung des Anlegers in seinem Leistungsinteresse zu verhindern und gleichzeitig einen Schutz vor nachteiligen Vermögensdispositionen zu gewährleisten, die den Anleger zudem auch in seinem auf die allgemeine Vermögenssphäre bezogenen Integritätsinteresse verletzen würden.[544]

---

538 So hat die Rechtsprechung etwa bei Angabe eines falschen Standes der Lebensversicherung und daraufhin vom Versicherungsnehmer im Vertrauen auf die Richtigkeit dieser Information getätigten Vermögensverfügungen einen Schadenersatz angenommen, vgl. OLG Karlsruhe, r+s 1992, 354; siehe auch *Römer* in *Basedow/Donath/Meyer/Rückle/Schwintowski*, 29; *Kieninger*, VersR 1998, 5, 8 f.

539 *Römer* in *Basedow/Donath/Meyer/Rückle/Schwintowski*, 24. Im übrigen ist bereits darauf hingewiesen worden, dass gerade der Abschluss einer Kapitallebensversicherungen im Hinblick auf ihren Kapitalisierungseffekt wirtschaftlich der langfristigen Einzahlung in einen gemischten Investmentfonds mit überwiegendem Rentenanteil gleichkommt.

540 Vgl. z.B. RGZ 111, 233, 235 unter Hinweis auf RG, JW 1904, 167: Für den Fall des Aktienverkaufs entschied das Reichsgericht, dass ein Bankier arglistig handle, wenn er Bergwerksaktien zum Tageskurs verkaufe, nachdem er von einem Wassereinbruch in das Bergwerk erfahren habe, vgl. auch *Werres*, Aufklärungspflichten, 13 f.

541 *Römer* in *Basedow/Donath/Meyer/Rückle/Schwintowski*, 24.

542 Vgl. *Teichmann* in *Soergel*, BGB, § 242 Rn 68; *Martin* in *Prölss*, VVG, Vorbem II 3; *Fischer*, VersR 1965, 197.

543 In der entsprechenden Entscheidung führe das Gericht aus, dass der Versicherer seinem Vertragspartner zumeist an versicherungstechnischen und -rechtlichen Kenntnissen und Erfahrungen weit überlegen sei. Diese Überlegenheit verpflichte ihn zu weitgehender und rechtzeitiger Information gegenüber dem durch Kenntnisdefizite benachteiligten Versicherungsnehmer, vgl. BGH, NJW 1967, 1226, 1228 f.

544 *Roth* in MünchKomm, BGB, § 242, Rn 266.

Unter einer Aufklärungspflicht versteht man deshalb die Pflicht einer Partei, den anderen Teil über erkennbar entscheidungserhebliche Umstände zu informieren, die ihm verborgen blieben.[545] Die Betrachtung ist retrospektiv, da es um Informationen geht, die der andere Teil nicht erhalten hat, an denen er aber sein früheres Verhalten ausgerichtet hätte.[546] Das Ziel der Information ist es, den Anleger in die Lage zu versetzen, eine eigenverantwortliche Anlageentscheidung zu treffen.[547] Hierzu müssen ihm alle dazu erforderlichen Fakten mitgeteilt werden. Dies sind regelmäßig die wesentlichen Grundlagen des Geschäfts, die wirtschaftlichen Zusammenhänge[548], etwa bestimmte Umstände und ihre Bedeutung für die Wertentwicklung[549] sowie die Risiken und Gewinnaussichten der jeweiligen Anlageform.[550]

Von der Verletzung einer Aufklärungspflicht durch Vorenthalten der Information ist die postive Falschinformation zu unterscheiden. Diese begründet bei Verschulden eine Haftung auch dann, wenn keine Informationspflicht bestand und dennoch Angaben gemacht wurden. Sie ist grundsätzlich immer eine Pflichtverletzung.[551] Die Abgrenzung zwischen einer positiven Falschinformation und einer unterlassenen Information ist häufig fließend. Sie wird schwieriger, je mehr die Unvollständigkeit die Wirkung des Vorspiegelns einer Abwesenheit bestimmter Umstände hat.[552] Sofern jedenfalls eine Aufklärungspflicht bejaht werden kann, ist sie irrelevant.[553] Dies ergibt sich schon daraus, dass die Unvollständigkeit einen Unterfall der Unrichtigkeit darstellt.[554]

bbb) Informationsvorsprung des prospektverantwortlichen Lebensversicherungsunternehmens

Aufklärungspflichten bedeuten eine Verpflichtung zur Ausgleichung eines Wissensvorsprungs einer Partei.[555] Erste Voraussetzung für eine Informationspflicht ist insoweit, dass das prospektverantwortliche Lebensversicherungsunternehmen einen

---

545 *Roth* in MünchKomm, BGB, § 242, Rn 1.

546 *Roth* in MünchKomm, BGB, § 242, Rn 1.

547 Vgl. *Kleinschmitt*, Informationsmodell, 88.

548 Vgl. *Vortmann*, Aufklärungs- und Beratungspflichten der Banken, 113.

549 Vgl. BGH, WM 1980, 535, 536; BGH, WM 1982, 738, 739; BGH, WM 1985, 81; *Schwark*, FS Steindorff, 473, 492; *Kleinschmitt*, Informationsmodell, 88.

550 *Schwark*, FS Steindorff, 473, 492.

551 BGH, NJW 1997, 938; BGH, ZIP 2000, 355; BGH, ZIP 2001, 75, 108; *Roth* in MünchKomm, BGB, § 242, Rn 1.

552 *Roller*, Prospekthaftung, 195.

553 Vgl. BGH, NJW 1981, 1269; BGH, ZIP 2000, 1296; BGH, ZIP 2001, 75; *Roth* in MünchKomm, BGB, § 242, Rn 1.

554 *Hauptmann* in *Vortmann*, Prospekthaftung, § 3, Rn 59; *Groß*, AG 1999, 199, 202.

555 *Werres*, Aufklärungspflichten, 24.

Informationsvorsprung besitzt, also über Informationen verfügt, von denen es weiß oder annehmen muss, dass sie der anderen Partei unbekannt, aber für ihren Entschluss von wesentlicher Bedeutung sind[556].

(1) Begrenzung von Informationspflichten durch das eigene Interesse des Lebensversicherers am Vertragsschluss?

Fraglich ist, inwieweit das eigene Interesse des Informationspflichtigen am Vertragsschluss seine Informationspflichten begrenzt. Grundsätzlich ist eine allgemeine Aufklärungspflicht vor Vertragsschluss in der Regel schon wegen des natürlichen Interessenwiderstreits der Parteien nicht gegeben.[557] Im Rechtsverkehr muss sich grundsätzlich jeder selbst vergewissern, ob ein Vertrag für ihn von Vorteil ist.[558] Deshalb kann die Ausnutzung von Vorteilen, die mit einem Informationsvorsprung verbunden sind, nur ausnahmsweise unbillig sein.[559] Eine Auskunftspflicht besteht daher nicht schlechthin, sondern nur, wenn die Ausnutzung des Vorsprungs als Verstoß gegen die Waffengleichheit oder Fairness am Markt erscheint.[560] Für die Abgrenzung zwischen einem berechtigten Gewinnstreben und der Pflicht zur angemessenen Wahrung der Interessen der Gegenpartei hat der Bundesgerichtshof bislang keine überzeugenden Grundsätze entwickelt, sondern sich ohne ausreichende rechtssystematische Klärung allein der formelhaften Umschreibung bedient, dass es darauf ankomme, ob die Gegenseite „nach der Verkehrsauffassung eine Aufklärung erwarten darf".[561]

Insoweit sind i.R. des erforderlichen Abwägungsprozesses jedoch auch wirtschaftliche Interessen des Aufklärungspflichtigen zu berücksichtigen, da die Erfüllung der Informationspflichten für ihn mit einem zumutbaren Aufwand verbunden und damit tragbar sein muss.[562] Dies ergibt sich bereits daraus, dass die Informationspflichten gerade von einem schützenswerten Vertrauen abhängig sind. Die Information dient nicht dazu, dem Empfänger jedes Risiko der Kapitalanlage abzunehmen, sondern soll ihm überhaupt erst die Möglichkeit geben, das Risiko zu erkennen.[563] Das be-

---

556 Vgl. *Roth* in MünchKomm, BGB, § 242 Rn 269.

557 BGH, NJW 1970, 654; BGH, WM 1976, 51; BGH, NJW 1983, 2493; *Dilcher* in *Staudinger*, BGB, § 123 Rn 7 ff; *Roth* in MünchKomm, BGB, § 242 Rn 269.

558 Dieser Umstand wird von *Hopt* zutreffend bezeichnet als die „Selbstverantwortlichkeit des privatautonomen Bürgers", i.e. *Hopt*, FS Claussen, 169, 186.

559 Vgl. *Roth* in MünchKomm, BGB, § 242 Rn 269.

560 Vgl. BGH, NJW 1967, 1022; BGH, NJW 1973, 752, 753; *Roth* in MünchKomm, BGB, § 242 Rn 270.

561 Vgl. z.B. BGH, NJW 1979, 2242; BGH, NJW 1991, 1223; BGH, NJW 1992, 1222; BGH, NJW 1996, 1340.

562 Vgl. *Hopt*, Kapitalanlageschutz, 426; *Hopt*, FS Claussen, 169, 188 f.; *Vortmann*, Aufklärungs- und Beratungspflichten der Banken, 13; *Kleinschmitt*, Informationsmodell, 85.

563 BGH, WM 1982, 90.

gründete Vertrauen auf den Erhalt von Informationen durch den Vertragspartner kann daher nur so weit reichen, wie dieser sie unter Wahrung eines angemessenen Verhältnisses zum Umfang seiner wirtschaftlichen Interessen am Geschäftsabschluss erbringen kann.[564] Gleichwohl lassen sich auch aus diesem Umstand keine exakten statischen Grenzen ableiten.[565] Vielmehr kommt es auf die Umstände des Einzelfalls an.

(2) Wissenszurechnung innerhalb von juristischen Personen

Da das Versicherungsunternehmen als juristische Person als solche keine Kenntnis erlangt, sondern ihr Wissen das zurechenbare Wissen ihrer Organe und Hilfspersonen ist, stellt sich die Frage, ob bei einer Verteilung des gesamtbetrieblichen Wissens auf mehrere Hilfspersonen - wie sie in arbeitsteilig handelnden Organisationen regelmäßig gegeben ist - dem Lebensversicherungsunternehmen das gesamtbetriebliche Wissen zugerechnet werden muss.

Der Bundesgerichtshof hat in mehreren Grundsatzentscheidungen über die Wissenszurechnung bei juristischen Personen entschieden.[566] Diese Grundsätze sind zwar im Zusammenhang mit der Bankenhaftung entwickelt worden, müssen aber aufgrund ihrer Vergleichbarkeit auch für Versicherungsunternehmen Geltung beanspruchen. Entscheidender Gesichtspunkt ist das sog. Gleichstellungsargument[567], nach dem derjenige, der mit einer arbeitsteiligen Organisation kontrahiert, nicht schlechter gestellt werden darf, als derjenige, der nur mit einer einzigen natürlichen Person zu tun hat[568]. Ein Versicherer, der sein Wissen auf mehrere Hilfspersonen aufspaltet, muss sich daher nicht nur das Wissen des Handelnden persönlich, sondern auch das Aktenwissen oder den Inhalt anderer Wissensspeicher und das Wissen anderer Personen zurechnen lassen, soweit Anlass bestanden hat, dieses Wissen heranzuziehen oder weiterzuleiten.[569] Insoweit basiert die Wissenszurechnung auf dem Gedanken des Verkehrsschutzes und der daran geknüpften Pflicht zu ordnungsgemäßer Organisation der verbandsinternen Kommunikation[570]. Im Hinblick auf hierdurch ggf. bedingte Prospektmängel darf eine pflichtwidrige Organisation der Wissensvermittlung nur aufgrund der arbeitsteiligen Arbeitsweise des prospekt-

---

564 Vgl. *Kleinschmitt*, Informationsmodell, 85.

565 Vgl. *Roth* in MünchKomm, BGB, § 242 Rn 271.

566 Vgl. etwa BGHZ 109, 327; BGHZ 117, 104; BGHZ 132, 30.

567 Vgl. *Baum*, Die Wissenszurechnung, 176 ff. sowie 357 ff. Zur Wissenszurechnung bei Banken ausführlich etwa *Faßbender*, Innerbetriebliches Wissen, 23 ff.

568 *Medicus*, Probleme der Wissenszurechnung, 15 f.; kritisch *Koller* in JZ 1998, 75, 77.

569 BGHZ 132, 30, 35 f.; BGHZ 135, 202, 204; BGH, ZIP 1998, 330, 331; *Canaris*, Bankvertragsrecht, Rn 106, 499, 800a, 810; *Schultz*, NJW 1990, 477 ff.

570 BGHZ 132, 30, 37; BGHZ 135, 202, 204; BGH, ZIP 1998, 330, 331; vgl. *Schrödermeier*, WM 1995, 2053, 2054 f.; instruktiv *Spindler*, Unternehmensorganisationspflichten, 599 ff., 650 ff., 760 ff.

verantwortlichen Versicherers diesem keine Vorteile bringen. Dogmatisch begründet wird diese weitreichende Wissenszurechnung analog § 166 Abs. 1 BGB.[571] Eine Wissenszurechnung kommt danach immer in Betracht, wenn schutzwürdige Interessen Dritter die Weitergabe der fraglichen Informationen an die zuständige Stelle erforderlich machen.[572]

Die Grenzen der Wissenszurechnung sind nach Ansicht der Rechtsprechung erreicht, wenn der Versicherer schlechter gestellt würde als eine natürliche Person, insbesondere im Hinblick auf das menschliche Erinnerungsvermögen und den berechtigten Erwartungen des Rechtsverkehrs[573]. Dem kann jedoch nicht gefolgt werden, da die Leistungsfähigkeit der betriebswirtschaftlichen Einheit „Lebensversicherungsunternehmen" schon aufgrund ihrer arbeitsteiligen Organisation das naturgemäß begrenzte Erinnerungsvermögen einer einzelnen natürlichen Person überwiegt.

(3) Entlastungsmöglichkeiten bei Unkenntnis

Das Merkmal der Pflichtwidrigkeit der unterlassenen Information kann auch zu bejahen sein, wenn dem prospektverantwortlichen Lebensversicherungsunternehmen die Information schuldhaft nicht bekannt war. Insoweit kommt unter Umständen eine Nebenpflicht in Betracht, die entsprechenden Kenntnisse aus zugänglichen Quellen zu verschaffen. Generell kann danach bereits die schuldhafte Unkenntnis eine Haftung begründen.[574] Zwar wurde eine derartige Pflicht in der Vergangenheit von der Rechtsprechung vereinzelt verneint.[575] Sie ist aber sachgerecht, da der aufklärungspflichtige Teil aus einer Verletzung eigener Obliegenheiten keine Vorteile ziehen darf. Hierfür spricht auch das insoweit bestehende Informationsmonopol des Versicherers, der allein einen umfassenden Einblick in die bilanziellen Verhältnisse seines Unternehmens und die versicherungsmathematischen Zusammenhänge seiner Produktkalkulationen besitzt. Wenn sich das Versicherungsunternehmen selbst durch schuldhafte Unkenntnis entlasten und sich durch bloße Leichtfertigkeit im Umgang mit geschäftsbezogenen Information einer potentiellen Haftung entziehen könnte, würde der sorglose Umgang mit Unternehmensdaten gefördert. Damit würden das Rechtsinstitut der Prospekthaftung leerlaufen und das Ziel des Anlegerschutzes verfehlt.

---

571 So bereits BGH, in WM 1984, 1309, 1311; WM 1989, 1363, 1366.

572 Insofern gleicht die Pflicht zu ordnungsgemäßer Organisation des verbandsinternen Informationsflusses einer Verkehrssicherungspflicht, vgl. *Gerber*, Prospekthaftung,145.

573 BGHZ 135, 202, 204 im Anschluss an BGHZ 132, 30, 37; vgl. *Spindler*, Unternehmensorganisationspflichten, 653.

574 *Roth* in *Assmann/Schütze*, Handbuch des Kapitalanlagerechts, § 12 Rn 48 ff.; *Roth* in MünchKomm, BGB, § 242 Rn 272.

575 BGH, WM 1992, 602.

Das aufklärungspflichtige Lebensversicherungsunternehmen kann sich jedoch dadurch entlasten, dass es seine Unkenntnis oder Unfähigkeit zur Information rechtzeitig und unzweideutig offenbart.[576] Entsprechend den obigen Ausführungen ist dies allerdings nur dann möglich, wenn dem Hinweis eine vertrauenszerstörende Wirkung zukommt. Im Einzelfall dürfte allerdings oftmals gerade dies zweifelhaft sein.[577]

(4) Ergebnis

Auf die im Bereich der kapitalbildenden Lebensversicherung schon grundsätzlich bestehende Informationsasymmetrie ist bereits an anderer Stelle ausführlich eingegangen worden.[578] Hinsichtlich der konkreten Reichweite einer Informationspflicht bleibt im Einzelfall zu prüfen, ob auch hinsichtlich des jeweils betroffenen Informationsbereichs ein Informationsvorsprung des prospektverantwortlichen Lebensversicherungsunternehmen bestand.

ccc) Informationsdefizit des Prospektadressaten

Eine Aufklärungspflicht kommt nur dann in Betracht, wenn auf Seiten des Prospektadressaten ein dem Informationsvorsprung des anderen Teils korrespondierendes Informationsdefizit besteht.[579] Hierbei ist nicht das konkrete individuelle Verständnis des individuellen Prospektesers maßgeblich, da - anders als im Bereich der Prospekthaftung im weiteren Sinne - im Rahmen der Prospekthaftung im engeren Sinne der typisierte Maßstab des durchschnittlichen Prospektadressaten anzulegen ist[580].

Eine eigenverantwortliche Risikoübernahme setzt umfassende Kenntnisse von Inhalt und Umfang des konkreten Risikos voraus.[581] Allein daraus lässt sich jedoch noch nicht eine Informationspflicht, etwa aufgrund eines vorhandenen Wissensvorsprungs des anderen Teils, nicht ableiten.[582] Denn es gilt der Grundsatz, dass jede Vertragspartei für die Beschaffenheit der von ihr benötigten Informationen selbst verantwortlich ist.[583] Keine Aufklärungspflichten bestehen, soweit der Anleger

---

576 BGH, ZIP 1998, 284; BGH, ZIP 1999, 1915, 1918; *Koller* in *Assmann/Schneider*, WpHG, § 31 Rn 110; *Roth* in *Assmann/Schütze*, Handbuch des Kapitalanlagerechts, § 12 Rn 48; *Roth* in MünchKomm, BGB, § 242 Rn 272.

577 Vgl. insbesondere auch F.III.4.h)aa)ddd)(1)(a).

578 Vgl. B.IV.

579 Vgl. *Werres*, Aufklärungspflichten, 24.

580 Vgl. *Hopt*, FS Claussen, 169, 178 sowie F.III.1.d).

581 BGH, WM 1982, 738, 739.

582 Anders wohl BGHZ 74, 103, 106; BGH, WM 1987, 495, 496.

583 *Henssler*, Risiko als Vertragsgegenstand, Kap. 5 B IV 1; vgl. F.III.1.c)bb)aaa).

nicht aufklärungsbedürftig ist.[584] Dies ist bei Umständen der Fall, die der Vertragspartner ohne weiteres selbst feststellen kann, wenn er seine eigenen Interessen in der von ihm zu erwartenden Weise wahrt oder bekannten Anhaltspunkten weiter nachgeht.[585] Es ist also dem Wissen der einen Seite die Erkenntnismöglichkeit der anderen Seite gegenüberzustellen. Demgemäß wird mit einem hohen Wissensvorsprung hinsichtlich spezieller, ungewöhnlicher oder atypischer Risiken häufig eine Aufklärungspflicht begründet.[586]

ddd) Besondere Vertrauensprägung des Rechtsverhältnisses

Ein allgemeines Prinzip, nach dem das bloße Informationsdefizit einer Partei bereits Aufklärungs- und Beratungspflichten der anderen auslösen würde, ist dem Zivilrecht fremd.[587] Zur Begründung solcher Pflichten bedarf es vielmehr einer besonderen Grundlage. Für das Bestehen und die Reichweite einer Informationspflicht ist als geschäftsabhängiger Faktor deshalb zu berücksichtigen, ob das Rechtsverhältnis eine besondere Vertrauensprägung besitzt. Im Rahmen einer wertenden Betrachtung sind insoweit die Interessen beider Parteien in ein ausgewogenes Verhältnis zu bringen.[588] Weist das Rechtsverhältnis diese besondere Prägung auf, so ist der Interessengegensatz zum Vorteil der Gegenpartei abgemildert. Der Vertrauensschuldner darf dann nicht mehr allein sein Eigeninteresse verfolgen.[589]

Zu den offenbarungspflichtigen Tatsachen gehören insbesondere diejenigen, die den angestrebten Vertragszweck vereiteln können, sowie Umstände, von denen zwar noch nicht sicher ist, aber mit einiger Wahrscheinlichkeit gesagt werden kann, dass sie den vom Anleger verfolgten Zweck gefährden werden.[590] Die Relevanz des Umstands ist ins Verhältnis zu seiner Erkennbarkeit für die Gegenpartei zu setzen und eine Aufklärungspflicht daher um so eher zu bejahen, je wichtiger der Umstand und je ausgeprägter das Informationsgefälle ist.[591] Auch sind als weitere Faktoren die wirtschaftliche Bedeutung und die Komplexität des Geschäfts bzw. des Ge-

---

584 *Kümpel*, WM 1989, 1491 f.; *Hopt*, Kapitalanlegerschutz, 415.

585 BGH, NJW 1996, 1339; BGH, ZIP 2000, 1051; *Roth* in MünchKomm, BGB, § 242 Rn 278.

586 BGH, ZIP 1992, 166 und 912; BGH, ZIP 1999, 574; BGH, ZIP 2000, 1051; *Roth* in MünchKomm, BGB, § 242 Rn 279.

587 *Hopt*, Kapitalanlegerschutz, 243.

588 *Kleinschmitt*, Informationsmodell, 74.

589 Vgl. *Roth* in MünchKomm, BGB, § 242 Rn 280.

590 Vgl. BGH, NJW 1992, 228; BGH, WM 1970, 68, 70; BGH, WM 1971, 1096, 1097; BGH, NJW 1971, 1795, 1799; BGH, NJW 1974, 849, 851; BGH, WM 1988, 1449; BGH, NJW 1996, 1339; BGH, ZIP 574; vgl. *Roth* in MünchKomm, BGB, § 242 Rn 277; vgl. *Kramer* in MünchKomm, BGB, § 123 Rn 15; *Ellenberger*, Börsenprospekthaftung, 35.

591 *Roth* in MünchKomm, BGB, § 242 Rn 277.

schäftsgegenstands zu berücksichtigen.[592] Es gilt der Grundsatz, dass umso mehr Aufklärung erforderlich ist, je schwieriger und risikoreicher das Geschäft ist.[593]

Zu beachten ist insoweit auch, dass die Impulse zum Abschluss einer Lebensversicherung oftmals von dem Lebensversicherer ausgehen, etwa indem Aktivitäten des Versicherungsinteressenten durch Werbemaßnahmen des Lebensversicherungsunternehmens ausgelöst werden.[594]

cc) Maßgeblichkeit des Gesamteindrucks

Maßgebend für die Willensentschließung des Anlegers sind nicht nur die in dem Prospekt enthaltenen Detailangaben, sondern auch der **Gesamteindruck**, den der Prospekt über die Finanzanlage und ihre wesentlichen Eigenschaften vermittelt.[595] Auch aus ihm kann sich daher die Unrichtigkeit oder Unvollständigkeit eines Prospekts ergeben.[596] In Einklang mit der Rechtsprechung[597] ist deshalb auf das Gesamtbild des Prospekts abzustellen.

Die **Abgrenzung** zwischen der Unrichtigkeit aufgrund einer Anhäufung positiver, für sich aber jeweils noch vertretbarer Einzelangaben und der Unvollständigkeit, d.h. dem Verschweigen notwendiger Gesamtangaben, ist im Einzelfall oftmals mit Schwierigkeiten verbunden. Eine präzise Trennung zwischen unrichtigen und unvollständigen Prospektangaben kann gelegentlich nicht vorgenommen werden.[598] Die den Prospektaussagen zugrunde gelegten Beurteilungs- und Bewertungsmaßstäbe müssen aber einheitlich sein.[599] In der Praxis wird daher von einer Differenzierung zwischen der Unrichtigkeit und der Unvollständigkeit von Prospektangaben weitgehend abgesehen.[600] Dem ist zuzustimmen, da die Unvollständigkeit eines Prospekts jedenfalls einen Unterfall der Unrichtigkeit darstellt.

---

592 Vgl. *Roth* in MünchKomm, BGB, § 242 Rn 277 m.w.N.

593 *Kleinschmitt*, Informationsmodell, 86.

594 *Lührs*, Lebensversicherung, 293.

595 Vgl. BGHZ 77, 172, 177 f.; BGH, WM 1982, 862, 863 f.; *Siol* in *Schimansky/Bunte/Lwowski*, Bankrechtshandbuch, § 45 Rn 50; *Eyles* in *Vortmann*, Prospekthaftung, § 2 Rn 66.

596 Vgl. BGHZ 77, 172, 177 f.; BGH, WM 1982, 862, 863 f.; *Siol* in *Schimansky/Bunte/Lwowski*, Bankrechtshandbuch, § 45 Rn 50.

597 LG Frankfurt ZIP 1998, 641, 642; *von Westphalen*, BB 1994, 85, 86 f.

598 Vgl. *Eyles* in *Vortmann*, Prospekthaftung, § 2 Rn 70.

599 *Eyles* in *Vortmann*, Prospekthaftung, § 2 Rn 66.

600 Vgl. *Assmann* in *Assmann/Schütze*, Handbuch des Kapitalanlagerechts, § 7 Rn 68; vgl. *Assmann*, WM 1983, 138, 140; vgl. *Wagner*, WM 1998, 694, 700.

dd) Intransparenz

Dem Grundsatz der Maßgeblichkeit des Gesamteindrucks kommt ebenfalls Bedeutung zu im Rahmen einer Haftung des Versicherers für formale Mängel und einer sog. Intransparenz des Prospekts als Unterfall der Unrichtigkeit.[601]

Teilweise wird die Ansicht vertreten, ein Prospekt könne überhaupt nicht aufgrund von Gestaltungsmängeln unrichtig sein, da der Anleger, der zur sorgfältigen und eingehenden Lektüre verpflichtet sei, auch erkennen müsse, wenn einzelne Angaben an anderer Stelle des Prospekts relativiert würden.[602] Dies ist jedoch abzulehnen, da von einem durchschnittlichen Anleger nicht erwartet werden kann, dass er selbständig die Beziehung zwischen verstreut im Prospekt verteilten Angaben herstellt.[603]

Auch die Form muss es demnach einem durchschnittlichen Anleger ermöglichen, die Risiken seiner Anlageenscheidung einzuschätzen.[604] Deshalb kann ein Prospekt auch aufgrund seiner äußeren Gestaltung und formalen oder stilistischen Gestaltungsmängeln unrichtig sein. Dies gilt allerdings nur, wenn die Unrichtigkeiten sinnentstellend wirken[605] und den Gesamteindruck[606] verzerren. Dies kann etwa der Fall sein infolge von „Bandwurmsätzen", deren Inhalt sich auch nach mehrmaligem aufmerksamen Lesen nur mit Mühe erfassen lässt, da ein Anleger erfahrungsgemäß versucht ist, in ihnen wiedergegebene Risikoaufklärungen und Vorbehalte zu überlesen.[607]

Deshalb ist ebenso die Verwendung von Fachbegriffen, diffiziler steuerlicher, versicherungsrechtlicher oder -mathematischer Terminologie, Verweisungen auf nicht näher erläuterte wesentliche gesetzliche Bestimmungen oder fremdsprachige Ausdrücke gegenüber Laien problematisch, soweit sich diese Angaben auf wesentliche Umstände beziehen.[608] Haftungsbegründend kann auch eine fehlende klare und stringente Gliederung des Prospekts wirken, wegen der der Anleger wesentliche Prospektangaben überliest oder daran gehindert wird, Wesentliches von Unwesentlichem zu unterscheiden.[609] Wesentliche Informationen dürfen auch drucktechnisch

---

601 Vgl. *Eyles* in *Vortmann*, Prospekthaftung, § 2 Rn 66 ff.

602 *Groß*, AG 1999, 199, 204.

603 *Ellenberger*, Börsenprospekthaftung, 37.

604 OLG Frankfurt am Main, AG 1995, 134, 135.

605 *Assmann* in *Assmann/Schütze*, Handbuch des Kapitalanlagerechts, § 7, Rn 92; *Groß*, AG 1999, 199, 204.

606 Zum Kriterium des Gesamteindrucks siehe *Assmann*, Prospekthaftung, 320 f.; *Lehmann*, WM 1985, 181, 183.

607 *Eyles* in *Vortmann*, Prospekthaftung, § 2 Rn 66.

608 Vgl. BGH, WM 1982, 862, 863; vgl. *Eyles* in *Vortmann*, Prospekthaftung, § 2 Rn 66.

609 *Eyles* in *Vortmann*, Prospekthaftung, § 2 Rn 66.

nicht in den Hintergrund treten[610], müssen also angemessen dargestellt werden und dürfen nicht im Text „versteckt" werden.

Schreib- und Druckfehler oder sinnentstellende Auslassungen lediglich im redaktionellen oder drucktechnischen Verfahren lassen einen Prospektmangel nicht entfallen, da dieser nach rein objektiven Maßstäben festzustellen ist. Die Prospektverantwortlichen trifft hinsichtlich solcher Fehler eine Kontroll- und Korrekturpflicht.[611]

d) Maßgeblicher Beurteilungzeitpunkt

Fraglich ist, ob für die Beurteilung der Prospektangaben auf den Zeitpunkt der Prospektherausgabe oder den Zeitpunkt der Anlageentscheidung abzustellen ist. Von entscheidender Bedeutung ist diese Frage, wenn der Prospekt zunächst richtig, im Zeitpunkt der Anlageentscheidung aber in wesentlichen Punkten bereits überholt und damit unrichtig war. Grundsätzlich ist die Beurteilung der Richtigkeit und Vollständigkeit eines Prospekts aus einer *ex-ante*-Sichtweise vorzunehmen.[612] Maßgeblich ist also der **Zeitpunkt der Prospektherausgabe.**

Ändern sich wesentliche Angaben zwischen der Prospektherausgabe und der Anlageentscheidung, kommt ausnahmsweise eine **Verschiebung** des Beurteilungszeitpunkts auf den Moment der Anlageentscheidung in Betracht. Hierfür spricht, dass das Versicherungsunternehmen durch die Prospektangaben eine Gefahrenquelle im Sinne eines fortwirkenden Vertrauenstatbestands eröffnet hat. Es liegt nahe, allgemeine Haftungsgrundsätze - insbesondere zur Haftung aus Ingerenz - zu übertragen. Der Bundesgerichtshof hat sich einer Haftung unter dem Gesichtspunkt des „Fortwirkens eines selbst geschaffenen Vertrauenstatbestands" zuletzt in einem Urteil vom 13.6.2002 beschäftigt.[613] Hierbei wurde ein für den Schaden kausal gewordenes Verhalten eines Anlagevermittlers damit begründet, dass ein durch vorangegangene Erklärungen begründetes Vertrauen fortgewirkt habe. Werde deshalb die Möglichkeit einer Information nicht ausgenutzt, sei dies demjenigen zuzurechnen, der den Vertrauenstatbestand geschaffen habe.[614] Diese Grundsätze, die sich der Sache nach zwar auf den Bereich der sog. Prospekthaftung im weiteren Sinne beziehen, haben in ihrem Kern aber auch für den Bereich der Prospekthaftung im engeren Sinne Geltung zu beanspruchen, da es für das Fortbestehen eines Vertrauenstatbestands keinen Unterschied macht, ob dieser im Rahmen einer Beratungssituation oder durch einen Prospekt zurechenbar verursacht worden ist. Zum anderen spricht für diese Auffassung, dass nur so das Informationsinteresse des Publikums

---

610 BGH, WM 1991, 1410, 1411 f.; BGH, WM 1992, 770, 771 f.

611 *Assmann*, Prospekthaftung, 326 f.

612 Vgl. *Assmann* in *Assmann/Schütze*, Handbuch des Kapitalanlagerechts, § 7 Rn 65.

613 BGH, Urt. vom 13.6.2002 - III ZR 166/01, NJW 2002, 264 ff.

614 BGH, NJW 2002, 264 ff.

ausreichend gewahrt wird. Käme es allein auf den Moment der Prospektherausgabe an, könnte der Prospektverantwortliche versucht sein, sich einer Haftung zu entziehen, indem er systematisch veraltetes Prospektmaterial verwendete.

aa) Obliegenheit zur Aktualisierung und Korrektur

Diesem Gedanken entsprechend verlangt auch der Bundesgerichtshof in ständiger Rechtsprechung die Vorlage eines zeitnahen Prospekts, der die aktuelle Lage adäquat wiedergibt.[615] Werden entscheidungserhebliche Umstände nach der Herausgabe des Prospekts überholt, so dass dieser nach den obenstehenden Grundsätzen als unrichtig qualifiziert werden muss, so müssen die Prospektverantwortlichen dies dem potentiellen Anleger mitteilen.[616] Es ergibt sich für den Prospektverantwortlichen also eine Obliegenheit, den Prospekt unverzüglich nachträglich zu korrigieren und zu aktualisieren, um die Annahme eines Prospektmangels auszuschließen.[617]

Dies kann entweder durch Herausgabe neuer Prospekte geschehen oder durch Prospektnachträge.[618] Auch mündliche Erläuterungen müssen für ausreichend erachtet werden, da auch auf diese Weise gegenüber einem konkreten Versicherungsinteressenten bestehende Irrtümer im Hinblick auf die Anlage ausgeräumt werden können. Jedoch haben mündliche Erläuterungen den Nachteil, dass sie regelmäßig nicht alle Prospektadressaten erreichen. Da sich der potentielle Versicherungsnehmer zudem einer Fülle von Informationen ausgesetzt sieht, kann sich das gesprochene Wort schnell „verflüchtigen“. Dies ist im Prozess mit Darlegungs- und Beweisschwierigkeiten verbunden.[619]

---

615 BGHZ 71, 284, 290 f.; BGH, WM 1982, 862, 864; BGH, WM 1993, 1787, 1790; vgl. *Assmann* in *Assmann/Schütze*, Handbuch des Kapitalanlagerechts, § 7 Rn 71.

616 BGHZ 71, 284, 291; BGH, NJW 1992, 229, 230; BGHZ 115, 213; *Assmann* in *Assmann/Schütze*, Handbuch des Kapitalanlagerechts, § 7 Rn 40.

617 Vgl. insoweit auch § 11 VerkProspG, nach dem eine Pflicht zur Ergänzung des Verkaufsprospekts besteht, wenn während der Dauer eines öffentlichen Angebots Veränderungen eintreten, die von wesentlicher Bedeutung für die Beurteilung des Emittenten eintreten. Aufgrund der Modifikationen, die durch das 3. FMFG eingeführt wurden, hat die Ergänzung unverzüglich zu erfolgen, § 17 Abs. 1 Nr. 5 VerkProspG. Vgl. im übrigen *Assmann* in *Assmann/Schütze*, Handbuch des Kapitalanlagerechts, § 7 Rn 71, *Gerber*, 102.

618 Vgl. BGHZ 71, 284, 291; BGHZ 72, 382, 388; BGH, NJW 1992, 228, 230; BGHZ 123, 106, 112 f.; *Siol* in *Schimansky/Bunte/Lwowski*, Bankrechtshandbuch, § 45 Rn 54; *Assmann* in *Assmann/Schütze*, Handbuch des Kapitalanlagerechts, § 7 Rn 71; *Eyles* in *Vortmann*, Prospekthaftung, § 2 Rn 69.

619 Vgl. Vgl. BGH, NJW 1993, 2865; *Eyles* in *Vortmann*, Prospekthaftung, § 2 Rn 69.

bb) Grenzen der Obliegenheit

Es stellt sich allerdings die Frage, innerhalb welchen zeitlichen Rahmens ein Versicherungsunternehmen einem potentiellen Anleger, dem in der Vergangenheit ein inzwischen unrichtig gewordener Prospekt zugeleitet worden ist, richtigstellende Nachtragsinformationen zur Verfügung stellen muss.

Neben dem Gesichtspunkt, dass der Prospektverantwortliche im Bereich der Lebensversicherung einen fortwirkenden Vertrauenstatbestand schafft[620], ist insoweit auch das berechtigte Interesse des Versicherungsunternehmens zu beachten, nach einer angemessenen Frist Rechtssicherheit durch den Ausschluss von Prospekthaftungsansprüchen zu erlangen, um nicht unbegrenzt einem unübersehbaren Haftungsrisiko ausgesetzt zu sein. Zu berücksichtigen ist aber auch, dass die individuellen Prospektleser vielfach nicht bekannt sein dürften oder aus anderen Gründen nicht von Nachtragsinformation erreicht werden können. Im Interesse des Anlegerschutzes darf zudem ein Prospektleser nicht schutzlos gestellt werden, der sich erst nach einer angemessenen Überlegungsfrist für oder gegen das ihm angebotene Lebensversicherungsprodukt entscheiden möchte.

Eine Übertragung der im börsenrechtlichen Bereich geltenden Regelung, nach der die Berichtigungspflicht nach Ablauf von sechs Monaten entfällt, scheidet aus. Denn dieses Freiwerden ergibt sich schlicht daraus, dass ab diesem Zeitpunkt keine Prospekthaftungsansprüche nach dem BörsG mehr entstehen können, eine Korrektur mithin keinen Sinne mehr macht.[621]

Die Dauer der Frist, nach deren Ablauf das Versicherungsunternehmen von der Pflicht zur Nachtragsinformation befreit ist, bestimmt sich letztlich nach dem allgemeinen Grundsatz von Treu und Glauben aus § 242 BGB. Dabei ist auf die Umstände des Einzelfalls abzustellen. Sachgerecht dürfte es sein, eine Pflicht zur Nachtragsinformation grundsätzlich so lange zu bejahen, wie nach dem üblichen Verlauf der Dinge damit zu rechnen ist, dass der Prospektadressat aufgrund des Prospekts einen Anlageentschluss fassen wird. Im Rahmen dieser Prognose ist nicht der individuelle Prospektleser zugrundezulegen, sondern der auch ansonsten geltende Maßstab des durchschnittlichen Prospektadressaten.

Die im Rahmen der börsengesetzlichen Parallelproblematik bestehende zeitliche Obergrenze von sechs Monaten dürfte im Bereich der hier untersuchten Finanzprodukte der Lebensversicherung, die auf geschäftlich weniger erfahrene Privatanleger ausgerichtet sind, regelmäßig eine Untergrenze bilden.

---

620 Siehe 91 f.

621 Vgl. *Ellenberger*, Börsenprospekthaftung, 20.

Die Frist kann im Einzelfall durch Zeitablauf oder überlagernde Ereignisse oder Informationen verkürzt werden, wenn aufgrund objektiver Anhaltspunkte davon ausgegangen werden kann, dass der Prospekt bis zum Ende der angemessenen Frist nicht als Entscheidungsgrundlage dient oder dienen wird.

Auch in sonstiger Hinsicht muss die Obliegenheit zur Korrektur bzw. Aktualisierung des Prospekts durch das Kriterium der Angemessenheit und Zumutbarkeit begrenzt sein, um eine ausufernde Haftung zu verhindern. Insbesondere sind Konstellationen denkbar, in denen es dem Prospektverantwortlichen nur mit einem unzumutbaren Aufwand in tatsächlicher oder finanzieller Hinsicht möglich ist, bisherige Prospektleser zu erreichen. So dürfte es beispielsweise bei für den Publikumsverkehr frei ausliegendem Prospektmaterial oftmals tatsächlich unmöglich sein, alle Leser des veralteten Werbematerials herauszufinden und ihnen Nachtragsinformationen zuzusenden. In derartigen Konstellationen muss es für ausreichend erachtet werden, wenn Korrekturinformationen gleichsam als berichtigender *actus contrarius* in der gleichen Art und Weise wie die fehlerbehafteten Informationen für eine Kenntnisnahme abrufbar gehalten werden und davon auszugehen ist, dass diese auch tatsächlich erfolgen wird.

e) Tatsachen

Wesentlich nach § 242 BGB sind für den Kapitalanleger zunächst alle Umstände, die objektiv zu den wertbildenden Faktoren einer Kapitalanlage zählen[622], zudem alle Gegebenheiten, die den Vertragszweck vereiteln können oder dies wahrscheinlich machen.[623] Maßgeblich sind jeweils die Umstände des Einzelfalls.[624]

Eine Vielzahl der Fälle bezieht sich auf unrichtige Bilanzen, falsche, unsorgfältige, zu optimistische und nicht durch Fakten abgesicherte Kalkulationen und Prognosen im Hinblick auf die Rendite und Wirtschaftlichkeit einer Anlage oder die unrichtige Darstellung der Haftungsverhältnisse und der daraus resultierenden Anlegerrisiken.[625] Es darf nicht der Eindruck erweckt werden, ein Vorhaben sei planerisch und rechnerisch gesichert, wenn gleichzeitig Umstände vorliegen, die geeignet sind, die Erreichung des Vertragszwecks zu gefährden.[626] Prospektmängel wurden zudem bejaht bei außergewöhnlichen Belastungen eines Objekts[627], Gefährdungen des Gesellschaftszwecks einer Anlagegesellschaft wegen mangelnder vertraglicher Absi-

---

622 Vgl. *Assmann* in *Assmann/Schütze*, Handbuch des Kapitalanlagerechts, § 7 Rn 66.

623 Vgl. BGHZ 72, 382, 388; BGH, WM 1991, 2092, 2094; *Siol* in *Schimansky/Bunte/Lwowski*, Bankrechtshandbuch, § 45 Rn 52; Vgl. *Seibel/von Westphalen*, BB 1998, 169, 171; vgl. *Eyles* in *Vortmann*, Prospekthaftung, § 2 Rn 71.

624 Vgl. *von Heymann*, Bankenhaftung bei Immobilienanlagen, 189 f.

625 Vgl. *Assmann* in *Assmann/Schütze*, Handbuch des Kapitalanlagerechts, § 7 Rn 75.

626 BGHZ 79, 337, 344 ff.

627 Vgl. BGH, NJW-RR 1988, 348, 349 f.

cherung des Anlageobjekts[628], dem Fehlen notwendiger öffentlich-rechtlicher Genehmigungen[629], mangelnder Erfüllung von Bedingungen für die Realisierung der in Aussicht gestellten steuerlichen Verlustzuweisung[630]; ebenso wegen der Gewährung von Sondervorteilen für Gründungsgesellschafter einer Publikums-KG[631], dem Verschweigen höherer Verbindlichkeiten oder ungesicherter Forderungen der Anlagegesellschaft[632] oder einer Erhöhung der Kosten für ein Bauherrenmodell infolge einer Mietgarantie[633].

Auf die insoweit im Rahmen der Kapitallebensversicherung maßgeblichen Bezugspunkte für Informationspflichtverletzungen wird an anderer Stelle ausführlich eingegangen[634].

f) Subjektive Werturteile, Prognosen, Geschäftsaussichten

Während eine Unrichtigkeit zum einen in tatsächlicher Hinsicht möglich und damit aufgrund der objektiven Sachlage feststellbar ist[635], ist fraglich, ob auch Werturteile, Prognosen und Geschäftsaussichten den Grundsätzen der Prospektrichtigkeit und -vollständigkeit unterliegen.

Hiergegen könnte sprechen, dass Wertungen keine objektiven, wertbildenden Faktoren sind, sondern eine Meinungsäußerung darstellen. Es handelt sich nicht um Tatsachen, die eines Beweises zugänglich sind.

In der Vergangenheit ist deshalb in der **Literatur** und teilweise auch in der instanzengerichtlichen Rechtsprechung vertreten worden, dass Werturteile und Prognosen sich im haftungsfreien Meinungsbereich bewegten.[636]

Dagegen hat der **Bundesgerichtshof** im Zusammenhang mit den Anforderungen an den Inhalt eines Emissionsprospekts eine Haftung auch für Werturteile und Prognosen bejaht. In der Sache *Beton- und Monierbau AG (BuM)* stellte er fest, dass eine in dem Prospekt wiedergegebene Abschlussbilanz zwar alle bilanztechnischen Spielräume ausgenutzt hatte, sich aber noch im rechtlich erlaubten Bereich beweg-

---

628 Vgl. BGHZ 71, 284, 289 ff.; BGHZ 74, 103, 110 f.; BGHZ 84, 141, 145 ff.; BGH, WM 1991, 1543, 1545; vgl. OLG Frankfurt am Main, ZIP 1999, 1005, 1006.

629 Vgl. BGHZ 76, 231, 233.

630 Vgl. *Siol* in *Schimansky/Bunte/Lwowski*, Bankrechtshandbuch, § 45 Rn 52; *Kohl/Kübler/Walz/Wüstrich*, ZHR 138 (1974), 1, 41.

631 BGH, NJW 1995, 130; *Heinrichs* in *Palandt*, BGB, § 276 Rn 23.

632 Vgl. LG Frankfurt am Main, ZIP 1998, 641, 643 f. zum Unternehmensbericht.

633 BGH, NJW 1995, 130, 131; *Heinrichs* in *Palandt*, BGB, § 276 Rn 23.

634 Siehe F.III.4.a).

635 *Hauptmann* in *Vortmann*, Prospekthaftung, § 3 Rn 65.

636 LG Düsseldorf, WM 1981, 102, 103; *Koester*, Kreditwesen 1983, 699, 700; *Meyer/Bremer*, BörsG, § 45 Anm 3.

te. So waren z.B. stille und offene Rücklagen weitgehend verbraucht, künftige und nicht endgültige Gewinne waren durch vorgezogene Aktivierungen teilweise schon vorweggenommen.[637] Aufgrund dieser im zulässigen Rahmen geschönten Bilanz stellte die *BuM* eine positive Zukunftsprognose auf, die der Bundesgerichtshof gleichwohl als fehlerhaft einstufte. Das Gericht begründete dies damit, dass derjenige, der einen Jahresabschluss unter Ausnutzung bilanztechnischer Spielräume erstellt und dadurch ein zu positives Gesamtbild erzeugt, im Prospekt auf die damit verbundenen Risiken hinweisen müsse.[638]

Im Anschluss an diese Rechtsprechung wird heute allgemein die Ansicht vertreten, dass auch für die Richtigkeit wertender Angaben über die wirtschaftliche Lage eines Unternehmens oder seine voraussichtliche künftige Entwicklung gehaftet wird.[639] Sofern der Bilanzgewinn aus der Auflösung stiller Reserven oder offener Rücklagen stammt, ist dies folglich im Prospekt offenzulegen.[640]

Die Rechtsprechung des Bundesgerichtshofs bezieht sich zwar ausdrücklich lediglich auf den börsenrechtlichen Bereich, ist aber auf den Bereich der allgemeinen bürgerlich-rechtlichen Prospekthaftung für Lebensversicherungsprodukte übertragbar. Denn auch in diesem Bereich können Werturteile und Prognosen unrichtige wesentliche Angaben sein.

Hierfür spricht bereits, dass auch Wertungen das Vorhandensein bestimmter tatsächlicher Umstände suggerieren können. Die Grundsätze der Prospektrichtigkeit und -vollständigkeit müssen nach dem weit auszulegenden Schutzzweck der bürgerlich-rechtlichen Prospekthaftung, als Auffangregelung das Vertrauen des Anlegers auf die Richtigkeit von Prospektangaben umfassend zu schützen und das Recht des Anlegers zur Selbstbestimmung über die Verwendung seines Vermögens zu gewährleisten[641], auch auf Werturteile der vorgenannten Art ausgedehnt werden. Denn regelmäßig ist gerade die Beurteilung der gegenwärtigen und zukünftigen wirtschaftlichen Lage des Anbieters für den Anleger von besonderer Bedeutung.[642] Weiterhin spricht dafür, dass oftmals eine scharfe Abgrenzung zwischen Tatsachenangaben und Meinungsäußerung mit einem Tatsachenkern nicht möglich ist. Auch

---

637 Vgl. *Ellenberger*, Börsenprospekthaftung, 32.

638 Vgl. BGH, ZIP 1982, 923, 927 f.

639 *Assmann* in *Assmann/Schütze*, Handbuch des Kapitalanlagerechts, § 7 Rn 67; *Assmann*, Prospekthaftung, 319 f.; *Kümpel*, Bank- und Kapitalmarktrecht, Rn 9.297; *Schwark*, BörsG, §§ 45, 46 Rn 13; *Canaris*, Bankvertragsrecht, 2. Aufl., Rn 2279; *Hamann* in *Schäfer*, WpHG, BörsG, VerkProspG, §§ 45, 46 BörsG a.F. Rn 73; *Ehricke*, DB 1980, 2429; OLG Frankfurt am Main, ZIP 1994, 282, 284; *Hauptmann* in *Vortmann*, Prospekthaftung, § 3 Rn 65.

640 Vgl. *Groß*, AG 1999, 199, 203.

641 BGHZ 123, 106, 112 f.; vgl. BGH, WM 1991, 1543, 1544; BGHZ 115, 213, 223 f.; BGH, ZIP 1998, 1306, 1308; *Eyles* in *Vortmann*, Prospekthaftung, § 2 Rn 89; *Siol* in *Schimansky/Bunte/Lwowski*, Bankrechtshandbuch, § 45 Rn 60.

642 BGH, WM 1982, 862, 865; *Hauptmann* in *Vortmann*, Prospekthaftung, § 3 Rn 65.

könnte sich der Prospektverantwortliche ansonsten der Prospekthaftung durch den möglichst weitgehenden Austausch von Tatsachenangaben durch Werturteile oder eine entsprechende „Verwässerung“ der Prospektangaben entziehen.

g) Haftungseinschränkungen und -freizeichnung

Fraglich ist, inwieweit ausdrückliche Haftungsbeschränkungs- oder -freizeichnungsklauseln in der Werbebroschüre von Bedeutung sind.[643]

aa) Bedeutung ausdrücklicher Haftungsbeschränkungs- und -freizeichnungsklauseln

Die Rechtswirksamkeit von Freizeichnungsklauseln in Prospekten wird abweichend beurteilt. *Hopt* leitet die Unzulässigkeit von Freizeichnungsklauseln aus dem Bestand eines unverzichtbaren Kerns an Pflichten her.[644] *Köndgen* sieht die Prospekthaftung bei Zulässigkeit von Freizeichnungsklauseln zusammenbrechen und verneint deren Vereinbarkeit deshalb mit dem *ordre public*.[645] Auch sonstige Stimmen in der Literatur sprechen sich gegen eine Wirksamkeit von Freizeichnungsklauseln in Prospekten aus.[646]

In teleologischer Hinsicht spricht gegen eine Zulassung von Freizeichnungsklauseln bereits, dass der mit dem Rechtsinistitut der Prospekthaftung verfolgte Anlegerschutz bei der Zulassung von Freizeichnungserklärungen im Prospekt ausgehebelt und letztendlich *ad absurdum* geführt werden könnte.[647]

Zwar könnte für eine Wirksamkeit von Freizeichnungsklauseln anzuführen sein, dass derjenige, dem aufgrund eines Prospekts Vertrauen entgegengebracht wird, im Umkehrschluss auch in der Lage sein muss, dieses zu begrenzen, um die Gefahr für den anderen einzudämmen.[648] In der Literatur wird deshalb vertreten, dass in diesen Fällen das Vorliegen eines haftungsrechtlich relevanten Prospekts hinsichtlich des Kriteriums der Irreführung restriktiver zu beurteilen sei.[649] Danach werden Haftungsfreizeichnungsklauseln vertrauenszerstörende Wirkung beigemessen.[650] Eine

---

643 Zur Erheblichkeit von Freizeichnungs- und -einschränkungsklauseln im Hinblick auf einen Haftungsausschluss siehe auch F.IX.

644 *Hopt*, AcP 183 (1983), 608, 713.

645 *Köndgen*, AG 1983, 120, 130 f.

646 *Martens* in *Schlegelberger*, HGB, 5. Aufl., Bd. III/3, § 161 Rn 178.

647 Vgl. *Prautsch*, Wpg 1985, 653, 659.

648 *Esche*, Kapitalanlegerschutz, 79; *Roller*, Prospekthaftung, 242.

649 Vgl. *Hauptmann* in *Vortmann*, Prospekthaftung, § 3 Rn 141.

650 Vgl. *Roller*, Prospekthaftung, 242 f.

Begrenzung der so begründeten Freizeichnungswirkung ist mit rein dogmatischen Argumenten in der Tat nur schwer möglich.[651]

Bedenken erheben sich vor allem in tatsächlicher Hinsicht. Anerkannt ist, dass allzu werbeträchtige und übertrieben positiv gefärbte Prospektaussagen, die allgemeinen Charakter haben und für die ein fachlich nicht vorgebildeter Prospektleser besonders empfänglich ist, die Aussagekraft detaillierter und komplexerer Prospektaussagen nivellieren können, die eine Risikoaufklärung zum Gegenstand haben.[652] Die in dieser Arbeit untersuchten Prospekte enthalten zumeist ein großes Volumen an Aussagen. Das stark werbemäßig aufgemachte, aufwendige Prospektmaterial zu den angepriesenen kapitalbildenden Lebensversicherungen enthält oftmals beeindruckend präzise Darstellungen der wirtschaftlichen Aussichten, etwa in Gestalt von Beispielrechnungen, auf zwei Stellen hinter dem Komma präzisierten Zahlen, Wertentwicklungskurven und ähnliche Darstellungsformen.

Das *BAV* hat in seinem Rundschreiben R2/2000 zur Leistungsdarstellung in der Lebensversicherung zutreffend darauf hingewiesen, dass mit zunehmender Detailliertheit der Angaben einer Leistungsdarstellung das Risiko, dass der Versicherungsnehmer diese Angaben für verbindlich hält, zunimmt. Je genauer sie erscheinen, um so mehr Vertrauen wird in die Art der Ermittlung der genannten Werte in Anspruch genommen. Da die in Zahlen ausgedrückte Angabe einer künftigen Überschussbeteiligung der konkreteste denkbare Hinweis des Versicherers auf die zukünftige Entwicklung ist, besitzt die konkrete Zahlenangabe auch den höchsten denkbaren Glaubwürdigkeitsgrad.[653]

Durch das Herausstellen der vorteilhaften Aspekte der angebotenen Kapitallebensversicherung dienen die Prospekte der Verkaufsförderung. Datenmaterial und objektive Information werden deshalb regelmäßig flankiert von werbenden Anpreisungen und einer gefälligen grafischen Gestaltung. Die durchweg professionelle, werbepsychologisch optimierte Darstellungsform der Prospektinformationen soll nach dem Willen des Versicherers eine persuasive Wirkung entfalten. Häufig überwiegt der werbepsychologische Inhalt den sachlichen Anteil des Inhalts. In aller Regel ist die Anpreisung des Produkts und die Hervorhebung günstiger Chancen geeignet, ein positives Gesamtbild der Kapitalanlage zu schaffen. Gegenüber diesem Gesamteindruck tritt jedenfalls eine kleingedruckte Freizeichnungsklausel im Bewusstsein des Lesers tatsächlich in den Hintergrund. Eine Vielzahl von Interessenten dürfte diese Klausel nur als unwichtige *pro-forma*-Erklärung abtun und wegen der Stärke der entgegengerichteten Vertrauenswerbung ihr Vertrauen nicht auf-

651 *Roller*, Prospekthaftung, 242; *Hopt*, AcP 183 (1983), 608, 643 f.

652 *Eyles* in *Vortmann*, Prospekthaftung, § 2 Rn 66.

653 *BAV*, R2/2000, VerBAV 2000, 252 f.

geben oder einschränken.[654] Eine von dem Anleger kaum beachtete Freizeichnungsklausel wirkt aber tatsächlich nicht vertrauenszerstörend.[655] Deshalb dürfte das Anlegervertrauen durch Haftungsausschlusserklärungen in Prospekten in zahlreichen Fällen nicht begrenzt oder gar zerstört werden.[656]

Soweit teilweise davon ausgegangen wird, dass Veröffentlichungen wie Freizeichnungserklärungen den Anleger dazu animieren sollen, sich um nähere Informationen, etwa im Wege einer persönlichen Anlageberatung, zu bemühen[657], ist festzustellen, dass dies einem nach § 242 BGB unbeachtlichen widersprüchlichen Verhaltens im Sinne eines *venire contra factum proprium* entsprechen würde, sofern dem Prospekt Antragsformulare zum Vertragsabschluss beigefügt werden.

Da Freizeichnungsklauseln im Prospekt somit keine rechtsgeschäftliche Wirkung zugestanden werden kann, stellt sich auch nicht die Frage ihrer Zulässigkeit und Reichweite unter dem Gesichtspunkt der Regelungen über allgemeine Geschäftsbedingungen, d.h. nach dem AGBG bzw. seit dem 1.1.2002 nach den §§ 306 ff. BGB. *Roller* weist insoweit zu Recht darauf hin, dass allgemeine Geschäftsbedingungen im Gegensatz zu Prospekterklärungen als Bestandteil eines zwischen den Parteien geschlossenen Vertrags stillschweigend aufgenommen werden, vertragliche Freizeichnungserklärungen in einem Prospekt jedoch nicht an einen anderen, fiktionsfrei geschlossenen Vertrag anknüpfen können.[658]

Durch Haftungsausschlusserklärungen in Prospekten kann das Anlegervertrauen somit nur dann beseitigt werden, wenn hierdurch sichergestellt ist, dass die vertrauensbedingte Gefährdung durch den Prospekt in jedem Fall entfällt.[659] Hierbei ist nach dem Schutzzweck der Prospekthaftung, die Selbstbestimmung des Anlegers über die Verwendung seines Vermögens umfassend zu gewährleisten[660], ein strenger

---

654 Vgl. *Roller*, Prospekthaftung, 242.

655 Vgl. *Roller*, Prospekthaftung, 242.

656 Vgl. insoweit auch die tatsächlichen Feststellungen des *BAV* in seinem Rundschreiben R2/2000: *„Dem Versicherungsnehmer ist ... durch schriftliche Hinweise deutlich zu machen, dass nur die garantierten Leistungen der Höhe nach versprochen werden können. Hierfür reichen die bisher üblichen Hinweise vielfach nicht aus.“*, vgl. *BAV*, R2/2000, VerBAV 2000, 252, 254 ff.

657 Vgl. *Schwark*, BörsG, §§ 45, 46 Rn 43; vgl. *Schwark*, ZGR 1983, 162, 183; *Assmann* in *Assmann/Schütze*, Handbuch des Kapitalanlagerechts, § 7 Rn 235; *Kleinwächter*, BB 1987, 1541, 1543 ff.; *Hamann* in *Schäfer*, BörsG, § 48 n.F. Rn 4; wohl auch OLG Frankfurt am Main, ZIP 1997, 107, 109; vgl. BGH, WM 1978, 611, 612 zu § 12 AuslInvestmG.

658 *Roller*, Prospekthaftung, 243.

659 Vgl. *Pleyer/Hegel*, ZIP 1985, 1370, 1376; *Roller*, Prospekthaftung, 242; vgl. *Köndgen*, AG 1993, 120, 131.

660 BGHZ 123, 106, 112 f.; vgl. BGH, WM 1991, 1543, 1544; BGHZ 115, 213, 223 f.; BGH, ZIP 1998, 1306, 1308; *Eyles* in *Vortmann*, Prospekthaftung, § 2 Rn 89; *Siol* in *Schimansky/Bunte/Lwowski*, Bankrechtshandbuch, § 45 Rn 60.

Maßstab anzulegen, um begrenzten Erkenntnismöglichkeiten des durchschnittlichen Versicherungsinteressenten zu entsprechen.

bb) Enthaftung durch Übernahmeerklärungen Dritter?

Unter dem Topos der Enthaftung wird die Frage behandelt, ob Erklärungen, denenzufolge ein Prospektbeteiligter die Verantwortung für den Prospekt übernimmt, die anderen Prospektverantwortlichen von ihrer Haftung zu befreien vermögen. Während ein entsprechender Hinweis infolge einer zusätzlichen Übernahme von Vertrauen durch Dritte zwar eine vertrauenserhöhende Wirkung haben dürfte[661], muss eine gleichzeitige Privilegierung der sonstigen Prospektverantwortlichen abgelehnt werden, um ein Leerlaufen der Prospekthaftung durch vorgeschobene „Scheinurheber“ zu vermeiden. Deshalb wirkt etwa das Testat eines Wirtschaftsprüfers nicht haftungsbefreiend.[662]

h) Zwischenergebnis

Ist damit in Grundzügen geklärt, welche allgemeinen Anforderungen an das Vorliegen eines Prospektmangels im Bereich der allgemeinen Prospekthaftung gestellt werden, so stellt sich die weitere Frage, welche Prospektmängel bei der klassischen gemischten Kapitallebensversicherung auf den Erlebens- und Todesfall typischerweise in Betracht kommen. Dies ist im folgenden zu untersuchen.

2. Anwendbarkeit besonderer Kontrollmaßstäbe?

Fraglich ist zunächst, ob besondere Maßstäbe für das Vorliegen eines Prospektmangels im Bereich der Kapitallebensversicherung existieren. Als solche kommen etwa die Wettbewerbsrichtlinien der Versicherungswirtschaft sowie die Pflichtenkataloge des § 10a VAG und - Fall der privaten Rentenversicherung in Form sog. „Riester-Produkte“[663] - die Katalogangaben nach § 7 Abs. 1 AltZertG in Betracht.

a) Wettbewerbsrichtlinien der Versicherungswirtschaft

Einen ersten Anhaltspunkt für Anforderungen an die Verbraucherinformation in der Lebensversicherung bieten die von den Verbänden der Versicherungsunternehmen gemeinsam formulierten „Wettbewerbsrichtlinien der Versicherungswirtschaft“[664].

---

661 Vgl. *Roller*, Prospekthaftung, 243.

662 Vgl. OLG Celle, DB 2002, 2211; vgl. auch F.III.2.d).

663 Hierzu im einzelnen F.III.9.a)aa).

664 Wettbewerbsrichtlinien der Versicherungswirtschaft vom 15.12.1977, abgedruckt in *Baumbach/Hefermehl*, Anhang XII zu § 3 UWG.

aa) Inhalt der Wettbewerbsrichtlinien

In den 76 Ziffern der Wettbewerbsrichtlinien wurden insoweit allgemeine Grundsätze des Wettbewerbs, Grundsätze für den Abschluss von Vertreterverträgen sowie Grundsätze für das Verhalten im Wettbewerb festgeschrieben und überdies für die einzelnen Versicherungssparten - so auch für die Lebensversicherung - gesonderte Bestimmungen vereinbart.[665]

Insbesondere die ersten beiden Ziffern berücksichtigen die wesentlichen Grundsätze, die für den Wettbewerb der Versicherer untereinander maßgebend sein sollen, nämlich zum einen die Gewährleistung eines fairen Leistungswettbewerbs, wonach der Wettbewerb zwischen den nur sachlich und mit ehrlichen und anständigen Mitteln geführt werden darf, und zum anderen die Sicherung des Vertrauens in die Assekuranz und Wahrung der guten kaufmännischen Sitten verfolgt. Dem liegt zu Grunde, dass die Versicherungswirtschaft insgesamt auf Vertrauen angewiesen ist. Im Wettbewerb soll deshalb alles vermieden werden, was geeignet sein könnte, dieses Vertrauen zu stören, insbesondere einen falschen Eindruck über Leistung und Gegenleistung hervorzurufen. Die Versicherungsunternehmen einschließlich ihrer Vertreter haben untereinander sowie gegenüber Dritten darauf zu achten, dass die guten kaufmännischen Sitten und damit das Ansehen der gesamten Versicherungswirtschaft und des einzelnen Berufsangehörigen gewahrt bleiben.

In Abschnitt C der „Wettbewerbsrichtlinien der Versicherungswirtschaft" heisst es zudem unter der Überschrift „Grundsätze für das Verhalten im Wettbewerb":

„22. Allgemeine Anforderungen an die Werbung. Die Werbung, insbesondere die Werbeschriften, Werbeanzeigen oder sonstigen Werbemittel, muss eindeutig, klar, verständlich und wahrheitsgetreu sein; Übertreibungen sind zu vermeiden. Es ist unzulässig, etwas, was in der Versicherungswirtschaft selbstverständlich ist, als Besonderheit eines Unternehmens herauszustellen. Dies gilt auch für die Angaben der Vertreter über ihre persönlichen und beruflichen Verhältnisse, insbesondere über die ihnen übertragenen Befugnisse. Auf allen Werbedruckstücken sollen Monat und Jahr des Erscheinens angegeben werden.".

---

665 In der aktuellen Fassung der Richtlinien vom 15.12.1977 wird darauf hingewiesen, dass die Richtlinien „auf dem allgemein geltenden Wettbewerbsrecht sowie auf dem speziellen Wettbewerbsrecht der Versicherungswirtschaft" beruhen, „wie es namentlich durch Anordnungen und Stellungnahmen der Versicherungsaufsichtsbehördengeschaffen worden ist.", vgl. Vorwort zu den Richtlinien, 1. Die Richtlinien verweisen in einem allgemeinen Teil auf die Bindung der Versicherungsunternehmen an die „guten kaufmännischen Sitten" (Nr. 2). Der Wettbewerb dürfe daher „nur sachlich mit ehrlichen und anständigen Mitteln geführt werden" (Nr. 1). Diese allgemeinen Grundsätze werden für den Abschluss von Vertreterverträgen (Nr. 5-21) und für das Verhalten im Wettbewerb (Nr. 22-47) konkretisiert. Der besondere Teil konkretisiert einzelne Fragen bezüglich spezieller Versicherungsarten (Nr. 48-71), wobei für die Lebensversicherungen die Ziffern 48-54 maßgeblich sind; vgl. auch *Hoeren*, Selbstregulierung, 252 ff.

Danach muss auch Prospektwerbung eindeutig, klar, verständlich und wahrheitstreu sein.[666]

bb) Rechtliche Bedeutung

Fraglich ist, inwieweit die Richtlinien Rechtswirkungen für Lebensversicherungsunternehmen haben. Bei den Richtlinien handelt es sich nicht um staatliche Gesetze, sondern eine Schöpfung der Privatwirtschaft.[667] Unproblematisch besteht eine vertragliche Bindung, sofern sich ein Unternehmen vertraglich durch eine Unterwerfungserklärung ausdrücklich zur Einhaltung verpflichtet hat.[668] Im übrigen ist diskutiert worden, ob es sich bei den Richtlinien nur um eine „private Sammlung von Anstandsregeln für das Verhalten im Wettbewerb" handelt[669] oder den Richtlinien satzungsmäßige Verbindlichkeit zukommt[670]. Für die zuletzt genannte Auffassung sprechen Wortlaut und Historie der Richtlinien. In Nr. 76 wird z.B. darauf verwiesen, dass die Wettbewerbsrichtlinien mit der vorsorglichen Meldung beim *BAV* gem. § 102 GWB „in Kraft" treten. Zudem postuliert die Einleitung, dass die Richtlinien „für die Versicherungsunternehmen und ihre Vertreter" gelten, eine nähere Begründung findet sich nicht. Auch andere Regelungen handeln davon, dass die Versicherungsunternehmen und Generalagenten zu bestimmten Vorkehrungen verpflichtet sind[671] oder etwas veranlassen „müssen"[672]. Auf die Satzungsqualität weist überdies hin, dass nach den Geschäftsberichten des *GDV* die Mitgliederversammlung des *GDV* am 20. Oktober 1967 die Richtlinien „fast einmütig gebilligt" habe.[673] Zudem enthält der Geschäftsbericht des *GDV* 1968/1969 den Hinweis, dass eine „Verabschiedung durch die beteiligten Verbände" stattgefunden habe.[674] Deshalb sind die Versicherungsunternehmen aufgrund ihrer Mitgliedschaft im *GDV* und den Fachverbänden kraft Satzungsrechts an die Wettbewerbsrichtlinien gebunden.[675]

---

666 *Lührs*, Lebensversicherung, 304; zum Thema irreführender Werbung siehe auch *BAV*, VerBAV Nr. 11/1986, 457.

667 Vgl. *Osing*, Informationspflichten des Versicherers, 17.

668 *Hoeren*, Selbstregulierung, 254.

669 *Oestmann*, ZfV 1988, 427, 476.

670 Vgl. OLG Celle, GRUR 1966, 155; dagegen offengelassen von OLG Frankfurt VersR 1984, 625; bejahend *Hoeren*, Selbstregulierung, 257 f.

671 Vgl. Nr. 49.

672 Vgl. Nr. 17, Nr. 25.

673 Vgl. *GDV*, Geschäftsbericht 1967/1968, 84; *Hoeren*, Selbstregulierung, 257.

674 Vgl. *GDV*, Geschäftsbericht 1968/1969, 71.

675 Zum Ganzen vgl. *Hoeren*, Selbstregulierung , 252 ff.

cc) Konsequenzen für die allgemeine Prospekthaftung der Lebensassekuranz

Den Wettbewerbsrichtlinien der Versicherungswirtschaft kann somit einerseits eine gewisse Bedeutung im Sinne einer Selbstverpflichtung qua Satzungsrecht beigemessen werden. Andererseits kann ihnen nach der Rechtsprechung des Bundesgerichtshofs[676] zudem eine normkonkretisierende Wirkung zukommen: So können die Wettbewerbsrichtlinien ein Indiz dafür sein, welches Wettbewerbsverhalten nach Auffassung der beteiligten Verkehrskreise als unlauter anzusehen ist. Es erübrigt sich aber im Einzelfall nicht die Prüfung, ob das Verhalten auch tatsächlich als wettbewerbswidrig im Sinne des § 1 UWG zu beurteilen ist.

Gleichwohl sind die Wettbewerbsrichtlinien genereller Natur und statuieren - gerade auch im Hinblick auf die allgemeine Prospekthaftung - lediglich allgemeine Gebote. Konkrete Hinweise, wann Prospekte zu kapitalbildenden Lebensversicherungsverträgen mangelbehaftet sind und welche Umstände für den Versicherungsinteressenten wesentlich sind, ergeben sich aus den Wettbewerbsrichtlinien nicht. Sie scheiden daher als unmittelbarer Bewertungsmaßstab aus.

b) Pflichtenkatalog nach § 10a VAG i.V. mit Anlage Teil D zum VAG

Entsprechend den obigen Feststellungen existiert grundsätzlich kein allgemeingesetzlich definierter Inhaltskatalog zur Bestimmung der wesentlichen Prospektinhalte für den Bereich der allgemeinen Prospekthaftung, so dass auf § 242 BGB und die Wesentlichkeitsformel zurückzugreifen ist.[677]

Als gesetzlicher Prospektprüfungskatalog zur Feststellung von Prospektmängeln in der Kapitallebensversicherung kommt der im Rahmen der Umsetzung der 3. EU-Lebensversicherungsrichtlinie eingeführte § 10a VAG in Betracht.

Danach wird der Versicherer verpflichtet, einen Kunden vor und nach Abschluss einer Kapitallebensversicherung über die prägenden Umstände des Versicherungsverhältnisses zu informieren. Dem liegt die Überlegung zugrunde, dass es sich bei der Kapitallebensversicherung um ein nach ihrer Natur außerordentlich erklärungsbedürftiges Produkt handelt, das eine besonders intensive Aufklärung erfordert.[678] Zweck dieser gesetzlichen Aufklärungs- und Informationspflicht ist es, die Kapitallebensversicherung für den Kunden, insbesondere bei den Kosten- und Überschussrechnungen, transparenter zu machen[679]. Damit soll dem Umstand mangelnder Markttransparenz im Bereich der Lebensversicherung Rechnung getragen werden.

---

676 BGH, NJW-RR 1991, 809 ff.

677 Siehe F.III.1.a).

678 Vgl. *Vortmann* in *Vortmann*, Prospekthaftung, § 5 Rn 128; *Hoeren/Spindler*, Versicherungen im Internet, 16; *Lorenz*, ZVersWiss 1995, 103, 106.

679 Vgl. *Westerhoff*, BB-Beilage 21/1994, 1; *Renger*, VersR 1994, 753; *Schwintowski*, VuR 1996, 223

Soweit die Informationen dem Kunden nach § 10a VAG bei Antragstellung, d.h. vor dem Vertragsabschluss, übermittelt werden, können sie grundsätzlich auch in einem Verkaufsprospekt kommuniziert werden.

aa) Mittelbare Bedeutung von § 10a VAG im Bereich der versicherungsrechtlichen Prospekthaftung

Ein Lebensversicherungsunternehmen kann seinen Informationspflichten nach § 10a VAG grundsätzlich auch im Rahmen eines Werbemediums nachkommen, das den Prospektbegriff im Sinne der Prospekthaftung ausfüllt. Dies schafft Raum für die Frage, ob in jedem Fall ein Prospektmangel i.S. der Prospekthaftungslehre vorliegt, sofern im Rahmen eines Werbeprospekts gegen eine nach § 10a VAG bestehende Informationspflicht verstoßen wird. Dies ist zu verneinen. Denn § 10a VAG ist, wie bereits festgestellt worden ist[680], nach dem gegenwärtigen Stand der Gesetzgebung nicht drittschützender Natur. Der Verstoß gegen Informationspflichten aus § 10a VAG i.V. mit Anlage Teil D zum VAG, Abschn. I und Abschn. II begründet somit nicht *per se* einen Prospektmangel i.S. der Prospekthaftungslehre. Dieser ist vielmehr auf der Grundlage des informatorischen Wesentlichkeitsgrundsatzes entsprechend § 242 BGB nach den allgemeinen Kriterien selbständig festzustellen. Gleichwohl bieten die durch § 10a VAG geregelten Informationsbereiche einen Orientierungspunkt für die weitere Prüfung. Es ist insoweit zu untersuchen, inwieweit im Hinblick auf die vom Gesetzgeber für wesentlich gehaltenen Gesichtspunkte Prospektmängel bestehen können[681].

Dem entsprechend enthält § 10a VAG auch keine abschließende Aufzählung der für den Anleger erheblichen und damit potentiell nach den Grundsätzen der Prospekthaftung haftungsbegründend wirkenden Informationen im Bereich der kapitalbildenden Lebensversicherung, so dass darüber hinausgehende Prospektmängel im Rahmen der allgemeinen bürgerlich-rechtlichen Prospekthaftung nicht berücksichtigungsfähig wären. Es bestehen keine Anhaltspunkte für die Annahme, dass der Gesetzgeber mit der Einführung des § 10a VAG Lebensversicherungsunternehmen im Hinblick auf ihre Haftung für irreführende Prospektinformation privilegieren wollte. Dies würde gerade dem angestrebten Regelungsziel, den Anlegerschutz zu verbessern und einen Ausgleich für Wegfall des aufsichtsbehördlichen Genehmigungserfordernisses zu schaffen, entgegenlaufen.

Der gesetzliche Inhaltskatalog nach § 10a VAG i.V. mit Anlage Teil D zum VAG beantwortet die Frage, welche Verbraucherinformationen wesentlich im Rahmen der Prospekthaftung sind, nicht abschließend. Insoweit werden lediglich bestimmte

---

ff; vgl. *Vortmann* in *Vortmann*, Prospekthaftung, § 5 Rn 128.

680 Siehe A..

681 Siehe insoweit F.III.4.a).

Umstände, die nach der Auffassung des Gesetzgebers für einen anderen Bereich wesentlich sind, herausgehoben. Darüber hinausgehend können nach der eingangs dargelegten Formel[682] im Einzelfall aber auch weitere Umstände das Wesentlichkeitskriterium erfüllen.

Auch kann der Inhaltskatalog des § 10a VAG nicht in Anspruch nehmen, in allen Punkten wesentlich i.S. der Lehre vom Prospektmangel zu sein. So dürfte es erheblichen Zweifeln unterliegen, ob eine Verletzung der Informationspflicht nach § 10a VAG i.V. mit Anlage Teil D Abschnitt I Nr. 1 lit. h) zum VAG, wonach die zuständige Aufsichtsbehörde anzugeben ist, als wesentlich i.S. des § 242 BGB angesehen werden muss. Im Gegenteil erscheint es gerade nicht zwingend, dass eine entsprechende falsche Information in jedem Fall geeignet ist, den Erfolg der Anlage zu gefährden. Die erforderlichen Angaben sind jedenfalls einzelfallabhängig zu bestimmen.[683]

Für die durch § 10a VAG i.V. mit Anlage Teil D zum VAG herausgestellten Informationen gelten somit die allgemeinen Grundsätze der Unrichtigkeit mitsamt ihren Unterkategorien (Unvollständigkeit, Unaktualität, formelle Gestaltungsmängel).[684] Danach muss hinreichend über alle objektiv wertbildenden Faktoren aufgeklärt werden. Hinsichtlich der formalen Gestaltung der von § 10a VAG geregelten Vorabinformationen gelten die bereits dargelegten Grundsätze. Sie müssen übersichtlich gegliedert, eindeutig formuliert sowie verständlich sein und dürfen nicht im Widerspruch zu den Angaben im Versicherungsvertrag stehen.[685]

bb) Verhältnis der allgemeinen Prospekthaftung zu § 5a VVG

Erhält der Versicherungsnehmer die nach § 10a VAG vorgeschriebenen Informationen erst zusammen mit dem Versicherungsschein, steht ihm in Form des Widerspruchsrechts ein besonderers Vertragsauflösungsrecht nach § 5a VVG zu, mit dem ein Übergang von den gewerberechtlichen Informationspflichten nach § 10a VAG zum Vertragsrecht geschaffen wird[686]. Es bestehen keine Anhaltspunkte dafür, dass mit der Einführung des besonderen Vertragsauflösungsrechts nach § 5a VVG eine Einschränkung des Anlegerschutzes in der Weise beabsichtigt war, dass ein Rück-

---

682 Siehe F.III.1.a).

683 Ebenso *Garz-Holzmann/Gurke*, DB 1983, 2932; *Wittmann*, DB 1983, 1579, 1581; *Schwark*, BB 1979, 897; *Pleyer/Hegel*, ZIP 1985, 1370, 1372.

684 Vgl. insoweit auch § 10a Abs. 2 VAG, nach dem der Versicherer darauf zu achten hat, dass Übersichtlichkeit und Verständlichkeit gewahrt bleiben. Im übrigen vgl. F.III.1.

685 Vgl. F.III.1.c)dd).

686 Ausführlich *Prölss* in *Prölss/Martin*, VVG, § 5a Rn 1 ff.; *Römer* in *Römer/Langheid*, VVG, § 5a Rn 18 ff.; *Schwintowski* in Berliner Kommentar, VVG, § 5a Rn 75 ff.; *Präve*, ZfV 1994, 374 ff.; *Lorenz*, VersR 1995, 616, 618 ff.; *Wandt*, Verbraucherinformation und Vertragsschluss, 5 ff., 10 ff.; *Vortmann in Vortmann*, Prospekthaftung, § 5 Rn 131.

griff auf das Rechtsinstitut der allgemeinen bürgerlich-rechtlichen Prospekthaftung ausgeschlossen sein sollte. Hiergegen spricht bereits im systematischen Zusammenhang der Schutzzweck des § 10a VAG. Nach dem Sinn und Zweck der gesetzlichen Informationspflichten bezüglich der Einzelheiten des Versicherungsvertrags tritt die Information des Kunden im Interesse des Anlegerschutzes an die Stelle einer aufsichtsrechtlichen Vorabkontrolle des angebotenen Versicherungsschutzes.[687] Diesem „Mehr" an angestrebten Verbraucherschutz würde der Ausschluss von Prospekthaftungsansprüchen gerade zuwider laufen. Eine derartige Argumentation steht auch nicht im Widerspruch zu dem oben gefundenen Ergebnis, dass eine Verletzung der öffentlich-rechtlichen Informationspflicht aus § 10a VAG nicht automatisch quasivertragliche Haftungsansprüche vermittelt, sondern diese autonom nach den allgemeinen Regeln der Prospekthaftung bzw. *culpa in contrahendo* festgestellt werden müssen. Das Rechtsinstitut der Prospekthaftung ist somit umfassend anwendbar.

c) Pflichtenkatalog des AltZertG

Soweit im Bereich der privaten Rentenversicherung besondere Informationspflichten nach § 7 Abs. 1 AltZertG bestehen, gelten die obigen Ausführungen entsprechend. Danach müssen entsprechende Prospekte nicht zwingend die Informationspflichten des AltZertG erfüllen, um als nicht mit einem Prospektmangel behaftet zu gelten. Zudem regelt das AltZertG nicht abschließend das Vorliegen eines Prospektmangels. Ein Verstoß gegen das AltZertG begründet nicht zwingend einen Prospektmangel i.S. der Prospekthaftungstheorie.

d) Besondere Prospektprüfungskataloge, z.B. IDW-Richtlinien

Das *Institut der Wirtschaftsprüfer (IDW)* hat „Grundsätze ordnungsgemäßer Beurteilung von Prospekten über öffentlich angebotene Kapitalanlagen" für Wirtschaftsprüfer entwickelt, die Prospektprüfungsberichte erstellen. Nach diesen Grundsätzen werden bestimmte Anforderungen an den Prospektinhalt gestellt. Das jeweilige Anlageobjekt, auf das sich das Angebot über die Kapitalanlage bezieht, ist danach in dem von dem Wirtschaftsprüfer erstellten Prospektprüfungsbericht anhand bestimmter Themenbereiche zu beschreiben.[688]

Derartige Testate nach IDW-Richtlinien können auch im Bereich der hier untersuchten Anlageprodukte der Lebensassekuranz von Relevanz sein. Zwar sind die IDW-Richtlinien ihrer Natur nach vorrangig auf Fondsprodukte ausgerichtet. In

---

687 *Vortmann in Vortmann*, Prospekthaftung, § 5 Rn 131.

688 Bei den wesentlichen Inhalten des Prospektprüfungskatalogs handelt es sich um eine Beschreibung des Anlageobjekts, Chancen und Risiken, rechtliche Verhältnisse, steuerliche Verhältnisse, Kosten der Investition, Finanzierung der Investition, Nutzung der Kapitalanlage, Beendigung der Kapitalanlage, wichtige Verträge und Vertragspartner, Angaben bei Auslandsbezug, Hinweise auf besondere Umstände und formelle Erfordernisse, vgl. IDW-Grundsätze S 4.

diesem Sektor ist die Einbeziehung eines testierten Prospektprüfungsberichts in den Produktprospekt aus Vertriebsgründen eine übliche Praxis.[689] Auch ist die Beifügung eines Prospektprüfungsberichts im Bereich der hier untersuchten Anlageprodukte der Lebensassekuranz (noch) nicht üblich. Gleichwohl ist eine Anwendung nicht ausgeschlossen. Positive Prüfungsberichte und Testate unabhängiger Wirtschaftsprüfer z.B. hinsichtlich der wirtschaftlichen Leistungsfähigkeit eines Versicherungsunternehmens, die nur unter versicherungsbilanzrechtlichen Gesichtspunkten beurteilt werden kann, können zur Werbung auch für Kapitallebensversicherungen genutzt werden. Dies gilt insbesondere in Zeiten einer Sensibilisierung der Öffentlichkeit für die Frage der Erfüllbarkeit von Leistungsversprechen. Zukünftig dürfte deshalb mit einer Ausweitung der im Fondsbereich üblichen Praxis auf Anlageprodukte der Lebensassekuranz zu rechnen sein.

Als rechtsverbindlicher Maßstab im Sinne eines abschließenden Prüfungskatalogs taugen die IDW-Richtlinien jedoch schon deshalb nicht, da sie nicht spezifisch auf Versicherungsprodukte zugeschnitten sind. Gleichwohl können auch aus ihnen Grundanforderungen an einen mangelfreien Inhalt von Prospekten zu Angeboten der Lebensversicherungswirtschaft hergeleitet werden[690].

3. Notwendigkeit autonomer Qualifikation

Im Ergebnis sind die Informationspflichten des prospektverantwortlichen Lebensversicherers somit autonom, d.h. selbständig nach den eingangs dargelegten allgemeinen Grundsätzen für die Bestimmung eines Prospektmangels im Bereich der Prospekthaftung zu bestimmen. Hierfür kommt es vorrangig auf die wertbildenden Faktoren eines kapitalbildenden Lebensversicherungsvertrags an.[691]

Diese ergeben sich aus den verschiedenen Funktionen, die die Lebensversicherung erfüllen kann. Während die reine Todesfallversicherung zunächst allein der Hinterbliebenenversorgung diente, bezweckt die Lebensversicherung seit dem Aufkommen der Erlebensfall- und der gemischten Lebensversicherung zusätzlich die eigene Altersversorgung[692]. Da in der kapitalbildenden Lebensversicherung die persönliche Risikovorsorge mit einem Prozess der Ansammlung von Kapital einhergeht, ist für viele Nachfrager die für einen Versicherungsvertrag ursprünglich

---

689 Vgl. *N.N.*, FD, 3D, 160.

690 So ebenfalls *Biagosch/Scherer*, VW 1996, 370, 372 f. Lediglich der Vollständigkeit halber sei angemerkt, dass die Durchführung einer Prospektprüfung nach den IDW-Richtlinien nach richtiger Ansicht der Rechtsprechung keine haftungsbefreiende oder -beschränkende Wirkung besitzt, vgl. BGH, NJW 1990, 2461.

691 Siehe F.III.1.a).

692 Gerade auf diesem originären Versorgungszweck der Lebensversicherung beruht auch ihre allgemein anerkannte Stellung im Drei-Säulen-System der Altersversorgung; vgl. auch *Sieg*, FS Ernst Klingmüller, 447-464.

charakteristische Funktion der Risikoabsicherung in den Hintergrund getreten.[693] Statt dessen wird die Kapitallebensversicherung häufig in erster Linie als Kapitalanlage angesehen, die mit anderen Anlageprodukten konkurriert.[694] Um sie mit anderen Sparformen vergleichen zu können, benötigt der Versicherungsinteressent Angaben über drei Kriterien, die als wesentlich für jede Form von Kapitalanlage angesehen werden, nämlich die Rentabilität, Liquidität und Sicherheit.[695] Auch können Kapital- und Risikolebensversicherungen wegen ihrer erbschaftssteuerlichen sowie ertragssteuerlichen Vorteile interessante Alternativen zu anderen Vermögensdispositionen bieten.[696] Zusätzlich können für die Anlageentscheidung weitere Umstände Bedeutung erlangen, im Fall sog. „ethischer Kapitalanlagen" beispielsweise ökologische Bekenntnisse und ähnliche Angaben über die Handlungsmaximen des Anlagemanagements.

Im weiteren ist deshalb zu untersuchen, inwieweit kapitalbildende Lebensversicherungen im Hinblick auf diese konkreten Bezugspunkte Prospektmängel aufweisen können. Dabei muss sich die Darstellung naturgemäß damit begnügen, wesentliche Bezugspunkte für Informationspflichtverletzungen aufzuzeigen. Die Arbeit beantwortet im folgenden die Frage, welche Informationsbereiche für den Versicherungsnehmer grundsätzlich wesentlich und damit informationspflichtig sind. Ob das betreffende Informationsbedürfnis nach dem Gesamtbild des jeweiligen Prospekts tatsächlich hinreichend erfüllt wird oder ob ein entsprechender Prospektmangel gegeben ist, kann nicht schematisch und abstrakt beantwortet werden. Es kommt vielmehr auf die Prospektgestaltung im Einzelfalls an.

4. Rentabilitätsbezogene Prospektmängel

Die erzielbare Rendite zählt bei Kapitalanlagen zu den bedeutendsten Entscheidungskriterien.[697] Dem entsprechend hat die Rechtsprechung in der Vergangenheit eine Pflicht des Versicherers bejaht, den Versicherungsnehmer ordnungsgemäß über Gewinn- und Verlustträchtigkeit einer Kapitallebensversicherung zu informieren[698]. Zu erörtern ist deshalb zunächst, inwieweit der Prospekt einer kapitalbildenden Lebensversicherung im Hinblick auf Angaben über die **Rentabilität** der Anlage im einzelnen mit Prospektmängeln behaftet sein kann. Anschließend werden Prospekt-

---

693 Vgl. *Vortmann* in *Vortmann*, Prospekthaftung, § 5 Rn 127 ff.

694 *Eifert*, Kapitallebensversicherung aus Verbrauchersicht, 146.

695 *Arendts*, Anlageberatung, 21; *Kromschröder*, Anlageerfolg und Kapitalanlageplanung, 3 ff.

696 Zur steuerlichen Behandlung der Lebensversicherung allgemein siehe z.B. *Lührs*, Lebensversicherung, 231.

697 Neben dem Renditeaspekt werden üblicherweise die Gesichtspunkte der Sicherheit, Flexibilität, Servicequalität und der möglichst leichten Verwaltbarkeit als Ziele einer optimalen Anlagestrategie angesehen, wobei allerdings Zielkonflikte in der Regel unvermeidbar sind, vgl. nur *Theis*, Lebensversicherung als Alterssicherungsinstitution, 152 f.

698 BGH, NJW 1998, 2898 ff.

mängel, die sich auf **Liquidität**[699], **Sicherheit**[700] und **sonstige Aspekte**[701] beziehen, untersucht.

a) Bestimmungsfaktoren der Rentabilität von Kapitallebensversicherungen

Unter dem Begriff der Rendite ist normalerweise der auf das eingesetzte Kapital bezogene Ertrag zu verstehen, den eine Anlage erzielt hat. Die Rendite wird als Prozentwert angegeben und bezieht sich auf ein Jahr. Alternative Anlagen sollen durch diese Standardisierung auch bei unterschiedlichen Vertragslaufzeiten und Prämien unmittelbar miteinander verglichen werden können.[702] Während Renditeangaben zur Kennzeichnung eines kapitalbildenden Versicherungsvertrags zum Teil generell für ungeeignet gehalten werden, da sie den Todesfallschutz nicht erfassen könnten[703], wird der Begriff im Rahmen dieser Untersuchung entsprechend der h.M. als der Zinssatz angesehen, mit dem die einbezahlten Versicherungsprämien verzinst werden müssten, um die Leistungen an den Versicherungsnehmer finanzieren zu können[704] Leistungen an den Versicherer in diesem Sinne sind die monetären Gesamtleistungen des Versicherungsunternehmens an den Versicherten, die sich wiederum aus der verbindlich vereinbarten Versicherungssumme und der zusätzlich gewährten Überschussbeteiligung zusammensetzen.[705]

aa) Garantierte Leistung

Dem Versicherungsnehmer wird in der konventionellen kapitalbildenden Lebensversicherung von Seiten des Lebensversicherungsunternehmens in jeder Periode nur die Leistung der vertraglich vereinbarten Versicherungssumme einschließlich einer Verzinsung garantiert, meist in Höhe des gesetzlichen Höchstrechnungszinssatzes für die Deckungsrückstellung von derzeit 3,25%[706] nach § 2 Abs. 1 DeckRV.

---

699 Unten F.III.4.o).

700 Unten F.III.6.

701 Unten F.III.7.

702 *BAV*, R2/2000, VerBAV 2000, 252 ff.

703 Vgl. z.B. *Sax*, VerBAV 1987, 531, 536.

704 Vgl. *Farny*, ZfV 1983, 367 f.

705 Es handelt sich dabei um die sog. Erlebensfall-Rentabilität, vgl. *Kühlmann/Blumenstein/Dietrich*, Die Lebensversicherung zur Altersvorsorge, 220.

706 Für Tarife seit 1994 durfte noch ein Rechnungszinssatz von 4% verwendet werden. Demgegenüber betrug der Rechnungszinssatz 3,5% bei Tarifen, die ab dem 1.1.1987 abgeschlossen wurden, und 3% bei Lebensversicherungen, die vor 1987 abgeschlossen worden waren. Zur bevorstehenden Absenkung des gesetzlichen Höchstrechnungszinssatzes für die Deckungsrückstellung auf 2,75% siehe hierzu bereits oben.

bb) Überschussbeteiligung

Darüber hinausgehend erhalten die Versicherungsnehmer eine Beteiligung am erwirtschafteten Kapitalanlageüberschuss, deren Höhe von den erzielten Gewinnen des Versicherungsunternehmens abhängt und somit bei Vertragsschluss nicht garantiert werden kann.[707] Diese Beteiligung der Versicherten an den Überschüssen ist für die mit einem Lebensversicherungsvertrag erzielbare Rendite entscheidend.[708]

Die Frage nach darüber hinaus eventuell bestehenden Prospektmängeln kann nur unter Bezugnahme auf die versicherungstechnisch und rechtlich komplizierten Grundlagen der Überschussbeteiligung in der kapitalbildenden Lebensversicherung adäquat beurteilt werden. Diese sind deshalb im folgenden darzustellen. Soweit sich aus ihnen Ansatzpunkte für Informationspflichtverletzungen erschließen, sind diese in einem nächsten Schritt aufzugreifen und ausführlich zu behandeln[709].

aaa) Rechtsgrundlagen

Die Grundlage der Überschussbeteiligung liegt in § 81c VAG, nach dem die Versicherten angemessen an den Überschüssen in der Lebensversicherung zu beteiligen sind. Dem entsprechend begründet die in den Allgemeinen Versicherungsbedingungen (AVB) enthaltene Überschussbeteiligungsklausel des § 16 Abs. 1 ALB[710] einen versicherungsvertraglichen Anspruch, die Versicherten an dem erwirtschafteten Überschuss des Versicherers zu beteiligen[711]. Bei Verträgen des Altbestands, die vor dem 29.7.1994 abgeschlossen worden sind, erfolgt die Beteiligung entsprechend dem jeweiligen von der Aufsichtsbehörde genehmigten Geschäftsplan.[712] Da die AVB nach der Umsetzung der 3. EU-Lebensversicherungsrichtlinie nicht mehr Bestandteil eines zu genehmigenden Geschäftsplans sind, sondern sich die Überschussermittlung und -beteiligung aus dem Versicherungsvertrag ergeben muss, wurden von Seiten des *Verbands der Lebensversicherungsunternehmen e.V.* als unverbindliche Empfehlung die sog. *Allgemeinen Bedingungen für die kapitalbildende Lebensversicherung (KLV)* erarbeitet. Grundlage des Überschussbeteiligungsanspruchs ist insoweit § 17 KLV[713].

---

[707] Vgl. *Dreyer*, Stille Reserven, 120.

[708] *Theis*, Lebensversicherung als Alterssicherungsinstitution, 181.

[709] Hierzu F.III.4.a).

[710] Allgemeine Bedingungen für die kapitalbildende Lebensversicherung (ALB), VerBAV 1986, 209; VerBAV 1991, 142.

[711] Vgl. *Römer/Langheid*, § 172 Rn 4; *Stelkens*, Überschussbeteiligung, 70, 74; *Dreyer*, Stille Reserven, 120.

[712] Vgl. *Dreyer*, Stille Reserven, 121.

[713] Die Formulierung des § 17 Abs. 1 KLV lautet: „*§ 17 Wie sind Sie an den Überschüssen beteiligt? - Überschussermittlung: (1) Um zu jedem Zeitpunkt der Versicherungsdauer den vereinbarten Versicherungsschutz zu gewährleisten, bilden wir Rückstellungen. Die zur Deckung dieser Rückstellun-*

bbb) Prämienkalkulation als Ursprung der Überschussbeteiligung

Der Grund für die Entstehung von Überschüssen liegt in den gesetzlichen Vorschriften über die Prämienkalkulation in der Lebensversicherung, insb. § 25 Abs. 1 RechVersV. Aufgrund der Langfristigkeit der Versicherungsverträge und des hohen Schutzbedürfnisses, das hieraus für die Versicherungsnehmer erwächst, greift der Gesetzgeber in die Prämienkalkulation der Lebensversicherer ein und gebietet, angemessene Sicherheitszuschläge anzusetzen, durch die eine mögliche Untertarifierung der Versicherungsprämie und der Ruin von Lebensversicherern verhindert werden sollen.[714]

(1) Kostendeckende Kalkulation

§ 11 Abs. 1 S. 1 VAG schreibt vor, dass die Prämien in der Lebensversicherung so hoch bemessen sein müssen, dass der Versicherer unter Zugrundelegung angemessener versicherungsmathematischer Annahmen allen seinen Verpflichtungen nachkommen und insbesondere für die einzelnen Verträge ausreichende Deckungsrückstellungen bilden kann. Dieses sog. Kostenpreisprinzip gewährleistet eine kostendeckende Prämienkalkulation, die nach dem versicherungsmathematischen Äquivalenzprinzip erfolgt. Nach diesem muss der Barwert der Zahlungseingänge dem Bar-

---

gen erforderlichen Mittel werden angelegt und erbringen Kapitalerträge. Aus diesen Kapitalerträgen, den Beiträgen und den angelegten Mitteln werden die zugesagten Versicherungsleistungen erbracht sowie die Kosten für Abschluss und Verwaltung des Vertrags gedeckt. Je größer die Erträge aus den Kapitalanlagen sind, je weniger vorzeitige Versicherungsfälle eintreten und je kostengünstiger wir arbeiten, um so größer sind dann entstehende Überschüsse, an denen wir Sie und die anderen Versicherungsnehmer beteiligen. Die Überschussermittlung erfolgt nach den Vorschriften des Versicherungsaufsichtsgesetzes (VAG) und des Handelsgesetzbuches (HGB) und den zu diesen Gesetzen erlassenen Rechtsverordnungen. - Überschussbeteiligung: (2) Die Überschussbeteiligung nehmen wir nach Grundsätzen vor, die § 81c des Versicherungsaufsichtsgesetzes (VAG) und der dazu erlassenen Rechtsverordnung entsprechen und deren Einhaltung die Aufsichtsbehörde überwacht. (3) Nach diesen Grundsätzen sind von uns gleichartige Versicherungen in einem Abrechnungsverband und zum Teil innerhalb eines Abrechnungsverbandes nach zusätzlichen Kriterien in einem Gewinnverband zusammengefasst worden. Von den Kapitalerträgen kommt den Versicherungsnehmern als Überschussbeteiligung mindestens der in der Rechtsverordnung zu § 81c VAG festgelegte Anteil zugute, abzüglich der Beträge, die für die zugesagten Versicherungsleistungen benötigt werden. Bei günstiger Sterblichkeitsentwicklung und Kostensituation können weitere Überschüsse hinzukommen. Der so ermittelte Überschuss wird - soweit er den Verträgen nicht direkt gutgeschrieben wird - in die Rückstellung für Beitragsrückerstattung (RfB) eingestellt. Die in die RfB eingestellten Mittel dürfen wir grundsätzlich nur für die Überschussbeteiligung der Versicherungsnehmer verwenden. Mit Zustimmung der Aufsichtsbehörde können wir die RfB ausnahmsweise zur Abwendung eines Notstandes (z.B. Verlustabdeckung) heranziehen (§ 56a VAG) oder bei sehr ungünstigem Risikoverlauf bzw. einem eventuellen Solvabilitätsbedarf den in der Rechtsverordnung zu § 81c VAG genannten Prozentsatz der für die Überschussbeteiligung zu verwendenden Erträge unterschreiten."; Zum Begriff der freien RfB siehe hierzu F.III.4.a)bb)ddd)(1).

714 Vgl. *Stuirbrink/Johannleweling/Faigle/Reich* in *Budde/Schnicke/Stöffler/Stuirbrink*, Versicherungsbilanzkommentar, § 341f HGB, Rn 16 ff.

wert der Versicherungsleistungen entsprechen.[715] Die Berechnung der Barwerte erfolgt nach versicherungsmathematischen Grundsätzen, wobei die einzelnen Werte der Zahlungsströme jeweils mit der Wahrscheinlichkeit ihrer Fälligkeit gewichtet und auf den Beginn der Versicherung diskontiert werden müssen.

(2) Rechnungsgrundlagen

Determinanten der Prämie sind die sog. Rechnungsgrundlagen. Dies sind einerseits der Rechnungszins nach § 2 DeckRV, zum anderen biometrische Faktoren, etwa Sterbewahrscheinlichkeiten, und Kostensätze für Abschluss- und Verwaltungskosten.[716]

Aus den beiden Rechnungsgrundlagen der Wahrscheinlichkeit und des Zinses wird die sog. Nettoprämie abgeleitet.[717] Sie besteht aus einem Risikoanteil und einem Sparanteil.[718] Mit dem Sparanteil wird bei vermögensbildenden Versicherungen während der Vertragslaufzeit zur Bildung der bei Ablauf der Vertragsdauer zu leistenden Versicherungssumme ein Kapitalstock aufgebaut.[719] Dagegen dient der Risikoanteil der Prämie zur Finanzierung der Versicherungsleistung bei denjenigen Versicherungsnehmern, bei denen es während der Vertragslaufzeit zur Realisation eines versicherten Risikos kommt. Bei vermögensbildenden Versicherungen muss durch den Risikoanteil lediglich die während des Vertragsverlaufs variierende Differenz zwischen der zu erbringenden Versicherungsleistung und dem individuell angesparten Kapital, dem sog. riskierten Kapital, finanziert werden. Rentenversicherungen enthalten einen sog. negativen Risikoanteil, weil hier die Überlebenden vom Deckungskapital der Gestorbenen profitieren.[720]

Berücksichtigt werden müssen schließlich auch die Aufwendungen des Versicherers für die Vertragsabwicklung und die Akquisition. Dies erfolgt durch Hinzurechnen eines sog. Verwaltungskostenanteils, der durch den Abschluss und die laufende Verwaltung der einzelnen Versicherungsverträge sowie anderer Betriebskosten des Versicherers bedingt ist. Hieraus ergibt sich die von dem Versicherungsnehmer effektiv zu zahlende Bruttoprämie.[721]

---

715 Vgl. *Stuirbrink/Johannleweling/Faigle/Reich* in *Budde/Schnicke/Stöffler/Stuirbrink*, Versicherungsbilanzkommentar, § 341f HGB, Rn 1 ff.

716 Vgl. *Stuirbrink/Johannleweling/Faigle/Reich* in *Budde/Schnicke/Stöffler/Stuirbrink*, Versicherungsbilanzkommentar, § 341f HGB, Rn 16 ff.; *Hölscher*, Marktzinsorientierte Ergebnisrechnung, 31 ff.

717 *Hagelschuer*, Lebensversicherung, 116-145.

718 *Kessner*, Markttransparenz, 18; *Theis*, Lebensversicherung als Alterssicherungsinstitution, 87; *Hölscher*, Marktzinsorientierte Ergebnisrechnung, 26 f.

719 *Dreyer*, Stille Reserven, 125; *Hölscher*, Marktzinsorientierte Ergebnisrechnung, 61 ff.

720 Vgl. *Kurzendörfer*, Lebensversicherung, 42 ff.; *Theis*, Lebensversicherung als Alterssicherungsinstitution, 87; *Lührs*, Lebensversicherung, 53 ff., 127 ff.

721 *Prölss*, FS Larenz 1983, 487, 497 ff.; *Theis*, Lebensversicherung als Alterssicherungsinstitution, 87.

Für die Verwendung der Rechnungsgrundlagen in der Prämienkalkulation von Lebensversicherungsverträgen existieren keine ausdrücklichen Vorschriften. Konkrete Vorgaben für die Bemessung der Deckungsrückstellung finden sich allerdings im VAG und in der DeckRV. Da auf Dauer und planmäßig für die Bildung der Deckungsrückstellung keine Mittel eingesetzt werden dürfen, die nicht aus Prämienzahlungen stammen, werden auch zur Prämienkalkulation fast ausnahmslos die Rechnungsgrundlagen für die Deckungsrückstellung verwendet. Danach darf gem. § 2 Abs. 1 DeckRV der Rechnungszins höchstens 3,25%, und der sog. Höchstzillmersatz gem. § 4 Abs. 1 DeckRV 4% der Summe aller Prämien betragen[722]. Die besonders lange Laufzeit der Lebensversicherungsverträge von oft mehr als 30 Jahren erfordert jedoch, die Rechnungsgrundlagen nach dem Grundsatz der Vorsicht zu bestimmen. Dies bedeutet, dass bei Ableitung der biometrischen Rechnungsgrundlagen ausreichende Sicherheitsmargen einzukalkulieren sind, um einer möglichen Verschlechterung der wirtschaftlichen Rahmenbedingungen standhalten zu können und langfristig die dauernde Erfüllbarkeit der Versicherungsverträge sicherzustellen.[723] Das führt zu einem um die sog. Sicherheitszuschläge künstlich erhöhten Prämienniveau.[724]

Aufgrund der Zahlung der insoweit überhöhten Versicherungsprämie erwirtschafteten die Versicherer in der Vergangenheit in aller Regel deutlich höhere Kapitalanlageerträge als den Rechnungszins von 3,25% i.S. von § 2 DeckRV.

ccc) Ermittlung des Rohüberschusses (Ergebnisquellen)

Als Grundlage für die Überschussbeteiligung der Versicherten ist zunächst der sog. Rohüberschuss, d.h. die Summe aller Ergebnisse aus den einzelnen, mit den Rechnungsgrundlagen korrespondierenden Überschussquellen[725], festzustellen. Dieser ist jeweils nur rückwirkend für das abgelaufene Geschäftsjahr und für das gesamte Versicherungskollektiv zu ermitteln.[726]

Für die Überschussentstehung maßgebliche Einflussfaktoren sind zum einen die Zinsentwicklung an den Kapitalmärkten, die ausschlaggebend ist für die Höhe der

---

[722] Zur bevorstehenden Senkung des Rechnungszinses auf 2,75% siehe bereits oben.

[723] Vgl. Begründung des Regierungsentwurfs zum Ersten DurchführungsG/EWG zum VAG, zu § 81c VAG, BT-Drucks. 9/1493, 27; *Schmidt* in *Prölss*, VAG, Zus. § 11 Rn 15.

[724] *Goll/Gilbert/Steinhaus*, Handbuch der Lebensversicherung, 94.

[725] Vgl. *Dreyer*, Stille Reserven, 124.

[726] Aus dem Jahresabschluss der Lebensversicherer ist der Rohüberschuss in der Regel nicht zu erkennen, insbesondere ist er nicht identisch mit dem bilanziell ermittelten Gewinn des Unternehmens. Er stellt vielmehr die Summe aus den GuV-Positionen „Jahresüberschuss" und „Zuführung zur RfB" sowie der im Jahresabschluss nicht auszuweisenden Direktgutschrift dar. Im Rahmen der internen Rechnungslegung gegenüber der Versicherungsaufsicht sind die Versicherer dagegen verpflichtet, den Rohüberschuss nach Ergebnisquellen zu zerlegen und auszuweisen.

laufenden Erträge[727] sowie etwaige bilanzielle Zu- oder Abschreibungen. Eine weitere Einflussgröße sind die laufenden Verwaltungs- und Abschlusskosten, die als Teil der laufenden Aufwendungen das Kapitalanlageergebnis mindern, der Risikolauf sowie die Ergebnisse aus der Bildung und Auflösung von Ermessensreserven.[728] Die einzelnen Ergebnisquellen tragen sehr unterschiedlich zur Überschussentstehung bei.[729]

ddd) Überschussverteilung

Gemäß § 81c VAG müssen die Versicherten angemessen am Überschuss beteiligt werden. Die Höhe des Anspruchs richtet sich seit dem Wegfall der materiellen Versicherungsaufsicht und der früheren Genehmigungspflicht von AVB, Rechnungsgrundlagen und Tarifen nach § 17 KLV. Die zu § 81c VAG erlassene ZRQuotenV bestimmt lediglich, dass die Versicherten angemessen am Risikoergebnis, Kapitalanlageergebnis, Kostenergebnis und am sonstigen Ergebnis zu beteiligen sind, sofern diese Quellen positiv sind. Nur im Hinblick auf das Kapitalanlageergebnis ist eine Mindestbeteiligung in Höhe von 90% vorgeschrieben. Die für die Überschussbeteiligung bestimmten Beträge werden nach sog. Abrechnungsverbänden getrennt gem. § 56a 3 VAG entweder der Rückstellung für Beitragsrückerstattung (RfB) zugeführt oder im Wege der Direktgutschrift unmittelbar an die Versicherungsnehmer ausgeschüttet. Die einzelvertragliche Zuteilung der Überschüsse erfolgt in laufenden Überschussanteilen, die während der Vertragsdauer gutgeschrieben werden sowie einem Schlussüberschussanteil, der erst im Todes-, Erlebens- oder Rückkaufsfall fällig wird.[730]

(1) Verteilung im Wege der RfB

Die um die Direktgutschrift und die Rechnungszinsen verminderten Kapitalerträge werden zunächst dem Bilanzposten der RfB zugeführt, aus der jedem Versicherten nach einer Wartezeit von üblicherweise ein bis drei Jahren in jeder Periode der Vertragslaufzeit eine laufende Überschussbeteiligung gutgeschrieben wird. Die RfB stellt eine gem. §§ 341e Abs. 2 Nr. 2 HGB, 28 Abs. 1 RechVersV zu bildende ver-

---

727 1998 wurde der Gesamtüberschuss zu 83,3% durch Ergebnisse in den Kapitalanlagen verursacht.

728 Vgl. *Ebers*, Überschussbeteiligung, 58.

729 Die Gewinnzerlegung kann sich im Einzelfall deutlich von dem Marktdurchschnitt unterscheiden. So wird der Anteil des Sterblichkeitsergebnisses bei einem klassischen Risikoversicherer deutlich höher als im Marktdurchschnitt liegen. Direktversicherer dagegen verfügen häufig über ein überdurchschnittliches Kostenergebnis, weil hier in der Regel eine günstigere Abschlusskostensituation zu beobachten ist. Bestandszusammensetzung, Geschäftsschwerpunkte und Vertriebswege können also Einfluss daraufhaben, wie zinsreagibel der Rohüberschuss eines Versicherungsunternehmens ist.

730 *Stuirbrink/Westenhoff/Reich* in *Budde/Schnicke/Stöffler/Stuirbrink*, Versicherungsbilanzkommentar, § 341e HGB Rn 107 ff.; *Ebers*, Überschussbeteiligung, 68 f.

sicherungstechnische Rückstellung dar. Sie ist eine Gewinnmasse, die gem. § 56a 4 VAG der Gesamtheit der Versicherten für die Überschussbeteiligung gewidmet, den einzelnen Versicherten aber noch nicht zugewiesen ist.[731] Sie dient dem intertemporären Renditeausgleich für die Versicherungsnehmer.[732]

Gem. §§ 56a S. 5 VAG, 28 RechVersV setzt sich die RfB aus vier Teilen zusammen, die wiederum zwei Gruppen unterfallen. Die sog. gebundene RfB enthält die bereits einzelnen Verträgen zugewiesene, aber noch nicht zugeführte Überschussanteile. Diese umfassen zum einen die deklarierten, im Folgejahr voraussichtlich auszuschüttenden laufenden Überschussanteile, weiterhin die festgelegten Schlussüberschussanteile, die wahrscheinlich in dem betreffenden Jahr an die Versicherungsnehmer ausgezahlt werden müssen, und schließlich die Mittel, die zur Finanzierung von Schlussüberschussanteilen benötigt werden, aber noch nicht deklariert sind.[733] Die freie RfB ist ebenfalls für die Überschussbeteiligung vorgesehen, die Mittel sind jedoch nicht einzelnen Verträgen zugeordnet.

Eine stark variierbare, hohe RfB bietet aus der Sicht des **Versicherers** mehrere Vorteile. Zum einen kann die freie RfB ebenso wie stille Bewertungsreserven als Schwankungspolster verwendet werden, um eine Glättung der Überschusszuweisung vorzunehmen. Weiterhin kann mit ihrer Hilfe das angestrebte Niveau der Zinsüberschussanteile durch „Bezuschussung" des tatsächlich erzielten Renditeergebnisses aus den Reserven erreicht werden.[734]

Die freie RfB dient zudem als Sicherheitskapital: Nach § 56a VAG kann die freie RfB in Krisensituationen mit Genehmigung der *BAFin* im Versicherteninteresse zur Abwendung eines Notstands eingesetzt werden. Hiermit ist jedoch eine Senkung der erwarteten Rendite einer Lebensversicherung verbunden.

Eine hohe RfB bietet für den Versicherer zudem den Vorteil, dass die aus dem Kapitalbestand in der RfB erwirtschafteten Kapitalerträge vollständig in den Rohüberschuss einfließen. Sie stehen den Versicherten gerade nicht als Garantieverzinsung zu, sondern ermöglichen es, bei einer ungünstigen Kapitalertragssituation eine Unterschreitung des Garantiezinses auszugleichen. Auch dies hat jedoch üblicherweise eine Renditesenkung zu Lasten des Versicherungsnehmers zur Folge.[735]

Die indirekte Überschusszuführung mittels der RfB und ein langes Verbleiben finanzieller Mittel in der RfB sind aus der Position des **Versicherungsnehmers**

---

731 Vgl. BGH, VersR 1983, 746, 747; *BAV*, VerBAV 1989, 235, 239.

732 Vgl. *Zielke*, VW 2002, 1826.

733 Vgl. *Ebers*, Überschussbeteiligung, 72.

734 Vgl. *Theis*, Lebensversicherung als Alterssicherungsinstitution, 195 ff.

735 Vgl. *Theis*, Lebensversicherung als Alterssicherungsinstitution, 195 ff.

nachteilig. Denn erst die einzelvertragliche Zuteilung des Überschusses führt zu einer Erhöhung der individuellen Rendite.[736]

Aus dem Grundsatz zur Wahrung der Belange der Versicherten nach § 8 Abs. 1 Ziff. 3 VAG, § 81 Abs. 1 S. 2 VAG wird gefolgert, dass die Überschüsse zeitnah und verursachungsgerecht zu verteilen sind.[737] Da jeder einzelne Versicherungsvertrag durch die einkalkulierten Sicherheitszuschläge in der Prämie einen individuellen Beitrag zum Gesamtüberschuss leistet, erfolgt die Ermittlung und Verwendung des Überschusses nicht einheitlich. Vielmehr wird der gesamte Versichertenbestand eines Versicherungsunternehmens gegliedert in Risikogruppen, d.h. entweder in Abrechnungsverbände (so beim Altbestand) bzw. Bestandsgruppen (so beim Neubestand[738]), in denen Versicherungen mit gleicher Ertrags- und Kostenstruktur zusammengefasst werden.[739]

Bis 1983 konnten Versicherungsunternehmen weitgehend frei über den Zeitpunkt entscheiden, in dem die RfB den einzelnen Versicherten gutgeschrieben wurde. Daher wurde der gesamte, den Versicherten für ein Geschäftsjahr zugeteilte Überschuss, zunächst der RfB zugeführt und erst nach einigen Jahren an die Versicherungsnehmer ausgeschüttet. Beschränkungen ergaben sich bis dahin lediglich aus § 21 Abs. 2 KStG, wonach bei Fehlen einer Entscheidung über die RfB-Zuführung eines Geschäftsjahrs innerhalb eines bestimmten Zeitraums eine steuerpflichtige Rückstellungsauflösung erfolgte.[740] Problematisch war diese Entwicklung insoweit, als durch das stete Wachstum der freien RfB zahlreiche Versicherungsnehmer bei Vertragsablauf nicht den vollen Überschuss erhalten hatten und dadurch Renditeeinbußen erlitten. Da die schließlich gegebene Höhe der RfB nicht mehr mit dem bloßen Hinweis auf die Notwendigkeit eines Schwankungspolsters gerechtfertigt werden konnte, wurde das Anwachsen der RfB von dem *BAV* als Misstand gewertet. Um diesen zu beseitigen, bestimmte das *BAV* eine Höchstgrenze für Dotierung und Bestand der RfB und verlangte im übrigen ein Abschmelzen der damals vor-

---

736 Dies ergibt sich daraus, dass erst dann der Überschuss ohne weitere Verfügungsmöglichkeit der Lebensversicherungsunternehmen dem Versicherten zusteht und - jedenfalls bei der üblichen Verwendung der Überschussbeteiligung zur Leistungserhöhung - für diesen im weiteren Vertragsverlauf eine garantierte Verzinsung und eine Erhöhung des Überschussanspruchs bringt. Eine zeitliche Verzögerung zwischen der Überschussentstehung und der -gutschrift wirkt daher renditesenkend, *Theis*, Lebensversicherung als Alterssicherungsinstitution, 195 ff.

737 Vgl. BVerwG, VersR 1990, 73.

738 Der Neubestand setzt sich aus denjenigen Lebensversicherungsverträgen zusammen, die nach dem 31.12.1994 oder unter Verwendung neugefasster allgemeiner Versicherungsbedingungen nach dem 28.7.1994 abgeschlossen wurden. Dagegen besteht der sog. Altbestand aus der Gesamtheit der vor dem Inkrafttreten des Dritten Durchführungsgesetzes/EWG zum VAG am 29. Juli 1994 abgeschlossenen Versicherungsverträgen, vgl. § 2 ZRQuotenV sowie Faigle in *Budde/Schnicke/Stöffler/Stuirbrink*, Versicherungsbilanzkommentar, § 341e Rn 22.

739 Vgl. *Hagelschuer*, Lebensversicherung, 184.

740 Vgl. *Theis*, Lebensversicherung als Alterssicherungsinstitution, 197.

handenen RfB im Wege von Sonderausschüttungen an die Versichertengemeinschaft.[741]

Hohe RfB können für den Versicherungsnehmer ggf. auch deshalb nachteilig sein, da sie Umverteilungen zwischen den Versicherungsnehmern ermöglichen. So kam es in den 80er Jahren infolge von Sonderausschüttungen dazu, dass Verträge, die im relevanten Zeitraum einen hohen Überschussbeteiligungsanspruch begründeten, mit einer hohen Überschussbeteiligung bedacht wurden. Anderen Versicherungsnehmern, deren Vertrag in den vorhergegangenen Jahren auslief, kam dagegen eine erheblich geringe Überschussbeteiligung zu Gute, obgleich sie maßgeblich zum Aufbau der hohen RfB beigetragen hatten.[742]

(2) Verteilung im Wege der Direktgutschrift

Im Gegensatz zu der Gewährung laufender Gewinnanteile über die RfB, die mit Zeitverzögerungen verbunden ist, ermöglicht die ebenfalls 1984 durch das *BAV* eingeführte Direktgutschrift eine zeitnahe Überschussbeteiligung. Dabei erfolgt bereits vor Feststellung des tatsächlichen Überschusses eine Verteilung ohne den Umweg über die RfB.[743]

Die Höhe der Direktgutschrift ist so zu wählen, dass die Guthaben der Versicherten nicht nur mit dem Rechnungszins, sondern mit einem Gesamtzins von 5% verzinst werden.[744] Die Differenz zwischen dem jeweiligen Rechnungszins - zur Zeit 3,25% - und dem Satz von 5% ist unmittelbar zu Lasten des Geschäftsjahresergebnisses gutzuschreiben. Während diese Regelung für den Altbestand weiterhin gilt, gewähren die meisten Versicherungsunternehmen für den Neubestand einen Teil der über die garantierte Verzinsung hinaus anfallenden Kapitalerträge als Direktgutschrift, ohne dass hierfür eine gesetzliche Verpflichtung bestünde. Auch die aufsichtsrechtliche Beschränkung der freien RfB hat für den Neubestand keine Geltung mehr.[745]

(3) Verteilung im Wege der Gewährung von Schlussgewinnanteilen

Schließlich werden bei Fälligkeit der Versicherungsleistung Schlussgewinnanteile gewährt, mit denen ursprünglich Überschussspitzen an die Versicherten ausgeschüttet werden sollen[746]. Vor der Umsetzung der 3. EU-Lebensversicherungsrichtlinie

---

[741] Vgl. *Theis*, Lebensversicherung als Alterssicherungsinstitution, 198 m.w.N.

[742] *Theis*, Lebensversicherung als Alterssicherungsinstitution, 198.

[743] Vgl. *Theis*, Lebensversicherung als Alterssicherungsinstitution, 198.

[744] Demnach beläuft sich die Direktgutschrift bei einem Rechnungszins von 3,25% auf 1,75%; vgl. auch *Lührs*, Lebensversicherung, 214.

[745] *Theis*, Lebensversicherung als Alterssicherungsinstitution, 198.

[746] Zu laufender Überschussbeteiligung und Schlussüberschussbeteiligung sowie ihrer Regulierung vgl. *Lührs*, Lebensversicherung, 222 ff.

hatte das *BAV* die Höhe der Schlussgewinne im Sinne einer zeitnahen Überschussbeteiligung begrenzt, da sie es neben ihrer ursprünglichen Funktion den Unternehmen erlaubte, eine Erhöhung der Ablaufleistung auf Kosten der Leistung bei vorzeitiger Vertragsbeendigung herbeizuführen.[747]

eee) Überschussverwendung

Renditeerheblich ist neben der Überschussverteilung auch, wie die aufgeteilten Überschüsse auf den Versicherungsvertrag bzw. auf die Versicherungsprämie einwirken. Überschussverwendungssysteme sind zum einen die Beitragsverrechnung, zum anderen die verzinsliche Ansammlung und weiterhin der sog. Summen- bzw. Rentenzuwachs (sog. Bonussystem). Bei einer Beitragsverrechnung vermindert sich die zu zahlende Nettoprämie dadurch, dass der laufende Überschussanteil mit den Beiträgen verrechnet wird. Bei einer verzinslichen Ansammlung erfolgt eine Thesaurierung der Überschussanteile auf einem separaten Guthabenkonto des Versicherten. Bei Fälligkeit wird der Saldo zusammen mit der garantierten Versicherungsleistung ausgeschüttet. Im Fall des sog. Bonussystems werden die Überschussanteile pro Jahr zum Abschluss einer zusätzlichen Einmalprämienversicherung (Bonusversicherung) verwendet. Da diese regelmäßig das gleiche Leistungsschema wie die Hauptversicherung aufweist, wird eine Erhöhung der Versicherungsleistung bewirkt. Durch die Verwendung abweichender Leistungsmodalitäten können insbesondere der Todesfall- oder Erlebensfallbonus modifiziert werden. Renditeerheblich sind die Überschussverwendungssysteme insoweit, als sie die Leistungshöhe unmittelbar beeinflussen: Bei einer gemischten Kapitallebensversicherung bewirkt ein Bonussystem bei sonst gleichen Gewinnanteilen z.B. eine niedrigere Ablaufleistung als ein Ansammlungssystem. Dies ergibt sich daraus, dass eine höhere Todesfallleistung finanziert werden muss. Wird der Todesfallbonus gestrichen, kann das Ablaufergebnis des kapitalbildenden Versicherungsvertrags allerdings auch höher sein als bei verzinslichen Ansammlungssystemen.[748]

fff) Einflussmöglichkeiten des Versicherungsunternehmens auf die Gestaltung der Überschussbeteiligung

Den Lebensversicherungsunternehmen stehen in einem weiten Umfang Möglichkeiten zu, auf die Höhe der Überschussbeteiligung Einfluss zu nehmen. Als Ansatzpunkt kommt zum einen die Beeinflussung der Höhe des ausgewiesenen Rohüberschusses in Betracht. Dies ergibt sich aus zwei Umständen. Einerseits ist die Ge-

---

747 Hierzu etwa *Theis*, Lebensversicherung als Alterssicherungsinstitution, 196 ff. Das Ausmaß der Schlussüberschussbeteiligung und die Bedingungen ihrer Auszahlung sind besonders relevant bei einer Vertragskündigung, vgl. hierzu auch die untenstehenden Ausführungen zu sog. „Methusalem-Policen", F.III.4.p).

748 Zum Ganzen *Theis*, Lebensversicherung als Alterssicherungsinstitution, 196 ff.

samtleistung, die dem Bestand der Versicherungsnehmer gutgeschrieben wird, in erster Linie von der Höhe des Rohüberschusses abhängig, den das Versicherungsunternehmen ausweist. Andererseits besitzt der einzelne Versicherungsnehmer keine Garantie für eine bestimmte absolute Mindesthöhe der Überschussbeteiligung, sondern nur einen allgemeinen Anspruch auf seinen individuellen Anteil an insgesamt mindestens 90% der ausgewiesenen Rohüberschüsse. Bilanziert das Versicherungsunternehmen keinerlei verteilungsfähige Überschüsse, erhält der Versicherungsnehmer nur die fest zugesagte Versicherungssumme, für die der gesetzliche Garantiezins maßgeblich ist.[749]

Zu klären ist, inwieweit im einzelnen Ansatzpunkte für eine unternehmenspolitische Einflussnahme auf die Überschussbeteiligung existieren.

(1) Hebung, Legung und Übertragung stiller Reserven

Auf die Höhe des ausgewiesenen Rohüberschusses kann zunächst durch die Bildung und Auflösung stiller Reserven Einfluss genommen werden.

Stille Reserven[750] finden ihre rechtliche Grundlage in der Handelsbilanz in den §§ 248 ff. HGB. Es handelt sich hierbei um die Differenz zwischen dem Buchwert und dem auf den Stichtag des handels- oder steuerrechtlichen Jahresabschlusses bezogenen Zeitwert des Bilanzpostens.[751] Stille Reserven sind entweder auf eine verbindliche Bewertungsvorschrift, die Unsicherheit der Bewertung hinsichtlich der zukünftigen Wertentwicklung oder auf eine bewusste Bilanzierungsmaßnahme zurückzuführen.[752]

Eine Erhöhung des ausgewiesenen Rohertrags ist durch die **Auflösung stiller Reserven** möglich.[753] Diese kann bewußt oder unbewußt, offen oder still erfolgen. Eine bewusste Aufdeckung stiller Reserven ist einerseits durch Wertaufholung möglich, d.h. die Neubewertung eines bilanziellen Vermögensgegenstands oder einer Schuld, zum anderen im Rahmen von Umsatzgeschäften oder durch die Auflösung von Rückstellungen. Stille Reserven können weiterhin unbewusst, d.h. unabhängig von einer Maßnahme der Unternehmensführung aufgelöst werden. Dies ist der Fall, wenn der Zeitwert bei Aktivposten sinkt oder bei Passivposten steigt.[754] Soweit Versicherungsunternehmen über börsennotierte Kapitalanlagen verfügen, erfolgt eine unbewusste Auflösung stiller Reserven durch die schlichte Abwertung des Kurs-

---

749 Zur Bedeutung der Garantieverzinsung für das Vorliegen eines Prospektmangels siehe F.III.4.e).

750 Stille Reserven werden teilweise auch als versteckte, latente Reserven oder Rücklagen bezeichnet, vgl. *Dreyer*, Stille Reserven, 21.

751 Statt aller: *Dreyer*, Stille Reserven, 21 m.w.N.

752 Vgl. nur *Dreyer*, Stille Reserven, 23.

753 *Eifert*, Kapitallebensversicherung aus Verbrauchersicht, 78.

754 Vgl. *Dreyer*, Stille Reserven, 23.

werts im Rahmen der allgemeinen wirtschaftlichen Entwicklung. Im Rahmen des Wertverlusts können stille Reserven nicht nur vollständig aufgezehrt werden, sondern sich in stille Lasten verwandeln, soweit die Zeitwerte oder die Kurse der Kapitalanlagen unter den Buchwert sinken.[755]

Nach der bisher geltenden Rechtslage[756] können Lebensversicherer umgekehrt in Zeiten hoher Zinserträge oder Aktiengewinne **stille Reserven bilden**, anstatt die Gewinne vollständig auszuweisen. Hieraus resultiert eine Beschränkung der Höhe des ausgewiesenen Rohertrags.[757] Diese sog. Bewertungsreserven können in Zeiten niedriger Kapitalmarktzinsen oder Aktienkursrückgänge aufgelöst werden. Aus diesem Grund schwanken die Renditen von Kapitallebensversicherungen grundsätzlich weniger als die Renditen andere Geldanlagen. Zugleich liegt hierin die Ursache für den in Werbeaussagen der Finanzwirtschaft weit verbreiteten Hinweis auf die „Sicherheit" der Kapitallebensversicherung als Kapitalanlage. Die Legung stiller Reserven kann einerseits durch die Unterbewertung von Vermögensgegenständen oder die Überbewertung von Schulden erfolgen, weiterhin durch die Nichtaktivierung von Vermögensgegenständen, die Bilanzierung fiktiver Passiva oder das Unterlassen der Wertanpassung eines Bilanzpostens an Wertänderungen.[758] Für die Entstehung von stillen Reserven ist die Kenntnis oder fehlende Kenntnis des bilanzierenden Unternehmensorgans gleichgültig.[759]

Bis in die 90er Jahre konnte aufgrund unzureichender Informationen über die tatsächliche Höhe der bei Lebensversicherungsunternehmen vorhandenen Bewertungsreserven lediglich spekuliert werden. Erst seit der Umsetzung der EU-Versicherungsbilanzrichtlinie in das deutsche Recht im Jahr 1997 sind Versicherungsunternehmen verpflichtet, den Zeitwert ihres Wertpapierbestands im Anhang des Jahresabschlusses anzugeben. Seit 1999 ist auch der Zeitwert des Immobilienbestands publizierungspflichtig. Bestehende Bewertungsspielräume und einzelne von der Ausweispflicht befreite Anlagearten bewirken jedoch, dass noch immer keine vollständige Information über die Höhe stiller Reserven erteilt wird.[760]

---

755 Vgl. hierzu *Dreyer*, Stille Reserven, 94 f.

756 Zur Bildung stiller Reserven hat in der Vergangenheit die nach § 253 Abs. 3 HGB für die Bilanzierung von Vermögenswerten erforderliche Anwendung des Niederstwertprinzips geführt. Mit der Einführung der Bilanzierung nach International Accounting Standards (IAS) zum 1. Januar 2005 werden Versicherer allerdings gezwungen sein, ihre Vermögenswerte mit dem aktuellen Markt- bzw. Zeitwert auszuweisen. Die Bildung stiller Reserven ist hierdurch weitestgehend ausgeschlossen.

757 *Eifert*, Kapitallebensversicherung aus Verbrauchersicht, 78.

758 Vgl. *Dreyer*, Stille Reserven, 22 m.w.N.

759 Vgl. *Dreyer*, Stille Reserven, 22 m.w.N.

760 Vgl. *Theis*, Lebensversicherung als Alterssicherungsinstitution, 190.

(2) Bestandsübertragung gem. § 14 VAG

Bewertungsreserven können nicht nur zeitlich verzögert aufgelöst werden, sondern mit Hilfe einer Bestandsübertragung nach § 14 VAG den Versicherungsnehmern auch vollständig entzogen werden. Hiermit ist eine dauerhafte Schmälerung der Rendite der Lebensversicherungsverträge verbunden.[761]

Unter einer Bestandsübertragung ist ein Vertrag zu verstehen, durch den der Versicherungsbestand eines Versicherungsunternehmens in seiner Gesamtheit oder zum Teil mit allen aus den entsprechenden Versicherungsverträgen folgenden Rechten und Pflichten auf ein anderes Versicherungsunternehmen übertragen wird.[762] Damit ist auch eine Übertragung des dem Bestand zuzurechnenden Vermögens verbunden.[763] Da sich § 14 VAG allein auf die Bestandsübertragung als wirtschaftlichen Vorgang bezieht, ohne auf deren rechtliche Konstruktion einzugehen[764], kann ein Bestandsübergang auf unterschiedliche Wegen erreicht werden.[765] Die Bestandsübertragung unterliegt jedenfalls einer aufsichtsrechtlichen Genehmigungspflicht durch die Versicherungsaufsicht.[766] Die Motive zur Durchführung einer Bestandsübertragung sind vielfältig. Überwiegend wird die Bestandsübertragung im Rahmen der Sanierung von Lebensversicherungsunternehmen eingesetzt, die in eine finanzielle Krise geraten sind.[767] Daneben werden Bestandsübertragungen aus anderen unternehmenspolitischen Motiven durchgeführt, etwa im Rahmen einer Umgestaltung der Konzernstruktur oder zum Rückzug aus bestimmten Geschäftsfeldern.[768]

Für den Versicherungsnehmer ist die Bestandsübertragung unter Rentabilitätsgesichtspunkten vor allem deshalb problematisch, da eine Bestimmung des dem zu übertragenden Bestand zugehörigen Unternehmensvermögens wegen der fehlenden

---

761 *Theis*, Lebensversicherung als Alterssicherungsinstitution, 190.

762 Vgl. *Bruck*, Privatversicherungswesen, 115; *Fahr* in *Fahr/Kaulbach*, VAG, § 14 Rn 1; *Müller-Magdeburg*, Bestandsübertragung, 1; *Goldberg/Müller*, VAG, § 14 Rn 3; *Kisch*, VVaG, 286; *Nowak*, FS *Prölss*, 251

763 Vgl. *Müller-Magdeburg*, Bestandsübertragung, 1 ff.; *Theis*, Lebensversicherung als Alterssicherungsinstitution, 192.

764 *Fromm/Goldberg*, VAG, § 14 Rn 1; *Goldberg/Müller*, VAG, § 14 Rn 2; *Nowak*, FS Prölss, 255.

765 Zu den einzelnen Durchführungswegen vgl. statt aller: *Müller-Magdeburg*, Bestandsübertragung, 12 ff.

766 Das Erfordernis einer aufsichtsrechtlichen Genehmigung der Bestandsübertragung wurde 1931 in das VAG eingefügt, um im Interesse des Versichertenkollektivs zu verhindern, dass einzelne Versicherte durch die Verweigerung ihrer ansonsten nach § 415 BGB erforderlichen Zustimmung die Sanierung eines Versicherungsunternehmen unterbinden, vgl. *Theis*, Lebensversicherung als Alterssicherungsinstitution, 192 f.

767 Vgl. z.B. *BAV*, Geschfätsbericht 1998 Teil A, 43.

768 *Theis*, Lebensversicherung als Alterssicherungsinstitution, 192 f.; vgl. auch *Eifert*, Kapitallebensversicherung aus Verbrauchersicht, 86.

Trennung zwischen dem Vermögen des Versicherers, der Versicherten sowie unterschiedlicher Versichertengruppen nicht eindeutig möglich ist.[769] Daher entbrannte in den 80er Jahren eine kontroverse Diskussion über die unterlassene Übertragung von Vermögensteilen im Zuge der Umstrukturierung von Lebensversicherungskonzernen. Hierbei wurde das Lebensversicherungsgeschäft der zukünftigen Konzernspitze im Wege der Bestandsübertragung nach § 14 VAG an Tochtergesellschaften übertragen. Die Konzernspitze wurde in eine an den einzelnen Versicherungsunternehmen Holdinggesellschaft umgewandelt. Derartige Konzerngestaltungen sind unternehmenspolitisch vorteilhaft, da die Konzernspitze als bloße Holdinggesellschaft nunmehr selbst keine Versicherungsgeschäfte mehr betreibt und folglich von der Versicherungsaufsicht weitgehend befreit ist. Ohne das Verbot versicherungsfremder Geschäfte nach § 7 Abs. 2 VAG[770] konnten durch den uneingeschränkten Erwerb von Beteiligungen an Nicht-Versicherungsunternehmen unter dem Dach der Holdinggesellschaft ganze Finanzkonzerne geschaffen werden. Derartige Umstrukturierungen, bei denen regelmäßig fast das gesamte Vermögen mit Ausnahme von Beteiligungen an verbundenen Unternehmen übertragen wurden, sind etwa von den Versicherungskonzernen *Deutscher Herold*, *Victoria* und *Volksfürsorge* durchgeführt worden. In der Folge wurden - mit der Erlaubnis des *BAV* - erhebliche stille Reserven den Versicherten entzogen.[771]

Im Ergebnis sind Bestandsübertragungen mit Renditeeinbußen der Versicherten verbunden, da die Bewertungsreserven nicht mehr als Überschussträger zur Verfügung stehen.[772] *Theis* weist zudem zutreffend darauf hin, dass das übertragende Versicherungsunternehmen zudem die Möglichkeit habe, die stillen Reserven nicht aufzulösen, solange noch Verträge aus der Zeit vor der Bestandsübertragung bestehen.[773]

(3) Schlechterstellen geschlossener Tarife

Auch durch ein Schlechterstellen geschlossener Tarife kann Einfluss auf die Höhe der Überschussbeteiligung genommen werden. Wegen des dem Versicherungsunternehmen aufsichtsrechtlich eingeräumten Spielraums bei der Festsetzung der Überschussbeteiligung wird insoweit teilweise eine Benachteiligung von Versicherungsnehmern in solchen Tarifen befürchtet, die nicht mehr angeboten werden bzw. die ein Versicherungsunternehmen durch Bestandsübertragungen erhalten hat. Aus der

---

769 Vgl. *Theis*, Lebensversicherung als Alterssicherungsinstitution, 193.

770 Zum Verbot versicherungsfremder Geschäfte vgl. nur *Entzian*, Versicherungsfremde Geschäfte; *ders.*, FS Hübner, 65 ff., sowie *Heinrich*, VersR 1997, 1172.

771 *Theis*, Lebensversicherung als Alterssicherungsinstitution, 193 f.; vgl. auch *Leuering*, Erwerb von Beteiligungen, 85 ff.

772 Vgl. *Eifert*, Kapitallebensversicherung aus Verbrauchersicht, 84 f.

773 *Theis*, Lebensversicherung als Alterssicherungsinstitution, 194.

Sicht eines Lebensversicherungsunternehmen ist eine derartige Unternehmenspraxis interessant, da hierdurch zu Wettbewerbszwecken gerade aktuell am Markt angebotene Versicherungstarife mit relativ hohen Gewinnbeteiligungen bedacht werden können.[774]

(4) Rückstellungsbildung

Weiterhin kann durch die Bildung bilanzieller Rückstellungen der Rohüberschuss gemindert werden. Dem entsprechend ist in der Vergangenheit teilweise eine übermäßige Rückstellungsbildung kritisiert worden.[775] Wegen des starken Zuwachses an Reserven, die von Versicherungsunternehmen gebildet wurden, begrenzte 1985 das *BAV* die RfB der Höhe nach und ordnete ein kurzfristiges Abschmelzen der darüber hinausgehenden Beträge im Wege von Sonderausschüttungen an.[776]

(5) Überhöhte Verwaltungskosten

Weitere Einflussmöglichkeiten des Versicherungsunternehmens auf die Gestaltung der Überschussbeteiligung bestehen im Hinblick auf die Verwaltungskosten des Unternehmens. In der Literatur ist zutreffend darauf hingewiesen worden, dass in der Lebensversicherungsbranche eine hohe Kostenstruktur lediglich mittelbar zu Verlusten auf Unternehmensseite führt. Dies ergibt sich daraus, dass Defizite im Wege eines höheren Verwaltungskostenanteils und hieraus resultierend einer geringeren Überschussbeteiligung zunächst von der Versichertengemeinschaft getragen werden.[777] Seit langem kritisiert werden insoweit z.B. unangemessene Immobilien- und Repräsentationskosten[778], übersteigerte Aufwendungen für Kapitalverwaltung[779], überhöhte Vermittlerprovisionen zur Förderung des Neukundengeschäfts und, hieraus folgend, überrechnungsmäßige Vertriebs- und Stornokosten[780].

---

774 *Eifert*, Kapitallebensversicherung aus Verbrauchersicht, 87 und 151.

775 *Gärtner*, Privatversicherungsrecht, 257, 260.

776 Vgl. *Eifert*, Kapitallebensversicherung aus Verbrauchersicht, 78 ff m.w.N.

777 *Claus*, VerBAV 1980, 25; *Eifert*, Kapitallebensversicherung aus Verbrauchersicht, 81 f., *Thieltges*, Lebensversicherungen im Vergleich, 10.; vgl. auch *Finsinger*, Versicherungsmärkte, 19.

778 *Finsinger*, Versicherungsmärkte, 19 f.

779 Diese Kostenart wird allerdings nicht bei den laufenden Verwaltungskosten berücksichtigt, sondern ertragsmindernd dem Kapitalanlageergebnis zugeschrieben, vgl. *Eifert*, Kapitallebensversicherung aus Verbrauchersicht, 82.

780 *Eifert*, Kapitallebensversicherung aus Verbrauchersicht, 82 m.w.N.; im einzelnen hierzu F.III.4.o).

(6) Konzernweite Mittelübertragung

Der in § 8 VAG verankerte Spartentrennungsgrundsatz[781], mit dem insbesondere verhindert werden soll, dass die bei einem Lebensversicherungsunternehmen vorhandenen finanziellen Mittel auf andere Unternehmensteile übertragen werden, statt - wie versicherungsaufsichtsrechtlich gewünscht - den Versicherungsnehmern zugute zu kommen, hat zur Bildung von Versicherungskonzernen geführt, die insgesamt ein aus verschiedenen Versicherungsarten bestehendes Produktportfolio offerieren. Die Verbindungen zwischen den verbundenen Unternehmen sind oftmals so eng, dass der Unternehmensverbund trotz der juristischen Selbständigkeit der einzelnen Konzerngesellschaften betriebswirtschaftlich teilweise als einheitliches Unternehmen angesehen wird.[782] Insoweit kann die Höhe der Überschussbeteiligung durch die Übertragung von finanziellen Mitteln auf andere Konzerngesellschaften beeinflusst werden. Insoweit können insbesondere überhöhte Beiträge an das Rückversicherungsunternehmen des Konzerns überschussmindernd wirken.[783] Eine ensprechende Mittelverlagerung bietet weiterhin den Vorteil, dass die bei dem konzernverbundenen Rückversicherer entstehenden Gewinne im Hinblick auf ihre Verwendung nicht der für das überwachte Lebensversicherungsunternehmen geltenden versicherungsaufsichtsrechtlichen Einschränkungen unterliegen.[784] Darüber hinaus ist eine Überschussreduzierung z.B. dadurch möglich, dass Lebensversicherer Beteiligungen an konzernverbundenen Rückversicherungsunternehmen halten und insoweit eintretende Verluste Abschreibungen auf die Beteiligungswerte ermöglichen.[785] Weiterhin können durch Beteiligungsverkäufe innerhalb eines Konzerns, die entgeltliche Inanspruchnahme von Leistungen verbundener Unternehmen oder die Ausgliederung einzelner Funktionen Überschüsse gemindert werden.[786]

(7) Zeitverzögerungen bei der Überschussgutschrift

Der Überschuss steht dem Versicherten ohne eine weitere Verfügungsmöglichkeit des Versicherungsunternehmens erst nach der Zuteilung auf einen bestimmten Versicherungsvertrag zu. Bei der üblicherweise gegebenen Verwendung der Über-

---

781 Der Grundsatz der Spartentrennung bedeutet, dass ein Versicherungsunternehmen zum Schutz der Versicherten nicht alle Versicherungszweige betreiben darf. Für die Spartentrennung sprechen: Transparenz, verursachungsgerechte Zuordnung der Kosten, Verwendung von Beiträgen und Leistungen ausschließlich für die jeweilige Sparte, keine Quersubventionierung anderer Sparten, Verwendung eventueller Überschüße allein zu Gunsten der Versicherten der betreffenden Sparte und Konkurssicherung, vgl. *von Fürstenwerth/Weiß*, 597.

782 *Seng*, Informationen und Versicherungen, 214 m.w.N.

783 *Farny*, Versicherungswirtschaft, 167; *Krakowski*, Regulierung der Versicherungsmärkte, 466; *Eifert*, Kapitallebensversicherung aus Verbrauchersicht, 84.

784 *Gärtner*, Privatversicherungsrecht, 251; *Eifert*, Kapitallebensversicherung aus Verbrauchersicht, 84.

785 *Eifert*, Kapitallebensversicherung aus Verbrauchersicht, 85 m.w.N.

786 *Eifert*, Kapitallebensversicherung aus Verbrauchersicht, 85 m.w.N.

schussbeteiligung zur Leistungserhöhung erfolgt zudem erst ab diesem Moment eine garantierte Verzinsung. Deshalb kann die Rendite des überschussberechtigten Lebensversicherungsvertrags auch durch eine zeitliche Aufschiebung der Überschussgutbringung, also des Zeitpunkts, in dem der für die Versicherten vorgesehene Teil des Überschusses den einzelnen Versicherungsverträgen gutgeschrieben wird, reduziert werden.[787]

(8) Würdigung

Im Ergebnis stehen dem Versicherungsunternehmen somit zahlreiche unternehmenspolitische Maßnahmen zur Verfügung, um auf die Höhe der Überschussbeteiligung Einfluss zu nehmen.

cc) Tatsächliche Problematik der Renditeentwicklung seit dem Jahr 2000

Während es den Lebensversicherungsunternehmen in der Vergangenheit über einen vergleichsweise langen Zeitraum gelungen ist, eine Überschussbeteiligung weit oberhalb des jeweils aktuellen Zinsniveaus zu gewähren, entwickeln sich die Angebotsrenditen der marktführenden Lebensversicherer seit geraumer Zeit rückläufig.

Die Aufrecherhaltung hoher Zinsüberschussanteilsätze in der Vergangenheit war im wesentlichen auf drei Ursachen zurückzuführen, nämlich überproportionale Anlageergebnisse an den Aktienmärkten, die Realisierung von Bewertungsreserven in den Kapitalanlagen sowie die Stützung der Gewinnausschüttungen durch Einsatz von freien Mitteln der disponiblen RfB[788], die bei vielen Gesellschaften den Wert einer einjährigen Gewinndeklaration übersteigt. Sofern die für die Überschussbeteiligung erforderlichen Mittel nicht in ausreichendem Umfang der RfB zugeführt werden können, können die Gesellschaften den Fehlbetrag aus der disponiblen RfB entnehmen und so die Gewinnbeteiligung stützen. Das Vorhandensein disponibler RfB-Mittel setzt allerdings voraus, dass es zuvor auch Jahre gegeben hat, in denen der RfB insgesamt mehr Mittel zugeführt werden konnten als für die Gewinnbeteiligung des betreffenden Jahres benötigt wurden.

Die Senkung der Zinsüberschussanteilsätze vom Ende des Jahres 2001 geht im wesentlichen auf eine Folge von extremen Entwicklungen an allen wichtigen Anlagemärkten - Immobilien, festverzinsliche Wertpapiere, Aktien - zurück.[789] Aber auch in der jüngsten Vergangenheit haben vor allem die vergleichsweise niedrigen Zinsen am Kapitalmarkt[790] und die Kursverluste an den Aktienbörsen an den Über-

---

787 Vgl. *Theis*, Lebensversicherung als Alterssicherungsinstitution, 195.

788 Zum Begriff der freien RfB siehe hierzu F.III.4.a)bb)ddd)(1).

789 *N.N.*, Frankfurter Allgemeine Zeitung, 28.01.2002, Nr. 23, 29.

790 Vgl. auch Finanztest 1/2002, 76 f.

schüssen der Lebensversicherung gezehrt.[791] Durch die deutlich volatilere Entwicklung der Anlagemärkte können die Versicherer gegenwärtig nur geringe Erträge aus Aktien- und Fondsanlagen erwirtschaften. Marktweit ist eine Abschmelzung der disponiblen RfB zur Stützung der Überschüsse zu beobachten. Dies ist bei länger anhaltenden volatilen Kapitalmarktsituationen nicht dauerhaft durchführbar. Vielfach ist sogar ein Abschreibungsbedarf entstanden, der das Kapitalanlageergebnis zusätzlich belastet[792].

Auch die Realisierung von Bewertungsreserven in den Kapitalanlagen durch Aufdeckung stiller Reserven zur Stützung der Ertragssituation ist schwieriger geworden. Zum einen haben gesunkene Aktienkurse in einem derartig erheblichem Umfang stille Reserven vernichtet, dass teilweise stille Lasten entstanden sind. Überdies läuft der überwiegende Teil der höher verzinslichen Anlagen in den Kapitalanlageportfolios der Gesellschaften aus, wodurch die Reserveposition der Versicherer zusätzlich belastet werden. Schließlich haben die Versicherer in der Vergangenheit ihre Reserven im Interesse einer Stützung der Gewinnbeteiligung zu einem erheblichen Anteil aufgebraucht.[793]

Aufgrund des hohen Anteils der Kapitalanlageergebnisse am Gesamtüberschuss von durchschnittlich mehr als 80%[794] können die Verbesserungen der anderen Ergebnisse nicht die Einbußen im Kapitalanlageergebnis ausgleichen[795].

Die Aufzehrung stiller Reserven hat zudem nicht nur negative Konsequenzen für eine mögliche Ergebnisstabilisierung. Sie beeinträchtigt auch die Risikotragfähigkeit der Kapitalanlageportefeuilles, da Versicherungsunternehmen ohne nennenswerte stille Reserven ihre Aktienposition nicht erweitern können. Ansonsten würden sie sich erheblichen Abschreibungsrisiken aussetzen. Wegen der anhaltenden Niedrigzinsphase im Kapitlamarktsegment festverzinslicher Rentenwerte wäre ein Ausbau der Aktienanlagen aber gerade von Vorteil, um bei einer sich erholenden Börsensituation entsprechend höhere Zusatzerträge zu generieren.

Zudem weist das sog. Risiko- und Stornoergebnis nicht bei allen Lebensversicherungsprodukten einen positiven Trend auf. So kann zwar durch Risikoselektion bei der Annahme in den Risiko- und Kapitallebensversicherungen Einfluss auf das Risikoergebnis genommen werden, die Effekte auf den Gesamtüberschuss sind aber

---

791 Vgl. *N.N.*, VW 2002, 1918; *N.N.*, Frankfurter Allgemeine Zeitung vom 20.10.2001, Nr. 244, 23.

792 Siehe insoweit auch die Ausführungen zur Nichtabschreibungsmöglichkeit des § 341b HGB, F.III.4.h)aa)ddd)(3).

793 Vgl. *N.N.*, Frankfurter Allgemeine Zeitung vom 20.06.2002, Nr. 140, 25; *N.N.*, Frankfurter Allgemeine Zeitung vom 20.06.2002, Nr. 140, 25.

794 Vgl. *N.N.*, Frankfurter Allgemeine Zeitung vom 20.06.2002, Nr. 140, 25; vgl. *N.N.*, Frankfurter Allgemeine Zeitung vom 30.08.2002, 19.

795 Vgl. z.B. *Baumgärtner/Aschenbrenner*, VW 2002, 1945 f.

eher gering und langfristiger Natur. Die höhere allgemeine Lebenserwartung trägt bei diesen Produkten zu einer Verbesserung des Risikoergebnisses bei. In der Rentenversicherung dagegen belastet die niedrigere Sterblichkeit das Risikoergebnis.[796]

In der Vergangenheit konnten auch Fälle beobachtet werden, in denen unhaltbare Renditeversprechungen von früher angebotenen Kapitalisierungsprodukten eine Ursache dafür waren, dass Renditeversprechen von aktuell angebotenen Produkten nicht eingehalten werden können. Exemplarisch kann insoweit auf ein Angebot der britischen *Equitable Life*, verwiesen werden. Die Gesellschaft hatte Mitte der neunziger Jahre innovative private Rentenversicherungen gegen Einmalbeitrag verkauft, deren besondere Attraktivität eine außergewöhnlich hohe und vollständig garantierte Rente[797] darstellte. Das Neugeschäft in Deutschland ist inzwischen eingestellt worden.[798] Die Ursache hierfür bildete ein 20 Jahre zuvor von der Gesellschaft vertriebenes Kapitalisierungsprodukt, eine Lebensversicherungen mit garantierter hoher Verzinsung und Rentenwahlrecht. In Zeiten höchster Anleihezinsen wurde für diese Garantien keine Rückstellungen gebildet. Um die aufgelaufenen Fehlbeträge auszugleichen, sollten deshalb später die Boni der Kunden bei Vertragsende gekürzt werden. Dies wurde von der Rechtsprechung untersagt. Stattdessen mussten die Gewinne anderer Verträge gekürzt und für die Nachreservierung verwendet werden. Aus diesem Grund bittet die Versicherungsgesellschaft gegenwärtig ihre Altkunden, freiwillig bis auf die Hälfte ihrer Rente zu verzichten.[799]

Die derzeit am Kapitalmarkt erzielbaren Renditen bei festverzinslichen Wertpapieren reichen bei weitem nicht mehr aus, um das Niveau der Überschussbeteiligung zu halten. Branchenkenner nehmen teilweise an, dass die aktuelle Schwächeperiode als das „katastrophalste Szenario, das sich ein Lebensversicherer überhaupt vorstellen kann“[800] noch mehrere Jahre andauern wird.[801] Bei Anhalten der Marktvolatilität ist möglicherweise sogar mit einer Senkung des Garantiezinses nach § 2 DeckRV zu rechnen[802], wodurch die Rentabilität der Kapitallebensversicherung weiter sinken könnte. Diese Entwicklung hat zu Sorge über eine ggf. bevorstehende Insolvenz einzelner Lebensversicherer Anlass gegeben und vereinzelt zur Anord-

---

796 Vgl. insoweit insbesondere die Problematik der nachträglichen Anpassung von Rechnungsgrundlagen nach Vertragsschluss, F.III.4.e).

797 Wer mit 65 im Mai 1995 einen Betrag von 100.000 EUR eingezahlt hatte, sollte bis an sein Lebensende einen garantierten Betrag von 10.234 EUR Jahresrente ausgezahlt bekommen.

798 Vgl. *Pohl*, Frankfurter Allgemeine Sonntagszeitung, 10.03.2002, 49.

799 Vgl. *Pohl*, Frankfurter Allgemeine Sonntagszeitung, 10.03.2002, 49.

800 *Uttich*, Frankfurter Allgemeine Sonntagszeitung, 21.10.2001, Nr. 42, 43.

801 *Pohl*, Frankfurter Allgemeine Sonntagszeitung, 30.12.2001, Nr. 52, 59.

802 Hiersfür spricht z.B., dass der schweizerische Bundesrat den Mindestzinssatz in der beruflichen Vorsorge mit Wirkung vom 1. Oktober 2002 von 4% auf 3% herabgesetzt hat.

nung der Zwangsverwaltung von Versicherungsunternehmen durch die *BAFin* geführt[803].

Der Abbau stillen Reserver in der Lebensversicherungsbranche hat dazu geführt, dass stille Reserven inzwischen kein wesentlicher Marktvorteil mehr sind. Der Wettbewerb dürfte vielmehr von der Höhe der freien RfB[804] abhängen.[805]. Hierfür spricht, dass Verbraucher seit dem Bekanntwerden der Krise in der Lebensversicherungsbranche verstärkt auf die Angebot von Versicherungsunternehmen mit relativ starkem Risikokapital[806] zusteuern.[807]

b) Die Problematik der Überschussangaben

Fraglich ist, inwieweit Prospektmängel im Zusammenhang mit Überschuss- und Renditeangaben vorliegen können.

aa) Erheblichkeit von Überschussangaben für die Anlegerentscheidung

Überschussangaben sind für eine Entscheidung des Anlegers unter Renditegesichtspunkten nach wie vor von ausschlaggebender Bedeutung. Bis zur Deregulierung des Lebensversicherungsmarktes waren infolge der Produkt- und Preisregulierung des *BAV* innerhalb einer bestimmten Versicherungsform bei einer gegebenen Versicherungssumme die Prämien und Bedingungen weitgehend einheitlich[808]. Aufgrund der Regulierungen des *BAV* konnte auf dem Lebensversicherungsmarkt weder ein Produkt- noch ein Preiswettbewerb stattfinden.[809] Deshalb war bis 1994 die voraussichtliche Höhe der Überschussbeteiligung das entscheidende Unterscheidungsmerkmal zwischen den einzelnen Angeboten[810]. Über sie erfolgte der Wettbewerb zwischen den einzelnen Anbietern.[811] An der Bedeutung der voraussichtlichen Ü-

---

803 So hat die *BAFin* im Sommer 2002 in Anwendung von § 81 Abs. 2a VAG an die Spitze der angeschlagenen Familienfürsorge Lebensversicherung einen Sonderbeauftragten gestellt, der alle Maßnahmen zu treffen hat, die unter alleiniger Berücksichtigung der Interessen der Versicherten notwendig sind, um die Versicherungsverträge fortzuführen. Allgemein zur Bestellung eines Sonderbeauftragten vgl. z.B. *Kollhosser* in *Prölss*, VAG, § 81 Rn 103 ff.

804 Zum Begriff der freien RfB siehe hierzu F.III.4.a)bb)ddd)(1).

805 Vgl. *Zielke*, VW 2002, 1826.

806 Nach der hier vertretenen Auffassung umfasst der Begriff des Risikokapitals die Gesamtheit von Eigenkapital, stillen Reserven und der RfB, vgl. auch *Zielke*, VW 2002, 1826.

807 Vgl. *Zielke*, VW 2002, 1826.

808 Instruktiv etwa *Jannott*, Auswirkungen der Deregulierung des Aufsichtsrechts auf den Versicherungsvertrieb, Karlsruhe 1994.

809 *Lorenz*, Auskunftansprüche, 5.

810 *Eifert*, Kapitallebensversicherung aus Verbrauchersicht, 146.

811 *Gäfgen/Endres*, ökonomische Perspektive, 20; *Finsinger*, Versicherungsmärkte, 37; *Eifert*, Kapitallebensversicherung aus Verbrauchersicht, 156.

berschussbeteiligung für die Absatzwerbung der Lebensversicherungsunternehmen hat jedoch auch die Deregulierung des Lebensversicherungsmarktes 1994 nichts Wesentliches verändert. Zwar haben die Produktgestaltungsmöglichkeiten und damit die Produkt- und Tarifvielfalt auch im Lebensversicherungsmarkt erheblich zugenommen[812]. Der Wettbewerb erfolgt im wesentlichen trotzdem noch immer über die Höhe der Überschussbeteiligung, da diese für die Bestimmung der Rendite entscheidend ist.[813]

bb) Zentrale Probleme der Werbung mit Überschussangaben

Das entscheidende Problem für die hier untersuchte Frage der Prospekthaftung für Angaben über die voraussichtliche Überschussbeteiligung ist, dass ihre Höhe zum Zeitpunkt des Vertragsabschlusses nicht mit Sicherheit vorhersehbar ist.[814] Dies ergibt sich vor allem daraus, dass die tatsächliche Höhe der Sicherheitszuschläge und der Umfang, in dem sie benötigt wurden, erst bei Beendigung des Vertragsverhältnisses festgestellt werden kann[815]. Diese Kenntnis ist aber gerade Voraussetzung dafür, den Gewinn eines Versicherers nach objektiven Kriterien - entsprechend dem jeweiligen Beitrag zur Entstehung - auf die Versicherten und das Unternehmen aufzuteilen[816].

Damit ist bereits eine der zentralen Voraussetzungen zum Ausschluss von Prospekthaftungsrisiken insbesondere bei der Werbung mit Hilfe von Beispielrechnungen, aber auch bei anderen Leistungsdarstellungen, angesprochen. Um eine Irreführung des Versicherungsinteressenten über die Rendite des kapitalbildenden Lebensversicherungsvertrags zu vermeiden, muss eindeutig und unübersehbar zwischen den garantierten Leistungen und den Leistungen einschließlich der Überschussbeteiligung unterschieden und deutlich gemacht werden, dass dem Versicherungsnehmer bei Vertragsschluss nur die garantierten Leistungen zugesagt werden können. Das *BAV* meint insoweit, dass hierzu die garantierten Leistungen bereits drucktechnisch im Vordergrund stehen müssen und nicht gleichrangig in einer Tabelle mit den Leistungen einschließlich der Überschussbeteiligung aufgeführt werden dürfen[817]. Dem

---

812 Vgl. *Hübner*, EuZW 1/1995, Editorial, 1.

813 Die Überschussbeteiligung macht meistens rund die Hälfte der Summe aus, die eine Lebensversicherung auszahlt, vgl. *Uttich*, Frankfurter Allgemeine Sonntagszeitung, 21.10.2001, Nr. 42, 43.

814 *Claus*, VerBAV 1980, 24; *Gärtner*, 1980, Privatversicherungsrecht, 346; *Gäfgen/Endres*, ökonomische Perspektive, 20; *Eifert*, Kapitallebensversicherung aus Verbrauchersicht, 147.

815 Vgl. *Hölscher*, ZVersWiss 85 (1996), 41, 47; *Dreyer*, Stille Reserven, 124.

816 Vgl. *Hölscher*, ZVersWiss 85 (1996), 41, 47; *Claus*, VerBAV 1980, 111.

817 Dies kann nach Ansicht des *BAV* z.B. dadurch geschehen, dass die garantierten Leistungen - anders als die Leistungen einschließlich Überschussbeteiligung - im Fettdruck erscheinen, vgl. *BAV*, R2/2000, VerBAV 2000, 252 ff.

ist grundsätzlich zuzustimmen, da auch intransparente Prospektangaben eine Informationspflicht begründen können[818].

Im Gegensatz zu festverzinslichen Wertpapieren, bei denen die Rendite durch fest vereinbarte Zinssätze vorgegeben ist, unterliegen deshalb auch Kapitallebensversicherungen Schwankungen hinsichtlich ihrer Rentabilität. Um überhaupt eine Aussage über die voraussichtliche Rendite treffen zu können, die neben der Frage der Sicherheit und Verfügbarkeit einer Kapitalanlage der wesentliche Entscheidungsfaktor von Kapitalanlegern ist, bedienen sich die Anbieter deshalb des Instruments der Prognose.

Nach allgemeiner Definition ist eine Prognose eine Aussage über zukünftige Ereignisse, insbesondere über zukünftige Werte ökonomischer Variablen, beruhend auf Beobachtungen aus der Vergangenheit und auf theoretisch fundierten objektiven Verfahren. Die wesentliche Grundlage jeder Prognose ist damit eine allgemeine Stabilitätshypothese, die besagt, dass gewisse Grundstrukturen in der Vergangenheit und Zukunft mehr oder weniger unverändert wirken. Prognosen basieren insoweit in erster Linie auf Hypothesen. Lediglich das Bestehen einer Prognose ist eine Tatsache. Im Bezug auf ihr Ergebnis handelt es sich um eine Meinungsäußerung, d.h. ein Werturteil.[819]

Da für die Prognosen zur Überschussentwicklung in der kapitalbildenden Lebensversicherung vor allem die Entwicklung der Anlagemärkte von Bedeutung ist[820], liegt insoweit auch eine Wirtschaftsprognose vor. Wirtschaftsprognosen stützen aber sich vor allem auf Variablen, die in den meisten Fällen von äußeren Ereignissen bestimmt werden und nicht oder kaum durch denjenigen gestaltbar sind, der die Prognose vornimmt. Danach überrascht es nicht, dass sich, wie die Vergangenheit gezeigt hat, Prognosen, insbesondere Wirtschaftsprognosen, nur in sehr beschränktem Maße erfüllen, und im Nachhinein prognostizierte Entwicklung und Realität oft deutlich auseinanderklaffen.

cc) Erscheinungsformen von Überschussprognosen und Begriff der Beispielrechnungen

Um einem Versicherungsinteressenten trotz der Unsicherheit der zukünftigen Entwicklung einen anschaulichen Anhaltspunkt geben zu können, mit welchen Ergebnissen er rechnen kann, wurde die Prognoseform der sog. Beispielrechnungen ent-

---

818 Siehe F.III.1.c)dd).

819 Zur Prüfungsfähigkeit von Prognosen siehe F.III.4.c).

820 Siehe F.III.4.a)bb).

wickelt, in denen die gegenwärtige Gewinnsituation eines Unternehmens in die Zukunft hochgerechnet wird.[821]

Der Begriff der Beispielrechnung[822] ist gesetzlich nicht definiert. Entsprechend dem natürlichen Wortsinn und unter Berücksichtigung der in dieser Arbeit untersuchten Anlageprodukte sind unter dem Begriff der Beispielrechnungen alle zahlenmäßigen Darstellungen zur künftigen Überschussbeteiligung des Kapitallebensversicherungsvertrags zu verstehen, die von dem Versicherer im Rahmen des Verkaufsprozesses einem potentiellen Versicherungskunden zugänglich gemacht werden. Hierbei ist eine weite Auslegung vorzunehmen, die begrifflich neben umfangreichen Zahlenreihen, etwa zu den Rückkaufswerten bei einer gemischten Kapitallebensversicherung oder dem Verlauf der Altersrente nach Rentenbeginn, auch einzelne Zahlenangaben erfasst, etwa Angaben über die Ablaufleistung bei einer gemischten Kapitallebensversicherung oder die Kapitalabfindungssumme bei einer Rentenversicherung.[823] Auch textliche Erläuterungen sind als Beispielrechnungen anzusehen, soweit sie entsprechende Angaben enthalten. Bei dem Prototyp der Beispielrechnungen und vorrangigen Gegenstand dieser Untersuchung handelt es sich um die hochgerechneten Ablaufleistungen im Rahmen der Kapitallebens- bzw. Rentenversicherung.[824]

dd) Objektive Bedeutung von Beispielrechnungen für den Absatzprozess

Im Wettbewerb werden die Leistungen der Versicherer vor allem anhand rentabilitätsbezogener Angaben verglichen[825]. Beispielrechnungen kommt insoweit besondere Bedeutung zu, da sie eine komprimierte Leistungsdarstellung enthalten.

Bei der gemischten Kapitallebensversicherung erfolgt der Vergleich verschiedener Versicherungsangebote im wesentlichen anhand der Ablaufleistung einschließlich der Überschussbeteiligung bei vorgegebener Prämie.

Werden Versicherungsprodukte mit anderen Anlageformen verglichen, ist die sog. Erlebensfallrendite, ggf. unter Berücksichtigung von Steuern, das Entscheidungs-

---

821 *Gäfgen/Endres*, ökonomische Perspektive, 20 f.; vgl. *Eifert*, Kapitallebensversicherung aus Verbrauchersicht, 147.

822 Synonym werden teilweise die Begriffe der Zukunfts- bzw. Vergangenheitsrechnun, Hochrechnung oder Prognoserechnung verwendet.

823 Ähnlich *Goecke/Will*, Renditewettbewerb, 52; für Beispiele von Beispielrechnungen vgl. etwa *Furtmayr*, AVmG, Kap. H.

824 Nach Auffassung des *BAV* sollen in Beispielrechnungen grundsätzlich die individuellen Daten des Versicherungsnehmers zu verwenden sein. Etwas anderes gilt nur dann, wenn die Verwendung individueller Versicherungsnehmer-Daten nicht möglich ist, also beispielsweise in der öffentlichen Werbung, oder wenn die Daten dem Lebensversicherer nicht bekannt sind, *BAV*, R2/2000, VerBAV 2000, 252 ff.

825 Vgl. *Jacob*, Investmentfonds, 56.

kriterium. Bei der aufgeschobenen Rentenversicherung ist regelmäßig die Kapitalabfindung einschließlich der Überschussbeteiligug und ggf. auch die Erlebensfallrendite ein wesentliches Entscheidungskriterium, bei der Rentenversicherung gegen Einmalbetrag die Höhe der Rente einschließlich der Überschussbeteiligung während der Rentenphase[826].

Die Beispielrechnungen stellen für die Versicherten aber nicht nur die erste Informationsquelle dar, oftmals ist sie zugleich die einzige[827]. Infolge ihrer scheinbaren Authentizität[828] sind sie besonders geeignet, Renditehoffnungen zu wecken. Die Verwendung von Beispielrechnungen ist insoweit nicht unproblematisch. Selbst von Seiten der Lebensversicherung wird zugestanden, „dass die klassische Kapitallebensversicherung gerade über die Prognosen der Überschussbeteiligung millionenfach als ein Produkt verkauft worden ist, das für die Auszahlungssumme eine pauschale Garantie suggeriert". Vertreter der Lebensassekuranz weisen insoweit auf einen „marketingbegründeten Zwang, Überschussprognosen anzugeben"[829] hin. Teilweise wird sogar behauptet, es gebe einen „Wettbewerb nicht um die höchste Überschussbeteiligung, sondern um die optimistischste Beispielrechnung"[830]. Dem entsprechend reicht das Meinungsspektrum von der Bezeichnung als „Zaubermittel, mit dem viel Missbrauch getrieben wird"[831] bis hin zu der der Behauptung, Beispielrechnungen dienten dazu, eine „*Renditelüge*" zu verbreiten[832]. Es wird allerdings auch sachliche Kritik geübt. Obwohl zum Teil bereits die Rechtmäßigkeit des Prognoseverfahrens an sich in Frage gestellt wird[833], beziehen sich die Kritiker überwiegend auf Einzelaspekte der Verwendung von Beispielrechnungen. Die ent-

---

826 Vgl. *Goecke/Will*, Renditewettbewerb, 54.

827 Ob die Überschussbeteiligung zukünftig weiterhin im Mittelpunkt des Vertriebs stehen wird, muss allerdings bezweifelt werden. Durch Nutzung der Nichtabschreibungsmöglichkeit des § 341b HGB konnten im Jahr 2001 bilanzielle Wertberichtigungen und eine Korrektur der stillen Reserven in einem großen Umfang vermieden werden. Dies führte jedoch dazu, dass in den Bilanzen vieler Versicherungsgesellschaften statt stiller Reserven stille Lasten entstanden. Zum Ende des Bilanzierungszeitraums des Jahres 2002 waren daher spürbare Wertberichtigungen unvermeidbar. Aufgrund dieser Zinsabschreibungen und der auch nach dem Jahr 2001 weiterhin schlechten Börsenentwicklung haben viele Lebensversicherungen ihre Überschussbeteiligungen erneut gesenkt und Beispielrechnungen überdacht. In der Folge geben heute nahezu alle Lebensversicherer nur noch verschiedene Verzinsungsszenarien an, ohne eines davon als das aussichtsreichste darzustellen. Vgl. zum Ganzen *Zielke*, VW 2002, 1826, 1830.

828 Teilweise wird in Beispielrechnungen die voraussichtlich gewährte Überschussbeteiligung auf zwei Dezimalstellen hinter dem Komma angegeben.

829 Vgl. die entsprechende Aussage von *Michael Wolf*, Vorstandsvorsitzender der Skandia Lebensversicherung AG in Berlin, in: Frankfurter Allgemeine Zeitung vom 20.10.2001, Nr. 244, 23.

830 *Eifert*, Kapitallebensversicherung aus Verbrauchersicht, 156.

831 *Lempennau*, Die Woche vom 12.12.2000, 17.

832 *Wolff*, Capital 1989, 146 ff.; *Henry*, Capital 1992, 92, 94; *Eifert*, Kapitallebensversicherung aus Verbrauchersicht, 152.

833 Vgl. *Blaesius*, Bewertung von Lebensversicherungsverträgen, 142 f.

sprechenden Ansatzpunkte sind vielfältig. Wesentliche Kritikpunkte sollen im folgenden aufgegriffen werden.

In der jüngsten Vergangenheit haben auch empirische Studien darauf aufmerksam gemacht, dass die Beispielrechnungen der Lebensversicherer mit Problemen behaftet sind. Bei den von *Goecke/Will*[834] untersuchten Kapitallebensversicherungen waren 18% der Beispielrechnungen anhand von externen Unternehmensdaten nicht nachvollziehbar, bei den untersuchten Rentenversicherungen betrug der Anteil sogar fast 30%. Dabei beruhen die in der Studie verwendeten Unternehmenskennzahlen aus dem Jahre 1999, in dem insbesondere bei den Kapitalanlagenergebnissen der Versicherer überwiegend noch keine Einbrüche verzeichnet wurden. Um so mehr muss die Plausibilität von Überschussprognosen seit den Jahren 2000/2001 in Zweifel gezogen werden, in denen es an allen Anlagemärkten zu massiven Einbrüchen gekommen ist.

c) Wann sind Beispielrechnungen mangelbehaftet?

Fraglich ist, inwieweit Prospektmängel im Zusammenhang mit der Verwendung von Beispielrechnungen bestehen können.

aa) Besondere Beurteilungsmaßstäbe

Zunächst stellt sich die Frage, ob die Fehlerhaftigkeit von Beispielrechnungen anhand eines speziellen Maßstab bestimmt werden kann.

aaa) Rechtsrahmen vor der Deregulierung des Lebensversicherungsmarkts

In aufsichtsrechtlicher Hinsicht unterlag die Verwendung von Beispielrechnungen bis zur Deregulierung des Lebensversicherungsmarkts engen Beschränkungen. Beispielrechnungen mussten vor ihrer Verwendung vom *BAV* jeweils für den Zeitraum eines Geschäftsjahres genehmigt werden.[835] Die Voraussetzungen für eine Genehmigung hatte das *BAV* hatte auf der Grundlage des § 81 Abs. 2 VAG a.F.[836] vor allem in seinem Rundschreiben R 3/1986[837] „Grundsätze für die Darstellung und Erläuterung der künftigen Überschussbeteiligung“[838] formuliert[839].

---

[834] *Goecke, Oskar / Will, Reiner:* Der Renditewettbewerb in der Lebensversicherung - Marktstudie zur Plausibilität von Beispielrechnungen; Lohmar-Köln 2001.

[835] *Seuß*, FS Gehrhardt, 379.

[836] Gemeint ist die Fassung des § 81 Abs. 2 VAG vor der Deregulierung des Lebensversicherungsmarkts durch das Dritte Durchführungsgesetz/EWG zum VAG vom 21.7.1994, BGBl. I 1994, 1630.

[837] VerBAV 1986, 264.

[838] Vgl. die Neufassung der VAG in VerBAV 1987, 125.

[839] Vgl. überdies *BAV*, R 5/1988, VerBAV 1988, 411 ff. sowie VerBAV 1989, 187 ff.; zur fondsge-

So waren z.B. Darstellungen nur bis zu einer Vertragsdauer von 30, in Einzelfällen bis zu 40 Jahren zulässig. Die Leistungen aus der Überschussbeteiligung mussten mindestens für die ersten 5, für das 7. und 10., anschließend für jedes weitere 5. Jahr sowie für die letzten 5 Jahre der Vertragslaufzeit dargestellt werden. Den Beispielrechnungen waren die zuletzt deklarierten Überschussanteilssätze zu Grunde zu legen. Aufgund der Unsicherheit der zukünftigen Entwicklung der Überschüsse schrieb das *BAV* den Lebensversicherungsunternehmen vor, dass alle Beispielrechnungen den Kunden gegenüber ausdrücklich als unverbindlich zu kennzeichnen sind.[840]

Im Rahmen der Beispielrechnungen mussten die Unternehmen dem Versicherungsinteressenten gleichzeitig zudem eine Vergleichsrechnung präsentieren, die dem Kunden verdeutlichen sollte, welche Konsequenzen ein ungünstiger Verlauf der Bestimmungsfaktoren der Überschusshöhe haben könnte.[841] In den Vergleichszahlen mussten zu Anschauungszwecken die in den laufenden und den einmaligen Überschusszahlungen enthaltenen Zinsüberschussanteile halbiert oder zumindest die dadurch ausgelöste Verminderung der Ablaufleistung prozentual angegeben werden.[842] Bei Standardkombinationen waren dem *BAV* vollständige Muster von Beispielrechnungen vorzulegen. Im übrigen verlangte das *BAV* als Voraussetzung für seine Zustimmung, dass die in Aussicht gestellte Überschussbeteiligung auf der Basis der heutigen Situation „finanzierbar“ erscheinen musste[843], wobei sich als geeignete Nachweismethodik weitgehend das sog. Verbundsverfahren durchgesetzt hat[844].

Nach den Vorstellungen des *BAV* sollten die 1986 festgesetzten Grundsätze für Beispielrechnungen es den Versicherungsinteressenten ermöglichen, für die individuelle Versicherungskombination „die künftig voraussichtlich zu erwartenden Leistungen aus der Überschussbeteiligung“ bei den Gesellschaften anzufordern.[845] Aus der Sicht des *BAV* sollten die in den Beispielrechnungen verwendeten Zahlenangaben realistische Erfahrungswerte der künftigen Überschussbeteiligung enthalten.[846] We-

---

bundenen Lebensversicherung vgl. VerBAV 1991, 411, vgl. auch *BAV*, R 2/2000, VerBAV 2000, 252 ff.

840 Vgl. z.B. *BAV*, VerBAV 1990, 332 f.; VerBAV 1991, 411 ff.; *Gärtner*, Privatversicherungsrecht, 346, Fn 21.

841 *Vogel*, VerBAV 1979, 248 ff.

842 Vgl. *BAV*, VerBAV 1986, 265.

843 Vgl. *BAV*, VerBAV 1979, 188 ff.

844 Vgl. *BAV*, VerBAV 1986, 265.

845 *Saxer*, VerBAV 1987, 531, 532 zu *BAV*-Rundschreiben R 3/1986 (VerBAV 1986, 264). Mit Rundschreiben R 5/1988, VerBAV 1988, 411, wurden die Grundsätze zwar nochmals neu gefasst, jedoch betrafen die Änderungen im Wesentlichen die Quellensteuer, vgl. *Goecke/Will*, Renditewettbewerb, 56.

846 Sog. Erwartungswert-Konzept der Beispielrechnungen, vgl. *Goecke/Will*, Renditewettbewerb, 56; vgl. auch *BAV*, R 2/2000, 3, VerBAV 2000, 252 f.

gen des vor der Deregulierung des Lebensversicherungsmarkts vorzulegenden standardisierten Finanzierbarkeitsnachweises für die den Beispielrechnungen zugrunde liegenden Kalkulationen war es nicht erforderlich, die Wendung der „zu erwartenden Leistungen aus der Überschussbeteiligung" zu präzisieren. Aufgrund der im Rahmen der materiellen Staatsaufsicht gewährleisteten weitreichenden Eingriffsmöglichkeiten des *BAV* hatten die Beispielrechnungen für alle Gesellschaften eine vergleichbare Güte.[847] In der Werbung, in Abschlussgesprächen und in Schulungsmaterialien konnten jedoch ausgewählte Zahlenangaben zur zukünftigen Überschussbeteiligung ohne Einhaltung besonderer Formen verwendet werden, sofern die Zahlenangaben inhaltlich denen der formellen Beispielrechnung entsprachen und den sog. Gewinnbeteiligungsvorbehalt einschlossen.[848] Hierbei handelte es sich um einen Hinweis des folgenden Wortlauts:

„Die angegebenen Leistungen aus der Überschussbeteiligung können nicht garantiert werden. Sie gelten nur dann, wenn die für das Jahr 19... festgesetzten Überschussanteile während der gesamten Versicherungsdauer unverändert bleiben... Weitere Informationen, insbesondere auch über den Verlauf der künftigen Überschussbeteiligung im Todes- oder Rückkaufsfall, enthalten unsere Beispielrechnungen, die Sie bei uns anfordern können."[849]

Selbst bei Vertragsabschluss musste keine formelle Beispielrechnung präsentiert werden, sofern der Vermittler den Kunden ausdrücklich darauf hinwies, dass eine solche beim Versicherer angefordert werden konnte.[850] Insgesamt enthielten vor dem Hintergrund dieser faktischen Regulierung durch das Rundschreiben R 3/1986 und die entsprechende Verwaltungspraxis die Beispielrechnungen aller Gesellschaften mehr oder weniger die gleichen Informationen.

Mit der Deregulierung des Lebensversicherungsmarkts durch Inkrafttreten der VAG-Novelle zum 21.7.1994 sind die engen materiell-aufsichtsrechtlichen Schranken für die Verwendung von Beispielrechnungen entfallen und das Rundschreiben,

---

847 In der versicherungswissenschaftlichen Literatur wird zutreffend auf den logischen Bruch der damaligen Regelung hingewiesen, dass grundsätzlich die zuletzt deklarierte Überschussbeteiligung zugrunde zu legen war, was im Zusammenhang mit dem Erfordernis der dauernden Finanzierbarkeit zur Folge hatte, dass ein Unternehmen keine Beispielrechnungen herausgeben durfte, wenn die aktuelle Deklaration nicht dauerhaft finanzierbar war. Auf diese Weise wurden die damaligen Vorgaben des *BAV* dem Zielkonflikt zwischen einer zeitnahen Überschussbeteiligung einerseits und einer dauerhaft gleichmäßigen Überschussbeteiligung andererseits nicht gerecht. Im Extremfall durfte ein Lebensversicherungsunternehmen, das mit dem Ziel einer zeitnahen Ausschüttung eine hohe Überschussbeteiligung gewährte, keine Beispielrechnungen verwenden, vgl. *Goecke/Will*, Renditewettbewerb, 57.

848 *Goecke/Will*, Renditewettbewerb, 56.

849 VerBAV 1988, 414.

850 Vgl. *Goecke/Will*, Renditewettbewerb, 56.

die Verwaltungsgrundsätze und die Vorlagepflicht beim *BAV* gegenstandslos geworden[851].

Die Beantwortung der Frage, welche Bedeutung dem von dem *BAV* herausgegebenen Rundschreiben R 3/1986 für die Frage etwaiger Schadenersatzansprüche bis zu diesem Zeitpunkt zukommt, richtet sich grundsätzlich auch nach der Rechtsnatur des Rundschreibens. Sofern es sich um ein Schriftstück mit lediglich informatorischem, nicht aber regulativem Charakter handelt, kann es von vornherein keinen tauglichen rechtlicher Maßstab für die Frage der Verletzung einer speziellen Informationspflicht abgeben. Diese Frage kann jedoch dahinstellen. Denn das Rundschreiben R 3/1986 steht jedenfalls in einem unmittelbaren Sachzusammenhang zur Wahrnehmung aufsichtsrechtlicher Befugnissen nach § 81 VAG. Diese bestehen jedoch allein im öffentlichen Interesse. Subjektive Rechte, wie sie im Rahmen von Ansprüchen aus der allgemeinen Prospekthaftung geltend gemacht werden, werden im Rahmen der allgemeinen Missbrauchsaufsicht nach § 81 VAG anerkanntermaßen nicht geschützt.[852] Folglich vermag auch aus dem Rundschreiben R 3/1986 kein besonderer rechtsverbindlicher Maßstab für die Beurteilung von Prospektmängeln gewonnen werden.

Zur Beurteilung der Fehlerhaftigkeit einer Beispielrechnung für die Zeit vor dem 21.7.1994 existiert somit kein besonderer Maßstab i.S. einer vorrangigen rechtlichen Regelung.

bbb) Rechtsrahmen seit der Deregulierung des Lebensversicherungsmarkts

Als Maßstäbe für die Beurteilung von Beispielrechnungen kommen für die Zeit ab dem 21.7.1994 spezielle Verbandsempfehlungen sowie neue Grundsätze der Versicherungsaufsicht in Betracht.

(1) Empfehlungen des Verbands der Lebensversicherungsunternehmen (VDL)

Der *VDL*[853] hat im Jahr 1994 eigene „Grundzüge zur Leistungsdarstellung in der Lebensversicherung" veröffentlicht[854], die sich an den bis dahin geltenden aufsichtsrechtlichen Vorgaben orientieren.

---

851 Vgl. *BAV*, VerBAV 1994, 410; *BAV*, VerBAV 2000, 252.

852 Siehe auch I.II.

853 Der *Verband der Lebensversicherungsunternehmen* ist 1997 im *Gesamtverband der deutschen Versicherungswirtschaft e.V. (GDV)* aufgegangen.

854 Vgl. Verbandsrundschreiben des *Verbands der Lebensversicherungsunternehmen* Nr. 33/94 vom 28.7.1994.

So wird zwischen sog. vollständigen Leistungsdarstellungen, die inhaltlich den Beispielrechnungen bis zur Deregulierung entsprechen, und den sog. abgeleiteten Darstellungen in Angeboten, Werbedrucksachen und ähnlichen Publikationen differenziert. Die Angaben zur künftigen Überschussbeteiligung werden nunmehr als sog. „Zukunftsrechnungen" bezeichnet. Wesentliche Änderungen gegenüber den bisherigen amtlichen Regelungen des *BAV* bestehen u.a. darin, dass nur das 5., 10., 15. usw. Versicherungsjahr dargestellt werden, keine Begrenzung der Darstellung auf maximal 30 Versicherungsjahre vorgesehen ist und dass statt einer Alternativrechnung mit dem halben Überzins nunmehr zwei Alternativrechnungen vorgesehen sind, nämlich eine Berechnung der Überschussbeteiligung unter der Annahme einer um einen Prozentpunkt höheren bzw. einer um einen Prozentpunkt niedrigeren Verzinsung.[855]

Ferner enthält die Verbandsempfehlung allgemeine Grundsätze zur Leistungsdarstellung. Die Leistungsdarstellung muss durch glaubwürdige und verständliche Abfassung das Vertrauen in die Versicherungswirtschaft stärken. Berechnungen und Erläuterungen sollen verständlich und informativ sein. Zukunftsberechnungen sollen eine realistische Vorstellung künftig möglicher Leistungen vermitteln. Weiterhin soll nicht der Eindruck einer Prognosensicherheit erweckt werden. Die Glaubwürdigkeit der Zukunftsrechnung soll extern beurteilt werden können. In den Hochrechnungen sollen höchstens die Zahlen dargestellt werden, die sich auf der Grundlage der aktuellen Überschussdeklaration ergeben. Erfolgt auf der Basis der aktuellen Überschussbeteiligung eine Hochrechnung, so muss die aktuelle Überschussdeklaration „für die Zukunft als realistisch angesehen werden können", wobei Maßstab für die Beurteilung die sog. anerkannten Regeln der Versicherungsmathematik sind[856].

Entgegen der früheren Rechtslage, nach der stets die aktuelle Überschussbeteiligung den Hochrechnungen zugrunde gelegt werden musste, liegt es nunmehr im unternehmerischen Ermessen des Versicherers, Beispielrechnungen zu verwenden, die auf eine niedrigere als die aktuelle Überschussdeklaration aufbauen. Diese veränderte Rechtslage reflektiert sich auch in dem von dem Verband der Lebensversicherungunternehmen veröffentlichten Hinweis, dass in Hochrechnungen höchstens die individuellen Leistungen auf der Grundlage der aktuellen Überschussdeklaration des Lebensversicherungsunternehmens aufgeführt werden sollen, sofern diese auch für die Zukunft als realistisch angesehen werden können.[857]

Die unverbindlichen Verbandsempfehlungen haben - unabhängig von der Frage einer etwaigen satzungsmäßigen Verbindlichkeit - keine rechtsverbindliche Wirkung

---

855 Vgl. *Goecke/Will*, Renditewettbewerb, 58 f.

856 Vgl. Verbandsrundschreiben des *Verbands der Lebensversicherungsunternehmen* Nr. 33/94 vom 28.7.1994, 4.

857 Vgl. *Goecke/Will*, Renditewettbewerb, 60.

im Hinblick auf die Feststellung quasivertraglicher Pflichtverletzungen. Damit sind sie von vornherein kein tauglicher rechtlicher Maßstab, um das Vorliegen eines Prospektmangels wegen fehlerhafter Beispielrechnungen verbindlich festzustellen. Ihnen kommt jedoch im Rahmen der Auslegung eine ergänzende Funktion zu.[858]

(2) Verlautbarungen der Versicherungsaufsicht

Mit der Deregulierung des Lebensversicherungsmarkts sind die zuvor rechtswirksamen Gebote des *BAV* zur Darstellung der Überschussbeteiligung gegenstandslos geworden. Dies bedeutet jedoch nicht, dass die Verwendung von Beispielrechnungen nunmehr schrankenlos möglich ist. Die Möglichkeiten der Versicherungsaufsicht zur Einwirkung auf die Ausgestaltung und Verwendung von Beispielrechnungen sind lediglich begrenzt worden. Die Aufsichtsbehörde darf die Tätigkeit eines Versicherungsunternehmens zwar nicht mehr von einer Vorabkontrolle von Bedingungen und Drucksachen abhängig machen. Die Werbung mit Beispiel- und Modellrechnungen wird dennoch aufsichtsrechtlich kontrolliert. Grundlage für die Kontrolle der Verwendung von Beispielrechnungen ist insoweit die allgemeine Misstandsaufsicht der Versicherungsaufsichtsbehörde nach §§ 81 ff. VAG.[859] Diese besteht jedoch im rein öffentlichen Interesse.[860].

Das *BAV* hat, wie bereits zuvor angekündigt[861], den Markt beobachtet und geprüft, ob es gehalten ist, eigene Maßstäbe zu veröffentlichen. Nachdem in zahlreichen Fällen festzustellen war, dass die Werbung mit der Überschussbeteiligung den aufsichtsrechtlichen Mindeststandards nicht entsprach[862], wurde die Prüfung mit dem Rundschreiben R 2/2000 abgeschlossen[863]. Da der mit einem etwaigen Einschreiten der Aufsichtsbehörde verbundene Drittschutz allerdings lediglich ein bloßer Rechtsreflex ist, auf den kein subjektiv-rechtlicher Anspruch besteht, können aus den heute geltenden Anforderungen der Versicherungsaufsicht an die Verwendung von Beispielrechnungen keine zwingenden Schlüsse für das Vorliegen eines Prospektmangels i.S. der allgemeinen bürgerlich-rechtlichen Prospekthaftung gezogen werden[864].

---

858 Vgl. auch die parallel laufenden Ausführungen in.F.III.2.a).

859 Die nachträgliche Misstandsaufsicht ist in Art. 10 Abs. 3 der Dritten Richtlinie Leben ausdrücklich vorgesehen. Hiernach müssen die Mitgliedsstaaten die erforderlichen Vorschriften erlassen, damit ihre Sitzlandbehörden über die Befugnisse und Mittel verfügen, die zur laufenden Überwachung der Versicherungsunternehmen erforderlich sind, instruktiv insoweit *Ebers*, Überschussbeteiligung, 105 ff.

860 *Dreyer*, Stille Reserven, 138; im einzelnen I.

861 *BAV*, Geschäftsbericht 1994, Teil A, 30.

862 Vgl. *BAV*, Geschäftsbericht 1996, Teil A, 41; *BAV*, Geschäftsbericht 1998, Teil A, 44.

863 *BAV*, R 2/2000, VerBAV 2000, 252; *Müller*, Entwicklung des Versicherungsaufsichtsrechts, 3.

864 Die von dem *BAV* aufgestellten Grundsätze werden jedoch im weiteren Untersuchungsverlauf auf-

(3) Empfehlungen des Gesamtverbands der deutschen Versicherungsunternehmen (GDV)

Auch aus der Auffassung des *GDV*, wie sie aus der Verbandsempfehlung vom 25.02.2000 hervorgeht, lassen sich keine rechtsverbindlichen Schlüsse ziehen, da auch ihnen keine Rechtsverbindlichkeit zukommt[865]. Aus der Position des *GDV* können jedoch wertvolle Anhaltspunkte für die im übrigen autonom zu beurteilende Frage eines Prospektmangels gewonnen werden.[866]

Der *GDV* hatte unter dem Eindruck des kritischen *BAV*-Rundschreibens R 2/2000 und vor dem Hintergrund drohender Schadenersatzansprüche die bis dahin geltenden, auf die Formulierungen des *VDL* zurückgehenden Verbandsempfehlungen überarbeitet.[867] Dabei wurde von einem Verzicht auf jegliche Leistungsdarstellung wegen der unverzichtbaren Natur[868] von Beispielrechnungen abgesehen. Die Abweichungen zu den seit 1994 geltenden „Grundzügen zur Leistungsdarstellung in der Lebensversicherung" bestanden im wesentlichen darin, dass die Verbandsempfehlung vom 25.02.2000 keine Auskunft mehr darüber erteilt, wie die Zahlenangaben zur Ablaufleistung zu interpretieren sind.[869] Insbesondere sollten danach Begriffe wie „Prognose", „realistischer Erfahrungswert", „erwartete Ablaufleistung" oder „voraussichtliche Ablaufleistung" vermieden werden, um den Modellrechnungen ihren „Prognosecharakter" zu nehmen.[870] Dies lässt darauf schließen, dass die Verwendung von Beispielrechnungen von Seiten der Prospektverantwortlichen gerade in dem Bewusstsein erfolgte, dass diese trotz des branchenüblichen Unverbindlichkeitshinweises qualifizierte Erwartungen des Prospektadressaten begründen.

ccc) Würdigung

Im Ergebnis richtet sich die Beurteilung von Beispielrechnungen zur Begründung eines Prospektmangels somit nach den allgemeinen Grundsätzen. Im Hinblick auf die Beispielrechnungen muss der Prospekt somit eine für den Prospektadressaten wesentliche Unrichtigkeit oder Unvollständigkeit aufweisen, die autonom festzustellen ist. Für die erforderliche normative Betrachtung[871] sind die von Seiten der

---

gegriffen.

865 Vgl. insoweit F.III.4.c)aa)bbb)(1).

866 Hierzu F.III.1.

867 Vgl. *Goecke/Will*, Renditewettbewerb, 63 f.

868 „Die Darstellung der Überschussbeteiligung als Mittel der Kundenberatung ist ein unverzichtbares Produktmerkmal der Lebensversicherung."; vgl. *GDV*, Rundschreiben 0456/2000 vom 25.02.2000.

869 *Goecke/Will*, Renditewettbewerb, 64.

870 Vgl. *Goecke/Will*, Renditewettbewerb, 64.

871 Siehe F.III.1.

Verbände und der Versicherungsaufsicht aufgestellten Grundsätze jedoch wertvolle Anhaltspunkte und Ergänzungen.

bb) Folgerungen aus der allgemeinen Prospektmangellehre

Zu klären ist deshalb, welche allgemeinen inhaltlichen Anforderungen an eine zukunftsbezogene Information zu stellen sind, damit diese als fehlerfrei charakterisiert werden kann.

aaa) Grundsätzliche Prüfungsfähigkeit von Prognosen

Es wurde bereits festgestellt, dass Prognosen grundsätzlich prüfungsfähig sind.[872] Dennoch soll nach einem Teil der Literatur die Prüfung von zukunftsbezogenen Information entbehrlich sein, weil der Informationsempfänger die Glaubwürdigkeit der zukunftsbezogenen Aussage ohnehin für gering erachte[873]. Dem kann nicht gefolgt werden. Denn oftmals ist bereits zweifelhaft, ob der Informationsempfänger die Glaubwürdigkeit der Aussage überhaupt beurteilen kann. Der Prospektadressat wird regelmäßig schon wegen des komplizierten versicherungstechnischen Hintergrunds der Überschussbeteiligung und den vielfältigen Einflussmöglichkeiten des Versicherers[874] regelmäßig nicht nachvollziehen können, ob das Unternehmen im Rahmen einer Prognose Unsicherheitsfaktoren dazu genutzt hat, die Information zu seinen eigenen Gunsten zu verzerren.[875]

bbb) Unsicherheitsfaktor als bestimmendes Charakteristikum

Da Prognosen somit **selbständig prüfungsfähig** sind, stellt sich im weiteren die Frage nach dem allgemeinen Maßstab für ihre Beurteilung. Ausgangspunkt der Überlegungen ist, dass für jede zukunftsbezogene Information der ihr anhaftende Unsicherheitsfaktor charakteristisch ist[876]. Da das Vorliegen eines Prospektmangels *ex ante* zu beurteilen ist[877], darf die erforderliche Beurteilung nicht an die - erst *ex post* feststehende - mangelnde Realisierung des prognostizierten Aussagegehalts anknüpfen. Richtiger Bezugspunkt ist vielmehr die Frage nach einer unsachgemäßen Erstellung der zukunftsbezogenen Information. Denn es folgt gerade aus der immanenten Unsicherheit der zukunftsbezogenen Aussage, dass der Empfänger auf die korrekte und sachgemäße Erstellung der Prognose vertraut.[878] Er muss deshalb da-

---

872 Siehe F.III.1.

873 Vgl. *Glöckle*, Publizität, 33.

874 Hierzu F.III.4.a)bb).

875 Vgl. *Glöckle*, Publizität, 33.

876 Vgl. *Glöckle*, Publizität, 33.

877 Siehe F.III.1.d).

878 Vgl. *Glöckle*, Publizität, 41.

von ausgehen können, dass die der Aussage zu Grunde liegenden Tatsachen der Wahrheit entsprechen und eine sorgfältige Transformation dieser Daten in ein zukunftsbezogenes Werturteil stattgefunden hat, zumal ihm erst dies gewährleistet, von einer möglichen Realisierung des prognostizierten Ereignisses ausgehen zu können.[879]

Da Prognosen in besonderem Maße geeignet sind, bei dem Versicherungsnehmer Gewinnerwartungen zu wecken[880], müssen die in den Prognosen verwendeten Zahlenangaben sorgfältig und so realitätsnah wie möglich ermittelt werden. Hierbei erfordert die Beurteilung der Realitätsnähe eine unternehmensindividuelle Betrachtung unter Berücksichtigung der maßgeblichen betriebswirtschaftlichen, volkswirtschaftlichen, technischen und rechtlichen Zusammenhänge[881]. Neben der **objektiven wirtschaftlichen Leistungsfähigkeit** eines Lebensversicherungsunternehmens[882] kommt es insoweit auch entscheidend auf dessen **subjektive Leistungsbereitschaft** an. So kann z.B. ein leistungsstarker Versicherer in Anpassung an den Markt von ihm gewährte Überschussanteilsätze reduzieren, obwohl dies wirtschaftlich nicht notwendig ist.[883] Im Hinblick auf die verwendeten Berechnungsparameter besteht eine Obliegenheit des Versicherers, sich ein zutreffendes Bild über die relevanten Einflussgrößen, insbesondere der Kapitalanlage-, Kosten- und Risikoergebnisse[884], zu machen[885].

ccc) Ansicht der Rechtsprechung

Diesen Grundsätzen entsprechend liegt nach der Rechtsprechung bei Rendite- und Wirtschaftlichkeitsberechnungen sowie Zukunftsprognosen ein Prospektmangel insbesondere dann vor, wenn die Prognose schuldhaft auf falschen Tatsachen, auf einem Verstoß gegen allgemeine Erfahrungssätze oder auf einem Außerachtlassen der bei Prognosen gebotenen Zurückhaltung beruht oder schlicht Angaben „ins

---

879 Vgl. *Glöckle*, Publizität, 41.

880 Vgl. auch die Feststellungen des *BAV*.: „Je weiter der Vertragsablauf in der Zukunft liegt, desto hypothetischer sind derartige Angaben. Diese Unsicherheiten sind den Versicherungsnehmer häufig nicht bewusst, wenn sie sich zum Abschluss eines Versicherungsvertrages entscheiden. Die Angaben bergen das Risiko, dass damit bei den Versicherungsnehmer Gewinnerwartungen geweckt werden.", *BAV*, R2/2000, VerBAV 2000, 252, 253 ff.

881 Vgl. auch die entsprechenden (freilich für die öffentlich-rechtliche Misstandsaufsicht entwickelten) Grundsätze des *BAV*, R 2/2000, VerBAV 2000, 252 ff.

882 Vgl. hierzu insb. F.III.4.a).

883 *BAV*, R 2/2000, VerBAV 2000, 252 ff.

884 Zu den Überschussquellen im einzelnen F.III.4.a)bb).

885 Vgl. insoweit auch den Standpunkt des *BAV* in Anlehnung an § 91 Abs. 2 AktG: Um den „berechtigten Erwartungen der Versicherungsnehmer an die Sorgfalt der Ermittlung der Angaben zur Überschussbeteiligung gerecht zu werden, muss die Finanzierbarkeit der Überschussbeteiligung unter Zugrundelegung der angenommenen Entwicklung jederzeit belegbar sein", R 2/2000, VerBAV 2000, 252 ff.

Blaue hinein" gemacht werden.[886] In ähnlicher Weise steht auch die Versicherungsaufsicht auf dem Standpunkt, der Versicherungsnehmer erwarte, dass das Lebensversicherungsunternehmen seine Angaben „nach bestem Wissen und Gewissen" und unter sorgfältiger Einbeziehung aller Erkenntnisse, die sich auf die Überschussbeteiligung auswirken können, gemacht habe[887].

Fraglich ist, ob dem zugestimmt werden kann. Zur Beantwortung dieser Frage bietet sich in methodischer Hinsicht eine Übertragung der Grundsätze der Prospektwahrheit, Prospektvollständigkeit und Prospektklarheit[888] an, die ihrerseits bereits Konkretisierungen des allgemeinen Grundsatzes von Treu und Glauben sind.

ddd) Folgerungen aus dem Grundsatz der Prospektwahrheit

Wegen des jeder Prognose immanenten Unsicherheitsfaktors lässt sich nicht *ex ante* bei der Informationsbildung, sondern nur *ex post* - also nach Ablauf des Bezugszeitraums - feststellen, ob die Prospektinformation objektiv zutreffend ist. Da das Vorliegen eines Prospektmangels aber *ex ante* beurteilt werden muss, kann in Ermangelung eines objektiven Prüfungsmaßstabs nicht auf die Prognoseaussage als solche abgestellt werden. Dies kann aber nicht zu einer generellen Unüberprüfbarkeit der Information führen. Statt dessen muss die subjektive Natur der Information berücksichtigt werden. Deshalb kann nicht der Meinungsinhalt, sondern nur die Meinungsbildung einer Bewertung unterliegen. Es ist eine Plausibilitätskontrolle erforderlich, mit der die Glaubwürdigkeit und Willkürfreiheit[889] der Prognoseerstellung bestimmt wird.[890]

Als Prüfungsobjekt kommt die Aussage unter Einbeziehung ihrer gesamten Herleitung und der Prognosegrundlagen in Betracht. Es erfolgt weder eine Beurteilung der Richtigkeit der Tatsachen, noch der Realisierungschancen der Aussage, sondern allein der sorgfältig und logisch einwandfreien Vorhersageherleitung.[891] Es ist zu prüfen, ob die Vorhersage auf plausiblen Annahmen beruht und ihre Ableitung aus den Grundlagedaten sorgfältig und nachvollziehbar geschah.[892] Der Prognoseersteller muss die Prognose daher auf rationale Tatsachengrundlagen und eine sorgfältige methodische Herleitung gründen, um sich dem Vorwurf der Willkür zu entziehen. Zulässig können danach zum einen nur Aussagen sein, die der Vorhersage-

---

886 OLG Bremen, ZIP 1983, 423; OLG Koblenz, ZIP 1981, 668; BGH, NJW 1988, 556.

887 *BAV*, R2/2000, VerBAV 2000, 252, 254 ff.

888 Siehe F.III.1.

889 *Sahner/Kammers*, DB 1984, 2316; *Hagest/Kellinghusen*, Wpg 1977, 413.

890 *Glöckle*, Publizität, 36 f.

891 *Glöckle*, Publizität, 36 f.

892 *Glöckle*, Publizität, 36 f.

ersteller auch tatsächlich für möglich hält.[893] Insoweit findet das Postulat der Rechtsprechung, nach dem Werturteile und Prognosen unrichtig sind, wenn sie nicht ausreichend durch Tatsachen gestützt sind, auf uneinheitlichen oder sachfremden Wertmaßstäben beruhen oder sich nicht nach anerkannten kaufmännischen Grundsätzen vertreten lassen[894], in dem Grundsatz der Prospektwahrheit seine Bestätigung.

Von den Wirtschaftswissenschaften ist eine Reihe von Theorien zur Kursprognose für Kapitalanlagen entwickelt worden[895], die wegen der parallel gelagerten Problematik auf den Bereich der Kapitallebensversicherung übertragbar erscheinen. Danach ist das Lebensversicherungsunternehmen grundsätzlich frei in der Wahl der von ihm befolgten Theorie der Kursprognose. Erforderlich ist jedoch, dass der Stand seiner Kenntnis über die Kursprognosentheorien im wesentlichen dem Stand der wissenschaftlichen Diskussion entspricht.[896]

In diesem Sinne setzt das *BAV* als zulässige Prognosemethode einen sog. Finanzierungsnachweis voraus, da sich die Leistungsfähigkeit eines Lebensversicherungsunternehmen für die nähere Zukunft ermitteln lässt, indem der Versicherer im Wege einer aktuariellen Kalkulation - der sog. Erwartungswertberechnung - einschätzt, ob die künftige Überschussbeteiligung in dem erforderlichen Maße finanziert werden kann oder nicht. Finanzieren bedeutet, die jeweils benötigten Mittel in ausreichender Höhe und zum richtigen Zeitpunkt unter Beachtung aktuarieller und handelsrechtlicher Vorschriften bereitzustellen. Die bei der Kalkulation zugrundegelegten Annahmen sind jeweils darauf zu überprüfen, inwieweit sie realistisch sind.[897] Insoweit ist auch zutreffend gefordert worden, dass in der Darstellung deutlich werden muss, dass die Genauigkeit der Prognose mit wachsendem Zeitabstand abnimmt[898]. Deshalb sind insbesondere auf zwei Kommastellen präzise Zahlenangaben, die teilweise anzutreffen sind, mit einem erheblichen Haftungsrisiko verbunden.[899]

---

893 Vgl. *Glöckle*, Publizität, 33.

894 Vgl. aber LG Köln, Urt. v. 30.3.1993 - 31 O 549/92 zum Vertrieb von atypischen stillen Unternehmensbeteiligungen unter der Bezeichnung als Pensionssparplan zur Altersvorsorge; bestätigt durch OLG Köln, Urt. v. 23.1.1998 - 6 U 147/93; allgemein vgl. BGH, NJW 1982, 2823, 2826; OLG Düsseldorf, WM 1984, 586, 595 f.

895 Vgl. *Lerbinger*, AG 1988, 7 ff.; *Schanze*, AG 1977, 102 ff.; *Schäfer*, Anlegerschutz und die Sorgfalt eines ordentlichen Kaufmanns bei der Anlage der Sondervermögen durch Kapitalgesellschaften, 58 ff. m.w.N.; *Schäfer* in *Assmann/Schütze*, Handbuch des Kapitalanlagerechts, § 28 Rn 25.

896 Vgl. *Koller* in *Assmann/Schneider*, WpHG, § 33 Rn 5; *Schäfer* in *Assmann/Schütze*, Handbuch des Kapitalanlagerechts, § 28 Rn 25.

897 *BAV*, R2/2000, VerBAV 2000, 252, 254 f.

898 *BAV*, R2/2000, VerBAV 2000, 252, 254 f.

899 Ausführlich F.III.10.

eee) Folgerungen aus dem Grundsatz der Prospektvollständigkeit

Aus dem Grundsatz der Prospektvollständigkeit ergibt sich einerseits, dass Informationen in einem Bezugssystem mitgeteilt werden müssen, das dem Adressaten einen vollständigen und umfangreichen Überblick die maßgeblichen Umstände biete t. Soweit einzelne Umstände herausgegriffen werden, so darf die Auswahl dieser Größen nicht einseitig oder willkürlich erfolgen, wenn ansonsten ein unzutreffendes Gesamtbild und damit eine Unrichtigkeit gegeben wäre. Andererseits muss die Zukunftsbezogenheit und der damit verbundene Unsicherheitsfaktor der Information explizit offengelegt werden, um den Eindruck einer Richtigkeitsgewähr beim Adressaten zu vermeiden.[900]

(1) Publikationspflicht hinsichtlich der Grundlagen einer zukunftsbezogenen Information?

Teilweise wird darüber hinaus gefordert, dass auch die Grundlagen der zukunftsbezogenen Information publiziert werden müssen, da der Informationswert einer Prognose immer nur vor dem Hintergrund der Grundlagen beurteilt werden könne, von denen sie abgeleitet werde[901]. Deshalb müsse es dem Adressaten ermöglicht werden, die Plausibilität der Informationen selbständig nachzuvollziehen[902].

Dieser Ansicht kann jedoch nicht gefolgt werden, da die Angabe aller tatsächlichen Prognosegrundlagen schon wegen des komplexen versicherungstechnischen Hintergrunds der Überschussbeteiligung und ihrer Einflussfaktoren[903] zu einem enormen Informationsumfang führen würde. Der Informationsträger wäre so überladen, dass der Informationswert für den durchschnittlichen Adressaten - selbst wenn dieser einzelne Teilbereiche der Information verstehen würde, was im Hinblick auf versicherungstechnische und -mathematische Zusammenhänge nicht angenommen werden kann - sinken würde.

(2) Erforderlichkeit einer narrativen Aufbereitung von Datenmaterial?

Oftmals werden dem Versicherungsinteressenten zusammen mit dem eigentlichen Prospekt separat zusammengefasste, allgemeine Unternehmensinformationen überreicht. Soweit bestimmte Tatsachen, die der Prognose zugrundeliegen, aus derartigen, dem Prospektadressaten zugänglichen Dokumenten - etwa Bilanzen, Anhängen zum Jahresabschluss oder dem Lagebericht - abgeleitet werden können, fragt

---

900 Vgl. *Glöckle*, Publizität, 34.

901 Vgl. *Bretzke*, Wpg 1979, 343; *Bretzke*, Wpg 1974, 295.

902 *Glöckle*, Publizität, 34.

903 Hierzu siehe F.III.4.a)bb).

sich, ob gleichwohl eine narrative Aufbereitung des einschlägigen Datenmaterials erforderlich ist, soweit dieses für den Anleger wesentliche Informationen enthält.

Der **Bundesgerichtshof** hat zu dieser Frage bislang lediglich in einem *obiter dictum* festgestellt, es sei unbedenklich, wenn eine für die Beurteilung der Anlage erhebliche Tatsache nur in einer dem Prospekt beigefügten Dokumentationsmappe, nicht aber im eigentlichen Prospekt enthalten ist.[904] In systematischer Hinsicht spricht für diese Auffassung der durch das 3. FMFG eingeführte § 34 Abs. 2 BörsZulV, wonach einem Börsenprospekt Jahres- und Konzernabschlüsse beigefügt sein können und eine entsprechende Wiedergabe im Börsenprospekt entbehrlich ist.

Gegen eine Übertragung dieser Grundsätze auf die allgemeine bürgerlich-rechtliche Prospekthaftung spricht aber neben den allgemeinen Bedenken, die gegen eine analoge Anwendung der §§ 45 ff. BörsG bereits vorgebracht worden sind[905], auch deren Schutzzweck, einen möglichst weitgehenden Schutz des nur durchschnittlich erkenntnisfähigen Prospektadressaten[906] zu gewährleisten. Da die kapitalbildende Lebensversicherung ein der Altersversorgung dienendes Massenprodukt breiter Bevölkerungsschichten ist[907], kann - anders als möglicherweise im Bereich der Börsenprospekthaftung - nicht ein „bilanzfester" Anleger vorausgesetzt werden. Für einen typischen Versicherungsnehmer ist die bloße Überlassung von Datenmaterial bilanzieller Natur - etwa die Handelsbilanz des Versicherungsunternehmens, eine Gewinn- und Verlustrechnung oder ähnlichem, soweit sich hieraus für den Erfolg der Kapitalanlage erhebliche Umstände ergeben - mangels eigener Verständnismöglichkeit in der Regel wertlos. Überlässt der Versicherer somit reines Datenmaterial, so bedarf es zusätzlich dessen narrativer, interpretierender Aufbereitung, um den durchschnittlichen Versicherungsinteressenten umfassend über die wesentlichen Umstände des kapitalbildenden Lebensversicherungsvertrags aufzuklären.

(3) Pflicht zur Publikation von Beispielrechnungen?

Teilweise wird ein Defizit der Lebensversicherungswerbung darin gesehen, dass die Bereitstellung von Beispielrechnungen nicht zwingend vorgeschrieben ist. Deshalb sei es leistungsschwachen Unternehmen möglich, sich der Angabe von Zahlenwerten zu entziehen.[908] In der Tat stellten in der Vergangenheit nach Angaben des

---

904 Vgl. BGH, WM 1992, 901, 904; vgl. auch *Assmann* in *Assmann/Schütze*, Handbuch des Kapitalanlagerechts, § 7 Rn 70, 93.

905 Siehe D.II.2.

906 Zu diesem Maßstab siehe F.III.1.d).

907 Hierzu F.III.1.d).

908 Vgl. *Blaesius*, Bewertung von Lebensversicherungsverträgen, 210.

BAV nur zwei Drittel aller Unternehmen den Versicherungsinteressenten Beispielrechnungen zur Verfügung.[909]

Damit stellt sich die Frage, ob die unterlassene Publikation von Beispielrechnungen gegen eine Informationspflicht verstößt, also einen Prospektmangel in Gestalt der Unvollständigkeit begründet.

(a) Bestehen und Reichweite einer allgemeinen Pflicht zur Publikation von zukunftsbezogener Daten und Berichterstattung

Diese Frage beantwortet sich zunächst danach, ob grundsätzlich eine Pflicht zur Publikation von zukunftsbezogenen Daten und einer zukunftsbezogenen Berichterstattung in Werbeprospekten für Kapitallebensversicherungen existiert. Als derartige zukunftsbezogene Prospektangaben kommen insbesondere Ertrags- und Liquiditätsprojektionen, Planbilanzen und ähnliche Erfolgsrechnungen[910] in Betracht, also auch Überschussprognosen für kapitalbildende Lebensversicherungsverträge.

Im Bereich der **spezialgesetzlich** geregelten Prospekthaftungstatbeständen des Börsen-, Investment- und Wertpapierrechts wird eine derartige Verpflichung des Prospektpflichtigen z.B. aus § 38 Abs. 1 Nr. 2 BörsG i.V. mit § 20 Abs. 1 Nr. 7c und § 29 Abs. 2 BörsZulV; § 73 Abs. 1 Nr. 2 BörsG und § 7 Abs. 2 Nr. 3 VerkProspG i.V. mit § 11 VerkProspV, eingeschränkt auch aus § 19 Abs. 2 3 Nr. 4 KAGG, hergeleitet.[911] Bislang ungeklärt ist die Frage, ob hierin ein **allgemeines Prinzip** zu sehen ist, das entsprechende, schadenersatzbewehrte Verpflichtungen auch für den Bereich der freiwilligen Prospektpublizität begründet. Gleichfalls besteht noch Klärungsbedarf für den jeweiligen **Prognosezeitraum** derartiger in die Zukunft gerichteter Prospektangaben.

Grundsätzlich können und müssen in der Zukunft liegende ungewisse Umstände nicht mitgeteilt werden.[912] Für prognostizierbare Umstände muss dagegen der im Rahmen der allgemeinen bürgerlich-rechtlichen Prospekthaftung Verantwortliche in Anlehnung an die spezialgesetzlichen Haftungstatbestände ihm bekannte zukunftsbezogene Daten und Zukunftsprognosen und deren Prämissen in den Prospekt aufnehmen. Dies ergibt sich bereits daraus, dass eine zukunftsbezogene Prospektberichtserstattung unter Einbeziehung von Prognosen für die Investitionsentscheidung des Anlegers von grundlegender Bedeutung ist[913]. Dies ist insbesondere gegeben in den Fallgestaltungen, in denen Anlageprojekte langfristig angelegt sind und sich finanzielle Vorteile erst in der Zukunft oder nach einem längeren Anlagezeit-

---

[909] Vgl. *Blaesius*, Bewertung von Lebensversicherungsverträgen, 142.

[910] Vgl. im einzelnen *Assmann* in *Assmann/Schütze*, Handbuch des Kapitalanlagerechts, § 7 Rn 88-91.

[911] Vgl. *Eyles* in *Vortmann*, Prospekthaftung, § 2 Rn 75.

[912] *Kunz*, Börsenprospekthaftung, 93.

[913] Vgl. *Eyles* in *Vortmann*, Prospekthaftung, § 2 Rn 75.

raum realisieren lassen bzw. die vorzeitige Beendigung des Vertrags für einen Anleger nachteilige Sanktionen - etwa den Verlust von angelegten Geldern, Vertragsstrafen, Bearbeitungsgebühren nach sich zieht.[914]

Im Ergebnis ist somit eine grundsätzliche Pflicht des Versicherungsunternehmens zur Publikation zukunftsbezogener Daten und eine entsprechende Berichterstattung zu bejahen, soweit diese Informationen für den Prospektadressaten wesentlich sind. Auf den schon unter Rentabilitätsgesichtspunkten wesentlichen Charakter von überschussbezogenen Informationen weist insbesondere auch die gesetzliche Wertung des § 10a VAG in Verbindung mit Abschn. I Nr. 2 lit. a) der Anlage Teil D hin.

Leistungsprognosen in Gestalt von Beispielrechnungen sind eine Form wertender Berichterstattung, die auf zukunftsbezogenen Daten basiert. Da erst sorgfaltsgerecht erstellte, realistische Beispielrechnungen eine informierte und rational basierte Anlageentscheidung ermöglichen, ist eine allgemeine Pflicht aus § 242 BGB zur Publikation von Beispielrechnungen zu bejahen.

fff) Folgerungen aus dem Grundsatz der Prospektklarheit

Hinsichtlich der Gestaltung der zukunftsbezgenen Information gelten insbesondere die allgemeinen Grundsätze[915]. Der Grundsatz der Prospektklarheit erfordert im Bezug auf Prognosen, dass die zukunftsorientierte Information verständlich formuliert ist und einen nach Möglichkeit geringen Interpretationsspielraum besitzt.[916]

Diese Grundsätze hat auch das *BAV* zutreffend aufgegriffen, indem es in R 2/2000 mitteilte:

„Die Werbung mit der Überschussbeteiligung muss verständlich, klar, eindeutig und übersichtlich sein. Sie muss dem Versicherungsnehmer die Möglichkeit verschaffen, sich ein Bild über die Entstehung, Verteilung und die konkrete Verwendung von Überschüssen zu machen. Erfolgt die Darstellung nicht für die gesamte Dauer des Vertrages, ist der Versicherungsnehmer darauf hinzuweisen, dass für die restlichen Jahre eine Darstellung der möglichen Überschussbeteiligung nicht erfolgt. Bis zu diesem Zeitpunkt muss die Darstellung dem Versicherungsnehmer einen Überblick über den Vertragsverlauf geben, der den genannten Anforderungen genügt. Soweit die Darstellung nicht für jedes Versicherungsjahr und für alle Leistungsarten (Todesfalleistung, Rückkauf, Erlebensfalleistung) erfolgt, wird besonders kritisch zu prüfen sein, ob dadurch Missverständnisse beim Verbraucherentstehen können. Hinweise für den Versicherungsnehmer, die Warnfunktion haben oder andere Aussagen (z.B. Zahlenangaben) relativieren, können ihre Funktion nur bei

---

[914] Vgl. *Eyles* in *Vortmann*, Prospekthaftung, § 2 Rn 75.

[915] Siehe F.III.1.c)dd).

[916] Vgl. *Hagest/Kellinghusen*, Wpg 1977, 414.

ausreichender Wahrnehmbarkeit erfüllen. Sie sind daher von Schriftbild und -größe ebenso deutlich zu gestalten wie die Aussagen, auf die sie sich beziehen und müssen sich in deren unmittelbarer Nähe befinden."[917]

ggg) Stellungnahme

Im Ergebnis lassen sich die kasuistisch entwickelten Bewertungsmaßstäbe der Rechtsprechung bestätigen. Werturteile und Prognosen in Prospekten von Lebensversicherungsunternehmen können daher unrichtig sein, wenn sie nicht ausreichend durch Tatsachen gestützt sind, auf uneinheitlichen oder sachfremden Wertmaßstäben beruhen oder sich nicht nach anerkannten kaufmännischen Grundsätzen vertreten lassen.[918] Für Rendite- und Wirtschaftlichkeitsberechnungen sowie Zukunftsprognosen in Prospekten wird eine Haftung der Prospektherausgeber deshalb insbesondere dann begründet, wenn die Prognose schuldhaft auf falschen Tatsachen, auf Verstöße gegen allgemeine Erfahrungssätze oder auf einer Außerachtlassung der bei Prognosen gebotenen Zurückhaltung beruht oder schlicht Angaben „ins Blaue hinein" gemacht werden.[919]

Zu untersuchen ist im folgenden, ob die wesentlichen zu den Beispielrechnungen geäußerten Kritikpunkte aus dem Blickwinkel der Prospekthaftungslehre rechtlich erheblich sind.

d) Bevorstehende Senkung der Überschussbeteiligung als Anknüpfungspunkt

Hinzuweisen ist zunächst auf eine aktuelle haftungsträchtige Entwicklung. Zum 1.7.2000 wirkten sich damals historisch niedrige Kapitalmarktzinsen erstmals sichtbar auf die Lebensversicherung aus. So erbrachten festverzinsliche Wertpapiere, bis dahin mit gut 20% Anteil eine der wichtigsten Kapitalanlageformen der Lebensversicherer, deutlich weniger als 6% Rendite.[920] Da damit der Unterschied zu dem garantierten Rechnungszins nach § 2 Abs. 1 DeckRV, d.h. die garantierte Mindestverzinsung des Deckungskapitals als Vertragsguthaben, die in den achtziger Jahren auf 4,0% erhöht worden und seither unverändert geblieben war, so gering wie schon lange nicht mehr war, setzte das Bundesfinanzministerium den Rechnungszins für die Lebensversicherung mit Wirkung zum l. Juli 2000 von 4,0% auf 3,25% herab. Diese Maßnahme erfolgte, da die Höhe der Zinsgarantie nach § 2

---

917 *BAV*, R2/2000, VerBAV 2000, 252, 253 f.

918 Vgl. aber LG Köln, Urt. v. 30.3.1993 - 31 O 549/92 zum Vertrieb von atypischen stillen Unternehmensbeteiligungen unter der Bezeichnung als Pensionssparplan zur Altersvorsorge; bestätigt durch OLG Köln, Urt. v. 23.1.1998 - 6 U 147/93 (nicht rechtskräftig); allgemein vgl. BGH, NJW 1982, 2823, 2826; OLG Düsseldorf, WM 1984, 586, 595 f.

919 OLG Bremen, ZIP 1983, 423; OLG Koblenz, ZIP 1981, 668; BGH, NJW 1988, 556.

920 *N.N., FD* 3C, 545 ff.

Abs. 1 DeckRV maximal 60% der durchschnittlichen Verzinsung von Bundeswertpapieren in den letzten zehn Jahren entsprechen soll.

Vor diesem Hintergrund warnte bereits im Jahr 2000 der Präsident des Bundesaufsichtsamtes für das Versicherungswesen, *Helmut Müller*: „Sollte die Niedrigzinsphase dauerhaft anhalten, wird auch die Gesamtrendite der Lebensversicherung sinken." Die Einschätzung, dass die Lebensversicherer nicht umhin kommen würden, ihre Gewinnbeteiligung zu senken und damit auch in den Beispielrechnungen geringere Werte in Aussicht zu stellen, wurde auch von anderen Marktexperten geteilt.[921] Die bis Ende 2001 noch von den Versicherern prognostizierten Renditen zwischen 6,0 und 7,5% dürften vor diesem Hintergrund innerhalb der Lebensassekuranz bereits im Jahr 2000 zweifelhaft erschienen sein.

Von Seiten des *BAV* wurde bereits in einem Schreiben vom 7.9.2001 an die Lebensversicherer eine Überprüfung der den Kunden versprochenen Überschussbeteiligungen und der entsprechenden Werbung angemahnt.[922] Gleichwohl erfolgte eine Senkung der Überschussbeteiligung und eine damit einhergehende Korrektur der Renditeprognosen durch die Lebensversicherungsunternehmen erst nach dem Weihnachtsfest des Jahres 2001. In der Presse kursierte deshalb teilweise das Wort der „Verzögerungstaktik".[923] Der gewählte Zeitpunkt wurde als letztmöglicher Zeitpunkt angesehen, um der Kundschaft eine schlechte Nachricht zu überbringen, die eines der wichtigsten Verkaufsargumente für Kapital-Lebensversicherungen relativierte und deshalb zur Schädigung des Neugeschäfts geeignet war.[924]

Praktisch branchenweit kommt deshalb der Prospektmangel der Unvollständigkeit wegen unterlassener Information über eine bevorstehende Senkung der Überschussbeteiligung in den Jahren 2000/2001 in Betracht. Soweit in Prospektinformationen vor einer Senkung der Überschussbeteiligung nicht explizit gewarnt worden ist, liegt ein Ausbleiben von Informationen vor. Dieses Unterlassen ist unter dem Gesichtspunkt der Unvollständigkeit[925] haftungsrechtlich nur dann relevant, wenn es auch pflichtwidrig war. Fraglich ist somit, ob eine Informationspflicht bestanden hat.

aa) Informationsvorsprung des prospektverantwortlichen Versicherungsunternehmens

Nach den obenstehenden Ausführungen muss ein Informationsvorsprung des prospektverantwortlichen Versicherungsunternehmens über die Wahrscheinlichkeit ei-

---

921 Vgl. *Will*, Handelsblatt, 18.07.2001, 5.

922 *Fromme*, FTD Financial Times Deutschland vom 13.09.2001, Seite 23.

923 Vgl. *Uttich*, Frankfurter Allgemeine Sonntagszeitung, 21.10.2001, Nr. 42, 43.

924 Vgl. *Uttich*, Frankfurter Allgemeine Sonntagszeitung, 21.10.2001, Nr. 42, 43.

925 Siehe hierzu F.III.1.c)bb).

ner notwendigen Senkung der Überschussbeteiligung bereits im Jahr 2000 regelmäßig bejaht werden.

bb) Schutzwürdiges Informationsbedürfnis des Prospektadressaten

Für die Schutzbedürftigkeit eines entsprechenden Informationsbedürfnisses des Versicherungsinteressenten spricht in gesetzessystematischer Hinsicht bereits die Wertung des § 10a VAG i.V. mit Anlage Teil D zum VAG, Abschn. I Nr. 1 lit. c), wonach Angaben über Art, Umfang und Fälligkeit der Leistung des Versicherers vom Gesetzgeber als wesentlich erachtet werden. Gerade auch die besondere Informationspflicht nach Anlage Teil D zum VAG, Abschn. I Nr. 2 lit. a) weist darauf hin, dass der Themenkomplex der Überschussbeteiligung für den Anleger ebenfalls von zentraler Bedeutung ist. Ein Verstoß gegen § 10a VAG ist für die Frage eines Prospektmangels i.S. der Prospekthaftung zwar grundsätzlich irrelevant[926]. Jedoch müssen die dem § 10a VAG zugrundeliegenden Wertungen auch für die Frage Geltung beanspruchen, ob ein Prospektmangel wegen einer Informationspflichtverletzung gegeben ist. Dies ergibt sich bereits daraus, dass mit der Normierung entsprechender Pflichtangaben der strukturellen Unterlegenheit des Versicherungsnehmers gegenüber dem Versicherer Rechnung getragen wurde. Auch unterliegt es keinem Zweifel, dass es sich bei den Angaben zur Überschussbeteiligung des Versicherungsnehmers um ein besonders sensibles Informationsgut handelt. Seine fehlerhafte Darstellung in einem Prospekt kann schwerwiegende wirtschaftliche Konsequenzen mit sich bringen, da diese Information als rentabilitätsbezogene Angabe regelmäßig für den Anlageentschluss wesentlich ist.

Auch sind wesentliche Einflussfaktoren für die Überschussbeteiligung - etwa der Umfang stiller Reserven und bestehende unternehmenspolitische Entscheidungen für oder gegen ihre Verwendung zur Subventionierung des Unternehmensergebnisses[927] - extern nicht verfügbar.

cc) Besondere Vertrauensprägung des Rechtsverhältnisses

Neben der generellen strukturellen Unterlegenheit des Anlegers im Bereich der Lebensassekuranz, die an anderer Stelle bereits ausführlich dargestellt worden ist[928], müsste eine besondere Vertrauensprägung des Rechtsverhältnisses nach § 242 BGB für die Notwendigkeit eines entsprechenden Warnhinweises von Seiten des Prospektverantwortlichen sprechen.

---

926 Siehe F.III.2.b).

927 Zu den vielfältigen Einflussfaktoren auf die Überschussbeteiligung siehe F.III.4.a)bb)fff).

928 Vgl. B.IV.

Für das Vorliegen einer derartigen Rücksichtnahmepflicht[929] spricht zum einen, dass im Bereich von Rechtsverhältnissen, die ein Zusammenwirken dergestalt zum Inhalt haben, dass es um die funktionsgebundene Unterordnung unter ein gemeinsames Ziel geht, eine gewisse Rücksichtnahmepflicht auf die Interessen aller Beteiligten anerkannt ist[930]. In Abgrenzung zu reinen Austauschverhältnissen mit entgegengesetzten Interessen ist in der Vergangenheit insbesondere für Verbandsverhältnisse eine besondere Vertrauensprägung des Rechtsverhältnisses angenommen worden.[931] Für die Übertragung der zu Verbandsverhältnissen entwickelten Grundsätze spricht schon, dass die Versichertengemeinschaft eine Solidargemeinschaft mit dem gemeinsamen Ziel der gegenseitigen Absicherung bestehender Risiken ist[932], also einen verbandsähnlichen Charakter aufweist.

Zudem handelt es sich bei den regelmäßig besonders langfristigen Altersvorsorgeverträgen um Dauerschuldverhältnisse. Für diese ist grundsätzlich eine besondere Vertrauensprägung anerkannt[933]. Schließlich ist von Bedeutung, dass Versicherungen allgemein als „Vertrauenssache" dargestellt werden[934]. Auch in der neueren ökonomischen Theorie wird das Produkt „Versicherungsschutz" als sog. „Vertrauensgut" eingeordnet.[935] Bei Vertrauensgütern bezieht sich das Vertrauen der einen Partei primär darauf, dass die andere Partei die erforderlichen fachlichen Kenntnisse und Erfahrungen besitzt und sie zugunsten des Ratsuchenden einsetzt. In unterschiedlicher Intensität ist das Vertrauen darüber hinaus auch auf die persönliche Integrität, Korrektheit und Ehrlichkeit gerichtet.[936] Dies muss gerade im Bereich von Altersvorsorgeprodukten, mit denen das buchstäblich existentielle Risiko der Langlebigkeit des Versicherten abgesichert werden soll[937], bejaht werden.

Erhöhte Aufklärungspflichten des Lebensversicherungsunternehmens ergeben sich auch aus der allgemeinen Missbilligung widersprüchlichen Verhaltens durch die Rechtsordnung[938]. In der Vergangenheit wurde von der Versicherungswirtschaft in

---

929 Vgl. *Lange*, Informationspflichten von Finanzdienstleistern, 114 f.

930 *Teichmann* in *Soergel*, BGB, § 242 Rn 41.

931 Vgl. BGH, NJW 1960, 2143: Hinweispflicht auf Rechtsbehelfe und Ausgleichsansprüche eines Verbandsmitglieds; BGH, WM 1972, 1443: ausscheidendem Gesellschafter muss neuerdings eingetretene Werterhöhung seines Abfindungsguthabens offenbart werden; vgl. *Roth* in MünchKomm, BGB, § 242 Rn 281.

932 Vgl. *Lorenz*, Gefahrgemeinschaft, 162 ff.; *Albrecht*, Alterssicherung und Vorsorgebedarf, 31; *van Bühren* in *van Bühren*, HbVersR, § 1 Rn 3.

933 *Roth* in MünchKomm, BGB, § 242 Rn 280; BGH, NJW 1980, 44; BGH, NJW 1992, 300.

934 Vgl. *Meyer*, Verbraucherpolitische Informationen, 167 Fn 44 m.w.N.

935 Vgl. *Taupitz* in *Basedow/Meyer/Schwintowski*, Erneuerung des Versicherungsvertragsgesetzes, 106.

936 Vgl. *Taupitz* in *Basedow/Meyer/Schwintowski*, Erneuerung des Versicherungsvertragsgesetzes, 106.

937 Vgl. *Zanella*, Langlebigkeitsrisiko, 5 ff.

938 Das Verbot des *venire contra factum proprium* zählt zu den allgemeinen Grundsätzen der Rechtsordnung, vgl. nur *Heinrichs* in *Palandt*, BGB, § 242 Rn 55 ff. m.w.N.

Werbebotschaften der Vertrauenscharakter von Versicherungsprodukten betont, indem gezielt verbreitet wurde, dass die Summe der für eine rational begründete Versicherungsentscheidung zu beachtenden Faktoren den durchschnittlichen Versicherungsinteressenten überfordere und ihm nicht erlaube, selbständig eine fundierte Entscheidung zu treffen.[939] Fordert ein Versicherer ein erhöhtes Maß an Vertrauen ein, so müssen ihn umgekehrt auch erhöhte Aufklärungspflichten treffen, soweit die Information geeignet ist, den Anlageerfolg zu beeinträchtigen.

dd) Ergebnis

Im Ergebnis besteht somit eine Informationspflicht des Versicherers. Ob der - regelmäßig vorhandene - Hinweis, die Überschussbeteiligung könne nicht garantiert werden, vertrauenszerstörend wirkt, kann als Tatfrage nur nach den Umständen des Einzelfalls beurteilt werden. Ist dies nicht der Fall, liegt ein Prospektmangel vor.[940]

e) Fehlerhafte Angaben über eine bevorstehende Rechnungsgrundlagenanpassung

Im folgenden ist die ebenfalls potentiell besonders haftungsträchtige Problematik einer Rechnungsgrundlagenanpassung während der Vertragslaufzeit und diesbezüglich in Betracht kommende Ansatzpunkte für eine Prospekthaftung darzustellen. Fraglich ist, inwieweit anknüpfend an eine mangelhafte Information über die Anpassung von Rechnungsgrundlagen an, welche für die Kalkulation von Prämie und Leistung des Versicherers von Bedeutung sind, ein Prospektmangel vorliegen kann.

aa) Anpassung biometrischer Rechnungsgrundlagen (Sterbetafeln)

Obgleich sich das Problem der Anpassung von Rechnungsgrundlagen während der Vertragslaufzeit bei jeder Form der kapitalbildenden Lebensversicherung stellt, soll exemplarisch die Problematik im Bereich der privaten Rentenversicherung dargestellt werden.

Auf die grundlegende Bedeutung der Rechnungsgrundlagen für die Prämienkalkulation im Rahmen von Lebensversicherungsverträgen ist bereits eingegangen worden.[941] Zu den wesentlichen Rechnungsgrundlagen gehören insbesondere die sog. biometrischen Rechnungsgrundlagen.[942] Sie bilden u.a. die Basis für besonders langfristige Schätzungen der Lebensversicherungsunternehmen im Bereich der privaten Rentenversicherung. Derartige Schätzungen sind erforderlich, da bei den von

---

939 Vgl. insoweit die Beispiele bei *Meyer*, Das Versicherungs(un)wesen, 141 f.

940 Zur rechtlichen Bedeutung des Unverbindlichkeitshinweises siehe F.III.4.h)aa)ddd)(1)(a).

941 Siehe F.III.4.a).

942 *Bomsdorf/Trimborn*, ZVersWiss 81 (1992), 457 f.; *Zanella*, Langlebigkeitsrisiko, 19 f.

deutschen Lebensversicherungsunternehmen angebotenen Rentenversicherungen bereits bei Vertragsabschluss eine bestimmte Rente garantiert wird, deren Zahlung um mehrere Jahrzehnte aufgeschoben ist.[943] Eine biometrische Tafel gibt für eine bestimmte Personengesamtheit die Sterbewahrscheinlichkeit, Invalidisierungsquote oder auch andere an Leben und Gesundheitszustand einer Person geknüpfte Größen in den verschiedenen Lebensaltern an.[944] Insoweit erfolgt die Kalkulation insbesondere unter Zugrundelegung der von der *Deutschen Aktuarvereinigung (DAV)* erstellten und empfohlenen Sterbetafeln DAV 1994 R[945].

Diese bilden als geschlechtsspezifische Sterbetafeln, die von Alter und Geburtsjahrgang abhängen, die Veränderung der Lebenserwartung im Zeitablauf ab.[946] Die mit Hilfe versicherungsmathematischer Hochrechnungen errechneten Tafeln enthalten als statistisches „Sicherheitspolster" sog. Sterblichkeitsabschläge, um zu gewährleisten, dass von Seiten der Lebensversicherungsunternehmen in jedem Fall ausreichende bilanzielle Deckungsrückstellungen[947] gebildet werden. Dies soll die dauernde Erfüllbarkeit der Lebensversicherungsverträge gewährleisten[948]. Die Sterbetafeln DAV 1994 R stellen somit eine wesentliche Rechnungsgrundlage für die Prämienkalkulation dar.

In den 90er Jahren ergab sich bei den deutschen Rentenversicherungen wegen einer zu hoch prognostizierten Sterblichkeit ein sog. Nachreservierungsbedarf, also eine Notwendigkeit zur Erhöhung der Deckungsrückstellung.[949] Dieser versicherungsmathematische Umstand hatte erhebliche Konsequenzen für die Überschussbeteiligung von Versicherungsnehmern in der privaten Rentenversicherung. Hintergrund war, dass sowohl bei Rentenversicherungen auf der Basis der Sterbetafeln 1987 R, die seit Ende der 80er Jahre herangezogen wurden, als auch bei Rentenversicherungen auf Grundlage früherer Sterbetafeln Mitte der 90er Jahre bei vielen Lebensversicherungsunternehmen sog. Sterblichkeitsverluste auftraten. Diese lagen im wesentlichen darin begründet, dass es in den 80er Jahren in Deutschland entgegen dem bisherigen Trend zu einer unerwarteten Senkung der Sterblichkeitsrate gekommen war. In der versicherungsmathematischen Kalkulation der Versicherungs-

---

943 In vielen anderen Staaten geben Lebensversicherungsunternehmen dagegen beim Abschluss einer aufgeschobenen Rentenversicherung noch keinerlei Garantien für die Rentenzeit. Die endgültigen Konditionen der Rente werden dagegen erst zum Verrentungszeitpunkt festgelegt, vgl. *Theis*, Lebensversicherung als Alterssicherungsinstitution, 370.

944 *Theis*, Lebensversicherung als Alterssicherungsinstitution, 317.

945 Für eine Beschreibung dieser Sterbetafeln und ihre methodische Herleitung vgl. *Schmithals/Schütz*, BDGVM 1995, 29 ff. Zur methodischen Herleitung früherer Sterbetafeln vgl. *Lühr*, BDGVM 1986, 485 ff.

946 *Theis*, Lebensversicherung als Alterssicherungsinstitution, 370.

947 Zu diesem Begriff siehe F.III.4.a)bb)bbb)(1).

948 *Zanella*, Langlebigkeitsrisiko, 22 f.

949 Vgl. *Schaaf/Heller/Papst*, BDGVM 1996, 829 ff.

beiträge war die erhöhte durchschnittliche Lebensdauer der Versicherten nur unzureichend berücksichtigt.[950] Aufgrund des Zusammenwirkens dieser Umstände und der Tatsache, dass die Sterbetafeln 1987 R keine kalkulatorischen Sicherheitsabschläge enthielten, musste die zukünftige Leistungsfähigkeit der Lebensversicherungsunternehmen als gefährdet angesehen werden.[951]

Da die Sterbetafeln 1987 R als überholt angesehen werden mussten, veröffentlichte das *BAV* in seinem Rundschreiben 1/1995 vom Juli 1995 eine „Anordnung betreffend nach dem 31.12.1995 abgeschlossene Rentenversicherungsverträge".[952] Darin ordnete das *BAV* an, zur Sicherstellung der zukünftigen Leistungsfähigkeit der Lebensversicherungsunternehmen die Deckungsrückstellung auf der Grundlage der Sterbetafeln DAV 1994 R zu berechnen und verbot die Werbung mit Überschussanteilen, bei denen eine künftige Herabsetzung bereits absehbar sei.[953]

Gleichzeitig durften die Lebensversicherer den seit 1994 erlaubten höheren Rechnungszinssatz von 4% verwenden. Demgegenüber betrug der Rechnungszinssatz 3,5% bei Lebensversicherungen, die nach 1987 abgeschlossen wurden, und 3% bei Lebensversicherungen, die vor 1987 abgeschlossen worden waren. Hierdurch wurde die im Rahmen des Nachreservierungsbedarfs erforderliche Erhöhung der Deckungsrückstellung abgemildert[954]. Aufgrund des dennoch relativ hohen Zuführungsbedarfs von durchschnittlich 15% der bilanzmäßigen Deckungsrückstellung der betroffenen Rentenversicherungen[955] wurde den Versicherern gestattet, die Deckungsrückstellungserhöhung zur Nachreservierung des Altbestands durch den Aufbau einer zusätzlichen Rückstellung über acht Jahre verteilt vorzunehmen.[956]

Die DAV-Sterbetafel 1994 R wurde von dem *BAV* im Laufe des Jahres 1995 veröffentlicht[957], nachdem das *BAV* bereits im Juni 1994 mitgeteilt hatte, dass sich eine Arbeitsgruppe der *DAV* mit der Frage der Folgen des Wegfalls der Bedingungsgenehmigungspflicht befasse.[958] Zudem hatte die *DAV* ihren Mitgliedern mit Schreiben vom 26.9.1994 mitgeteilt, dass die „vorliegenden Zwischenergebnisse einer erhebliche Verbesserung der Sterblichkeit und daraus resultierend entsprechende Anforderungen an die Rückstellungsbildung" zeigten, dass sich nach vorläufigen Berechnungen auf der Basis von Zwischenständen bei gleicher garantierter

---

950 *Theis*, Lebensversicherung als Alterssicherungsinstitution, 372.

951 Vgl. *Theis*, Lebensversicherung als Alterssicherungsinstitution, 372.

952 VerBAV 1995, 287.

953 VerBAV 1995, 287.

954 Vgl. *Theis*, Lebensversicherung als Alterssicherungsinstitution, 372 f.

955 Vgl. *Leinert/Wagner*, Der Aktuar 1999, 16, 17 f.

956 VerBAV 1995, 367; vgl. *Theis*, Lebensversicherung als Alterssicherungsinstitution, 372 f.

957 VerBAV 1995, 79.

958 VerBAV 1994, 175.

Rente und einem Rechnungszins von 3,5% der Nettobeitrag eines Manns für eine aufgeschobene Rente bei einer Aufschubfrist von 30 Jahren sowie für eine sofort beginnende Rente bei einem Rentenbeginnalter von jeweils 60 Jahren um jeweils mehr als 20% erhöht. Weiterhin wurde auf die damit verbundenen Anforderungen an die Rückstellungsbildung hingewiesen.[959]

Das *BAV* wies in VerBAV 2/95 (Anlage B 9) auf die **DAV-Sterbetafel 1994 R** als neue Rechnungsgrundlage hin. In VerBAV 8/95 wurde das Rundschreiben R 1/95 des *BAV* veröffentlicht, in welchem die Anordnung erging, die Deckungsrückstellung für die nach dem 31.12.1995 geschlossenen Rentenversicherungsverträge allein aufgrund der DAV-Sterbetafel 1994 R zu berechnen und verbot eine Werbung mit Überschussanteilen, bei denen eine künftige Herabsetzung bereits absehbar sei. Da die aktuellen Sterbetafeln im Februar 1995 vorlagen[960], dürfte den betreffenden Versicherungsunternehmen spätestens ab diesem Zeitpunkt bekannt gewesen sein, dass Leistungen in der bisherigen Höhe aufgrund der aktuellen Entwicklungen zukünftig nicht mehr erbracht werden könnten.

aaa) Vom *BAV* zugelassene und tatsächlich gewählte Lösungswege zur Erhöhung der Deckungsrückstellung

Das *BAV* hat zur Erhöhung der Deckungsrückstellung insgesamt fünf verschiedene Finanzierungsmöglichkeiten als zulässig angesehen[961], die einzeln oder kumulativ angewendet werden können. Einerseits können die **auf den betroffenen Vertrag entfallenden Überschüsse**, vor allem die Kapitalanlagenüberschüsse, zur Nachfinanzierung der Deckungsrückstellung herangezogen werden. Hiermit ist eine bedeutende Kürzung der Überschussbeteiligung des Vertrags verbunden, die bis zur deren völligen Streichung führen kann. Soweit - insbesondere bei Rentenversicherten hohen Alters - nur noch geringe Zinserträge erwirtschaftet werden, ist diese Finanzierungsform alleine nicht ausreichend.[962] Die Deckungsrückstellung kann darüber hinaus auch aus den **Überschüssen des Rentenversichertenkollektivs** erhöht werden. Dabei kommt es zu einem Risikoausgleich zwischen Versicherungsverträgen mit unterschiedlichem Nachreservierungsbedarf.[963] Weiterhin kommt eine Finanzierung aus dem **Rohüberschuss des Altbestands** insgesamt in Betracht. Dies hat eine Quersubventionierung zwischen den Rentenversicherten und anderen

---

959 Die DAV hatte ausdrücklich darauf hingewiesen, dass eine Rechnungszinserhöhung auf 4% diese Steigerung nur teilweise ausgleichen würde, Deutsche Aktuarvereinigung, Mitteilung 3/94 vom 26.9.1994, vgl. OLG Koblenz, Urt. v. 26.5.2000 - 10 U 1342/99, NJW-RR 2001, 1111 ff.

960 Vgl. die Feststellungen des OLG Koblenz, Urt. v. 26.5.2000 - 10 U 1342/99, NJW-RR 2001, 1111 ff.

961 Vgl. *BAV*, R 1/95, VerBAV 11/1995, 367 ff.

962 Vgl. *Theis*, Lebensversicherung als Alterssicherungsinstitution, 373.

963 Vgl. *Theis*, Lebensversicherung als Alterssicherungsinstitution, 373.

Abrechnungsverbänden, aus deren Überschüssen ein Teil des Nachreservierungsbedarfs gedeckt wird, zur Folge. Die Mindestüberschussbeteiligung der Versicherten von 90% des für ihren Abrechnungsverband erwirtschafteten Rohüberschusses darf dabei jedoch nicht unterschritten werden.[964] Die Finanzierung ist weiterhin möglich aus **Darlehen von anderen Abrechnungsverbänden**, die zu verzinsen und zurückzuzahlen sind. Bei dieser Finanzierungsform können auch Überschüsse des Neubestands zur Finanzierung herangezogen werden. Diese stehen allerdings nur temporär zur Verfügung.[965] Die Finanzierung der Deckungsrückstellung kann schließlich auch aus **Aktionärsmitteln** vorgenommen werden.

Zwar sollen nach Ansicht des *BAV* vorrangig die betroffenen Rentenversicherungen selbst zur Finanzierung heranzuziehen sein, um eine Quersubventionierung zu vermeiden.[966] Da den Versicherungsunternehmen jedoch ein erheblicher Spielraum zur Finanzierung des Nachreservierungsbedarfs verblieb, kam es in der Vergangenheit tatsächlich zu einer überwiegenden Anwendung der ersten drei Finanzierungsformen und nur selten zu einer Finanzierung aus Aktionärsmitteln.[967] Da damit überwiegend die Versicherten die Lasten der Nachreservierung tragen, ergeben sich für den einzelnen Rentenversicherten deshalb oft Rentenhöhen, die weit unter den in den Beispielrechnungen in Aussicht gestellten Leistungen liegen.[968] Auch für andere Altverträge ergibt sich ein nachteiliger Überschussbeteiligungseffekt.[969]

Dieser Umstand hat in der Öffentlichkeit einige Aufmerksamkeit erregt. Viele Rentenversicherte, die erst in den 90er Jahren eine sofort beginnende Rentenversicherung abgeschlossen haben und bei denen es zu einer Leistungskürzung kam, fühlten sich von ihrem Lebensversicherungsunternehmen getäuscht, weil aus ihren Vertragsinformationen die Möglichkeit nicht hinreichend deutlich wurde, dass bereits kurz nach Vertragsschluss eine starke Senkung der Überschussbeteiligung erfolgen würde. In der Folge reichten viele betroffene Versicherungsnehmer Beschwerden bei dem *BAV* ein[970], denen das *BAV* jedoch nicht abhelfen konnte[971].

Problematisch ist, dass viele Lebensversicherungsunternehmen auch dann noch, als sich Sterblichkeitsverluste bereits deutlich abzeichneten, in Beispielrechnungen Überschussbeteiligungen in Aussicht stellten, die auf Basis der Sterbetafeln 1987 R

---

964 Vgl. *Theis*, Lebensversicherung als Alterssicherungsinstitution, 373.

965 *Theis*, Lebensversicherung als Alterssicherungsinstitution, 373.

966 Vgl. *Theis*, Lebensversicherung als Alterssicherungsinstitution, 373.

967 *Theis*, Lebensversicherung als Alterssicherungsinstitution, 374.

968 Vgl. *Schwintowski*, VuR 1998, 223 f.

969 *Theis*, Lebensversicherung als Alterssicherungsinstitution, 374, weist darauf hin, dass dieser Effekt aufgrund der geringen absoluten Bedeutung der Rentenversicherung im Bestand der deutschen Lebensversicherungsunternehmen gleichwohl marginal sein dürfte.

970 Vgl. *BAV*, Geschäftsbericht 1998, 123 f.

971 Vgl. *Theis*, Lebensversicherung als Alterssicherungsinstitution, 374.

berechnet waren.[972] Selbst nachdem das *BAV* bereits die Nachreservierung vorgeschrieben hatte, verwendeten einzelne Lebensversicherer noch immer Beispielrechnungen aufgrund der Sterbetafeln 1987 R.[973]

bbb) Die Rechtsprechung des OLG Koblenz vom 26.5.2000

Mit dem Urteil des OLG Koblenz[974] vom 26.5.2000 - 10 U 1342/99 ist von Seiten der obergerichtlichen Rechtsprechung erstmals Stellung genommen worden zur Frage von Informationspflichten eines Lebensversicherers im Hinblick auf nicht mehr realisierbare Überschusszahlungen. Die Ausführungen des Gerichts beziehen sich auf die Leibrente in der Rentenversicherung, müssen aber auch für den Bereich der klassischen kapitalbildenden Lebensversicherung Gültigkeit beanspruchen.

Danach ist es einem Versicherer verwehrt, sich auf einen versicherungsvertraglichen Änderungsvorbehalt zu berufen, wenn ihm vor Abschluss eines Leibrentenversicherungsvertrags im Dezember 1995 bekannt war, dass er eine auf der Sterbetafel 1987 kalkulierte und dem Versicherungsnehmer mitgeteilte Überschussbeteiligung wegen einer „verbesserten Sterblichkeitserwartung", deren Entwicklung bereits in der Sterbetafel 1994 Berücksichtigung gefunden hatte, im Hinblick auf höhere, die Überschussbeteiligung reduzierende Rückstellungen nicht mehr gewähren konnte. Gleichzeitig hat das OLG Koblenz einen Erfüllungsanspruch des Versicherungsnehmers hat auf die „zugesicherte" Überschussbeteiligung bejaht. Der Versicherer dürfe nicht mit Überschussanteilen werben, wenn er wisse, dass er diese für die Zukunft nicht gewähren könne.[975]

Zwar hat der Bundesgerichtshof den entschiedenen Sachverhalt nicht als Anwendungsfall der Prospekthaftung qualifiziert, sondern die Problematik unter dem Gesichtspunkt einer nach § 242 mißbräuchlichen Rechtsausübung behandelt. Es handelt sich aber um eine Fallkonstellation, die ebenfalls in den Anwendungsbereich der bürgerlich-rechtlichen Prospekthaftung fällt.

ccc) Voraussetzungen für das Vorliegen eines Prospektmangels

Um den eigenen unternehmerischen Handlungsspielraum nicht ohne Not einzuschränken, dürfte ein Versicherer regelmäßig nicht explizit erklären, dass eine Anpassung von Rechnungsgrundlagen nach dem Vertragsabschluss ausgeschlossen ist. Für das Vorliegen eines Prospektmangels im Zusammenhang mit der Anpassung

---

972 Vgl. *Theis*, Lebensversicherung als Alterssicherungsinstitution, 374.

973 Vgl. *BAV*, Geschäftsbericht 1997 Teil A, 45.

974 OLG Koblenz, Urt. v. 26.5.2000 - 10 U 1342/99, NJW-RR 2001, 1111; hierzu F.III.4.a)aa)bbb).

975 OLG Koblenz, Urt. v. 26.5.2000 - 10 U 1342/99, NJW-RR 2001, 1111.

von Rechnungsgrundlagen während der Vertragslaufzeit kommt daher vorrangig das pflichtwidrige Unterlassen einer entsprechenden Information in Betracht.

Dabei ist das Ausbleiben von Information objektiv zu beurteilen und regelmäßig ohne Schwierigkeiten festzustellen. Es ist gegeben, wenn der Prospekt keinen deutlichen Hinweis darauf enthält, dass in der absehbaren Zukunft eine Anpassung von Rechnungsgrundlagen erwartet werden muss, die sich renditemindernd auswirken kann. Nach dem Grundsatz der Prospektklarheit gehen auch insoweit Unklarheiten in der Darstellung zu Lasten des Prospektverwenders.

Der Haftungsgrund der Unvollständigkeit besteht nur, wenn das Ausbleiben der Information auch pflichtwidrig war, sie also einen nach § 242 BGB offenbarungspflichtigen Umstand betrifft. Die Notwendigkeit einer nach Vertragsabschluss erforderlichen Rechnungsgrundlagenanpassung ist, wie gerade die tatsächlichen Konsequenzen einer Erhöhung der Deckungsrückstellung belegen, geeignet, den Anlageerfolg zu beeinträchtigen. Es handelt sich somit um einen offenbarungspflichtigen Umstand.

Das Merkmal der Pflichtwidrigkeit der unterlassenen Information ist nach den bereits entwickelten Grundsätzen auch dann zu bejahen, wenn dem prospektverantwortlichen Lebensversicherungsunternehmen die Information schuldhaft nicht bekannt war.[976] Demnach ist eine haftungsbegründende Unvollständigkeit des Prospekts im Fall der Verwendung veralteter Sterbetafeln gegeben, wenn der Versicherer es unterlassen hat, im Zusammenhang mit Beispielrechnungen zur Überschussbeteiligung einen deutlichen Warnhinweis auf bevorstehende sterbetafelbedingte Kürzungen der Überschussbeteiligung bzw. Überschussrente abzugeben, obwohl ihm im Zeitpunkt der Prospektverwendung die insoweit bevorstehenden Kürzungen bekannt oder pfichtwidrig nicht bekannt waren.

ddd) Zusammenfassung

Die in der Vergangenheit erfolgte nachträgliche Anpassung von Rechnungsgrundlagen ist somit geeignet, erhebliche haftungsrechtliche Konsequenzen für die Lebensversicherungswirtschaft zu begründen.

Zweifelhaft ist allerdings, ob die Problematik der nachträglichen Anpassung von Sterbetafeln als Rechnungsgrundlagen in der privaten Rentenversicherung allein auf die Vergangenheit begrenzt ist. Zwar stellen die versicherungsmathematisch fundierteren und mit Sicherheitspolstern versehenen neuen Sterbetafeln DAV 1994 R eine erhebliche Weiterentwicklung gegenüber den früheren Sterbetafeln dar, bei denen für die Zukunft ein Nachreservierungsbedarf weniger wahrscheinlich ist als

---

[976] Siehe F.III.1.c)bb)bbb)(3).

bei früheren Sterbetafeln.[977] Jedoch beinhaltet die extrem lange Laufzeit einer aufgeschobenen Rentenversicherung, bei der bereits zu Vertragsbeginn die Garantie einer Mindestrente für die Rentenbezugszeit ausgesprochen wird, nach wie vor das grundsätzliche Risiko einer falschen Prognose.

Eine Realisierung dieses Risikos dürfte sich zukünftig weit gravierender auswirken. Denn die Qualität der Sterblichkeitsschätzung für die Rentenbezugsphase bei aufgeschobenen Rentenversicherungen hatte für die finanzielle Stabilität eines Lebensversicherungsunternehmen bislang wenig Relevanz, zumal deren Bestandteil gering war. Zudem nahm der weitaus größte Teil der Versicherten das sog. Kapitalwahlrecht[978] in Anspruch und entlastete die Versicherer hierdurch von ihrem potentiellen Langlebigkeitsrisiko. Jedoch hat die Bedeutung der Rentenversicherungen im Bestand der deutschen Lebensversicherungsunternehmen in der Vergangenheit stetig zugenommen. Da im Zuge der Diskussion über die Zukunft der gesetzlichen Rentenversicherung die private Altersversorgung verstärkt in das Bewusstsein der Öffentlichkeit gerückt ist, dürfte zudem mit einem weiteren Zuwachs zu rechnen sein.[979] Erfolgt aber eine Verrentung in stärkerem Ausmaß, so wächst zugleich die Bedeutung der Schätzqualität.[980] Weitere Gefahren ergeben sich aus der Zunahme des Wettbewerbs in der Lebensversicherung, der höheren Zinsgarantie im Bereich der Rentenversicherungen gegen Einmalbetrag und der geänderten Regulierung der Überschussbeteiligung, die die Heranziehung von Kapitalerträgen zum Ausgleich von Sterblichkeitserwartungen erschwert. In der Literatur wird deshalb prognostiziert, dass Versicherungsunternehmen im Fall eines neuerlichen Nachreservierungsbedarfs stärker als bisher an der Nachfinanzierung beteiligt werden, so dass im äußersten Fall auch die Bestandsgefährdung eines Lebensversicherungsunternehmens eintreten könnte.[981]

Die Problematik einer nachträglichen Anpassung von Sterbetafeln in der privaten Rentenversicherung ist somit auch für die Zukunft bedeutsam.[982] Da diesbezügliche Prospektinformationen für den Versicherungsnehmer von wesentlicher Bedeutung sind, droht bei einer Verletzung der entsprechenden Aufklärungspflicht auch zukünftig ein erhebliches Haftungsrisiko.

---

977 *Theis*, Lebensversicherung als Alterssicherungsinstitution, 374.

978 Das Kapitalwahlrecht erlaubt es dem Versicherungsnehmer, am Ende der Ansparphase statt einer Rentenzahlung die Auszahlung einer steuerfreien Kapitalleistung zu wählen.

979 Vgl. *Theis*, Lebensversicherung als Alterssicherungsinstitution, 374.

980 *Theis*, Lebensversicherung als Alterssicherungsinstitution, 370.

981 Vgl. *Theis*, Lebensversicherung als Alterssicherungsinstitution, 374.

982 Vgl. insoweit auch die Befürchtungen zur Erforderlichkeit einer erneuten Korrektur von Sterbetafeln in nächster Zukunft, *N.N.*, Frankfurter Allgemeine Zeitung vom 12.06.1999, 27.

bb) Anpassung sonstiger Rechnungsgrundlagen

Die Problematik der Rechnungsgrundlagenanpassung während der Vertragslaufzeit stellt sich außerhalb des Bereichs biometrischer Rechnungsgrundlagen prinzipiell auch bei sonstigen Rechnungsgrundlagen, also etwa dem Rechnungszins oder den Kostensätzen für Abschluss- und Verwaltungskosten. Entsprechend den obigen Ausführungen trifft den prospektverantwortlichen Versicherer auch in diesen Bereichen entsprechend den obenstehenden Grundsätzen eine Pflicht zur Information über ihm bekannte, konkrete Umstände, die sich renditemindernd auswirken oder auf andere Weise den wirtschaftlichen Erfolg der Kapitallebensversicherung[983] ganz oder teilweise gefährden können.

f) Vergangenheitsrechnungen

Auch die Werbung mit in der **Vergangenheit** erzielten Renditeergebnissen wirft Probleme auf. Neben der Verwendung von zukunftsbezogenen Berechnungen, d.h. der Hochrechnung der Überschussbeteiligung in die Zukunft, konnten Versicherungsunternehmen auch schon vor der Deregulierung der Versicherungsmärkte[984] nach den Grundsätzen des *BAV* Beispielrechnungen mit Vergangenheitswerten zur Überschussbeteiligung verwenden, sofern bestimme inhaltliche und formale Bedingungen erfüllt waren.[985] Seit dem Wegfall der materiellen Versicherungsaufsicht haben allerdings verschiedene Berichte in der Wirtschaftspresse - etwa dem Wirtschaftsmagazin *Capital* - Anlass zu der Vermutung gegeben, dass manche Lebensversicherungsunternehmen in Werbematerialien wahrheitswidrig mit angeblich in der Vergangenheit erzielten Renditeergebnissen geworben haben, die höher waren als die tatsächlich an die Versicherungsnehmer erfolgten Leistungen.[986]

aa) Postive Falschinformation als Prospektmangel

Eine postive Falschinformation begründet den Prospektmangel der Unrichtigkeit auch dann, wenn keine Informationspflicht bestand und dennoch unrichtige Angaben gemacht wurden.[987] Die unrichtige Information bezieht sich im Fall wahrheitswidriger Vergangenheitsrechnungen auf einen Umstand, dessen Wesentlichkeit i.S. des § 242 BGB für den potentiellen Anleger bejaht werden muss. Zwar lassen vergangenheitsbezogene Werte letztlich keine verbindliche Aussage über die zukünf-

---

983 Dabei kommt auch eine Verfehlung von subjektiven Zwecken in Betracht, siehe F.III.7.b).

984 Vgl. hierzu auch I.

985 Freilich spielten rein vergangenheitsbezogene Rechnungen auf dem Markt - ebenso wie heute - nur eine untergeordnete Rolle, vgl. *Goecke/Will*, Renditewettbewerb, 56.

986 Vgl. *BAV*, R 2/2000, VerBAV 2000, 252 f.; *Eifert*, Kapitallebensversicherung aus Verbrauchersicht, 154 m.w.N.

987 BGH, NJW 1997, 938; BGH, ZIP 2000, 355; BGH, ZIP 2001, 75, 108; *Roth* in MünchKomm, BGB, § 242, Rn 1.

tige Renditeentwicklung der Kapitalanlage zu, da angesichts der langen Betrachtungszeiträume zu viele Änderungen an den zahlreichen Einflussfaktoren eintreten können.[988] Jedoch können die in der Vergangenheit erzielten Ergebnissen eines Unternehmens aus Sicht des Versicherungsnehmers durch den Vergleich mit damaligen Prognosen durchaus eine gewisse Orientierung für den Realitätsgehalt aktueller Renditeprognosen und damit die langfristige Leistungsfähigkeit des einzelnen Unternehmens bieten. Da größere Diskrepanzen ein gewisses Maß an Misstrauen von Seiten des möglichen Anlegers hervorrufen dürften[989], ist die wahrheitswidrige Angleichung von Prognose und tatsächlich erzielter Rendite umgekehrt geeignet, den Prospektadressaten in einen Irrtum zu versetzen, aufgrund dessen er tatsächlich einen Lebensversicherungsvertrag abschließt, während er in Kenntnis der wahren Sachlage hiervon gerade absehen würde.

Diesen Überlegungen entsprechend hat auch das *BAV* im Bereich der öffentlichrechtlichen Versicherungsaufsicht eine Notwendigkeit erkannt, die Werbung mit sog. Vergangenheitsrechnungen[990] zu reglementieren. Das von dem *BAV* im einzelnen aufgezeigte Missbrauchspotential[991] ist entsprechend den vorstehenden Ausführungen grundsätzlich geeignet, einen Prospektmangel zu konstituieren.

bb) Pflichtwidriges Unterlassen der Angabe früherer Renditeergebnisse

Unter dem Gesichtspunkt der Unvollständigkeit kommt eine Haftung für das Unterlassen der Angabe früherer Renditeergebnisse und der hierzu ggf. abgegebenen Prognose in Betracht. Hierfür müsste das Unterlassen pflichtwidrig sein. Hiergegen spricht allerdings schon, dass es insoweit an einem schutzwürdigen Informationsbedürfnis des Prospektadressaten fehlt. Denn aus vergangenheitsbezogenen Renditeinformationen und -prognosen können keine zwingenden Schlüsse auf die zukünftige Rentabilität der Anlage gezogen werden.

---

988 *Blaesius*, Bewertung von Lebensversicherungsverträgen, 67 ff.; *Finsinger*, Versicherungsmärkte, 131; *Seuß*, FS Gehrhardt, 369; *Stöffler*, Markttransparenz, 190; *Eifert*, Kapitallebensversicherung aus Verbrauchersicht, 154.

989 *Eifert*, Kapitallebensversicherung aus Verbrauchersicht, 154.

990 Danach beschreibt der Begriff der Vergangenheitsrechnung eine Darstellung, die die Leistungen des Lebensversicherungsunternehmen in der Vergangenheit wiedergibt, vgl. *BAV*, VerBAV 2000, 252, 256.

991 Für Vergangenheitsrechnungen dürfen nach Ansicht des *BAV* nur tatsächlich erzielte oder erzielbare Leistungen von Verträgen desselben Tarifs verwendet werden. Besteht der aktuell angebotene Tarif noch nicht lange genug, kann ein vergleichbarer Tarif verwendet werden; hierauf ist in jedem Fall deutlich hinzuweisen. Die Daten des zugrunde gelegten Vertrages sind vollständig zu nennen. Der Ablauf darf nicht länger als zwei Jahre zurückliegen. Es ist ausdrücklich darauf hinzuweisen, dass die angegebenen Zahlen sich nur auf die Vergangenheit beziehen und der Verlauf in der Vergangenheit keine Rückschlüsse auf die zukünftige Entwicklung ermöglicht, *BAV*, VerBAV 2000, 252, 256.

g) Verletzung kaufmännischer Grundsätze bei der Abgabe von Zukunftsprognosen

Teilweise wird in der Literatur behauptet, der Vergleich von in der Vergangenheit erzielten mit den von ihnen für die Zukunft in Aussicht gestellten Renditen zeige, dass viele Versicherer für die Zukunft mehr versprechen würden, als sie in der Vergangenheit geleistet hätten.[992] Dies erstaune, da gerade die vor einigen Jahren abgelaufenen Verträge aufgrund einer langen Hochzinsphase, zweier außergewöhnlicher Börse-Haussen und vom *BAV* erzwungenen Sonderausschüttungen überproportional gute Werte erreichten. Da die von den Versicherungsunternehmen bereitgestellten Prognosen über die Verzinsung der Versicherungsbeiträge größtenteils Werte nennen würden, deren Eintreffen unwahrscheinlich sei, werde ein sinnvolles Abwägen zwischen einer kapitalbildenden Lebensversicherung und anderen Kapitalanlageformen im Rahmen der Bedarfsreflexion verhindert.[993]

In der Tat lassen Meldungen, nach denen insbesondere Unternehmen mit aggressivem Vertrieb und großen Versprechungen vorhergesagte Überschüsse nicht gewähren können, die vorgenannten Bedenken plausibel erscheinen. Auch ist das genannte Problem seit inzwischen einer Dekade bekannt[994]. Jedoch kann entsprechend den bereits dargestellten Grundsätzen zur Beurteilung der Fehlerhaftigkeit von Zukunftsprognosen das Vorliegen eines Prospektmangels nur dann bejaht werden, sofern nach den anerkannten Regeln der Versicherungsmathematik als besondere Ausprägung kaufmännischer Grundsätze im Einzelfall die von Versicherungsunternehmen prognostizierten Renditen selbst bei Zugrundelegung einer optimistischen Ertragsentwicklung unerreichbar sind[995].

h) Fehlerhafte Angaben über die zukünftige Ausübung des unternehmenspolitischen Ermessens (subjektive Leistungsbereitschaft)

Fraglich ist zunächst, inwieweit Prospektmängel wegen unrichtiger Angaben über rentabilitätsbezogene unternehmenspolitische Umstände im Sinne „innerer Tatsachen", also die subjektive Leistungsbereitschaft, bestehen können.

aa) Stille Reserven als Bezugspunkt von Informationspflichtverletzungen

Bereits hingewiesen wurde darauf, dass einem Lebensversicherungsunternehmen zahlreiche Möglichkeiten offenstehen, die auf einen einzelnen Versicherungsneh-

---

992 *Henry*, Capital 1992, 92, 100.

993 Vgl. *Wolff*, Capital 1989, 146 ff.; *Thieltges*, Lebensversicherungen im Vergleich, 34 ff.; *Stöffler*, Markttransparenz, 199; *Eifert*, Kapitallebensversicherung aus Verbrauchersicht, 152.

994 Vgl. z.B. *N.N.*, Stuttgarter Zeitung vom 22.7.1993, 13.

995 Diesen Nachweis zu führen, dürfte regelmäßig schwerfallen, vgl. insoweit insb. die Ausführungen zur Beweislastverteilung, F.XII. Zum Beurteilungsmaßstab für Prognosen siehe F.III.4.c).

mer entfallende Gewinnbeteiligung während der Vertragslaufzeit in Ausübung des unternehmerischen Ermessens maßgeblich zu beeinflussen[996]. Neben der objektiven Leistungsfähigkeit spielt deshalb auch die subjektive Leistungsbereitschaft eine erhebliche Rolle für den Leistungsumfang des kapitalbildenden Lebensversicherungsvertrags.

Exemplarisch ist im folgenden zunächst auf die unternehmenspolitischen Einflussmöglichkeiten im Zusammenhang mit stillen Reserven des Versicherungsunternehmens einzugehen.

aaa) Bedeutung von Informationen über stille Reserven für den Versicherungsinteressenten

Unter volatilen Kapitalmarktbedingungen tritt die unterschiedliche finanzielle Leistungsstärke einzelner Versicherungsunternehmen, wie sie sich durch stille Reserven bzw. stille Lasten, Eigenkapital und freie RfB bestimmt, stärker in das Blickfeld des potentiellen Anlegers. Dies ist darauf zurückzuführen, dass es seit Jahren einer gängigen, in der Lebensassekuranz branchenweit verbreiteten Praxis entsprach, durch die Hebung stiller Reserven die den Versicherungsnehmern gutgebrachte Überschussbeteiligung teilweise über erhebliche Zeiträume zu subventionieren.[997] Oftmals war in der Vergangenheit eine derartige „Subventionierung" des Neugeschäfts die einzige realistische Möglichkeit, um die in Aussicht gestellte Rendite zu erreichen. Naturgemäß ist die Möglichkeit der Subventionierung des Überschussergebnisses vorrangig bedingt durch das Vorhandensein und die Höhe stiller Reserven, da diese Umstände dafür entscheidend sind, wie lange und in welcher Höhe eine Aktivierung möglich ist.[998] Indes ist für den Versicherungsinteressenten extern nicht erkennbar, wie hoch die finanziellen Reserven der Versicherer sind. Häufig wird erst im Laufe des Folgejahres, wenn die nächsten Gewinndeklarationen feststehen und die Jahresabschlüsse des vorangegangenen Geschäftsjahres veröffentlicht worden sind, vor allem anhand der einschlägigen Ratings und Presseberichterstattung im Einzelnen erkennbar sein, wie der betreffende Anbieter am Markt platziert ist. Bei volatilen Kapitalmarktbedingungen ist die Situation für den Verbraucher deshalb durch eine hohe Unsicherheit gekennzeichnet, da nicht abzusehen ist, wie sich die Gewinnbeteiligung des überschussberechtigten Lebensversicherungsvertrags entwickeln wird.

---

996 Siehe F.III.4.a)bb)fff).

997 Hierzu F.III.4.a)bb)fff).

998 So zeigte sich der Leiter des *BAV*, *Helmut Müller*, bereits im Jahr 1999 skeptisch im Hinblick auf die langfristige Rentabilität in der Kapitallebensversicherung: „Die hohe Verzinsung, die heute noch ausgewiesen wird, ist zum größten Teil durch die Auflösung stiller Reserven finanziert", vgl. *N.N.*, FD 3C S 545 ff.

Vor diesem Hintergrund besitzen Informationen über den Bestand und die voraussichtliche Entwicklung von stillen Reserven (objektive Leistungsfähigkeit) sowie die diesbezüglich verfolgte Unternehmenspolitik (subjektive Leistungsbereitschaft) für den Prospektadressaten entscheidende Bedeutung.

Diese Einschätzung wird auch dadurch bestätigt, dass der Lebensversicherungsmarkt unter volatilen Kapitalmarktbedingungen eine Differenzierung gerade durch den Umfang erfährt, in dem die Versicherer aufgrund ihrer Kapitalausstattung eine Stützung der Überschussbeteiligung durch eine planmäßige Auflösung stiller Reserven vornehmen können.[999]

bbb) Problemstellung

Obwohl die Verbesserung des Unternehmensergebnisses durch Aktivierung stiller Reserven eine branchenweit verbreitete Praxis ist, besteht kein Anspruch des Versicherungsnehmers auf eine derartige Subventionierung der Überschussbeteiligung, da der Versicherungsnehmer keinen Rechtsanspruch auf Beteiligung an stillen Reserven besitzt.[1000]

Statt dessen stehen die Bildung und Auflösung stiller Reserven umfänglich im unternehmerischen Ermessen des Versicherers. Demnach muss erst recht die Information über die Höhe stiller Reserven eine Ermessensentscheidung sein. Allein das Fehlen einer Information über die Höhe stiller Reserven oder deren voraussichtliche Entwicklung während der Vertragslaufzeit begründet somit für sich genommen keinen Prospektmangel. Erfolgt jedoch insoweit eine Aussage, muss sie nach den allgemeinen Grundsätzen fehlerfrei, also richtig und vollständig sein, soweit sie nach den bereits dargestellten Grundsätzen[1001] für den Prospektadressaten von wesentlicher Bedeutung ist.

ccc) Unrichtigkeit bei ausdrücklicher Information

Informationen im Zusammenhang mit stillen Reserven können zunächst ausdrücklich erteilt werden. Trifft das prospektverantwortliche Lebensversicherungsunternehmen im Hinblick auf rentabilitätsbezogene Umstände[1002] Aussagen über

---

999 Derartige Maßnahmen werden nicht nur zur Marktpositionierung des betreffenden Unternehmens im Wettbewerb um das Neukundengeschäft durchgeführt, sondern auch zur Stärkung des Vertrauens der Verbraucher in die Kapitallebensversicherung als Institution; vgl,. auch *Uttich*, Frankfurter Allgemeine Zeitung vom 17.11.2002.

1000 So die ganz h.M., vgl. nur *Dreyer*, Stille Reserven, 99 ff.; *Ebers*, Überschussbeteiligung, 217 ff., jeweils mit umfangreichen Nachweisen.

1001 Siehe F.III.1.a).

1002 Insoweit kommen z.B. Aussagen über den gegenwärtigen Umfang stiller Reserven und eine zukünftige Unternehmenspolitik der planmäßigen Auflösung in Betracht.

die Betätigung seines unternehmerischen Ermessens während der Vertragslaufzeit - also etwa Angaben über die objektive Leistungsfähigkeit des Untenehmens, wie sie sich aus dem Vorhandensein stiller Reserven und einer Unternehmenspolitik der planmäßigen Auflösung zur Stützung des Überschussergebnisses ergibt, aber auch Informationen über die subjektive Bereitschaft, diese Ressourcen in einem bestimmten Umfang zu Gunsten der Versicherungsnehmer nutzbar zu machen -, so müssen diese Informationen fehlerfrei sein, also insgesamt richtig und vollständig. Denn für den Anlageentschluss sind auch solche Angaben von Bedeutung, die sich allgemein auf die gegenwärtige und künftige Lage des Unternehmens und damit auf Umstände beziehen, die den inneren Wert der Finanzanlage wesentlich mitbestimmen. Da Gewinnerwartungen an solche Hinweise geknüpft werden, pflegt sich ein Anleger bei seiner Entscheidung auch oder sogar in erster Linie von ihnen leiten zu lassen[1003]. Es gelten insoweit die allgemeinen Grundsätze für das Vorliegen eines Prospektmangels[1004].

ddd) Unrichtigkeit bei konkludenter Information

Schwieriger zu beurteilen ist der Fall, in dem eine zukunftsbezogene Information über die unternehmenspolitische Ermessensausübung in konkludenter Form erfolgt. Derartige konkludente Aussagen erfolgen regelmäßig im Rahmen von Beispielrechnungen.

(1) Erklärungsgehalt der Beispielrechnungen

An anderer Stelle wurde bereits erläutert, dass Beispielrechnungen für den Absatzprozess von überragender tatsächlicher Bedeutung sind.[1005] Damit ist allerdings noch nicht erklärt, wie der Versicherungsnachfrager die ihm zur Verfügung stehenden Zahlen interpretiert, d.h. welchen Erklärungsgehalt der durchschnittliche Prospektleser den Beispielrechnungen beimisst. Empirische Untersuchungen dieser Frage existieren bislang nicht.[1006]

(a) Unverbindlichkeitshinweis

Problematisch ist zunächst, dass im Zusammenhang mit Beispielrechnungen sowohl hinsichtlich des Altbestands als auch des Neubestands regelmäßig ein Hinweis darauf erfolgt, dass die dargestellten Leistungen nicht garantiert werden können. Bis zum Wegfall der materiellen Versicherungsaufsicht im Jahr 1994 waren die Lebensversicherungsunternehmen aufsichtsrechtlich verpflichtet, unter jede Bei-

---

1003 BGH, ZIP 1982, 923, 928.

1004 Siehe F.III.1.

1005 Siehe F.III.4.b)dd).

1006 Vgl. *Goecke/Will*, Renditewettbewerb, 72.

spielrechnung einen Hinweis mit dem folgenden Wortlaut, den sog. Gewinnbeteiligungsvorbehalt, aufzunehmen:

„Die dargestellten Leistungen können nicht garantiert werden; sie sind nur als Beispiele anzusehen. Die Höhe der künftigen Überschussbeteiligung lässt sich nur unverbindlich darstellen, da die künftige Überschussentwicklung vor allem von den Kapitalerträgen, aber auch vom Verlauf der Sterblichkeit und der Entwicklung der Kosten abhängt."

Nach dem Wegfall der materiellen Versicherungsaufsicht hatte das *BAV* zunächst davon abgesehen, Richtlinien für die Darstellung der Überschussbeteiligung zu veröffentlichen, um zunächst die Wirksamkeit der selbstregulierenden Maßnahmen der Lebensversicherungsunternehmen zu beobachten.[1007] Die Äußerungen des *BAV* ließen jedoch erkennen, dass die liberalisierte Praxis der Verwendung von Beispielrechnungen mit zunehmender Besorgnis beobachtet wurde.[1008] Obwohl das *BAV* bereits unmittelbar nach der Deregulierung die Auffassung vertreten hatte, es bedeute einen groben Misstand, wenn Leistungen aus der Überschussbeteiligung auf der Grundlage der aktuellen Überschussdeklaration eines Lebensversicherungsunternehmens in Aussicht gestellt würden und diese in der Zukunft nicht als realistisch angesehen werden könnten[1009], erfolgte erst im Jahr 2000 das Rundschreiben R 2/2000 zur Darstellung der Überschussbeteiligung[1010], dessen Inhalt im weiteren Verlauf dieser Untersuchung aufgegriffen wird.

Im Einklang mit den Hinweisen der *BAV* dürften die Lebensversicherer regelmäßig einen Hinweis des o.g. Inhalts verwenden, um Maßnahmen der Missstandsaufsicht nach § 81 VAG zu vermeiden.

(b) Rechtslage im Fall eines unterlassenen Hinweises

Es stellt sich zunächst die Frage, ob ein durchschnittlich vorgebildeter Versicherungsnachfrager überhaupt in der Lage ist, die von einem Versicherer postulierte Unverbindlichkeit der Beispielrechnungen zu erkennen.[1011] Während dies im Schrifttum z.T. generell verneint wird[1012], ist richtigerweise zunächst danach zu differenzieren, ob der Versicherungsinteressent ausdrücklich auf die Unverbindlichkeit der Berechnungen hingewiesen wird.

1007 *BAV*, GB 1994 Teil A, 31.

1008 Ebenso *Goecke/Will*, Renditewettbewerb, 62.

1009 Vgl. *Goecke/Will*, Renditewettbewerb, 61.

1010 *BAV*, R 2/2000, VerBAV 2000, 252 f.

1011 *Goecke/Will*, Renditewettbewerb, 73.

1012 *Goecke/Will*, Renditewettbewerb, 73.

Unterbleibt ein hinreichend deutlicher Hinweis auf die Unverbindlichkeit der präsentierten Zahlen, so ist fraglich, ob der durchschnittliche Versicherungsinteressent anhand der Beispielrechnungen erkennen kann, dass die aktuelle Überschussdeklaration unter realistischen Annahmen hinsichtlich des Marktgeschehens - etwa den Zinsentwicklungen auf dem Kapitalmarkt[1013] - nicht aufrechterhalten werden kann und deshalb unverbindlich sein müssen. Dies ist allerdings schon wegen der begrenzten Erkenntnismöglichkeit des durchschnittlichen Prospektadressaten[1014] zu verneinen.

Fehlt ein deutlicher Gewinnbeteiligungsvorbehalt, so muss die Verbindlichkeit der Leistungsprognose demnach der Höhe nach als verbindlich angesehen werden.

Darüber hinaus liegt es im Bereich des Möglichen, dass der Gewinnbeteiligungsvorbehalt zwar abgegeben wird, aber wegen der Tendenz der Marktteilnehmer, Informationen zu komprimieren, im „Kleingedruckten" untergeht.[1015] Da es im Ergebnis keinen Unterschied macht, ob eine Information ausbleibt oder wegen Intransparenz[1016] nicht zur Kenntnis genommen wird, bestehen gegenüber den vorstehenden Ausführungen keine Unterschiede.

(c) Rechtslage im Fall eines erfolgten Hinweises

Weist der Versicherer im Zusammenhang mit einer Beispielrechnung dagegen darauf hin, dass die Höhe der Überschussanteilssätze nicht betragsmäßig garantiert wird, sondern insbesondere vom Kapitalanlage-, Risiko- und Kostenverlauf abhängig ist, so kommt es für die Frage einer rechtlichen Erheblichkeit dieses Hinweises zunächst darauf an, ob dieser aufgrund seiner drucktechnischen Gestaltung im Einzelfall hinreichend wahrnehmbar ist oder ein Fall von - wenigstens partieller - Intransparenz[1017] gegeben ist. Gerade die Sorge der Lebensversicherungswirtschaft, Modellrechnungen könnten trotz des branchenweit verwendeten Unverbindlichkeitshinweises haftungsbegründend wirken[1018], lässt daran zweifeln, ob der durchschnittliche Prospektleser die Beispielrechnungen wegen des Hinweises insgesamt für unverbindlich hält.

Dies aufgreifend wird innerhalb der Literatur teilweise vertreten, der durchschnittliche Prospektleser gehe zwar infolge des Warnhinweises davon aus, dass jedenfalls die absolute Höhe der prognostizierten Werte unverbindlich sei. Allerdings soll der Prospektleser darauf vertrauen, dass die beispielhaft errechneten Werte zumindest

---

1013 Zu den weiteren Einflussfaktoren der Überschussbeteiligung siehe F.III.4.a)bb)fff).

1014 Siehe F.III.1.d).

1015 Vgl. *Goecke/Will*, Renditewettbewerb, 72 m.w.N.

1016 Siehe die Ausführungen zum Grundsatz der Prospektklarheit, F.III.1.c)dd).

1017 Vgl. F.III.1.c)dd).

1018 Siehe F.III.4.c)aa)bbb)(3) zu der Empfehlung des *GDV* vom 25.2.2000.

dann gelten, wenn die wesentlichen Faktoren der Überschussentstehung während der Vertragslaufzeit unverändert bleiben[1019]. Postuliert wird damit ein Vertrauen des Versicherungsinteressenten in die Modalitäten der Überschussverteilung, also die Betätigung des unternehmenspolitischen Ermessens.

(aa) Aussagen über Kapitalanlage-, Bilanz- und Überschussverteilungspolitik

Ebers[1020] hat zutreffend darauf hingewiesen, dass der prognostizierte Überschussverlauf Rückschlüsse auf die Grundzüge der beabsichtigten Kapitalanlage-, Bilanz- und Überschussverteilungspolitik erlaubt. Beispielrechnungen enthalten also auch Aussagen über die subjektive Leistungsbereitschaft des Versicherers im Sinne einer voraussichtlichen Betätigung des unternehmerischen Ermessens.

Wird in Beispielrechnungen ein kontinuierliches Wachstum der Überschussanteile in Aussicht gestellt, lässt sich hieraus ableiten, dass der Versicherer eine Unternehmensstrategie verfolgt, die auf eine stetige Entwicklung der Überschüsse abzielt[1021].

Sofern die Beispielrechnungen zunächst einen gleichmäßigen Verlauf und in den letzten Vertragsjahren einen überproportionalen Anstieg der Überschussbeteiligung aufweisen, wird deutlich, dass der Versicherer eine vorsichtige Politik der Thesaurierung anstrebt, indem Überschüsse zunächst gleichmäßig, insgesamt aber zu niedrig verteilt und am Ende des Vertrags hohe Schlussüberschussanteile ausgeschüttet werden sollen. Prognostiziert ein Versicherungsunternehmen eine schwankende Überschussbeteiligung, so ist erkennbar, dass es zu einer zeitnahen Beteiligung der Versicherungsnehmer an den Überschüssen bereit ist.[1022]

Gehen Beispielrechnungen davon aus, dass stille Reserven und Rückstellungen regelmäßig abgeschmolzen werden, weisen sie eine höhere Rendite aus als solche Leistungsprognosen, die eine bilanzielle Aktivierung erst zugunsten späterer Versichertengenerationen vorsehen. Auch insoweit erschließen sich Aussagen über die subjektive Leistungsbereitschaft des Versicherers, etwa im Hinblick darauf, inwieweit neben stillen Reserven auch das Eigenkapital und die freie RfB des Versicherers zu Gunsten der Überschussbeteiligung nutzbar gemacht werden soll, denn auch sie sind zur Subventionierung der Überschussbeteiligung geeignet.[1023]

1019 *Ebers*, Überschussbeteiligung, 130 ff., 264 ff.

1020 *Ebers*, Überschussbeteiligung, 264 ff.

1021 Erreichbar wird dies z.B. durch eine schwerpunktmäßige Investition in festverzinsliche Kapitalanlagen und durch eine Thesaurierung von Überschüssen in Form stiller Reserven oder Rückstellungen, insb. freie RfB; vgl. *Ebers*, Überschussbeteiligung, 265.

1022 *Ebers*, Überschussbeteiligung, 265.

1023 Vgl. *Zielke*, VW 2002, 1826.

Ebenso bedingt eine Zugrundelegung einer hohen Überschussbeteiligungsquote und einer geringen Querverrechnung eine niedrigere kalkulierte Gewinnmarge des Versicherers als eine Kalkulation aufgrund lediglich der aufsichtsrechtlich erforderlichen Mindestrückerstattungsquoten bei gleichzeitiger Saldierung zwischen den einzelnen Überschussquellen. In diesen Fällen unterscheidet sich die effektive Verzinsung der Versichertengelder in Abhängigkeit zu den normativen Annahmen des Versicherungsuntemehmens und der entsprechenden Ermessensbetätigung.[1024]

Weiterhin informieren Beispielrechnungen den Versicherungsnehmer darüber, mit welchen Verlusten er sich von seinem Vertrag vorzeitig lösen kann, indem in den Beispielrechnungen nicht nur der Verlauf der Überschussanteilssätze, sondern auch die Entwicklung der Rückkaufswerte angegeben wird.

Hierbei beeinflussen die Überschuss- und die Kostenverteilung den Rückkaufswert der jeweiligen Vertragszeitpunkte. Verträge, die auf eine langfristige Überschussthesaurierung ausgerichtet sind und bei denen erst am Ende der regulären Vertragslaufzeit hohe Schlussüberschussanteile fällig werden, prognostizieren regelmäßig geringe Rückkaufswerte.[1025]

(bb) Auswirkungen der begrenzten Erkenntnismöglichkeiten des durchschnittlichen Prospektadressaten?

Problematisch ist allerdings, dass der durchschnittliche Prospektleser[1026] wegen seines begrenzten Erkenntnishorizonts im Hinblick auf das außerordentlich komplexe System von die Überschussbeteiligung bedingenden Einflussfaktoren[1027] aus Beispielrechnungen die vorstehenden Schlüsse nicht ziehen kann. Es kann nicht davon ausgegangen werden, dass der typische Prospektleser selbst bei einem intensiven Studium des Prospektmaterials die obenstehenden Folgerungen anstellt.

Er dürfte allerdings im Rahmen einer **Parallelwertung in der Laiensphäre** davon ausgehen, dass die Beispielrechnungen jedenfalls bei unveränderten unternehmenspolitischen Verhältnissen tatsächlich zutreffen würden. Hierfür spricht zunächst, dass der potentielle Kunde gerade auch in Kenntnis der Ungewissheit der genauen Ablaufleistung des Versicherers zumindest eine realistische Einschätzung darüber erhalten möchte, welche Leistung er erwarten kann. Realistisch dürfte aus der Sicht des Nachfragers eine betragsmäßig formulierte Einschätzung der ungewissen zu-

---

1024 Vgl. *Ebers*, Überschussbeteiligung, 265.

1025 Vgl. hierzu BAV, R 1/85, VerBAV 1985, 110. Etwas anderes gilt allerdings dann, wenn das Versicherungsunternehmen eine Schlussüberschussbeteiligung für den Rückkauf zusichert. In diesem Fall wären die Versicherer bei der Berechnung der Rückkaufswerte gem. § 176 Abs. 3 S. 1 VVG verpflichtet, etwaige Schlussüberschussanteile zu berücksichtigen.

1026 Siehe F.III.1.d).

1027 Siehe F.III.4.a)bb)fff).

künftigen Entwicklung unter Einschluss der voraussichtlichen Ausübung des unternehmerischen Ermessens sein, die weder ein optimistisches noch ein pessimistisches Szenario des Anbieters darstellt, sondern eine durchschnittliche Entwicklung zu Grunde legt.[1028]

Insofern ist von Bedeutung, dass der regelmäßig vorliegende Warnhinweis nur die Variablität unternehmensexterner Faktoren - nämlich den Kapitalerträgen, dem Sterblichkeitsverlauf und der Kostenentwicklung - hervorhebt, aber gerade keine Aussage über die Variablität unternehmenspolitischer Gesichtspunkte, also die subjektive Leistungsbereitschaft, enthält. Mit dem Fehlen eines entsprechenden gegenteiligen Hinweises wird aus der Sicht des Prospektlesers deshalb gleichzeitig zu Grunde gelegt, dass unternehmenspolitische Einflussgrößen in dem - als realistisch vorausgesetzten Szenario der Beispielrechnung - hinreichend berücksichtigt sind.

Unerheblich ist, dass der durchschnittliche Prospektadressat keine exakte Kenntnis der einzelnen unternehmenspolitischen Bestimmungsfaktoren und ihren Wirkmechanismen besitzt. Trotz seiner regelmäßig fehlenden Erkenntnismöglichkeit richtet sich seine normative Annahme im Rahmen einer Parallelwertung in der Laiensphäre gerade darauf, dass außerhalb der ausdrücklich als variabel hervorgehobenen Faktoren im wesentlichen stabile Verhältnisse vorherrschen werden. Dies schließt insbesondere die unternehmerische Verteilungspolitik ein.[1029]

Letztlich dürfte dieser Gedanke auch der hinsichtlich des Altbestands gegebenen Forderung des *BAV* nach dem sog. Finanzierbarkeitsnachweis zu Grunde liegen. Mit ihm hatten die Lebensversicherungsunternehmen dem *BAV* jährlich nachzuweisen, dass die zuletzt deklarierten Überschussanteile zur Finanzierung der in Aussicht gestellten Leistungen ausreichten.[1030] Dieses Ergebnis findet seine Reflexion auch im Grundsatz der gleichmäßigen Überschussbeteiligung, der von dem *BAV* für den Altbestand postuliert worden ist. Er setzt voraus, dass die Versicherungsnehmer eine über die Vertragslaufzeit konstante Überschussbeteiligung erwarten[1031]. Dieser Gedanke fand auch in einem Urteil des Bundesgerichtshofs vom 8.6.1983[1032] seine Bestätigung, der die Höhe und Stetigkeit der ausgeschütteten Überschussanteile als entscheidende Verkaufsargumente der Werbung bezeichnete[1033].

1028 Vgl. *Goecke/Will*, Renditewettbewerb, 71, die zudem darauf hinweisen, dass eine tendenziell optimistische oder pessimistische Vorprägung durch den Anbieter den Informationsgehalt für den Nachfrager mindert, da dieser nicht erkennen kann, in welchem Ausmaß - d.h. wie unrealistisch - die jeweilige Einschätzung ist, der Nachfrager zudem nach seiner eigenen optimistischen bzw. pessimistischen Grundeinstellung zu entscheiden bestrebt ist.

1029 Zur Überschussverteilung siehe F.III.4.a)bb).

1030 Vgl. *Vogel/Lehmann*, VerBAV 1982, 328, 332; *Ebers*, Überschussbeteiligung, 131.

1031 Vgl. *Vogel/Lehmann*, VerBAV 1982, 328, 332; ähnlich *Ebers*, Überschussbeteiligung, 132.

1032 BGHZ 87, 346 ff.

1033 Vgl. BGHZ 87, 346, 355; vgl. VerBAV 1983, 298, 301.

Zu Recht weisen *Goecke/Will*[1034] darauf hin, dass es für die Interpretation der Beispielrechnungen auch darauf ankommt, ob der Nachfrager die Versicherungsgesellschaft insgesamt als seriös und glaubwürdig ansieht, da eine insoweit bestehende Meinung sich auch auf das Vertrauen des potentiellen Versicherungsnehmers in den Realitätsgehalt der Hochrechnungen auswirkt. Zwingende Einwendungen gegen das vorstehende Ergebnis können hieraus jedoch nicht hergeleitet werden. Denn der durchschnittliche Versicherungsinteressent, für den die in Beispielrechnungen verkörperten Leistungsprognosen regelmäßig den wesentlichen Entscheidungsgesichtspunkt darstellen[1035], muss dem Versicherer wegen seines Informationsdefizits[1036] und der Natur der Kapitallebensversicherung als Vertrauensgut in tatsächlicher Hinsicht notwendigerweise ein gewisses Vertrauen entgegenbringen: Es liegt gerade im Wesen der Versicherung als Vertrauensgut, dass der Versicherungsinteressent als unseriös empfundene Angebote von vornherein zwingend außer Betracht lässt und hinsichtlich aller anderen Angebote faktisch gezwungen ist, die Beispielrechnungen als vertrauenswürdig anzusehen, um überhaupt eine rational basierte Entscheidung treffen zu können.

(d) Ergebnis

Im Ergebnis enthalten die Beispielrechnungen daher regelmäßig verbindliche Erklärungen jedenfalls im Hinblick auf die Bedeutung einer Betätigung des unternehmenspolitischen Ermessens für die Überschussbeteiligung. Diese zukunftsbezogenen Informationen unterfallen regelmäßig keinem die Haftung ausschließenden Unverbindlichkeitshinweis.

(2) Prüfungsmaßstab

Auf konkludente Informationen im Rahmen von Beispielrechnungen ist der allgemeine Prüfungsmaßstab für Prognosen anzuwenden. Fehlerhaft ist die Information demnach, wenn sie nicht ausreichend durch Tatsachen gestützt ist, auf uneinheitlichen oder sachfremden Wertmaßstäben beruht, sich nicht nach anerkannten kaufmännischen Grundsätzen vertreten lässt oder Angaben „ins Blaue hinein" gemacht werden[1037].

Dabei ist eine **konkrete**, auf das jeweilige Lebensversicherungsunternehmen bezogene Betrachtungsweise maßgeblich, da es sich bei der an das Rechtsinstitut des Verschuldens bei Vertragsverhandlungen angelehnten Prospekthaftung nicht um

---

[1034] Vgl. *Goecke/Will*, Renditewettbewerb, 73.

[1035] Siehe F.III.4.b)dd).

[1036] Zur Informationsasymmetrie zwischen dem Versicherungsinteressenten als Prospektadressat und dem Versicherungsunternehmen siehe IV.

[1037] Siehe F.III.4.c).

eine abstrakte Gefährdungshaftung, sondern um einen Haftungstatbestand handelt, für den die Umstände des Einzelfalls entscheidend sind. Die Realitätsnähe von Beispielrechnungen ist danach unternehmensindividuell und umfassend zu beurteilen, also unter Berücksichtigung der volkswirtschaftlichen, betriebswirtschaftlichen, versicherungstechnischen und rechtlichen Zusammenhänge des jeweiligen Versicherers. Es wurde bereits darauf hingewiesen, dass neben der objektiven Leistungsfähigkeit des Unternehmens insoweit auch die subjektive Leistungsbereitschaft zu berücksichtigen ist, vorhandene Ressourcen in Ausübung des unternehmenspolitischen Ermessens zu Gunsten der Versicherungsnehmer einzusetzen.[1038]

(3) Besonderheiten aufgrund der Nichtabschreibungsmöglichkeit des § 341b HGB

In der Literatur wird es teilweise für problematisch erachtet, dass Versicherer durch die Ausnutzung aller bilanzrechtlich gerade noch zulässigen Gestaltungsspielräume, welche die handelsrechtlichen Bewertungsvorschriften bei der Bewertung bilanzieller Aktivposten[1039] offenlassen, ihre Leistungsfähigkeit und damit die Ergebnisse der Beispielrechnungen in einem günstigeren Licht erscheinen lassen können[1040]. Insoweit ist insbesondere auch der im Jahr 2001 auf Initiative der Versicherungswirtschaft[1041] neu eingefügte sog. „Armutsparagraph“[1042] § 341b HGB zu beachten. Durch diese Nichtabschreibungsmöglichkeit konnten im Jahr 2001 bilanzielle Wertberichtigungen und eine Korrektur der stillen Reserven in einem großen Umfang vermieden werden, da § 341b HGB es dem Versicherer gestattet, seine Kapitalanlagen anhand der subjektiven Zweckbestimmung des Versicherers in zwei bilanzielle Kategorien einzuordnen[1043]: Die zum sog. Handelsbestand zählenden Kapitalanlagen müssen jeweils zum Ende des Bilanzierungszeitraums abgeschrieben werden, wenn der Marktwert unter dem Buchwert liegt. Die Differenz wird im Rahmen der Gewinn- und Verlustrechnung berücksichtigt, Zuschreibungen erfolgen nur auf den Anschaffungswert. Dagegen umfasst der sog. Anlagebestand diejenigen Kapitalanlagen, die langfristig gehalten werden. Eine Anpassung an Marktwerte folgt nur, wenn die Minderung als dauerhaft angesehen wird.

1038 Vgl. insoweit auch die Vorgaben des *BAV*, R2/2000, VerBAV 2000, 252, 254 ff.

1039 Insoweit sind insbesondere die Ertragssituation und die Dotierung der Rückstellungen für die Beitragsrückerstattung sind wesentliche Grundlagen der Beispielrechnungen, vgl. F.III.1. sowie *Eifert*, Kapitallebensversicherung aus Verbrauchersicht, 151.

1040 *Stöffler*, Markttransparenz, 199; *Gessner*, VW 1978, 476, 479 ff.; *Eifert*, Kapitallebensversicherung aus Verbrauchersicht, 151.

1041 *Zimmerer*, FS Hübner, 239, 240; *Krepler/Lohrer*, Finanzen 2002, 27, 29.

1042 *Zimmerer*, FS Hübner, 247.

1043 Es wird davon ausgegangen, dass die überwiegende Anzahl der Lebensversicherungsunternehmen die neuen Möglichkeiten des § 341b HGB für den Jahresabschluss genutzt hat, vgl. *Zimmerer*, FS Hübner, 239, 241.

Die Einführung des § 341b HGB führte dazu, dass in den Bilanzen vieler Versicherungsgesellschaften anstatt stiller Reserven stille Lasten entstanden[1044]. Während im Jahr 2001 die Börsenschwäche überwiegend noch als Folge des Attentats vom 11. September 2001 auf das New Yorker World Trade Center angesehen wurde, konnte im Jahr 2002 eine entsprechende Erklärung der noch niedrigeren Aktienbewertung nicht mehr erklärt werden.[1045] Zum Ende des Bilanzierungszeitraums des Jahres 2002 waren daher spürbare Wertberichtigungen unvermeidbar. Aufgrund dieser Zinsabschreibungen und der auch nach dem Jahr 2001 weiterhin schlechten Börsenentwicklung haben viele Lebensversicherungen ihre Überschussbeteiligungen erneut gesenkt und Beispielrechnungen überdacht.[1046]

Ulrich Hübner[1047] hat in einem anderen Zusammenhang zutreffend darauf hingewiesen, dass die Wahrnehmung zulässiger Gestaltungsmöglichkeiten des geltenden Bilanzrechts selbst nicht als rechtswidrig angesehen werden kann. Die gleiche Ansicht vertritt auch der Bundesgerichtshof in seiner neuesten Rechtsprechung zur Überschussbeteiligung[1048]. Die Verletzung einer Informationspflicht ist gleichwohl möglich. Es kommt insoweit allein darauf an, ob der Versicherer zur Information darüber verpflichtet ist, ob und in welcher Weise er von gesetzlich eingeräumten Bilanzierungsspielräumen Gebrauch machen wird. Dies hat der Bundesgerichtshof in seinem Urteil vom 9.5.2001 zutreffenderweise verneint.[1049] Erteilt der Versicherer insoweit trotzdem Informationen, dürfen diese nach den allgemeinen Grundsätzen nicht irreführend sein, müssen also - gemessen an der objektiven Leistungsfähigkeit und der subjektiven Leistungsbereitschaft i.S. einer bestimmten Ausübung des unternehmenspolitischen Ermessens - auch ein zutreffendes Gesamtbild abgeben.

eee) Unvollständigkeit

Auch im Hinblick auf Informationen über die subjektive Leistungsbereitschaft des Versicherers, also die Ausfüllung des unternehmenspolitischen Ermessensspielraums, kommt der Prospektmangel der Unvollständigkeit in Betracht, wobei insbe-

---

1044 Nach Schätzungen des *GDV* belief sich das branchenweite Volumen stiller Lasten im März 2003 auf etwa 15 bis 20 Mrd. EUR, *Michaels*, Pressemitteilung des GDV vom 24.03.2003; vgl. *Bocquel*, Versicherungsjournal vom 25.03.2003.

1045 Vgl. *Zielke*, VW 2002, 1826, 1828; *N.N.*, VW 2002, 1918.

1046 Vgl. *Zielke*, VW 2002, 1826, 1830.

1047 *Hübner* in *Lutter*, Umwandlungsgesetz, Anh. 1 § 189 Rn 74.

1048 BGH, Urt. vom 9.5.2001 - IV ZR 121/00, NJW 2001, 2014 ff.; vgl. hierzu auch die Anmerkung von *Präve*, VersR 2001, 841 ff.

1049 BGH, Urt. vom 9.5.2001 - IV ZR 121/00, NJW 2001, 2014 ff.

sondere in den Fällen konkludenter Information die Grenzen zur Unrichtigkeit oftmals fließend sind[1050].

fff) Würdigung

Informationen über die vorgenannten unternehmenspolitische Einflussfaktoren und die hierauf bezogene subjektive Leistungsbereitschaft des Versicherers sind für den Versicherungsnehmer wesentliche Informationen, da sie entscheidenden Einfluss auf die Vertragsleistung haben[1051]. Die Folgen, die sich aus zukünftigen Entscheidungen der Leitungsorgane beispielsweise über eine Bestandsübertragung, einen Unternehmensverkauf, einen Austausch des Managements, eine Änderung der Unternehmenspolitik, das Schlechterstellen geschlossener Tarife bzw. einzelner Abrechnungsverbände oder auch für eine Absenkung der allgemeinen Beteiligungsquote ergeben, sind für Außenstehende grundsätzlich nicht vorhersehbar[1052]. Auch dem durchschnittlichen Versicherungsinteressenten ist es nicht möglich, anderen Quellen - etwa einem Jahresabschluss - die z.B. zur Prognose der Leistungshöhe notwendigen zukunftsbezogenen Informationen über die künftigen Ausprägungen der verschiedenen Einflussfaktoren zu entnehmen[1053]. Insoweit besitzt das Lebensversicherungsunternehmen einen Informationsvorsprung, dem ein korrespondierendes Informationsdefizit des Versicherungsnehmers gegenübersteht.

Nach den oben genannten Grundsätzen besteht eine Offenbarungspflicht hinsichtlich Tatsachen, die den angestrebten Vertragszweck vereiteln können sowie im Hinblick auf Umstände, von denen zwar noch nicht sicher ist, aber mit einiger Wahrscheinlichkeit gesagt werden kann, dass sie den vom Anleger verfolgten Zweck gefährden werden. Dabei ist eine Aufklärungspflicht um so eher zu bejahen, je wichtiger der Umstand und je ausgeprägter das Informationsgefälle ist. [1054] Auch sind als weitere Faktoren die wirtschaftliche Bedeutung und die Komplexität des Geschäfts bzw. des Geschäftsgegenstands zu berücksichtigen.[1055] Es gilt der Grundsatz, dass umso mehr Aufklärung erforderlich ist, je schwieriger und risikoreicher das Geschäft ist und je intensiver die gegenseitigen Rechtsbeziehungen sind.

Im Ergebnis können Prospektmängel gerade auch in falschen, lückenhaften oder gänzlich fehlenden Angaben über unternehmenspolitische Einflüsse auf die prog-

---

1050 Vgl auch die obenstehenden Ausführungen, F.III.1.c)bb).

1051 Siehe F.III.4.a)bb)fff); zum Wesentlichkeitsgrundsatz F.III.1.a).

1052 Ebenso *Blaesius*, Bewertung von Lebensversicherungsverträgen, 69, 151 ff.; *Finsinger*, Versicherungsmärkte, 131; *Stöffler*, Markttransparenz, 190; *Seuß*, FS Gehrhardt, 369.

1053 Vgl. *Odenwald*, Bilanzanalyse, 85 f.; *Eifert*, Kapitallebensversicherung aus Verbrauchersicht, 151.

1054 Siehe F.III.1.c)bb).

1055 Vgl. *Roth* in MünchKomm, BGB, § 242 Rn 277 m.w.N.

nostizierte Rendite bestehen, soweit der Prognose gerade derartige Elemente zu Grunde liegen.

bb) Weitere unternehmenspolitische Einflussfaktoren

Die vorstehenden Grundsätze gelten entsprechend für andere unrichtige Angaben über die zukünftige Ausübung des unternehmenspolitischen Ermessens im Hinblick auf renditeerhebliche Einflussfaktoren. Da in der Lebensversicherungsbranche im Durchschnitt keine erheblichen stillen Reserven mehr existieren[1056] und durch die mit § 341b HGB verbundene Milderung des Niederstwertsprinzips dazu geführt hat, dass vielfach stille Lasten entstanden sind[1057], dürfte der Renditewettbewerb unter den Lebensversicherern heute im wesentlichen von der Höhe der freien RfB abhängen[1058]. Auch insofern ist derzeit ein Wegschmelzen von Risikokapital[1059] zu beobachten: Gehen die Zuführungen zur RfB aufgrund schlechter Nettoverzinsungen der Kapitalanlagen des Lebensversicherungsunternehmens zurück, bleibt die Entnahme aufgrund der erteilten Garantieverzinsung von derzeit wenigstens 3,25% - zumeist aber mittels Direktgutschrift garantierter 5%[1060] - konstant, vermindert sich die freie RfB. Da dem Lebensversicherungsunternehmen in der Folge ein geringerer Eigenkapitalersatz zur Verfügung steht, ist dieses im Neugeschäft beschränkt.[1061] Diese konkret drohende „Abwärtsspirale", die letztlich nicht nur die Rendite des Versicherungsnehmers, sondern auch die Erfüllbarkeit seines Vertrags in Frage stellt, ist ein für den Prospektadressaten jedenfalls entscheidungserhebliches Kriterium i.S. der Wesentlichkeitstheorie.

i) Prospektmangel wegen fehlerhafter Information über Vertragsbedingungen?

Als weiterer Bezugspunkt einer Informationspflichtverletzung kommen Prospektangaben über die für das Anlageprodukt geltenden Vertragsbedingungen in Betracht.

Unproblematisch liegt eine Informationspflichtverletzung vor, sofern der Prospekt unrichtige Angaben über rechtswirksame Vertragsbedingungen enthält, die für die andere Partei von wesentlicher Bedeutung sind. Insoweit ist auch im Rahmen der

---

1056 So sind die stillen Reserven von 24 deutschen Lebensversicherern von ursprünglich 41,7 Mrd. EUR auf 1,5 Mrd. EUR gesunken (Stand: Dezember 2002), vgl. *Zielke* VW 2002, 1826.

1057 Vgl. *Zielke*, VW 2002, 1826.

1058 Vgl. *Zielke*, VW 2002, 1826.

1059 Der Begriff des Risikokapitals wird als Gesamtheit von Eigenkapital, stillen Reserven und der RfB verstanden. Die freie RfB von 24 deutschen Lebensversicherern hat um 60,8 % abgenommen (Stand: Dezember 2002) , vgl. *Zielke* VW 2002, 1826.

1060 Vgl. *Zielke*, VW 2002, 1826, 1827.

1061 Vgl. *Zielke*, VW 2002, 1826, 1827.

Haftung für Verschulden bei Vertragsverhandlungen anerkannt, dass eine Irreführung über Vertragsbedingungen haftungsbegründend wirkt[1062].

Wegen des häufig geäußerten Vorwurfs der Intransparenz von AVB in der kapitalbildenden Lebensversicherung sowie der jüngsten Rechtsprechung zu diesem Thema[1063] stellt sich darüber hinausgehend die Frage, ob ein Prospektmangel vorliegt, wenn das Prospektmedium zwar Bestehen und Umfang bestimmter Vertragsbedingungen zutreffend wiedergibt, diese sich aber später als rechtsunwirksam erweisen.

Dem entsprechend vertritt *Adams* die Ansicht, die Regelungen zur Überschussbeteiligung, zu den Rückkaufswerten und der Zillmerung verstießen gegen § 9 Abs. 1 AGBG (heute § 307 Abs. 1 BGB) und die in den Versicherungsbetrieb eingeschalteten Personen hafteten wegen unrichtiger oder unvollständiger Beratung[1064]. Dieser Ansicht nahestehend vertreten auch andere Autoren, dass im Fall von Vertragsklauseln, die aufgrund ihrer Intransparenz für unwirksam erklärt werden, der Versicherungsnehmer nicht die nur Rückabwicklung des Vertrags fordern könne[1065], sondern auch Schadenersatzansprüche aus dem Rechtsinstitut des Verschuldens bei Vertragsverhandlung gegeben sein sollen[1066].

Für den kapitalbildenden Lebensversicherungsvertrag als Rechtsprodukt sind die ihm zu Grunde liegenden AVB konstitutiv. Wesentliche Teile des Prospekts, die sich auf die Eigenschaften des angebotenen Altersvorsorgeprodukts beziehen, reflektieren insoweit den Inhalt der AVB. Hierauf weist auch die gesetzliche Wertung des Abschn. I Nr. 1 lit. b) der Anlage Teil D zum VAG hin, wonach über die geltenden allgemeinen Versicherungsbedingungen zutreffend zu informieren ist. Soweit die Unwirksamkeit einzelner AVB gleichsam spiegelbildlich die Richtigkeit von Prospektangaben berührt, könnte deshalb ein Prospektmangel zu bejahen sein.

Gegen eine derartige Argumentation bestehen jedoch durchgreifende Bedenken unter rechtssystematischen Gesichtspunkten. Denn sind einzelne Vertragsklauseln unwirksam, besteht die Rechtsfolge gem. § 306 Abs. 1 BGB grundsätzlich nicht in der Unwirksamkeit des gesamten Vertrags oder etwa in einem Anspruch auf eine höhere Versicherungsleistung. Auch ist keine geltungserhaltende Reduktion der betreffenden Vertragsklausel möglich.[1067] Vielmehr bleibt im Fall der Unwirksamkeit

---

1062 Vgl. *Heinrichs* in Palandt, BGB, § 276 Rn 73.

1063 Zum Umfang der AGB-Kontrolle und Transparenzgebot bei AVB kapitalbildender Lebensversicherungen und Unwirksamkeit der Klausel über Abschlusskosten und Rückkaufswert, vgl. BGH, NJW 2001, 2014 ff.

1064 *Adams*, ZIP 1997, 1857, 1864-1869.

1065 So z.B. *Schünemann*, VersR 2002, 393.

1066 Vgl. *Wandt*, VersR 2001, 1449 ff.; *Teslau* in *van Bühren*, § 13 Rn 195.

1067 Bereits vor der Schuldrechtsmodernisierung war anerkannt, dass eine AGB-Klausel im Regelfall vollständig unwirksam ist, wenn sie eine unwirksame Bestimmung enthäl, vgl. nur BGH NJW-RR 1998, 629, 630. Instruktiv zum Ganzen *Bartmuß*, Lückenfüllung im Versicherungsvertrag, Badeneiner Versicherungsbedingung gem. § 306 Abs. 1 BGB der Vertrag im übrigen zunächst wirksam. Hinsichtlich der unwirksamen Bedingungen bestimmt sich der Inhalt des Vertrags gem. § 306 Abs. 2 BGB vorrangig nach den gesetzlichen Vorschriften. Existieren solche nicht, so ist eine Lückenfüllung im Wege der ergänzenden Vertragsauslegung vorzunehmen. Nur wenn das Festhalten an dem Vertrag dennoch eine unzumutbare Härte darstellen würde, ist nach § 306 Abs. 3 BGB der Vertrag insgesamt unwirksam.[1068] Aus dem gesetzessystematischen Zusammenhang der §§ 306 ff. BGB ergibt sich deshalb, dass der Mangel einer vertraglichen Regelungslücke nach dem Willen des Gesetzgebers auf der primärrechtlichen Ebene korrigiert werden soll. Ein „Durchschlagen" des Mangels auf die sekundärrechtliche Ebene durch die Begründung von Schadenersatzansprüchen aus Prospekthaftung in Anlehnung an die Rechtsgrundsätze des Verschuldens bei Vertragsverhandlungen wäre daher systemwidrig.

j) Besondere Bezugspunkte fehlerhafter Renditeangaben

Über das einfache Informationsgebot hinausgehend, dass die tatsächliche Wertentwicklung des kapitalbildenden Lebensversicherungsvertrags unvorhersehbar ist und auch niedriger ausfallen kann als angegeben, kommen weitere renditebezogene Prospektmängel in Betracht.

aa) Prospektmangel bei Zugrundelegung der Todesfallleistung?

Isolierte Renditeangaben - z.B. in Gestalt eines einfachen Prozentwertes - werfen das Problem auf, dass es sich bei der Kapitallebensversicherung nicht um reine Spar- oder Anlagegeschäfte handelt. Sie beschreiben den Leistungsgegenstand des Vertrages schon deshalb nicht zutreffend, weil im Rahmen des kapitalbildenden Lebensversicherungsvertrags zwischen einer Erlebens- und einer Todesfallrendite unterschieden werden muss.

Nach Ansicht des *BAV* ist in Angeboten und Prospektwerbung nur eine Angabe von Erlebensfallrenditen zulässig, selbst wenn dadurch die Leistung des Versicherungsvertrags teilweise beschrieben wird, da die Todesfalleistung der Kapitallebensversicherung insoweit nicht einbezogen wird. Dies wird damit begründet, der Begriff der Rendite sei im allgemeinen Sprachgebrauch zur Kennzeichnung von Kapitalanlagen so fest verankert, dass er dem Versicherungsnehmer nicht nur zum Vergleich zwischen verschiedenen Versicherungsverträgen diene, sondern auch zum Vergleich mit anderen Kapitalanlageformen.[1069] Als Erlebensfallrendite zum Ablauf dürfe

---

Baden 2001; *Evermann*, Die Anforderungen des Transparenzgebots an die Gestaltung von Allgemeinen Versicherungsbedingungen, Karlsruhe 2002.

1068 *Hennrichs* in *Dauner-Lieb/Heidel/Lepa/Ring*, BGB, § 306 Rn 1 ff.; *Teslau* in *van Bühren*, § 13 Rn 195; zur bisher bestehenden Rechtslage vgl. § 6 AGBG.

1069 *BAV*, R 2/2000, VerBAV 2000, 252, 254 ff.

deshalb lediglich der Zinssatz angegeben werden, der einheitlich über den Vertragszeitraum gelten müsste, um die Leistungen des Lebensversicherungsunternehmens bei Ablauf aufgrund von Prämien und Zinseszinsen zu erzielen. Aus dem gleichen Grund sollen Renditeangaben nur in Verbindung mit Beispielrechnungen[1070] zulässig sein.

bb) Fehlerhafte Renditeangaben bei Angabe eines einheitlichen Zinssatzes

Da sich die Rückkaufswerte des kapitalbildenden Lebensversicherungsvertrags während der Vertragslaufzeit nicht gleichmäßig entwickeln, sondern variieren, kann nach Ansicht des *BAV* insbesondere auch die Angabe eines einheitlichen Prozentsatzes als Renditeangabe irreführend sein[1071]. Dem ist zuzustimmen, da insoweit eine verzerrte und damit unrichtige Darstellung der in Wirklichkeit nicht gleichmäßigen Wertentwicklung der Kapitallebensversicherung gegeben wäre. Auch zur Vermeidung von Prospekthaftungsrisiken kann sich deshalb eine Renditeangabe nur auf den vorgesehenen Ablauftermin beziehen.

k) Fehlerhafte Aufklärung über die individuelle Nach-Steuer-Rendite?

Da Kapitaleinkünfte grundsätzlich steuerpflichtig sind, kann ein Anleger üblicherweise nur einen Teil der vor Steuern erzielten Erträge vereinnahmen. Aus der Sicht des Anlegers drückt sich die Ertragskraft einer Kapitalanlage deshalb vor allem in ihrer Rendite nach dem Abzug von Steuern aus. Bei der Ermittlung der Nach-Steuern-Rendite sind insbesondere auch staatliche Subventionen und Abzugsmöglichkeiten der Sparbeiträge vom zu versteuernden Einkommen[1072] zu berücksichtigen. Die unterschiedliche steuerliche Behandlung der verschiedenen Anlageprodukte und Anlegergruppen hat zur Folge, dass sich bei einem Vergleich verschiedener Kapitalanlageangebote anhand von Nach-Steuer-Renditen häufig eine andere Rangfolge ergibt als bei einem Vergleich der Vor-Steuer-Renditen.

Dies schafft Raum für die Frage, ob der Prospektmangel der Unvollständigkeit gegeben ist, soweit der Prospekt eine sachgerechte Aufklärung über die individuelle Rendite nach Steuern unterlässt. Hiergegen spricht bereits, dass ein Vergleich der Vor-Steuer-Renditen bei einer gegebenen Ertragssituation unabhängig von der persönlichen Situation des Anlegers durchgeführt werden kann. Während insofern allgemeine Aussagen möglich sind, ist bei der Nach-Steuer-Renditen das Gegenteil der Fall, da hier die individuelle Situation des Anlegers eine entscheidende Rolle

---

1070 Auch insoweit vermeidet das *BAV* den Begriff der Beispielrechnungen benutzt die Termini der Zukunfts- bzw. Vergangenheitsrechnungen, vgl. *BAV*, R2/2000, VerBAV 2000, 252, 254 ff.

1071 Vgl. *BAV*, R 2/2000, VerBAV 2000, 252, 254 ff.

1072 Vgl. insb. den Sonderausgabenabzug nach § 10a EStG.

für das Ergebnis spielt.[1073] Die hier untersuchten Prospekte richten sich definitionsgemäß an einen mehr oder weniger unbestimmten, im Hinblick auf die persönliche steuerliche Situation aber jedenfalls inhomogenen Adressatenkreis. Die Informationserteilung durch gleichartige und standardisierte Prospekterklärungen lässt - anders als der Kontakt im Rahmen eines Beratungsgesprächs[1074] - keine Berücksichtigung des individuellen Aufklärungsbedarfs zu. Da insoweit ein abstrahierender objektiver Maßstab angelegt werden muss, kann das Fehlen einer konkret-individuellen Information keinen Prospektmangel begründen.[1075]

Auch kann in dem Fehlen eines Hinweises darauf, dass die Rendite nach Steuern von der Rendite vor Steuern erheblich abweichen kann, keine pflichtwidrige Unterlassung gesehen werden, da diese Kenntnis des Anlegers selbst bei Zugrundelegung eines nur durchschnittlichen Maßstabs vorausgesetzt werden muss.[1076]

l) Informationspflichtverletzung bei absoluten statt prozentualen Renditeangaben?

Teilweise wird in der Literatur vertreten, dass die - in der Praxis weit verbreitete - Angabe der voraussichtlichen Überschussbeteiligung in absoluten Zahlen[1077] ihren Informationswert erheblich mindere, da kaum ein Versicherungsinteressent in der Lage sei, eine absolute Ablaufsumme mit der prozentualen Rendite anderer Kapitalanlageformen zu vergleichen.[1078] Da die Anleger gewöhnlich an eine Renditeangabe in Prozent gewöhnt seien, wie sie im Bereich „praktisch aller anderen Kapitalanlageformen üblich“ sei, falle die Renditeinformation durch das gewohnte „Raster der Risikowahrnehmung“.[1079] Vor diesem Hintergrund könnte der Prospektmangel der Unvollständigkeit erwogen werden, wenn Informationen über die voraussichtliche Rendite der kapitalbildenden Lebensversicherung lediglich in absoluten Werten, nicht aber in Prozentangaben erteilt werden.

Die Annahme einer Informationspflicht zur Angabe prozentualer statt absoluter Renditewerte ist jedoch nicht haltbar. Hiergegen spricht zum einen, dass der Inhalt

---

1073 *Theis*, Lebensversicherung als Alterssicherungsinstitution, 155.

1074 Für Kontakte im Rahmen von Beratungsgesprächen ist anerkannt, dass ein individueller Maßstab angelegt werden muss, vgl. nur BGH, WM 1982, 128; BGH, NJW 1973, 465; BGH, NJW 1981, 1266; BGH, NJW 1981, 1440; BGH, NJW 1981, 2625; *Hopt*, Kapitalanlegerschutz, 414; Roll, BB 1978, 980, 981; *Schwark*, BB 1979, 897, 898; *Kohl/Kübler/Wüstrich/Walz*, ZHR 138 (1974), 1, 76 f.; *Roller*, Prospekthaftung, 189 f.

1075 Vgl. aber die untenstehenden Ausführungen zur *culpa in contrahendo* sowie Prospekthaftung im weiteren Sinn, G.

1076 Zum Maßstab des durchschnittlichen Prospektadressaten vgl. F.III.1.d).

1077 *Kühlmann/Blumenstein/Dietrich*, Die Lebensversicherung zur Altersvorsorge, 225.

1078 *Seuß*, FS Gehrhardt, 375.

1079 Vgl. *Kuhlmann*, Verbraucherpolitik, 145.

der Information in beiden Darstellungsweisen übereinstimmt. Jedenfalls rekurriert die Feststellung eines Prospektmangels auf den Maßstab des durchschnittlichen Prospektadressaten. Da diesem eine angemessene Aufmerksamkeit bei der Prospektlektüre zugeschrieben wird[1080] muss zugleich von seiner Fähigkeit ausgegangen werden, im Rahmen der Entscheidungsfindung prozentuale Renditeangaben anderer Kapitalanlagen mit absoluten Beträgen, wie sie im Rahmen von Beispielrechnungen zu Kapitallebensversicherungen Verwendung finden, zu vergleichen.

m) Informationspflichtverletzung bei Verwendung von Punktprognosen?

Schließlich könnte ein Prospektmangel in Beispielrechnungen erblickt werden, die sog. Punktprognosen enthalten. Eine Punktprognose liegt vor, wenn eine zukunftsbezogene Angabe eine genaue betragsmäßige Festlegung beinhaltet.[1081] Dagegen spricht man von einer sog. Intervallprognose, wenn nur gewisse Grenzen festgelegt werden, zwischen denen sich das zukünftige Ergebnis wahrscheinlich bewegen wird.[1082] Während Intervallprognosen eine gewisse Schwankungsbreite der Zukunftswerte beinhalten und bereits dadurch aufzeigen, dass genaue Vorhersagen unwahrscheinlich sind, besteht bei einem Einsatz von Punktprognosen die Gefahr, dass unzutreffende Eintrittserwartungen beim Adressaten geweckt werden.[1083] Diese Gefahr ist vor allem darauf zurückzuführen, dass die Beispielrechnungen in diesen Fällen in besonderer Weise eine Verbindlichkeit und Genauigkeit suggerieren, die in Wirklichkeit nicht existiert.[1084]

Fraglich ist deshalb, ob die Verwendung einer Punktprognose den Prospektmangel der Unrichtigkeit konstituiert. Dies ist jedoch entsprechend den obigen Ausführungen über den Erklärungsgehalt der Beispielrechnungen[1085] regelmäßig abzulehnen, sofern der Prospektadressat hinreichend deutlich darauf hingewiesen wird, dass die Höhe der prognostizierten Überschussbeteiligung nicht verbindlich garantiert werden kann. Denn in diesem Fall besitzt der Hinweis eine vertrauenszerstörende Wirkung. Etwas anderes kann nur dann gelten, wenn der Vorbehalt im Einzelfall unterlassen wird oder der Prospekt insoweit intransparent ist[1086].

Nach richtiger Ansicht des *BAV* ist jedoch auch die Verwendung von Intervallprognosen mit der Gefahr einer Irreführung verbunden. Seiner Auffassung nach darf im

---

1080 Siehe F.III.1.d).

1081 *Rothschild*, Wirtschaftsprognose, 165.

1082 *Rothschild*, Wirtschaftsprognose, 165.

1083 *Glöckle*, Publizität, 25.

1084 Vgl. die Ausführungen zu den Bestimmungsfaktoren der Rendite des überschussberechtigten Lebensversicherungsvertrags, F.III.4.a).

1085 Siehe F.III.4.h)aa)ddd)(1).

1086 Zum Prospektmangel der Intransparenz siehe F.III.1.c)dd).

Rahmen der Schwankungsbreite der oberste Zinssatz vom mittleren Zinssatz nicht weiter abweichen als der unterste Zinssatz. Um zu vermeiden, dass eine solche Darstellung vom Versicherungsnehmer als „Korridor" verstanden wird, innerhalb dessen sich die Leistung „in jedem Fall" bewegt, müsse der Versicherungsnehmer zusätzlich darauf hingewiesen werden, dass die Ablaufleistung auch geringer ausfallen kann.[1087]

n) Fehlerhafte Beispielrechnungen aufgrund inhärent fehlerhafter Berechnungsmethoden?

In Betracht kommt weiterhin der Prospektmangel der Unrichtigkeit wegen der Verwendung einer nach kaufmännischen bzw. versicherungsmathematischen Grundsätzen unhaltbaren Berechnungsmethode zur Prognose. Teilweise wird in der Literatur insoweit das Verfahren zur Berechnung der versprochenen Überschussbeteiligung in Zweifel gezogen.[1088] Als übliche Berechnungsmethode hat sich insoweit das sog. Verbundverfahren[1089] etabliert. Nachdem das *BAV* erstmals im Jahr 1979 gefordert hatte, dass die in den Beispielrechnungen in Aussicht gestellte Überschussbeteiligung „finanzierbar" erscheinen müssten, überließ es den Lebensversicherungsunternehmen dennoch die Entwicklung eines geeigneten Verfahrens zum Nachweis der Finanzierbarkeit. Daraufhin kam es zu einer heftigen Diskussion zwischen dem Branchenführer Allianz und zahlreichen anderen Lebensversicherern, da letztere ein Verfahren durchsetzen wollten, das bis zu 25% höhere Ergebnisse ergibt, aber nach teilweise vertretener Ansicht betriebswirtschaftlich unhaltbar sein soll.[1090] Da das *BAV* keine eigene Grundsatzentscheidung gegen die Mehrheit der Lebensversicherungsbranche traf[1091], kam es schließlich zu einem Kompromiss in Gestalt des sog. Verbundverfahrens. Dieses wurde ursprünglich von dem Verband der Lebensversicherungsunternehmen empfohlen und ist in der Folge auch von dem *BAV* übernommen worden. Nach Expertenansicht erlaubt es den Versicherungsunternehmen, einem Versicherungsinteressenten mehr als 20% höhere Überschüsse zu versprechen, als sie bei unveränderter finanzieller Situation langfristig tatsächlich bezahlen können.[1092] Dies sei möglich, weil beispielsweise die Einbeziehung von

---

1087 *BAV*, R 2/2000, VerBAV 2000, 252, 254 f.

1088 Vgl. *Eifert*, Kapitallebensversicherung aus Verbrauchersicht, 150.

1089 VerBAV 1986, 265; *Blaesius*, Bewertung von Lebensversicherungsverträgen, 71 f.

1090 Zum Methodenstreit der Finanzierungsnachweise vgl. *Farny*, FS Seuß, 22; *Blaesius*, Bewertung von Lebensversicherungsverträgen, 71; *Gessner*, VW 1978, 476, 479 ff.; *Eifert*, Kapitallebensversicherung aus Verbrauchersicht, 150 m.w.N.

1091 *Stöffler*, Markttransparenz, 193 ff.

1092 *Stöffler*, Markttransparenz, 198 f.; *Eifert*, Kapitallebensversicherung aus Verbrauchersicht, 150.

Teilen der überrechnungsmäßigen Abschlusskosten zugelassen seien, die in Wirklichkeit keine Leistung an die Versicherten darstellen würden.[1093]

Entsprechend den obigen Ausführungen ist das Lebensversicherungsunternehmen grundsätzlich frei in der Wahl der von ihm befolgten Theorie der Kursprognose und des hieraus folgenden Berechnungsverfahrens, sofern diese noch dem Stand der wissenschaftlichen Diskussion entsprechen. Die versicherungsmathematische Vertretbarkeit des sog. Verbundverfahrens kann hier nicht beurteilt werden. Sollte aber in Zukunft Einigkeit darüber erzielt werden, dass diese Berechnungsmethode betriebswissenschaftlich unhaltbar ist bzw. anerkannten Grundsätzen der Versicherungsmathematik widerspricht, so müsste ab diesem Zeitpunkt von der Fehlerhaftigkeit der Prognose und einem entsprechenden Prospektmangel i.S. der Prospekthaftungslehre ausgegangen werden.

Unabhängig hiervon gilt für sog. erweiterte Zukunftsrechnungen, also Beispielrechnungen unter Zugrundelegung einer Ablaufleistung oder sonstiger Leistungen bei Annahme einer höheren oder niedrigeren Verzinsung bzw. anderer Überschussquellen[1094], dass die Gefahr einer Irreführung des Versicherungsnehmers über die Rentabiliät des offerierten Versicherungsvertrags droht. Auch insoweit gelten die obigen, für die Beurteilung von Prognosen entwickelten Grundsätze, nach denen auf die rechnerische Erweiterung richtig, vollständig und eindeutig hingewiesen werden muss.

o) Fehlerhafte Information bei Versicherungen mit Dynamikvereinbarung

Besondere Informationspflichtverletzungen drohen bei Versicherungsverträgen, die eine sog. Dynamisierung vorsehen. Eine derartige planmäßige und regelmäßige Anpassung von Bemessungsgrundlagen oder Versicherungsleistungen an sich ändernde Gegebenheiten ohne erneute Risikoprüfung existiert insbesondere im Bereich der Altersversorgung[1095]. Innerhalb von Leistungsrechnungen zu Versicherungen mit Dynamikvereinbarung darf insbesondere nicht der Eindruck erweckt werden, die Leistungssteigerung beruhe nur auf der Überschussbeteiligung, da mit der Dynamisierung regelmäßig eine Beitragserhöhung verbunden ist. Werden für ein bestimmtes Jahr des Vertrages oder für den Ablauf Leistungen angegeben, die die Ergebnisse der Dynamik berücksichtigen, so ist auch die in dem entsprechenden Jahr auf Grund der Dynamik fällige - also angepasste - Prämie anzugeben. Dies gilt gleichermaßen für ausführliche wie für verkürzte Darstellungen.[1096] Soweit die Dynamisierung abschluss- und verwaltungskostensteigernd wirkt, handelt es sich hierbei

---

1093 *Diederich*, Markttransparenz, 14.

1094 Vgl. *BAV*, R2/2000, VerBAV 2000, 252, 254 ff.

1095 Vgl. *von Fürstenwerth/Weiß*, 180.

1096 Vgl. *BAV*, R2/2000, VerBAV 2000, 252, 257.

um renditebeeinträchtigende Einflüsse, die für den Versicherungsnehmer wesentlich sind. Über sie hinreichend aufzuklären.

p) Methusalem-Policen

Auch im Fall sog. „Methusalem-Policen" sind besondere Informationspflichten zu beachten. Bei dieser Produktgestaltung handelt es sich um eine Variante der üblichen Kapitallebensversicherung, die dadurch gekennzeichnet ist, dass eine Vertragslaufzeit etwa bis zum 85. Lebensjahr des Versicherten vereinbart wird. Da Männer statistisch mit einem Durchschnittsalter von 74 Jahren, Frauen mit 79 Jahren, versterben[1097], berücksichtigt der Versicherungstarif kalkulatorisch ein erhöhtes Sterberisiko für die letzten Jahre der Vertragslaufzeit. Dies wirkt sich in einem niedrigeren Sparanteil und damit einer Renditeminderung aus. Sieht der Tarif eine sog. Abrufklausel vor, die dem Versicherungsnehmer eine vorzeitige Auszahlung ohne die sonst üblichen Storno- und Abschlusskostenabzüge ermöglicht, kann ein Prospektmangel insbesondere im Hinblick auf den Umstand gegeben sein, dass bei einer vorzeitigen Auszahlung die letzten - aufgrund von Schlussgewinnanteilen besonders lukrativen - Gewinnjahre fehlen. Da sich auch insoweit schematische Beurteilungen verbieten, kommt es für Frage einer Informationspflichtverletzung wiederum auf die konkrete Prospektgestaltung und die sonstigen besonderen Umstände des Einzelfalls an.

5. Liquiditätsbezogene Prospektmängel

Nicht zuletzt aufgrund der aus Gründen der Steuerbegünstigung vorgegebenen Laufzeit von mindestens zwölf Jahren[1098] handelt es sich bei Kapitallebensversicherungen um langfristige Kapitalanlagen, bei denen der Versicherungsnehmer über sein angespartes Kapital während der Vertragslaufzeit nicht ohne weiteres verfügen kann. Benötigt er dieses vor Vertragsende, muss er seinen Vertrag entweder gegen entsprechende Zinsen beleihen oder kündigen.[1099] Damit kommen als weiterer Bezugspunkt von Prospektmängeln Angaben zur **Liquidät** der Kapitalanlage in Frage.

a) Grundlagen

Der Aspekt der Liquidität betrifft die sog. Geldnähe der Kapitalanlage, also die Frage, mit welchen Kosten und mit welcher Zeitverzögerung sie vor Vertragsende in Bar- oder Buchgeld umgewandelt werden kann.[1100] Die hohe Bedeutung der Liqui-

---

1097 Vgl. *Zanella*, Langlebigkeitsrisiko, 19 ff.

1098 Vgl. § 10a EStG.

1099 *Mühlbrandt*, Private Altersvorsorge, 48.

1100 *Eifert*, Kapitallebensversicherung aus Verbrauchersicht, 157; *Theis*, Lebensversicherung als Alterssicherungsinstitution, 233.

dität wird praktisch dadurch belegt, dass ein großer Teil der Lebensversicherungsverträge vorzeitig gekündigt wird.[1101] Üblicherweise ist bei deutschen kapitalbildenden Lebensversicherungen eine Liquidierung der Finanzanlage im Wege der sog. Stornierung, also vorzeitigen Vertragskündigung, möglich.

Bei der nach § 165 VVG jederzeit zulässigen **vollständigen Kündigung** eines Lebensversicherungsvertrags erlischt die Prämienzahlungspflicht und es wird ein sog. Rückkaufswert ausgezahlt. Dieser ergibt sich aus der Höhe des bis dahin angesammelten Deckungskapitals abzüglich einer Stornogebühr. Der wichtigste Fall einer sog. **Teilkündigung** ist die Umwandlung in eine beitragsfreie Versicherung nach § 174 Abs. 1 VVG, die zum Ende jeder Versicherungsperiode möglich ist, sofern eine vereinbarte Mindestversicherungssumme oder Mindestrente erreicht wird.[1102] Ist dies nicht der Fall, wird Rückkaufswert ausgezahlt oder die Versicherung erlischt ersatzlos. Bei der Beitragsfreistellung entfällt die Beitragszahlungspflicht des Versicherungsnehmers. Der bisher angesparte Kapitalsstock verbleibt jedoch dem Lebensversicherungsunternehmen und wird - ggf. nach Abzug einer Stornogebühr - als Einmalbetrag für eine Versicherung gleicher Art verwendet, die bis zum ursprünglich vereinbarten Vertragsende weiterläuft. Hierdurch stehen lediglich die für die Zukunft vorgesehenen Beitragszahlungen vorzeitig zur anderweitigen Verwendung zur Verfügung, nicht jedoch der angesparte Kapitalstock. Bei anderen Formen der Teilkündigung kann die Versicherungssumme auf einen beliebigen Betrag bis zu einer bestimmten Untergrenze herabgesetzt werden.[1103]

Eine Stornierung ist regelmäßig mit erheblichen Renditeverlusten verbunden. Diese ergeben sich daraus, dass der Rückkaufswerts i.S. von § 176 Abs. 1, Abs. 3 VVG primär durch die sog. Zillmerung i.S. des § 4 Abs. 1 DeckRV beeinträchtigt wird. Hierbei handelt es sich um ein auch in § 65 Abs. 1 Nr. 2 VAG anerkanntes unternehmensinternes Kalkulationsmodell[1104], das infolge der privatrechtlichen Vereinbarung in § 15 KLV[1105] auch zu Lasten des Versicherungsnehmers Wirkungen tätigt.

1101 Nach der im Jahr 1995 von der DAV veröffentlichten Stornotafel, die die marktdurchschnittliche Stornoquoten für gemischte Kapitallebensversicherungen mit unterschiedlicher Laufzeit enthält, kündigen z.B. von allen gemischten Kapitallebensversicherungen mit 30jähriger Laufzeit, die von 30jährigen Frauen abgeschlossen werden, insgesamt 69% den Versicherungsvertrag, 3% versterben während der Vertragslaufzeit und nur 28% erhalten die vereinbarte Ablaufleistung; vgl. *Theis*, Lebensversicherung als Alterssicherungsinstitution, 235 f. m.w.N.; *N.N.*, Bank 2002, 5.

1102 Vgl. *Theis*, Lebensversicherung als Alterssicherungsinstitution, 241.

1103 *Theis*, Lebensversicherung als Alterssicherungsinstitution, 234.

1104 *Mayer* in *Prölss*, VAG, § 65 Rn 15 a.E.; *Brömmelmeyer*, Der Verantwortliche Aktuar, 196.

1105 § 15 KLV lautet: „*Auf den Teil .. [scil.: der Abschluss-] Kosten, der bei der Berechnung der Deckungsrückstellung angesetzt wird, verrechnen wir nach einem aufsichtsrechtlich geregelten Verfahren Ihre ab Versicherungsbeginn eingehenden Beiträge, soweit diese nicht für Versicherungsleistungen und Verwaltungskosten vorgesehen sind.*“

Wirtschaftlicher Hinterrund der Zillmerung ist, dass die Prämie des Versicherungsnehmers auch zur Finanzierung von Kosten des Vertragsschlusses, insb. der Vermittlungsprovision, dient. Während die in der laufenden Bruttoprämie einkalkulierten Kostenzuschläge erst im Laufe der Zeit bei dem Unternehmen eingehen und regelmäßig über die gesamte Vertragsdauer verteilt werden, fallen diese Kosten regelmäßig bereits bei Vertragsschluss an. Indem nicht nur die kalkulatorischen Kostenzuschläge, sondern auch die sonstigen Prämienbestandteile zur Finanzierung der Abschlusskosten herangezogen werden, soll die Zillmerung diese zeitliche Verschiebung ausgleichen.[1106]

Da von dem Deckungskapital somit die Abschlusskosten abgezogen werden, verzögert sich hierbei die Entstehung und das Anwachsen der individualvertraglich berechneten Deckungsrückstellung. Die rechnerisch negative Deckungsrückstellung, das sog. gezillmerte Deckungskapital[1107], wird erst im Laufe eines Zeitraums von drei bis fünf Jahren durch die Zahlung des Sparanteils ausgeglichen.[1108]

Infolge dessen bleibt der Rückkaufswert als Zeitwert der Versicherung bei gezillmerten Tarifen in den ersten Jahren gegenüber ungezillmerten Tarifen erheblich zurück.[1109]

Zur Rechtfertigung für die Erhebung eines Stornoabzugs werden im wesentlichen vier Aspekte angeführt.[1110] Zum einen dient sie der Abgeltung von noch nicht getilgten Abschlusskosten. Zum anderen wird eine Abdeckung von Kosten bezweckt, die durch den mit einer Kündigung verbundenen Verwaltungsaufwand bedingt sind. Weiterhin sollen Mindererträge des Versicherungsunternehmens ausgeglichen werden, die dadurch entstehen können, dass das Versicherungsunternehmen einen höheren Liquiditätsgrad seiner Kapitalanlagen wählen muss, um die Rückzahlbarkeit gekündigter Verträge zu gewährleisten. Schließlich sollen drohenden finanziellen Einbußen infolge von Verschlechterungen des Vertragsbestands in seiner Risikostruktur ausgeglichen werden, die sich daraus ergeben, dass statistisch überproportional viele Versicherungsnehmer mit einem geringen Risiko für den Eintritt des Versicherungsfalls den Versicherungsvertrag kündigen, Personen mit einem höheren Risiko jedoch in dem Versichertenbestand verbleiben.[1111]

1106 *Stuirbrink/Johannleweling/Faigle/Reich* in *Budde/Schnicke/Stöffler/Stuirbrink*, Versicherungsbilanzkommentar, § 341 f HGB, Rn 31; vgl. *Eifert*, Kapitallebensversicherung aus Verbrauchersicht, 89 f.

1107 *Hagelschuer*, Lebensversicherung, 171.

1108 *Goll/Gilbert/Steinhaus*, Handbuch der Lebensversicherung, Anm. 2.2.1.2.2.; *Brömmelmeyer*, Der Verantwortliche Aktuar, 195 f.

1109 *Brömmelmeyer*, Der Verantwortliche Aktuar, 196.

1110 Vgl. *Kurzendörfer*, Lebensversicherung, 65 f.

1111 *Theis*, Lebensversicherung als Alterssicherungsinstitution, 246 f.

b) Fehlerhafte Angaben über Rückkaufswerte/Abschluss- und Stornokosten?

Auch für die Frage, ob im Zusammenhang mit den Informationen über ggf. fällig werdende Abschluss- und Stornokosten ein Prospektmangel vorliegt, muss auf die bereits dargelegten allgemeinen Grundsätze zurückgegriffen werden, da spezielle rechtsverbindliche Maßstäben fehlen. Insbesondere bestehen nur begrenzt Informationsauflagen des *BAV*, das den Versicherern in der Vergangenheit lediglich vorschrieb, auf dem Versicherungsantrag auf die geringen Rückzahlungen hinzuweisen[1112], ohne dass konkrete Zahlen genannt werden mussten[1113]. Vielen Versicherungsnehmern wird hierdurch das Verständnis der Zusammenhäge vorenthalten, so dass sie sich zum Zeitpunkt des Vertragsschlusses der hohen mit einer Kündigung verbundenen Verluste nicht bewusst sind.[1114] Hieran wird von Verbraucherseite kritisiert, dieses Risiko würde dem potentiellen Versicherungsnehmer deutlicher vor Augen geführt, wenn sie schon vor dem Vertragsschluss - etwa auf dem Versicherungsantrag oder in dem Produktprospekt - in deutlicher Form zahlenmäßige Angaben über die Diskrepanz zwischen der Höhe der einbezahlten Beiträge und des zu erwartenden Rückkaufswerts erhielten[1115]. *Eifert* meint, die Versicherer seien generell nicht daran interessiert, dem Versicherungsinteressenten die Problematik des Rückkaufwerts deutlich zu machen und begründet dies u.a. damit, dass sowohl in Prospektmaterialien[1116] als auch in den 1983 zur besseren Verständlichkeit neu formulierten Allgemeinen Bedingungen für die kapitalbildende Lebensversicherung[1117] auf eine Erläuterung der Problematik verzichtet werde.[1118]

Die Liquidität der Anlage, wie sie sich gerade auch unter Berücksichtigung der ggf. fällig werdenden Abschluss- und Stornokostenabzüge darstellt, ist ein für den Prospektadressaten wesentlicher Umstand. Dies indiziert nicht nur der Umstand, dass ein erheblicher Teil aller kapitalbildenden Lebensversicherungen vorzeitig gekündigt werden. Vielmehr sind mit einer Stornierung auch erhebliche finanzielle Einbußen verbunden. Auch sind Angaben über Rückkaufswerte aus der Sicht des Gesetzgebers, wie aus Anlage Teil D zum VAG, Abschn. I Nr. 2 lit. b) erkennbar, für den Versicherungsnehmer von wesentlicher Bedeutung. Im Ergebnis handelt es sich somit bei den zu erwartenden Rückkaufswerten um einen offenbarungspflichtigen Umstand.[1119]

1112 VerBAV 1983, 379.

1113 Vgl. *Eifert*, Kapitallebensversicherung aus Verbrauchersicht, 157.

1114 *Angerer*, Beschwerdeinstanz, 17; *Eifert*, Kapitallebensversicherung aus Verbrauchersicht, 157.

1115 *Eifert*, Kapitallebensversicherung aus Verbrauchersicht, 157.

1116 *Stöffler*, Markttransparenz, 83 f.

1117 VerBAV 1983, 272.

1118 *Eifert*, Kapitallebensversicherung aus Verbrauchersicht, 158.

1119 Im Ergebnis ebenso *Eifert*, Kapitallebensversicherung aus Verbrauchersicht, 127.

c) Prospektmangel bei Verwendung unwirksamer Vertragsbedingungen im Hinblick auf die Abschluss-/ Stornokostenklausel?

Mit zwei Urteilen vom 9.5.2001[1120] hat der IV. Zivilsenat des Bundesgerichtshofs über die Wirksamkeit von Allgemeinen Versicherungsbedingungen (AVB) der gemischten kapitalbildenden Lebensversicherung entschieden und die AVB über die Verrechnung der Abschlusskosten und über die Kündigung bzw. Beitragsfreistellung wegen Intransparenz für unwirksam erklärt[1121]. Besondere Haftungsrisiken für den Prospektverwender könnten entsprechend der oben dargelegten Grundsätze[1122] aus einer etwaigen weiteren Verwendung dieser Abschlusskostenklausel und hierauf bezogene Prospektangaben resultieren.

d) Informationspflichtverletzung im Hinblick auf Mehrkosten infolge abgekürzter Beitragszahlung?

In Lebensversicherungen mit abgekürzter Beitragszahlung und etwaigen wesentlich höher kalkulierten Abschlusskosten als bei Policen mit gleichmäßig verteilten Jahresbeiträgen liegt nach den bislang dargestellten Grundsätzen ein informationspflichtiger wesentlicher Umstand vor, welcher auch den Hinweis umfassen muss, dass eine Zahlung in gleich bleibenden Jahresraten über die gesamte Vertragslaufzeit mit erheblich niedrigeren Kosten verbunden wäre. Gleiches gilt für ggf. entstehende weitere Kosten, die neben den Abzügen anfallen können, etwa einen sog. Ausgabeaufschlag, Verwaltungsgebühren oder sog. Managementgebühren. Diese Kostenfaktoren sind als rendite- und liquiditätserhebliche Umstände nicht nur in den Versicherungsbedingungen, sondern auch in prospektartigen Exposés zu offenbaren.[1123]

6. Sicherheitsbezogene Prospektmängel

Für den Anleger ist unter dem Gesichtspunkt der **Sicherheit** zudem das Risiko, mit dem die Renditeerzielung verbunden ist, von wesentlicher Bedeutung[1124].

Unsicherheit über den Erfolg des Sparprozesses eines kapitalbildenden Lebensversicherungsvertrags besteht in erster Linie hinsichtlich der Höhe der Überschussbeteiligung, die dem Versicherungsnehmer nicht verbindlich zugesagt werden kann. Dagegen wird die Auszahlung der vereinbarten Versicherungssumme im Versiche-

---

1120 BGH, Urt. vom 9.5.2001 - IV ZR 121/00, NJW 2001, 2014 ff. sowie IV ZR 138/99, NJW 2001, 2012 ff.

1121 Vgl. zu dieser Problematik auch *Brömmelmeyer*, Der Verantwortliche Aktuar, 196 ff. m.w.N.

1122 Vgl. F.III.4.i).

1123 Vgl. *Meyer*,"Frühes Zahlen wird bestraft", Versicherungsjournal, Ausgabe vom 18.09.2002.

1124 *Theis*, Lebensversicherung als Alterssicherungsinstitution, 204.

rungsfall oder am Ende der Vertragslaufzeit von dem Versicherungsunternehmen garantiert. Damit können Versicherungsnehmer davon ausgehen, jedenfalls eine Verzinsung des Sparanteils der von ihnen bezahlten Prämien in Höhe des Rechnungszinses zu erhalten.

Daneben sind das allgemeine Inflations- und das Insolvenzrisiko sowie das allgemeine politische Risiko der Kapitallebensversicherung zu nennen. Die Kapitallebensversicherung unterliegt als privatwirtschaftliche Institution einem besonderen politischen Risiko. Es ergibt sich daraus, dass ihre Besteuerung und Regulierung durch politische Prozesse geändert werden können und auch andere politische Entscheidungen Auswirkungen auf den Ertrag der Kapitalanlage haben können.[1125]

Regelmäßig unproblematisch dürften insoweit positive Prospektangaben sein. Werden beim Vertrieb von Altersvorsorgeprodukten in einem Prospekt z.B. Angaben über erzielbare Steuervorteile[1126] gemacht, so müssen diese nach den allgemeinen Grundsätzen insgesamt richtig und im wesentlichen vollständig sein. Dies gilt gerade auch für Hinweise auf eine künftig ggf. bevorstehende Besteuerung neuer Kapitallebens- und Renten-Versicherungen. Denn derartige Meldungen erscheinen geeignet, den durchschnittlichen Versicherungsinteressenten übereilt zum Abschluss von Verträgen zu verleiten, um sich vermeintliche Steuervorteile zu sichern.[1127]

Dagegen kann die Frage problematisch sein, inwieweit eine Pflicht zur Information über Umstände existiert, die dem allgemeinen politischen Risiko der kapitalbildenden Lebensversicherung zuzurechnen sind. Eine vollständige Aufführung aller Ausprägungen des für Kapitallebensversicherungen bestehenden politischen Risikos ist wegen der Vielgestaltigkeit der Umstände und ihrer Komplexität grundsätzlich nicht möglich. Sie kommt nach den allgemeinen Voraussetzungen für das Bestehen einer Informationspflicht auch nur dann in Betracht, wenn ein spezifisches Informationsgefälle zwischen dem Versicherungsinteressenten und dem Versicherungsunternehmen im Bezug auf den jeweiligen Umstand existiert[1128]. Dies kann freilich nur nach den Umständen des Einzelfalls beurteilt werden. In der Regel dürfte eine entsprechende Informationspflicht im Bereich allgemeinkundiger Tat-

---

1125 *Theis*, Lebensversicherung als Alterssicherungsinstitution, 209.

1126 Vgl. insoweit insb. auch die gesetzgeberische Wertung nach § 10a VAG i.V. mit Anlage Teil D zum VAG, Abschn. I Nr. 2 lit. f), nach der steuerliche Gesichtspunkte als für den wirtschaftlichen Erfolg der Kapitalanlage wesentliche Umstände auch im Rahmen der Informationspflichten nach § 10a VAG hervorgehoben werden.

1127 So wiesen Verbraucherverbände im März 2003 aus Anlass der Empfehlung der sog. *Rürup-Kommission*, die Steuerfreiheit der Kapitallebens-Versicherung abzuschaffen darauf hin, dass die Mitte 1999 erfolgte Ankündigung des damaligen Finanzministers Eichel, Erträge aus Kapitallebensversicherungen besteuern zu wollen, als Verkaufsargument kurzfristig zu Millionen neuer Verträge geführt habe, vgl. *Meyer*, Versicherungsjournal vom 20.3.2003.

1128 Siehe F.III.1.c)bb).

sachen aufgrund eines fehlenden Informationsvorsprungs des Versicherers zu verneinen sein.

a) Fehlerhafte Angaben über Mindestverzinsungen

In der Literatur wird teilweise befürchtet, kaum ein Versicherungsinteressent realisiere, dass sich die in Prospekten regelmäßig erteilten Informationen über den Garantiezins in der kapitalbildenden Lebensversicherung nur auf die Mindestverzinsung des Sparanteils bezieht, und nicht etwa auch auf die Höhe der in Aussicht gestellten Überschussbeteiligung.[1129] Hieraus kann jedoch nicht allgemein auf einen Prospektmangel geschlossen werden. Vielmehr ist nach den Umständen des Einzelfalls zu prüfen, ob ein entsprechendes Missverständnis des durchschnittlichen Prospektlesers bei einem aufmerksamen Lesen des Prospekts vermeidbar ist. Es gelten insoweit die allgemeinen Grundsätze, wobei insbesondere auf das Gesamtbild der Prospektangaben abzustellen ist.[1130]

b) Fehlerhafte Aufklärung über bevorstehende Veränderungen des Garantiezinses

Entsprechend der obigen Ausführungen zur nachträglichen Anpassung von Rechnungsgrundlagen nach Vertragsabschluss fragt sich, ob eine unterlassene Aufklärung über eine absehbare Reduzierung des gesetzlich garantierten Rechnungszinses durch den Gesetzgeber, also eine Verwirklichung des insoweit bestehenden politischen Risikos, einen Prospektmangel begründen kann.

Für die Kapitallebensversicherung ist charakteristisch, dass ein einmal gegebenes Leistungsversprechen unabhängig von der Entwicklung der Kapitalmärkte langfristig eingehalten wird. Eine Senkung des Garantiezinses kann sich daher lediglich auf Neuverträge auswirken. Deshalb gilt zum einen, dass die Vertragsrendite durch die Änderung des Rechnungszinssatzes regelmäßig unberührt bleibt. In dem Maße, in dem die garantierte Versicherungsleistung verringert wird, steigt die Überschussbeteiligung an. Für eine bestimmte Versicherungssumme ist zwar ein höherer Beitrag zu zahlen, die Ablaufleistung einschließlich der Überschussbeteiligung steigt jedoch im gleichen Verhältnis wie der Beitrag. Bei einem bestimmten Beitrag verringert sich die garantierte Versicherungsleistung, jedoch steigt die Gewinnbeteiligung im gleichen Umfang. Wegen dieses Zusammenhangs kommt eine Informationspflichtverletzung selbst für den Fall, dass das Lebensversicherungsunternehmen hinsichtlich der bevorstehenden Senkung des Garantiezinses einen Informationsvorsprung besitzen sollte, regelmäßig nicht in Betracht. Würden Prospekte genutzt, deren Beispielrechnungen einen überholten Garantiezins zu Grunde legen, so wäre

---

1129 Vgl. *Eifert*, Kapitallebensversicherung aus Verbrauchersicht, 190 ff.

1130 Siehe F.III.1.

nach den für Prognosen geltenden Beurteilungsgrundsätzen unproblematisch der Prospektmangel der Unrichtigkeit gegeben[1131]. Dies ergibt sich schon daraus, dass in diesem Fall falsche Berechnungsgrundlagen verwendet würden.

c) Fehlerhafte Aufklärung über Insolvenzrisiken

Unter dem Gesichtspunkt der Sicherheit sind für den Anlageentschluss gerade auch solche Angaben von Bedeutung, die sich allgemein auf die gegenwärtige und künftige Solvabilität des Unternehmens beziehen, da es sich hierbei um Umstände handelt, die die Erfüllbarkeit der vertraglichen Zusage und damit den inneren Wert der Finanzanlage wesentlich mitbestimmen. Da an derartige Hinweise generell Gewinnerwartungen geknüpft werden, pflegt sich ein Anleger bei seiner Entscheidung auch von ihnen leiten zu lassen.[1132]

Demnach kann ein Prospektmangel gerade auch bei irreführenden Angaben über die Solvenz des Versicherungsunternehmens gegeben sein. Dem steht nicht entgegen, dass in der Lebensversicherung durch die Institution des sog. Deckungsstocks[1133] der größte Teil der Versichertenansprüche dadurch geschützt wird, dass den Gläubigern des Versicherers im Insolvenzfall der Zugriff auf dieses unternehmensinterne Sondervermögen nicht möglich ist. Denn da zumindest die RfB[1134] nicht entsprechend insolvenzgesichert sind und in vielen Insolvenzfällen allein der Deckungsstock keine vollständige Sicherung der garantierten Ansprüche der Versicherungsnehmer ermöglicht[1135], ist das Insolvenzrisiko des Versicherers für den Anleger ein wesentlicher Umstand.

Hat sich das Insolvenzrisiko hinreichend konkretisiert und besteht eine hierauf bezogene Informationsasymmetrie zwischen dem Versicherungsinteressenten und dem Versicherer, so muss nach den bereits dargestellten Grundsätzen[1136] ein Prospektmangel bejaht werden, sofern der Prospekt den Eindruck hervorruft, dass keine Bestandsgefährdung des Lebensversicherungsunternehmens gegeben ist.

7. Sonstige Anknüpfungspunkte

Über die Kriterien der Rentabilität, Liquidität und Sicherheit hinausgehend kommen weitere Eigenschaften der Kapitalanlage als Bezugspunkte möglicher Prospektmängel in Betracht.

1131 Siehe F.III.4.c).

1132 BGH, ZIP 1982, 923, 928; zu stillen Reserven als Entscheidungsmerkmal vgl. auch *Uttich*, Frankfurter Allgemeine Zeitung, 17.11.2002.

1133 Zum Deckungsstock vgl. *Kurzendörfer*, Lebensversicherung, 77 f., 83 f.

1134 Hierzu F.III.4.a)bb)ddd)(1).

1135 Vgl. *Theis*, Lebensversicherung als Alterssicherungsinstitution, 228.

1136 Siehe F.III.1.

a) Angaben im Zusammenhang mit Werturteilen Dritter (insb. Ratings)

Zu fragen ist weiterhin nach möglichen Prospektmängeln im Zusammenhang mit Werturteilen Dritter, etwa Rating-Angaben oder negativer Presseberichterstattung.

aa) Grundlagen

Hintergrund dieser Fragestellung ist, dass die große Anzahl gerade im Bereich der Lebensassekuranz angebotenen Kapitalanlagen sowie die verwirrende Vielfalt ihrer Ausgestaltungsmöglichkeiten objektive Vergleichskriterien für eine gezielte Auswahl durch den privaten Anleger erfordert. Von Seiten Dritter[1137] wird hierzu Hilfestellung in Form von Beurteilungssystemen geleistet, deren Bandbreite von rein quantitativen Methoden (Ranking) bis hin zu rein qualitativen Ansätzen (Rating) reicht.

Die einfachste Art der Hilfestellung für den Anleger besteht in dem sog. Ranking[1138]. Hierunter ist die Erstellung einer Rangfolge zu verstehen, die sich an bestimmten Merkmalen des jeweiligen Anlageprodukts einer Anlagekategorie orientiert[1139]. Bei derartigen „Rennlisten", die verhältnismäßig einfach zu erstellen und nachzuvollziehen sind, da die Positionierung eines Anlageprodukts in der Spitze der Liste die richtige Wahl suggeriert, handelt es sich um Zukunftsprognosen hinsichtlich der Güte von Kapitalanlagen oder deren Anbietern.[1140] Ein Rating stuft dagegen ein Unternehmen oder ein Produkt in eine von mehreren Qualitätsklassen ein.[1141] Unternehmensratings werden insb. von Rating-Agenturen durchgeführt, Produktratings und -rankings finden sich überwiegend in Verbraucherpublikationen[1142]. Gerade innerhalb der Lebensassekuranz ist in den letzten Jahren eine Zunahme derartiger Bewertungen zu beobachten.

Im folgenden soll im Interesse einer einheitlichen Diktion der Begriff des Ratings untechnisch für die beiden oben dargestellten Bewertungsverfahren verwendet werden.

bb) Pflicht zur Offenlegung negativer Rating-Ergebnisse?

Erzielt ein Versicherungsunternehmen positive Rating-Bewertungen, werden diese wegen ihres positiven Werbeeffekts in Prospekten regelmäßig an hervorgehobener

---

1137 Zu den geschätzten Rating-Agenturen gehören z.B. *A. M. Best*, *Moody's Investors Service* und *Standard & Poor's*.

1138 Englisch: to rank = reihen, ordnen.

1139 Vgl. z.B. *Häfele/Ruß*, VW 1999, 606 ff.

1140 Vgl. *Theis*, Lebensversicherung als Alterssicherungsinstitution, 105.

1141 Vgl. *Theis*, Lebensversicherung als Alterssicherungsinstitution, 105.

1142 Vgl. *Theis*, Lebensversicherung als Alterssicherungsinstitution, 106.

Stelle abgedruckt, während nur durchschnittliche oder gar negative Ratings in Lebensversicherungsprospekten regelmäßig keine Erwähnung finden. Fraglich ist daher, ob Negativ-Ratings und andere Negativ-Urteile Dritter im Prospekt offengelegt werden müssen, um eine Qualifikation des Prospekt als unvollständig und damit mangelbehaftet zu vermeiden.

aaa) Meinungsstand

Diese Frage wurde erstmals im Zusammenhang mit der spezialgesetzlichen Börsenprospekthaftung anlässlich des Zusammenbruchs der australischen *Bond*-Unternehmensgruppe aufgeworfen, jedoch nur ansatzweise behandelt. Judikate zu dieser Frage existieren allein von Seiten der Instanzengerichte. Fundstellen in der rechtswissenschaftlichen Literatur beziehen sich ebenfalls mir auf den bösenrechtlichen Bereich.[1143] In der Diskussion ist eine Bedeutung der Problermatik für die bürgerlich-rechtliche Prospekthaftung bislang nur spärlich, die spezifischen Umstände von Ranking und Rating im Bereich der Lebensassekuranz, soweit ersichtlich, noch überhaupt nicht beleuchtet worden. Die Frage einer Offenbarungspflicht für Werturteile Dritter über Anlageprodukte ist deshalb noch immer ungeklärt.

Teilweise wird die Ansicht vertreten, derartige negative Berichte müssten in den Prospekt aufgenommen werden.[1144] So hatte das LG Frankfurt am Main im Hinblick auf die Tatsache, dass australische Finanzanalysten vom Kauf der *Bond*-Anleihen abrieten und eine australische Rating-Agentur das Werturteil „für eine Daueranlage ungeeignet" erteilt hatte, eine entsprechende Pflicht zur Offenlegung bejaht.[1145] In der Literatur ist die Begründung des Frankfurter Landgerichts überwiegend ablehnend kommentiert worden.[1146]

Dagegen hatte das OLG Frankfurt am Main in einer Berufungsentscheidung Negativ-Kritiken und Negativ-Ratings im Grundsatz nicht als offenzulegende Umstände eingeordnet, sondern das Vorliegen solcher Anhaltspunkte lediglich zur Beurteilung des Verschuldens von Kreditinstituten bei der Anlageberatung herangezogen.[1147]

1143 Vgl. *Assmann* in *Assmann/Schütze*, Handbuch des Kapitalanlagerechts, § 7 Rn 85, 86; unergiebig dagegen *Eyles* in *Vortmann*, Prospekthaftung, § 2 Rn 74.

1144 Vgl. LG Frankfurt am Main, ZIP 1993, 184, 186.

1145 Vgl. LG Frankfurt am Main, WM 1992, 1768, 1771 f.; vgl. *von Westphalen*, WM 1994, 85 ff.; *Arendts*, WM 1993, 229 ff.; *Assmann* in *Assmann/Schütze*, Handbuch des Kapitalanlagerechts, § 7 Rn 83.

1146 *Schwark*, EWiR § 45 BörsG 1/93, 143 f.; *Altmeppen*, DB 1993, 84 ff.; *Assmann*, Festgabe *Kübler*, 317, 350 f.; *Assmann* in *Assmann/Schütze*, Handbuch des Kapitalanlagerechts, § 7 Rn 83 ff.; *Groß*, AG 1999, 199, 203.

1147 OLG Frankfurt am Main, WM 1994, 291, 297; zustimmend *Schwark*, WuB I G 9.-2.94 und *Assmann* in *Assmann/Schütze*, Handbuch des Kapitalanlagerechts, § 7 Rn 86.

Der Bundesgerichtshof hat sich zu dieser Frage bislang nicht geäußert. In einer ebenfalls die *Bond*-Anleihen betreffenden Entscheidung hat sich das Gericht lediglich festgestellt, dass eine Bank, die australische Wertpapiere in ihr Beratungsprogramm aufnimmt, verpflichtet ist, sich auch anhand ausländischer Quellen über die Güte dieser Wertpapiere und des Emittenten zu informieren und sie einer eigenen Prüfung zu unterziehen. Dies ziehe auch die Notwendigkeit nach sich, dem Anleger warnende Hinweise zu geben bzw. solche Papiere einem nicht risikobereiten Kunden von vornherein nicht anzubieten.[1148] Für die oben aufgeworfene Frage ist diese Entscheidung des Bundesgerichtshof somit unergiebig.

bbb) Stellungnahme

Zweifelhaft ist, ob Lebensversicherungsunternehmen verpflichtet sind, negative Rating-Urteile Dritter in ihren Werbeprospekten zu veröffentlichen.

Ellenberger[1149] verneint eine Verpflichtung zur Aufnahme von Informationen über negative Werturteile Dritter bereits wegen ihres subjektiven Charakters. Dies ist allerdings abzulehnen, da bereits festgestellt worden ist, dass auch wertende Angaben unter bestimmten Voraussetzungen wesentlich und damit informationspflichtig sein können.[1150]

Ob ein Rating vorliegt, ist eine Tatsache.[1151] Schon allein der Umstand, dass negative Mitteilungen existieren, kann für den Erfolg bestimmter Kapitalanlagen ein erheblicher Umstand sein. So kann im Bereich des börslichen Handels von Anlagewerten bereits die bloße Existenz eines Negativratings Anlass für Kursverluste geben. Eine entsprechende Gefahrenlage ist jedoch im Bereich der kapitalbildenden Lebensversicherung fernliegend, da der Erfolg dieser Finanzanlage nicht unmittelbar von dem Aktienkurswert des jeweiligen Lebensversicherungsunternehmens abhängt.

Hiervon unbenommen besteht aber unter Umständen eine Verpflichtung zur Aufklärung über diejenigen Tatsachen, auf die sich das negative Rating-Werturteil stützt. Handelt es sich hierbei um für sich betrachtet wesentliche Umstände, so hat entsprechend der schon dargelegten Grundsätze eine Information in der Art und Weise zu erfolgen, dass der Prospektadressat zu einem eigenen Urteil gelangen kann[1152].

1148 Vgl. BGH, WM 1993, 1455, 1456 f. = BGHZ 123, 126, 131.

1149 *Ellenberger*, Börsenprospekthaftung, 36.

1150 Siehe F.III.4.c).

1151 *Schwark*, EWiR 1993, 143, 144; *Altmeppen*, DB 1993, 84, 85.

1152 Vgl. auch *Assmann*, Festgabe *Kübler*, 317, 351; *Hauptmann* in *Vortmann*, Prospekthaftung, § 3 Rn 75.

Die bloße Existenz eines Negativratings über den angebotenen Kapitallebensversicherungsvertrag ist somit zumindest nicht grundsätzlich eine wesentliche und damit offenbarungspflichtige Tatsache. Zu berücksichtigen ist allerdings, dass die Frage nach einer Pflicht zur Offenbarung negativer Werturteile Dritter zum einen das Versicherungsunternehmen in seinem Grundrecht aus Art. 12 Abs. 1 GG betrifft, dem das kollidierende Interesse des Versicherungsinteressenten an einer informierten Vermögensdisposition gegenüber steht. Wessen Interessen in diesem Spannungsverhältnis der Vorrang gebührt, entscheidet eine Abwägung der kollidierenden Rechtspositionen. Nach dem Prinzip der praktischen Konkordanz darf das nach Art. 12 Abs. 1 GG gewährte Grundrecht nur insoweit eingeschränkt werden, als es das kollidierende Verfassungsgut erfordert[1153]. Zu prüfen ist daher, ob ein Ausgleich zwischen den Interessen des Versicherungsunternehmens und dem des Privatanlegers möglich ist, bzw. welches Interesse unter Berücksichtigung der falltypischen Gestaltung und der Umstände des Einzelfalls zurückzutreten hat. Die Einschränkung der Rechte des Versicherungsunternehmens durch das Interesse des Versicherungsnehmers muss deshalb dem Verhältnismäßigkeitsgebot entsprechen.[1154] Danach muss die Pflicht zur Offenbarung negativer Rating-Werturteile im Hinblick auf den verfolgten Zweck, die Vermögensinteressen des Anlegers zu schützen, geeignet, erforderlich und angemessen sein.[1155]

Insofern muss aber bereits die grundsätzliche Geeignetheit von Ratings zum Schutz der Vermögensinteressen des Anlegers in Zweifel gezogen werden. Das Gebot der Geeignetheit erfordert, dass die jeweilige Maßnahme den mit ihr verfolgten Zweck fördert.[1156] Jedoch ist die den einschlägigen Rating- und Rankingmethoden zu Grunde liegende Methodik oftmals anzweifelbar. Es gibt noch keinen einheitlichen, wissenschaftlich allgemein anerkannten Bewertungsstandard dafür, welche Umstände für eine Einstufung von Versicherungsgesellschaften oder Versicherungstarife herangezogen und in welchem Umfang diese jeweils gewichtet werden können.[1157] Die existierenden Rankingansätze unterscheiden sich z.T. ganz erheblich voneinander und weisen regelmäßig systemimmanente Probleme auf[1158]. So kann z.B. ein reiner Vergangenheitsbezug von Beurteilungen für die zukunftsgerichtete Bewertung einzelner Tarife aufgrund nunmehr veränderter äußerer Rahmen-

---

1153 St. Rspr, vgl. z.B. BVerfGE 28, 243; BVerfG, NJW 1995, 2477.

1154 Vgl. *Maunz/Zippelius*, Deutsches Staatsrecht, § 14 I 2; *von Münch/Kunig*, GG, Art. 20, Rn 17 f.; *Stern*, Staatsrecht der Bundesrepublik Deutschland, Bd. 4, IV 4g.

1155 Vgl. BVerfGE 58, 137; *Maurer*, Staatsrecht, § 8 Rdn. 55 - 58; *Stern*, Staatsrecht I, § 20, 861 - 866.

1156 BVerfGE 88, 203, 310; *Jarass/Pieroth*, GG, Art. 20, Rn 80 ff.; *Bleckmann*, JuS 1994, 177; *Degenhart*, Staatsrecht, Rdn. 387 - 405; *Erichsen*, Jura 1988, 387; *Kluth*, JA 1999, 606; *Maurer*, Staatsrecht, § 8 Rdn. 55 - 58; *Stern*, Staatsrecht I, § 20, 861 - 866.

1157 Vgl. insoweit etwa das Urteil des LG Hamburg vom 08.01.1999 - 324 O 424/98 zur Klage der *neue Leben* Lebensversicherung *AG* gegen die *Stiftung Warentest*; vgl. auch *N.N.*, Frankfurter Allgemeine Zeitung, 25.01.1999, Nr. 20, 18.

1158 Vgl. *N.N.*, Frankfurter Allgemeine Zeitung, 25.01.1999, Nr. 20, 18.

bedingungen nur eingeschränkt brauchbar sein. Gerade für Kapitallebensversicherungen wird aber teilweise darauf hingewiesen, dass nur vergangenheitsbezogene Kriterien zur Bewertung herangezogen werden können[1159]. Dem entsprechend wird die Verwendung bestimmter Bewertungsmodelle für eine fundierte Investmententscheidung vielfach als nicht ausreichend erachtet.[1160] Angesichts dieser methodischen Schwierigkeiten kann jedenfalls nicht jede Art von Ranking oder Rating, sondern nur ein solches Bewertungsverfahren zur Aufnahme potentiell geschäftsschädigender Informationen in einen Prospekt verpflichten, das wissenschaftlich allgemein anerkannten Bewertungsgrundsätzen entspricht. Die kontroverse Diskussion über die Gültigkeit von Bewertungsansätzen, die in der Vergangenheit zur Anwendung gelangt sind[1161], zeigt jedoch gerade, dass derartige Standards bislang nicht etabliert sind.

cc) Positiv-Ratings

Neben der Unterlassung einer Information über negative Rating-Ergebnisse kommt die Fallkonstellation in Betracht, dass positive Rating-Ergebnisse werbewirksam publiziert werden, die zwar tatsächlich existieren, jedoch z.B. aufgrund der zu Grunde liegenden Bewertungsmethode bei verständiger Würdigung unhaltbare Ergebnisse ausweisen.

Diese Möglichkeit der Irreführung des Verbrauchers durch fehlerhafte Rating-Informationen ist seit Jahren bekannt, weshalb teilweise sogar eine aufsichtsrechtliche Reglementierung der Tätigkeit von Rating-Agenturen befürwortet wird.[1162] Da entsprechende Regelungen noch immer fehlen, besteht ein weiter methodischer Ermessensspielraum. Sachgerecht dürfte es deshalb sein, einen Prospektmangel bei der Wiedergabe von positiven Rating-Werturteilen erst dann zu bejahen, wenn das betreffende Rating bei keiner möglichen Betrachtungsweise als zutreffend angesehen werden kann. Eine Verpflichtung des Versicherungsunternehmens, die Ausnutzung eines Positiv-Ratings zu Werbezwecken zu unterlassen, kann danach nur in den Fällen bestehen, in denen das Rating offensichtlich unbrauchbar ist. Dies wird freilich nur in den seltensten Fällen zu bejahen sein.

1159 Der Brancheninformationsdienst *Map-report* hat in der 7. Aktualisierung seines Rankings darauf hingewiesen, dass in der Lebensversicherung, die durch die Zusage einer garantierten Leistung verbunden mit einer Überschussbeteiligung gekennzeichnet sei, niemand voraussagen könne, wie gut der Versicherer in Zukunft mit dem Geld seiner Kunden wirtschaften werde. Deshalb könne ein Rating nur messen, wie gut der Versicherer in der Vergangenheit war; vgl. *N.N.*, Frankfurter Allgemeine Zeitung, 25.01.1999, Nr. 20, 18.

1160 Vgl. *Lazard*, Ranking und Rating, Teil I, 4 ff.

1161 Vgl. nur *Eifert*, Kapitallebensversicherung aus Verbrauchersicht, 182 ff.

1162 Vgl. *N.N.*, Frankfurter Allgemeine Zeitung, 04.09.2002, Nr. 205, 11.

Schließlich darf nicht wahrheitswidrig der Eindruck erweckt werden, das anbietende Unternehmen verfüge lediglich über positive Ratings oder es lägen durchweg positive Berichte der Wirtschaftspresse vor, da dann ebenfalls eine pflichtwidrige Irreführung gegeben sein kann, die den Versicherungsinteressenten zum Vertragsabschluss bestimmen könnte.

dd) Sonstige Werturteile Dritter

Die oben dargestellten Grundsätze gelten auch für sonstige Werturteile Dritter, insbesondere im Bereich der Presseberichterstattung, soweit diese eine dem Rating vergleichbare Werbe- bzw. Warnwirkung besitzen und daher funktional äquivalent sind. Im Anschluss an *Loritz*[1163] und entsprechend den Ausführungen zur Parallelproblematik im Rating-Bereich[1164] können Informationspflichten nicht schon dann angenommen werden, wenn irgendein Publikationsorgan negativ über eine Kapitalanlage berichtet, sondern erst, sobald durch mehrere Berichte in seriösen Medien nachweisbare Fakten als in Fachkreisen bekannt gelten müssen.

Im übrigen muss auch im Rahmen der Prospekthaftung der im Bereich des Wettbewerbsrechts entwickelte Grundsatz Geltung beanspruchen, dass derjenige, der von einem für ihn günstigen Gutachten Gebrauch macht, auf eine etwaige Abhängigkeit des Gutachtens, z.B. aufgrund eines zugrunde liegenden Auftragsverhältnisses oder sonstiger Umstände, hinweisen muss. Denn nur so kann beim Publikum der irrige Eindruck vermieden werden, es handele sich um eine unabhängige und unbeeinflusste Stellungnahme, der man sich unbedenklich anschließen könne.[1165]

b) Angaben über ideelle Umstände

Zum Teil werden von der Lebensassekuranz Anlageformen - insbesondere Kapitallebens- und Rentenversicherungen - angeboten, mit denen im Rahmen der Investitionsentscheidungen bestimmte religiöse oder weltanschauliche Werte berücksichtigt werden sollen. Auf die wachsende Bedeutung derartiger sog. ethischer Kapitalanlagen[1166] weist auch § 7 AltZertG hin, nach dem der Vertragspartner jährlich schriftlich im Rahmen von Informationen über die Verwendung der eingezahlten Altersvorsorgebeiträge unter anderem darauf hinweisen muss, ob und inwieweit er ethische, soziale und ökologische Belange bei der Verwendung der eingezahlten Altersvorsorgebeiträge berücksichtigt. Bekenntnisse zur Ökologie etc. werden aber weder im Bereich der Zertifizierung von sog. „Riester-Produkten“ nach dem Alt-

---

1163 *Loritz*, NZG 2002, 889.

1164 Siehe F.III.7.a)bb)bbb).

1165 Zur Parallelwertung im Bereich des UWG vgl. GRUR 1961, 189; *von Heymann* in *Assmann/Schütze*, Handbuch des Kapitalanlagerechts, § 4 Rn 28.

1166 Vgl. *N.N.*, VW 2002, 1900 f.

ZertG noch im Rahmen der allgemeinen Versicherungsaufsicht überprüft. Behauptet ein Prospekt, das angebotene Anlageprodukt erfülle bestimmte ethische, soziale oder ökologische Belange, so ist fraglich, ob ein Prospektmangel vorliegt, wenn diese Qualifikation in Wirklichkeit unzutreffend ist.

Nach den obigen Ausführungen liegt ein Prospektmangel vor, wenn Angaben fehlen, die für den Anleger wesentlich sind. Bei Zugrundelegung einer rein wirtschaftlichen, objektiven Betrachtungsweise müsste das Vorliegen eines wesentlichen Umstands im Fall von „Ethik-Kapitalanlagen" zumindest dann verneint werden, wenn mit der fehlerhaften Qualifikation im Prospekt keine Gefährdung des wirtschaftlichen Erfolgs der Anlage verbunden ist. Denn dann wäre das Fehlen eines Umstands zu verneinen, der objektiv zu den wertbildenden Faktoren der jeweiligen Kapitalanlage zählt.

Jedoch muss die Frage, was für den Anleger ein wesentlicher Umstand ist, im Einzelfall nach § 242 BGB beantwortet werden. Das Anliegen der Prospekthaftung ist der Schutz des durchschnittlichen Prospektadressaten in seinem Vertrauen auf die Richtigkeit und Vollständigkeit der ihm vorliegenen Prospektinformationen. Da die Dispositionsfreiheit des Anlegers umfassend geschützt werden soll, müssen im Einzelfall auch solche Umstände als wesentlich angesehen werden, die zwar keine Auswirkungen auf den wirtschaftlichen Erfolg der Kapitalanlage besitzen, aber subjektiv für den Anleger so bedeutsam sind, dass ihr Fehlen für den Anleger mit einer subjektiven Zweckverfehlung verbunden ist.

Hierfür spricht auch, dass wegen der Anfälligkeit weiter Verbraucherkreise für als „ökologisch", „ethisch" und ähnlich ideologisch beworbenen Produkte im täglichen Leben und den hiermit verbundenen Manipulationsmöglichkeiten auch im Kapitalanlagebereich ein rechtspraktisches Bedürfnis an einer möglichst scharfen Regulierung von Transparenz und Haftung besteht, um Missbräuche einzudämmen.

c) Angaben über Widerrufs-/Rücktrittsrechte als Bezugspunkt einer Informationspflichtverletzung

Der Gesetzgeber hat im Zusammenhang mit § 10a VAG weiterhin Angaben über Widerrufs- bzw. Rücktrittsrechte für wesentlich erachtet, vgl. Anlage Teil D zum VAG, Abschn. I Nr. 1 lit. g). Fraglich ist, ob auf derartige Angaben bezogene Fehlinformationen einen Prospektmangel begründen.

Hiergegen könnte sprechen, dass dem Versicherungsnehmer bei einem Verstoß des Lebensversicherungsunternehmen gegen die ihn treffende Informationspflicht ohnehin ein Widerspruchsrecht nach § 5a VVG sowie ein Widerrufs- bzw. Rücktrittsrecht nach § 8 Abs. 4 und Abs. 5 VVG zusteht, das eine Lösung vom Vertrag erlaubt und dass insoweit eine abschließende Verknüpfung von Aufsichts- und Vertragsrecht geregelt worden ist. Jedoch ist das Vorliegen eines Prospektmangels autonom nach quasivertraglichen Grundsätzen zu bestimmen. Hierbei kommt es darauf an, ob die Fehlinformation zur Vereitelung des Vertragszwecks geeignet ist.[1167]

Insoweit könnte möglicherweise argumentiert werden, dass Widerrufs- und Rücktrittsrechte der Lösung vom Vertrag dienen, also gleichsam einer „gewillkürten" Vereitelung des Vertragszwecks durch den Versicherungsnehmer. Da eine entsprechende Fehlinformation lediglich dazu führen könnte, dass der wirtschaftliche Vertragszweck doch noch erreicht wird, nicht aber, dass er gerade infolge der Fehlinformation verfehlt wird, könnte eine Falschinformation über Widerrufs- und Rücktrittsrechte einen Prospektmangel ausschließen.

Richtig ist es allerdings, auch bei falschen Informationen über die vorgenannten Lösungsrechte einen Prospektmangel zu bejahen. Denn die bürgerlich-rechtliche Prospekthaftung bezweckt umfänglich den Schutz der Dispositionsfreiheit des Prospektadressaten. Gerade diesen dienen aber auch Rechte, durch deren Wahrnehmung sich ein Versicherungsnehmer von einem Versicherungsvertrag lösen kann.

8. Besonderheiten bei fonds- und aktienindexgebundenen Lebensversicherungspolicen sowie Policen mit Zusatzversicherung

Bei fonds- und indexgebundenen Lebensversicherungspolicen bestehen im Hinblick auf das Vorliegen eines Prospektmangels einige Besonderheiten.

a) Fondsgebundene Policen

Bei der fondsgebundenen Lebensversicherung, die als Sonderform der klassischen gemischten Kapitallebensversicherung entweder als aufgeschobene Renten- oder als herkömmliche Kapitallebensversicherung ausgestaltet sein kann, ist der Beitrag in Verwaltungskosten, Risikoanteil und Anlagebetrag aufgespalten.[1168]

Es besteht insoweit die Besonderheit, dass der Versicherungsschutz auf der Basis von Anteilen eines Sondervermögens, insbesondere durch unmittelbare Beteiligung an der Wertentwicklung von Investmentfonds, gewährt wird.[1169] Das Sparkapital wird als Sondervermögen verwaltet und fließt nicht in die Bilanzen der Versicherer ein. Hierzu legt das Versicherungsunternehmen den Sparanteil der Prämie in einem oder in mehreren Investmentfonds an. Damit ist der Versicherungsnehmer bei einer fondsgebundenen Lebensversicherung direkt an der Ertragsentwicklung des Fonds beteiligt.[1170] Die Entscheidung darüber, in welchen Fonds die Sparanteile angelegt

---

1167 Siehe F.III.1.a).

1168 Vgl. *Vortmann in Vortmann*, Prospekthaftung, § 5 Rn 135.; *Gayer/Ruß*, VW 2000, 1111 ff.

1169 Vgl. *Mehl* in *Jansen*, 224.

1170 *Hielscher*, Strategische Vertriebswege, 15.

werden, obliegt dem Versicherungsnehmer.[1171] Einige Gesellschaften bieten zudem sog. Hybridprodukte an, bei denen ein Teil der Prämie für eine garantierte Leistung angelegt wird, während der zweite Teil in Fonds fließt.

Wegen der im Rahmen der Vermögensbildung erfolgenden Trennung zwischen Vermögensteilen, die dem Lebensversicherungsunternehmen zuzurechnen sind, und Vermögensanteilen, die die Versichertenansprüche abdecken, erfüllt die fondsgebundene Lebensversicherung eine immer wieder geäußerte Forderung von Verbraucherschützern, nämlich die Trennung von Sparvorgang und Versicherungsschutz. Darüber hinaus kann der Versicherungsnehmer gleichsam tagesaktuell den Zeitwert seines Vertragsguthabens erkennen.

Die meisten Versicherungsunternehmen bieten ein vielfältiges Angebot unterschiedlich ausgerichteter Fonds an. Diese unterscheiden sich zumeist bezüglich Anlageart[1172], Anlageregion[1173] und weiteren Eigenschaften[1174]. Üblicherweise beinhalten fondsgebundene Lebensversicherungen zudem vom Versicherungsnehmer wählbare Optionen, durch die das Anlageprodukt im Hinblick auf die Vermögensbildung flexibel gestaltet werden kann.[1175] Eine jüngere Entwicklung im Bereich der fondsgebundenen Lebensversicherung sind sog. „gemanagte Fondspolicen", bei denen der Versicherungsnehmer Ateile an einem Fonds erhält, dessen Mittel von Vermögensverwaltern in andere Fonds investiert werden. Die Vermögensverwalter wählen ihnen geeignet erscheindende Fonds aus und schichten das Vermögen während der Vertragslaufzeit auf der Grundlage der vereinbarten Anlagepolitik regelmäßig um.[1176]

aa) Bezugspunkte für Informationspflichtverletzungen

Für Prospektangaben, die eine Darstellung der Leistungen einer fondsgebundenen Lebensversicherung zum Gegenstand haben, gelten zunächst die obenstehenden Ausführungen zu gemischten Lebensversicherungen entsprechend. Dies gilt insbe-

---

1171 *Theis*, Lebensversicherung als Alterssicherungsinstitution, 149.

1172 Z.B. Aktien- oder Rentenfonds.

1173 Z.B. nationale oder internationale Anlagen.

1174 Etwa Anlagewährung oder -branche.

1175 Z.B. Option auf einen kostenlosen Wechsel des Anlagefonds einmal jährlich und auf weitere Fondswechsel gegen Gebühr. Möglich ist auch eine Option auf Laufzeitverlängerung und auf Aushändigung der Fondszertifikate. Die Option auf Laufzeitverlängerung und Aushändigung der verbrieften Fondsanteile sollen den Versicherungsnehmer davor schützen, dass seine Fondsanteile unter den Bedingungen einer ungünstigen Kapitalmarktsituation im Zeitpunkt des Vertragsablaufs verkauft werden müssen und eine geringe Rendite in Kauf genommen werden muss, vgl. *Theis*, Lebensversicherung als Alterssicherungsinstitution, 149.

1176 Vgl. *Theis*, Lebensversicherung als Alterssicherungsinstitution, 149.

sondere für verkürzte Darstellungen, Renditeangaben und Vergangenheitsrechnungen[1177].

Von Seiten der Versicherungsunternehmen wird in Prospekten regelmäßig eine hohe Flexibilität der Vertragsgestaltung einer fondsgebundenen Lebensversicherung betont. Kehrseite dieser Vorteile sind jedoch besondere sicherheits-, rendite- und liquiditätsbezogene Risiken. Besondere Aufklärungspflichten des Prospektverwenders bestehen vor allem aufgrund der Unterscheidung zwischen konventioneller Überschussbeteiligung aus dem Kosten- und Risikoergebnis, der Fondsentwicklung und der Besonderheit, dass das Kapitalanlagerisiko von dem Versicherungsnehmer getragen wird[1178].

aaa) Sicherheit

Die **Sicherheit** der Anlage, wie sie sich in der Höhe des Kapitalanlagerisikos manifestiert, ist abhängig von den Fondscharakteristika. Da bei Fondspolicen die Kapitalmarktentwicklung die Wertentwicklung der Versicherungspolice unmittelbar beeinflusst[1179], bietet die fondsgebundene Lebensversicherung - anders als die konventionelle Lebensversicherung - die Chance eines besonderen Wertzuwachses, aber auch das Risiko erheblicher Werteinbußen.

Das besondere Risiko dieser Art von Kapitallebensversicherung besteht darin, dass der Versicherungsnehmer das volle Risiko von Wertschwankungen des bzw. der Fonds[1180] trägt. Die Wertentwicklung des Fonds kann im Ausnahmefall so niedrig sein kann, dass sie nicht zur Deckung der durch das Todesfallrisiko entstehenden Kosten und der Entnahme der Verwaltungskosten ausreicht.[1181] In einem solchen Fall besteht faktisch kein Versicherungsschutz mehr.[1182]

Das Kapitalanlagerisiko einer fondsgebundenen Lebensversicherung entspricht im Hinblick auf die Vertragsablaufleistung dem Kapitalanlagerisiko der direkten Anlage in einen vergleichbaren Investmentfonds oder bei einer Kapitalanlagegesellschaft. Da insoweit somit keine Besonderheiten oder Vorteile der Lebensversicherung bezüglich der Risikobewältigung vorhanden sind[1183]. müssen hinsichtlich der Informations- und Aufklärungspflicht des Anlegers die gleichen Maßstäbe gelten, die auch bei einer unmittelbaren Anlage in einen Fonds gelten.

1177 Vgl. Insoweit auch *BAV*, R2/2000, VerBAV 2000, 252 ff.

1178 Vgl. *N.N.*, Frankfurter Allgemeine Zeitung vom 20.10.2001, Nr. 244, 23.

1179 Vgl. *Pohl*, Frankfurter Allgemeine Sonntagszeitung, 10.03.2002, 49.

1180 Vgl. *Theis*, Lebensversicherung als Alterssicherungsinstitution, 206.

1181 Vgl. *Vortmann in Vortmann*, Prospekthaftung, § 5 Rn 135.

1182 Vgl. *Vortmann in Vortmann*, Prospekthaftung, § 5 Rn 135.

1183 Vgl. *Theis*, Lebensversicherung als Alterssicherungsinstitution, 206.

Diesem Risiko Rechnung tragend hat der Versicherer bei einer fondsgebundenen Lebensversicherung auch nach § 10a VAG, Anlage Teil D zum VAG, Abschn. I Nr. 2 lit. e) Angaben über den zugrundeliegenden Fonds sowie die darin enthaltenen Vermögenswerte zu machen. Anhand der Informationen über die Anlagegrundsätze, die Zusammensetzung und Entwicklung des Fonds sowie die Separierung der Kapitalanlage als Sondervermögen soll der Versicherte Chancen und Risiken kalkulieren können. In Anlehnung an diese Wertung des Gesetzgebers sind bei fondsgebundenen Versicherungen insbesondere Angaben über den bzw. die zugrundeliegenden Fonds und die Art der darin enthaltenen Vermögenswerte wesentlich. Sie müssen richtig und vollständig nach sein.

bbb) Rentabilität

Weitere Besonderheiten gelten im Hinblick auf Renditeangaben. Zutreffend hat das *BAV* darauf hingewiesen, dass Renditeangaben für den dem Vertrag zu Grunde liegenden Fonds irreführend sind, wenn nicht gleichzeitig die aus der unterstellten Wertentwicklung resultierende Rendite des Vertrages angegeben wird.[1184]

Besondere Haftungsrisiken ergeben sich im Hinblick auf die Verwendung von Beispiel- bzw. Zukunftsrechnungen. Soweit eine Darstellung verwendet wird, die die Vertragsleistungen durch Vergleich verschiedener zugrundegelegter Wertsteigerungen beschreibt, ist nach Auffassung des *BAV* die Wahl der verwendeten „Grenzwerte" zu erläutern.[1185]

Dieser Rechtsauffassung muss allerdings im Hinblick auf eine bürgerlich-rechtliche Prospekthaftung widersprochen werden. Um dem Versicherungsnehmer eine eigenverantwortliche, informierte Anlageentscheidung zu ermöglichen, ist es weder notwendig noch ausreichend, ökonomische oder versicherungsmathematische Parameter zu erläutern. Entscheidend ist allein, dass die jeweilige Beispielrechnung den bereits dargestellten Prognosegrundsätzen[1186] genügt, um keine Informationspflichtverletzung zu begründen. Überdies müssen dem Versicherungsnehmer ausreichende Informationen über den Fonds erteilt werden, damit dieser das Risiken und Chancen eigenständig abschätzen kann. Insofern ist auf den Katalog von Mindestangaben in § 10a VAG, Anlage Teil D zum VAG, Abschn. I Nr. 2 lit. e) abzustellen, der - wie bereits festgestellt - keinen abschließendenden Charakter besitzt.

Zutreffend hat das *BAV* dagegen darauf hingewiesen, dass entsprechende Prognoserechnungen von Beginn an hypothetischen Charakter haben. Denn die Fondsentwicklung unterliegt in der Praxis Schwankungen, die sich unmittelbar auf die Entwicklung der Versicherungsvertragsleistungen auswirken. Von Bedeutung ist in

---

1184 *BAV*, R2/2000, VerBAV 2000, 252 ff.

1185 Vgl. *BAV*, R2/2000, VerBAV 2000, 252 ff.

1186 Vgl. hierzu F.III.4.c).

diesem Zusammenhang insbesonders, dass dem Versicherungsunternehmen eine gesteuerte, kontinuierlichere Wertentwicklung - etwa aufgrund stiller Reserven - nicht möglich ist[1187]. Da die tatsächlichen Vertragsleistungen ohne weiteres auch außerhalb eines dargestellten Wertekorridors liegen können, birgt die Projektion einer gleichmäßigen Fondsentwicklung ein erhebliches Haftungsrisiko. Etwas anderes kann allerdings gelten, sofern der Vertrag Garantieleistungen vorsieht und der in einer Zukunftsrechnung dargestellte untere Grenzwert der Garantieleistung entspricht[1188]. Ein hervorgerufener Vertrauenstatbestand kann entsprechend den obigen Ausführungen zum sog. Gewinnbeteiligungsvorbehalt ggf. durch einen geeigneten Vorbehalt im Hinblick auf Schwankungsbreiten der Fondsentwicklung beseitigt werden.

Unter dem Gesichtspunkt der Rendite und der Sicherheit der Anlage ist dem Versicherungsnehmer zudem zu verdeutlichen, welche Risiken sich aus einem niedrigen Fondswert bei Ablauf des Vertrages ergeben können.[1189]

Um zu vermeiden, dass die vergangene Wertentwicklung eines Fonds als verbindlicher Maßstab für die künftige Entwicklung verstanden wird, muss der Versicherungsnehmer darauf hingewiesen werden, dass Angaben zur bisherigen Wertentwicklung keine Prognosen für die Zukunft erlauben.[1190]

Abschließend ist als weiterer Bezugspunkt für Prospektmängel zu berücksichtigen, dass das spekulative Moment der fondsgebundenen Lebensversicherung dazu führt, dass die Beiträge zu dieser Produktform nicht als Sonderausgaben steuerlich geltend gemacht werden können, § 10 Abs. 1 Nr. 2 lit. b EStG. Die steuerliche Behandlung der Versicherungsleistungen entspricht dagegen der einer herkömmlichen Lebensversicherung[1191].

ccc) Liquidität

Soweit der Prämisse der Liquidität der Versicherten durch zwischenzeitliche Entnahmemöglichkeiten bzw. Policendarlehen Rechnung getragen wird[1192], müssen auch hierauf entsprechende Angaben den Grundsätzen der Richtigkeit und Vollständigkeit entsprechen.

1187 In der fondsgebundenen Lebensversicherung erfolgt kein Aufbau stiller Reserven, sondern eine unmittelbare Gutschrift aller Erträge zu Gunsten der Versicherungsnehmer, vgl. *Kurz*, Fondsgebundene Lebensversicherung, 8 ff.

1188 *BAV*, R2/2000, VerBAV 2000, 252 ff.

1189 Zu rendite- und sicherheitserheblichen Umständen als vertragswesentliche und damit informationspflichtige Gesichtspunkte siehe F.III.4.a) und F.III.6.

1190 Vgl. auch *BAV*, R2/2000, VerBAV 2000, 252 ff.

1191 *Hielscher*, Strategische Vertriebswege, 15.

1192 Vgl. *Mehl* in *Jansen*, 224 ff.

bb) Besonderheiten bei kombinierten Fondspolicen

Soweit einige Lebensversicherungsunternehmen auch eine Kombination aus konventioneller Lebensversicherung und fondsgebundener Lebensversicherung anbieten, bei der die Sparanteile der Prämie in konventioneller Form angelegt werden, die Überschussanteile aber in Fonds[1193], sind die an die konventionelle Kapitallebensversicherung und die fondsgebundene Lebensversicherung zu stellenden Anforderungen kumulativ zu beachten. Hinsichtlich der in konventioneller Form angelegten Sparanteile der Prämie gelten gegenüber den vorstehenden Ausführungen zur konventionellen kapitalbildenden Lebensversicherung keine Besonderheiten. Insbesondere kann sich auch insoweit die Frage einer Haftung für enttäuschte Renditeerwartungen stellen. Hinsichtlich der in Fonds angelegten Überschussanteile der Prämie bestehen die einer fondsgebundenen Kapitallebensversicherung eigenen Risken und hierauf bezogenen Infiormationsanforderungen. Es ist insbesondere darauf hinzuweisen, dass die Entwicklung eines Fonds im Ausnahmefall so niedrig sein kann, dass ein Substanzverlust der in ihn investierten Mittel droht.

cc) Besonderheiten bei Fondspolicen mit Mindestgarantien

Soweit bei fondsgebundenen Produkten Mindestgarantien für die Versicherungsleistung bei Vertragsablauf erteilt werden[1194], existieren gegenüber den vorstehenden Ausführungen keine wesentlichen Abweichungen. Werden derartige Mindestgarantien in einen Versicherungsprospekt aufgenommen, haben sie ein zutreffendes Gesamtbild von dem offerierten Versicherungsprodukt zu zeichnen, also insbesondere richtig, vollständig und aktuell zu sein. Insoweit gelten die bereits dargelegten allgemeinen Grundsätze.[1195]

b) Aktienindexgebundene Policen

Bei der aktienindexgebundenen Lebensversicherung[1196] nimmt der Versicherungsnehmer an Entwicklungen eines Aktienindexes teil, an den die Leistung geknüpft ist.[1197] Er trägt jedoch nicht das volle Kapitalanlagerisiko ungünstiger Entwicklungen, da eine Mindestleistung garantiert wird. Gleichwohl verbleibt ein Restrisiko, das maßgeblich von dem gewählten Aktienindex und der Art der sog. Mindestleis-

---

1193 Vgl. *Theis*, Lebensversicherung als Alterssicherungsinstitution, 149.

1194 Vgl. *Theis*, Lebensversicherung als Alterssicherungsinstitution, 149.

1195 Vgl. auch F.III.1.

1196 Siehe hierzu z.B. *Schareck, Christian B. / Grischeck, Markus:* Die aktienindexgebundene Lebensversicherung, Karlsruhe 1999; *Ruß, Jochen:* Die aktienindexgebundene Lebensversicherung mit garantierter Mindestverzinsung in Deutschland, Ulm 1999.

1197 *Ahmadi*, Aktienindexgebundene Lebensversicherung, 7 ff.; *Theis*, Lebensversicherung als Alterssicherungsinstitution, 206.

tungsgarantie abhängt. Insoweit gelten den obenstehenden Ausführungen für das Vorliegen von Prospektmängeln sinngemäß.

c) Policen mit Zusatzversicherungen

Umfasst der kapitalbildende Lebensversicherungsvertrag eine Zusatzversicherung, besteht die Gefahr, dass der Versicherungsnehmer unzureichend darüber informiert wird, welche Prämien und Leistungen auf die jeweiligen Vertragsteile entfallen. Bei der Darstellung der Überschussbeteiligung von Verträgen, die eine Zusatzversicherung enthalten, müssen deshalb die Prämien und Leistungen der Vertragsteile zur Vermeidung von Missverständnissen getrennt dargestellt werden.[1198]

9. Besonderheiten im Bereich der privaten Rentenversicherung, insbesondere im Rahmen sog. „Riester-Produkte"

Im folgenden sind die wesentlichen Besonderheiten im Hinblick auf Prospektmängel bei privaten Rentenversicherungen darzustellen. Auf die konzeptionellen Unterschiede zwischen der privaten Rentenversicherung und der klassischen Kapitallebensversicherung ist bereits eingegangen worden.[1199]

Bereits dargestellt wurde auch die Problematik einer nachträglichen Anpassung von Rechnungsgrundlagen, insbesondere bei Verwendung veralteter Sterbetafeln. Insoweit kann auf die obenstehenden Ausführungen verwiesen werden.[1200]

a) Informationspflichtverletzung hinsichtlich falscher Angaben über die Zertifizierung nach dem AltZertG

Durch das Altersvermögensgesetz (AVmG) vom 26.6.2001 ist neben das umlagefinanzierte System der gesetzlichen Rentenversicherung der Aufbau einer zusätzlichen kapitalgedeckten Altersvorsorge auf freiwilliger Basis gestellt worden, um eine Verbesserung der Altersvorsorge auf privatem und betrieblichem Wege zu erreichen und die durch niedrigere Rentensätze der gesetzlichen Rentenversicherung entstehende Versorgungslücke durch private Vorsorge auszugleichen.

Im Zentrum steht hierzu die Schaffung einer Zertifizierung von Altersvorsorge-Verträgen durch das AltZertG mit Änderungen im EStG[1201], im Volksmund schlicht

---

1198 Vgl. *BAV*, R2/2000, VerBAV 2000, 252 ff.

1199 Siehe B.II.1.d).

1200 Siehe F.III.4.e).

1201 Durch das AVmG sind die bislang in § 10a EStG vorgesehenen Regelungen zur Förderung einer zusätzlichen Altersvorsorge aufgeteilt worden. § 10a EStG enthält nunmehr lediglich die Regelungen zum Sonderausgabenabzug. Die Regelungen zur Zulage sind in einem neuen Abschnitt XI. des EStG (§§ 79-99 EStG) aufgenommen worden. Diese Vorschriften werden ergänzt durch die Rege-

„Riester-Rente“ genannt. Die Höhe der staatlichen Förderung zertifizierter Altersvorsorgeverträge wird auf ca. 10 Mrd. EUR jährlich geschätzt[1202] und hat damit eine wirtschaftlich herausragende Bedeutung, die auch in Werbeprospekten als verkaufsförderndes Argument eingesetzt wird. Das quantitativ beachtliche (auch Missbrauchs-) Potential wird auch durch die große Anzahl zertifizierter Finanzprodukte indiziert.[1203] Insofern kommen in Ergänzung zu den vorstehenden Ausführungen[1204] besondere Prospektmängel in Betracht, die sich auf die Eignung der angebotenen Finanzanlage zum Alterssicherungssparen beziehen.

Zu untersuchen ist, inwieweit Prospektangaben im Bereich der privaten Rentenversicherung über eine Zertifizierung nach dem AltZertG und andere nach dem AVmG relevante Umstände haftungsbegründend wirken können.

aa) Grundlagen

Ausgangspunkt der Überlegungen ist zunächst, dass nur solche Altersvorsorge-Verträge steuerlich förderungsfähig sind, die zuvor zertifiziert worden sind, § 82 Abs. 1 S. 1 EStG.

Die Zertifizierung eines Altersvorsorgevertrages nach dem AltZertG beinhaltet die Feststellung, dass die Vertragsbedingungen des Finanzproduktes eines Anbieters[1205] den Anforderungen des Gesetzes entsprechen, das zertifizierte Finanzprodukt also über staatliche Zulagen bzw. steuerliche Begünstigungen förderfähig ist.[1206] Zertifiziert werden Produkte gem. § 1 Abs. 3 AltZertG durch die Zertifizierungsstelle, wenn die vorgelegten Vertragsbedingungen des Altersvorsorge-Vertrags des Anbieters den Anforderungen des § 1 Abs. 1 und 2 AltZertG entsprechen. Die Zertifizierung ist ein Verwaltungsakt und gleichzeitig Grundlagenbescheid i.S. des § 171 Abs. 10 AO für die Altersvorsorgezulage gem. § 82 Abs. 1 S. 2 EStG.[1207]

---

lungen des AltZertG, in dem die Kriterien für förderungsfähige Altersvorsorgeverträge enthalten sind. Die Regelungen zur Besteuerung der Leistungen sind in § 22 Nr. 5 EStG enthalten. Danach wird die private Altersvorsorge durch Zulagen und die Möglichkeit des Sonderausgabenabzugs gem. § 10a EStG steuerlich gefördert, wenn der privat geschlossene Vertrag vorher durch eine Aufsichtsbehörde zertifiziert worden ist und die Person nach dem Gesetz förderfähig ist.

1202 *Huhn/Blümke/Liptau-Nohl*, VW 2001, 1864.

1203 Zum 1.1.2002 wurden ca. 3.500 bis zum 30.11.2001 eingereichte Anträge zeitgleich zertifiziert, vgl. *N.N.*: in Frankfurter Allgemeine Zeitung, 08.03.2002, Nr. 57, 25.

1204 Siehe F.III.4.a).

1205 Als Anbieter kommen insbesondere auch Lebensversicherungsunternehmen in Betracht, § 1 Abs. 2 AltZertG.

1206 *Horlemann*, Altersversorgung, 31; *Albert* in *Albert/Schumann/Sieben/Menzel*, Altersversorgung nach der Rentenreform 2001, Rn 77.

1207 Die staatliche Förderung der zertifizierten Altersvorsorgeverträge erfolgt im ersten Schritt durch Antragstellung des Vertragspartners beim Anbieter gem. § 89 Abs. 1 S.1 EStG, der diesen auf Datenträger zu erfassen und an die *BfA* als zentrale Stelle i. S.v. § 81 EStG jedes Kalendervierteljahr gesammelt innerhalb eines weiteren Monats weiterzuleiten hat. Die *BfA* prüft

Zweck der Zertifizierung sind zum einen die Schaffung von Mindeststandards der Anbieter, weiterhin die Gewährleistung der Sicherheit für den Verbraucher, dass der Vertrag auch staatlich gefördert wird und schließlich eine Arbeitserleichterung der Finanzämter bei der Bearbeitung der Steuererklärungen.[1208] Wesentliches Merkmal der Zertifizierung ist der Gesichtspunkt des Kapitalerhalts[1209]. Nicht geprüft wird dagegen, ob ein Altersvorsorgevertrag wirtschaftlich tragfähig, die Zusage des Anbieters erfüllbar ist oder die Vertragsbedingungen zivilrechtlich wirksam sind.[1210] Die Zertifizierung bedeutet deshalb insbesondere nicht, dass die Zertifizierungsstelle die Wirtschaftlichkeit und das Erreichen eines bestimmten wirtschaftlichen Erfolgs garantiert. Da alle ordnungsgemäß formulierten Altersvorsorgeverträge zertifiziert werden, stellt die Zertifizierung gerade kein besonderes „Gütesiegel" für die Geldanlage dar[1211].

Vor diesem Hintergrund kann die Zertifizierung nach dem AltZertG in verschiedener Hinsicht einen Bezugspunkt für das Vorliegen eines Prospektmangels bilden, nämlich einerseits hinsichtlich des Bestehens einer Zertifizierung und zum anderen hinsichtlich der Bedeutung derselben.

bb) Irrtum über das Bestehen einer Zertifizierung

Als Prospektmangel kommt zunächst eine Irreführung des Versicherungsnehmers über das Bestehen einer Zertifizierung nach dem AltZertG in Betracht.

Das vorsätzliche Angebot von nicht zertifizierten Produkten, die ausdrücklich als zertifiziert beworben werden, ist tatsächlich möglich, da es den Anbietern freigestellt ist, Altersvorsorgeprodukte ohne eine entsprechende Zertifizierung auf den Markt zu bringen und das Werben mit einer nicht oder nicht mehr vorhandenen Zertifizierung nicht durch das AltZertG reglementiert wird, sondern rechtlich nur

---

gesammelt innerhalb eines weiteren Monats weiterzuleiten hat. Die *BfA* prüft den Antrag und veranlasst die Auszahlung der Zulagen gem. § 84 f. EStG zugunsten des Vertragspartners an den Anbieter über die zuständige Kasse. Die ausgezahlte Zulage ist vom Anbieter unverzüglich den begünstigten Altersvorsorge-Verträgen gutzuschreiben. Im zweiten Schritt kann der Vertragspartner in seiner Einkommensteuererklärung die gesamten Einzahlungen (eigene zuzüglich staatlicher Förderung) beim örtlichen Finanzamt steuermindernd geltend machen. Die Zertifizierung des Altersvorsorge-Vertrags als Grundlagebescheid i.S. von § 171 Abs. 10 AO ist für das Finanzamt bindend, vgl. auch *Pedack*, INF 2001, 424.

1208 *Präve*, VW 2001, 798.

1209 Sog. Beitragserhaltungsgarantie, im einzelnen s. *Furtmayer*, AVmG, Kap. C, Rn 6 f.

1210 Obwohl der Gesetzgeber im Gesetz ausdrücklich festgehalten hat, dass zu den überprüften Mindestvoraussetzungen nicht die wirtschaftliche Tragfähigkeit und die Erfüllbarkeit der Zusagen durch den Anbieter gehören, gibt es einen Trend der Aufsichtsbehörden dazu, die Anbieter durch entsprechende Vorgaben dazu zu bringen, dass jederzeit die eingezahlten Beiträge verfügbar sind, also die Zusage jederzeit eingehalten werden kann, vgl. *Bertelsmann Stiftung*, Riesterrente, 3 ff. m.w.N.

1211 Vgl. auch den Bericht des Ausschusses für Arbeit und Sozialordnung (BT-Drucks. 14/5150), abgedr. u.a. bei *Lauth/Präve/Schwark/Wagner*, AVmG, 170.

mittelbar sanktioniert werden kann. Als wirksame Sanktionsmechanismen sind vor allem die Geltendmachung von Unterlassungsansprüchen durch nach dem UWG bzw. UKlaG aktivlegitimierte Verbraucherzentralen und Wettbewerber, ein Einschreiten der Versicherungsaufsicht im Rahmen der allgemeinen Missstandsaufsicht nach § 81 VAG sowie die Schaffung eines zivilrechtlichen Haftungsdrucks insbesondere auch durch Prospekthaftungsansprüche.

Vor diesem Hintergrund erscheint es bemerkenswert, dass zahlreiche Anbieter von Finanzanlagen, darunter vor allem Lebensversicherungen, nach dem Gesamteindruck ihrer Prospektwerbung schon im Frühling des Jahres 2001 den Eindruck erweckten, nach dem AVmG bzw. AltZertG geförderte Produkte zu offerieren[1212], obwohl die die entsprechenden Zertifikate tatsächlich erst im Januar 2002 vergeben wurden. Diese Werbeaktionen wurden u.a. von Seiten der Verbraucherzentralen im Wege des einstweiligen Rechtsschutzes gestoppt.[1213] Dennoch dürfte es Lebensversicherungsunternehmen auf diese Weise gelungen sein, zehntausende von Neuverträgen abzuschließen[1214].

aaa) Wesentlichkeit der unterlassenen Aufklärung

Die im Zeitpunkt des Vertragsabschlusses noch fehlende Zertifizierung nach dem AltZertG und die damit nicht gesicherte steuerliche Förderfähigkeit des Vertrags nach § 82 Abs. 1 S. 1 EStG stellen Umstände dar, die den von dem Versicherungsnehmer verfolgten wirtschaftlichen Erfolg der Anlage vereiteln können. Soweit ausdrücklich mit einer bereits vorhandenen steuerlichen Förderfähigkeit geworben wurde, besteht der Prospektmangel der Unrichtigkeit. Sofern der Irrtum über eine steuerliche Förderfähigkeit nach dem Gesamteindruck überwiegend auf ein Verschweigen der noch fehlenden Zertifizierung und deren Bedeutung für die steuerliche Förderfähigkeit hervorgerufen wurde, ist der Haftungsgrund der Unvollständigkeit gegeben. Denn anerkanntermaßen sind auch öffentlich-rechtliche Eigenschaften des Geschäfts bzw. Geschäftsgegenstands grundsätzlich geeignet, offenbarungspflichtige Umstände zu bilden.[1215]

bbb) Heilung durch Nachholung der Zertifizierung?

Fraglich ist, ob in den Fällen, in denen bei Abschluss des Lebensversicherungsvertrags wahrheitswidrig der Eindruck einer bestehenden Zertifizierung erweckt wor-

---

1212 Vgl. Pressemitteilung der *Verbraucher-Zentrale NRW* vom 11.07.2001.

1213 Vgl. insb. die Pressemitteilung der *Verbraucher-Zentrale NRW* vom 11.07.2001.

1214 Vgl. *N.N.*, Focus 26/2001, 210: ca. 40.000 Neuverträge eines einzigen Lebensversicherers bei rechtlich unzulässiger Werbung im Zusammenhang mit nach dem AVmG geförderten Altersvorsorgeprodukten.

1215 Vgl. etwa zu aufsichtsrechtlichen Genehmigungen allgemein BGH, WM 1976, 1114, 1115 f.; BGHZ 76, 231, 233.

den ist, eine Heilung der Informationspflichtverletzung durch eine spätere Nachholung der Zertifizierung möglich ist.

Dies ist allerdings überhaupt nur denkbar, soweit die entsprechenden Altersvorsorgeverträge materiell zertifizierbar sind. Eine Nachholung ist - jedenfalls ohne eine Novation der Vertragsbedingungen - für Vergangenheit und Zukunft ausgeschlossen, wenn die materiellen Voraussetzungen einer Zertifizierung tatsächlich nicht vorliegen, selbst wenn sie als zertifiziert offeriert wurden.

Ist der Altersvorsorgevertrag dagegen ursprünglich oder infolge einer Vertragsanpassung nach Maßgabe des AltZertG zertifizierbar, kann für die Zukunft eine Förderung durch Zulagen und Steuervorteile unproblematisch herbeigeführt werden. Rückwirkend kann eine Zertifizierung von Altverträgen allein nach § 7 Abs. 1 AltZertG durch eine Umstellung des Altvertrages in einen zertifizierten Vertrag erreicht werden. Insoweit ist zu differenzieren zwischen Verträgen, die vor dem Inkrafttreten des AltZertG am 1.8.2001 geschlossen wurden und solchen, die zwischen dem 1.8.2001 und dem 1.1.2002 vereinbart wurden.

Bei Verträgen, die vor dem 1.8.2001 geschlossen wurden, ermöglicht § 1 Abs. 1 S. 3 AltZertG die Umwandlung in zertifizierte Verträge.[1216]

Zwischen dem 1.8.2001 und dem 1.1.2002 geschlossene Verträge können nur zertifiziert werden, wenn sie von Beginn an sämtliche Anforderungen des Gesetzes erfüllen.[1217] Verträge, die zwischen dem 1.8.2001 und dem 1.1.2002 geschlossen wurden und nicht die Zertifizierungsvoraussetzungen nach dem AltZertG erfüllen, sind folglich nicht umwandelbar, so dass eine rückwirkende Heilung ausscheidet.

Im Ergebnis ist eine Heilung durch rückwirkende Nachholung der Zertifizierung eingeschränkt möglich mit der Folge, dass in diesen Fällen aufgrund der *ex tunc*-Wirkung der Rückbewirkung von Rechtsfolgen eine Informationspflichtverletzung verneint werden muss.

ccc) Vorliegen eines Prospektmangels bei späterem Wegfall der Zertifizierung?

Fraglich ist, ob ein Prospektmangel gegeben ist, wenn die Zertifizierung eines als zertifiziert beworbenen Finanzprodukts zu einem nach dem Vertragsabschluss liegenden Zeitpunkt zurückgenommen wird.

1216 Die entsprechende Verteilung der Abschlusskosten ist aber erst ab Wirksamwerden der Zertifizierung erforderlich, vgl. insoweit die Erläuterungen des *BAV*, Stand: 21.8.2001, § 1 Rz. 62. Damit gelten für Kapitallebensversicherungen die alten Rückkaufswerte, was eine Umwandlung wenig attraktiv erscheinen lässt, vgl. *Bertelsmann Stiftung*, Riesterrente, 31.

1217 Vgl. Erläuterungen des *BAV*, Stand: 21.8.2001, § 14 Rn 1.

Da der abgeschlossene Vertrag sich nach der Zertifizierung während der Laufzeit planmäßig nicht mehr ändert, kann der Wegfall in der Regel nur mit Wirkung für die Zukunft[1218], etwa durch den Verlust der Betriebserlaubnis i.S. von § 1 Abs. 2 AltZertG oder durch die Unzuverlässigkeit des Anbieters, erfolgen gem. § 8 Abs. 1 AltZertG. Jede inhaltliche Änderung macht eine neue Zertifizierung erforderlich. Auch unbeabsichtigte Änderungen werden erfasst.[1219]

Solange die Zertifizierung besteht, ist diese Grundlagenbescheid i. S.v. § 171 Abs. 10 AO. Entfällt die Zertifizierung nach dem AltZertG nachträglich, so hat die *BfA* als zuständige Behörde gem. § 90 Abs. 3 S. 1 EStG zu Unrecht erhaltene Zulagen zurückzufordern. Diese werden regelmäßig als Gesamtbetrag eingefordert. Stundungen der Rückzahlung dürften nach den allgemeinen steuerrechtlichen Regelungen der AO nur in Ausnahmefällen gewährt werden. Ein besonderer Vertrauensschutz des Vertragspartners gegenüber dem Fiskus aufgrund von Prospektangaben besteht nach dem Wortlaut des AltZertG nicht. Wirtschaftlich kann der nachträgliche Wegfall der Zertifizierung nach dem AltZertG für den Vertragspartner deshalb schwerwiegende Konsequenzen haben.

Eine Kompensation nach den Grundsätzen der Prospekthaftung setzt jedoch einen Prospektmangel im Zeitpunkt der Prospektherausgabe voraus. Liegt ein Prospektmangel infolge veränderter Umstände erst im Zeitpunkt der Anlageentscheidung vor, so kommt es darauf an, ob der Prospektverantwortliche gegen eine Obliegenheit zur Aktualisierung oder Nachtragskorrektur des Prospekts verstoßen hat. Ist dies der Fall, so ist unter dem Gesichtspunkt eines zurechenbar fortwirkenden Vertrauenstatbestands ein Prospektmangel gegeben.[1220]

In allen anderen Fällen kommt lediglich eine Haftung des Anbieters aus positiver Forderungsverletzung wegen der entgangenen staatlichen Prämien in Betracht und ggf. eines Verstoßes gegen die aus § 8 Abs. 3 AltZertG folgende Verpflichtung, dem Vertragspartner umgehend den Wegfall der Zertifizierung mitzuteilen. Obgleich der Gesetzgeber ausdrücklich erkannt hat, dass die Geltendmachung von Ansprüchen durch den Vertragspartner bei einem Wegfall der Zertifizierung im Regelfall problematisch sein dürfte[1221], wurde auf eine Normierung gesetzlicher Ansprüche des Vertragspartners gegenüber dem Anbieter oder öffentlich-rechtliche Konsequenzen für diesen - aus nicht erkennbaren Gründen - verzichtet.[1222]

1218 Vgl. *Tietze*, Zertifizierung von Finanzdienstleistungen, 11.

1219 Vgl. BT-Drucks. 14/5150, 41.

1220 Hierzu siehe F.III.1.d).

1221 Vgl. BT-Drucks. 14/5150, 41 f.

1222 Es bleibt den Konkurrenzunternehmen und Verbraucherschutzvereinen überlassen, dagegen im Wege einer Unterlassungsklage aufgrund eines Verstoßes gegen das UWG wegen Irreführung vorzugehen, vgl. *Bertelsmann Stiftung*, Riesterrente, 29.

ddd) Würdigung

Die Frage eines Prospektmangels wegen Irreführung über das Bestehen der Zertifizierung nach dem AltZertG ist ein Problem, dessen wirtschaftliche Dimensionen sich nicht nur aus der potentiell großen Zahl aufgrund irreführender Werbeangaben abgeschlossener Versicherungsverträge, sondern auch aus den eingeschränkten Möglichkeiten des getäuschten Versicherungsnehmers ergibt, seinen Irrtum zu bemerken. Zwar hat der Anbieter gem. § 1 Abs. 1 S. 1 Nr. 9 AltZertG den Vertragspartner jährlich schriftlich über die Verwendung der Beiträge, das bisher gebildete Kapital, die Kosten für den Abschluss, den Vertrieb sowie für die Verwaltung und die erwirtschafteten Erträge zu unterrichten. Gleichwohl dürfte dem Verbraucher das Nichtbestehen der Förderungsmöglichkeit regelmäßig erst bei der Versagung der erstrebten steuerlichen Förderung - also im Rahmen der üblicherweise ein bis zwei Jahren nach dem Vertragsschluss abzugebenden Steuererklärung - bekannt werden.[1223]

Unter Berücksichtigung der relativen Unbedarftheit weiter Verkehrskreise in steuerlichen Angelegenheiten liegt zudem die Vermutung nahe, dass in vielen Fällen die Verfehlung des mit der Entscheidung für das jeweilige Anlageprodukt verbundenen wirtschaftlichen Zwecks erst viel später auffallen wird. Dieser Umstand erhält weitere Brisanz dadurch, dass infolge der besonders langen Laufzeit der Altersvorsorgeverträge von ca. 60 Jahren[1224] erhebliche Schäden unter dem Gesichtspunkt entgangener Steuervorteile drohen.

In diesem Zusammenhang ist weiterhin zu beachten, dass außerhalb des Widerrufsrechts in § 7 Abs. 3 AltZertG kein ausdrückliches Rücktritts- oder Widerrufsrecht für Verträge über Finanzprodukte existiert, die den Anschein einer Zertifizierung nach dem AltZertG vermittelt haben, aber in Wirklichkeit nicht förderfähig sind. Der irregeführte Versicherungsnehmer ist in diesen Fällen auf die Geltendmachung von Schadensersatzforderungen aus Prospekthaftung[1225] oder die Anfechtung des Vertrags[1226] beschränkt.

1223 Vgl. *Bertelsmann Stiftung*, Riesterrente, 48.

1224 Die lange Laufzeit ergibt sich daraus, dass erfolgt innerhalb von Höchstbeträgen eine nachgelagerte Versteuerung in der Auszahlungsphase erfolgt. Die Auszahlung darf gem. § 1 Abs. 1 S. 1 Nr. 4 und 5 AltZertG nur als lebenslange monatliche Leibrente bzw. durch einen Auszahlungsplan bis zum 85. Lebensjahr mit anschließender Rentenversicherung erfolgen.

1225 Zur Aufhebung des Vertrags als Rechtsfolge der Prospekthaftung siehe F.VIII.1.a).

1226 Hierzu C.III.3.

cc) Irreführung über die Möglichkeit einer Umstellung gem. § 7 Abs. 1 S. 2 AltZertG

Hat der Anbieter mit der Möglichkeit einer Umwandlung des angebotenen Versicherungsvertrags[1227] in einen zertifizierten Altersvorsorgevertrag geworben, obwohl dies nach dem AltZertG von Anfang an nicht möglich war oder wurden insoweit bestehende Bedenken durch den Prospektverantwortlichen nicht offenbart, liegt der Prospektmangel der Unrichtigkeit bzw. Unvollständigkeit vor.

An der Wesentlichkeit der falschen Information nach § 242 BGB könnte allerdings gezweifelt werden, da eine Umstellung von Kapitallebensversicherungen bei den bestehenden Rückkaufswerten oftmals wirtschaftlich unsinnig ist.[1228] Hiergegen spricht allerdings bereits der Schutzzweck der Prospekthaftung, eine selbstbestimmte Vermögensdisposition des Anlegers zu schützen, wobei es nicht darauf ankommt, ob diese bei verständiger Würdigung als wirtschaftlich vernünftig anzusehen ist. Im übrigen ist das Schicksal der bereits auf den alten Vertrag eingezahlten Beiträge ungewiss und hängt von der einzelnen Vertragsgestaltung. Demnach kann eine Umwandlung im Einzelfall durchaus wirtschaftlich sinnvoll sein.

Folglich muss die Wesentlichkeit von Informationen über die Möglichkeit einer Umstellung nach § 7 Abs. 1 S. 2 AltZertG bejaht werden. Hierfür spricht zum einen, dass eine derartige Aufklärung wirtschaftlich für den Prospektadressaten schon deshalb von Bedeutung ist, um später nicht ohne Grund in zusätzliche Vertragsabschlüsse gedrängt zu werden. Dies bestätigt schließlich auch die gesetzgeberische Wertung des § 7 Abs. 1 S. 2 AltZertG, wonach der Vertragspartner darüber aufgeklärt werden soll, dass vor dem Abschluss eines weiteren Altersvorsorgevertrages die Umstellung eines bereits bestehenden Vertrags möglich ist.[1229]

dd) Irrtum über die Bedeutung der Zertifizierung

Auch im Zusammenhang mit einem Irrtum über des Versicherungsnehmers über die Bedeutung der Zertifizierung kann ein Prospektmangel vorliegen.

In tatsächlicher Hinsicht ist insoweit von Bedeutung, dass zahlreiche Lebensversicherer zur Illustration der Zertifizierung in ihren Werbeprospekten ein stempel- oder siegelähnliches Symbol abdrucken, das von weiten Verkehrskreisen Assoziationen mit einem offiziellen Testats- oder Gütesiegel wecken dürfte. Obwohl eine materielle Produktaufsicht gem. § 2 AltZertG ausdrücklich nicht vorgesehen ist und im Rahmen der Zertifizierung kein staatliches "Gütesiegel" vergeben werden

---

1227 Siehe hierzu F.III.9.a)bb)bbb).

1228 Vgl. *Bertelsmann Stiftung*, Riesterrente, 31.

1229 Vgl. *Bertelsmann Stiftung*, Riesterrente, 31.

soll[1230], weisen empirische Befunde darauf hin, dass ein Großteil der Prospektadressaten derartige Zertifizierungshinweise gerade in diesem Sinne missverstehen.[1231]

Unproblematisch liegt ein Prospektmangel vor, wenn der Prospekt einen Irrtum über die Bedeutung der Zertifizierung nach dem AltZertG aktiv hervorruft. Besteht allerdings auf Seiten des Anlegers bereits ein Irrtum über die Bedeutung der Zertifizierung, der durch den Prospekt lediglich nicht ausgeräumt wird, so fragt sich, ob das Inkaufnehmen und Ausnutzen desselben eine Informationspflichtverletzung im Sinne der Prospektmangellehre begründet.

Entsprechend der vorstehenden Ausführungen begründet ein Unterlassen nur dann einen Prospektmangel, wenn zu dem Ausbleiben von Information die Pflichtwidrigkeit derselben hinzutritt. Eine entsprechende Informationspflicht ergibt sich aus § 7 Abs. 2 AltZertG. Danach muss im Zusammenhang mit Angaben über die Zertifizierung des Altersvorsorgevertrags der Hinweis erteilt werden, dass mit der Zertifizierung nicht die zivilrechtliche Wirksamkeit des Vertrags und dessen wirtschaftliche Tragfähigkeit überprüft worden ist. Fehlt dieser gänzlich, muss auch ein Prospektmangel bejaht werden, da der Versicherer dann einen bestehenden Irrtum und dessen Vertiefung durch seine Prospektangaben zumindest billigend in Kauf nimmt, ihn deshalb bewusst ausnutzt und ihn sich gleichsam zu eigen macht.

Darüber hinaus kommt ein Prospektmangel auch in Betracht, wenn ein inhaltlich den Anforderungen des § 7 Abs. 2 AltZertG entsprechender Hinweis zwar publiziert wird, dieser aber nach seiner formalen Gestaltung bei einer Betrachtung des Gesamtbilds nicht hinreichend zur Kenntnis genommen wird. Zwar ordnet § 7 Abs. 2 AltZertG an, dass der Hinweis deutlich hervorgehoben sein muss. Problematisch ist aber, dass z.B. Größe, Schriftart und Platzierung des Hinweises nicht geregelt sind. Entsprechend den obenstehenden Ausführungen zum Grundsatz der Prospektklarheit[1232] und wegen des aufsichtsrechtlichen Schutzzwecks des AltZertG, u.a. die Sicherheit des Verbrauchers bei der Entscheidung über seine private Altersvorsorge zu gewährleisten[1233], kann insoweit im Einzelfall daher unter dem Gesichtspunkt der Intransparenz ebenfalls ein Prospektmangel zu bejahen sein.

1230 Vgl. BT-Drucks. 14/5150, 41; *Präve* VW 2001, 796.

1231 Vgl. *N.N.*, Frankfurter Allgemeine Zeitung, 08.03.2002, Nr. 57, 25; *N.N.*, Frankfurter Allgemeine Zeitung, 19.12.2001, 27.

1232 Siehe F.III.1.c)dd).

1233 Vgl. *Präve*, VW 2001, 798.

ee) Weitere Ansatzpunkte für Prospektmängel im Zusammenhang mit der Zertifizierung nach dem AltZertG

Neben der Irreführung über Bestehen und Bedeutung einer Zertifizierung können auch die in § 7 Abs. 1 AltZertG aufgeführten Pflichtangaben Bezugspunkte von Prospektmängeln sein.

Angaben über Kostenverteilung, Anlagemöglichkeiten, Zusagen des Anbieters und Auszahlungsweisen sind nach zutreffender Ansicht des Gesetzgebers für den Anleger wesentlich. Wahlmöglichkeit beim Produkt (Anbieter, Preis, Vertragsgestaltung, Anlageform), eine hohe Sicherheit der Geldanlage (die von der Anlageform abhängt) sowie der Aspekt des Insolvenzschutzes erscheinen bedeutsam. Wesentliche Gesichtspunkte sind zudem die Flexibilität bei Veränderung der eigenen Lebenssituation (z.B. Arbeitswechsel, Arbeitslosigkeit, Wegzug, Krankheit, Mehrbelastung durch weitere Familienmitglieder, Hausbau, Scheidung und Tod), die Übertragbarkeit der erworbenen Ansprüche und die Möglichkeit der laufenden Einflussnahme auf die Anlagestrategie (Risiko der Anlageform, Berücksichtigung ethischer Belange).

Nach den obigen Ausführungen kommt es für das Fehlen eines Prospektmangels nicht zwingend darauf an, dass der jeweilige Werbeprospekt die Voraussetzungen der in § 7 Abs. 1 AltZertG spezialgesetzlich geregelten Informationspflichten erfüllt, da insoweit auch eine Information auf gesonderten Informationsträgern möglich ist.[1234] Die Normierung der entsprechenden Informationspflichten weist allerdings darauf hin, dass es sich bei den entsprechenden Angaben um für den durchschnittlichen Anleger regelmäßig bedeutsame Umstände handelt, deren Wesentlichkeit gleichwohl selbständig festzustellen ist.[1235] Wird über die in § 7 Abs. 1 AltZertG genannten Umstände falsch informiert, wird in der Regel auch die Wesentlichkeit der Information für die Anlegerentscheidung nach § 242 angenommen werden müssen, soweit es dem Anleger bei seiner Anlageentscheidung gerade auf ein förderungsfähiges „Riester-Produkt“ mit den jeweiligen Eigenschaften ankam. Inhaltlich gelten im wesentlichen die oben dargelegten Grundsätze entsprechend.

b) Informationspflichtverletzungen im Hinblick auf Fördervoraussetzungen

Die Fallgruppe fehlerhafter Prospektangaben über Fördervoraussetzungen wird auch illustriert durch ein Angebot der *Postbank*, die Anfang Januar 2003 in einem Angebot über den Abschluss eines Riester-Vertrags mitteilte, wer noch bis zum 10.1.2003 einen ausgefüllten und unterschriebenen Antrag per Telefax an das Unternehmen schicke, könne sich die gesamte „Riester-Förderung“ für das Jahr 2002

1234 Vgl. insoweit auch die Ausführungen unter F.III.2.b).

1235 Siehe F.III.2.b).

sichern.[1236] Indes kann nach der Auffassung von *BMF*, *BAFin* und *BfA* eine steuerliche Förderung für das Kalenderjahr 2002 nur dann in Anspruch genommen werden, wenn der Vertragsabschluss noch im Jahr 2002 erfolgt ist.[1237] In derartigen Konstellationen liegt nach den bereits dargestellten Grundsätzen ein Prospektmangel unproblematisch deshalb vor, weil falsche positive Angaben über die Voraussetzungen einer steuerlichen Förderung gemacht wurden.

Daneben kann ein Prospektmangel infolge von Werbeaussagen vorliegen, die nicht hinreichend über das Risiko einer Steuerschädlichkeit bestimmter Vertragsgestaltungen informieren. Dies ist insbesondere der Fall, wenn eine sog. schädliche Verwendung des Altersvermögen i.S. von § 93 EStG gegegen ist, also das zur Altersvorsorge angesammelte Kapital zu anderen als den begünstigten Zwecken ausgezahlt wird und eine Auszahlung nicht als lebenslange Rente, im Rahmen eines Auszahlungsplan mit Restkapitalverrentung oder nicht im zulässigen Rahmen zur Finanzierung einer selbstgenutzten Wohnung vorgesehen ist.

Derartige Mängel in der vertraglichen Gestaltung der jeweiligen, beworbenen Finanzanlage vereiteln regelmäßig den von dem Versicherungsnehmer verfolgten wirtschaftlichen Zweck. Wurde zu Unrecht eine Förderung erhalten, ist diese umfänglich zurückzuzahlen. Von der Erstattungspflicht erfasst werden zum einen die auf das ausgezahlte Vermögen entfallenden Zulagen und darüber hinausgehenden Steuerermäßigungen. Darüber hinaus erfolgt eine Versteuerung der Erträge und Wertsteigerungen.[1238]

Auf die gravierenden wirtschaftlichen Konsequenzen einer fehlerhaften Aufklärung über das Risiko einer schädlichen Verwendung ist in der jüngsten Vergangenheit von Seiten der Verbraucherorganisationen hingewiesen worden.

So befürchtet etwa die *Verbraucherzentrale des Landes Nordrhein-Westfalen*, dass bei hunderttausenden Rentenversicherungen nach dem AVmG das Risiko enormer finanzieller Verluste besteht.[1239] Betroffen sind insbesondere alle Policen, bei denen eine befristete Rentengarantie vereinbart ist und deshalb die Altersrente nach dem Ableben des Versicherten noch fünf oder zehn Jahre weiter gezahlt wird. Derartige Policen dürften in der Vergangenheit in einem erheblichen Umfang angeboten worden sein. Bei einer Stichprobe unter 23 Versicherern haben die Verbraucherzentra-

---

1236 Vgl. *N.N.*, Frankfurter Allgemeine Zeitung vom 11.01.2003, 21.

1237 *N.N.*, Frankfurter Allgemeine Zeitung vom 11.01.2003, 21.

1238 Die Rückzahlungsverpflichtung gilt grundsätzlich auch dann, wenn das Kapital (z.B. im Todesfall) an einen Dritten ausgezahlt wird. Die Rückzahlungspflicht besteht dagegen nicht, wenn das für eine ergänzende Hinterbliebenenabsicherung i. S.d. § 1 Abs. 1 Nr. 6 AltZertG oder für eine Hinterbliebenenversorgung nach § 82 Abs. 3 EStG angesparte Kapital in Form einer Hinterbliebenenrente ausgezahlt wird. Die Rückzahlungsverpflichtung gilt allerdings nicht. für Auszahlungen im Rahmen eines unmittelbaren Wechsels zu einem anderen begünstigten Altersvorsorgevertrag.

1239 Vgl. *Meyer*, Förder-Falle bei „Riester-Renten"?, Versicherungsjournal vom 10.04.2002.

len 15 Gesellschaften gefunden, die Verträge mit Rentengarantie anboten.[1240] Unter den bislang entdeckten 15 Gesellschaften mit der risikoreichen Klausel fanden sich sogar vier, bei denen die sog. Garantierente obligatorisch ist.[1241] Während allein Verträge, die entweder eine Option auf eine einmalige Kapitalabfindung vorsehen oder die Umwandlung der Garantierente in eine lebenslange Hinterbliebenenrente vorsehen, im Hinblick auf die Gewährung der steuerlichen Förderung nach dem AVmG unproblematisch sind, kann im Einzelfall in der vorgesehenen ratenweisen Auszahlung der Rente an den überlebenden Ehepartner eine schädliche Verwendung i.S. des 93 EStG zu sehen sein. In diesem Fall müssen die - eventuell über Jahrzehnte erhaltenen - Riester-Zulagen bei dem Tod des Ehepartners zurückgezahlt und die bis dahin angefallenen Kapitalerträge versteuert werden.

Weist ein Lebensversicherungsunternehmen in einem Prospekt nicht auf das mit der jeweiligen Vertragsgestaltung verbundene Risiko hin oder wird aktiv über das Vorliegen einer steuerlichen Förderfähigkeit getäuscht, ist ein Prospektmangel gegeben. Denn der durchschnittliche Prospektadressat, der sich für ein steuerlich gefördertes und zulageberechtigtes Altersvorsorgeprodukt interessiert, erwartet gerade zutreffende Angaben über die bestehende oder fehlende Förderfähigkeit des betreffenden Finanzprodukts.

Nach den obenstehenden Grundsätzen kann - in Ermangelung eines Informationsgefälles - eine Informationspflichtverletzung nicht bereits deshalb vorliegen, weil der prospektverantwortliche Versicherer in seinem Prospekt nicht ausdrücklich auf die Förderschädlichkeit bestimmter Verhaltensweisen hinweist. Allerdings kann ein entsprechender Prospektmangel gegeben sein, wenn irreführend der Eindruck vermittelt wird, ein bestimmtes Verhalten sei nach der Gestaltung des offerierten Altersvorsorgevertrags nicht förderschädlich[1242].

Gleichwohl kann im Einzelfall zweifelhaft sein, ob wirklich ein Schaden i.S. eines negativen Vermögenssaldos entstanden ist oder nicht vielmehr dem Versicherungsnehmer anrechenbare[1243] Vermögensvorteile gegeben sind. Denn bei förderschädlichem Verhalten müssen zwar alle erhaltenen Zulagen zurückgezahlt werden, aufgrund der im Laufe der Jahre von dem Versicherer erwirtschafteten Zinsen kann der Versicherte allerdings je nach Förderquote erhebliche Renditevorteile haben.[1244]

1240 Vgl. *Meyer*, Förder-Falle bei „Riester-Renten“?, Versicherungsjournal vom 10.04.2002.

1241 Vgl. *Meyer*, Förder-Falle bei „Riester-Renten“?, Versicherungsjournal vom 10.04.2002.

1242 Insoweit gilt auch hier die allgemeine Prospektmangellehre, vgl. F.III.1.

1243 Zur Vorteilsanrechnung F.VIII.3.

1244 Vgl. insoweit die von *Meyer*, Versicherungsjournal vom 24.04.2002, vorgelegte Vergleichsrechnung, der die Annahme zu Grunde legt, dass der Versicherte bei Vertragsabschluß 30 Jahre alt ist, der Vertrag bis zur Vollendung des 65. Lebensjahres läuft und der Versicherte einen Eigenanteil von 292 EUR pro Jahr leistet. Wählt der Versicherte die „Riester-Variante“, erhält er jährlich Zulagen in Höhe von 308 EUR (Ehepaar, keine Kinder, 30.000 EUR zu versteuerndes Jahresein-

c) Kosten, Transparenz, ethische Ausrichtung der Geldanlage

Da die mit einer Finanzanlage verbundenen Kosten die Rentabilität der Finanzanlage maßgeblich beeinflussen, sind auch Kostenangaben für einen durchschnittlichen Versicherungsnehmer von wesentlicher Bedeutung.[1245] Dies gilt sowohl für die Kosten von Verwaltung, Abschluss und Vertrieb als auch für die Kosten bei einem Wechsel zu einem anderen Altersvorsorgeprodukt oder einem anderen Anbieter. Der Anleger hat insoweit ein wesentliches Interesse daran, den Preis der Altersvorsorge zu erkennen und das ihm vorliegende Angebot mit anderen Altersvorsorge-Verträgen zu vergleichen.

Gerade diesem Umstand hat der Gesetzgeber dadurch Rechnung getragen, dass der Anbieter den Vertragspartner vor Vertragsabschluss bzw. Antragstellung nach § 7 Abs. 1 S. 1 Nr. 1 bis Nr. 3 AltZertG über die Höhe und zeitliche Verteilung der vom Vertragspartner zu tragenden Abschluss- und Vertriebskosten (Nr. 1), die Kosten für die Verwaltung des gebildeten Kapitals (Nr. 2) und die Kosten, die dem Vertragspartner im Falle eines Wechsels in ein anderes begünstigtes Anlageprodukt oder zu einem anderen Anbieter unter Mitnahme des gebildeten Kapitals entstehen (Nr. 3) aufzuklären hat.

Entsprechend den bereits dargestellten Grundsätzen kommen zudem Prospektmängel bei Angaben über ethische Gesichtspunkte - etwa Bekenntnisse zur Ökologie - auch im Bereich der Finanzprodukte zur privaten Altersvorsorge in Betracht.[1246]

d) Irreführung über die wirtschaftliche Tragfähigkeit der zertifizierten Finanzanlage

Unproblematisch können Prospektmängel wegen einer Irreführung über die wirtschaftliche Tragfähigkeit der Anlage vorliegen, soweit nach den Maßstäben des AVmG wirtschaftlich nicht tragfähige Finanzprodukte im Mantel einer Altersvor-

---

kommen). Für den Fall der „klassischen“ Rentenversicherung wird insoweit eine garantierte Rente in Höhe von 83,40 EUR erreicht. Die Rente inklusive Überschüssen beträgt 232,18 EUR. Als alternative Kapitalabfindung und Netto-Auszahlungsbetrag ergibt sich danach eine Summe von 34.239 EUR. Eine entsprechende „Riester-Rente“ weist demgegenüber einen garantierten Rentenbetrag in Höhe von 178,80 EUR und eine Rente inklusive Überschüssen von 463,00 EUR auf, bei der eine alternative Kapitalabfindung nicht möglich ist. Dafür beträgt der Rückkaufswert zum Ende der Beitragszahlung in dem gebildeten Beispiel 55.099 EUR, wovon erhaltene Zulagen in Höhe von 10.780 EUR (35 x 308 EUR) zurückzuzahlen sind. Im Ergebnis ergibt sich danach im Fall der „Riester-Rente“ eine „Netto-Auszahlung“ in Höhe von 44.319 EUR. Wählt der Versicherte die „Riester-Variante“ des kapitalgedeckten Altersvorsorgevertrags, hat er bei gleichem Eigenaufwand gegenüber einer klassischen Rentenversicherung einen Vorteil von rund 10.000 EUR, wenn es zu einem förderschädlichen Verhalten kommt. Dabei gilt freilich auch, dass der Vorteil um so geringer ist, je niedriger die Förderquote im Einzelfall liegt.

1245 Vgl. insoweit auch die Beispielrechnung in *Bertelsmann Stiftung*, Riesterrente, 22 f.

1246 Siehe F.III.7.b).

sorge angeboten werden[1247]. Dies ist in tatsächlicher Hinsicht ohne weiteres möglich, da im Rahmen einer Zertifizierung nach dem AltZertG nicht die wirtschaftliche Tragfähigkeit des jeweiligen Anlageprodukts von der Zertifizierungsstelle geprüft wird. In diesem Fall bleibt allein die Zusage bei Fortführung des Altersvorsorge-Vertrags bis zur Auszahlungsphase übrig. Die Differenz zwischen Zusage und einem möglichen Gewinn kann durch den bewussten Verkauf renditearmer Produkte oder hohe Gebühren abgeschöpft werden. Aufgrund der langen Laufzeit ist der Anteil der Erträge erheblich, so dass die Gefahr besteht, dass Produkte auf den Markt gebracht werden, die gezielt eine Abschöpfung der Gewinne auf Kosten des Vertragspartners und letztendlich auch des Staates vorsehen.[1248]

e) Informationspflichtverletzung bei Mindestzinsangaben im Rahmen von „Riester-Produkten"

Gerade bei „Riester-Produkten" werben Lebensversicherungen in Werbeprospekten teilweise mit dem Argument, dass es nur bei ihnen einen „garantierten Mindestzins von 3,25%" gebe. Bei genauer Betrachtung ist diese Behauptung unzutreffend. Die jeweiligen Lebensversicherer garantieren zwar nach § 2 DeckRV tatsächlich eine Verzinsung in Höhe von 3,25%, diese bezieht sich jedoch nur auf einen Teil der Prämien. Wie groß dieser Anteil ist, ist dem Anleger nicht bekannt, da die Gesellschaft von den Beiträgen zunächst Kosten für den Versicherungsschutz, den Vertrieb der Produkte, Abschlussgebühren und Marketingausgaben abführt. Da nur der sog. Sparanteil dem Kapitalaufbau dient und verzinst wird, dürften im Ergebnis auf die *eingezahlten* Beträge regelmäßig lediglich Verzinsungen zwischen 2% und 3% erwirtschaftet werden. Da die Rentabilität auch im Bereich der sog. „Riester-Produkte" für den durchschnittlichen Prospektadressaten ein wesentliches Entscheidungsmerkmal ist und nach dem AVmG geförderte Kapitallebensversicherungen mit anderen renditeorientierten Kapitalanlagen konkurrieren, stellt die real zu erwartende Rendite für den durchschnittlichen Prospektadressaten einen entscheidungserheblichen Umstand dar. Hierauf bezogene Fehlinformationen sind somit geeignet, einen Prospektmangel zu begründen.

f) Liquidität des Altersvorsorgevertrags

In Betracht kommen zudem Prospektmängel im Zusammenhang mit Angaben über die sog. Flexibilität des nach dem AVmG geförderten Altersvorsorgeprodukts. Entsprechend den obigen Ausführungen müssen Informationen über die Liquidationsmöglichkeiten auch im Bereich der privaten Rentenversicherung als wesentlich er-

---

1247 Vgl. auch *Schwintowski*, VuR 2002, 175 ff.

1248 Vgl. *Bertelsmann Stiftung*, Riesterrente, 30; vgl. zum Missbrauchspotential im Bereich der „Riester-Produkte" auch *N.N.*, Focus 26/2001, 210.

achtet werden.[1249] Unter den Gesichtspunkt der Flexibilität fallen zudem Umstellungsmöglichkeiten. Für den durchschnittlichen Prospektadressaten ist die Information über derartige Optionen nach § 242 BGB von wesentlicher Bedeutung, um sich als vernünftig wirtschaftender Kapitalanleger die Möglichkeit einer Umstellung zur Steigerung seiner Gewinnchancen offenzuhalten.[1250] Insofern können Prospektmängel auch im Zusammenhang mit Angaben über Rücktrittsmöglichkeiten bestehen.

g) Sicherheit der Anlage

Auch im Zusammenhang mit nach dem AltZertG zertifizierten Finanzanlagen kommen Prospektmängel aufgrund einer Irreführung über die Sicherheit der Anlage in Betracht. Denn trotz des - als Voraussetzung einer Zertifizierung gewährleisteten - Solvabilitätsschutzes zu Gunsten des Verbrauchers[1251] ist das Insolvenzrisiko des Anbieters auch im Rahmen der privaten Rentenversicherung ein nach § 242 BGB erheblicher Umstand, da er den wirtschaftlichen Bestand seiner Investition betrifft. Dies gilt um so mehr, als im Rahmen der Zertifizierung lediglich geprüft wird, ob die Voraussetzungen des § 1 Abs. 2 AltZertG durch den Anbieter erfüllt sind. Zusätzliche Einlagensicherungsmechanismen sieht das AltZertG nicht vor. Der Anleger als Vertragspartner trägt somit zum einen das Insolvenzrisiko des Anbieters und zum anderen das von Dritten, die in die Verwahrung und die Verwaltung des angesparten Kapitals eingeschaltet sind.[1252] Insoweit bestehen im Fall zertifizierter Altersvorsorgeprodukte zusätzliche Bezugspunkte für die Frage nach einer Informationspflichtverletzung.

10. Besonderheiten bei Internet-Angeboten

Mit Internet-Prospekten und Online-Kontrahierungsgelegenheiten[1253] sind für Lebensversicherungsunternehmen besondere Haftungsrisiken verbunden. Diese ergeben sich daraus, dass viele der abrufbaren Online-Angebote nur spärliche Information enthalten und deshalb als unvollständig qualifiziert werden müssen.

1249 Siehe F.III.4)o).

1250 Vgl. auch die gesetzgeberische Wertung in § 7 AltZertG.

1251 Der Schutz besteht daher einmal über die Aufsicht der einzelnen Aufsichtsbehörden für das jeweilige Unternehmen und daneben in Einlagensicherungen wie bei den Kreditinstituten, daneben in der Selbstkontrolle durch Verbände, die eine Insolvenz - so weit es möglich ist - vermeiden wollen, um das Vertrauen in Assekuranz gerade im Bereich des Vertrauensguts der Altersvorsorge nicht zu erschüttern. Zur Gründung der *Protector AG* als Einlagensicherungsfonds vgl. z.B. *Zielke*, VW 2002, 1826; *Sanio*, VW 2002, 1831.

1252 Vgl. BT-Drucks. 14/5150, 41.

1253 Siehe F.II.

Für die Probleme von Online-Abschlussgelegenheiten kann exemplarisch auf ein Versicherungsangebot verwiesen werden, das Anfang Februar 2002 unter der Internet-Adresse einer der marktführenden deutschen Lebensversicherer publiziert wurde. Hierbei wurde eine sog. „Kreditlebensversicherung" angeboten, also eine kapitalbildende Lebensversicherung, die als Tilgungsersatz in eine anderweitig vereinbarte Darlehensvereinbarung einbezogen werden kann[1254]. Dabei erweckte die Internetseite den Eindruck, als sei eine Tilgungsaussetzung mit Lebensversicherung völlig unproblematisch. So wurde zwar auf steuerliche Vorteile der Tilgungsaussetzungen hingewiesen, doch Einzelheiten der Vorteile und ihrer Voraussetzungen fehlten ebenso wie ein Hinweise auf potentielle steuerliche Probleme des Anlagemodells. Nach dem Wortlaut des Erläuterungstextes „bauen Sie unter Ausnutzung der steuerlichen Vorteile der Lebensversicherung genau das Kapital auf, das benötigt wird, um nach Ablauf der Versicherungsdauer ein Immobiliendarlehen auf einen Schlag zu tilgen.", wurde eine Einfachheit suggeriert, die in Wirklichkeit nicht gegeben ist.

Auf den Internet-Seiten vieler Online-Anbieter steht zudem ein sog. Tarifrechner zur Verfügung, also ein Programm, das Tarifberechnungen aufgrund der Eingabe individueller Daten des Nachfragers ermöglicht[1255]. Vielfach berechnet der Tarifrechner die fällige Versicherungsleistung einschließlich Überschussbeteiligung exakt auf zwei Stellen hinter dem Komma, obwohl nach allgemein anerkannten Grundsätzen der Versicherungsmathematik eine derart exakte Berechnung der voraussichtlichen Überschussbeteiligung rechnerisch unmöglich ist[1256]. Wie bereits festgestellt worden ist, bewirken derartige Angaben regelmäßig qualifizierte Gewinnerwartungen[1257]. Zwar wird auch im Zusammenhang mit derartigen Angeboten regelmäßig ein Unverbindlichkeitshinweis verwendet, nach dem diese präzisen Angaben für Abläufe in einigen Jahrzehnten nur unverbindliche Prognosen seien. Ob dieser Hinweis, der oftmals lediglich in einer durch Verwendung kleiner Schrift auf dem Bildschirm zudem schwer lesbaren Fußnote erwähnt wird, tatsächlich von dem Versicherungsinteressenten zur Kenntnis genommen wird und deshalb vertrauenszerstörend wirken kann[1258], muss bezweifelt werden. Statt dessen dürfte regelmäßig

---

1254 Zum Einsatz von Lebensversicherungsverträgen als Finanzierungsinstrument vgl. z.B. *Loy*, Finanzierungen unter Einsatz von Lebensversicherungen, 2. Auflage, Köln 1995; *Dahm*, Finanzierungsinstrument Lebensversicherung, Köln 1996; *Jaeger*, Die Finanzierung und Kreditsicherung mit Lebensversicherungen, Karlsruhe 1994; *Meyer-Scharenberg*, Finanzierung mit Lebensversicherungen: Strategien zur steueroptimalen Gestaltung, 2. Auflage, München 1996; *Richert*, Immobilienfinanzierung mit Hilfe einer Lebensversicherung contra Annuitätendarlehen: quantitativer Vorteilhaftigkeitsvergleich im Bereich der gewerblichen Immobilienfinanzierung, Frankfurt am Main 1999.

1255 Vgl. z.B. *Hoeren/Spindler*, Versicherungen im Internet, 198.

1256 Siehe F.III.4.a)bb).

1257 Siehe F.III.4.c).

1258 Vgl. auch die obigen Ausführungen unter F.III.4.h)aa)ddd)(1)(a).

ein Verstoß gegen den Grundsatz der Prospektklarheit und damit ein Prospektmangel vorliegen[1259].

IV. Rechtswidrigkeit

Die Haftung setzt weiterhin die Rechtswidrigkeit des schadensstiftenden Tuns oder Unterlassens voraus, die wegen des Fehlens von Rechtfertigungsgründen regelmäßig gegeben und durch die Tatbestandsmäßigkeit der Informationspflichtverletzung indiziert ist, also keiner gesonderten Feststellung bedarf.[1260]

V. Verschulden

Ansprüche aus Prospekthaftung erfordern weiterhin ein Verschulden des Anspruchsgegners.[1261] Dieses setzt entsprechend dem im Schadensersatzrecht herrschenden und in § 276 BGB zum Ausdruck gekommenen Verschuldensprinzip[1262] Vorsatz oder Fahrlässigkeit im Hinblick auf einen Verstoß gegen eine Aufklärungs- und Informationspflicht[1263] voraus.

Mit Vorsatz verletzt der Prospektverwender seine Informationspflicht, wenn er sich die Fehlerhaftigkeit seiner Prospektangaben vorgestellt hat und sie in Kenntnis der Pflichtwidrigkeit dennoch in seinen Willen aufgenommen hat. Es genügt, dass er sie als mögliche Folge seines Verhaltens billigend in Kauf genommen hat.[1264]

1. Ansicht der Rechtsprechung

Nach der Rechtsprechung ist einfache Fahrlässigkeit ausreichend.[1265] Danach sollen die Voraussetzungen des § 276 BGB bereits vorliegen, wenn die Umstände, die eine persönliche Aufklärungspflicht begründen, bekannt sind. Den Prospektverantwortlichen sind falsche Prospektangaben zuzurechnen, wenn sie die Fehlerhaftigkeit kannten oder kennen mussten und dennoch den Prospekt herausbrachten und verwendeten.[1266] Zu den Prospektangaben gehören die Tatsachen, über welche die Interessenten im Prospekt vollständig und richtig aufzuklären waren. Die wesent-

---

1259 Zum Grundsatz der Prospektklarheit siehe F.III.1.c)dd).

1260 Vgl. *Heinrichs* in *Palandt*, BGB, § 249 Rn 1 ff.

1261 BGHZ 71, 284, 291; *Heinrichs* in *Palandt*, BGB, § 276 Rn 65 ff.

1262 *Larenz*, Schuldrecht I, § 20 I; *Canaris*, Vertrauenshaftung, 468 ff.; *von Hertzberg*, Haftung von Börseninformationsdiensten, 121.

1263 BGHZ 71, 284, 291.

1264 Vgl. *Löwisch* in *Staudinger*, BGB, § 276 Rn 12.

1265 BGHZ 123, 106, 112; *Ellenberger*, Börsenprospekthaftung, 98.

1266 OLG Celle, NJW 1986, 260, 261.

liche Bedeutung dieser Tatsachen für die Anlageentscheidung muss ebenfalls bei Anwendung der im Verkehr erforderlichen Sorgfalt erkennbar gewesen sein.[1267]

Die konkreten Anforderungen an die Sorgfaltspflicht des einzelnen Prospektverantwortlichen hängen von den Umständen des Einzelfalls ab.[1268] Sie ergeben sich aus dem von Seiten des Interessenten in Anspruch genommenen Vertrauen, sind also variabel.[1269] Kriterien sind insoweit insbesondere die Art des im Einzelfall gewährten Vertrauens, die Risiken der Anlageentscheidung sowie die Stellung und Funktion des jeweiligen Haftungsadressaten im Kreis der möglichen Prospektverantwortlichen.[1270] Eine erhöhte Sorgfaltspflicht besteht auch, wenn z.B. mit einem Verweis auf außergewöhnliche Sachkunde ein besonderes Vertrauen in Anspruch genommen wird und die Anbieter darauf vertrauen, dass die angebotene Kapitalanlage überprüft worden sei.[1271]

Nach der Auffassung des Bundesgerichtshofs ersetzt die Kenntnis der Umstände, die die Aufklärungspflicht begründeten, eine entsprechende tatrichterliche Feststellung. [1272] Insoweit kommt der Kenntnis von der Fehlerhaftigkeit des Prospekts somit Indizwirkung zu.[1273] Das Verschulden ist deshalb nur zu prüfen, wenn Umstände vorliegen, die das Verschulden entfallen lassen könnten[1274]. Derartige Umstände können vorliegen, wenn rechtsirrig nicht von dem Erfordernis eines klarstellenden Hinweises ausgegangen wird.[1275] Fahrlässig handelt auch, wer Zweifel Dritter an der Qualität des Anlageprodukts kennt, aber keine entsprechenden Nachforschungen anstellt.[1276]

2. Haftungsprivilegierung auf grobe Fahrlässigkeit?

Fraglich ist, ob entgegen der Rechtsprechung wenigstens grobe Fahrlässigkeit oder ein vorsätzliches Handeln als Verschuldensmaßstab erforderlich ist. Hierfür könnte in gesetzessystematischer Hinsicht § 46 Abs. 1 BörsG n.F. sprechen, der eine Börsenprospekthaftung nur bei grob fahrlässigem Verhalten der Prospektverantwort-

---

1267 BGHZ 71, 285, 291; BGHZ 72, 382, 388.

1268 BGHZ 74, 103, 111; *Assmann* in *Assmann/Schütze,* Handbuch des Kapitalanlagerechts, § 7 Rn 80; *Thode* in *Reithmann* J 80 ff.; *Ellenberger,* Börsenprospekthaftung, 98.

1269 Vgl. *Weimann*, Prospekthaftung, § 7 Rn 4.

1270 BGHZ 79, 337, 340 ff.; *Thode* in *Reithmann*, J 82.

1271 BGHZ 74, 103, 111 f.; BGH, WM 1991, 1171, 1172 m.w.N.; *Weimann*, Prospekthaftung, § 7 Rn 4.

1272 BGHZ 72, 382, 388; BGH, NJW 1985, 380, 381; *Thode* in *Reithmann* J 81; BGHZ 79, 337, 345.

1273 BGHZ 84, 141, 148; *Seibel/von Westphalen*, BB 1998, 169, 172; *Ellenberger,* Börsenprospekthaftung, 98.

1274 Vgl. *Weimann*, Prospekthaftung, § 7 Rn 2.

1275 BGH, NJW 1992, 3296 m.w.N. zu den weiteren Voraussetzungen des BGH.

1276 BGH, NJW 1987, 1815; BGH, ZIP 1982, 852, 853; vgl. auch die obenstehenden Ausführungen zu Ratinginformationen und Presseberichterstattung, F.III.7.a)bb)bbb).

lichen anordnet. Gegenüber der früheren Regelung des § 45 Abs. 1 BörsG a.F. ist § 46 Abs. 1 BörsG n.F. nur sprachlich neu gefasst und dem Normtext der §§ 20 Abs. 3 1 KAGG, 12 Abs. 3 1 AuslInvestmG angepasst worden.[1277] Eine Haftungserweiterung auch auf normale Fahrlässigkeit war hiermit nicht verbunden. Der Versuch hierzu war bereits im Gesetzgebungsverfahren zum Zweiten Finanzmarktförderungsgesetz gescheitert.[1278] Nach Ansicht des Gesetzgebers soll durch die Milderung des Haftungsmaßstabs der Umstand ausgeglichen werden, dass bei der Prospekthaftung auf das Erfordernis eines rechtsgeschäftlichen Kontakts verzichtet wird.[1279] Zudem sei eine Verschärfung des Haftungsmaßstabs auf normale Fahrlässigkeit auch aus wirtschaftspolitischen Zweckmäßigkeitserwägungen abzulehnen, da insoweit bei potentiellen Emissionsbegleitern „Zurückhaltung ausgelöst" würde.[1280] Die Haftungsprivilegierung des § 45 Abs. 1 BörsG a.F. ist vielfach kritisiert worden[1281]. Entscheidend gegen ihre Übertragung auf den Bereich der allgemeinen Prospekthaftung spricht, dass eine entsprechende Haftungsprivilegierung systemwidrig wäre. Die allgemeine Prospekthaftung ist dogmatisch als Vertrauenshaftung in Anlehnung an die Grundsätze der *culpa in contrahendo* zu qualifizieren.[1282] Im Rahmen des Verschuldens bei Vertragsverhandlungen wird aber gerade für jede Form der Fahrlässigkeit gehaftet[1283]. Eine Übertragung der börsengesetzlichen Haftungsprivilegierung nach § 46 Abs. 1 BörsG auf den Bereich der allgemeinen bürgerlich-rechtlichen Prospekthaftung scheidet somit aus.

Etwas anderes kann sich auch nicht in Anlehnung an die Rechtsprechung des Bundesgerichtshofs für den Bereich der Börseninformationsdienste ergeben. Dort soll das Vorliegen grober Fahrlässigkeit seitens des Prospektverantwortlichen in Gestalt einer „ganz gewichtigen Außerachtlassung der Sorgfaltspflicht" erforderlich sein[1284]. Hierfür könnte zwar sprechen, dass auch dem kapitalbildenden Lebensversicherungsvertrag unter Renditegesichtspunkten jedenfalls im Hinblick auf die Höhe der Überschussbeteiligung ein gewisses spekulatives Element innewohnt. Indes ist eine derartige Haftungsbeschränkung aus systematischen Gründen abzulehnen. Das Gesetz geht, wie aus § 276 Abs. 1 S. 1 BGB ersichtlich ist, von einer Haftung für jede Art des Verschuldens aus. Eine Haftungsprivilegierung durch das Erforder-

---

1277 Vgl. *van Look* in *Vortmann*, Prospekthaftung, § 1 Rn 76.

1278 *Van Look* in *Vortmann*, Prospekthaftung, § 1 Rn 76.

1279 Vgl. *van Look* in *Vortmann*, Prospekthaftung, § 1 Rn 76.

1280 Vgl. Begr. zum Regierungsentwurf vom 9.7.1997, BR-Drucks. 605/97, z.T. abgedruckt in ZBB 1997, 400 ff.; ähnlich auch *Kümpel*, Bank- und Kapitalmarktrecht, Rn 11.192; *Ellenberger*, FS Schimansky, 1999, 591, 603.

1281 Vgl. z.B. *Hopt*, Verantwortlichkeit, Rn 171; *Assmann*, Prospekthaftung, 378 f.; *Assmann* in *Assmann/Schütze*, Handbuch des Kapitalanlagerechts, § 7 Rn 225.

1282 Siehe D.II.2.

1283 Vgl. *Heinrichs* in *Palandt*, BGB, § 276 Rn 1 ff., 23 ff., 72.

1284 BGHZ 70, 356, 362.

nis grober Fahrlässigkeit ist nur in wenigen Ausnahmefällen vorgesehen, in denen der Schuldner unentgeltlich oder aus altruistischen Gründen tätig wird.[1285] Derartige uneigennützige Motive spielen beim Absatz von Altersvorsorgeprodukten durch Lebensversicherungsunternehmen jedoch keine Rolle.

Da der Vertragspartner des Versicherungsnehmers in der Regel eine juristische Person ist, die selbst nicht vorsätzlich oder fahrlässig handeln kann, kommt nur ein zurechenbares Verschulden von Organen und Hilfspersonen für fehlerhafte oder unvollständige Prospektangaben auf der Grundlage der §§ 31, 278 BGB in Betracht. Insoweit gelten die allgemeinen Grundsätze unter Einschluss der von der Rechtsprechung für die Wissenszurechnung bei juristischen Personen aufgestellten Grundsätze.

VI. Aktivlegitimation

Ersatzberechtigt sind diejenigen, in deren Person die Voraussetzungen eines Schadenersatzanspruchs nach den Grundsätzen der Prospekthaftung vorliegen. Soweit infolge der Verletzung des Geschädigten bei anderen Personen ein Schaden eintritt, ohne dass in ihrer Person ein zum Schadenersatz nach den Grundsätzen der Prospekthaftung berechtigender Tatbestand vorliegt, so steht ihnen regelmäßig kein Anspruch zu.[1286]

Wie bei allen privaten Versicherungsverträgen sind Parteien eines Lebensversicherungsvertrags der Versicherer und der Versicherungsnehmer. Daneben kann eine versicherte Person (sog. Versicherter) und ein Bezugsberechtiger (sog. Begünstigter) beteiligt sein. Auch ist eine Abtretung der Rechte aus dem Versicherungsvertrag durch den Versicherungsnehmer nach §§ 398 ff. BGB zulässig[1287]. Zu klären ist, wer in diesen Fällen nach den Grundsätzen der Prospekthaftung aktivlegitimiert ist.

1. Ersterwerber

Da sich der Prospekt vorrangig an den Ersterwerber richtet, der seine Entscheidung von Angaben im Prospekt abhängig macht[1288], begründen fehlerhafte Angaben im Prospekt für den ersterwerbenden Kapitalanleger Ansprüche aus Prospekthaftung. Die Schutzbedürftigkeit seines Vertrauens auf die Richtigkeit und Vollständigkeit der Prospektangaben wird durch das Informationsgefälle zwischen ihm und dem Versicherungsunternehmen begründet.[1289] Da es nur auf den durchschnittlichen Em-

---

1285 Vgl. *von Hertzberg*, Haftung von Börseninformationsdiensten, 122; *Peters*, Haftung und Regulierung von Rating-Agenturen, 131; vgl. auch *Boecken*, Haftung, 225 ff.

1286 Vgl. *Weimann*, Prospekthaftung, § 8 Rn 1.

1287 Instruktiv hierzu *Joseph*, Lebensversicherung und Abtretung, 11 ff.

1288 Vgl. *Weimann*, Prospekthaftung, § 8 Rn 2.

1289 Vgl. B.IV.; vgl. auch *Assmann* in *Assmann/Schütze*, Handbuch des Kapitalanlagerechts, § 7 Rn 76.

pfängerhorizont ankommt[1290], sind auch fachkundige, erfahrene Kapitalanleger sowie Kaufleute aktivlegitimiert.[1291]

2. Nachrangige Erwerber

Fraglich ist, ob nach einer nach Abtretung der Rechte aus dem Versicherungsvertrag auch der Zweiterwerber einer kapitalbildenden Lebensversicherung Ansprüche aus dem Rechtsinstitut der Prospekthaftung herleiten kann.

Zur Beantwortung dieser Frage kommt es entscheidend auf den Schutzzweck der Prospekthaftung an. Entsprechend den obigen Ausführungen schützt die Prospekthaftung das Vertrauen des Anlegers auf die Richtigkeit und Vollständigkeit des ihm vorgelegten Anlageprospekts, um seine Selbstbestimmung über die Verwendung seines Vermögens zu gewährleisten[1292]. Da für eine Haftung nach den Grundsätzen der allgemeinen bürgerlich-rechtlichen Prospekthaftung gerade kein rechtsgeschäftlicher Kontakt zwischen dem Anleger und dem Prospektverantwortlichen erforderlich ist[1293], kommt eine Haftung des Lebensversicherungsunternehmens gegenüber einem Zweit- oder sonstigen nachrangigen Erwerber einer Kapitallebensversicherung aus eigenem Recht nur dann in Betracht, wenn der Zweiterwerber seinen Anlageentschluss gerade aufgrund des fehlerhaften Prospekts gefasst hat.[1294] Davon unbenommen ist die Geltendmachung von Ansprüchen aus abgetretenem Recht.

3. Aktivlegitimation bei Fremdversicherungen und Einräumung eines Bezugsrechts

Geht der der Versicherungsnehmer eine sog. Fremdversicherung nach § 159 VVG ein, indem er die Lebensversicherung „auf die Person eines anderen" abschließt[1295], ist nach den Grundsätzen des Vertrags mit Schutzwirkung für Dritte auch der Versicherte aktivlegitimiert. Ferner kann der Versicherungsnehmer den Anspruch auf die Versicherungsleistung auch durch Einräumung eines Bezugsrechts einem anderen

---

1290 Siehe F.III.1.d).

1291 BGH, WM 1984, 960.

1292 BGHZ 123, 106, 112 f.; vgl. BGH, WM 1991, 1543, 1544; BGHZ 115, 213, 223 f.; BGH, ZIP 1998, 1306, 1308; *Eyles* in *Vortmann*, Prospekthaftung, § 2 Rn 89; *Siol* in *Schimansky/Bunte/Lwowski*, Bankrechtshandbuch, § 45 Rn 60.

1293 Siehe auch D.II.2.

1294 Vgl. *Roller*, Prospekthaftung, 246.

1295 Die zu versichernde Person als Versicherter hat dem Vertragsabschluss zuzustimmen, § 159 Abs. 2 S. 1 VVG. Die Erklärung muss vor dem Abschluss des VersicherungsVertrags abgegeben werden, in der Regel also bis zur Annahme des Versicherungsantrags durch den Versicherer und ist bis dahin gem. § 183 BGB widerrufbar. Die nachträgliche Genehmigung eines bereits abgeschlossenen Versicherungsvertrags ist nicht möglich, ohne die vorherige Einwilligung der zu versichernden Person bleibt der Versicherungsvertrag unheilbar nichtig.

zuwenden.[1296] Da in diesem Fall die Rechte aus dem Versicherungsvertrag dennoch umfänglich der Versicherungsnehmer innehat[1297], müssen diesem auch etwaige Prospekthaftungsansprüche zustehen.

VII. Kausalität und objektive Zurechenbarkeit

Die Ursächlichkeit einer Informationspflichtverletzung für Vermögensschäden beim Prospektadressaten ist nach den allgemeinen Regeln gegeben, wenn der Schaden durch das zum Schadenersatz verpflichtende Ereignis verursacht worden ist, das Verhalten des Schädigers also für den Schaden kausal ist.[1298] Hierbei ist zu beachten, dass ein Schadenersatzanspruch grundsätzlich zwei Kausalverläufe erfordert, nämlich die haftungsbegründende und die haftungsausfüllende Kausalität.[1299]

1. Haftungsbegründende Kausalität

Die haftungsbegründende Kausalität ist gegeben, wenn der Versicherungsnehmer durch die Prospektangaben zum Anlageentschluss veranlasst worden ist.[1300] Nach den allgemeinen Grundsätzen trifft den Anleger hierfür die Darlegungs- und Beweislast.[1301] Allerdings stellt die Rechtsprechung nur geringe Anforderungen an den nachweis des Ursachenzusammenhangs zwischen Prospektmangel und Anlageentschluss.[1302] Zum einen wird das Vorliegen von Kausalität bereits dann angenommen, wenn diese für den Anlageentschluss zumindest mitbestimmend war.[1303] Zum anderen wird bei Vorliegen eines Prospektmangels vermutet, dass der Anlager gerade durch die Unrichtigkeit zum Erwerb der Anlage veranlasst worden ist.[1304] Faktisch besteht insoweit eine Beweislastumkehr[1305] bzw. die Anerkennung eines An-

---

1296 *Goll/Gilbert/Steinhaus*, Handbuch der Lebensversicherung, 8.

1297 *Goll/Gilbert/Steinhaus*, Handbuch der Lebensversicherung, 200.

1298 *Heinrichs* in *Palandt*, BGB, Vorbem § 249, Rn 54.

1299 Vgl. BGHZ 123, 107, 114 ff.

1300 Vgl. *Weimann*, Prospekthaftung, § 9 Rn 1 f.; *Eyles* in *Vortmann*, Prospekthaftung, § 2 Rn 83; BGHZ 71, 284, 291 f.; 72, BGHZ 382, 388; BGHZ 74, 103, 112; BGHZ 111, 314, 321; BGH, WM 1986, 517, 519; *Thode* in *Reithmann* J 75.

1301 Statt aller: *Thomas/Putzo*, ZPO, Vor § 284 Rn 17 ff. m.w.N.

1302 *Eyles* in *Vortmann*, Prospekthaftung, § 2 Rn 83.

1303 Vgl. BGHZ 71, 284, 291 f.; BGHZ 74, 103, 112; BGHZ 79, 337, 346; BGH, WM 1982, 90, 91; BGH, WM 1991, 695, 698; *Siol* in *Schimansky/Bunte/Lwowski*, Bankrechtshandbuch, § 45 Rn 57; *Assmann* in *Assmann/Schütze*, Handbuch des Kapitalanlagerechts, § 7 Rn 138; *Eyles* in *Vortmann*, Prospekthaftung, § 2 Rn 83.

1304 Vgl. BGHZ 74, 103, 112 f.; BGH, WM 1982, 90, 91; BGHZ 111, 314, 321; BGH, WM 1991, 695, 698; BGHZ 115, 213, 223; *Eyles* in *Vortmann*, Prospekthaftung, § 2 Rn 83; *Emmerich*, JuS 1994, 77; *Seibel/von Westphalen*, BB 1998, 169, 173.

1305 Vgl. BGH, WM 1992, 1355, 1357; *Pleyer/Hegel*, ZIP 1985, 1370, 1373; *Eyles* in *Vortmann*, Prospekthaftung, § 2 Rn 83.

scheinsbeweises oder einer Beweiswürdigungsregelung nach § 286 ZPO[1306]. Dabei geht die Rechtsprechung in den Fällen der Prospekthaftung im engeren Sinne von einer Beweiswürdigungsregel aus[1307], nach der die Feststellung der Ursächlichkeit des Aufklärungsmangels für die Anlageentscheidung im Rahmen der freien tatrichterlichen Beweiswürdigung erfolgt.[1308] Der Versicherungsnehmer hat insoweit die Motive, sich bei voller Sachkenntnis gegen die Anlage zu entscheiden, darzulegen und die objektive Bedeutung der fehlerhaften Angaben für die Werthaltigkeit des Anlageobjekts zu würdigen.[1309]

Keine Haftung tritt ein, wenn der geschädigte Versicherungsnehmer bei ordnungsgemäßer Aufklärung auch nicht anders gehandelt hätte, der Schaden also auch bei pflichtgemäßem Verhalten des Versicherers eingetreten wäre.[1310] Die Beweislast trifft insoweit das aufklärungspflichtige Lebensversicherungsunternehmen.[1311]

Bei der Beurteilung des Kausalzusammenhangs stellt die Rechtsprechung nicht auf das letzte mögliche Glied in der Kausalkette ab, sondern auf die Anlageentscheidung[1312], da auf sie der Verlust letztlich zurückzuführen sei[1313]. Dem ist zuzustimmen, da nach der sog. *Conditio*-Formel ein Schaden äquivalent kausal verursacht worden ist, wenn das betreffende Glied der Kausalkette nicht hinweggedacht werden kann, ohne dass der Erfolg entfiele.[1314] Im Fall pflichtwidrigen Unterlassens kommt es darauf an, ob die Vornahme der gebotenen Handlung den Schaden verhindert hätte.[1315] Im Ergebnis sind damit die Informationen, auf deren Grundlage die Anlageentscheidung fiel, von entscheidender Bedeutung.[1316] Im Bereich der kapitalbildenden Lebensversicherung bleibt im Einzelfall zu prüfen, ob der insoweit gegebene Zurechnungszusammenhang wegen einer ggf. später erfolgten Verbraucherinformation nach § 10a VAG unterbrochen worden ist. Dies dürfte allerdings

---

1306 Vgl. BGHZ 79, 337, 346; *von Heymann*, 210; *Assmann* in *Assmann/Schütze*, Handbuch des Kapitalanlagerechts, § 7 Rn 140.

1307 Vgl. BGHZ 79, 337, 346; BGH, NJW-RR 1991, 1246, 1248.

1308 BGH, NJW 1992, 3296, 3297; vgl. BGHZ 123, 107, 114 ff. zu Einzelheiten.

1309 BGH, WM 1991, 1543, 1545; BGH, NJW 1992, 3296, 3297; vgl. *Weimann*, Prospekthaftung, § 9 Rn 6.

1310 Vgl. BGH, WM 1990, 681, 683; BGH, WM 1990, 1276, 1280; *Assmann* in *Assmann/Schütze*, Handbuch des Kapitalanlagerechts, § 7 Rn 140.

1311 BGH, NJW 1984, 1688; BGH, ZIP 1994, 116, 119; BGH, NJW 1994, 1864; *Stodolkowitz*, VersR 1994, 11; *Grunewald*, ZIP 1994, 1162; *Lang*, WM 2000, 450; *Roth* in MünchKomm, BGB, § 242 Rn 313.

1312 BGHZ 111, 314, 321; vgl. BGH, WM 1991, 696, 697; OLG Köln, NJW-RR 1992, 278, 279.

1313 BGH, NJW 1982, 1095, 1096.

1314 Vgl. statt aller: *Heinrichs* in *Palandt*, BGB, Vorb § 249 Rn 57.

1315 BGHZ 7, 204 ff.; *Heinrichs* in *Palandt*, BGB, Vorb § 249 Rn 84.

1316 Vgl. BGHZ 79, 337, 346.

nur dann bejaht werden können, wenn hierdurch die im Rahmen des Prospekts hervorgerufene Fehlvorstellung umfänglich korrigiert worden ist.

2. Haftungsausfüllende Kausalität

Die weiterhin erforderliche sog. haftungsausfüllende Kausalität besteht, wenn der Schaden in voller Höhe auf den Anlageentschluss zurückgeht.[1317] Auch insoweit besteht nach der Rechtsprechung eine Beweislasterleichterung, nach der bei Vorliegen von Prospektmängeln vermutet wird, dass diese für den Schaden auch ursächlich geworden sind.[1318]

3. Haftungseinschränkung durch den Schutzzweck der Norm?

Problematisch ist, dass die Prospektverantwortlichen nach den vorgenannten Grundsätzen auch für solche Schäden haften, die erst durch spätere Ereignisse eintreten, etwa ungünstige Gesetzesänderungen oder allgemeine konjunkturelle Verschlechterungen. Insoweit könnte sich eine Begrenzung des Schadens nach der sog. Lehre vom Schutzbereich der Norm ergeben. Danach ist ein Schaden nur dann zu ersetzen, wenn die verletzte vertragliche oder deliktische Pflicht gerade auch den eingetretenen Schaden verhindern sollte.[1319]

Damit stellt sich die Frage, ob ein innerer Zusammenhang zwischen dem Schaden und den unrichtigen Prospektangaben dergestalt erforderlich ist, dass sich später gerade im Prospekt nicht genannte Risiken schadensstiftend verwirklicht haben müssen.

Die **Rechtsprechung** lehnt eine Anwendung der Lehre vom Schutzzweck der Norm unter Hinweis auf den Schutzzweck der Prospekthaftung[1320] ab und schränkt die Weite des Risikobereichs nicht ein.[1321] Danach haften die Prospektverantwortlichen für alle kausal verursachten Schäden, die dem Anleger infolge der Entscheidung für die Anlage entstanden. Wurde eine Kapitalanlage aufgrund eines unrichtigen oder unvollständigen Prospekts erworben, ist daher gleichgültig, ob andere als die unrichtig dargestellten Risiken zu einem Vermögensschaden geführt haben.[1322] Das uferlose, nicht abschätzbare Haftungsrisiko der Prospektverantwortlichen ist nach Ansicht des Bundesgerichtshofs hinzunehmen, da der Anleger mit der Ent-

---

1317 BGHZ 74, 103, 113; BGHZ 79, 337, 346; *Weimann*, Prospekthaftung, § 9 Rn 6.

1318 BGHZ 111, 314, 321; BGHZ 84, 141, 148.

1319 Vgl. BGH, NJW-RR 1992, 1315, 1317; BGH, NJW 1990, 2057, 2058; BGH, WM 1991, 1266, 1269 f.; BGH, WM 1993, 1787, 1789 f.; OLG Frankfurt am Main, AG 1995, 134, 137; *Heinrichs* in *Palandt*, BGB, Vorb § 249, Rn 62 f. m.w.N.

1320 Hierzu F.III.1.

1321 Vgl. BGH, NJW 1993, 2865; BGH, WM 1986, 517, 519.

1322 BGHZ 123, 106; vgl. *Heinrichs* in *Palandt*, BGB, Vorbem § 249 Rn 63.

scheidung für eine Anlage aufgrund unrichtiger Prospekte gerade das Risiko derartiger unvorhersehbarer Ereignisse eingehe, deren wirtschaftliche Folgen ihn nicht getroffen hätten, wenn er sich gegen die Anlage entscheiden hätte.[1323]

Hiergegen ist von Seiten der **Literatur** zutreffend eingewandt worden, dass die Informationspflichten, an die das Rechtsinstitut der Prospekthaftung anknüpft, dazu dienen, ihm ein fundiertes Urteil über das angebotene Finanzprodukt zu ermöglichen: Die Verpflichtung zur richtigen und vollständigen Information des Anlegerpublikums verfolgt den Schutzzweck, das Recht des Anlegers zur Selbstbestimmung über die Verwendung seines Vermögens zu gewährleisten.[1324] Hingegen ist es nicht die Aufgabe der Prospekthaftung, dem Anleger auch das allgemeine Anlage- und Lebensrisiko abzunehmen.[1325] Für eine Einschränkung der objektiven Zurechenbarkeit nach der Schutzzwecklehre spricht zudem, dass die zivilrechtliche Prospekthaftung als quasivertragliches Rechtsinstitut zu qualifizieren ist[1326]. Gerade für den vertraglichen und quasivertraglichen Bereich ist aber die Anwendbarkeit der Lehre vom Schutzzweck der Norm anerkannt.[1327] Als Verkörperung dieses allgemeinen Rechtsgedankens kann systematisch zudem auf § 46 Abs. 2 Nr. 2 BörsG n.F verwiesen werden. Danach haften die Prospektverantwortlichen nicht, wenn sie nachweisen, dass der im Prospekt fehlerhaft dargestellte Umstand nicht zu einer Minderung des Börsenpreises geführt hat.

Im Ergebnis kommt es somit darauf an, dass sich gerade die im Prospekt nicht genannten Risiken als schadensstiftend erwiesen haben.[1328]

VIII. Art und Umfang der Haftung

Verletzt der Versicherer eine Informationspflicht, so ist er ihm zum Schadenersatz verpflichtet. Der Umfang des Schadenersatzanspruchs richtet sich entsprechend der dogmatischen Qualifikation der Prospekthaftung im engeren Sinne als Vertrauenshaftung[1329] in Anlehnung an die Regeln der *culpa in contrahendo*.[1330]

1323 BGHZ 111, 314, 321.

1324 BGHZ 123, 106, 112 f.; vgl. BGH, WM 1991, 1543, 1544; BGHZ 115, 213, 223 f.; BGH, ZIP 1998, 1306, 1308; *Eyles* in *Vortmann*, Prospekthaftung, § 2 Rn 89; *Siol* in *Schimansky/Bunte/Lwowski*, Bankrechtshandbuch, § 45 Rn 60.

1325 *Roller*, Prospekthaftung, 204.

1326 Siehe D.II.2.

1327 Vgl. *Heinrichs* in *Palandt*, BGB, Vorb § 249 Rn 88.

1328 In der Rechtspraxis dürfte die Feststellung, aus welchen Gründen die Investition fehlschlug, allerdings oftmals Probleme bereiten, vgl. *Roller*, Prospekthaftung, 205.

1329 Siehe D.II.2.

1330 *Weimann*, Prospekthaftung, § 10 Rn 5.

1. Ersatz des negativen Interesses

Danach ist der Schaden zu ersetzen, den der Anleger dadurch erlitten hat, dass er auf die Richtigkeit und Vollständigkeit der Angaben vertraut hat.[1331] Insoweit zielt die Prospekthaftung im engeren Sinne gem. § 249 BGB auf Naturalrestitution und umfasst im Grundsatz nur das negative Interesse, also den Vertrauensschaden.[1332] Der Versicherer hat deshalb den Zustand wiederherzustellen, der bestehen würde, wenn er seiner Aufklärungspflicht ordnungsgemäß nachgekommen wäre.[1333] Der Versicherungsnehmer kann fordern, so gestellt zu werden, wie er ohne das schuldhafte Verhalten des Verhandlungspartners, also ohne die Anlageentscheidung und damit ohne das Zustandekommen des Vertrags, stehen würde.[1334] Er hat jedoch regelmäßig keinen Anspruch darauf, so gestellt zu werden, als hätten die Prospektangaben gestimmt.[1335] Ihm steht deshalb grundsätzlich kein Ersatz des entgangenen Gewinns zu, den er sich von der Durchführung des Vertrags erhofft hatte.[1336]

Die Berechnung des Vertrauensschadens hängt davon ab, ob der Versicherungsnehmer am Vertrag festhält oder dessen Rückgängigmachung verlangt.

a) Vertragsaufhebung

Nach der Rechtsprechung kann der Getäuschte aus dem Rechtsinstitut der *culpa in contrahendo* in Verbindung mit § 249 S. 1 BGB die Rückgängigmachung des Vertrags verlangen.[1337] Ersatzfähig sind insoweit der angelegte Betrag und die Nebenkosten der Investition.[1338] Da der Anspruch auf das negative Interesse nach oben hin

---

1331 Vgl. *Assmann* in *Assmann/Schütze*, Handbuch des Kapitalanlagerechts, § 7 Rn 85 ff; *von Heymann*, 221.

1332 Vgl. BGH, NJW 1980, 1840; BGH, NJW-RR 1991, 1303; BGH, NJW-RR 1995, 619; *Heinrichs* in *Palandt*, BGB, Vorbem § 249 Rn 17; *Eyles* in *Vortmann*, Prospekthaftung, § 2 Rn 91; *Assmann* in *Assmann/Schütze*, Handbuch des Kapitalanlagerechts, § 7 Rn 155 m.w.N. in Fn 393.

1333 Vgl. *Heinrichs* in *Palandt*, BGB, Vorbem § 249 Rn 8.

1334 BGH, NJW-RR 1990, 230; *Heinrichs* in *Palandt*, BGB, Vorbem § 249 Rn 17; *Eyles* in *Vortmann*, Prospekthaftung, § 2 Rn 91.

1335 *Eyles* in *Vortmann*, Prospekthaftung, § 2 Rn 91; *Weimann*, Prospekthaftung., § 10 Rn 10, jeweils m.w.N. Etwas anderes kann sich im Einzelfall aus dem Rechtsinstitut der versicherungsrechtlichen Erfüllungshaftung ergeben, vgl. insoweit C.I.

1336 Vgl. *Weimann* in *Rollmann*, Rn 133; zum ausnahmsweise bestehenden Anspruch auf das sog. positive Interesse siehe F.VIII.2.

1337 Vgl. BGH, WM 1991, 1543, 1545; BGH, NJW-RR 1988, 161; BGH, NJW-RR 1990, 229; BGH, NJW-RR 1990, 970; BGH, NJW 1992, 228; BGH, NJW 1993, 2107; BGH, NJW-RR 1995, 619; BGHZ 115, 213, 221 ff.; BGH, NJW 1962, 1196; BGH, NJW 1998, 302; *Heinrichs* in *Palandt*, BGB, § 276 Rn 78; *Thode* in *Reithmann*, J 94 f.; *Eyles* in *Vortmann*, Prospekthaftung, § 2 Rn 92 ff.; *Assmann* in *Assmann/Schütze*, Handbuch des Kapitalanlagerechts, § 7 Rn 156; *Weimann* in *Rollmann*, Rn 133.

1338 BGH, WM 1990, 145, 148; BGH, WM 1991, 696, 698 f.; *Canaris*, Bankvertragsrecht, Rn 2285; *Assmann* in *Assmann/Schütze*, Handbuch des Kapitalanlagerechts, § 7 Rn 157; *Eyles* in *Vortmann*, nicht durch das Erfüllungsinteresse begrenzt ist[1339], steht dem Anleger neben den nutzlosen Aufwendungen auch ein Ersatz der Schäden zu, die ihm durch sein Vertrauen in die Anlage entstanden sind[1340]. Dazu gehören insbesondere Schäden infolge einer unangemessenen Gegenleistung, zu hohen Finanzierungskosten oder eines Darlehensvertrags.[1341] Gegenüber dem Erfüllungsanspruch des Vertragspartners hat der Geschädigte nach Auffassung der Rechtsprechung ein dauerndes Leistungsverweigerungsrecht.[1342]

Ein entsprechendes Lösungsrecht erscheint auf den ersten Blick folgerichtig, hätte der Versicherungsnehmer doch regelmäßig die vom Prospekt beworbene Versicherung nicht erworben, wäre der prospektverantwortliche Lebensversicherer seinen prospekthaftungsrechtlichen Pflichten nachgekommen und hätte einen mangelfreien Prospekt erstellt[1343]. Gleichwohl ist das Bestehen und der Umfang eines Schadensersatzanspruchs aus *culpa in contrahendo* als Rechtsbehelf gegen unerwünschte Verträge seit langem Gegenstand einer Diskussion, die sich insbesondere auf die Frage konzentriert, ob die Anfechtungsregeln des BGB eine Vertragsaufhebung im Wege des Schadensersatzrechts ausschließen.[1344] Diese Frage erlangt praktische Bedeutung in den Fällen, in denen die Veröffentlichung fehlerhafter Prospektinformationen dem Arglisterfordernis des § 123 BGB genügt.

aa) Sperrwirkung der §§ 123, 124 BGB?

Die Rechtsprechung ließ vor dem Inkrafttreten des Schuldrechtsmodernisierungsgesetzes einen Anspruch auf Rückgängigmachen des Vertrags aus *culpa in contrahendo* sowohl bei vorsätzlicher als auch bei fahrlässiger Täuschung über wesentliche Eigenschaften des Vertragsgegenstands ohne Rücksicht auf die Voraussetzungen der Arglistanfechtung zu.[1345] Diese Auffassung ist im Schrifttum auf Kritik gestoßen. Im Mittelpunkt der Diskussion steht einerseits das Vorsatzerfordernis des §

Prospekthaftung, § 2 Rn 92.

1339 RGZ 151, 359; BGHZ 57, 191, 193; BGH, NJW-RR 1990, 230; *Heinrichs* in *Palandt*, BGB, Vorbem § 249 Rn 17; *Assmann* in *Assmann/Schütze*, Handbuch des Kapitalanlagerechts, § 7 Rn 159; *Pleyer/Hegel*, ZIP 1985, 1370, 1377.

1340 Vgl. *Heinrichs* in *Palandt*, BGB, Vorbem § 249 Rn 17, 32.

1341 BGH, WM 1987, 1546, 1547.

1342 *Heinrichs* in *Palandt*, BGB, § 276 Rn 100 m.w.N.

1343 Vgl. *von Westphalen*, BB 1994, 85, 89; *Assmann*, WM 1983, 138, 144; *Biagosch/Scherer*, VW 1995, 370, 375.

1344 *Paefgen*, Haftung für mangelhafte Aufklärung, 26.

1345 Vgl. BGH, NJW 1962, 1196, 1198 f.; BGH, NJW 1991, 1673; BGH, NJW-RR 1988, 744; BGH, NJW 1984, 2814, 2815; BGH, WM 1981, 309, 310; BGH, NJW 1968, 986; OLG Celle, WM 1988, 1436, 1437; *Emmerich* in MünchKomm, BGB, Vor § 275 Rn 74 ff.; *Lorenz*, Unerwünschter Vertrag, 392 ff.

123 BGB und andererseits eine mögliche Umgehung der einjährigen Ausschlussfrist nach § 124 BGB.[1346]

aaa) Folgerungen aus § 123 BGB

Im Hinblick auf § 123 BGB stellt sich zunächst die Frage, ob das in dem Arglistmerkmal des § 123 BGB enthaltene Vorsatzelement einen Anspruch auf Vertragsaufhebung ausschließt, wie Teile der Literatur meinen[1347], oder ob mit dem Bundesgerichtshof davon auszugehen ist, dass die Anfechtung und der Anspruch auf Vertragsaufhebung aus *culpa in contrahendo* nebeneinander anwendbar sind.

Das Meinungsbild der **Literatur** ist im Hinblick auf die Begründung der vorgenannten Auffassung uneinheitlich. Während teilweise ein Wertungswiderspruch zu § 123 BGB offen zugegeben, dieser aber aufgrund von praktischen Bedürfnissen akzeptiert wird[1348], soll sich nach anderer Ansicht[1349] die Frage einer Vertragsaufhebung nicht einmal stellen, da ein ersetzbarer Schaden nicht in dem Abschluss eines unerwünschten Vertrags liege, sondern in einer bloßen Enttäuschung von berechtigten Leistungserwartungen an einen Vertragsschluss aufgrund von Verhandlungen. Andere sahen § 123 BGB zunächst als abschließend an[1350], bejahten später jedoch ein Vertragsaufhebungsrecht als Rechtsfolge des Verschuldens bei Vertragsverhandlungen, soweit eine Garantenstellung des Schuldners im Hinblick auf die Befriedigung eines Informationsbedürfnisses vorliege[1351].

Nach Auffassung des **Bundesgerichtshofs** ergibt sich ein Nebeneinander von Anfechtung und Vertragsaufhebung aus *culpa in contrahendo* damit, dass beide Rechtsinstitute im Hinblick auf Tatbestandsvoraussetzungen und Rechtsfolgen *aliuds* seien[1352].

1346 *Paefgen*, Haftung für mangelhafte Aufklärung, 26.

1347 So z.B. *Lieb*, FS Medicus, 337, 342 f.; *Lieb*, FS Rechtswissenschaftliche Fakultät, 251, 264; *Sack*, Wettbewerb und Folgeverträge, 28; *Medicus*, JuS 1965, 209 ff.; *Schumacher*, Vertragsaufhebung, 31 ff.; *Gottwald*, JuS 1982, 877, 881 f.; *Wiedemann* in *Soergel*, BGB, Vor § 275 Rn 152; *Lieb*, AcP 174 (1974), 26, 54; *Willemsen*, AcP 182 (1982), 517, 539; *Canaris*, ZGR 1982, 395, 417.

1348 *Larenz*, FS Ballerstedt 1975, 397 ff., 411; *Hefermehl*, FS Weitnauer, 347, 352; *Singer*, Selbstbestimmung, 238; *Emmerich* in MünchKomm, BGB, Vor § 275 Rn 96; *Nirk*, FS Möhring, 70; vgl. *Paefgen*, Haftung für mangelhafte Aufklärung, 27.

1349 *Stoll*, FS Riesenfeld 1983, 275, 282 unter Berufung auf RGZ 103, 154, 159 sowie *Stoll*, FS von Caemmerer, 435, 465; kritisch *Grigoleit*, Informationshaftung, 70.

1350 *Medicus*, JuS 1965, 209, 211 ff.

1351 *Medicus*, AT, Rn 450; *Medicus*, Verschulden bei Vertragsverhandlungen, 342 f.; *Medicus*, Bürgerliches Recht, Rn 150; zustimmend *Grigoleit*, Informationshaftung, 81, 96 ff.; *Willemsen*, AcP 182 (1982), 617, 540.

1352 BGH, ZIP 1998, 154, 157 f.; BGH, NJW 1979, 1983; BGH, NJW 1962, 1196, 1198.

Für ein Nebeneinander von Anfechtung und Vertragsaufhebung aus *culpa in contrahendo* spricht zum einen, dass der erste Entwurf des BGB den Ersatz von bloß fahrlässig verursachten Vermögensschäden durchaus im Blick hatte, indem insoweit eine deliktische Generalklausel vorgesehen war.[1353] Zum anderen spricht für die Auffassung des Bundesgerichtshofs auch, dass es im Rahmen der Vertragsaufhebung aus *culpa in contrahendo* vorrangig um den Ausgleich eines Schadens geht. Die Korrektur der auf Seiten des Anspruchstellers manipulierten Willensbildung ist lediglich als Nebenfolge anzusehen.[1354] Von *Paefgen* stammt das gesetzessystematische Argument, dass die Möglichkeit einer Vertragsaufhebung bei auch lediglich fahrlässigem Verhalten des Schädigers der Systematik des Anfechtungsrechts entspricht[1355], was dadurch belegt werde, dass bei wertender Betrachtung der in § 123 Abs. 2 S. 1 BGB geregelte Fall einer nur fahrlässig vom Anfechtungsgegner unerkannten Täuschung durch einen Dritten, die gegenüber dem Erklärungsgegner zur Anfechtung berechtigt, und der Fall einer fahrlässigen Täuschung durch den Erklärungsgegner identisch seien[1356].

Überlegungen *Grigoleits*[1357] können als zusätzliche Argumente gegen die Auffassung herangezogen werden, § 123 BGB lasse eine Vertragsaufhebung nur bei vorsätzlicher Irreführung zu.[1358] Danach soll zwar der positiv-rechtlichen Gesetzessystematik der §§ 123, 686, 826 BGB entnommen werden können, dass grundsätzlich eine Haftung für Täuschungen Vorsatz voraussetze. Gleichwohl sei mit der tatsächlichen Rechtsentwicklung seit Inkrafttreten des BGB eine schrittweise Abbedingung dieses Vorsatzdogmas verbunden. Dies belege u.a. die gewohnheitsrechtliche Anerkennung und Ausformung der *culpa in contrahendo,* § 11 Nr. 7 AGBG bzw. § 309 Nr. 7 BGB, § 13a UWG, § 16 Abs. 1 S. 1 VVG sowie § 45 Abs. 1 S. 1 BörsG, welche gerade auch fahrlässigkeitbewehrender Natur seien.[1359] Aufgrund der durch steigenden Informationsbedarf gekennzeichneten Rechtswirklichkeit bestehe zudem ein rechtspolitisches Bedürfnis nach Prävention durch Anerkennung eines Lösungsrechts auch bei fahrlässiger Irreführung[1360].

Der in der Literatur teilweise vertretenen Auffassung, dass ein **Anfechtungsrecht** in analoger Anwendung des § 123 BGB **als vorrangige Rechtsfolge der Haftung**

1353 Zu § 704 I. Entw. BGB vgl. *Lorenz*, Unerwünschter Vertrag, 327 ff., 341 f.; *Paefgen*, Haftung für mangelhafte Aufklärung, 28.

1354 *Paefgen*, Haftung für mangelhafte Aufklärung, 28.

1355 *Paefgen*, Haftung für mangelhafte Aufklärung, 28.

1356 *Lorenz*, Unerwünschter Vertrag, 327 ff., 342.

1357 *Grigoleit*, Informationshaftung, 52 ff, 66 ff.

1358 *Paefgen*, Haftung für mangelhafte Aufklärung, 29.

1359 *Grigoleit*, Informationshaftung, 52 ff, 66 ff.

1360 *Grigoleit*, Informationshaftung, 71 ff.

aus *culpa in contrahendo* anzusehen sei[1361], kann nicht zugestimmt werden. Denn obwohl nach der vorgenannten Ansicht vermeintlich sachgerechterweise statt einer schadensrechtlichen eine bereicherungsrechtliche Rückabwicklung durchgeführt werden soll, ist dennoch ein Rückgriff auf das Schadensrecht in Gestalt eines subsidiären Schadenersatzanspruchs für den Ausgleich vergeblicher Aufwendungen im Zusammenhang mit dem Vertragsschluss erforderlich.[1362]

Auch nach der Schuldrechtsreform, die zu einer positiv-rechtlichen Kodifizierung der *culpa in contrahendo* geführt hat, ist das Verhältnis des Anspruchs aus §§ 311 Abs. 2, 241 Abs. 2, 280 Abs. 1 BGB zu § 123 BGB nach wie vor umstritten. Das BGB enthält diesbezüglich noch immer keine ausdrücklichen Angaben.

Im Rahmen der positiv-rechtlichen Kodifizierung der *culpa in contrahendo* durch das Schuldrechtsreformgesetz ist in der Regierungsbegründung[1363] sowie in Äußerungen von Kommissionsmitgliedern[1364]die Ansicht aufgegriffen worden, zu den von den vorvertraglichen Rücksichtnahmepflichten erfassten Rechtsgütern zähle nicht nur das Vermögen, sondern auch die Entscheidungsfreiheit.[1365] Wegen der Entstehungsgeschichte des Schuldrechtsmodernisierungsgesetzes ist deshalb davon auszugehen, dass die Neuregelung der *culpa in contrahendo* auch die Fallgruppe der Herbeiführung eines nicht erwartungsgerechten Vertrags erfasst[1366], die schadensrechtliche Rückgängigmachung von Verträgen somit durch die Schuldrechtsreform nicht ausgeschlossen worden ist. Ansprüche aus §§ 311 Abs 2, 241 Abs. 2, 280 Abs. 1 BGB und aus § 123 BGB können deshalb auch weiterhin nebeneinander bestehen. Eine schadensrechtliche Rückgängigmachung des Vertragsverhältnisses entsprechend den Grundsätzen des Verschuldens bei Vertragsverhandlungen ist nicht durch § 123 BGB ausgeschlossen.

bbb) Folgerungen aus § 124 BGB

Einer Vertragsaufhebung nach den Regeln des Verschuldens bei Vertragsverhandlungen könnte jedoch § 124 BGB entgegenstehen. Nach der Rechtsprechung des BGH verjährte der Vertragsaufhebungsanspruch aus *culpa in contrahendo* vor dem Inkrafttreten des Schuldrechtsmodernisierungsgesetzes nach § 195 BGB innerhalb

---

1361 *Grigoleit*, Informationshaftung, 139 ff.; *Grigoleit*, NJW 1999, 900, 902.

1362 Vgl. *Paefgen*, Haftung für mangelhafte Aufklärung, 29.

1363 Vgl. BT-Drucks. 14/6040, 162.

1364 Vgl. *Teichmann*, BB 2001, 1485, 1492.

1365 BT-Drucks 14/6040, 163, 126; vgl. *Krebs* in *Dauner-Lieb/Heidel/Lepa/Ring*, BGB, § 311 Rn 27, 42 m.w.N.

1366 Vgl. *Krebs* in *Dauner-Lieb/Heidel/Lepa/Ring*, BGB, § 311 Rn 27, 42.

von 30 Jahren.[1367] Im Schrifttum wurde insoweit kritisiert, es werde die einjährige Ausschlussfrist des § 124 BGB ausgehöhlt[1368].

Gegen diese Kritik spricht jedoch bereits, dass der Vertragsaufhebungsanspruch gegenüber der Anfechtung als selbständiges *aliud* anzusehen ist.[1369] Es ergibt sich bereits aus der Entstehungsgeschichte des Gesetzes, dass der Gesetzgeber die Möglichkeit von Vertragsaufhebungsansprüchen außerhalb des Anfechtungsrechts erkannt hat.[1370] Das Fehlen einer ausdrücklichen Sperrvorschrift deutet insofern darauf hin, dass die Möglichkeit einer Vertragsaufhebung nach Ablauf der Frist des § 124 BGB somit grundsätzlich in Kauf genommen worden ist.[1371]

Im Ergebnis war eine Vertragsaufhebung nach den Regeln des Verschuldens bei Vertragsverhandlungen somit bis zum Inkrafttreten des Schuldrechtsmodernisierungsgesetzes auch nicht durch § 124 BGB ausgeschlossen. Durch die Schuldrechtsreform hat sich auch hieran nichts geändert.[1372]

bb) Verhältnis zu § 119 Abs. 2 BGB

Auch aus § 119 Abs. 2 BGB und § 121 BGB folgen keine Einschränkungen des Rechts auf Vertragsaufhebung aus dem Rechtsinstitut des Verschuldens bei Vertragsverhandlungen, da ein Konkurrenzverhältnis zwischen dem Schadenersatzanspruch aus *culpa in contrahendo* und der Irrtumsanfechtung gem. § 119 Abs. 2 BGB nicht besteht.[1373] Denn selbst wenn der Gegenstand des kapitalbildenden Lebensversicherungsvertrags in entsprechender Anwendung des § 119 Abs. 2 BGB als „Sache" qualifiziert werden könnte, würde ein Irrtum über rentabilitäts-, liquiditäts- oder sicherheitsrelevante Eigenschaften des kapitalbildenden Lebensversicherungsvertrags als bloßer Motivirrtum kein Anfechtungsrecht i.S. des § 119 Abs. 2 BGB begründen.[1374] Damit stellt sich auch nicht die Frage, ob § 121 BGB, wonach unverzüglich eine Anfechtungserklärung unverzüglich nach Kenntnis eines Irrtums

---

1367 BGHZ 49, 77, 80; BGH, NJW 1990, 1658; BGH, NJW 1985, 2472 f.; BGH, NJW 1985, 1769, 1771 f.; BGH, NJW 1979, 1983 f.; *Dilcher* in *Staudinger*, BGB, § 123 Rn 47 f.; *Kramer* in MünchKomm, BGB, § 123 Rn 30; *Brox* in *Erman*, BGB, § 123 Rn 30.

1368 *Liebs*, AcP 174 (1974), 26 ff.; *Wiedemann* in *Soergel*, BGB, Vor § 275 Rn 199; *Huber* in *Soergel*, BGB, § 459 Rn 266; *Schumacher*, Vertragsaufhebung, 30 f.; *Heinrich*, AcP 162 (1963), 88, 104; *Reincke*, JA 1982, 1, 4 ff.; *Müller*, ZHR 147 (1983), 501, 530; *Singer*, Selbstbestimmung, 238; *Grigoleit*, Informationshaftung, 129 ff., 152 ff.; *Canaris*, FS Larenz 1983, 27, 108 f.; vgl. *Paefgen*, Haftung für mangelhafte Aufklärung, 30; vgl. *Tonner*, NWB 2002, Fach 21, 1442.

1369 *Paefgen*, Haftung für mangelhafte Aufklärung, 30.

1370 Vgl. *Lorenz*, Unerwünschter Vertrag, 332 f. und *Paefgen*, Haftung für mangelhafte Aufklärung, 30 unter Hinweis auf Mot. I, 208; Mot II, 178 f.; Prot. I, 121 f.

1371 *Paefgen*, Haftung für mangelhafte Aufklärung, 30.

1372 Vgl. zur Entstehungsgeschichte des Schuldrechtsreformgesetzes auch F.VIII.1.d)aa)aaa).

1373 *Paefgen*, Haftung für mangelhafte Aufklärung, 46 f. m.w.N.

1374 Vgl. *Heinrichs* in *Palandt*, BGB, § 119 Rn 29 m.w.N.

abzugeben ist, dem Vertragsaufhebungsanspruch aus *culpa in contrahendo* entgegensteht[1375].

cc) Sperrwirkung des § 5a VVG?

Fraglich ist, ob das Widerrufsrecht des § 5a VVG eine Vertragsaufhebung nach dem Rechtsintitut der *culpa in contrahendo* bzw. Prospekthaftung ausschließt. Ein derartiges Ausschlussverhältnis wird in der Literatur teilweise befürwortet[1376]. Richtig ist es jedoch, von einer kumulativen Anwendbarkeit des § 5a VVG und den Regeln der *culpa in contrahendo* bzw. Prospekthaftung auszugehen, da § 5a VVG nach ihrer Zielsetzung die Rechtsstellung des Versicherungskunden verbessern, nicht aber seine übrigen Rechte beschneiden soll.[1377]

dd) Zwischenergebnis

Festzuhalten ist also, dass weder die Regeln der Irrtumsanfechtung noch § 5a VVG im Verhältnis zur *culpa in contrahendo* bzw. an diese angelehnte bürgerlich-rechtliche Prospekthaftung eine abschließende Regelung beinhalten.

Wurde der Versicherungsnehmer durch arglistige Täuschung zum Vertragsabschluss bewegt, hat er neben dem Anfechtungsrecht einen Anspruch auf Schadenersatz aus *culpa in contrahendo*, wenn ihm nach erfolgter Anfechtung trotz der daraus folgenden Nichtigkeit des Vertrags noch ein weiterer Schaden entstanden ist.[1378] Dabei kann der Versicherungsnehmer nach Auffassung der Rechtsprechung die Aufhebung des Vertrags aus *culpa in contrahendo* auch nach Ablauf der Anfechtungsfrist des § 124 BGB verlangen.[1379] Darüber hinaus ist eine schadensrechtliche Vertragsrückabwicklung auch im Fall einer lediglich fahrlässigen Täuschung möglich.

ee) Erfordernis eines wirtschaftlichen Vermögensschadens als Voraussetzung der Vertragsaufhebung?

Problematisch ist allerdings, dass eine Vertragsaufhebung nach Auffassung des Bundesgerichtshofs den Eintritt eines Vermögensschadens voraussetzt, der mit Hilfe der sog. Differenzhypothese[1380] festzustellen ist.[1381] Danach sei ein Schaden nur

---

1375 So aber BGH, NJW 1998, 898 f.

1376 Für einen grundsätzlichen Vorrang des § 5a VVG vor der *culpa in contrahendo* oder anderen Ansprüchen auf Aufhebung des Vertrags *Prölss* in *Prölss/Martin*, VVG, § 5a Rn 72; *Schirmer*, VersR 1996, 1045, 1056.

1377 Vgl. *Dörner/Hoffmann*, NJW 1996, 153, 157 f.; *Hoeren/Spindler*, Versicherungen im Internet, 118.

1378 BGH, NJW 1979, 1983.

1379 BGH, WM 1985, 466.

1380 Vgl. hierzu BGHZ 99, 182, 196; BGHZ 86, 128, 130; BGHZ 75, 366, 371; BGHZ 40, 345, 347; BGHZ 27, 181, 183 f.; BGH, NJW 1981, 976; *Kuckuck* in *Erman*, Vor § 249 Rn 25.

dann zu bejahen, wenn der Vergleich ein „rechnerisches Minus" ergebe, der Vertragsschluss also „wirtschaftlich nachteilig" gewesen sei.[1382] An diesem Erfordernis kann es, wie bereits ausgeführt worden ist, im Einzelfall durchaus fehlen.

Allerdings sollen in Anlehnung an die zu § 263 StGB entwickelte Rechtsfigur des subjektiven Schadeneinschlags[1383] auch normative Gesichtspunkte zu beachten sein. Danach kann trotz objektiver Ausgeglichenheit von Leistung und Gegenleistung auch ein bei objektiver Betrachtung wirtschaftlich vernünftiger Vertragsschluss im Einzelfall einen Vermögensschaden darstellen. Dieser Rechtsfigur liegt die Überlegung zu Grunde, dass der wirtschaftliche Wert eines Gegenstandes nicht in jeder Situation und für jedermann der gleiche sein muss[1384]. Ein persönlicher Schadenseinschlag ist insbesondere anzunehmen, wenn der Vermögensträger die Gegenleistung nicht oder nicht in vollem Umfang zu dem vertraglich vorausgesetzten Zweck oder in anderer zumutbarer Weise verwenden kann[1385] oder aus der eingegangenen finanziellen Belastung eine Beeinträchtigung der sonstigen Lebensführung folgt[1386]. Zumutbar ist eine anderweitige Verwendung, wenn sie nach objektiver Bewertung in die nicht ganz unvernünftigen wirtschaftlichen Pläne des Vermögensträgers ebensogut passt wie die vertraglich vorausgesetzte[1387].

Weiterhin wird ein persönlicher Schadenseinschlag angenommen, wenn der Betroffene durch die eingegangene Verpflichtung zu vermögensschädigenden Maßnahmen genötigt wird oder infolge der Verpflichtung nicht mehr über die Mittel verfügen kann, die zur ordnungsgemäßen Erfüllung seiner Verbindlichkeiten oder sonst für eine seinen persönlichen Verhältnissen angemessene Wirtschafts- oder Lebensführung unerlässlich sind[1388]. Um solche Fälle handelt es sich etwa bei Anschaffungen, mit denen eindeutig falsche Prioritäten gesetzt werden, weil die entstehenden Kosten die Erfüllung anderer, dringlicherer Aufgaben unmöglich machen[1389].

Begründet wird diese Rechtsauffassung damit, dass der Zweck des Schadensersatzanspruchs darin bestehe, den konkreten Nachteil des Geschädigten auszugleichen. In diesem Sinne sei der Schadensbegriff „subjektbezogen" und könne der durch

---

1381 BGH, ZIP 1998, 154, 157; BGH, NJW 1979, 1983, 1984.

1382 BGH, NJW 1979, 1983 f.; vgl. *Paefgen*, Haftung für mangelhafte Aufklärung, 18.

1383 Vgl. hierzu etwa BGHSt 16, 321, 326; OLG Köln, GA 1977, 188 ff.; OLG Stuttgart, NJW 1980, 1177, 1178; *Kohlmann/Brauns*, Fehlleitung öffentlicher Mittel, 68 f.; *Cramer* in *Schönke/Schröder*, StGB, § 263 Rn 108 ff.; *Tröndle/Fischer*, § 263 Rn 35; *Lackner* in LK, StGB, § 263 Rn 156 ff.

1384 *Kohlmann/Brauns*, Fehlleitung öffentlicher Mittel, 68.

1385 Vgl BGHSt 16, 321, 326; OLG Stuttgart, NJW 1980, 1177, 1178.

1386 Vgl. auch BGH, NJW 1998, 898, 899.

1387 *Kohlmann/Brauns*, Fehlleitung öffentlicher Mittel, 69.

1388 Vgl BGHSt 16, 321, 325 ff.

1389 Vgl *Lenckner* in *Schönke/Schröder*, StGB, § 266 Rn 43.

Täuschung zum Vertragsschluss motivierte Anspruchsteller selbst dann einen Vermögensschaden erleiden, wenn die Leistung für seine Zwecke nicht voll brauchbar sei.[1390] Dem ist entgegengehalten worden, es werde willkürlich ein Vermögensschaden konstruiert, obwohl es letztlich um die Freiheit der Willensbestimmung gehe.[1391] Jedenfalls muss seit dem Inkrafttreten des Schuldrechtsmodernisierungsgesetzes davon ausgegangen werden, dass der normative Schutzbereich der *culpa in contrahendo* auch die Entscheidungsfreiheit erfasst.[1392] Daher kann an dem Postulat des Bundesgerichtshofs, es sei ein Vermögensschadens i.S. einer wirtschaftlich nachteiligen Vermögensdisposition notwendig, zumindest seit dem 1.1.2002 nicht länger festgehalten werden.[1393] Dass dem getäuschten Versicherungsnehmer im Ergebnis eine weitgehende Möglichkeit zur Verfügung steht, um sich bereits bei fahrlässiger Irreführung durch Prospektangaben von dem Versicherungsvertrag zu lösen, und ein Wertungswiderspruch zu § 123 BGB existiert, muss als Folge der von den Bedürfnissen der Rechtspraxis beeinflussten rechtsfortbildenden Funktion der *culpa in contrahendo*[1394] hingenommen werden. In diesem Sinne ist auch der Umstand zu verstehen, dass im Gesetzesentwurf zur Schuldrechtsreform die Kollision zwischen den Regeln über die Irrtumsanfechtung und der vorvertraglichen Haftung zwar als „störend" bezeichnet worden ist, eine gesetzgeberische Entscheidung dennoch unterlassen worden ist.[1395]

Problematisch ist, dass der kapitalbildende Lebensversicherungsvertrag nicht nur die Funktion einer Kapitalanlage aufweist, sondern auch einen Risikoschutz bietet. Diese Risikoabdeckung besitzt, wie schon die Tarife der reinen Risikolebensversicherung belegen, einen selbständig zu beurteilenden Wert. Entscheidet sich der Versicherungsnehmer zur Rückabwicklung des Vertrags, ist dem Versicherungsnehmer dieser vermögenswerte Vorteil anzurechnen. Zug um Zug gegen die Schadenersatzleistung an den Versicherungsnehmer besitzt der Versicherer danach einen Anspruch auf den Wert der bis zur Rückgängigmachung des Vertrags erbrachten Risikoabdeckung. Dies schafft Raum für die Frage, wie dieser Anspruch zu beziffern ist. Im Fall der gemischten kapitalbildenden Lebensversicherung auf den Todes- und Erlebensfall[1396] dürfte unproblematisch die Prämie einer vergleichbaren reinen Risikolebensversicherung ohne Kapitalisierungseffekt berechnet werden

---

1390 Vgl. auch *Schumacher*, Vertragsaufhebung, 117 f.; *Lehmann*, Vertragsanbahnung durch Werbung, 275 ff.

1391 Vgl. *Lorenz*, ZIP 1998, 1055 f.; *Lieb*, FS Rechtswissenschaftliche Fakultät, 251, 260; *Grigoleit*, NJW 1999, 900, 901 f.; im einzelnen vgl. *Paefgen*, Haftung für mangelhafte Aufklärung, 19 ff.

1392 Vgl. F.VIII.1.a)aa)aaa).

1393 Vgl. auch *Medicus*, Verschulden bei Vertragsverhandlungen, 520 ff., 530 ff.; *Stoll*, FS von Caemmerer, 435, 468.

1394 Vgl. *Larenz*, FS Ballerstedt 1975, 397, 411; *Hefermehl*, FS Weitnauer, 347, 352; *Singer*, Selbstbestimmung, 238; *Emmerich* in MünchKomm, BGB, Vor § 275 Rn 96; *Nirk*, FS Möhring, 70.

1395 BT-Drucks. 14/6040, 161.

1396 Hierzu B.II.1.a).

können. Problematisch ist insoweit jedoch, dass sich diese Prämie nicht nur aus einem Risikoanteil zusammensetzt, sondern insbesondere auch einen Abschluss- und Verwaltungskostenanteil beinhaltet[1397]. Der Risikoabdeckung dient aber lediglich der Risikoanteil.[1398] Um den Versicherer nicht unbillig zu Lasten des von ihm irregeführten Versicherungsnehmers zu privilegieren und einen Wertungswiderspruch zu vermeiden, der in einem Anspruch auf Zahlung auch des Abschluss- und Verwaltungskostenanteils einer Risikolebensversicherung trotz irreführender Prospektangaben und einer angestrebten vollständigen Rückabwicklung des Vertrags liegen würde, kann daher lediglich dieser Anteil der Versicherungsprämie im Wege des Bereicherungsausgleichs von dem Versicherer eingefordert werden.

b) Keine Anwendbarkeit von § 176 VVG

Einschränkungen könnten sich möglicherweise aus § 176 Abs. 1 VVG ergeben. Dieser ist allerdings aufgrund seines eindeutigen Wortlauts, der einen Rücktritt, eine Kündigung oder Anfechtung voraussetzt, nicht anwendbar. Eine analoge Anwendung auf den Fall der Vertragsaufhebung nach § 249 BGB scheidet aus, da es mit dem Ziel der Naturalrestitution nicht zu vereinbaren wäre, wenn der Versicherungsnehmer nach § 176 VVG von den gezahlten Prämien nur das nach Abzug der Risikoprämie und der Abschluss- und Verwaltungskostenaufschläge verbleibende Deckungskapital zurückerhielte.

c) Vertragsanpassung

Will der getäuschte Vertragspartner am Vertrag festhalten, billigt die Rechtsprechung dem Geschädigten ein Recht auf Anpassung des Rechtsverhältnisses zu.[1399] Dabei wird er behandelt, als wäre es ihm in Kenntnis der wahren Sachlage gelungen, den Vertrag zu einem günstigeren Preis abzuschließen, d.h. er kann die Herabsetzung seiner Leistung auf das angemessene Maß und die Rückzahlung des Mehrbetrags verlangen.[1400] Dabei kommt es nicht auf den hypothetischen und kaum zu führenden Beweis an, dass die Gegenseite den Vertrag zu diesen Bedingungen tatsächlich abgeschlossen hätte. Entscheidend ist vielmehr, wie sich der nicht hinreichend aufgeklärte Vertragspartner in Kenntnis der wahren Sachlage verhalten hätte.

Der zu ersetzende Schaden besteht aus der Differenz zwischen den wirtschaftlichen Folgen der Anlageentscheidung und der finanziellen Lage, die sonst bestehen würde.[1401] Mehraufwendungen, die der Anleger infolge des pflichtwidrigen Verhaltens

---

1397 Vgl. z.B. *Prölss*, FS Larenz 1983, 487, 491 ff.

1398 *Kessner*, Markttransparenz, 18 f.

1399 *Heinrichs* in *Palandt*, BGB, § 276 Rn 79, 102.

1400 *Heinrichs* in *Palandt*, BGB, § 276 Rn 102.

1401 BGH, NJW-RR 1991, 1125, 1126; BGH, WM 1991, 696, 698 f.

gemacht hat, sind zu ersetzen.[1402] Der Geschädigte erhält somit den sog. Minderwert.[1403] Der Schadenersatz zum Ausgleich der überhöhten Aufwendungen entspricht insoweit der Differenz zwischen der Gegenleistung und der Leistung, die der Anleger nach den Prospektangaben erwarten konnte. Dabei berücksichtigt der Bundesgerichtshof auch die Möglichkeit steuerlicher Vorteile.[1404]

Enthält der Prospekt unrichtige Angaben über den Umfang der steuerlichen Absetzbarkeit von Versicherungsbeiträgen, so kann der Versicherungsnehmer nicht als negatives Interesse die durch die Nichtabsetzbarkeit dieser Vergütung entgangenen Steuervorteile ersetzt verlangen. Dagegen können beim Festhalten am Vertrag solche Mehraufwendungen als Schadenersatz verlangt werden, um die die Finanzanlage unter Berücksichtigung der nicht steuerlich absetzbaren Leistungsteile zu teuer geworden ist.[1405]

Nach diesen Grundsätzen können als finanzielle Schäden grundsätzlich auch Finanzierungslücken ersatzfähig sein, die bei einem Einsatz von Kapitallebensversicherungen als Finanzierungsinstrument - etwa bei der Baufinanzierung - entstehen können[1406], wenn die Überschüsse des kapitalbildenden Lebensversicherungsvertrags kleiner ausfallen als in der Kalkulation der Immobilienfinanzierung zu Grunde gelegt, wenn dieser Schaden auf einen Prospektmangel zurückgeht.

d) Wahlrecht des Versicherungsnehmers

Dem geschädigten Versicherungsnehmer stehen die Vertragsaufhebung und die Vertragsanpassung grundsätzlich wahlweise zur Verfügung.[1407] Insbesondere ist die Vertragsaufhebung als Rechtsfolge gegenüber der Vertragsanpassung nicht vorrangig.[1408] Beruft sich der Versicherungsnehmer auf die Vertragsänderung, muss er keine besonderen Umstände vortragen, um sein Festhalten am Vertragsgegenstand

---

1402 Vgl. BGH, NJW-RR 1991, 600.

1403 BGH, NJW 1977, 1536; BGH, NJW 1980, 2406; BGH, NJW 1981, 2051; BGH, NJW-RR 1988, 328.

1404 BGH, WM 1988, 1685, 1688.

1405 Vgl. OLG Köln, WM 1987, 1292; OLG Hamburg, WM 1986, 13; *von Heymann*, 226.

1406 Die Verbindung von Kreditverträgen mit einer Kapitallebensversicherung (sog. Kreditlebensversicherung) ist im Kreditgeschäft eine übliche Finanzierungsform, *Vortmann* in Vortmann, § 5 Rn 138. Es handelt sich um ein Bündel von Versicherungs- und Bankprodukten mit sich ergänzenden Beziehungen bei ihrer Verwendung. Beispiele für derartige Bündelgeschäfte sind der Erwerb oder Bau einer Immobilie, der Kauf langlebiger Gebrauchsgüter (z.B. Maschinen, Kraftfahrzeuge), Anschaffungen im Zusammenhang mit der Ersteinrichtung eines Unternehmens, Außenhandelskredite und deren Absicherung, vgl. *Farny*, 357.

1407 Vgl. BGH, NJW 1981, 2050, 2051; BGH, NJW 1980, 2408.

1408 *Paefgen*, Haftung für mangelhafte Aufklärung, 74; *Prölss*, ZIP 1981, 337, 346.

zu rechtfertigen. Dies ist lediglich erforderlich, sofern er sich für die Vertragsaufhebung entscheidet.[1409]

2. Ersatz des Erfüllungsschadens

In den Ausnahmefällen, in denen bei ordnungsgemäßer Aufklärung ein anderer Vertrag bzw. ein Vertrag anderen Inhalts zustande gekommen wäre, erstreckt sich der Ersatzanspruch auf den Erfüllungsschaden, also das positive Interesse.[1410] Der Geschädigte kann danach Ersatz für die Schäden verlangen, die ihm dadurch entstanden sind, dass er aufgrund des schuldhaften Verhaltens des Prospektverantwortlichen eine andere Investition unterließ.[1411] Hätte er einen anderen Vertrag abgeschlossen, so umfasst das negative Interesse auch den aus dem anderen Vertrag entgangenen Gewinn.[1412] Diesen kann der Anleger als Schadenersatz allerdings nur verlangen, soweit eine Gewinnerwartung in den Bereich des Wahrscheinlichen gerückt ist.[1413]

Ersatzfähig sind insoweit auch entgangene Zinsvorteile.[1414] Dem entsprechend hat das Oberlandesgericht Düsseldorf[1415] für private Rentenversicherungen - aber auch für Lebensversicherungen, die als Tilgungsaussetzung für Hypothekendarlehen eingesetzt werden können - entschieden, dass die Werbung für den Abschluss einer Lebensversicherung mit nicht mehr realistisch prognostizierten Gewinnanteilen für einen Versicherungsnehmer nach Kündigung des Versicherungsvertrags Schadenersatzansprüche in Gestalt der Differenz der Summe der bisher geleisteten Prämien und dem Rückkaufswert und in Gestalt des Zinsschadens begründen kann, den er dadurch erlitten hat, dass er die Prämienbeträge nicht anderweitig gewinnbringend angelegt hat.[1416]

Dem Geschädigten kommt die Beweiserleichterung des § 252 Abs. 2 BGB zugute. Danach hat er lediglich die Umstände darzulegen und im durch § 287 ZPO ge-

---

1409 *Paefgen*, Haftung für mangelhafte Aufklärung, 74.

1410 BGH, LM VVG § 43 Nr. 4; *Roth* in MünchKomm, BGB, § 242 Rn 313; *Weimann* in *Rollmann*, Rn 136.

1411 BGHZ 57, 191, 193 ff.; BGH, NJW 1988, 2234, 2236 f.

1412 Vgl. BGH, NJW 1992, 1223, 1224; BGH, NJW 1988, 2234; BGH, NJW 1998, 1710.

1413 Vgl. BGH, WM 1986, 1102, 1103, BGH, NJW 1992, 1223, 1224.

1414 BGH, NJW 1992, 1223.

1415 BGH, Urt. v. 15.8.2000, Az 4 U 139/99, NJW-RR 2000, 1626.

1416 In diesem Fall hat der Kunde einen Rückkaufswert von 16.872 EUR (33.000 DM) nach Kündigung der Versicherung erhalten, obwohl er Prämien in Höhe von über 25.542 EUR (48.000 DM) eingezahlt hatte. Die von ihm abgeschlossene Rentenversicherung hatte mit unrealistischen Gewinnerwartungen geworben, obwohl es absehbar war, dass die Gewinnanteile deutlich zurückgeführt werden mussten. Die Klage hatte in Höhe von rund 7.670 EUR (15.000 DM) zuzüglich des Zinsausfallschadens in Höhe von 4% Erfolg.

steckten Rahmen zu beweisen, aus denen sich nach dem gewöhnlichen Verlauf der Dinge oder den Umständen des besonderen Falls die Wahrscheinlichkeit des Gewinneintritts ergibt[1417]. Hierzu sind konkrete Tatsachen zu behaupten, die auf eine Alternativanlage schließen lassen, wobei nicht zu hohe Anforderungen gestellt werden.[1418]

Soweit beim Scheitern einer steuerbegünstigten Kapitalanlage die erhofften Steuervorteile - z.B. in Ermangelung einer Zertifizierung nach dem AltZertG - ausbleiben, stellt sich für den Anleger die Frage, ob er nicht nur seine Einlage zurückerhalten, sondern auch **Ersatz für die entgangenen Steuervorteile** verlangen kann. Da Angaben über Steuervorteile in Prospekten regelmäßig nicht den Charakter einer rechtsverbindlichen Zusicherung aufweisen, hat der enttäuschte Anleger insoweit keinen auf das sog. positive Interesse gerichteten Erfüllungsanspruch.[1419] Da in der Regel nur das negative Interesse als Vertrauensschaden zu ersetzen ist, ist der Anleger so zu stellen, als ob er sich bei richtiger Aufklärung nicht an dem Anlageprodukt beteiligt hätte. Hätte er sich nicht beteiligt, so hätte er jedoch auch keine Steuervorteile erzielt. Jedoch besteht ein Anspruch auf entgangenen Gewinn als Schadenersatz entsprechend den vorgenannten Grundsätzen, wenn der insoweit darlegungs- und beweispflichtige Anleger schlüssig behaupten kann, dass er sich bei pflichtgemäßer Aufklärung rechtzeitig für ein anderes Kapitalanlageprodukt entschieden und dort die angestrebten Steuervorteile realisiert hätte.[1420] Ob diese Voraussetzung im Einzelfall gegeben ist, ist eine Tatfrage.[1421] Einem entsprechenden Schadenersatzanspruch kann nicht entgegengehalten werden, dass Fehler von Seiten Dritter jedenfalls zur Versagung der angestrebten Steuervorteile geführt hätten, da der Umstand, dass der durch das haftungsbegründende Ereignis real bewirkte Schaden später durch einen anderen Umstand als Reserveursache ebenfalls herbeigeführt worden wäre, eine Frage der Schadenszurechnung ist und an der Kausalität der realen Ursache nichts ändern kann.[1422] Auch hypothetisch erzielte Steuervorteile werden somit unter dem Gesichtspunkt des Erfüllungsschadens erfasst.[1423]

1417 Vgl. BGH, NJW 1983, 758 f. zu Gewinnen aus Wertpapiergeschäften; kritisch *Assmann*, FS H. Lange, 345, 361 f.

1418 *Heinrichs* in *Palandt*, BGB, § 252 Rn 5 m.w.N.; *Peters*, Haftung und Regulierung von Rating-Agenturen, 136.

1419 Vgl. *Werner/Machunsky*, Rechte und Ansprüche geschädigter Kapitalanleger, 55 m.w.N.

1420 Vgl. BGH, BB 1975, 1180; BGH, NJW 1981, 864; OLG Köln, WM 1982, 23; OLG München, OLGZ 1983, 461, 464; OLG Köln, WM 1987, 1292.

1421 Vgl. z.B. BGH, WM 1983, 1387, 1389 f.

1422 BGH, NJW 1988, 3265.

1423 BGH, NJW 1991, 1881, 1882; BGHZ 79, 183, 184 ff.; *Thode* in *Reithmann* J 94; anders OLG Koblenz, NJW-RR 1986, 1290.

3. Vorteilsanrechnung

Vorteilhafte Umstände, die mit dem schädigenden Ereignis in einem qualifizierten Zusammenhang stehen, sind im Rahmen der Schadensberechnung anspruchsmindernd zu Lasten des Anspruchstellers zu berücksichtigen, wenn und soweit ihre Anrechnung dem Sinne und Zweck des Schadensersatzes entspricht und die Berücksichtigung weder den Geschädigten unzumutbar belastet noch den Schädiger unbillig entlastet.[1424] Der Geschädigte darf nicht besser gestellt werden, als er ohne das schädigende Ereignis stünde. Andererseits sind auch nicht alle Vorteile, die durch das Schadensereignis verursacht wurden, anzurechnen. Vielmehr ist nur eine Berücksichtigung derjenigen Vorteile zulässig, deren Anrechnung mit dem jewieligen Zweck des Ersatzanspruchs übereinstimmt.[1425]

Insoweit sollen nach der Rechtsprechung auch Steuervorteile, die der Geschädigte infolge der Schädigung hat, nach den Grundsätzen der Vorteilsausgleichung zugunsten des Geschädigten berücksichtigt werden.[1426] Dies erscheint jedoch nicht sachgerecht. Maßgeblich für diese Anrechnung war die Feststellung, dass bei Schädigungen durch Kapitalanlagen im Einzelfall zu entscheiden ist, ob dem Anleger die erzielten Steuervorteile belassen werden können oder nicht[1427].In Anlagevermittlungsverträgen ist die Haftung für die ausbleibende Realisierung von Steuervorteile jedoch regelmäßig ausgeschlossen. Wenn aber das Gegenteil eintritt und der Anleger Steuervorteile erlangt, erscheint es wenig interessengerecht, diese Vorteile zur Entlastung des Beraters nun doch zu berücksichtigen. Daher erscheint es sachgerecht, in diesen Fällen durch die Kapitalanlage erzielte Steuervorteile nur in Ausnahmefällen bei der Berechnung des Schadensersatzanspruchs in Abzug zu bringen.[1428] Im Prozess erübrigt sich eine exakte Berechnung der steuerlichen Vor- und Nachteile wegen § 287 ZPO.[1429]

4. Mitverschulden, § 254 BGB

Der rechtlich ersatzfähige Schaden, d.h. der Schaden, für den dem Geschädigten ein anderer verantwortlich sein kann, entspricht nicht notwendigerweise dem Scha-

---

1424 BGH, NJW 1968, 691; BGH, NJW 1977, 1819; BGH, NJW 1978, 536; BGH, NJW 1984, 2457; BGH, NJW 1997, 2378; BGH, NJW 1994, 856, 857 ff.; BGHZ 109, 380, 392 m.w.N.

1425 Vgl. BGHZ 136, 52, 54 m.w.N.; BGH NJW-RR 2001, 1450; *Heinrichs* in *Palandt*, BGB, Vorb § 249 Rn 122 ff.

1426 BGH, NJW 1967, 1462; BGH, NJW 1970, 461 f.; BGH, NJW 1984, 2524; BGH, NJW 1986, 254; BGH, NJW 1986, 983; BGH, NJW-RR 1990, 32; BGH, NJW 1994, 228; BGHZ 74, 103, 113 f.; BGH, WM 1986, 517, 520; BGH, WM 1988, 586, 587; BGH, WM 1989, 1286, 1289.

1427 BGH, NJW 2002, 1711, 1712.

1428 Vgl. BGH, NJW-RR 1988, 788; BGH, WM 1987, 220; BGH, WM 1986, 517, 520; *Pleyer/Hegel*, ZIP 1985, 1370, 1377.

1429 BGH, NJW 1990, 571 f. m.w.N.

den, der im Einzelfall wirklich zu ersetzen ist.[1430] Nach § 254 BGB vermindert ein Mitverschulden des Geschädigten die Höhe des Schadenersatzanspruchs. Ob und in welcher Höhe sich der Anleger ein Mitverschulden anrechnen lassen muss, kann nicht einheitlich beantwortet werden und richtet sich nach den Umständen des Einzelfalls.[1431] Grundsätzlich hat jedermann im Rahmen des Zumutbaren in seinem geschäftlichen und privaten Bereich die notwendigen Vorkehrungen zu treffen, um sich vor Schäden zu schützen.[1432]

a) Mitverschulden nach § 254 Abs. 1 BGB

Ein Mitverschulden kann zunächst in Gestalt der Mitverursachung nach § 254 Abs. 1 BGB vorliegen. Hierzu ist zunächst festzustellen, dass sich ein Anlageprospekt zwar grundsätzlich an eine Mehrzahl von Anlegern richtet und nicht nach deren individuellen Kenntnissen differenziert. Jedoch ist für die Frage des Mitverschuldens auf die individuellen Kenntnisse des Anlegers abzustellen, da § 254 BGB der allgemeine Rechtsgedanke zugrunde liegt, dass der Geschädigte für jeden Schaden mitverantwortlich ist, bei dessen Entstehung er in zurechenbarer Weise mitgewirkt hat[1433].

Der Bundesgerichtshof hat in einer Entscheidung die Frage offen gelassen, ob und inwieweit der Einwand des Mitverschuldens eingreift, wenn der Empfänger eigene Überprüfungen vor einer Anlageentscheidung unterlässt, die ihm seine eigene Sachkunde ermöglichen.[1434] Bei Kapitalanlagemodellen gehört zur Schadensabwendungs- oder Schadenminderungspflicht, sich angemessen über Risiken und Chancen zu informieren. Der Kunde ist gehalten, das Prospektmaterial sorgfältig zu prüfen. Danach besteht ein Mitverschulden, wenn der Anleger eigene Überprüfungen unterlässt, obwohl er dazu in der Lage wäre. Folgerichtig verneint die Rechtsprechung ein Mitverschulden des Anlegers insbesondere dann, wenn selbst bei Anwendung der zumutbaren Sorgfalt der Prospektmangel nicht hätte festgestellt werden können.[1435] Dies kann insbesondere aufgrund des bestehenden Informationsgefälles der Fall sein. Der Prospektadressat verfügt nicht im gleichen Umfang über die für eine Anlageentscheidung erforderlichen Erkenntnismöglichkeiten und Sachkunde und nutzt gerade deshalb die Informationen des prospektverantwortlichen Versicherungsunternehmens.[1436]

1430 *Larenz*, Schuldrecht I, § 27 III; *von Hertzberg*, Haftung von Börseninformationsdiensten, 139.

1431 BGHZ 74, 103, 112; BGH, NJW 1982, 1095, 1097.

1432 BGH, NJW 1970, 946; *Heinrichs* in *Palandt*, BGB, § 254 Rn 1.

1433 BGHZ 52, 168; *Heinrichs* in Palandt, BGB, § 254 Rn 3.

1434 BGHZ 74, 103, 122; BGH, NJW 1982, 1095, 1097.

1435 Vgl. BGHZ 71, 285, 292; OLG München, WM 1991, 447, 450.

1436 BGHZ 100, 117, 124 f.; BGH, NJW 1987, 1815, 1817.

Wirft er den Prospekt ungelesen weg, so handelt er zumindest fahrlässig, da er nicht einmal die Gelegenheit wahrnimmt, etwaige im Prospekt ausgewiesene Risiken kennenzulernen und in die Entscheidung einzubeziehen. Beachtet der Versicherungsinteressent warnende Hinweise Dritter nicht oder musste er die Prospektmängel erkennen, liegt ebenfalls ein Mitverschulden vor. Entsprechende Kenntnisse können sich z.B. aus einer vorherigen Tätigkeit in der Sphäre des Versicherungsunternehmens ergeben.[1437]

b) Mitverschulden nach § 254 Abs. 2 BGB

Daneben kann ein Mitverschulden auch in der Form des § 254 Abs. 2 BGB bestehen, wenn der Versicherungsnehmer dasjenige unterlässt, was ihm möglich ist, um den Schaden gering zu halten. Ein entsprechendes Mitverschulden kann grundsätzlich insbesondere darin bestehen, dass sich der Anleger nicht rechtzeitig von einer fehlgeschlagenen Kapitalanlage trennt.[1438]

Insoweit stehen enttäuschten Versicherungsnehmern drei grundlegende Handlungsalternativen zur Verfügung. In Betracht kommt zunächst eine Fortführung des Versicherungsvertrags zu unveränderten Bedingungen, zweitens eine Fortführung mit reduziertem Beitrag, drittens die Herbeiführung einer Beitragsfreistellung, weiterhin eine Kündigung und schließlich ein „Verkauf" der Police auf einem Zweitmarkt für Lebensversicherungen.

Nach einer teilweise vertretenen Auffassung ist das Festhalten an einer Kapitalanlage nicht als Fall des Mitverschuldens nach § 254 Abs. 2 BGB anzusehen. Vielmehr werde hierdurch der Zurechnungszusammenhang zwischen der Informationspflichtverletzung und einem weiteren Verlust unterbrochen[1439]. Diese Auffassung erscheint indes nicht haltbar. Denn zumindest in den Fällen, in denen das Vertrauen in die zukünftig verbesserte Wertentwicklung vom Versicherer zurechenbar gesetzt worden ist, kann der auf ein Unterlassen gerichtete Willlensentschluss des Versicherungsnehmers den Zurechnungszusammenhang nicht unterbrechen, zumal sich gerade darin die spezifische Gefahr der entsprechenden Informationspflichtverletzung realisiert. Wer als Versicherer eine bestimmte Wertentwicklung in Aussicht stellt und hierdurch einen qualifizierten Vertrauenstatbestand setzt, muss damit rechnen, dass der irregeführte Versicherungsnehmer an dem Vertrag festhält, solange es aus der Sicht eines durchschnittlichen Prospektadressaten nicht völlig ausgeschlossen ist, dass das prognostizierte Ergebnis noch erreicht wird. Dies dürfte in den seltensten Fällen gegeben sein.

1437 Vgl. BGH, WM 1987, 1546, 1547 f.

1438 *Von Hertzberg*, Haftung von Börseninformationsdiensten, 145.

1439 OLG Karlsruhe, VersR 1972, 203, 204; *Garz-Holzmann/Gurke*, DB 1983, 29, 33; *von Hertzberg*, Haftung von Börseninformationsdiensten, 145.

Es erscheint daher richtiger, die Problematik unter dem Gesichtspunkt des Mitverschuldens zu erfassen. Wegen der eingeschränkten Erkenntnismöglichkeiten des durchschnittlichen Prospektadressaten können allerdings nur geringe Anforderungen an das Vorliegen einer Obliegenheitsverletzung gestellt werden. Zwar ist der durchschnittliche Anleger möglicherweise in der Lage, einzelne grundlegende Einflussfaktoren der Überschussbeteiligung zu verstehen. Wenn aber selbst die Versicherungsmathematik keine genaue Prognose für die weitere Wertentwicklung des einzelnen Vertrags abgeben kann, muss dies erst recht für den durchschnittlichen Versicherungsnehmer gelten. Er dürfte die weitere Wertentwicklung des kapitalbildenden Lebensversicherungsvertrags regelmäßig nicht abschätzen können. In der Fortführung des Versicherungsvertrags zu den bisherigen Konditionen kann daher regelmäßig keine Obliegenheitsverletzung gesehen werden. Das gleiche gilt auch für die sonstigen Handlungsoptionen des Versicherungsnehmers. Denn auch insoweit erfordert eine Obliegenheitsverletzung eine entsprechende Erkenntnismöglichkeit, an der es regelmäßig fehlt.

IX. Freizeichnungsklauseln

Fraglich ist, inwieweit eine Freizeichnung von der Haftung aufgrund unrichtiger und unvollständiger Prospektangaben möglich ist.

Für **formularmäßige Freizeichnungen in Anlageprospekten** schließt der BGH dies aus.[1440] Dem ist - wie bereits ausgeführt worden ist[1441] - zuzustimmen, denn die Zulassung einer prospektmäßigen Freizeichnung widerspräche gerade den Überlegungen zum Vertrauensschutz des Anlegers, auf denen die Prospekthaftung aufbaut.[1442]

Da die Rechtsprechung davon ausgeht, die Prospekthaftung sei in ihrem Kern zum Schutz der Anleger nicht disponibel[1443], soll darüber hinaus auch keine **nachträgliche Haftungsfreistellung** zulässig sein. Dem kann jedoch nicht zugestimmt werden. Wegen der hier vertretenen quasivertraglichen Qualifikation der allgemeinen Prospekthaftung, müssen insoweit auch die allgemeinen Grundsätze des Vertragsrechts Anwendung finden. Danach folgt aus dem Grundsatz der Privatautonomie,

---

1440 Vgl. *Assmann* in *Assmann/Schütze*, Handbuch des Kapitalanlagerechts, § 7 Rn 88 ff; *Thode* in *Reithmann* J 98 ff.; *Ziegler* BB 1990, 2345; *Weimann*, Prospekthaftung, § 10 Rn 28 (jeweils m.w.N.).

1441 Siehe F.III.1.g)aa).

1442 Vgl. *Weimann*, Prospekthaftung, § 10 Rn 28.

1443 Vgl. BGH, NJW 1984, 2524; BGH, NJW 1990, 2057, 2058 sowie *Weimann*, Prospekthaftung, § 10 Rn 28.

dass die Parteien über einen Anspruch umfassend verfügen können, sobald dieser entstanden ist.[1444]

X. Verjährung

Die Verjährung von Schadenersatzansprüchen aus der allgemein-bürgerlichen Prospekthaftung ist differenziert zu betrachten. Festzuhalten ist zunächst, dass die Frage der Verjährung auch für die Prospekthaftung in der Lebensassekuranz von erheblicher Bedeutung ist, da die aufgrund von Informationspflichtverletzungen drohende Haftung ihre Brisanz verliert, wenn die Durchsetzung der Ansprüche an einer kurzen Verjährungsfrist scheitert.[1445] Die Verjährungsregeln haben einen Ausgleich zu schaffen zwischen dem individuellen Anlegerinteresse und dem allgemeinen Interesse der Lebensassekuranz an einer Risikobegrenzung durch Schaffung von Rechtssicherheit.[1446]

1. Grundsatz der kurzen Verjährung

Prospekthaftungsansprüche im weiteren Sinne verjähren als unmittelbarer Anwendungsfall der *culpa in contrahendo* unproblematisch nach den allgemeinen Regeln.[1447] Bis zum Inkrafttreten des Schuldrechtsmodernisierungsgesetzes galt insoweit eine Verjährungsfrist von 30 Jahren nach Entstehung des Schadens, § 198 BGB a.F.[1448] Etwas anderes galt nach der bisherigen Rechtslage dann, wenn vergleichbare Ansprüche in einer kürzeren Frist verjähren und der Zweck einer solchen Verjährungsregelung auch bei der *culpa in contrahendo* gilt.[1449] Seit dem 1.1.2002 unterfallen Ansprüche aus *culpa in contrahendo* der regelmäßigen Verjährungsfrist von drei Jahren nach § 195 BGB. Zu beachten ist hierbei, dass es sich als um eine von der subjektiven Kenntnis abhängige Frist handelt. Die absolute Frist beträgt nach § 199 Abs. 3 BGB zehn Jahre ab Entstehung.

Im Hinblick auf die **Prospekthaftung im engeren Sinne** vertrat der Bundesgerichtshof in der Vergangenheit die Auffassung, die Grundsätze der Regelverjährung quasivertraglicher Ansprüche seien nicht auf die Prospekthaftung im engeren Sinne zu übertragen, da es sich um eine eigenständige Anspruchsgrundlage handele.[1450] Für diese Differenzierung bestehe ein sachlicher Grund darin, dass im einen Fall

---

1444 Vgl. insoweit auch die Begr. des RegE zu § 48 BörsG, BT-Drucks 13/8933, 81.

1445 *Von Stebut*, ZIP 1992, 1698, 1706.

1446 *Ellenberger*, Börsenprospekthaftung, 118.

1447 Vgl. BGH, NJW 1982, 1514; BGH, NJW 1993, 2865.

1448 Vgl. auch BGHZ 57, 191, 193 ff.; BGHZ 70, 356, 361.

1449 *Heinrichs* in *Palandt*, BGB, § 198 Rn 9.

1450 BGH, NJW 1985, 380, 381; vgl. *Assmann* in *Assmann/Schütze*, Handbuch des Kapitalanlagerechts, § 7 Rn 90 ff; *Thode* in *Reithmann*, J 12, 102 ff; *Weimann* in *Rollmann*, Rn 150.

typisiertes Vertrauen zur Haftung führe und im anderen persönliches Vertrauen[1451]. Im Ergebnis fand deshalb nach Ansicht der Rechtsprechung - jedenfalls bis zur Schuldrechtsreform - für die bürgerlich-rechtliche Prospekthaftung im engeren Sinne die kurze Verjährungsfrist der §§ 20 Abs. 5 KAGG, 12 Abs. 5 AuslInvestmG analoge Anwendung.[1452] Danach verjährten Prospekthaftungsansprüche innerhalb von sechs Monaten ab Kenntnis des Prospektmangels, spätestens jedoch innerhalb von drei Jahren nach dem Anlageerwerb.[1453] Durch das 4. FMFG, welches am 1.7.2002 in Kraft trat, sind die Verjährungsfristen für spezialgesetzliche Prospekthaftungsansprüche nach § 45 BörsG, des § 20 Abs. 5 KAGG und des § 12 Abs. 5 AuslInvestmG auf ein Jahr ab Kenntnisnahme, spätestens aber drei Jahre nach Prospektveröffentlichung verlängert worden.[1454]

Die für eine analoge Anwendung der spezialgesetzlichen Verjährungsregeln erforderliche vergleichbare Interessenlage wurde vor allem damit begründet, dass wegen zunehmender Beweisschwierigkeiten und im Interesse der Rechtssicherheit eine kurze Verjährungsfrist erforderlich sei, um Spekulationen der Anspruchsberechtigten über die Ausübung ihrer Rechte zu verhindern.[1455] Zudem berücksichtige die kurze Verjährungsfrist sachgerecht den Umstand, dass Grundlage der Prospekthaftung im engeren Sinne typisiertes Vertrauen gegenüber oftmals unbekannten Initiatoren und Gründern und nicht persönliches Vertrauen gegenüber Verhandlungspartnern ist.[1456] Sie diene damit als Korrektiv dafür, dass die Prospekthaftung im engeren Sinne Sachverhalte erfasst, bei denen kein rechtsgeschäftlicher Kontakt zwischen dem Geschädigten und dem Haftungsverpflichteten besteht. Dieser strengere Haftungsmaßstab wurde als sachgerecht angesehen, da die Enttäuschung persönlichen Vertrauens gravierender sei als die eines nur typisierten, mehr oder weniger formalisierten Vertrauens.[1457]

Dem kann nach der hier vertretenen Qualifikation der allgemeinen Prospekthaftung grundsätzlich zugestimmt werden. Es besteht jedoch im Bereich der Altersvorsorgeprodukte die Besonderheit, dass diese besonders langfristiger Natur sind.[1458] Im Gegensatz zu Banken und Investmentfonds übernehmen Lebensversicherer Garan-

---

1451 BGHZ 83, 222, 226 f.; BGH, WM 1984, 1529, 1531.

1452 Vgl. *Emmerich*, JuS 1992, 342, 343; *Schmidt/Weidert*, DB 1998, 2309, 2311; *Ellenberger*, Börsenprospekthaftung, 99.

1453 BGHZ 83, 222, 224 ff.; BGH, NJW 2001, 1203; Assmann, Prospekthaftung, 371; *Emmerich* in *MünchKomm*, Vorb § 275 Rn 152; *Wiedemann* in *Soergel*, BGB, Vorb § 275 Rn 344; *Löwisch* in *Staudinger*, BGB, Vorb §§ 275 ff. Rn 93.

1454 Vgl. *Tonner*, NWB 2002, Fach 21, 1442.

1455 *Hopt*, AcP 183 (1983), 608, 661 m.w.N.; *Ellenberger*, Börsenprospekthaftung, 99.

1456 Vgl. *Schmidt/Weidert*, DB 1998, 2309, 2312; *Ellenberger*, Börsenprospekthaftung, 99; kritisch *Roller*, Prospekthaftung, 234 f.

1457 *Ellenberger*, Börsenprospekthaftung, 99.

1458 Siehe B.II. sowie B.IV.

tien, die über mehrere Jahrzehnte, in der Rentenversicherung sogar oft über ein halbes Jahrhundert, Bestand haben.[1459] Im Gegensatz zu Anlageformen des regulierten oder grauen Kapitalmarkts können zudem nur sehr geringe Anforderungen an den durchschnittlichen Empfängerhorizont gestellt werden[1460]. Es erscheint daher sachgerecht, in Abweichung zum einen von der Rechtsprechung des Bundesgerichtshofs und zum anderen von den heute geltenden spezialgesetzlichen Verjährungsfristen für Prospekthaftungsansprüche sowie unter Berücksichtigung der dogmatischen Qualifikation der allgemeinen Prospekthaftung als Vertrauenshaftung[1461] die allgemeinen Verjährungsregeln der *culpa in contrahendo* anzuwenden.

Im Ergebnis verjähren daher seit dem 1.1.2002 im Bereich der Lebensassekuranz Ansprüche aus der allgemeinen bürgerlich-rechtlichen Prospekthaftung grundsätzlich innerhalb der regelmäßigen Verjährungsfrist von drei Jahren ab Kenntnis nach § 195 BGB bzw. nach § 199 Abs. 3 BGB innerhalb von zehn Jahren ab ihrer Entstehung.

2. Modifikation der Verjährungsfristen aufgrund von § 12 VVG?

Jedoch kann nach der Auffassung der Rechtsprechung eine andere Rechtslage bei Anspruchskonkurrenz mit anderen vertraglichen oder gesetzlichen Anspruchsgrundlagen bestehen, wenn insoweit andere Wertungen zu berücksichtigen sind.[1462] Fraglich ist, ob danach die kurze Verjährungsfrist des § 12 Abs. 1 VVG zu einer Modifikation des bisher gefundenen Ergebnisses führen kann.

Für § 12 Abs. 3 VVG, nach dem der Versicherer von seiner Verpflichtung zur Leistung frei wird, wenn der Versicherungsnehmer nicht spätestens sechs Monate nach einer Leistungsverweigerung des Versicherungsunternehmens Klage erhoben hat, scheidet dies allerdings schon deshalb aus, weil es sich hierbei lediglich um eine Klageausschluss-, nicht aber eine Verjährungsfrist handelt[1463].

Allerdings verjähren Ansprüche aus Lebens- und Rentenversicherungsverträgen nach § 12 Abs. 1 VVG fünf Jahre nach dem Schluss des Jahres, in welchem die Leistung verlangt werden kann. Diese Regelung gilt für Ansprüche, die ihre rechtliche Grundlage in dem Versicherungsvertrag haben[1464]. Hierzu zählen Ansprüche

---

1459 *Müller*, Entwicklung des Versicherungsaufsichtsrechts, 1 f.

1460 Siehe F.III.1.d).

1461 Siehe D.II.2.

1462 Vgl. BGHZ 111, 314, 322; *Weimann* in *Rollmann*, Rn 151.

1463 *Römer* in *Römer/Langheid*, VVG, § 12 Rn 33. Zur geplanten Abschaffung des § 12 Abs. 3 im Rahmen der Reform des Versicherungsvertragsrechts vgl. den ersten Zwischenbericht der vom Bundesministerium der Justiz eingesetzten Expertenkommission zur Reform des Versicherungsvertragsrechts vom 30. Mai 2002, 77 f.

1464 Vgl. BGH, NJW 1960, 529.

aus Verschulden bei Vertragsverhandlungen[1465] selbst dann, wenn diese ausnahmsweise auf das positive Interesse gerichtet sind[1466]. Gesetzliche Ansprüche, etwa aus den §§ 823 ff. BGB, fallen dagegen nicht unter § 12 Abs. 1 VVG.[1467]

Der Zweck des § 12 Abs. 1 VVG besteht darin, durch eine kurze Verjährung möglichst schnell Rechtssicherheit und Rechtsfrieden herzustellen. Sie soll dem verspätet in Anspruch genommenen Schuldner Beweisschwierigkeiten ersparen und eine alsbaldige Klärung der Ansprüche bewirken.[1468] Dies schafft Raum für die Frage, ob die für Ansprüche aus Verschulden bei Vertragsverhandlungen geltende Regelverjährungsfrist i.S. von §§ 195, 199 BGB - die im Einzelfall durchaus kürzer sein kann als die Verjährungsfrist des § 12 Abs. 1 VVG - generell durch § 12 Abs. 1 VVG modifiziert wird. Hierfür spricht entscheidend, dass die letztere Vorschrift als *lex specialis* gegenüber den Regelungen des BGB vorrangig anzuwenden ist.[1469]

3. Ausschluss des Anspruchs analog § 124 Abs. 1 BGB?

Das zwischen den Anfechtungsregeln der §§ 123 ff. BGB und der optional auf Vertragsaufhebung gerichteten Prospekthaftung bestehende Spannungsverhältnis wirft die Frage auf, ob der Anspruch auf Rückgängigmachung des Vertrags einer Ausschlussfrist analog § 124 Abs. 1 BGB unterliegt, also innerhalb eines Jahres nach Kenntniserlangung des geschädigten Versicherungsnehmers von der Informationspflichtverletzung eine Vertragsaufhebung ausgeschlossen ist. Dies ist entsprechend den obigen Ausführungen jedoch zu verneinen, da auch insoweit zumindest seit der Schuldrechtsreform von einem Nebeneinander der schadensrechtlichen Rückgängigmachung eines Vertrags im Wege der *culpa in contrahendo* und der Arglistanfechtung nach §§ 123, 124 BGB ausgegangen werden muss[1470].

4. Ergebnis

Im Ergebnis verjähren Prospekthaftungsansprüche im Bereich genuiner Lebensversicherungsverträge somit innerhalb von fünf Jahren. Für andere private Altersvorsorgeprodukte, die von der Lebensassekuranz angeboten werden, könnte § 12 Abs. 1 VVG analog anzuwenden sein. Während eine Regelungslücke unproblematisch zu bejahen ist und eine vergleichbare Interessenlage in der langen Laufzeit und gleich gelagerten Versorgungsfunktion alternativer Altersversorgungsprodukte er-

---

1465 *Römer* in *Römer/Langheid*, VVG, § 12 Rn 1 m.w.N.

1466 OLG Celle, VersR 2000, 85; OLG Karlsruhe, VersR 99, 477; *Römer* in *Römer/Langheid*, VVG, § 12 Rn 4.

1467 *Römer* in *Römer/Langheid*, VVG, § 12 Rn 4.

1468 BGH, VersR 1994, 337; *Römer* in *Römer/Langheid*, VVG, § 12 Rn 1.

1469 *Römer* in *Römer/Langheid*, VVG, § 12 Rn 1.

1470 Siehe F.VIII.1.a)aa)aaa).

blickt werden könnte, muss die Planwidrigkeit der Regelungslücke allerdings verneint werden. Dies ergibt sich bereits daraus, dass § 12 VVG als Spezialnorm für Versicherungsverträge nicht analogiefähig ist.

Abschließend ist darauf hinzuweisen, dass im Rahmen der bevorstehenden Reform des Versicherungsvertragsrechts eine Anpassung auch des § 12 Abs. 1 VVG und die Einführung einer einheitlichen dreijährigen Verjährungsfrist beabsichtigt ist.[1471]

XI. Verwirkung

Schließlich kommt auch eine Verwirkung der Rechte aus dem Institut der Prospekthaftung in Betracht. Insoweit gelten die allgemeinen Grundsätze. Danach ist ein Recht verwirkt, wenn der Berechtigte es längere Zeit nicht geltend gemacht hat und der Verpflichtete sich nach dem gesamten Verhalten des Berechtigten darauf einrichten durfte, dass dieser das Recht auch in Zukunft nicht geltend machen werde.[1472] Allein durch mehrjähriges Warten vor einer Klageerhebung verwirkt ein Versicherungsnehmer nicht ohne weiteres seine Rechte.[1473]

XII. Darlegungs- und Beweislast

Nach den allgemeinen Darlegungs- und Beweislastregeln trägt grundsätzlich der Versicherungsnehmer als Anspruchsteller die Beweislast für die tatbestandlichen Voraussetzungen des von ihm geltend gemachten Prospekthaftungsanspruchs.[1474] Entsprechend den Grundsätzen der *culpa in contrahendo* wurde jedoch bereits vor dem Inkrafttreten des Schuldrechtsreformgesetzes teilweise § 282 BGB a.F. analog angewendet oder die Beweislast nach Gefahren- und Verantwortungsbereichen verteilt. Dies hatte zur Folge, dass bei der Verletzung von Beratungs- und Aufklärungspflichten die Beweislast hinsichtlich der Pflichtverletzung und haftungsausfüllenden Kausalität umgekehrt wurde.[1475] Der Lebensversicherer muss danach im Streitfall darlegen und beweisen, dass er die Pflichtwidrigkeit nicht verschuldete, der Schaden also auch bei pflichtgemäßer Aufklärung und Information eingetreten wäre.[1476] Er müsste somit beweisen, dass der Versicherungsnehmer seine Anlage-

---

1471 Vgl. ausf. den ersten Zwischenbericht der vom Bundesministerium der Justiz eingesetzten Expertenkommission zur Reform des Versicherungsvertragsrechts vom 30. Mai 2002, 77 ff.

1472 BGHZ 43, 292; BGHZ 84, 281; BGHZ 105, 298; *Heinrichs* in *Palandt, BGB*, § 242 Rn 87.

1473 BGH, WM 1986, 517, 519.

1474 Vgl. BGH, DB 1986, 1386; *Thomas/Putzo*, ZPO, Vor § 284 Rn 24; *Morgen*, NJW 1987, 474 Fn 21; *Kübler*, ZHR 145 (1981), 204, 217; *Heinsius*, ZHR 145 (1981), 177, 199; *Roller*, Prospekthaftung, 238.

1475 BGHZ 61, 212; BGHZ 64, 51; Vgl. auch *Hübner*, Managerhaftung, 101; *Thode* in *Reithmann*, J 78; Zu Grundlagen und Grenzen der Beweislastumkehr für Entscheiungen nach Aufklärungsfehlern *Schultz*, VersR 1990, 808 ff.

1476 Vgl. BGH, WM 1979, 548; BGH, WM 1991, 2092; BGH, WM 1994, 1076; BGH, WM 1994, 149;

entscheidung auch bei ordnungsgemäßer Aufklärung und Information getroffen hätte.[1477]

Diese Beweislastumkehr ist in der Literatur teilweise auf Widerspruch gestoßen, da die Umkehr andere in Beweisnot stürze.[1478] Hiergegen wurde jedoch darauf hingewiesen, dass bei der Analyse, ob und in welchem Umfang Aufklärungspflichten bestehen, die Frage nach der prozessualen Durchsetzbarkeit im Vordergrund steht, da der Nutzen einer Pflicht untrennbar mit der Frage ihrer prozessualen Durchsetzbarkeit zusammenhängt. Insofern ist darauf hingewiesen worden, dass ein Widerspruch in der Rechtsordnung bestünde, sofern eine materiellrechtlich gegebene Haftung prozessual regelmäßig nicht durchsetzbar sei.[1479] Zutreffend ist es, mit der bisher h.M. eine Beweislastumkehr im Anwendungsbereich der allgemeinen Prospekthaftung anzunehmen.

Zum einen liegt eine planwidrige Gesetzeslücke vor, da es für den Bereich der bürgerlich-rechtlichen Prospekthaftung an einer ausdrücklichen Regelung zur Beweislastverteilung fehlt. Für die Planwidrigkeit der Gesetzeslücke spricht in gesetzessystematischer Hinsicht schon die gesetzliche Neuregelung des § 46 Abs. 1 BörsG n.F., mit dem die frühere Regelung des § 45 Abs. 1 BörsG a.F. sprachlich den §§ 20 Abs. 3 S. 1 KAGG, 12 Abs. 3 S. 1 AuslInvestmG angepasst worden ist. Gleichzeitig ist damit auch die Beweislast zu Gunsten des Geschädigten modifiziert worden.[1480] Sie muss als allgemeiner Rechtsgedanke für den gesamten Regelungsbereich der Prospekthaftung verstanden werden, die hypothetisch - wäre die Prospekthaftung positiv-rechtlich normiert - auch auf diesen Bereich übertragen worden wäre. Schließlich liegt im Fall der allgemeinen bürgerlich-rechtlichen Prospekthaftung von Lebensversicherungsunternehmen auch eine vergleichbare Interessenlage vor. Denn der geschädigte Anleger besitzt auch in diesen Fallkonstellationen in aller Regel keinen Einblick in die Sphäre des prospektverantwortlichen Lebensversicherungsunternehmens, kann das Verschulden seines Vertragspartners also nicht positiv darlegen und beweisen.

Dementsprechend ist auch im Rahmen der Schuldrechtsmodernisierung für die quasivertragliche Haftung der *culpa in contrahendo* nach §§ 241 Abs. 2, 311 Abs. 2, 3 i.V. mit § 280 Abs.1 S. 2 BGB hinsichtlich des Vertretenmüssens eine Beweis-

---

Bruske, Beweiswürdigung und Beweislast, 1994; *Grunewald*, ZIP 1994, 1162; *Schäfer* in *Assmann/Schütze*, Handbuch des Kapitalanlagerechts, § 28 Rn 56; vgl. *Assmann* in *Assmann/Schütze* § 7 Rn 82; *Thode* in *Reithmann* J 84; vgl. *Weimann*, Prospekthaftung, § 7 Rn 8.

1477 Grundlegend BGHZ 61, 118, 119 ff; BGH, NJW 1984, 1688 f.; BGH, WM 1988, 1685; *Schultz* VersR 1990, 808.

1478 Vgl. nur *Roller*, Prospekthaftung, 238; *Schwark*, BB 1979, 897, 898.

1479 Zur sog. Einheit der Rechtsordnung vgl. etwa *Ossenbühl* in *Isensee/Kirchhof*, Handbuch des Staatsrechts, Band II, § 61 Rn 62.

1480 Vgl. *van Look* in *Vortmann*, Prospekthaftung, § 1 Rn 76.

lastumkehr geschaffen worden, nach der das Vertretenmüssen nunmehr wegen der mangelnden Fachkenntnisse und Einblicksmöglichkeiten und der sich daraus zwangsläufig ergebenden Beweisnot des Geschädigten widerlegbar vermutet wird.

G. Culpa in contrahendo

Da die bürgerlich-rechtliche Prospekthaftung im engeren Sinne nicht an ein konkret bestehendes Rechts- oder Vertrauensverhältnis zum Anleger, sondern lediglich an einen typisierten abstrakten Vertrauensmaßstab anknüpft, ist sie - obwohl von der Rechtsprechung in Anlehnung an die *culpa in contrahendo* entwickelt - ein Sonderfall rechtsgeschäftlicher Haftung wegen fehlerhafter Information und stellt folglich ein *aliud* zur *culpa in contrahendo* dar.[1481] Beide Rechtsinstitute können somit nebeneinander anwendbar sein.[1482]

Als direkter Anwendungsfall der des Rechtsinstituts der *culpa in contrahendo* betrifft die Prospekthaftung im weiteren Sinne eine Haftung von Personen, die in einer konkreten Verhandlungssituation falsches oder unvollständiges Prospektmaterial verwenden, ohne notwendigerweise Prospektpflichtiger im engeren Sinne sein zu müssen. Insoweit geht es nicht um marktbezogene, sondern um individuelle Informationspflichten.[1483] Die Haftung beruht darauf, dass vom konkreten Verhandlungspartner bestimmte Erwartungen in Bezug auf den beabsichtigten Vertragsschluss geweckt werden. Der Prospekt ist insoweit lediglich eine von vielen Möglichkeiten, um Erwartungen hervorzurufen.[1484] Da der Prospekthaftung im weiteren Sinne kein selbständiger Regelungsgehalt zukommt, wird im folgenden nur der Begriff der *culpa in contrahendo* verwendet.

I. Anwendungsbereich und Bestehen eines vorvertraglichen Schuldverhältnisses

Während die Prospekthaftung im engeren Sinne allein an den Prospektinhalt als Haftungssubstrat anknüpft, setzt die *culpa in contrahendo* einen rechtsgeschäftlichen Kontakt voraus.[1485] Die Frage, wann ein solches, Schutzpflichten begründendes vorvertragliches Schuldverhältnis entsteht, ist in § 311 Abs. 2 BGB geregelt. Mit den dort genannten, sich stufenweise abschwächenden Beispielgruppen des Akts der Kontaktaufnahme sind die möglichen Entstehungsgründe benannt. Inhaltliche Änderungen sind mit der positiv-rechtlichen Kodifizierung nicht

---

1481 Siehe D.II.3.a).

1482 Ebenso *Eyles* in *Vortmann*, Prospekthaftung, § 2 Rn 29. In entsprechenden Fallkonstellationen kumulativer Anwendung wird tatbestandlich regelmäßig ein mangelhafter Prospekt vorliegen, dessen Aussagen durch einen Erfüllungsgehilfen des Versicherers gegenüber dem Versicherungsinteressenten zumindest nicht richtiggestellt werden.

1483 *Lange*. Informationspflichten von Finanzdienstleistern, 34.

1484 Vgl. *Assmann*, Prospekthaftung, 12 ff., 79 ff., 216 ff., 273 ff., 313 ff., 331 ff.; *Assmann* in *Assmann/Schütze*, Handbuch des Kapitalanlagerechts, § 7 Rn 24 ff., 173 f.; *Crezelius*, BB 1985, 209 ff.; *Köndgen*, Prospekthaftung, 13 ff.; *Pleyer*, FS Stimpel, 335 ff.; *Pleyer/Hegel*, ZIP 1985, 1370 ff.; *Pleyer/Hegel*, ZIP 1986, 681 ff.; *Schiefer*, DStR 1997, 164, 165 ff.; *von Bar*, ZGR 1983, 476 ff.; *von Teuffel*, DB 1985, 373 ff.; *Wiedermann/Schmitz*, ZGR 1980, 129 ff.

1485 Siehe hierzu D.II.2.

verbunden.[1486] Der Gesetzgeber orientierte sich am bisherigen Stand von Rechtsprechung und Schrifttum. Mögliche Fortentwicklungen sollten nicht ausgeschlossen sein[1487].

Mit der Übersendung von Produktprospekten verfolgt der Versicherer den Zweck, den Empfänger für seine Angebote zu interessieren und zum Abschluss eines Vertrags zu motivieren. Damit liegt in der Überreichung von Prospektmaterial durch den Versicherer oder einen seiner Erfüllungsgehilfen ein rechtsgeschäftlicher Kontakt. Ob insoweit ein Fall des § 311 Abs. 2 Nr. 1 BGB gegeben ist, muss bezweifelt werden, da die in der Lebensassekuranz angebotenen Altersvorsorgeprodukte durch vorformulierte und einseitig gestellte Vertragsbedingungen gekennzeichnet sind. Da sie regelmäßig keinen wirklichen Verhandlungsspielraum zu Gunsten des Versicherungsnehmers enthalten, dürfte die Annahme von Vertragsverhandlungen i.S. des § 311 Abs. 2 Nr. 1 BGB auf eine Fiktion hinauslaufen[1488]. Dies kann im Ergebnis jedoch dahinstehen, da jedenfalls die Anbahnung eines Vertrags nach § 311 Abs. 2 Nr. 2 BGB durch Herstellung eines geschäftlichen Kontakts[1489] gegeben ist. Denn insoweit ist auch eine unverbindliche Information über Angebote der Gegenseite ausreichend.[1490] Die Übersendung fehlerhaften, irreführenden Prospektmaterials kann deshalb, soweit nicht bereits ein weitergehender Anlageberatungsvertrag zustande gekommen ist[1491], als Beginn eines vorvertraglichen Vertrauensverhältnisses und damit als Grundlage für eine Haftung aus dem Rechtsinstitut der *culpa in contrahendo* angesehen werden.[1492]

II. Sorgfaltspflichtverletzung

Zur Begründung einer Haftung aus *culpa in contrahendo* muss seitens des Schädigers eine bestimmte Verhaltenspflicht verletzt worden sein, § 311 Abs. 2 i.V. mit §

1486 Vgl. *Tonner*, NWB 2002, Fach 21, 1442.

1487 Vgl. Reg-Begr. BR-Drucks. 338/01, 373; *Canaris*, JZ 2001, 499, 520.

1488 Nach teilweise vertretener Ansicht soll eine Aufnahme von Vertragsverhandlungen keine Willenserklärungen voraussetzen, so dass auch die zunächst noch unverbindlichen Gespräche über einen zukünftigen Vertragsschluss Vertragsverhandlungen darstellen, vgl. *Krebs* in *Dauner-Lieb/Heidel/Lepa/Ring*, BGB, § 311 Rn. 18.

1489 Vgl. zur früheren Rechtslage etwa BGH, NJW 1977, 376; *Heinrichs* in *Palandt*, BGB, § 276 BGB Rn 65.

1490 Vgl. *Krebs* in *Dauner-Lieb/Heidel/Lepa/Ring*, BGB, § 311 BGB Rn 19

1491 Da sich die vorliegende Untersuchung auf die Frage einer Haftung für die Verletzung geschäftsbezogener Informationspflichten im Rahmen von marktbezogenen, prospektartigen Verbraucherinformationen beschränkt, bleiben im folgenden Ansprüche wegen einer Haftung für eine nicht prospektbezogene fehlerhafte Information im Stadium der Vertragsanbahnung und im Rahmen von Auskunfts- und Beratungsverträgen außer Betracht.

1492 Für Werbematerial allgemein vgl. *Gottwald*, JuS 1982, 877, 882; *von Hertzberg*, Haftung von Börseninformationsdiensten, 46; *Erman*, AcP 139 (1934), 273, 319 f.; *Lehmann*, NJW 1981, 1233, 1239.

280 Abs. 1, 241 Abs. 2 BGB. Im Untersuchungsbereich dieser Arbeit kommt insoweit lediglich die Verletzung von Informationspflichten nach § 241 Abs. 2 BGB, und zwar im Rahmen oder anlässlich der Verwendung eines Prospekts, in Betracht.

Im Stadium der Vertragsanbahnung bestehen Rücksichtnahmepflichten aufgrund von § 241 Abs. 2 BGB, wonach ein Schuldverhältnis nach seinem Inhalt jeden Teil zur Rücksicht auf die Rechte, Rechtsgüter und Interessen des anderen Teils verpflichten kann.[1493] Eine Pflichtverletzung im Sinne eines Verschuldens bei Vertragsverhandlungen als Rechtsgrund der Haftung aus *culpa in contrahendo*[1494] kann daher insbesondere in einer pflichtwidrigen unrichtigen oder unvollständigen Information des Anlegers durch den Versicherer begründet sein, die zu einem wirksamen, aber inhaltlich nachteiligen Vertrag geführt hat, den der andere Teil bei entsprechender Aufklärung so nicht geschlossen hätte.[1495]

Das Ausmaß der Aufklärungspflicht ist gesondert für jeden Einzelfall und unter Berücksichtigung des Grundsatzes von Treu und Glauben nach § 242 BGB festzustellen. Insoweit sind die obenstehenden Ausführungen zur Informationspflichtverletzung im Rahmen der allgemeinen Prospekthaftung[1496] auch im unmittelbaren Anwendungsbereich der *culpa in contrahendo* anwendbar. Hierfür spricht zum einen die dogmatische Qualifizierung der allgemeinen bürgerlich-rechtlichen Prospekthaftung in Anlehnung an das Rechtsinstitut des Verschuldens bei Vertragsverhandlungen[1497]. Zum anderen müssen die marktbezogenen Informationspflichten, die bereits ohne einen individuellen rechtsgeschäftlichen Kontakt gegenüber einer Vielzahl von Anlegern bestehen, erst recht auch gegenüber dem einzelnen Versicherungsinteressenten Gültigkeit beanspruchen, wenn ein Vertragsverhältnis auch individuell angebahnt wird.

III. Schaden, Kausalität, Rechtswidrigkeit und Verschulden

Die Pflichtverletzung muss zum Eintritt eines zurechenbar verursachten Schadens geführt haben, § 280 Abs. 1 BGB. Hinsichtlich des Verschuldens sind die §§ 276 ff. BGB anwendbar. Der Versicherer muss als Geschäftsherr insbesondere gem. § 278 BGB für alle Personen einstehen, derer er sich bedient. Hierbei wird gem. § 280 Abs. 1 S. 2 BGB das Verschulden vermutet. Es obliegt dem Schuldner, die erforderlichen Tatsachen darzutun und zu beweisen, wenn er sich von der Haftung befreien

---

1493 Auch die Begründung des Schuldrechtsmodernisierungsgesetztes verweist nur darauf, dass sich die Reichweite der Rücksichtnahmepflichten nach den Umständen des Einzelfalls bestimme, wobei auf die Ergebnisse der bisherigen Rechtsprechung zurückgegriffen werden solle, vgl. BT-Drucks. 14/6040, 163.

1494 *Heinrichs* in *Palandt*, BGB, § 276 Rn 65.

1495 BGH, NJW 1991, 832; BGH, NJW 1992, 1222; *Heinrichs* in *Palandt*, BGB, § 276 Rn 78.

1496 Vgl. F.III.1.

1497 Siehe hierzu D.II.2.

will. Im Einzelnen besteht im Hinblick auf die Ausgestaltung der vorgenannten Tatbestandsmerkmale ein Gleichlauf zu den obenstehenden Ausführungen.

IV. Aktiv- und Passivlegitimation

In der Regel entsteht das vorvertragliche Schuldverhältnis nur zwischen denjenigen, die als Verhandlungspartner auch Partei des abzuschließenden Vertrags werden würden, also zwischen dem Versicherer und dem späteren Versicherungsnehmer, vgl. §§ 280 Abs. 1, 311 Abs. 2, 241 Abs. 2 BGB.

In Ausnahmefällen ist nach § 311 Abs. 3 BGB auch derjenige anspruchsberechtigt, der in analoger Anwendung des § 328 BGB in den Schutzbereich des vorvertraglichen Schuldverhältnisses einbezogen wird. Gemeint sind insoweit einerseits der echte bzw. unechte Vertrag zugunsten Dritter sowie der Vertrag mit Schutzwirkung für Dritte. Insoweit sind auch die Konstellationen der Fremdversicherung und der Einräumung eines Bezugsrechts erfasst.[1498]

Umgekehrt ist Anspruchsgegner nicht nur der Versicherer als späterer Vertragspartner, sondern auch ein **Sachwalter**, der in die Vertragsverhandlungen eingeschaltet ist. Dies gilt selbst dann, wenn er lediglich als Vertreter im Namen des Versicherers auftritt und dadurch die Fremdwirkung seines Handelns zum Ausdruck bringt. Eine entsprechende Eigenhaftung des Vertreters oder Verhandlungsgehilfen aus §§ 280 Abs. 1, 311 Abs. 2, 241 Abs. 2 BGB, der ansonsten lediglich aus deliktischen Anspruchsgrundlagen haften würde, geht auf Fallgestaltungen zurück, in denen der Vertreter der eigentliche Vertragsinteressent war und nur aus formalen Gründen nicht selbst als Vertragspartei, sondern als Vertreter auftrat. Voraussetzung ist, dass der Vertreter ein unmittelbar eigenes wirtschaftliches Interesse verfolgt oder ein besonderes persönliches Vertrauen in Anspruch genommen hat, durch das die Vertragsverhandlungen erheblich beeinflusst wurden.[1499] Diese von der Rechtsprechung in der Vergangenheit[1500] aufgestellten Grundsätze zur Erstreckung der Haftung für vorvertragliche Pflichtverletzungen auf Dritte hat der Gesetzgeber im Rahmen der Schuldrechtsmodernisierung in § 311 Abs. 3 2 BGB kodifiziert. Der Wortlaut dieser Vorschrift weist darauf hin, dass die dort aufgeführte Haftung für eine Inanspruchnahme besonderen persönlichen Vertrauens nur als nicht abschließend

---

1498 Siehe hierzu F.VI.3.

1499 BGHZ 14, 313, 318; BGH, ZIP 1997, 548: Das Interesse des Verhandlungsgehilfen oder Vertreters müsse dem Interesse des eigentlichen Vertragspartners, für den gehandelt wird, mindestens ebenbürtig sein. BGH, NJW 1988, 2234: Aus Sicht des anderen Verhandlungspartners ist der Verhandlungsgehilfe oder Vertreter der „wirtschaftliche Herr des Geschehens". BGH, NJW 1984, 2284: Der Verhandlungsgehilfe oder Vertreter verhandle gleichsam „in eigener Sache".

1500 Vgl. z.B. BGH, NJW 1997, 1233; BGH, NJW 1987, 2512; BGH, ZIP 1997, 548; *Heinrichs* in *Palandt*, BGB, § 276 Rn 92-96.

gemeintes Beispiel für die Haftungserstreckung auf Dritte gemeint ist.[1501] Unter dem Gesichtspunkt der sog. Sachwalterhaftung sind die Grundsätze dieser Haftung auch auf Personen anzuwenden, die keine Vertretungsmacht haben, aber dennoch bei Verhandlungen in einem besonderen Ausmaß Vertrauen persönlich in Anspruch nehmen. Dieses Vertrauen kann entweder aufgrund einer besonderen Sachkunde oder wegen der besonderen persönlichen Vertrauensbeziehung des Vertreters zum Geschäftsgegner entstanden sein. Das Ausmaß des Vertrauens muss jedoch dasjenige weit übersteigen, das jedem Verhandlungspartner entgegengebracht wird. Das bloße Verweisen auf eigene Sachkunde genügt nicht.[1502] Vielmehr haftet nur der Vertreter gemäß §§ 280 Abs. 1, 311 Abs. 2, 241 Abs. 2 BGB, der eine zusätzliche, gerade von ihm persönlich ausgehende Gewähr für die ordnungsgemäße Pflichterfüllung bietet und gerade dadurch die Vertragsverhandlungen entscheidend beeinflusst.[1503] Denkbar ist insoweit, dass ein Vertriebsbeauftragter des Versicherers auf eine spezielle Ausbildung (z.B. als *„financial planner“*) verweist und gerade deshalb glaubhaft eine vermeintlich besondere Qualität des angebotenen Finanzprodukts behauptet.

Eine Haftung des Vertreters nach §§ 280 Abs. 1, 311 Abs. 2, 241 Abs. 2 BGB tritt grundsätzlich neben die Haftung des Vertretenen, der für den Vertreter als Hilfsperson im Wege des § 278 BGB einzustehen hat. Insoweit besteht zwischen dem Vertreter und dem Vertretenen eine Gesamtschuldnerschaft. Die Haftung des Vertreters geht aber nicht über die Haftung des Vertretenen hinaus. Hat der Vertretene seine Haftung zulässigerweise ausgeschlossen oder beschränkt, so gilt diese Freizeichnung regelmäßig auch für Haftung des Vertreters, soweit dieser nicht arglistig handelt.[1504]

V. Rechtsfolgen

Im Fall der Verletzung eines vorvertraglichen Schulderhältnisses hat der Geschädigte einen Anspruch auf Schadenersatz, §§ 280 Abs. 1, 311 Abs. 2, 241 Abs. 2 BGB. Er kann verlangen, so gestellt zu werden, als ob das schädigende Ereignis nicht eingetreten wäre, § 249 BGB. Der Anspruch geht in der Regel auf den Ersatz des Vertrauensschadens mit der Besonderheit, dass er der Höhe nach nicht auf das Erfüllungsinteresse beschränkt ist.[1505] Der Geschädigte kann also nach §§ 280 Abs. 1 S. 1, 311 Abs. 2, 241 Abs. 2 BGB in Verbindung mit § 249 1 BGB entweder die Rückgängigmachung des Vertrags und den Ersatz nutzlos erbrachter Aufwen-

---

1501 *Lorenz/Riehm*, Lehrbuch zum neuen Schuldrecht, Rn 376.

1502 Vgl. Begr. RegE, BR-Drucks. 338/01, 163.

1503 BGH, NJW 1987, 2512; BGH, NJW 1997, 1233; BGH, ZIP 1997, 548; *Wiedemann* in *Soergel*, Vor § 275 Rn 228 ff. m.w.N.; *Heinrichs* in *Palandt*, BGB, § 276 Rn 93, 96.

1504 *Heinrichs* in *Palandt*, BGB, § 276 Rn 92 ff.

1505 Etwas anderes gilt z.B. nach §§ 122, 179 BGB.

dungen beanspruchen oder mit Anspruch auf eine Vertragsanpassung am Vertrag festhalten. Insoweit gelten die im Rahmen der Prospekthaftung dargelegten Grundsätze.[1506] Steht fest, dass es ohne die Pflichtverletzung zum Abschluss eines bestimmten Vertrags oder zu einem günstigeren Vertragsabschluss gekommen wäre, so kann der Geschädigte alternativ das sog. Erfüllungsinteresse beanspruchen.[1507]

VI. Verjährung und Verwirkung

Ansprüche aus §§ 280 Abs. 1, 311 Abs. 2, 241 Abs. 2 BGB verjähren grundsätzlich nach §§ 195, 199 BGB innerhalb von drei Jahren beginnend mit dem Schluss des Jahres, in dem der Anspruch entstanden ist und der Schuldner davon Kenntnis erlangt.

Vor der Geltung der Regelverjährung für Ansprüche aus *culpa in contrahendo* war bereits zum früheren Recht äußerst umstritten, inwieweit die §§ 121, 124 BGB im Rahmen der Verjährung bei der *culpa in contrahendo* analog anwendbar sind. Diese Frage ist auch nach der Schuldrechtsmodernisierung ungeklärt. Insoweit lässt sich zum einen vertreten, dass diese Vorschriften keine Anwendung auf die §§ 280 Abs. 1, 311 Abs. 2, 241 Abs. 2 BGB finden.[1508] Andererseits könnte jedoch auch die Ansicht vertreten werden, dass bei fahrlässiger und vorsätzlicher Irreführung ein Wertungswiderspruch zwischen den Anfechtungsfristen und der dreijährigen Verjährungsfrist für die Haftung aus §§ 280 Abs. 1, 311 Abs. 2, 241 Abs. 2 BGB bestünde, weshalb bei fahrlässiger Irreführung § 121 BGB und bei vorsätzlicher Irreführung § 124 BGB analoge Anwendung finden müssten.[1509] Wegen der häufig zweifelhaften Rechtslage in diesen Fällen hielt es dagegen *Larenz*[1510] für sachgerecht, in beiden Fallkonstellationen § 124 BGB analog anzuwenden. Welche dieser Auffassungen sich nach der Schuldrechtsreform durchsetzen wird, ist derzeit nicht abzusehen.

VII. Darlegungs- und Beweislast

Nach der nunmehr in § 280 Abs. 1 S. 2 BGB geregelten Beweislastumkehr, die der Sache nach bereits vor Inkrafttreten des Schuldrechtsmodernisierungsgesetzes anerkannt war[1511], muss der Anspruchsgegner bei Pflichtverletzungen in der eigenen

---

1506 Zur Rückgängigmachung des Vertrags siehe F.VIII.1.a), zur Vertragsanpassung F.VIII.1.c).

1507 Daneben kann das Verhalten eines Erfüllungsgehilfen des Versicherers auch primärrechtliche Wirkungen unter dem Gesichtspunkt der versicherungsrechtlichen Erfüllungshaftung tätigen, vgl. insoweit auch OLG Nürnberg, Urt. v. 26.3.1998 - 8 U 1935/97, OLGR Nürnberg 1998, 215 f. sowie C.I.

1508 Vgl. nur *Emmerich* in MünchKomm, BGB, Vor 275 Rn 92 zur Rechtslage vor Inkrafttreten des Schuldrechtsmodernisierungsgesetzes.

1509 Vgl. nur *Kramer* in MünchKomm, BGB, § 123 Rn 30 zum früheren Recht.

1510 *Larenz*, Schuldrecht I, § 9 I 2.

1511 Vgl. z.B. *Tonner*, NWB 2002, Fach 21, 1444.

Sphäre dartun und beweisen, dass ihn bezüglich der vorvertraglichen Pflichtverletzung kein Verschulden trifft. Auch insoweit bestehen gegenüber der allgemeinen Prospekthaftung keine Besonderheiten.

H. Deliktische Prospektangabenhaftung

Informationspflichten können zum einen als vorvertragliche Aufklärungs- oder vertragliche Nebenpflichten einen Anspruch auf Erteilung von Informationen vermitteln. Zum anderen können sie aber auch als reine Schutzpflichten bestehen, deren Erfüllung nicht klagbar ist, deren Nichterfüllung aber Schadenersatzansprüche auslösen kann.[1512] Neben den vorgenannten Ansprüchen können dem Versicherungsnehmer deshalb aufgrund fahrlässig oder vorsätzlich verursachter Propektmängel auch origniär deliktsrechtliche Schadenersatzansprüche nach den §§ 823 ff. BGB zustehen.

I. § 823 Abs. 1 BGB und produkthaftungsrechtliche Ansprüche

Das geltende Deliktsrecht gewährt einen Ersatz für primäre Vermögensschäden nur unter den engen Voraussetzungen der § 826 und § 823 Abs. 2 BGB. Im Fall fehlerhafter Prospektinformationen scheiden Ansprüche aus **§ 823 Abs. 1 BGB** ebenso aus wie nach dem **Produkthaftungsgesetz**[1513], da die finanziellen Einbußen des Anlegers jedenfalls einen nicht geschützten Vermögensschaden darstellen.

II. § 823 Abs. 2 BGB

1. Verletzungshandlung

Im Hinblick auf Ansprüche aus § 823 Abs. 2 BGB kann eine zur Haftung verpflichtende Verletzungshandlung entsprechend den obigen Ausführungen in der Verletzung einer Informationspflicht liegen, also der Nicht- oder Schlechterfüllung einer Pflicht zur richtigen und vollständigen Information über wesentliche Umstände i.S. des Wesentlichkeitskriteriums. Dass dieses im quasivertraglichen Bereich der Prospekthaftung entwickelt worden ist, schließt eine entsprechende Anwendung der Grundsätze im deliktischen Bereich nicht aus, da die hier fraglichen §§ 823 Abs. 2, 826 BGB - im Gegensatz zu § 823 Abs. 1 BGB - gerade auch dazu bestimmt sind, einen umfassenden Schutz auch für reine Vermögensschäden zu gewähren. Ebenso beschränkt sich der Schutzzweck der Prospekthaftung nicht darauf, den Anleger nur vor einigen bestimmten, mit der Anlage verbundenen Risiken zu schützen. Ziel der Prospekthaftung ist es vielmehr, den Anleger generell davor zu bewahren, mit unrichtigen oder unvollständigen Angaben zum Erwerb einer Kapitalanlage veranlasst zu werden. Insofern ist in beiden Bereichen ein parallel laufender Schutzzweck gegeben, der die Grundsätze zur Wesentlichkeit auf den deliktischen Bereich übertragbar erscheinen lässt.

1512 *Winkler von Mohrenfels*, Abgeleitete Informationspflichten, 22 ff.

1513 Vgl. zur Haftung für Druckerzeugnisse nach der Produzentenhaftung etwa *Ricker/Müller-Malm*, AfP 1989, 505 ff.; *Röhl*, JZ 1979, 369, 374 ff.

2. Schutzgesetzverletzung

Die für das prospektverantwortliche Lebensversicherungsunternehmen handelnden Personen müssten ein Schutzgesetz verletzt haben, also eine Rechtsvorschrift, gleich welchen Rechtsgebiets, die nach der Intention des Gesetzgebers dazu bestimmt ist, zumindest auch dem Schutz der Individualinteressen von Einzelpersonen oder bestimmter Personenkreise zu dienen.[1514]

a) Strafrechtliche Schutzgesetze

aa) § 264a StGB

In Extremfällen ist eine „strafrechtliche Prospekthaftung" nach § 823 Abs. 2 BGB i.V. mit §§ 264a, 263, 266 StGB denkbar. Da er auch das Vermögen des einzelnen Anlegers und nicht lediglich das Funktionieren des Kapitalmarktes schützen soll, ist § 264a StGB - ebenso wie § 263 StGB - ein **Schutzgesetz** im Sinne von § 823 Abs. 2 BGB.[1515]

Wie die zivilrechtliche Prospekthaftung schützt § 264a StGB den Anleger im Zeitraum vor der Anlageentscheidung.[1516] Nach § 264a StGB macht sich strafbar, wer vorsätzlich im Zusammenhang mit Kapitalanlagen in Prospekten hinsichtlich der für den Erwerb erheblichen Umstände gegenüber einem größeren Kreis von Personen - insbesondere durch Prospektinformation[1517] - unrichtige vorteilhafte Angaben macht oder nachteilige Tatsachen verschweigt, die für die Anlageentscheidung erheblich sind.[1518] Das Delikt ist bereits vollendet, wenn der Täter die im Tatbestand des § 264a StGB näher umschriebenen Prospektangaben gemacht hat.[1519] Allerdings ist im Gegensatz zur zivilrechtlichen Prospekthaftung und § 263 StGB weder die Täuschung eines individuellen Anlegers noch ein Schadenseintritt erforderlich.[1520]

1514 Vgl. BGH, ZIP 1991, 1597, 1598 m.w.N.; *Schäfer* in *Staudinger*, BGB, § 823 Rn 576 u. 580.

1515 BT-Drucks. 10/318, 22; BGH, ZIP 1991, 1597, 1599; BGH, NJW 1995, 892; *Cramer* in *Schönke/Schröder*, StGB, § 264a Rn 1; *Tröndle/Fischer*, § 264a Rn 1, 4; *Kühl* in *Lackner/Kühl*, StGB, § 264a Rn 1; *Kümpel*, Bank- und Kapitalmarktrecht Rn 9.291; *Worms* in *Assmann/Schütze*, Handbuch des Kapitalanlagerechts, § 8 Rn 100; *Ellenberger*, Börsenprospekthaftung, 103.

1516 Vgl. auch BGHZ 116, 7; *Weimann*, Prospekthaftung, § 13 Rn 1.

1517 Vgl. *Wessels/Hillenkamp*, Rn 692; *Cramer* in *Schönke/Schröder*, StGB, § 264a Rn 18. Auch insoweit gilt allerdings, dass der Werbeträger in Abgrenzung zum bloßen Werbeschreiben den Anspruch einer gewissen Vollständigkeit erheben muss, vgl. BGHSt 40, 385, 388 sowie *Cramer* in *Schönke/Schröder*, StGB, § 264a Rn 19 und *Kühl* in *Lackner/Kühl*, § 264a Rn 10 sowie F.II.

1518 *Cramer* in *Schönke/Schröder*, StGB, § 264a Rn 37.

1519 BGHSt 30, 291, *Cramer* in *Schönke/Schröder*, StGB, § 264a Rn 37; *Tröndle/Fischer*, § 264a Rn 3.

1520 *Tröndle/Fischer*, § 264a Rn 3.

Als Täter kommt jeder in Betracht, dessen Prospektangaben falsch oder unrichtig sind, also der gesamte Personenkreis, der auch unter die Prospekthaftung im engeren oder weiteren Sinne fallen kann.[1521] Handeln bei den verschiedenen Handlungen gutgläubige Personen, kommt eine Strafbarkeit von Hintermännern nach den Grundsätzen über die mittelbare Täterschaft in Betracht.[1522] Bis zur Erbringung der Leistung sind zudem Anstiftung und Beihilfe möglich.[1523]

Prospekt i.S. des § 264a StGB ist jedes Schriftstück, das für die Beurteilung der Anlage erhebliche Angaben enthält.[1524] Es genügt, dass der Prospekt den Eindruck erweckt, die zur Beurteilung einer Anlageentscheidung erheblichen Angaben zu enthalten. Dies ist in Anlehnung an die Grundsätze der zivilrechtlichen Prospekthaftung festzustellen.[1525] Gleichgültig ist, wer den Prospekt erstellt hat. Danach können auch die hier untersuchten Prospekte in den Anwendungsbereich des § 264a StGB fallen. Individuelle Angebote auf der Grundlage einer individuellen Einzelberatung werden von § 264a StGB im Gegensatz zu § 263 StGB nicht erfasst, da - wie im Bereich der zivilrechtlichen Prospekthaftung - eine marktbezogene Information vorausgesetzt wird.[1526]

Die **Tathandlung** bezieht sich nur auf die in § 264a Abs. 1 Nr. 1 StGB ausdrücklich genannten Anlagewerte. Unerheblich ist neben der Vertriebsform, ob es sich um in- oder ausländische Finanzprodukte handelt.[1527] Fraglich ist deshalb, ob der kapitalbildende Lebensversicherungsvertrag unter einen der in § 264a Abs. 1 Nr. 1 StGB abschließend aufgezählten Anlagewert subsumiert werden kann.

Kapitallebensversicherungen sind keine **Wertpapiere.**[1528] Auch handelt es sich bei dem kapitalbildenden Lebensversicherungsvertrag nicht um ein unverbrieft vertriebenes **Bezugsrecht** i.S. des § 264a StGB. Nach der gesetzgeberischen Begründung zu § 264a StGB stellen Bezugsrechte weder Anteile noch Wertpapiere dar, sollen diesen aber gleichgestellt werden.[1529] Eine potentielle Börsengängigkeit entsprechend der Verkehrsfähigkeit von Wertpapieren ist gerade nicht zwingend erforder-

---

1521 Taugliche Täter sind insofern insbesondere Initiatoren, Anlageberater und Anlagevermittler, aber auch Mitarbeiter von Banken, Versicherungsunternehmen und Vertriebsgesellschaften. Siehe D.II.3.a)aa)aaa).

1522 *Cramer* in *Schönke/Schröder*, StGB, § 264a Rn 38.

1523 *Tröndle/Fischer*, § 264a Rn 17; *Cramer* in *Schönke/Schröder*, StGB, § 264a Rn 38.

1524 *Weimann*, Prospekthaftung, § 14 Rn 12.

1525 *Lackner* in *Lacker/Kühl*, StGB, § 264a Rn 13 m.w.N.

1526 *Kühl* in *Lackner/Kühl*, StGB, § 264a Rn 7; *Tröndle/Fischer*, StGB, § 264a Rn 6; *Cramer* in *Schönke/Schröder*, StGB, § 264a Rn 14; vgl. BT-Drucks. 10/318, 24.

1527 Cramer in Schönke/Schröder, StGB, § 264a Rn 4.

1528 Das Merkmal des Wertpapiers ist i.S. der klassischen Definition des Begriffs zu verstehen, vgl. *Cramer* in *Schönke/Schröder*, StGB, § 264a Rn 5; siehe im übrigen E.I.2.

1529 BT-Drucks. 10/318, 22.

lich, da Bezugsrechte auch unverbrieft vertrieben werden können[1530]. Der hieraus folgende Schluss, dass Bezugsrechte gesellschaftsrechtlicher Natur sind, wird in systematischer Hinsicht auch durch § 88 BörsG bestätigt. Dem kapitalbildenden Lebensversicherungsvertrag liegt jedoch gerade kein Gesellschaftsrechtsverhältnis zu Grunde.

Es kommt aber eine Qualifikation als **Anteil, der eine Beteiligung an dem Ergebnis eines Unternehmens gewähren soll**, in Betracht, sofern die Kapitallebensversicherung als partiarisches Darlehen qualifiziert werden kann[1531]. Unter partiarischen Rechtsverhältnissen sind selbständige entgeltliche Austauschverträge außerhalb des Gesellschaftsrechts - etwa in Gestalt eines Darlehens-, Miet-, Pacht- oder Dienstvertrags - zu verstehen, bei denen als Vergütung für die versprochene Leistung eine Gewinnbeteiligung versprochen wird.[1532] Sie weisen die Besonderheit auf, dass das Entgelt für die Leistung des einen Teils von dem Gewinn abhängt, den die andere Vertragspartei mit Hilfe dieser Leistung erwirtschaftet.[1533] Hierbei hat die leistende Partei keinen Einfluss auf die Herbeiführung des erstrebten wirtschaftlichen Erfolgs, sondern verfügt nur über gewisse Kontrollbefugnisse im Hinblick auf eine bestimmungsgemäße Verwendung seiner Leistung sowie Informationsrechte über die Umstände, die für die Feststellung seines Gewinnanteils maßgeblich sind.[1534]

In diesem Sinne wird der Kapitallebensversicherungsvertrag von Teilen des Schrifttums im Hinblick auf die Überschussbeteiligungsklausel auf der Grundlage einer ergänzenden Vertragsauslegung nach § 157 BGB und § 9 Abs. 2 Nr. 2 AGBG bzw. § 307 Abs. 2 BGB als partiarisches Rechtsverhältnis qualifiziert[1535].

Das ein partiarisches Rechtsverhältnis kennzeichnende Merkmal des gegenseitigen Leistungsaustauschs wird im Fall der kapitalbildenden Lebensversicherung darin gesehen, dass der Versicherungsnehmer als Partiar für seine Leistung als Entgelt an dem Gewinn des Versicherers beteiligt sei, wobei in Abgrenzung zur Gesellschaft die Erzielung eines Gewinns zwar im Interesse des Partiars erfolge, aber nicht den gemeinschaftlichen Zweck des Vertrags bilde.[1536] Weiterhin wird für den partiari-

---

1530 Vgl. *Kühl* in *Lackner/Kühl*, StGB, § 264a Rn 3; *Möhrenschlager*, wistra 82, 201, 206.

1531 *Tröndle/Fischer*, StGB, § 264a Rn 5; *Kühl* in *Lackner/Kühl*, StGB, § 264a Rn 3, *Worms*, wistra 87, 242, 246 m.w.N.

1532 Vgl. *Larenz/Canaris*: Schuldrecht II, § 63 III 2a, 56 f.; *Ulmer* in MünchKomm, BGB, Vor § 705 Rn 74; *Dreyer*, Stille Reserven, 147; *Ebers*, Überschussbeteiligung, 234.

1533 *Ebers*, Überschussbeteiligung, 234.

1534 *Dreyer*, Stille Reserven, 147 f.

1535 *Alther*, Überschussbeteiligung, 61; *Basedow*, ZVersWiss 81 (1992), 419, 437 ff.; *Baumann*, VersR 1992, 905; *Baumann*, Kapitallebensversicherung, 7; *Haasen*, Überschuss bei den privaten Versicherungsgesellschaften, 65 f.; *Köbele*, Versicherungsaktiengesellschaft, 106; *Lorenz*, ZVersWiss 82 (1993), 283, 296 f.

1536 *Baumann*, Kapitallebensversicherung, 8; *Baumann*, Überschussbeteiligung, rechtliche Grundlagen, HdV, 895, 897; vgl. *Dreyer*, Stille Reserven, 149.

schen Charakter des Versicherungsvertrags in Anwendung einer wirtschaftlichen Betrachtungsweise angeführt, dass die Überschussbeteiligung mit Hilfe der Sparanteile und den Sicherheitszuschlägen der Versicherungsnehmer erwirtschaftet wird und die Leistung des Versicherers somit jedenfalls zum Teil von dem geschäftlichen Erfolg abhängt, den er mit den empfangenen Prämien erzielt.[1537]

Entscheidend gegen eine Qualifizierung des kapitalbildenden Lebensversicherungsvertrags als partiarisches Rechtsverhältnis spricht allerdings, dass die in § 81c VAG und der dazu erlassenen Rechtsverordnung wurzelnde Überschussbeteiligung ausschließlich öffentlich-rechtlich geregelt ist, also keine (konstitutive) privatrechtliche Parteivereinbarung über Grund und Höhe der Überschussbeteiligung existiert.[1538]

bb) § 263 StGB

Im Einzelfall kann bei einem schwindelhaften Absatz von Altersvorsorgeprodukten ein sog. Eingehungsbetrug nach § 263 StGB vorliegen.[1539]

Der Betrugstatbestand knüpft zunächst an eine Täuschungshandlung an. Nach verbreiteter Ansicht soll sich diese nur auf Tatsachen, nicht aber auf Werturteile beziehen.[1540] Dem kann jedoch nicht zugestimmt werden. Es wurde bereits dargelegt, dass zumindest auch Werturteile in Gestalt von Prognosen aufgrund des ihnen eigenen Tatsachenkerns anhand objektiver Maßstäbe geprüft werden können.[1541] Da § 263 StGB ebenso wie die allgemeine Prospekthaftung die Dispositionsfreiheit des Anlegers umfassend zu schützen beabsichtigt[1542], erscheint es sachgerecht, auch i.R. des § 263 StGB den dargelegten Prüfungsmaßstab für Prognosen zu verwenden.

Jedoch bestehen regelmäßig Schwierigkeiten, den Schaden und die Kausalität des Täterverhaltens festzustellen und den Vorsatznachweis zu führen.[1543] Problematisch ist zudem, dass eine trennscharfe Abgrenzung zwischen einer aktiven Täuschung über Tatsachen, konkludenten Täuschungen und Täuschungen durch Unterlassen oftmals Schwierigkeiten bereitet. Nach § 13 StGB erfordert die Begehung eines Betrugs durch Unterlassen das Bestehen einer auf Aufklärung gerichteten Garantenstellung, an die strenge Anforderungen gestellt werden. Die zivilrechtlichen, aus § 242 BGB hergeleiteten Informationspflichten entsprechen aber nicht zwingend den

---

1537 Vgl. *Basedow*, ZVersWiss 81 (1992), 419, 438.

1538 So schon *Benkel*, VersR 1994, 509, 514.

1539 *Tröndle/Fischer*, StGB, § 264a StGB Rn 2.

1540 *Worms* in *Assmann/Schütze*, Handbuch des Kapitalanlagerechts, § 8 Rn 11.

1541 Siehe F.III.4.c).

1542 Vgl. *Cramer* in *Schönke/Schröder*, StGB, § 263 Rn 12 ff.

1543 *Tröndle/Fischer*, StGB, § 264a StGB Rn 2.

Voraussetzungen des § 13 StGB. Stattdessen ist regelmäßig ein besonders enges Vertrauensverhältnis erforderlich, um ein zivilrechtlich beanstandetes Verhalten zugleich einer strafrechtlichen Sanktionierung zu unterwerfen.[1544] Gerade dieses ist bei der allgemeinen bürgerlich-rechtlichen Prospekthaftung im engeren Sinne regelmäßig nicht gegeben, da insoweit lediglich an generell-typisierende Informationsleistungen angeknüpft wird.[1545]

cc) § 266 StGB

Als Schutzgesetz kommt weiterhin der Untreuetatbestand des § 266 StGB in Betracht, der sich in der Praxis jedoch als uneffiziente Sanktion von Täuschungen mittels Prospekten erwiesen hat. Denn in der Regel fehlt es an einer besonderen Nähebeziehung, d.h. einer Vermögensbetreuungspflicht des Prospektverwenders gegenüber dem Anleger.[1546]

dd) Würdigung

Angesichts des Erfordernisses eines vorsätzlichen Fehlverhaltens, welches dem Prospektverantwortlichen nachzuweisen ist, ist der Anwendungsbereich einer strafrechtlich vermittelten Prospektangabenhaftung in der Praxis gering.[1547] Hinzuweisen ist allerdings darauf, dass das strafrechtliche Haftungssystem unabhängig von einer ohnehin gegebenen zivilrechtlichen Haftung trotz der unterschiedlichen Zielsetzung und Rechtsfolgen strafrechtlicher Rechtsverfolgung wegen der effektiveren Methoden der Sachverhaltsaufklärung im strafrechtlichen Ermittlungsverfahren haftungsverstärkend wirken kann.[1548] Da die Feststellungen, die einem Strafurteil zugrunde liegen, auch in einen Zivilprozess eingehen, kann der Kläger insoweit seiner Darlegungslast hinsichtlich einer behaupteten Pflichtverletzung besser entsprechen.[1549]

b) § 3 UWG

Bereits hingewiesen wurde darauf, dass auch nach Auffassung der Versicherungsaufsicht die Wettbewerbsaussagen ein „richtiges Bild der tatsächlichen Überschuss-

---

1544 *Tröndle/Fischer*, StGB, § 263 StGB Rn 13; *Cramer* in *Schönke/Schröder*, StGB, § 263 StGB Rn 22 ff. m.w.N.; *Worms* in *Assmann/Schütze*, Handbuch des Kapitalanlagerechts, § 8 Rn 14.

1545 Im Ergebnis ebenso, jedoch ohne Begründung: *Eyles* in *Vortmann*, Prospekthaftung, § 2 Rn 79.

1546 *Worms* in *Assmann/Schütze*, Handbuch des Kapitalanlagerechts, § 8 Rn 26; *Eyles* in *Vortmann*, Prospekthaftung, § 2 Rn 80.

1547 Vgl. zur Haftung des Wirtschaftsprüfers *Ebke/Scheel*, WM 1991, 389; *Müssig*, NJW 1989, 1697, 1702; *Peters*, Haftung und Regulierung von Rating-Agenturen, 128.

1548 *Baumbach/Hueck*, GmbHG, § 43 Rn 7.

1549 BGH, NJW 1995, 1025, 1026.

kraft" des Versicherungsunternehmens geben müssen.[1550] Dementsprechend hat das *BAV* schon in der Vergangenheit im Zusammenhang mit der Werbung mit künftigen Überschüssen die Gefahr gesehen, dass die bei einzelnen Lebensversicherungsunternehmen verwendeten Drucksachen als irreführend i.S. des UWG[1551] eingestuft werden. [1552] Ansprüche des irregeführten Versicherungsnehmers aus § 823 Abs. 2 BGB i.V. mit § 3 UWG kommen allerdings schon deshalb nicht in Betracht, weil § 3 UWG kein Schutzgesetz i.S. des § 823 Abs. 2 BGB ist.[1553]

c) § 1 UWG

Auch § 1 UWG kommt als verletztes Schutzgesetz nicht in Betracht. Zwar ist im Untersuchungsbereich dieser Arbeit eine Vielzahl von Verstößen des Versicherers gegen Informationspflichten denkbar, die gleichzeitig Wettbewerbsverstöße sind[1554]. Ansprüche aus § 1 UWG können nur unmittelbar verletzten Mitbewerbern sowie Gewerbetreibenden, die Waren oder gewerbliche Leistungen gleicher oder verwandter Art vertreiben, zustehen.[1555] Der Versicherungsnehmer ist jedoch als Verbraucher nicht Wettbewerber in diesem Sinn[1556], § 1 UWG kein Schutzgesetz i.S. des § 823 Abs. 2 BGB.[1557]

d) § 4 UWG

Im Gegensatz zu §§ 1, 3 UWG setzt § 4 UWG kein Handeln zu Zwecken des Wettbewerbs voraus.[1558] Ansprüche des Versicherungsnehmers in seiner Eigenschaft als Verbraucher sind insoweit nicht grundsätzlich ausgeschlossen. Fraglich ist daher, inwieweit dem Versicherungsnehmer Ansprüche aus § 823 Abs. 2 BGB i.V. mit § 4 UWG, der Schutzgesetz i.S. des § 823 Abs. 2 BGB ist[1559], zustehen können. Als Täter kommt jede Person in Betracht, die die Tat selbst begeht oder wissentlich geschehen lässt, § 25 Abs. 1 StGB. Nach § 4 Abs. 2 UWG sind insbesondere Lei-

---

1550 *BAV*, GB 1999 Teil A, 45.

1551 Vgl. hierzu *Baumbach/Hefermehl*, Wettbewerbsrecht, § 1 UWG Rn 6 ff.

1552 *BAV*, GB 1999 Teil A, 45.

1553 BGH, GRUR 1975, 150; *Piper* in *Köhler/Piper*, UWG, § 3 Rn 3; *Baumbach/Hefermehl*, Wettbewerbsrecht, § 3 Rn 440; *Mertens* in MünchKomm, BGB, § 823 Rn 174; *Thomas* in Palandt, BGB, § 823 Rn 155; *Canaris*, FS Larenz 1983, 68 f.; vgl. auch *Sack*, BB 1974, 1369, 1371; *Sack*, NJW 1975, 1303 ff.; *Lindacher*, BB 1975, 1311 f.

1554 Vgl. auch *Römer*, VersR 1998, 1313, 1315.

1555 *Piper* in *Köhler/Piper*, UWG, Einf Rn 149.

1556 Vgl. auch *Piper* in *Köhler/Piper*, UWG, Einf Rn 173.

1557 Vgl. z.B. AG Kiel, Urt. vom 30.9.1999 - 110 C 243/99 (nicht veröff.).

1558 *Piper* in *Köhler/Piper*, UWG, § 3 Rn 12, 44 ff; vgl. *von Heymann* in *Assmann/Schütze*, Handbuch des Kapitalanlagerechts, § 4 Rn 86 f.

1559 *Piper* in *Köhler/Piper*, UWG, § 4 Rn 2.

tungsorgane von Unternehmen haftbar, wenn die Handlung in ihrem geschäftlichen Betrieb begangen wurde und sie sie mit Wissen haben geschehen lassen.[1560]

aa) Mitteilungen für einen größeren Personenkreis

Da § 4 UWG nur die öffentliche Werbung erfasst, unterliegen dem Straftatbestand nur Angaben in Mitteilungen, die für einen größeren Personenkreis bestimmt sind.[1561] Damit fallen Angaben in den vorliegend untersuchten, sich an einen nicht individualisierten Adressatenkreis richtenden Prospekten in den Anwendungsbereich des § 4 UWG.[1562]

bb) Angaben über geschäftliche Verhältnisse

Von § 4 UWG werden tatbestandlich alle Angaben erfasst, die auch unter § 3 UWG fallen. Anders als im Rahmen von § 3 UWG müssen sie aber nicht im geschäftlichen Verkehr und auch nicht zu Zwecken des Wettbewerbs gemacht werden.[1563]

Die Angaben müssen unwahr und zur Irreführung geeignet sein. Dies ist aus der Sicht der von der Werbung angesprochenen Kunden und ihrem Verständnis zu beurteilen.[1564] Da insoweit ein durchschnittlicher Maßstab anzulegen ist, kann auf die vorstehenden Ausführungen verwiesen werden.[1565]

aaa) Tatsachenangaben, Werturteile und Prognosen

Unproblematisch erfasst werden Angaben des Versicherers über **Tatsachen**. Dagegen sollen nach teilweise vertretener Auffassung die „unwahren“ und „zur Irreführung geeigneten“ Angaben i.S. des § 4 UWG grundsätzlich keine **Prognosen, Werturteile und Meinungsäußerungen** erfassen[1566]. Jedoch ist nach richtiger Ansicht[1567] § 4 UWG unter bestimmten Voraussetzungen auch auf Werturteile anzuwenden: Es existiert der allgemeine Grundsatz, dass Angaben nur dann irreführend

---

1560 *Baumbach/Hefermehl*, § 4 Rn 13.

1561 *Baumbach/Hefermehl*, § 4 Rn 3; *Piper* in *Köhler/Piper*, UWG, § 3 Rn 12, § 4 Rn 6.

1562 Zum Prospektbegriff siehe F.II.

1563 *Von Heymann* in *Assmann/Schütze*, Handbuch des Kapitalanlagerechts, § 4 Rn 88; *Baumbach/Hefermehl*, § 4 UWG, Rn 7.

1564 RGSt. 40, 439 f.; BGHZ 80, 80; *von Heymann* in *Assmann/Schütze*, Handbuch des Kapitalanlagerechts, § 4 Rn 88.

1565 Siehe F.III.1.d).

1566 *Piper* in *Köhler/Piper*, UWG, § 4, Rn 3, § 3 Rn 12; *Helm* in Gloy, Handbuch des Wettbewerbsrechts, § 49 Rn 4, 23; *Eyles* in *Vortmann*, Prospekthaftung, § 2 Rn 81; *Baumbach/Hefermehl*, Wettbewerbsrecht, § 4 UWG Rn 8.

1567 *Worms* in *Assmann/Schütze*, Handbuch des Kapitalanlagerechts, § 8 Rn 30; *Joecks*, Kapitalanlagebetrug, Rn 338.

sein können, wenn sie inhaltlich eine Aussage treffen und der Aussageinhalt nach der Auffassung der angesprochenen Verkehrskreise nachprüfbar ist[1568]. Gerade dies ist auch im hier insbesondere interessierenden Bereich der Beispielrechnungen der Fall, die ihrer Natur nach eine Meinungsäußerung in Gestalt einer Prognose darstellen. Denn anders als bei nichtssagenden Anpreisungen ohne informativen Charakter können diese Prognosen anhand objektiver Maßstäbe[1569] auf ihre Richtigkeit hin untersucht werden.

bbb) Unvollständigkeit

Fraglich ist, ob § 4 UWG neben positiven Angaben auch den Fall der **Unvollständigkeit** von Werbeprospekten erfasst und mithin eine Haftung im Bereich der unterlassenen Aufklärung begründen kann. Dies wird in der Literatur teilweise verneint.[1570]

In systematischer Hinsicht wird gegen eine Erstreckung des Anwendungsbereichs von § 4 UWG auch auf unvollständige Informationen teilweise angeführt, dass nach wettbewerbsrechtlichen Grundsätzen Werbeangaben zwar wahr, aber nicht unbedingt vollständig sein müssen.[1571] Hiergegen spricht allerdings, dass auch durch Verschweigen entscheidungserheblicher Umstände unwahre und irreführende Angaben gemacht werden können.[1572] Darüber hinaus wird teilweise vertreten, in gesetzessystematischer Hinsicht spreche für eine Beschränkung des Anwendungsbereichs von § 4 UWG auf unrichtige Angaben, dass aktive Täuschungshandlungen bereits durch § 263 StGB ausreichend erfasst würden.[1573] Indes lassen sich hieraus keine zwingenden Schlüsse ziehen, da selbst die Vertreter dieser Meinung annehmen, dass § 4 UWG gegenüber den §§ 263, 266 StGB einen weiteren Anwendungsbereich besitze[1574]. Zudem wird gegen das Bestehen einer Informationspflicht vorgebracht, dass sich der Anleger nach der Lebenserfahrung darüber im Klaren sei, dass eine Werbung keineswegs einen neutralen Standpunkt einnehme.[1575] Diese Argumentation bewegt sich allerdings im Bereich des Spekulativen. Zudem dürfte sie sich regelmäßig gerade in den Fällen, in denen ein Prospektmangel in der Unvoll-

---

1568 *Ackermann*, Wettbewerbsrecht, 242.

1569 Vgl. insoweit den unter F.III.4.c) entwickelten Beurteilungsmaßstab.

1570 Vgl. *Worms* in *Assmann/Schütze*, Handbuch des Kapitalanlagerechts, § 8 Rn 31; *Eyles* in *Vortmann*, Prospekthaftung, § 2 Rn 81; *Kaligin*, Abschreibungsgesellschaften, 178.

1571 Vgl. BGH, GRUR 1952, 416, 417; BGH, GRUR 1957, 491, 493; BGH, GRUR 1958, 30, 31; *Baumbach/Hefermehl*, Wettbewerbsrecht, Vor §§ 3-8 UWG, Rn 7; *Piper* in *Köhler/Piper*, § 3 UWG, Rn 114; *Worms* in *Assmann/Schütze*, Handbuch des Kapitalanlagerechts, § 8 Rn 30.

1572 Siehe F.III.1.c)bb).

1573 Vgl. *Worms* in *Assmann/Schütze*, Handbuch des Kapitalanlagerechts, § 8 Rn 31; *Eyles* in *Vortmann*, Prospekthaftung, § 2 Rn 81; *Kaligin*, Abschreibungsgesellschaften, 178.

1574 Vgl. *Eyles* in *Vortmann*, Prospekthaftung, § 2 Rn 81.

1575 *Eyles* in *Vortmann*, Prospekthaftung, § 2 Rn 81.

ständigkeit von Beispielrechnungen begründet ist, als Fiktion erweisen. Hierfür spricht neben der Tatsache, dass die exakte Abgrenzung zwischen unrichtigen und unvollständigen Prospektangaben oftmals schwierig ist[1576], auch, dass Beispielrechnungen aufgrund ihrer Detailliertheit den höchsten denkbaren Glaubwürdigkeitsgrad in Anspruch nehmen[1577]. Ob der im Zusammenhang mit Beispielrechnungen regelmäßig erteilte Unverbindlichkeitshinweis geeignet ist, diesen Eindruck zu korrigieren, ist eine Frage des Einzelfalls und dürfte nicht selten zu verneinen sein.[1578]

Entscheidend für eine Anwendung des § 4 UWG auch auf unvollständige Prospektangaben spricht in teleologischer Hinsicht, dass unter dem Gesichtspunkt des Anlegerschutzes und einer möglichst effizienten Bekämpfung irreführender Werbung ein rechtspolitisches Interesse an einem möglichst weiten Anwendungsbereich besteht. Dies bestätigt auch eine Betrachtung der Verantwortungsbereiche. Das Risiko aus Unklarheiten muss zu Lasten desjenigen gehen, der sie zu vertreten hat. Dies ist der Prospektverwender. Er hat es in der Hand, sich eindeutiger Prospektinformationen zu bedienen.

Im Ergebnis erfasst § 4 UWG somit auch solche Konstellationen, in denen der Prospektmangel der Unvollständigkeit gegeben ist, also eine Rechtspflicht zur Aufklärung besteht.[1579]

cc) Subjektiver Tatbestand

In subjektiver Hinsicht setzt § 4 UWG wenigstens bedingten Vorsatz im Hinblick darauf voraus, dass der Verkehr seine vielleicht objektiv wahren Angaben subjektiv als unwahr auffasst und dass die Angaben zur Irreführung geeignet sind.[1580] Gleichgültig ist, ob die Vorteile auch wirklich vorhanden sind.[1581] Zudem ist die Absicht vonnöten, den Anschein eines besonders günstigen Angebots hervorzurufen.[1582] Der Täter muss bei den Anlegern durch unwahre und zur Irreführung geeignete Angaben Vorteile seines Angebots besonders hervorheben, um dadurch zum Verkaufserfolg zu gelangen.[1583]

1576 Vgl. F.III.1.c)bb).

1577 Siehe hierzu bereits F.IV.

1578 Hierzu F.III.4.h)aa)ddd)(1).

1579 Ebenso *Baumbach/Hefermehl*, § 4 UWG, Rn 8.

1580 Vgl. *Piper* in *Köhler/Piper*, UWG, § 3 Rn 12; *Baumbach/Hefermehl*, § 4 UWG, Rn 9.

1581 Vgl. *Baumbach/Hefermehl*, § 4 UWG, Rn 9; *Piper* in *Köhler/Piper*, UWG, § 3 Rn 12; *von Heymann* in *Assmann/Schütze*, Handbuch des Kapitalanlagerechts, § 4 Rn 91.

1582 *Von Heymann* in *Assmann/Schütze*, Handbuch des Kapitalanlagerechts, § 4 Rn 91.

1583 OLG Celle, NJW 1987, 78 f.

e) § 10a VAG als Schutzgesetz?

Auf die Problematik der Anwendung von § 10a VAG im Rahmen der allgemeinen bürgerlich-rechtlichen Prospekthaftung ist bereits eingegangen worden.[1584] Soweit neben den vertraglichen auch deliktische Anspruchsgrundlagen in Betracht kommen[1585], stellt sich die Frage, ob die Verhaltensregeln des Versicherers nach §10a VAG i.V. mit Anlage Teil D zum VAG Schutzgesetze i.S. des § 823 Abs. 2 BGB darstellen. Ein Schutzgesetz i.S. des § 823 Abs. 2 BGB liegt grundsätzlich vor, wenn eine Norm den Schutz eines einzelnen vor dem Normverstoß bezweckt bzw. mitbezweckt.[1586] Zur Präzisierung dieses Schutzzwecks ist zu fragen, ob eine Norm im Einzelfall das verletzte Gut des Betroffenen vor der verwirklichten Gefahr schützen sollte.[1587] § 10a VAG i.V. mit Anlage Teil D zum VAG ist entsprechend den obigen Ausführungen kein Schutzgesetz i.S. des § 823 Abs. 2 BGB, da diese im rein öffentlichen Interesse bestehen[1588]. Insoweit geht auch die Auffassung von *Hoeren/Spindler*[1589] fehl, es sei „nicht einsichtig, warum explizit statuierte Informationspflichten nicht auch als Schutzgesetz zu behandeln" seien. Denn auch eine explizit statuierte Informationspflicht erfüllt ohne subjektiv-rechtlichen Charakter nicht die Voraussetzungen eines Schutzgesetzes i.S. des § 823 Abs. 2 BGB. § 10a VAG statuiert lediglich ein öffentlich-rechtliches Transparenzgebot[1590]. Auch insoweit ist die im Rahmen der bevorstehenden Reform des Versicherungsvertragsrechts möglicherweise bevorstehende Inkorporation von § 10a VAG in das Versicherungsvertragsrechts und den durch § 823 Abs. 2 BGB geschützten Bereich unmaßgeblich.

f) § 7 Abs. 1 AltZertG als Schutzgesetz?

Ebenso wie die § 10a VAG sind auch die Informationspflichten des § 7 Abs. 1 AltZertG, wie sich aus dem aufsichtsrechtlichen Zweck der Zertifizierung, den Gesetzesmaterialien und insbesondere aus dem abschließenden Charakter des § 7 Abs. 3 AltZertG ergibt, öffentlich-rechtlicher Natur und kein Schutzgesetz i.S. des § 823 Abs. 2 BGB.

1584 Siehe F.III.2.b).

1585 Vgl. dazu ausführlich *Mertens* in MünchKomm, BGB, Vor § 823 Rn 29 ff. m.w.N.

1586 Vgl. BGHZ 46, 17, 23; BGHZ 84, 312, 314.

1587 *Mertens* in MünchKomm, BGB, § 823 Rn 141 m.w.N.

1588 Vgl. F.III.2.b)aa).

1589 *Hoeren/Spindler*, Versicherungen im Internet, 118.

1590 Vgl. auch *Nitschke*, Transparenz, 45.

g) §§ 31, 32 WpHG als Schutzgesetze i.S. des § 823 Abs. 2 BGB

Nach teilweise vertretener Auffassung sind die in §§ 31, 32 WpHG verankerten Informationspflichten deliktische Verkehrspflichten zum Schutz des Vermögens, so dass bei ihrer Verletzung eine Haftung nach den §§ 823 ff. BGB besteht.[1591] Ein Schutzgesetz i.S. des § 823 Abs. 2 BGB ist gegeben, wenn die betreffende Norm im Einzelfall das verletzte Gut des Betroffenen vor der verwirklichten Gefahr schützen sollte.[1592] Zwar ist aus § 4 Abs. 2 WpHG gefolgert worden, dass die Vorschriften der §§ 31 ff. WpHG überwiegend aufsichtsrechtlicher Natur sind. Gleichwohl ist anerkannt, dass die sog. Wohlverhaltensregeln[1593] der §§ 31, 32 WpHG zumindest auch drittschützende Aufklärungspflichten konkretisieren, die der Bundesgerichtshof zuvor bereits aus dem zu Grunde liegenden Anlage- und Beratungsvertrag abgeleitet hatte.[1594] Die allgemeinen und besonderen Verhaltenspflichten sind daher aufgrund ihrer Doppelnatur zumindest auch dem privaten Interesse der Anleger an einem Schutz der eigenen Vermögensdisposition zu dienen bestimmt.[1595] Auch die dem WpHG zugrunde liegende EU-Richtlinie[1596] bestätigt, dass aus den Verhaltensregeln auch subjektive Rechte der Anleger erwachsen sollen.[1597] Dieses Ergebnis wird schließlich gestützt durch § 15 Abs. 6 S. 1 WpHG, nach dem eine insoweit gegebene Pflichtverletzung nicht zum Schadenersatz berechtigt. Aus dem Fehlen einer entsprechenden Regelung im Zusammenhang mit den §§ 31, 32 WpHG ist im Umkehrschluss zu folgern, dass subjektiv-rechtliche Schadenersatzansprüche gerade möglich sein sollen.[1598] Bei den §§ 31, 32 WpHG handelt es sich somit um Schutzgesetze i.S. des § 823 Abs. 2 BGB.

[1591] *Balzer*, ZBB 1997, 264 f.; *Horn*, ZBB 1997, 150; dagegen aber *Schwark* in *Hadding/Hopt/Schimansky*, Bankrechtstag 1995, 123.

[1592] *Mertens* in MünchKomm, BGB, § 823 Rn 141 m.w.N.

[1593] Vgl. *Reich*, WM 1997, 1601 ff.

[1594] *Schwark* in *Hadding/Hopt/Schimansky*, Bankrechtstag 1995, 120; *Roth* in *Assmann/Schütze*, Handbuch des Kapitalanlagerechts, § 12 Rn 14; *Balzer*, ZBB 1997, 262.

[1595] Vgl. *Koller* in *Assmann/Schneider*, WpHG, Vor § 31, Rn 17; *Becker*, WpHG, 114; *Schwintowski/Schäfer*, Bankrecht, 808, Rn 98; *Köndgen*, ZBB 1996, 361; *ders.*, NJW 1996, 569; *Arendts*, Bankenhaftung, 166; *Schäfer*, Anlageberatung, 13; *Gaßner/Escher*, WM 1997, 94, 96; *Roth* in *Assmann/Schütze*, Handbuch des Kapitalanlagerechts, § 12 Rn 14; *Stafflage*, Anlageberatung, 26; *Froehlich*, Dienstleistungen, 171; *Schwintowski*, VuR 1997, 86, 94; *Schrödermeier*, WM 1995, 2054 f.; *Oikonomou*, Bankenhaftung bei der Anlageberatung, 62; *Schulte-Nölke*, DStR 1995, 1800; *Kienle* in *Schimansky/Bruchner*, Bankrechtshandbuch, § 110 Rn 8; *Schwark* in *Hadding/Hopt/Schimansky*, Bankrechtstag 1995, 119, 121; *Balzer*, ZBB 1997, 263; *Assmann*, ZGR 1994, 525; vgl. auch *Reich*, WM 1997, 1604.

[1596] Richtlinie des Rates der Europäischen Gemeinschaften über Wertpapierdienstleistungen (Wertpapierdienstleistungs-Richtlinie) vom 10. Mai 1993 (93/22/EWU, Abl. EG Nr. L 141/27 vom 11.06.1993; zur Entstehungsgeschichte vgl. *Koller* in *Assmann/Schneider*, WpHG, Vor § 31 Rn 1-7a; *Bliesener*, Aufsichtsrechtliche Verhaltenspflichten, 7 ff.

[1597] Vgl. *Reich*, WM 1997, 1602.

[1598] Ebenso *Balzer*, ZBB 1997, 263; *Koller* in *Assmann/Schneider*, WpHG, § 31 Rn 126.

aa) Unmittelbarer Anwendungsbereich

Nach § 1 WpHG umfasst der unmittelbare Anwendungsbereich der §§ 31, 32 WpHG u.a. die Erbringung von Wertpapierdienstleistungen und Wertpapiernebendienstleistungen auf einem organisierten Markt i.S. des § 2 Abs. 5 WpHG[1599]. Ein solcher ist ein Markt, der von staatlich anerkannten Stellen geregelt und überwacht wird, regelmäßig stattfindet und für das Publikum umittelbar oder mittelbar zugänglich ist. Da der Versicherungsmarkt einer Aufsicht durch die *BAFin* unterliegt, könnte diese Voraussetzung gegeben sein.

Zweifel erheben sich jedoch, ob die Kapitallebensversicherung als Wertpapier i.S. des § 2 WpHG angesehen werden kann. Als Wertpapiere gelten gemäß § 2 Abs. 1 WpHG Aktien, Schuldverschreibungen, vergleichbare Wertpapiere, Optionsscheine und Genuss-Scheine. Für die Definition des Wertpapiers ist die Ausfertigung einer Urkunde unerheblich.[1600] Nach dem neuen § 2 Abs. 1 WpHG ist der Anwendungsbereich des Gesetzes im Vergleich zu § 2 Abs. 1 WpHG a.F. erweitert worden.[1601] Obwohl nunmehr auch Wertpapiere erfasst werden, die nicht an einem organisierten Markt gehandelt werden, ist allerdings weiterhin die zum Handel notwendige Fungibilität erforderlich[1602]. Gerade diese ist bei der kapitalbildenden Lebensversicherung entsprechend den obigen Ausführungen[1603] nicht gegeben. Zudem sind Versicherungsunternehmen nach dem eindeutigen Wortlaut des § 2a Abs. 1 4. Spiegelstrich WpHG keine Wertpapierdienstleistungsunternehmen i.S. des WpHG. Ein unmittelbarer Rückgriff auf die §§ 31, 32 WpHG i.R. des § 823 Abs. 2 BGB scheidet daher aus.

bb) Analoge Anwendung

Fraglich ist jedoch, ob die §§ 31, 32 WpHG im Bereich der kapitalbildenden Lebensversicherung zumindest analog anwendbar sind. Eine derartige analoge Anwendung, wie sie teilweise für die Versicherungsberatung gefordert wird[1604], begegnet jedoch im im hier interessierenden Bereich der Prospektwerbung ohne persönliche Beratung[1605] in verschiedener Hinsicht Bedenken. Zwar könnte die für eine analoge Anwendung der §§ 31, 32 WpHG erforderliche Regelungslücke darin erblickt werden, dass die §§ 31, 32 WpHG nach ihrem Wortlaut die Aufklärung des Anlegers in Form von Prospektmaterialien bei dem Vertrieb von Kapitallebensver-

---

1599 Vgl. *Oikonomou*, Bankenhaftung bei der Anlageberatung, 64 ff

1600 *Becker*, WpHG, 36.

1601 Vgl. *Kümpel*, WM 1993, 2026.

1602 Vgl. *Oikonomou*, Bankenhaftung bei der Anlageberatung, 65.

1603 Vgl. E.I.2.

1604 *Schwintowski*, VuR 1997, 83, 87.

1605 Zur Abgrenzung von Aufklärung und Beratung siehe D.I.

sicherungen nicht erfassen. Allerdings ist das Vorliegen einer planwidrigen Regelungslücke schon deshalb zu verneinen, weil im Fall reiner Prospektwerbung nicht an ein konkret bestehendes Rechts- oder Vertrauensverhältnis zum Anleger, sondern lediglich an einen typisierten, abstrakten Vertrauensmaßstab in Gestalt des Prospekts angeknüpft werden kann[1606]. Gerade ein individueller rechtsgeschäftlicher Kontakt wird von den §§ 31, 32 WpHG jedoch vorausgesetzt, wie sich bereits aus der Verwendung des Begriffs des „Kunden“ ergibt. Eine Haftung nach § 823 Abs. 2 BGB i.V. mit §§ 31, 32 WpHG analog für verkehrsbezogene kommt darum nicht in Betracht.

h) Weitergehende deliktische Verkehrspflichten

Darüber hinausgehend werden in der Literatur teilweise weitere richterrechtlich entwickelte und zu entwickelnde Verkehrs(sicherungs)pflichten zum Schutz fremden Vermögens als Schutzgesetze i.S. des § 823 Abs. 2 BGB angesehen[1607], was allerdings - wie bereits an anderer Stelle erörtert worden ist[1608] - abgelehnt werden muss.

3. Rechtswidrigkeit und Verschulden

Während die Rechtswidrigkeit einer Verletzungshandlung durch deren Tatbestandsmäßigkeit indiziert ist[1609], ist für den Fall unterlassener Aufklärung in einem Prospektmedium das Bestehen einer entsprechenden Aufklärungspflicht erforderlich.[1610] Im Rahmen der insoweit durchzuführenden Güter- und Interessenabwägung unter Berücksichtigung des Gebots von Treu und Glauben gelten die obenstehenden Ausführungen zum Bestehen einer Informationspflicht entsprechend. Aufgrund ihres Ursprungs aus § 242 BGB besteht insoweit ein partieller Gleichlauf im quasivertraglichen und deliktischen Haftungssystem. Im Hinblick auf die weiterhin erforderliche Zurechenbarkeit sowie das Vertretenmüssen i.S. des § 276 BGB[1611] bestehen gegenüber den obenstehenden Ausführungen keine Besonderheiten.

4. Rechtsfolgen

Der Adressat einer Prospekthaftung aus unerlaubter Handlung nach § 823 Abs. 2 BGB i.V. mit §§ 263, 264a, 266 StGB oder § 4 UWG; § 826 BGB ist ausschließlich

---

1606 Siehe D.II.3.a).

1607 Vgl. u.a. *von Bar*, Verkehrspflichten, 157 ff., *ders.*, ZGR 1983, 476, 510 m.w.N.; *Huber*, FS von Caemmerer, 359, 377 ff.; *Mertens*, in MünchKomm, BGB, § 823 Rn 469 ff.

1608 Vgl. insoweit D.II.3.

1609 BGHZ 74, 9; *Thomas* in Palandt, BGB, § 823 Rn 34.

1610 Vgl. *Thomas* in Palandt, BGB, § 823 Rn 34; *Heinrichs* in Palandt, BGB, Vorbem § 249 Rn 84.

1611 *Thomas* in *Palandt*, BGB, § 823 Rn 54.

nach den allgemeinen deliktsrechtlichen oder strafrechtlichen Kriterien zu bestimmen. Neben dem Lebensversicherungsunternehmen als juristische Person kommt insoweit eine Verantwortlichkeit von natürlichen Organpersonen und Erfüllungsgehilfen in Betracht. Für diese kommt Haftung nach § 823 Abs. 2 BGB nicht nur bei Täter-, sondern auch bei Gehilfeneigenschaft, § 830 Abs. 2 BGB, § 27 StGB.[1612] Die Beweislast für objektiven Tatbestand, Verschulden, Schaden und Kausalität obliegt dem Versicherungsnehmer, dem die Beweisregeln des Anscheinsbeweises und eine Beweislastumkehr zugute kommen können[1613].

Die Existenz von § 5a VVG schließt auch einen deliktischen Vertragsaufhebungsanspruch nicht aus[1614].

Bei arglistiger Verleitung zum Vertragsschluss kann der Versicherungsnehmer das negative Interesse verlangen, also vor allem die Befreiung von den vertraglichen Pflichten[1615]. Insoweit gelten die obigen Ausführungen entsprechend[1616]. Auch aus einer deliktischen Prospektangabenhaftung kann der Versicherungsnehmer ausnahmsweise auch das Erfüllungsinteresse verlangen, wenn er nachweist, dass bei Unterbleiben der unerlaubten Handlung der Vertrag mit einem bestimmten anderen Inhalt zustandegekommen wäre[1617]. Da es sich bei dem kapitalbildenden Lebensversicherungsvertrag um ein Massegeschäft handelt, in dessen Rahmen dem Antragsteller in der Regel kein nennenswerter Verhandlungsspielraum eröffnet ist[1618], welcher infolge von Prospektmängeln nicht ausgefüllt wird, dürfte dieser Nachweis allerdings regelmäßig ausscheiden.

Auf deliktsrechtliche Anspruchsgrundlagen gestützte Prospekthaftungsansprüche verjähren nach § 852 BGB innerhalb von drei Jahren ab Kenntniserlangung des Geschädigten vom Schaden und der Person des Ersatzpflichtigen bzw. spätestens 30 Jahren nach dem Setzen der Schadensursache[1619].

Unerheblich ist, ob zwischen deliktsrechtlichen Prospekthaftungsansprüchen und der Prospekthaftung i.e.S. oder i.w.S. eine Konkurrenz besteht.[1620] Soweit Ansprüche aus § 823 Abs. 2 BGB i.V. mit §§ 263, 264, 266b StGB oder § 4 UWG beste-

---

1612 *Eyles* in *Vortmann*, Prospekthaftung, § 2 Rn 52.

1613 Vgl. *Thomas* in Palandt, BGB, § 823 Rn 167 f. m.w.N.

1614 Vgl. *Dörner/Hoffmann*, NJW 1996, 153, 157 f. sowie F.III.2.b)bb)

1615 BGH, NJW 1962, 1198; BGH, NJW 1994, 1064; *Thomas* in *Palandt*, BGB, § 823 Rn 164.

1616 Siehe F.VIII.1.

1617 RGZ 103, 49, 159; BGH, DB 1969, 877; BGH, WM 1976, 1307, 1310; *Thomas* in *Palandt*, BGB, § 823 Rn 164; *Heinrichs* in *Palandt*, BGB, § 123 Rn 26.

1618 Vgl. auch B.IV.

1619 BGHZ 117, 287; *Thomas* in *Palandt*, BGB, § 852 BGB Rn 15.

1620 BGHZ 66, 315, 318 ff.; BGHZ 116, 297, 299 f.; BGH, NJW 1998, 2282, 2284; *Thomas* in *Palandt*, BGB, § 852 BGB Rn 1; *Eyles* in *Vortmann*, Prospekthaftung, § 2 Rn 115.

hen, können die strafrechtlichen Verjährungsfristen nicht zu einer Modifikation der Verjährung bürgerlich-rechtlicher Ansprüche führen, da in diesen Fällen der Prospekthaftungsanspruch bereits wegen fehlender haftungsbegründender Kausalität ausgeschlossen ist.[1621] Eine Verwirkung ist nach den bereits dargelegten Grundsätzen möglich.[1622]

III. § 826 BGB

Von Relevanz kann im Einzelfall auch § 826 BGB sein, der in der Rechtsprechung des Bundesgerichtshofs eine weite Auslegung erfährt[1623]. Ansprüche stehen dem Versicherungsnehmer danach zu, wenn das Lebensversicherungsunternehmen bzw. eine diesem zurechenbare Person ihn vorsätzlich und sittenwidrig im Wege mangelhafter Prospektinformation geschädigt hat.

Die Frage der Sittenwidrigkeit der Tathandlung hängt von den konkreten Umständen des Einzelfalles ab, insbesondere einer Gesamtschau des Charakters, Zweck bzw. Beweggrunds der Handlung.[1624] Da das Deliktsrecht der §§ 823 ff. BGB keine speziellen Maßstäbe für die Begründung und Reichweite von Informationspflichten enthält, muss auch insoweit auf die Generalklausel von Treu und Glauben gem. § 242 BGB zurückgegriffen werden.[1625] Danach ist eine sittenwidrige Handlung i.S. von § 826 BGB gegeben, wenn erforderliche Informationen vorsätzlich verschwiegen wurden oder anderweitig wissentlich eine Informationspflichtverletzung begangen wird[1626]. Im übrigen beanspruchen die oben gewonnenen Grundsätze zu Vorliegen und Reichweite von Informationspflichten auch im deliktischen Anwendungsbereich des § 826 BGB Geltung.

Anerkanntermaßen ist eine Haftung nach § 826 BGB jedenfalls bei einem grob anstößigen, gewerbsmäßigen Ausnutzen des eigenen Wissens- und Erfahrungsvorsprungs unter Zuschieben des Verlustrisikos an andere gegeben.[1627] In der Rechtsprechung ist anerkannt, dass in Bezug auf die Erteilung von Auskünften nicht nur derjenige sittenwidrig handelt, der positive Kenntnis der haftungsbegründenden Umstände besitzt, sondern auch derjenige, der sich in Kenntnis der Bedeutsamkeit einer Information für den Empfänger der Einsicht in die Unrichtigkeit der gegebenen Information verschließt oder Behauptungen „ins Blaue

---

[1621] *Eyles* in *Vortmann*, Prospekthaftung, § 2 Rn 84 und Rn 115.

[1622] Siehe F.XI.

[1623] Vgl. *Jost*, Vertragslose Auskunfts- und Beratungshaftung, 70 ff.; *Ebke/Scheel*, WM 1991, 389 f.; *Honsell*, FS Medicus, 211, 215 ff.

[1624] *Thomas* in *Palandt*, BGB, § 826 Rn 7 f.

[1625] Vgl. insoweit auch *Schäfer* in *Staudinger*, BGB, 12. Aufl., § 826 Rn 52; *Oechsler* in *Staudinger*, BGB, 13. Aufl., § 826 Rn 158 f.; *Lange*, Informationspflichten von Finanzdienstleistern, 97.

[1626] *Müller-Wiedenhorn*, FS Hübner, 171, 184.

[1627] Vgl. *Baumbach/ Hopt*, § 347 HGB Rn 18 m.w.N.

hinein" abgibt.[1628] Auch solche Meinungsäußerungen und werbliche Verhaltensweisen können angegriffen werden, die dem Angabenbegriff des § 3 UWG nicht unterfallen.[1629] Auch die Aufrechterhaltung eines schädigenden Zustands nach Kenntniserlangung der wahren Rechtslage kann zur Sittenwidrigkeit führen und insoweit eine Schadensersatzforderung aus § 826 BGB begründen.[1630]

Ein Anspruch aus § 826 BGB setzt ein bedingt vorsätzliches Handeln voraus[1631], von dem in den Fällen der Auskunftshaftung schon dann ausgegangen werden kann, wenn der Auskunfterteilende mit der Möglichkeit rechnet, dass der Empfänger durch seine Information geschädigt werden könnte und er diese Folge billigend in Kauf nimmt[1632]. Dagegen ist das Bewusstsein des Auskunftgebenden von der Sittenwidrigkeit nicht erforderlich. Ausreichend ist die Kenntnis der Umstände, die sein Verhalten als sittenwidrig erscheinen lassen.[1633] Unter Umständen wird von der Art und Weise des sittenwidrigen Handelns auf das Vorliegen eines bedingten Vorsatzes geschlossen werden können.[1634]Abgesehen von den evidenten Fällen, in denen bewusst unrealistische Leistungsangaben in der Lebensversicherung verwendet werden, kommt eine Schädigung nach dem obigen Feststellungen z.B. in Frage, sofern der Versicherer bei der Aufstellung von Beispielrechnungen unsorgfältig[1635] vorgeht. Zu denken ist weiterhin an eine unterlassene Berichtigung fehlerhafter Prospektangaben[1636] oder eine grob fahrlässige Außerachtlassung neuer renditerelevanter Fakten, die z.B. eine nachträgliche Rechnungsgrundlagenanpassung bedingen[1637]

Nach § 826 BGB ist der adäquat kausal herbeigeführte Schaden in Gestalt des negativen Interesses[1638] zu ersetzen, dessen Ursächlichkeit davon abhängt, inwieweit der Versicherungsnehmer durch die Informationspflichtverletzung zum Vertragsabschluss bestimmt worden ist. Dabei ist allerdings unerheblich, ob der Anleger neben dem Prospekt noch weitere Informationen zu seiner Anlageentscheidung he-

---

1628 BGH, WM 1956, 1229; BGH, VersR 1966, 1034, 1035; BGH, NJW 1991, 3282, 3283; BGH, NJW 1992, 3167, 3174; BGH, NJW 1994, 2289; *Peters*, Haftung und Regulierung von Rating-Agenturen, 129; *Müller-Wiedenhorn*, FS Hübner, 171, 185.

1629 *Piper* in *Köhler/Piper*, UWG, § 3 Rn 17.

1630 BGH, ZIP 1999, 2158.

1631 *Mertens* in MünchKomm, § 826 BGB, Rn 61.

1632 BGH, WM 1956, 1229; BGH, BB 1974, 297; BGH, NJW 1985, 180, 182; BGH, NJW 1990, 389, 390; BGH, WM 1995, 882, 895; *Müller-Wiedenhorn*, FS Hübner, 171, 185.

1633 *Ebke/Scheel*, WM 1991, 389, 390 m.w.N.; *Thomas* in *Palandt*, BGB, § 826 Rn 11.

1634 BGH, NJW 1986, 904, 906; BGH, NJW 1986, 180, 182; *Mertens* in MünchKomm, BGB, § 826 Rn 60.

1635 Vgl. auch F.III.4.c).

1636 Vgl. F.III.1.d).

1637 Siehe hierzu F.III.4.e).

1638 Hierzu F.VIII.1..

rangezogen hat. Es genügt, dass die fehlerhaften Prospektangaben zu seinem Entschluss mitursächlich waren.[1639]. In Betracht kommt daneben auch der Ersatz desjenigen Schadens, den der Kapitalanleger dadurch erleidet, dass er infolge der nicht ordnungsgemäßen Information von einem anderen Anlagegeschäft Abstand genommen hat.[1640]

1639 Vgl. BGH, WM 1962, 1110.

1640 Vgl. BGH, NJW 1992, 1223, 1224; BGH, WM 1982, 760; *von Hertzberg*, Haftung von Börseninformationsdiensten, 135 f.; *Peters*, Haftung und Regulierung von Rating-Agenturen, 135 f.; vgl. auch F.VIII.2.

I. Öffentlich-rechtliche Prospektangabenhaftung

Die deutsche Versicherungsaufsicht, die seit dem 1. Mai 2002 durch die *BAFin* - einer Zusammenlegung der Bundesaufsichtsämter für das Kreditwesen, für das Versicherungswesen und für den Wertpapierhandel - ausgeübt wird, unterliegt seit Mitte des Jahres 1994 neuen rechtlichen Rahmenbedingungen. Für sie ist der Wegfall der präventiven Kontrolle der AVB und Prämienkalkulation und eine stärkere nachträgliche zivilgerichtliche Kontrolle kennzeichnend.[1641]

I. Allgemeine Misstandsaufsicht

Als Ermächtigungsgrundlage einer Haftung für Prospektinformationen mit öffentlich-rechtlichem Ursprung zu Gunsten des Prospektadressaten kommt insoweit allein die allgemeine Misstandsaufsicht nach § 81 Abs. 2 S. 1 VAG in Betracht. Dieser ermächtigt die Aufsichtsbehörde, gegenüber dem Versicherungsunternehmen sowie seinen Organen und den es tatsächlich kontrollierenden Personen Anordnungen vorzunehmen, die geeignet und erforderlich sind, um Missstände zu vermeiden oder zu beseitigen. Damit ist das Vorliegen oder Drohen eines Missstands als Eingriffsvoraussetzung erforderlich.

Der Begriff des Misstands wird in § 81 Abs. 2 S. 2 VAG definiert als jedes Verhalten eines Versicherungsunternehmens, das den Aufsichtszielen des § 81 Abs. 1 VAG widerspricht. Hierunter fällt gem. § 81 Abs. 1 S. 2 VAG zum einen die „ausreichende Wahrung der Belange der Versicherten" und zum anderen die „Einhaltung der Gesetze, die für den Betrieb des Versicherungsgeschäfts gelten". Diese Gesetze werden in § 81 Abs. 1 4 VAG näher konkretisiert: Danach handelt es sich um die aufsichtsrechtlichen, das Versicherungsverhältnis betreffenden und alle sonstigen die Versicherten betreffenden Vorschriften sowie die rechtlichen Grundlagen des Geschäftsplans.

Misstand ist daher neben Verstößen gegen die rechtlichen Grundlagen des Geschäftsplans jeder dem Versicherungsunternehmen zurechenbare Verstoß gegen aufsichtsrechtliche Vorschriften einschließlich der Normen, auf die in ihnen Bezug genommen wird. Insoweit sind neben dem VVG, PflVG, AGBG[1642], BGB, UWG auch andere Gesetze aufsichtsrelevant, soweit das dem jeweiligen Versicherungsverhältnis innewohnende Risiko betroffen ist und die Norm das Allgemeininteresse schützt.[1643] Misstand ist darüber hinaus bereits der Missbrauch der durch die behördliche Erlaubnis zum Geschäftsbetrieb eingeräumten Rechtsstellung. Ein solcher Missbrauch liegt in jedem Ausnutzen der durch die Erlaubnis zum Geschäfts-

---

[1641] *Dreyer*, Stille Reserven, 128.

[1642] Heute §§ 305 ff. BGB.

[1643] Vgl. die Begr. des RegE zum Dritten Durchführungsgesetz/EWG in BT-Drucks. 12/6959, 82; *Eberhardt*, 141 und 167; *Hoffmann*, Verbraucherschutz, 248; *Kollhosser* in *Prölss*, VAG, § 81 Rn 13.

betrieb eingeräumten Rechtsstellung, das die ausreichende Wahrung der Belange der Versicherten in Frage stellt und geeignet ist, einen Misstand in dem o.g. Sinn, also einen Rechtsverstoß, herbeizuführen.[1644]

Im Ergebnis hat die Versicherungsaufsicht damit die Kompetenz, den gesamten Wettbewerb der Versicherungsunternehmen dauernd zu überwachen.[1645] Einem Verstoß muss jedoch eine über den Einzelfall hinausgehende Bedeutung zukommen, um ein aufsichtsbehördliches Einschreiten zu rechtfertigen.[1646] Versäumnisse bei vereinzelten Vertragsanbahnungen überschreiten noch nicht die Schwelle zum Misstand nach § 81 VAG. Erst ein flächendeckendes und regelmäßiges Unterschreiten der gesetzlichen Erfordernisse kann aufsichtsrechtlich relevant sein.[1647] Da sich die in dieser Arbeit untersuchten Prospekte an einen unbestimmten Adressatenkreis richten[1648] und daher im Rahmen der Entscheidung über eine Vielzahl von Versicherungsverträgen eine Rolle spielen, liegt regelmäßig eine den Einzelfall überschreitende Bedeutung vor, sofern gerade aufgrund eines Prospekts eine i.S. von § 81 Abs. 2 VAG grundsätzlich misstandsrelevante Fallgestaltung besteht.

Die Aufsicht nach § 81 Abs. 2 S. 1 VAG umfasst über die bloße Ahndung von Gesetzesverstößen hinausgehend auch die Ahndung des nicht notwendig rechtswidrigen Verhaltens des Versicherers, das die ausreichende Wahrung der Belange der Versicherten in Frage stellt. Damit können auch Konstellationen, die eine zivilrechtliche Prospekthaftung entsprechend den obenstehenden Grundsätzen zum Gegenstand haben, grundsätzlich einer aufsichtsrechtlichen Kontrolle zugänglich sein. Dies gilt insbesondere auch für die Werbung mit Überschussangaben in Gestalt von Beispielrechnungen. Die aufsichtsrechtliche Relevanz irreführender Darstellungen über die künftigen Leistungen aus einem Lebensversicherungsvertrag ergibt sich bereits daraus, dass sich die betriebene Werbemaßnahmen an weite Verkehrskreise richten[1649] und damit geeignet sind, eine Vielzahl von Interessenten zu für sie ungeeigneten oder ungünstigen Vertragsabschlüssen zu verleiten. Aus irreführenden Angaben des Versicherers können sich Schadenersatzansprüche - insbesondere aus den Rechtsinstituten der allgemeinen Prospekthaftung oder *culpa in contrahendo* - ergeben. Wegen der erheblichen Anzahl der betroffenen Vertragsverhältnisse und dem Umstand, dass die Anspruchshöhe nicht durch das positive Interesse begrenzt ist[1650], kann die Verwendung irreführender Leistungsdarstellungen dazu führen,

---

1644 *Eberhardt*, 141.

1645 Vgl. *Büchner* in VW 1950, 199, 200; *Zischka*, Bundesversicherungsaufsichtsamt, 195.

1646 Vgl. *Kollhosser* in *Prölss*, VAG, § 81 Rn 13; *Eberhardt*, 141; *Hoffmann*, Verbraucherschutz, 248.

1647 Vgl. *Kollhosser* in *Prölss*, VAG, § 81 Rn 26, 29 ff.

1648 Siehe F.II.

1649 Vgl. F.II.

1650 Zur Prospekthaftung siehe F.VIII.; zur *culpa in contrahendo* vgl. *Heinrichs* in Palandt, BGB, § 276 Rn 100.

dass die Erfüllbarkeit der Verträge i.S. von § 81 Abs. 1 S. 5 VAG nicht mehr gewährleistet ist. Gerade dieser Gefahr soll mittels § 81 Abs. 2 VAG entgegengewirkt werden.[1651]

Zur Vermeidung dieser Risiken hat das *BAV* bereits in der Vergangenheit Mindeststandards für Leistungsdarstellungen[1652] und Grundsätze für die fondsgebundene Lebensversicherung[1653] aufgestellt. Zudem waren Beispiel- und Modellrechnungen beim *BAV* vorzulegen, denen in der Regel standardisierte Finanzierbarkeitsnachweise zu Grunde lagen. Mit Inkrafttreten des Dritten Durchführungsgesetzes/EWG zum VAG im Jahre 1994 sind das Rundschreiben, die Verwaltungsgrundsätze und die Vorlagepflicht beim *BAV* gegenstandslos geworden[1654]. Der Verband der Lebensversicherungsunternehmen hat daraufhin Empfehlungen zu Leistungsdarstellungen ausgesprochen[1655].

Nach dem Wegfall der materiellen Versicherungsaufsicht hatte das *BAV* zunächst davon abgesehen, Richtlinien für die Darstellung der Überschussbeteiligung zu veröffentlichen[1656]. Vielmehr sollte zunächst die Wirksamkeit der selbstregulierenden Maßnahmen der Lebensassekuranz abgewartet werden.[1657] Die Veröffentlichungen des *BAV* ließen jedoch erkennen, dass die liberale Praxis der Beispielrechnungen seit der Deregulierung des Lebensversicherungsmarkts seit Jahren mit Besorgnis beobachten werde.[1658] Bereits 1994 hatte das *BAV* erklärt, nach seiner Auffassung liege ein grober Misstand vor, wenn Leistungen aus der Überschussbeteiligung auf der Grundlage der aktuellen Überschussdeklaration in Aussicht gestellt würden, die für die Zukunft nicht als realistisch angesehen werden könnten.[1659] In diesem Sinne hat das *BAV* in den vergangenen Jahren in zahlreichen, z.T. veröffentlichten Fällen[1660] festgestellt, dass die Werbung mit der Überschussbeteiligung den aufsichtsrechtlichen Mindeststandards nicht entspricht und deren Darstellung und Erläuterung bei einzelnen Unternehmen beanstandet[1661]. Mit der Veröffentlichung des Rundschreibens R 2/2000, dessen Inhalte bereits an anderer Stelle dargestellt wor-

---

[1651] Vgl. *BAV*, R 2/2000, VerBAV 2000, 252 ff.

[1652] *BAV*, R 5/1988, VerBAV 1988, 411 ff. sowie VerBAV 1989, 187 ff.

[1653] *BAV*, VerBAV 1991, 411.

[1654] Vgl. *BAV*, VerBAV 1994, 410.

[1655] Vgl. das Rundschreiben 33/1994 des *Verbands der Lebensversicherungsunternehmen*.

[1656] *BAV*, Geschäftsbericht 1994, Teil A, 30.

[1657] *BAV*, Geschäftsbericht 1994, Teil A, 31; *BAV*, R 2/2000, VerBAV 2000, 252 ff.

[1658] Ebenso *Goecke/Will*, Renditewettbewerb, 62.

[1659] Vgl. *Goecke/Will*, Renditewettbewerb, 61.

[1660] Vgl. *BAV*, Geschäftsbericht 1996, Teil A, 41; *BAV*, Geschäftsbericht 1998, Teil A, 44.

[1661] Vgl. *BAV*, R 2/2000, VerBAV 2000, 252 ff.; *BAV*, Geschäftsbericht 1999, Teil A, 45; *BAV*, VerBAV 1998, 138; *Unger*, 125 m.w.N.

den sind, beendete das *BAV* seine abwartende Haltung und teilte mit, nach welchen Grundsätzen es zukünftig Leistungsdarstellungen beaufsichtigen werde.[1662]

II. Keine subjektiven Rechte des Versicherungsnehmers

Da § 81 VAG der zuständigen Aufsichtsbehörde auf Rechtsfolgenseite einen Ermessensspielraum hinsichtlich ihres Tätigwerdens einräumt[1663], stellt sich die Frage, inwieweit dem Versicherungsnehmer ein subjektiv-rechtlicher Anspruch auf Durchführung aufsichtsrechtlicher Maßnahmen zusteht. § 81 VAG beinhaltet nach überwiegender Auffassung kein originär subjektives Recht des Versicherungsnehmers, sondern besteht ausschließlich im öffentlichen Interesse.[1664] Da der mit einem Einschreiten der Aufsichtsbehörde verbundene Drittschutz lediglich als ein bloßer Rechtsreflex angesehen wird, kann aus Sicht des Versicherungsnehmers lediglich eine Beschwerde bei der *BAFin* in Betracht gezogen werden. Von Bedeutung ist insoweit, dass sich schon das *BAV* stets als geeignete Beschwerdeinstanz für Versicherungsnehmer und andere Inhaber von Versicherungsansprüchen verstanden hat.[1665] Die Beschwerde bei der Versicherungsaufsichtsbehörde ist allerdings kein förmliches Rechtsmittel.[1666] Vielmehr handelt es sich um eine bloße Anregung, von Amts wegen gegen das betreffende Versicherungsunternehmen vorzugehen. Insoweit liegt nach herrschender Auffassung eine bloße Ausübung des Petitionsrechts nach Art. 17 GG[1667] vor, so dass die Aufsichtsbehörde bei ihrer Entscheidung nicht an den Inhalt etwaiger Anträge des Beschwerdeführers gebunden ist.[1668]

III. Ergebnis

Für den an einer Kompensation des ihm entstandenen Schadens interessierten Versicherungsnehmer ist eine mögliche öffentlich-rechtliche Prospektangabenhaftung des Lebensversicherungsunternehmens nach § 81 VAG irrelevant.

1662 Vgl. *BAV*, R 2/2000, VerBAV 2000, 252 ff.

1663 *Kollhosser* in *Prölss*, VAG, § 81 Rn 47; *Müller*, Verbraucherschutz, 131 ff.

1664 Vgl. § 81 Abs. 1 S. 5 VAG sowie *Dreyer*, Stille Reserven, 138; *Kollhosser* in *Prölss*, VAG, § 81 Rn 54; *Müller*, Verbraucherschutz, 64 ff.; jeweils m.w.N. Kritisch dagegen *Tönnies*, Staatshaftung für Versicherungsaufsicht, 5 ff., 10 ff., 31.

1665 *BAV*, GB 1979, 27 ff.; *Angerer*, *BAV* als Beschwerdeinstanz; *Goll/Gilbert/Steinhaus*, Handbuch der Lebensversicherung, 269.

1666 *Goll/Gilbert/Steinhaus*, Handbuch der Lebensversicherung, 269; *Kollhosser* in *Prölls*, VAG, § 81 Rn 56 ff.

1667 Vgl. *BAV*, GB 1979, 27; *Goldberg/Müller*, VAG, § 81 Rn 21; *Kollhosser* in *Prölss*, VAG, § 81 Rn 7; *Goll/Gilbert/Steinhaus*, Handbuch der Lebensversicherung, 269.

1668 *Goll/Gilbert/Steinhaus*, Handbuch der Lebensversicherung, 269.

J. Konkurrenzen

Die allgemeine **Prospekthaftung im engeren Sinne** ist nachrangig gegenüber **spezialgesetzlich geregelten Prospekthaftungsregelungen**, deren Anwendungsbereich jedoch bei dem Vertrieb von Kapitallebensversicherungen nicht eröffnet ist. Sie ist somit vollumfänglich anwendbar.

Während das **Prospekthaftung** allein an den Prospekt als marktbezogenen Informationsträger anknüpft, setzt die ***culpa in contrahendo*** einen individuellen rechtsgeschäftlichen Kontakt voraus.[1669] Beide Rechtsinstitute stehen einander als *Alii* gegenüber.[1670] Sofern im Rahmen einer Anlageberatung neben dem Tatbestand der Prospekthaftung i.e.S. weitere Haftungstatbestände vertraglicher, quasivertraglicher oder deliktsrechtlicher Natur aufgrund einer Verletzung von Beratungs- und Aufklärungspflichten erfüllt sind, so sind die betreffenden Rechtsinstitute nebeneinander anzuwenden.[1671]

Auf die Frage, ob **deliktische Ansprüche** von den spezialgesetzlich normierten Prospekthaftungsansprüchen verdrängt werden[1672], kommt es nach den Ergebnissen dieser Untersuchung nicht an, da besondere Prospekthaftungstatbestände nicht einschlägig sind[1673]. Die originär deliktische Haftung für Prospektangaben nach §§ 823 ff. BGB und die allgemeine Prospekthaftung sind wegen des Nebeneinanders von deliktischen und quasivertraglichen Ansprüchen unproblematisch nebeneinander anwendbar. Das Gleiche gilt für das Verhältnis der Haftung aus *culpa in contrahendo* gem. §§ 280 Abs. 1, 311 Abs. 2, 241 Abs. 2 BGB zum Deliktsrecht.

Entsprechend den obigen Ausführungen ist der Rückgriff auf das Rechtsinstitut der allgemeinen bürgerlich-rechtlichen Prospekthaftung auch nicht durch **§ 10a VAG i.V. mit §§ 5a, 8 VVG** ausgeschlossen.[1674] Auch ist die allgemeine Prospekthaftung im Anwendungsbereich von **AltZertG** und **AVmG** anwendbar.[1675] Schließlich lassen auch die **aufsichtsrechtlichen Implikationen** falscher Prospektangaben **nach § 81 VAG** die Anwendbarkeit der allgemeinen Prospekthaftung unberührt.[1676]

Nach den Ergebnissen des vorangegangenen Kapitels können Prospektbezogene Informationspflichtverletzungen zusätzlich primärrechtliche Konsequenzen nach sich

---

1669 Siehe hierzu D.II.2.

1670 Siehe D.II.3.a).

1671 Vgl. G.I.; ebenso *Eyles* in *Vortmann*, Prospekthaftung, § 2 Rn 29.

1672 Vgl. hierzu z.B. *Ellenberger*, Börsenprospekthaftung, 128 f. sowie *Hauptmann* in *Vortmann*, Prospekthaftung, § 3 Rn 144, jeweils m.w.N.

1673 Siehe Abschnitt C.II.

1674 Siehe F.III.1.

1675 Siehe F.III.9.a)aa).

1676 Siehe I.

ziehen. Insoweit ist das Rechtsinstitut der **versicherungsrechtlichen Erfüllungshaftung** nicht nur neben Ansprüchen aus ***culpa in contrahendo*** anwendbar[1677] sondern auch neben der - in Anlehnung an die Grundsätze des Verschuldens bei Vertragsverhandlungen zu qualifizierenden - Prospekthaftung im engeren Sinn[1678].

Gleichwertig, also in Idealkonkurrenz, können im primärrechtlichen Bereich daneben auch ein Rücktrittsrecht nach § 13a UWG[1679], ein Widerrufs- bzw. Widerspruchsrecht nach § 5a VVG, ein Anfechtungsrecht nach § 123 BGB oder ein Missbrauchseinwand wegen unzulässiger Rechtsausübung nach § 242 BGB[1680] ausgeübt werden.

Das Rücktrittsrecht des § 13a UWG steht dem Versicherungsnehmer neben dem Anfechtungsrecht nach § 123 BGB wegen arglistiger Täuschung zu.[1681] Daneben kann der Versicherungsnehmer Schadenersatzansprüche wegen Nichterfüllung, aus positiver Vertragsverletzung[1682] oder aus Prospekthaftung bzw. *culpa in contrahendo* geltend machen, wenn eine Informationspflichtverletzung gegeben ist.[1683] Ficht der Getäuschte den Vertrag nach § 123 BGB wegen arglistiger Täuschung an, so berührt dies seinen Schadenersatzerspruch aus *culpa in contrahendo* bzw. Prospekthaftung im Grundsatz nicht.[1684] Da er allerdings durch die Anfechtung erkennen lässt, dass er sich bei der Schadensberechnung auf den vertragslosen Zustand berufen will, ist keine Anfechtung des Geschäfts unter gleichzeitiger Berufung auf die Vertragsänderung als Rechtsfolge der Prospekthaftung möglich.[1685]

1677 Vgl. *Hoffmann*, Verbraucherschutz, 242 m.w.N.

1678 Siehe D.II.2.

1679 *Heinrichs* in *Palandt*, BGB, § 276 Rn 79.

1680 Gleichsam unter dem Gesichtspunkt einer Verantwortlichkeit für die Verletzung von Informationspflichten im weiteren Sinne kann die Ausnutzung einer erlangten Rechtsposition gem. § 242 BGB verwehrt sein, wenn bei zutreffender Aufklärung der Vertrag nicht geschlossen worden wäre, die Rechtslage also in unredlicher Weise geschaffen wurde, vgl. BGH, NJW 1981, 2050; BGH, NJW 1991, 1819; *Roth* in MünchKomm, BGB, § 242 Rn 313; *Schulze* in Hk-BGB, § 242, Rn 29. Dieser Gedanke liegt auch dem Urteil des OLG Koblenz, Urt. v. 26.5.2000 - 10 U 1342/99, NJW-RR 2001, 1111; hierzu bereits F.III.4.e)aa)bbb), zu Grunde, mit dem das Gericht es einem Versicherer verwehrte, sich auf einen versicherungsvertraglichen Änderungsvorbehalt zu berufen, weil im Zusammenhang mit Angaben zur Überschussbeteiligung ein Prospektmangel vorlag.

1681 BGHZ 78, 216; *von Heymann* in *Assmann/Schütze*, Handbuch des Kapitalanlagerechts, § 4 Rn 98.

1682 BGHZ 77, 215.

1683 Vgl. *von Heymann* in *Assmann/Schütze*, Handbuch des Kapitalanlagerechts, § 4 Rn 98.

1684 BGH, NJW 1995, 45, 46; BGH, NJW 1981, 976.

1685 *Paefgen*, Haftung für mangelhafte Aufklärung, 77.

K. Abschließende Betrachtung

Die vorstehende Untersuchung berührt zum einen den sachlich begründeten Gegensatz zwischen dem Interesse des Lebensversicherungsunternehmens an dem Absatz seiner Dienstleistungsangebote durch Prospektwerbung und dem Interesse des Anlegers an einer optimalen Investitionsentscheidung. Dieser Interessengegensatz verursacht wegen der zwischen Versicherer und Versicherungsnehmer bestehenden Informationsasymmetrie[1686] ein Problem, das bislang nicht befriedigend gelöst worden ist.

Obwohl eine gesetzliche Regelung für die Prospekthaftung im Bereich der Lebensversicherung fehlt, ist der Versicherungsnehmer nicht schutzlos gestellt. Dem praktischen Bedürfnis nach Anlegerschutz trägt insoweit die Erstreckung der allgemeinen bürgerlich-rechtlichen Prospekthaftung auf den Bereich der Lebensversicherungswirtschaft Rechnung. Gleichwohl kann mit Teilen der Lehre[1687], Rechtsprechung[1688] und Verbrauchervereinigungen[1689] in der fehlenden Rückgriffsmöglichkeit auf positiv-rechtlich gefestigte Schutzregeln gerade auch aus Sicht der Versicherungswirtschaft ein Regelungsdefizit gesehen werden: Die Feststellung eines Prospektmangels ist in starkem Maß auf Wertungen angewiesen und bewirkt, dass die Abgrenzung zwischen pflichtgemäßer und pflichtwidriger Information nach Billigkeitsgesichtspunkten erfolgen muss. Dies hat einen Verlust an juristisch-dogmatischer Differenzierbarkeit und damit Einbußen im Bereich der Rechtsklarheit und Rechtssicherheit zur Folge. Aus Sicht der Versicherungsnehmer erscheint ein verstärkter Haftungsdruck grundsätzlich als Mittel, um eine Verbesserung der Verbraucherinformation herbeizuführen. Aber auch aus Sicht der Lebensassekuranz erscheint es wünschenswert, durch spezialgesetzliche Regelungen über Prospektpflichten und Prospekthaftungsansprüche für Anlageprodukte der Lebensassekuranz einen klaren Rechtsrahmen zu schaffen. Die bislang existierenden Canones von Informationspflichten - etwa nach § 10a VAG oder § 7 Abs. 1 AltZertG - sind aufgrund ihres aufsichtsrechtlichen Charakters für die Frage der Schadensersatzhaftung für falsche Prospektangaben nicht ausreichend.[1690]

Damit ist in dieser Arbeit zugleich eine Frage angesprochen, die mit dem Schlagwort „Grenzen des Versicherungsnehmerschutzes“ umschrieben werden kann. Der festgestellte Informationsbedarf des Anlegers und das zugleich bestehende Informationsdefizit legen die Frage nahe, ob Wettbewerbseinschränkungen - etwa durch ein

---

1686 Vgl. B.IV (S. 21 ff.).

1687 Vgl. z.B. *Schwintowski*, VuR 1997, 83 ff.

1688 Vgl. insbesondere *Römer* in *Basedow/Donath/Meyer/Rückle/Schwintowski*, 23 f.

1689 So hat z.B. der *Bund der Versicherten* einen Vorschlag für eine gesetzliche Regelung abgegeben, vgl. BdV-Info 1/1997 (April 1997), 23.

1690 Auch im Bereich der prozessualen Rechtsdurchsetzung werden Mängel gesehen, vgl. nur *N.N.*, Frankfurter Allgemeine Zeitung vom 11. Dezember 2002, Nr. 288, 21.

Prospektgesetz für die Versicherungswirtschaft, das z.B. die Werbung mit Überschussangaben reglementiert - geboten sind. Der freie Wettbewerb, der auch die Werbung für Kapitalanlagen schützt, ist ein hohes, aber dennoch nicht schrankenlos gewährleistetes Gut. Soweit die Marktmechanismen der freien Marktwirtschaft alleine keinen hinreichenden Verbraucherschutz gewährleisten können, erscheinen Einschränkungen grundsätzlich geboten. Der Blick auf die Problematik der nachträglichen Veränderung von Rechnungsgrundlagen in der Rentenversicherung[1691] macht derartige Forderungen durchaus nachvollziehbar: In der Tagespresse und Verbrauchermagazinen wurde die Senkung der Überschussbeteiligung seinerzeit thematisiert und kritisiert. Eine Wettbewerbswirkung und Sanktion über den Marktprozess blieb gleichwohl aus, da aus anderen - gesamtökonomischen - Gründen die Rentenversicherung einen starken Aufschwung erhielt.[1692] Ein derartiges Versagen der Selbstregulation senkt faktisch die Verhandlungsmacht des individuellen Versicherungsnehmers gegenüber seinem Vertragspartner und reduziert die Aussicht auf einvernehmliche Lösungen im Einzelfall. Hierdurch werden sowohl die Interessen von Versicherungsnehmern als auch die der Versicherungswirtschaft potentiell gefährdet. Eine Durchsetzung schutzwürdiger Interessen des Versicherungsnehmers im Rechtsweg ist im Wege der allgemeinen bürgerlich-rechtlichen Prospekthaftung zwar möglich. Sie ist aber zusätzlich zu dem allgemeinen Aufwand und Kostenrisiko einer jeden Klage mit einer besonderen Unsicherheit behaftet, die geeignet erscheint, zahlreiche Versicherungsnehmer von einer gerichtlichen Durchsetzung ihrer Rechte abzuhalten. Zur Stärkung des individuellen Anlegerschutzes und Schaffung von Rechtssicherheit für die Lebensversicherungswirtschaft ist daher gundsätzlich zu erwägen, prospektartige Verbraucherinformation - insbesondere im Bereich der Beispielrechnungen - durch ein spezielles Prospektgesetz einer stärkeren Regulierung zu unterwerfen. Dabei sollte gerade die Information der Versicherten über den Charakter der Überschussbeteiligung berücksichtigt werden.

Diese Problematik lässt sich jedoch nicht wie der „gordische Knoten" mit einem einzigen Schwertstreich erledigen. Zwar könnte es wünschenswert erscheinen, als *ultima ratio* eine gesetzliche Pflicht zur staatlichen Inhaltskontrolle von Lebensversicherungsprospekten einzuführen und klare Haftungsvoraussetzungen für Informationspflichtverletzungen zu definieren. Seit der Deregulierung der Versicherungsmärkte und dem Wegfall der materiellen Versicherungsaufsicht ist eine entsprechende Regelung aber schon im Hinblick auf ihre europarechtliche Vereinbarkeit problematisch[1693]. Deshalb erscheint ein europäischer Lösungsansatz geboten. Darüber hinaus spricht für eine europarechtliche Fundierung eines entsprechenden Prospekthaftungssystems für Assekuranzprodukte, dass die Liberalisierung der Finanz- und Versicherungsmärkte sowie der Einsatz moderner Kommunikations- und Infor-

---

1691 Hierzu F.III.4.e) (S. 152 ff.).

1692 *Theis*, Lebensversicherung als Alterssicherungsinstitution, 374.

1693 Vgl. auch *GDV*, Pressemitteilung vom 30.09.2002.

mationstechnik nationale Grenzen zunehmend unwichtiger machen. Für die Versicherungswirtschaft ist es inzwischen zur Normalität geworden, in europäischen Dimensionen zu denken. Grenzüberschreitende Standards gewinnen deshalb weiter an Bedeutung.

Printed by
CPI books GmbH, Leck

FSC
www.fsc.org
MIX
Papier | Fördert
gute Waldnutzung
FSC® C083411

Kolibri 360 GmbH
Ferdinand-Jühlke-Straße 7
99095 Erfurt, Deutschland
produktsicherheit@kolibri360.de